Markus Knapp

Die Vernunft des Glaubens

GRUNDLAGEN THEOLOGIE

Markus Knapp

Die Vernunft des Glaubens

Eine Einführung in die Fundamentaltheologie

HERDER

FREIBURG · BASEL · WIEN

www.herder.de

Umschlaggestaltung: Finken & Bumiller, Stuttgart
Satz: Barbara Herrmann, Freiburg im Breisgau
Herstellung: fgb · freiburger graphische betriebe
www.fgb.de
Gedruckt auf umweltfreundlichem, chlorfrei gebleichtem Papier
Printed in Germany

ISBN 978-3-451-30161-2

Inhalt

Zweiter Teil: Themen der Fundamentaltheologie

Zur Einführung

Allenthalben lässt sich heute eine neue Aufmerksamkeit für die Religionen beobachten, manche sprechen von einer »Wiederkehr der Religion«. Dieses angesichts der neuzeitlichen Religionskritik sowie einer offenbar unaufhaltsam fortschreitenden Säkularisierung moderner Gesellschaften doch einigermaßen erstaunliche Phänomen stellt auch für die Fundamentaltheologie eine Herausforderung dar und verleiht ihr heute eine besondere Aktualität. Denn mit der Rückkehr der Religion in den Fokus öffentlicher Aufmerksamkeit steht auch das zentrale Thema der Fundamentaltheologie wieder ganz oben auf der Tagesordnung: die Frage nach dem Verhältnis von Vernunft und Religion.

Im gegenwärtigen Kontext erscheinen dabei drei Facetten dieser Thematik besonders bedeutsam:

- Für viele säkulare Menschen bleibt ein religiöser Glaube etwas zutiefst Irrationales. Sie betrachten ihn als schlechterdings unvereinbar mit einem modernen, von den Wissenschaften geprägten Weltbild. Demnach stehen Glaube und Vernunft per se in einem unüberbrückbaren Widerspruch zueinander. Die Vertreter dieser Auffassung beharren also auf der Überzeugung Max Webers, wonach in der entzauberten Moderne eine positiv-religiöse Haltung das »Opfer des Intellekts« verlange.
- In gewisser Weise korrespondiert dem auf religiöser Seite die Auffassung, dass der Glaube die Vernunft überragt und sich daher die Frage nach seiner Vernunftgemäßheit verbietet. Auch hier geht man also von einem unüberbrückbaren Widerspruch zwischen Glaube und Vernunft aus. Der Glaube ist etwas Übervernünftiges und deshalb der Vernunft keinerlei Rechenschaft schuldig. Wer nach einem Einklang zwischen Glaube und Vernunft sucht, der zieht sich daher den Vorwurf zu, den Glauben zu zerstören. Die Vernunft erscheint als etwas schlechterdings Glaubensfeindliches. Damit wird Religion

aber für eine demokratische und pluralistische Gesellschaft zum Problem.
- Religion wird heute wieder sehr stark als eine Macht wahrgenommen, die Einfluss auf Individuen und Gesellschaften auszuüben versucht. Dabei zeigt sie sich immer wieder als latent oder offen gewaltbereit. Auch von daher stellt sich die Frage nach ihrer Vernunftgemäßheit mit besonderer Dringlichkeit. Auf Gehör und Einfluss darf Religion in einer weltanschaulich pluralen Gesellschaft nur hoffen, wenn sie die Verantwortbarkeit ihrer Glaubensüberzeugungen auch vor der Vernunft auszuweisen vermag.

Angesichts solcher Erscheinungen und Gefahren hat die Fundamentaltheologie gerade heute in Erinnerung zu halten bzw. wieder neu zu Bewusstsein zu bringen, dass der christliche Glaube schon sehr früh als eine »fides quaerens intellectum« verstanden worden ist, d. h. als ein Glaube, der die Vernunft nicht nur nicht ausschließt, sondern ausdrücklich danach strebt, sich selbst in einem vernünftigen Denken auszulegen. Nach diesem Verständnis bleibt der Glaube defizitär, solange er sich nicht in ein entsprechendes Verhältnis zur Vernunft gesetzt hat. Indem sie sich in diese lange Tradition stellt, wird die Fundamentaltheologie heute zur Anwältin einer Gestalt des Christentums, die getragen ist von der Überzeugung einer wechselseitigen Affinität zwischen Glaube und Vernunft. In diese Aufgabenstellung und in die verschiedenen Themenfelder, die damit verbunden sind, will das vorliegende Buch einführen.

Dabei darf nicht verdrängt werden, dass Fundamentaltheologie lange Zeit als ein typisch katholisches Unternehmen galt. Hier ist mittlerweile manches in Bewegung geraten, aber von seiten der evangelischen Theologie bleibt eine gewisse Zurückhaltung bisweilen immer noch spürbar. Der Autor kann (und will) nicht verhehlen, dass er selbst katholischer Theologe ist. Aber das Bemühen, evangelische Ansätze und Argumente mit einzubeziehen, war auf jeden Fall gegeben und kommt hoffentlich auch zum Tragen. Dahinter steht die Überzeugung, dass Fundamentaltheologie heute ein gemeinsames christliches Anliegen beinhaltet und deshalb nicht konfessionstrennend, sondern -verbindend ist.

Erster Teil: Zur Geschichte und den Aufgaben der Fundamentaltheologie

I. Die Entstehung der Fundamentaltheologie

Es ist immer wieder gesagt worden, die Fundamentaltheologie sei zum einen ein spezifisch katholisches Unternehmen und zum anderen, historisch gesehen, eine recht späte Erscheinung. Bei etwas näherer Betrachtung erweist sich jedoch beides nur mit großen Einschränkungen als zutreffend. Gewiss, der katholische Theologe *Johann Nepomuk Ehrlich* (1810–1864) war der Inhaber des ersten Lehrstuhls für Fundamentaltheologie, der 1856 in Prag eingerichtet wurde. Und Ehrlich publizierte auch eines der ersten Werke mit dem Titel »Fundamental-Theologie«, nämlich das in zwei Teilen erschienene Lehrbuch »Leitfaden für Vorlesungen über die allgemeine Einleitung in die theologische Wissenschaft und die Theorie der Religion und Offenbarung als erster Teil der Fundamental-Theologie« (1859) sowie »Leitfaden für Vorlesungen über die Offenbarung Gottes als Thatsache der Geschichte, zweiter Teil der Fundamental-Theologie« (1862). Dabei handelt es sich jedoch nicht um etwas gänzlich Neues; das zeigt bereits der Tatbestand, dass der Begriff Fundamentaltheologie sich bereits im Titel einiger apologetischer Schriften des 18. und der ersten Hälfte des 19. Jahrhunderts findet (vgl. Stirnimann: 195–198). Und auch der Lehrstuhl Ehrlichs ist nicht neu geschaffen worden; es wurde lediglich der bereits bestehende Lehrstuhl für Apologetik umbenannt.

Wenn sich in der Folgezeit die Bezeichnung Fundamentaltheologie immer mehr eingebürgert und schließlich durchgesetzt hat, so haben dabei verschiedene Gründe eine Rolle gespielt. Die negativen Assoziationen, die sich in zunehmendem Maße mit dem Begriff Apologetik verbunden haben, spielen dabei zweifellos eine Rolle. So steht ein solches Unternehmen häufig »unter dem Verdacht taktischer Unaufrichtigkeit, unter dem Verdacht der Rechthaberei, der ideologischen Kurzschlüssigkeit, ... unter dem Verdacht der Lernunfähigkeit und Lernunwilligkeit und dementsprechend einer routinierten Verblüffungsfestigkeit gegenüber der Spontaneität kritischer Fragen und der Herausforderung durch neue Situationen« (Metz 1: 24f). Entscheidender dürften aber zwei andere Gründe gewesen sein.

Zum einen ist das im 19. Jahrhundert verbreitete Konzept einer Fundamentalphilosophie zu nennen (vgl. Gethmann). Sie versteht sich als erster Teil der Philosophie, als deren Grundlage, die die Möglichkeit von Philosophie überhaupt begründet. Als solche untersucht sie die Prinzipien der Erkenntnis, die die verschiedenen Disziplinen der Philosophie bestimmen. Diese Prinzipien werden als die apriorischen Gesetzmäßigkeiten des menschlichen Geistes, des Ich oder des Gemütes verstanden. Als Beschäftigung mit diesen grundlegenden Prinzipien geht die Fundamentalphilosophie ihrem eigenen Selbstverständnis nach etwa auch der Ontologie oder der Metaphysik voraus, denn sie sind ja ihrerseits von diesen fundamentalen Prinzipien abhängig. Dieses Projekt einer Fundamentalphilosophie hat die Durchsetzung der Bezeichnung Fundamentaltheologie sicherlich beeinflusst.

Bedeutsam ist in diesem Zusammenhang aber auch das 1. Vatikanische Konzil. In seiner Konstitution »Dei Filius« über den katholischen Glauben aus dem Jahr 1870 spricht das Konzil davon, dass »die rechte Vernunft die Grundlagen des Glaubens beweist (recta ratio fidei fundamenta demonstret)« (DH 3019). Damit werden Bestrebungen in der damaligen Theologie aufgegriffen, die auf die Etablierung einer eigenen Disziplin im theologischen Fächerkanon zur Begründung und Verteidigung des Glaubens zielen. Die Formulierung des Konzils hat sich dann auch auf die Bezeichnung dieses Faches ausgewirkt.

Die allmähliche Ersetzung der Bezeichnung Apologetik durch Fundamentaltheologie zeigt somit einerseits, dass die Fundamentaltheologie in der Mitte des 19. Jahrhunderts nicht völlig neu entstanden ist. Andererseits signalisiert die nomenklatorische Veränderung dann aber doch auch eine gewisse inhaltliche Neuakzentuierung. Das vermag ein Blick auf die Vorgeschichte noch etwas zu verdeutlichen. Dabei zeigt sich dann auch, dass es sich hier nicht um eine ausschließlich katholische Problematik handelt.

Bereits im Titel des Lehrbuches zur Fundamentaltheologie von J. N. Ehrlich klingt an, dass es dem Verfasser, genau besehen, um zweierlei geht, nämlich zum einen um eine »Einleitung in die theologische Wissenschaft«, zum anderen um eine »Theorie der Religion und Offenbarung« bzw. um »die Offenbarung Gottes als Thatsache der Geschichte« (vgl. zu Ehrlich: Ebeling 1: 498–501; Niemann 2: 348–350; Stirnimann: 293f). Ehrlich begründet ausdrücklich, warum er dieses Unternehmen als Fundamentaltheologie bezeichnet und nicht etwa die gängigen Bezeichnungen »Apologetik« oder auch »generelle Dogmatik« verwendet. Nach ihm sind die Begriffe Fundamentaltheologie und Apologetik nicht vollständig deckungsgleich, denn letztere könne auch als eine ganz eigenständige nichttheologische Disziplin betrieben werden, während die Fundamentaltheologie auf die Theologie insgesamt und insbesondere auf die Dogmatik ausgerichtet sei; sie müsse den Übergang dahin vermitteln. Doch Ehrlich geht es nicht nur um eine Hinführung zur Dogmatik, und deshalb gibt er seinem Lehrbuch auch nicht den Titel »Generelle Dogmatik« (im Unterschied zur »speziellen Dogmatik«). Sein Ziel ist weiter gesteckt: Er möchte die Theologie insgesamt als Wissenschaft begründen. Es geht also vor allem auch um ein wissenschaftstheoretisches Anliegen: Die Grundlegung der Dogmatik – mittels einer Theorie der Religion und der Offenbarung sowie eines Erweises des geschichtlichen Ergangenseins der Offenbarung – begreift Ehrlich zugleich als wissenschaftstheoretische Grundlegung der Theologie im Ganzen. In diesem weiteren Sinne versteht er den Terminus Fundamentaltheologie.

Dieser Begriff selbst lässt sich bis ins 17. Jahrhundert zurückverfolgen (vgl. Stirnimann: 295f; Niemann 1; Vergauwen: 121f). Allerdings ist sein Bedeutungsgehalt nicht eindeutig, er taucht in unterschiedlichen Sachzusammenhängen auf, etwa als Grundlegung der Moraltheologie oder im Hinblick auf die zentralen Lehren des Christentums. Der Ansatzpunkt ist dabei jeweils die Metapher »Fundament«.

Wichtiger als die Begriffsgeschichte sind jedoch die inhaltlichen Einflüsse, die sich in Ehrlichs Konzept zeigen. An erster Stelle ist hier *Johann Sebastian von Drey* (1777–1853) zu nennen, der Initiator der katholischen Tübinger Schule. Vor allem sein dreibändiges Werk »Die Apologetik als wissenschaftliche Nachweisung der Göttlichkeit des Christentums in seiner Erscheinung« (1838–1847) dürfte für Ehrlichs Entwurf Pate gestanden haben. Drey konzipiert die Apologetik als eine eigene theologische Disziplin, die der Fundierung der gesamten Theologie dienen soll (Niemann 2: 307–314). Hier zeigen sich also bereits zwei wichtige Intentionen, die dann auch für Ehrlichs Fundamentaltheologie bestimmend werden: Drey versteht die Apologetik als ein dezidiert theologisches Unternehmen, und er verknüpft damit ein wissenschaftstheoretisches Interesse im Hinblick auf die Theologie als ganze. So heißt es schon programmatisch in seiner frühen Schrift »Kurze Einleitung in das Studium der Theologie mit Rücksicht auf den wissenschaftlichen Standpunkt und das katholische System« (1819): »Darstellung des Wesens im christlichen Religionssystem ist die erste Aufgabe der Apologetik – als Grundlegung zur wissenschaftlichen Theologie. Ohne Kenntniß dieses Wesens ist weder eine eigentliche Kenntniß noch eine Wissenschaft vom Christentum möglich« (Drey: 154 [§ 230]). Als dessen Grundidee betrachtet Drey die Reich-Gottes-Idee (vgl. Seckler 2 und 3); sie ist historisch als der zentrale Inhalt des Christentums sowie als hermeneutischer Schlüssel zum Verständnis der biblischen Bücher und der gesamten Heilsgeschichte darzulegen und schließlich als die »wahre Vernunftidee« zu erweisen, in der sich auch »die wahre Idee aller Religion überhaupt« zeigt. Wenn das gelingt, »ist der Beweis geführt für die innere Wahrheit der christlichen Religion« (Drey: 155 [§ 230]). Es ging Drey bei seiner Konzeption der Apologetik als einem eigenständigen theologischen Fach also um »eine Theorie der Theologie, in der er die Positivität des Glaubens mit den Bedingungen einer Vernunftwissenschaft zu versöhnen trachtete« (Seckler 1: 60). Diese ganz auf den Inhalt des Christentums fokussierte Konzeption hat Drey später in seiner dreibändigen »Apologetik« insofern modifiziert, als er dieser nun die eher formal bleibende Aufgabe einer Theorie der Religion und der Offenbarung zuweist (vgl. Flury 1: 53f; Seckler 4: 362f Anm. 60). Davon wird dann auch die Konzeption von Ehrlich bestimmt.

Drey seinerseits war insbesondere durch den evangelischen Theologen *Friedrich Daniel Schleiermacher* (1768–1834) beeinflusst (vgl. Schreurs). Von ihm übernimmt er die Forderung nach einer theologischen Grundlagendisziplin, die Schleiermacher als »Philosophische Theologie« bezeichnet hat. Das verweist zurück auf den deutschen Idealismus und dessen Bemühen um eine philosophische Enzyklopädie als einer Wissenschaftslehre, in der das System der Wissenschaft aus einem Prinzip abgeleitet wird. »Es war die Leistung Schleiermachers, in enger Nachbarschaft zur idealistischen Philosophie eine Konzeption theologischer Enzyklopädie zu entwerfen, die den Charakter der Theologie als positiver Wissenschaft entschieden bejaht, sie also nicht spekulativ in der Idee der Wissenschaft begründet sein lässt und dennoch mit vorbildlicher Strenge an der Aufgabe einer formalen Enzyklopädie festhält, einer Rechenschaft über die Wissenschaftlichkeit und innere Organisation der Theologie« (Ebeling 1: 487). Schleiermacher reagiert damit nicht zuletzt auch auf den drohenden Verlust der Einheit der Theologie durch die Verselbständigung der theologischen Fächer seit dem 16. und 17. Jahrhundert (vgl. Niemann 1: 258f; Hell: 209–213).

Man sieht somit, wie sich in der Fundamentaltheologie, die sich etwa seit der Mitte des 19. Jahrhunderts als eigenständiges theologisches Fach etabliert, unterschiedliche Aspekte und Motive miteinander verbinden. Angesichts der neuzeitlichen Religions- und Christentumskritik haben sich nicht nur die apologetischen Herausforderungen und Aufgaben zugespitzt und verschärft, auch die Stellung der Theologie als Wissenschaft wird nun in Frage gestellt, so dass sie einer neuen und fundierten Begründung bedarf. Und schließlich beginnt die innere Einheit und Struktur der Theologie zu erodieren, was es erforderlich macht, sie eigens zu thematisieren und zu reflektieren. Alles dies sind keine konfessionsspezifischen Herausforderungen; angesichts der Entwicklungen in der Neuzeit und im Aufklärungszeitalter stellen sie sich vielmehr in der evangelischen wie in der katholischen Theologie gleichermaßen und drängen in die Richtung einer eigenen theologischen Grundlagendisziplin, die sich diesen Aufgaben widmet. Allerdings hat sich dann nur im katholischen Bereich ein solches eigenständiges Fach herausgebildet, so dass dies als eine typisch katholische Entwicklung angesehen worden ist. Erst in jüngerer

Vergangenheit kommt es auch in der evangelischen Theologie zu expliziten fundamentaltheologischen Konzeptionen (vgl. unten 100ff).

Auch wenn die Etablierung der Fundamentaltheologie sich also einer spezifisch neuzeitlichen Konstellation verdankt, so darf doch nicht übersehen werden, dass damit unter gänzlich veränderten Bedingungen auch eine für die christliche Theologie von ihren Anfängen an zentrale (wenn nicht sogar *die* zentrale) Intention weitergeführt wurde, nämlich ihre apologetische Aufgabe. Eine entsprechende Forderung reicht bis ins Neue Testament zurück.

II. Die apologetische Tradition der Theologie

Der griechische Begriff ἀπολογία gehört ursprünglich in das Prozesswesen und meint die Verteidigungsrede vor Gericht. In diesem Sinne wird er auch im NT noch verwendet (Lk 12,11; 21,14; Apg 22,1; 24,10; 25,8; 26,1f.24; 2 Tim 4,16). Der Bedeutungsgehalt des Begriffs hat sich dann im umgangssprachlichen Bereich erweitert, so dass er auch die argumentative Verteidigung von philosophischen oder religiösen Überzeugungen, Lehren und Haltungen bzw. das geistige Werben für sie bezeichnen kann. Paradigmatisch in der Antike ist dafür Platons »Apologie des Sokrates«. Aber auch im NT wird der Begriff ἀπολογία in diesem Sinne verwandt (vgl. Phil 1,7.16). Am markantesten geschieht das in 1 Petr 3,15b, wo es heißt: »Seid immer bereit πρὸς ἀπολογίαν jedem gegenüber, der euch nach dem λόγος der Hoffnung in euch fragt.« Diese Stelle ist deshalb auch häufig als die »Magna Charta« der Fundamentaltheologie bezeichnet worden.

An der Aufforderung in 1 Petr 3,15 lassen sich insbesondere fünf Aspekte hervorheben (Ritt; Seckler 4: 353–356; Verweyen 1: 37f; Waldenfels 1: 82). (1) Sie richtet sich an *alle* Christen, nicht lediglich an eine Gruppe von »Spezialisten«. Wenn die Theologie sich diese Aufgabe zu Eigen gemacht hat, so übernimmt sie stellvertretend für alle Christen etwas unabdingbar zum christlichen Glauben Gehörendes. (2) Die ἀπολογία ist *jedem* gegenüber zu leisten, der sie fordert. Nach 1 Petr 3,15 ist der christliche Glaube also uneingeschränkt »apologiepflichtig«. (3) Es geht bei dieser ἀπολογία um die *Hoffnung* der Christen, also um das, was sie als Glaubende erwarten bzw. ersehnen, d. h. um den Sinn und das Ziel des Daseins. (4) Die Aufforderung in 1 Petr 3,15 impliziert die Überzeugung, dass der christliche Glaube zur ἀπολογία fähig und dieses Bemühen auch Erfolg versprechend ist. Begründet ist das in der *Logoshaftigkeit* der christlichen Hoffnung, d. h. ihrer Übereinstimmung mit der Vernunft: »Sie ist logoshaft in sich selbst und« daher auch »offen für ihre logoshafte Erschließung im Gebrauch der Vernunft« (Seckler 4: 355), auch Nichtglaubenden gegenüber. (5) So bedeutet denn auch ἀπολογία: Rechenschaft abzulegen über diese Vernunfthaftigkeit der christlichen Hoffnung und damit auch des diese Hoffnung tragenden Christusbekenntnisses sowie der damit verbundenen christlichen Lebensgestalt.

1. In der Alten Kirche

Dieser Aufgabe haben sich die christlichen Theologen gestellt. Die dabei entwickelten Apologien des Christentums folgten keinem festen Schema, sondern waren sehr stark geprägt von ihren unterschiedlichen Anlässen und Bedingungen (vgl. als Überblick: Barnard; Geerlings sowie insbesondere Fiedrowicz). Ein Vorbild hat diese frühchristliche Apologetik in entsprechenden jüdischen Bemühungen, wie sie sich um die Zeitenwende vor allem bei Philo von Alexandrien und Flavius Josephus finden (Fiedrowicz: 29f). Beide bemühten sich, Kritik und Vorwürfe (etwa der Vorwurf mangelnder politischer Loyalität oder der des Atheismus wegen der Ablehnung des Staatskultes) zu entkräften, die aus dem hellenistischen Umfeld gegenüber dem Judentum erhoben wurden. Welch hohe Wertschätzung das in christlichen Kreisen genoss, zeigt der Tatbestand, dass die Werke dieser beiden jüdischen Apologeten von Christen überliefert worden sind.

Die Ausbildung einer spezifisch christlichen Apologetik setzt die Herauslösung der christlichen Gemeinden aus dem Judentum voraus. Erst jetzt konnten die Christen als eine eigene religiöse Gruppierung neben dem Judentum wahrgenommen werden; sie erschienen jetzt nicht mehr als eine innerjüdische Bewegung. Infolge dessen kam es aber auch zu scharfen polemischen Auseinandersetzungen mit dem Judentum. Ein Beispiel dafür ist etwa der Barnabasbrief (um 130), nach dem Gott allein mit den Christen einen Bund geschlossen hat, während die Juden sein Bundesangebot aufgrund ihrer Sündhaftigkeit zurückgewiesen haben (Barn 4, 6–8; 14). Auch die christliche Adversos-Judaeos-Literatur setzt bereits in dieser frühen Zeit ein (Barnard: 394–398; de Lange:

134f; Schreckenberg: 179ff); so ist etwa von Hippolyt von Rom eine Schrift mit diesem Titel erhalten. Damit fällt ein nicht wegzuleugnender Schatten auf die apologetischen Bestrebungen im Christentum; sie haben in Teilen dem christlichen Antijudaismus Vorschub geleistet.

Einen weiteren entscheidenden Anlass für die Entstehung einer christlichen Apologetik bilden Missverständnisse des Christusglaubens sowie Denunziationen und Verfolgungen von Christen. Sie bezogen sich zum einen auf deren Lebensführung, insbesondere auf ihr Verhältnis zum offiziellen Staatskult, zum anderen auf den christlichen Gottesdienst. So warf man den Christen vor, dass es in ihren gottesdienstlichen Versammlungen Kannibalismus, Inzest und Kindesmord gebe. Das musste ebenso befremdlich wirken wie ihr Fernbleiben von volkstümlichen Schauspielen und Vergnügungen. Am meisten irritierte jedoch die Weigerung der Christen, den offiziellen Göttern zu opfern und die Kaiserbilder kultisch zu verehren. Wie schon die Juden wurden deshalb auch sie als »Atheisten« angesehen, ein Vorwurf, der vor allem politisch brisant war, denn die alten Götter Roms galten als Garanten der politischen Stabilität und der allgemeinen Wohlfahrt. Aufgrund ihres Verhaltens setzten sich die Christen daher dem Verdacht mangelnder politischer Loyalität, ja der Staatsfeindschaft aus. Das Christentum erschien nicht nur als befremdlicher und fragwürdiger Kult, sondern auch als gefährlicher politischer Störfaktor. Verschärft wurde dieser Verdacht noch durch den strengen Monotheismus der Christen, der es unmöglich machte, den christlichen Gott in das römische Pantheon zu integrieren als eine unter verschiedenen, prinzipiell gleichberechtigten Gottheiten.

Da all das Anfeindungen und Verfolgungen auslöste, versuchten die christlichen Apologeten diese Vorwürfe zu entkräften und zurückzuweisen. Sie schrieben Eingaben an den Kaiser, um für das Christentum Anerkennung und rechtlichen Schutz zu erwirken. Dazu mussten nicht nur Missverständnisse und falsche Informationen bezüglich des Christentums korrigiert werden; die christlichen Apologeten bemühten sich darüber hinaus auch zu zeigen, dass der christliche Glaube und die ihm entsprechende Lebenspraxis höchsten sittlichen Ansprüchen ebenso wie den erhabensten philosophischen Gedanken genügen. Man nahm also ausdrücklich Bezug auf die Philosophie, um aufzuweisen, dass das Christentum mit deren Erkenntnissen in Einklang steht und somit keineswegs als vernunftwidrig gelten kann.

Ein besonders wirkmächtiges Beispiel dafür ist *Justin* († ca. 165). Um die Anerkennung des Christentums zu erreichen, wandte er sich in einer privatrechtlichen Petition an den Kaiser. Er wies den Atheismusvorwurf zurück, betonte die Loyalität der Christen gegenüber dem Staat und korrigierte Verdächtigungen hinsichtlich ihrer gottesdienstlichen Praxis. Das verband Justin dann mit einer grundlegenden Apologie des Christentums, wobei er sich ausdrücklich auf die Philosophie bezog, denn er hatte vor seiner Konversion zum Christentum eine philosophische Ausbildung durchlaufen.

Der Ansatzpunkt Justins war dabei die radikale Transzendenz Gottes, wie sie insbesondere die platonische Philosophie vertrat. Danach ist Gott rein geistig und als solcher völlig unterschieden von der Welt. So steht er dem Menschen ganz ferne und kann von ihm nur äußerst schwer erkannt sowie in Begriffe gefasst werden. Vor diesem Hintergrund begreift Justin Christus als den Logos Gottes, durch den Gott zum Menschen spricht und damit erkennbar wird. Christus als der menschgewordene Logos Gottes überbrückt also die zunächst unüberwindbar scheinende Kluft zwischen der Transzendenz Gottes und der Welt in ihrer Materialität und Raumzeitlichkeit.

Dieser in Jesus von Nazareth menschgewordene Logos Gottes (Joh 1,14) war jedoch auch schon vor seiner Menschwerdung in der Schöpfung wirksam als der λόγος σπερματικός (2 apol. 8,3; 13,3), d. h. als der Samen der Wahrheit aussäende Logos. Zum einen geschah das in Mose und den Propheten, also den alttestamentlichen Offenbarungsmittlern, zum anderen dadurch, dass der Logos Samen der Wahrheit in die menschliche Vernunft ausgestreut hat. Die ihm dabei von Justin zugeschriebene Wirkung besteht in der Zurückdrängung der dämonischen Einflüsse auf den Menschen, der so von seinen irrationalen Leidenschaften befreit und in seiner wahren Vernünftigkeit wiederhergestellt wird.

Die menschliche Vernunft ist demnach wahrheitsfähig, weil der göttliche Logos ihr immer schon zur Seite steht. So kann Justin auch einige Philosophen, insbesondere Sokrates, schon als »christliche« Philosophen ansehen, als »Christen vor Christus«, weil sie die Truggebilde der Dämonen entlarvt und sich auf die Suche nach dem wahren Gott begeben haben.

Seinen einzigartigen Höhepunkt erreicht dieses Wirken des göttlichen Logos dann aber mit seiner Menschwerdung; als menschgewordener vermag er unmittelbar zu den Menschen zu sprechen und so die göttliche Wahrheit im höchsten Maße erkennbar werden zu lassen. Daher bezeichnet Justin das Christentum auch als die »wahre Philosophie« (dial. 1–8); denn die von der Philosophie erstrebte Erkenntnis der göttlichen Wahrheit wird erst im christlichen Glauben wirklich erreicht. »Die christliche Lehre ist nicht wahr, weil sie mit der Wahrheit, die in den Philosophien begegnet, übereinstimmt und sie in sich bewahrt, sondern weil sie die volle Gestalt derjenigen Wahrheit ist, deren Splitter in den Philosophien bewahrt geblieben sind« (Honnefelder 2: 63).

Mit dieser Konzeption einer Logostheologie setzte Justin also den Christusglauben in ein positives Verhältnis zur vor- und außerchristlichen Philosophie, indem sich »der klare Blick für das unterscheidend Christliche mit der Fähigkeit verband, in der griechischen Philosophie und Dichtung Wahrheitselemente aufzuspüren, die die christliche Botschaft als authentische Botschaft vom Logos verständlich machten« (Fiedrowicz: 43). Das impliziert einen ungeheueren Anspruch: Das Christentum erschließt eine einzigartige, universale Wahrheit, die auch als höchste Vernunftwahrheit eingesehen werden kann.

Damit war die Hauptlinie der christlichen Apologetik vorgezeichnet. Das zeigte sich, als sich seit dem 3. Jahrhundert eine neue Form der Apologetik herausbildete (Fiedrowicz: 49f). Sie war nicht durch aktuelle Verfolgungen ausgelöst, sondern durch literarische Angriffe heidnischer Philosophen. Diese Anfeindungen schufen in den christlichen Gemeinden selbst Verunsicherung und machten deshalb eine Auseinandersetzung mit solchen Schriften erforderlich. Der Prototyp dieser neuen Form von Apologetik war die um 246 verfasste Schrift des *Origenes* (ca. 185–254) »Contra Celsum« (Barnard: 392–394; Fiedrowicz: 50–52; 65–67; Reemts; Verweyen 8: 144–149). Origenes wandte sich darin an Christen, die in ihrem Glauben durch die bereits etwa 70 Jahre zuvor erschienene christentumskritische Schrift des Celsus verunsichert waren. Dieser stellte nicht nur die Zuverlässigkeit der biblischen Überlieferung in Frage. Möglicherweise herausgefordert durch Justins Apologie des Christentums sprach er dem christlichen Glauben die Vereinbarkeit mit der philosophischen Weisheit ab; er bezichtigte die Christen, ungebildet und leichtgläubig zu sein und deshalb einem irrationalen Glauben anzuhängen. Zudem erhob er erneut den Vorwurf, dass mit der Ablehnung der traditionellen Religion durch das Christentum die Grundlagen der Gesellschaft und des Staates zerstört würden. Offensichtlich führten diese Anfeindungen des Celsus unter den Christen auch nach Jahrzehnten noch zu Verunsicherung und Glaubenszweifeln, da sie noch keine angemessene Antwort gefunden hatten.

In seiner Replik – dem »Höhepunkt der apologetischen Bewegung des 2. und 3. Jh.« (Barnard: 393) – insistierte Origenes auf der Vernunftgemäßheit des Christentums. Wie schon Justin sah er es nicht nur als den Lehren der Philosophen ebenbürtig, sondern als diesen überlegen an. Dem widerspricht auch nicht, dass sich unter den Christen in der Tat viele Ungebildete befanden. Ganz im Gegenteil, Origenes sah darin eine Bestätigung dafür, dass die christliche Botschaft als das Wort Gottes eine viel größere Kraft hat, um die Menschen zu erreichen und zu verändern, als die Lehren Platons und anderer Philosophen (Cels. 1,27; 6,2). Während Platon sich nur an die Gebildeten wandte, ist Gott in seiner Güte und Menschenfreundlichkeit selbst Mensch geworden, um so zu allen Menschen sprechen und sie zu einer Änderung ihres Lebens bewegen zu können (Cels. 7,42. 44). Deshalb vermochte Origenes in der Ausbreitung des Christentums auch keinerlei Gefahr zu erkennen, sondern vielmehr die Chance für einen umfassenden moralischen Gesinnungswandel. So wies Origenes auch entschieden die Forderung des Celsus zurück, die Christen sollten den verschiedenen antiken Göttern dienen, weil diese dem höchsten Gott gehörten (Cels. 8,2). Wie schon Justin vermochte auch

Origenes in diesen Gottheiten nur dämonische Mächte zu erkennen (Cels. 7, 69f). »Kaum ein anderes Werk der apologetischen Literatur lässt die Konfrontation zwischen Antike und Christentum so direkt miterleben wie die umfangreiche Streitschrift des Origenes, die durch Zitat und Erwiderung auf hohem intellektuellen Niveau die Repräsentanten zweier Kulturen, der alten hellenistischen Tradition und der neuen christlichen Religion, zur Sprache kommen lässt« (Fiedrowicz: 67).

Auch Origenes ließ sich also von der Überzeugung leiten, dass das Christentum seinen Wahrheitsanspruch auf dem Forum der philosophischen Vernunft zu verteidigen hat, indem es deren Einsichten weiterführt und vollendet. Diese Hauptlinie der frühen christlichen Apologetik zeigte sich nochmals in besonders wirkmächtiger Weise am Ende der altkirchlichen Epoche bei *Augustinus* (354–430). Seine apologetischen Bestrebungen gipfelten in dem monumentalen Werk »De civitate Dei«, das in der Zeit von 413 bis 426 entstand (Knapp 1: 295–308). Sein Anlass war die Eroberung Roms durch die Westgoten im Jahre 410 und der dadurch bewirkte Zerfall des Imperium Romanum. Angesichts dessen sahen sich die Christen mit dem Vorwurf konfrontiert, für diese politische Katastrophe sei die Erhebung des Christentums zur Staatsreligion und die Vernachlässigung der alten Götter verantwortlich. Es schien sich zu bestätigen, dass die Abwendung von der traditionellen Religion die Grundlagen des Staates zerstört, wie es Celsus und viele andere heidnische Intellektuelle vorausgesehen hatten. Aber auch viele Christen waren zutiefst verunsichert; sie sahen ihren Glauben an die göttliche Vorsehung erschüttert, denn sie hatten die Christianisierung des Imperium Romanum als einen entscheidenden Schritt bei der universalen Ausbreitung des Evangeliums vor dem nahen Weltende verstanden. Gegen diese Identifikation von weltlich-politischer Macht mit dem Reich Gottes wandte sich Augustinus in »De civitate Dei«. Er legte dar, dass die civitas Dei kein innerweltliches Herrschaftsgebilde darstellt, sondern konstituiert wird »durch Gottesliebe (amor Dei), die sich bis zur Selbstverachtung erhebt«, im Unterschied zur civitas terrena, die begründet wird »durch Selbstliebe (amor sui), die sich bis zur Gottesverachtung steigert« (De civ. 14, 28). Entscheidend für die Verwirklichung des eschatologischen Heils bleibt also die innere Ausrichtung des Menschen auf Gott, nicht die Entfaltung politisch-militärischer Machtsphären. Die Durchsetzung der civitas Dei ist nicht am Gang der Weltgeschichte ablesbar.

Augustins Apologie des Christentums beruht ebenfalls auf der Voraussetzung, dass der christliche Wahrheitsanspruch sich vor der philosophischen Vernunft verantworten lässt. Dabei betrachtet Augustinus den Platonismus gewissermaßen als den Inbegriff der Philosophie, weil es hier um die Wirklichkeit des Geistes geht. Und nur da, wo die Philosophie ihr Augenmerk ganz auf das Geistige richtet, kann sie auch Gott erreichen; denn Gott ist eine rein geistige Wirklichkeit. Und so sieht Augustinus denn auch viele Übereinstimmungen zwischen Christentum und Platonismus. Doch trotz dieser großen Nähe zwischen beiden bedarf auch der Platonismus der Vollendung durch das Christentum, um die göttliche Wahrheit ganz erfassen zu können. Erst Christus zeigt dem Menschen diese Wahrheit in einer unverfälschten Weise und eröffnet ihm so den Weg zur Glückseligkeit. Denn es geht dabei um eine überzeitliche Wahrheit, das Immerwährende. Diese Wahrheit wird von der endlichen, einer permanenten Veränderung unterworfenen Welt verdeckt; sie ist dieser gegenüber radikal transzendent. Deshalb gelangt das menschliche Streben nach Weisheit nicht zum Ziel, wie ja gerade die widersprüchlichen Aussagen der Philosophen zeigen (De vera rel. 1,1). Erst Christus, das fleischgewordene Wort Gottes, offenbart dem Menschen die transzendente göttliche Wahrheit und führt ihn zu dieser hin. Deshalb ist der Glaube an Christus auch für Augustinus die unerlässliche Voraussetzung dafür, dass das philosophische Erkenntnisstreben zu seinem Ziel gelangt. »Die Ewigkeit verhält sich zum Gewordenen wie die Wahrheit zum Glauben« (De trin. IV, 18,24). Das Versagen des Platonismus besteht nach Augustinus darin, dass er sich diesem Glauben verweigert hat. Denn »das ist … der Menschheitsweg zur Erlösung der Seele, der allen Völkern durch Gottes Erbarmen eröffnet ist« (De civ. 10,32).

Es ging der christlichen Apologetik in ihren antiken Anfängen also darum, zu erweisen, dass das Christentum keine von Menschen gemachte Religion ist wie etwa der römische Staatskult. Das Christentum wurde gerade deshalb als »die wahre Religion« verstanden, weil »es der wahre Gott ist ..., der sie seinen Verehrern eingibt und lehrt« (De civ. 6,4). Es ist dieser religiöse Wahrheitsanspruch, der auch gegenüber der Philosophie zur Geltung gebracht und kritisch gegen sie gewendet wurde: Da es sich um eine von Gott geoffenbarte Wahrheit handelt, überbietet sie alle Weisheit der Philosophie; diese kann sie nur vorbereiten und zu ihr hinführen, sie aber nicht selbst erreichen.

»Mit diesem bei den Apologeten beginnenden und von Augustinus endgültig formulierten Programm lässt sich das ›Neue‹ und ›Einmalige‹ des christlichen Glaubens nicht nur als das schon immer notwendig und allgemein Gültige, sondern als das alles Bisherige Überbietende und Integrierende ausweisen. Die Frage der griechischen Philosophie nach der Wirklichkeit im Ganzen und ihrem einenden Grund und ihre hoch differenzierte Spekulation über das göttliche Seiende, seine Eigenschaften und sein Transzendenz und Immanenz verbindendes Verhältnis zur Welt erscheinen als Vorstufe und begriffliches Medium der christlichen Lehre. Christlicher Glaubensanspruch und philosophischer Vernunftanspruch verbinden sich in der höheren Einheit der alles umfassenden christlichen Weisheit, in, wie Augustinus es ausdrückt, ›unserer christlichen Philosophie‹ als der ›wahren Philosophie‹« (Honnefelder 1: 296).

Einen geradezu programmatischen Ausdruck fand diese Synthese von Philosophie und Offenbarungsglauben in der ebenfalls auf Augustinus zurückgehenden Formel »credo ut intelligam« (»ich glaube, damit ich einsehen kann«). Sie macht deutlich: Nach dieser Konzeption sind Glaube und Vernunft aufeinander hingeordnet. Der Glaube setzt aus sich selbst heraus ein Erkenntnisstreben frei, das auf ein vertieftes Verständnis des Glaubens zielt. Dieser von den Kirchenvätern so genannte intellectus fidei, der »später den Namen Theologie erhält« (Honnefelder 1: 295), greift auf die philosophische Vernunft zurück, indem er einerseits an deren Einsichten anschließt, diese andererseits aber weiterführt und vollendet. Der Glaube wird also keineswegs auf reine Vernunfteinsichten reduziert. »Vielmehr besaßen die Apologeten ein klares Bewusstsein vom Spezifikum des Christlichen, das sie gegenüber der paganen Philosophie und Religion herausarbeiteten und zur

Geltung brachten. Das unterscheidend Christliche wurde im Offenbarungscharakter der Glaubenswahrheit erkannt« (Fiedrowicz: 313).

So hatte die christliche Theologie von allem Anfang an einen apologetischen Grundzug; ja, man wird sagen dürfen: Das apologetische Moment stellte das innere Movens bei der Entstehung einer christlichen Theologie dar. Diese Apologetik war jedoch nicht vorwiegend defensiv ausgerichtet, keine lernunwillige Rechthaberei, die sich in sich selbst verschanzte. Sie nahm vielmehr schon sehr bald einen werbend-missionarischen Charakter an; man war bestrebt, das Christentum als überzeugende und glaubwürdige Alternative zu den Religionen, Philosophien und Weltanschauungen der Antike auszuweisen. Dies geschah aus der Überzeugung heraus, dass das Evangelium nicht nur für eine kleine, auserwählte Gruppe von Menschen bestimmt ist, sondern zu allen Völkern getragen werden muss (Mt 28,19f). Die christliche Apologetik partizipierte demnach an dem mit der biblischen Christusbotschaft verbundenen universalen Sendungsauftrag und der durch ihn freigesetzten Dynamik. Ihr Spezifikum bestand dabei in der argumentativen Entfaltung des christlichen Wahrheitsanspruches als eines universalen Wahrheitsanspruches. Zu diesem Zweck verband sie sich mit der Philosophie; denn nur vor dem Forum der philosophischen Vernunft vermochte sie den christlichen Glauben »dem Verdacht der dezisionistischen Beliebigkeit zu entziehen und als allgemeine Möglichkeit des Menschseins zu begründen« (Fiedrowicz: 228).

So beeindruckend die Konzeption vom Christentum als der wahren Philosophie auch zunächst einmal erscheinen mag, sie hat ihre deutlichen Grenzen, die schließlich ihr Scheitern unausweichlich machen. Solange die Vernunft sich nicht auf den Boden der Christusoffenbarung stellt, bleibt sie nach dieser Konzeption ja defizitär, eine gewissermaßen halbierte Vernunft. Das aber »musste die Selbstbefreiung des philosophischen Denkens von der Theologie herausfordern« (Pannenberg 1: 61). Das gilt um so mehr, als die christliche Theologie mit diesem Selbstverständnis als der wahren Philosophie sich den von ihr gar nicht einlösbaren Anspruch aufgebürdet hat, »zur alles umfassenden ›Einheitswissenschaft‹ zu werden« (Honnefelder 2: 56). So schlägt diese patristische Synthese von Philosophie und Offenbarungsglauben schließlich zum Nachteil beider aus:

»Die Philosophie verliert ihre Eigenständigkeit und wird zum bloßen Durchgangsmoment, zur ›Vorhalle‹ der Theologie. Mit der Selbstinterpretation als ›wahrer Philosophie‹ entmündigt die Theologie die Philosophie, beraubt sie ihrer spezifischen Möglichkeiten und überfordert sich auf diese Weise selbst: Sie muss in den universalen Anspruch der philosophischen Vernunft eintreten und die volle Last der philosophischen Fragen und Antworten übernehmen. Gerade dadurch aber hindert sie sich daran, die Universalität des *ihr* aufgetragenen Anspruchs, die nicht aus der Vernunft, sondern aus der Heilstat Gottes stammt, in ihrer Unverwechselbarkeit zur Geltung zu bringen. Eine die jeweiligen Universalitätsansprüche von Vernunft und Offenbarung wahrende Unterscheidung von Theologie und Philosophie ist mithin unter dieser Konzeption nicht möglich« (a. a. O. 73).

Trotz ihres Scheiterns hatte die altkirchliche Konzeption vom Christentum als der wahren Philosophie nachhaltige Auswirkungen für die weitere Entwicklung des Christentums. Durch dieses frühzeitige Bündnis mit der Philosophie wurde die Überzeugung von der Logoshaftigkeit des christlichen Glaubens und seinem Verknüpftsein mit einem universalen Wahrheitsanspruch gestärkt. Das wiederum bildete die Grundlage der Fähigkeit zur kritischen Selbstreflexion, die dem Christentum dann immer wieder bei der Bewältigung geistiger und gesellschaftlich-kultureller Umbrüche zugute gekommen ist.

2. Im Mittelalter

Nachdem infolge der Konstantinischen Wende das Christentum zur dominierenden geistig-kulturellen Macht geworden war, verlor die bisherige Apologetik weitgehend ihre Bedeutung. Nach wie vor gab es zwar apologetische Auseinandersetzungen mit dem Judentum und dann auch mit dem Islam. Als die eigentlich neue Herausforderung erwies sich jedoch eine seit dem 9./10. Jahrhundert einsetzende Verwissenschaftlichung des Denkens, die mit einem neuen Willen zur Rationalität in den verschiedenen Bereichen des Wissens, etwa in der Medizin oder im Bereich des Rechts, einher ging (Honnefelder 1: 298). In der Theologie kam dieses Streben nach wissenschaftlicher Rationalität besonders nachdrücklich und richtungweisend bei *Anselm von Canterbury* (1033–1109) zur Geltung.

Anselm stand zunächst einmal ganz in der augustinischen Tradition des »credo ut intelligam«. Auch er ging also vom Vorgegebensein des Glaubens aus. Das zeigt die dann zum Leitbegriff gewordene Formel »Fides quaerens intellectum«, die ursprünglich als Titel seines »Proslogion« vorgesehen war. Auch Anselm ging also davon aus, dass der Glaube ein Erkenntnisstreben in Gang setzt, um zu einem vertieften Verständnis seiner selbst (intellectus fidei) zu gelangen und seine eigene Vernunfthaftigkeit (ratio fidei) zu erfassen. Das ist dann erreicht, wenn der Glaube seinen eigenen Grund erkannt und sich damit der Wahrheit des Geglaubten versichert hat. Das Neue und Weiterführende bei Anselm besteht darin, dass er das Programm eines »nach (vertiefter) Einsicht suchenden Glaubens« in methodischer Hinsicht eingehender und genauer reflektiert hat, als das bis dahin geschehen war (Kienzler 1; Dalferth 1; Christe; Larcher: 233–235; Verweyen 10).

Der Glaube ist nach Anselm eine Gabe Gottes; der Mensch kann sich ihn nicht selbst verschaffen. Das hat auch Auswirkungen für die Erkenntnis der Wahrheit des Glaubens: So wenig der Mensch von sich aus zum Glauben zu kommen vermag, so wenig kann er dessen Wahrheit auf sich allein gestellt erkennen. Diese Erkenntnis bleibt nach der Überzeugung des Benediktinermönches Anselm vielmehr an die kontemplative Konzentration auf Gott gebunden (Dalferth 1: 59). Konsequenterweise ist das »Proslogion« daher in die Situation des Gebetes versetzt. So wird schon von der äußeren Form her deutlich: Zum intellectus fidei kann es nur kommen, wenn das Erkenntnissubjekt sich in die Gegenwart Gottes, des Erkenntnisgegenstandes versetzen lässt, um so die Wahrheit Gottes selbst zu erfahren. Diese Wahrheit muss sich dann allerdings auch argumentativ entfalten lassen. »Denn so gewiß der intellectus fidei als *Wahrheits*erkenntnis ganz und gar Gabe Gottes, Resultat göttlicher illuminatio, ist, so gewiß ist er als Wahrheits*erkenntnis* Resultat des sola ratione vollzogenen intelligere des Menschen« (Dalferth 1: 61). Sola ratione heißt dabei für Anselm, dass in einem solchen Argumentationsgang nichts durch die

Autorität der Schrift begründet werden darf. Zur denkenden Einsicht in die Vernunfthaftigkeit des Glaubens kommt es nur, wenn das Denken sich in eigener Verantwortung vollzieht und nur sich selbst zur Voraussetzung hat, d. h. allein seiner eigenen ratio folgt.

Am prägnantesten hat Anselm dieses methodische Programm in der Vorrede zu seinem Werk »Cur Deus homo« formuliert: »Mit Beiseitesetzung Christi (remoto Christi), so, als ob niemals etwas von ihm gewesen wäre, beweist (probat) es (= das Buch Anselms; M.K.) mit zwingenden Gründen (rationibus necessariis), daß es unmöglich sei, daß ein Mensch ohne ihn gerettet werde.« Es geht Anselm um den »Aufweis des Sinnrasters« (Verweyen 1: 217), der der Christusoffenbarung und damit dem christlichen Glauben zugrunde liegt. Und dieser Aufweis hat ohne Glaubensvoraussetzungen zu erfolgen, in einem rein philosophischen Argumentationsgang, d. h. mit Argumenten, die notwendig sind im Sinne strenger logischer Stringenz, und damit zwingend und unabweisbar. Dadurch wird die Glaubenszustimmung keineswegs überflüssig, denn als wahr kann sich die christliche Offenbarungsbotschaft ja erst im Glauben selbst erweisen, und d. h. für Anselm: in der betend-kontemplativen Konzentration auf Gott, weil der Glaube erst darin »durch Gottes gnädige illuminatio auch verifiziert wird« (Dalferth 1: 61). Gebet und Argumentation sind also für Anselm keine sich gegenseitig ausschließenden Alternativen, sondern sie ergänzen einander. Durch den sola ratione erfolgenden Aufweis des Sinnrasters der christlichen Offenbarung wird die Vernunfthaftigkeit des Glaubens sichergestellt. Das lässt zum einen die Glaubenszustimmung als vor der Vernunft verantwortbar erscheinen; es ermöglicht zum zweiten ein vertieftes Verständnis des Glaubens; und es macht schließlich zum dritten den Glauben auch Nichtglaubenden gegenüber rational kommunizierbar und lädt diese damit ein, die Offenbarungsbotschaft selber im eigenen Glauben als wahr zu erfahren.

Dieses Konzept Anselms beruht auf einer wesentlichen Voraussetzung: In der augustinischen Tradition (De civ. 11,26) geht Anselm davon aus, dass der Geist des Menschen ein Abbild des trinitarischen Gottes darstellt. Gott hat sich dem Geist des Menschen demnach so eingeschrieben, dass auch ein sola ratione verfahrendes Denken die Sinnstruktur der Glaubenswahrheiten zu rekonstruieren und zu erfassen vermag. Selbst der Skeptiker und der Tor können sich dem nicht verschließen, wenn sie sich denn der Vernunft nur in sachgemäßer Weise bedienen. Anselm versteht diese also nicht im neuzeitlichen Sinne als sich selbst begründende Vernunft. »Im Horizont des imago-Gedankens lässt sich die Autonomie des ›sola ratione‹ nur aus einer vorgängigen Heteronomie Gott gegenüber fundieren, wobei diese jene nicht aufhebt, sondern gerade freisetzt« (Christe: 370). Es ist diese geistmetaphysische Voraussetzung, die den Optimismus des Anselm begründet, dass die Vernunft mit rationes necessariae Gott und sein Heilswirken als ihr selbst entsprechend zu erkennen vermag.

Anselm beschritt damit den Weg zu einem methodisch eigenständigen philosophischen Denken. Auf diese Weise verschaffte sich bei ihm der neue Wille zur Rationalität Geltung, der damals alle Wissensbereiche erfasste. Anselm wirkte dadurch mit an der Auflösung des Konzeptes vom Christentum als der wahren Philosophie. Allerdings blieben für ihn das Glaubenswissen und das philosophische Denken doch wenigstens insoweit noch miteinander verflochten, als die Vernunft als eine theologisch qualifizierte Vernunft begriffen wurde. Darin hat der Rationalitätsaufweis des Glaubens bei Anselm seine entscheidende Möglichkeitsbedingung.

Die Verselbständigung der Philosophie wurde dann noch einmal einen bedeutenden Schritt weitergetrieben durch die neue Rezeption der Schriften des Aristoteles. Die apologetischen Bestrebungen im Christentum waren dadurch wiederum in besonderer Weise herausgefordert. Denn hier begegnete nun ein Wirklichkeitsverständnis, in dem eine göttliche Offenbarung keinen Platz mehr zu haben schien. Die Aristoteliker waren vielmehr der Überzeugung: Die Wirklichkeit lässt sich in einem umfassenden Sinne erkennen, wenn man nach den Ursachen des Seienden fragt; wer nämlich die Ursache eines Seienden erkannt hat, der hat damit auch sein Wesen erkannt. Wissenschaft im aristotelischen Sinne fragte also nach den Zusammenhängen zwischen Ursachen und ihren Wirkungen, um so das Wesen des Seienden zu erkennen. Und diese Frage blieb nicht auf die innerweltlichen Zusammenhänge beschränkt, sondern umfasste auch den Bereich des Metaphysischen. Auch das Göttliche war daher in das aristotelische Wirklichkeitsverständnis miteinbezogen als die erste Ursache von allem, was ist. Darin bestand denn auch das ungemein Faszinierende der aristotelischen Philosophie für das Mittelalter, dass hier ein radikaler Wille zur Rationalität und zu rationaler Erkenntnis sich Geltung verschaffte. Und man entdeckte: Wenn der Mensch mit Hilfe seiner Vernunft wissenschaftlich vorgeht, dann erschließt sich ihm die Wirklichkeit im Ganzen in einem viel weiteren Umfang, als das bis dahin für möglich gehalten worden ist.

Für die Theologie warf das aristotelische Denken nun aber die grundlegende Frage nach der Bedeutung einer göttlichen Offenbarung auf. Was hat eine solche Offenbarung dem Menschen noch zu sagen über das hinaus, was er auf dem Wege der Wissenschaft mit Hilfe seiner Vernunft selbst zu ergründen vermag? Und im Zusammenhang damit stellt sich in ganz neuer Weise die prekäre Frage nach dem Verhältnis von philosophischer Vernunft und Offenbarungsglauben: Können philosophische Erkenntnisse dem, was die Offenbarung sagt, widersprechen? Gibt es also eine doppelte Wahrheit, wenn sich aus diesen unterschiedlichen Begründungszusammenhängen einander widersprechende Auffassungen ergeben? (Hödl; Sparn: 54–56). Und in der Tat gab es radikale Aristoteliker (z. B. Siger von Brabant oder Boethius von Dacien), die diese These etwa hinsichtlich des Gegensatzes zwischen dem biblischen Schöpfungsgedanken und der aristotelischen These von der Ewigkeit der Welt vertraten.

In dieser Situation unternahm es *Thomas von Aquin* (1225–1274), der Theologie den Platz einer eigenständigen Wissenschaft neben der Philosophie zuzuweisen, ohne dabei deren Autonomie zu beschneiden. Thomas stellte sich vielmehr ganz auf den Boden des aristotelischen Denkens; er lehnte dieses also nicht, wie andere Theologen, ab, sondern wollte zeigen: Die Theologie ist auch an aristotelischen Maßstäben gemessen eine eigenständige Wissenschaft sui generis; denn sie beruht auf eigenen Prinzipien, von denen her sie einen eigenen Gegenstand ergründet, den die Philosophie nicht zu erfassen vermag.

Gleich zu Beginn seiner »Summa Theologica« behandelt Thomas diese mit der Neuentdeckung des Aristoteles aufgekommene Frage, ob neben der Philosophie noch eine andere Lehre (doctrina) notwendig sei. Und Thomas antwortet: »Das Heil der Menschen verlangt neben den philosophischen Wissenschaften, die im Bereich der menschlichen Vernunft bleiben, eine Lehre, die auf göttlicher Offenbarung beruht« (STh I, 1,1 resp.). Thomas tritt also dem radikalen Aristotelismus, der für die Theologie neben der Philosophie keine eigene Aufgabe mehr zu erkennen vermochte, mit dem Argument entgegen: Die Philosophie vermag nichts über das Heil des Menschen zu sagen, denn sie bleibt beschränkt auf den Bereich der menschlichen Vernunft. Das aber, was das Heil des Menschen betrifft, geht über diesen Bereich der menschlichen Vernunft hinaus; dazu bedarf es einer göttlichen Offenbarung, auf der die Theologie gründet. Sie hat wie jede andere Wissenschaft ihre Prinzipien, nämlich die Glaubensartikel, so wie sie im Glaubensbekenntnis der Kirche enthalten sind; diese Prinzipien gehen zurück auf die Offenbarung Gottes (STh I, 1,8 resp.). Daher arbeitet die Theologie wie jede andere Wissenschaft im Sinne des Aristoteles, indem sie nach den Begründungszusammenhängen für die einzelnen theologischen Sachverhalte fragt.

Die Notwendigkeit einer solchen theologischen Wissenschaft besteht um des menschlichen Heiles willen. Denn das Ziel, das Gott für den Menschen bestimmt hat und dessen Erreichen sein Heil beinhaltet, übersteigt die Fassungskraft der menschlichen Vernunft. »Darum mussten dem Menschen, sollte er sein Heil nicht verfehlen, durch göttliche Offenbarung manche Dinge kund werden, die über die menschliche Vernunft hinausgehen« (STh I, 1,1 resp.). Denn der Mensch muss sich ja auf dieses Ziel hin ausrichten, und das kann er nur, wenn er um es weiß. Die menschliche Vernunft vermag dieses Ziel aufgrund ihrer Begrenztheit nicht zu erkennen. Hier denkt Thomas ganz aristotelisch, wenn er darauf insistiert, dass das menschliche Erkenntnisvermögen immer von dem ausgehen muss, was mit den Sinnen wahrnehmbar ist (ScG I, 3). Da Gott aber den Sinnen entzogen bleibt, kann er mittels des natürlichen menschlichen Erkenntnisvermögens nicht erfasst werden. Die Substanz Gottes ebenso wie sein Wille bleiben daher der menschlichen Vernunft unzugänglich. Deshalb ist es notwendig, dass Gott selbst den Menschen eigens darüber belehrt, was er ihm als Ziel seines Daseins zubestimmt hat.

Damit wollte Thomas jedoch keineswegs die Möglichkeit einer philosophischen Gotteserkenntnis zurückweisen, wie sie ja auch Aristoteles begründet hat. Das gestand Thomas vielmehr ohne weiteres zu, unterschied jedoch zwei unterschiedliche Weisen der Gotteserkenntnis. Danach vermag die philosophische Vernunft zwar (ausgehend von den Sinneserfahrungen) zu erkennen, *dass* Gott existiert, ferner seine Einheit, seine Güte, seine Vollkommenheit, seine Ewigkeit usw. (also die sog. Eigenschaften Gottes); die Vernunft vermag jedoch nicht zu erkennen, *wa*s Gott in sich selbst ist, d. h. sein Wesen und seinen Willen. Deshalb konnte Thomas im Hinblick auf die Frage der Gotteserkenntnis auch von »zwei Weisen der Wahrheit« (»duplex veritatis modus«) sprechen (ScG I, 3), nämlich der Wahrheit der Vernunft und der Wahrheit der Offenbarung. Beides steht nicht gegeneinander, sondern ergänzt sich. Die Vernunft erreicht Gott gewissermaßen nur »äußerlich«, die Offenbarung hingegen zeigt ihn »von innen«. Daher steht die Wahrheit der Offenbarung zweifellos höher, doch die Wahrheit der Vernunft ist deswegen keineswegs bedeutungslos. Im Gegenteil, Thomas insistiert darauf, dass »es notwendig ist, auf die natürliche Vernunft zurückzugreifen, der alle beizustimmen gezwungen sind« (ScG I, 2). Denn gegenüber Nichtglaubenden kann man sich nicht auf die Autorität der Schrift berufen, da diese von ihnen nicht anerkannt wird. So lässt sich allein mittels einer philosophischen Argumentation sicherstellen, dass die Annahme der im Glauben vorausgesetzten Existenz Gottes nicht widervernünftig ist.

Darüber hinaus schreibt Thomas der natürlichen Vernunft noch eine weitere Bedeutung für den Glauben zu. Wenn die von radikalen Aristotelikern vertretene These einer doppelten Wahrheit falsch ist und sich die Wahrheit der Vernunft und die Wahrheit der Offenbarung nicht widersprechen können, so muss sich zeigen lassen: Die im Namen der Vernunft gegen den Glauben erhobenen Einwände können durch die Vernunft selbst widerlegt und damit als unvernünftig erwiesen werden (ScG I, 7; Sth I, 1,8 resp.). Die Vernunft hat demnach eine »Filterfunktion« (Knauer 1: 395f) für den Glauben, indem sie die gegen den Glauben gerichteten Einwände entkräftet und so zeigt, dass es keine vernünftigen Einwände gegen ihn gibt.

Auch wenn die Wahrheit der Offenbarung von der Vernunft nicht erfasst werden kann, so erfolgt doch die Glaubenszustimmung keineswegs blind oder leichtfertig. Denn Gott hat nach Thomas die Offenbarung kenntlich gemacht und beglaubigt durch äußere, für jedermann erkennbare Zeichen (ScG I, 6). Thomas nennt hier etwa Heilungswunder und Totenerweckungen; das größte dieser Zeichen sieht er aber darin, dass Menschen durch die Offenbarung Gottes dazu gebracht werden, sich vom Sichtbaren abzuwenden und ganz nach dem Unsichtbaren zu streben, nach Gott und seinem Heil.

Thomas unterscheidet also sehr genau zwischen Vernunft und Offenbarung. Er ist bestrebt, die unterschiedliche »Reichweite« beider in Bezug auf die Erkenntnis Gottes möglichst präzise herauszuarbeiten, vor allem um den überzogenen Thesen eines radikalen Aristotelismus entgegentreten zu können. Für Thomas gibt es daher keinen quasi fließenden Übergang mehr zwischen Vernunft und Offenbarung wie beim patristischen Konzept vom Christentum als der wahren Philosophie. Nach Thomas ist die Offenbarungswahrheit vielmehr jenseits des Bereiches der menschlichen Vernunft angesiedelt. Das, was die natürliche Vernunft von Gott zu erkennen vermag, ist nicht Gegenstand der Glaubensartikel, sondern bewegt sich in den Vorhöfen zu diesen (praeambula ad articulos fidei) (STh I, 2,2 ad 1).

Dabei lässt es Thomas aber gerade nicht zum Bruch zwischen Vernunft und Offenbarung kommen; auf der Grundlage ihrer genauen Unterscheidung geht es ihm, ganz im Gegenteil, um eine neue Synthese zwischen beiden. Denn Thomas hält unzweideutig daran fest, dass die Vernunft für den Glauben unverzichtbar bleibt. Er sieht beides keineswegs in einem Konkurrenz- oder Widerspruchverhältnis zueinander stehen. »Denn der Glaube setzt die natürliche Erkenntnis so voraus, wie die Gnade die Natur voraussetzt und die Vollkommenheit etwas, das vervollkommnet werden kann« (ebd.). Zwischen Vernunft und Offenbarungsglaube besteht »ein Zusammenhang wechselseitiger kritischer Verweisung« (Honnefelder 2: 74): Der Glaube setzt die natürliche

Vernunft voraus, sie bereitet ihm gewissermaßen den Boden und stützt ihn, indem sie Einwände entkräftet; und die Offenbarung Gottes eröffnet dem Menschen dann das, was seiner Vernunft aufgrund ihrer Begrenztheit nicht zugänglich ist. Diese Verhältnisbestimmung von Vernunft und Offenbarung macht es erforderlich, dass die Theologie die Philosophie in ihre Autonomie freigibt, auch wenn dann die Synthese des Wissens nur eine theologische sein kann, weil sie die Kenntnis des von Gott gesetzten übernatürlichen Zieles voraussetzt.

Anders als noch bei Anselm erscheint damit aber auch eine Erschließung der inneren Vernunfthaftigkeit der Offenbarung und des Offenbarungsglaubens kaum noch möglich. Einem vertieften Verständnis des Glaubens, dem intellectus fidei sind erheblich engere Grenzen gezogen, wenn man mit Thomas davon ausgehen muss, dass das von Gott Geoffenbarte über die menschliche Vernunft hinausgeht und von ihr nicht erfasst werden kann. Dabei weiß auch Thomas: »Um eine derartige Wahrheit darzulegen, muß man einige Wahrscheinlichkeitsgründe (rationes verisimiles) anführen« (ScG I, 9). Denn ohne jeglichen Verstehenszugang, bliebe die Offenbarungswahrheit dem Menschen ja schlechterdings verschlossen. Doch Thomas fügt dann sofort hinzu, die Darlegung dieser Wahrscheinlichkeitsgründe geschehe lediglich »zur Übung und zum Trost der Gläubigen, nicht aber zum Überzeugen der Gegner. Denn eben die Unzulänglichkeit der Gründe (rationum insufficientia) würde sie in ihrem Irrtum noch mehr bestärken, wenn sie nämlich glaubten, wir stimmten wegen so schwacher Gründe (propter tam debiles rationes) der Wahrheit des Glaubens zu« (ebd.). Die zugunsten des intellectus fidei anzuführenden Argumente können also nicht mehr wie bei Anselm als rationes necessariae gelten; es sind vielmehr lediglich rationes debiles, die als solche unzulänglich bleiben. Deshalb müssen die nach außen, auf Nichtglaubende gerichteten apologetischen Bestrebungen von Thomas auf eine andere Art von Gründen gestützt werden: »Die einzige Weise, einen Gegner dieser Art von Wahrheit zu überzeugen, gründet sich auf die von Gott durch Wunder bekräftigte Autorität der Schrift« (ebd.). Wenn sich keine überzeugenden inneren Gründe für die Offenbarungswahrheit anführen lassen, dann bleiben als Argumente nur die äußeren Zeichen.

Diese überaus prekäre Synthese von Vernunft und Offenbarung, die Thomas im Hochmittelalter noch einmal gelungen war, brach dann im *Spätmittelalter* auseinander. Denn jetzt wurde die Voraussetzung, auf der diese Synthese beruhte, in Frage gestellt. Im Konzept des Thomas konnte der Vernunft die Möglichkeit einer Gotteserkenntnis zugesprochen werden, weil Thomas (mit Aristoteles) davon ausging, dass Gott und Welt einen notwendigen Zusammenhang bilden. Danach ist Gott die erste Ursache aller Wirklichkeit, und diese ist von ihm in einer bestimmten Weise geordnet. Deshalb ist Gott auch für die Vernunft insoweit erkennbar, als sie diesen Zusammenhang zwischen Gott und Welt zu erkennen vermag. Im Spätmittelalter kam es dann zu einem Bruch zwischen Vernunft und Offenbarung, weil ein solcher notwendiger Zusammenhang zwischen Gott und Welt jetzt nicht mehr mit dem Gottesgedanken vereinbar erschien; es setzte sich vielmehr die Überzeugung durch, dass damit die Souveränität Gottes beeinträchtigt würde. Daher brachte die spätmittelalterliche Theologie nun besonders den Aspekt der Allmacht und der absoluten Freiheit Gottes zur Geltung. Danach ist Gott keinerlei Notwendigkeit unterworfen, er ist potentia absoluta und hätte deshalb alles auch ganz anders ordnen können. So vermag auch die Vernunft von der Welterfahrung aus nicht auf Gott zurück zu schließen; eine natürliche Gotteserkenntnis erscheint kaum noch möglich (Weischedel: 144f). Um Gott zu erkennen, bleibt der Mensch vielmehr ganz auf die Offenbarung verwiesen. In der Konsequenz bedeutet das eine weitgehende Ablösung der Theologie von der Philosophie, so dass die Theologie sich jetzt ganz auf das von der Kirche überlieferte Offenbarungszeugnis gründet. Sehr pointiert heißt es etwa bei *Wilhelm von Ockham* (ca. 1285–1347): »Die Autorität der Kirche ist größer als das ganze Fassungsvermögen des menschlichen Geistes (tota ingenii humani capacitas)« (De sacramento altaris 36). Während Thomas der philosophischen Vernunft im Hinblick auf den Offenbarungsglauben eine zwar klar begrenzte, aber doch notwendige Aufgabe zugeschrieben hat, kommt ihr hier keine wesentliche Bedeutung mehr zu. Zur entscheidenden Stütze des Offenbarungsglaubens wird jetzt vielmehr die Autorität der Kirche, die die Offenbarungsbotschaft tradiert, verkündet und auslegt.

3. In der Neuzeit

Dieser spätmittelalterliche Bruch zwischen Vernunft und Offenbarungsglauben setzt sich fort bei den Reformatoren (Ebeling 2: 79–99; Lohse: 166–168). Besonders prägnant kommt das bei *Martin Luther* (1483–1546) zum Ausdruck. So heißt es etwa in seinen Disputationsthesen gegen die scholastische Theologie vom September 1517: »Es ist ein Irrtum zu behaupten, *ohne* Aristoteles werde man kein Theologe. Vielmehr wird man kein Theologe, *es sei denn* ohne Aristoteles ... Kurzum, der gesamte Aristoteles verhält sich zur Theologie wie die Finsternis zum Licht« (WA 1, 226,14–16.26). Demnach kann die Theologie nur bei ihrer eigenen Sache sein, wenn sie sich von Aristoteles, d. h. von der Philosophie fern hält. Wahre Gotteserkenntnis muss auch nach Luther allein in der Offenbarung begründet sein. Die philosophische Vernunft vermag das von der Offenbarung her Erkannte nur zu verdunkeln. Denn »je mehr du versuchst, dich auf die ratio zu stützen, umso weiter kommst du von Gott fort« (WA 9, 448,37–449,1). Die Offenbarung Gottes steht nach Luther im denkbar schärfsten Gegensatz zu jeder Art von natürlicher, vernünftiger Gotteserkenntnis. Gott kann nur in Jesus Christus gefunden werden. Ja, genauer noch: »In dem gekreuzigten Christus ist wahre Theologie und Gotteserkenntnis« (WA 1, 362,18f). Von daher erweist sich all das, was die Vernunft von Gott glaubt erkennen zu können, als Wunschtraum, Illusion oder Phantasie. Die Offenbarung Gottes im gekreuzigten Christus widerspricht dem, was der menschlichen Vernunft als göttlich erscheint.

Für Luther musste daher der Versuch, Vernunft und Offenbarung in ein harmonisches Verhältnis zueinander zu bringen, völlig abwegig erscheinen. Für ihn war dieses Verhältnis nur richtig erfasst, wenn es als ein Widerspruchsverhältnis verstanden wird.

Der spätmittelalterliche Bruch zwischen Vernunft und Offenbarung wurde so noch einmal merklich verschärft.

Damit gewann die Frage nach der Verantwortbarkeit der Glaubenszustimmung eine besondere Virulenz. Wie gesehen wurde im Spätmittelalter die Autorität der Kirche als die Garantin der Offenbarungswahrheit geltend gemacht. Hier setzte die Reformation inhaltlich einen anderen Akzent, blieb aber doch formal auf dieser vorgezeichneten Linie. Für Luther und die anderen Reformatoren war nicht die Kirche die maßgebende Offenbarungszeugin, sondern allein die Schrift (sola scriptura), der sich auch die Kirche als Norm zu unterstellen hat. Formal kommen die beiden unterschiedlichen Auffassungen aber eben doch darin überein, dass auf eine bestimmte Autorität verwiesen wird. Sie soll als eine letzte, nicht mehr hinterfragbare Instanz fungieren, die die verlässliche und verbindliche Vermittlung der Offenbarungswahrheit sicher stellt und damit deren Glaubwürdigkeit garantiert. Was bei Thomas den äußeren Zeichen zugedacht war, wurde jetzt also einer letztverbindlichen Autorität aufgebürdet.

Je mehr die Vernunft auf diese Weise theologisch in Misskredit geraten war, umso weniger konnte sie als Medium eines intellectus fidei sowie entsprechender apologetischer Bestrebungen in Anspruch genommen werden. Stattdessen leitete die theologische Diskreditierung der Vernunft ihre Selbstbehauptung gegenüber der Theologie ein, was dann in der Neuzeit zu einem überaus spannungs- und konfliktreichen Verhältnis zwischen philosophischer Vernunft und christlichem Offenbarungsglauben geführt hat. Die Philosophie konnte weder die Schrift noch die Kirche als die letzte Gewissheit vermittelnde Autorität hinsichtlich der Offenbarung Gottes und ihres Wahrheitsanspruchs akzeptieren. Nicht zuletzt vor dem Hintergrund der konfessionellen Auseinandersetzungen und Glaubenskriege im 17. und 18. Jahrhundert, die die Gesellschaft in ihren Grundfesten erschütterten, wurde die Vernunft nun zu der Instanz, die den Wahrheitsanspruch des Offenbarungsglaubens einer kritischen Prüfung zu unterziehen hatte (siehe unten 231ff).

Seit dem 15. Jahrhundert veränderte sich die Situation der Apologetik aber auch noch in einer anderen Hinsicht. Immer mehr rückte nun nämlich die Frage nach der wahren Kirche Jesu Christi ins Zentrum der Aufmerksamkeit. Ihren Ausgangspunkt hatte diese Entwicklung im Aufkommen des Konziliarismus, der vor dem Hintergrund des großen abendländischen Schismas (1378–1417) die Auffassung vertrat, ein allgemeines Konzil stehe entweder grundsätzlich oder doch zumindest in bestimmten Ausnahmesituationen über dem Papsttum. Im Zuge der Bekämpfung dieser konziliaristischen Ideen entstand ein apologetischer Kirchentraktat, in dem die Frage nach der wahren Kirche behandelt wurde. Die wichtigsten Autoren im 15. Jahrhundert waren die Dominikanertheologen Johannes von Ragusa und Johannes von Torquemada.

Diese Verlagerung der Apologetik fand ihre Fortsetzung dann in der Kritik an der römischen Kirche durch die Reformatoren. Luther unterschied zwischen der äußeren (sichtbaren) Kirche und der geistlichen (unsichtbaren) Kirche. In seiner Schrift »Von dem Papsttum zu Rom wider den hochberühmten Romanisten zu Leipzig« erläuterte Luther seine Auffassung, dass im Glaubensbekenntnis nur von der unsichtbaren Kirche gesprochen und diese durch die Taufe und die Verkündigung des Evangeliums begründet wird. »Die äußerliche römische Kirche sehen wir alle; darum kann sie nicht die rechte Kirche sein, die geglaubt wird. Diese ist eine Gemeinde der Versammlung der Heiligen im Glauben; aber niemand sieht, wer heilig oder gläubig sei« (WA 6, 300,38–301,2). Deshalb gehört diese äußerliche, sichtbare Kirche »auch nicht zur rechten Christenheit und ist eine menschliche Ordnung« (WA 6, 301,9f). Der entscheidende Vorwurf Luthers gegenüber der römischen Kirche lautete, dass sie ihre eigene menschliche Ordnung an die Stelle Christi und des Evangeliums gesetzt habe, um so über alle Christen und ihren Glauben zu herrschen. »Sie wollen eine neue Weise des Glaubens einsetzen, nämlich dass wir das glauben sollen, was wir leiblich sehen, während doch der Glaube von Natur aus Dinge betrifft, die niemand sieht oder empfindet« (WA 6, 322,14–16).

Die kontroverstheologischen Auseinandersetzungen um die wahre Kirche, die sich aufgrund dieser reformatorischen Infragestellungen des römisch-katholischen Kirchenverständnisses entwickelten, bildeten fortan einen wesentlichen Teil der Apologetik.

Angestoßen wurden sie bereits 1529 durch den Franziskaner Nikolaus Ferber aus Herborn mit seiner Schrift »Tractatus de notis ecclesiae ab adultera dignoscendae«. Schon der Titel dieser Schrift zeigt: Im Zentrum der Kontroverse um die wahre Kirche stand die Lehre von den »notae ecclesiae«, d. h. den vier Attributen, die das Nicaeno-Konstantinopolitanische Glaubensbekenntnis der Kirche zuschreibt. Sowohl reformatorischerseits wie katholischerseits ging man davon aus, dass die wahre Kirche an diesen Attributen erkannt werden kann.

Im Zuge der neuzeitlichen Entwicklung kam es schließlich auch zu einer Verselbständigung apologetischer Unternehmungen gegenüber dem theologischen Lehrbetrieb und in diesem Zusammenhang zu einer neuen thematischen Differenzierung. Den Ausgangspunkt dafür bildete die im Kontext der Renaissance neu aufbrechende Frage nach der wahren Religion, etwa bei Marsilio Ficino im 15. Jahrhundert und bei Juan Luis Vives, einem Freund des Erasmus von Rotterdam, im 16. Jahrhundert (Niemann 2: 99–124.134–141; Heinz: 24–32). Neben der Auseinandersetzung mit dem Judentum und dem Islam ging es dabei vor allem auch um die Zurückweisung einer neuheidnischen Religiosität, die sich im Zusammenhang mit der Wiederentdeckung der Antike auszubreiten begonnen hatte. Man bemühte sich zunächst zu zeigen, dass Religion etwas wesentlich zum Menschen Gehörendes ist, um dann darzulegen, inwiefern sich im Christentum Religion in ihrer höchsten Form verwirklicht. Das wurde schließlich auch noch einmal durch eine Konfrontation des Christentums mit den nichtchristlichen Religionen verdeutlicht.

An diese Bestrebungen konnte dann der französische Calvinist *Philippe Duplessis-Mornay* (1549–1623) anknüpfen (Niemann 2: 141–156; Heinz: 32–43). Er hatte zunächst eine Schrift mit dem Titel »Traité de l'Eglise« (1578) veröffentlicht. In ihr versuchte er in einer konfessionellen Apologetik, den Protestantismus als die wahre und allein legitime Form des Christentums zu erweisen. In einer weiteren Schrift »De la Verité de la Religion Chrétienne« (1581) ging es ihm dann jenseits dieser konfessionellen Auseinandersetzung darum, das Christentum als die wahre Religion darzulegen. Dabei hatte er ein sehr breites Spektrum von Gegnern im Blick: Juden, Moslems, Atheisten, Heiden und andere Ungläubige. Das Neue gegenüber seinen Vorgängern bestand darin, dass für Duplessis-Mornay die wahre Religion notwendigerweise auf einer Offenbarung Gottes beruht. Er benannte also ein formales Kriterium zur Beurteilung der in der Geschichte begegnenden Religionen. Begründet sah er dieses Kriterium in der Verderblichkeit der menschlichen Natur aufgrund der Ursünde. Wenn daher der Mensch Gott wahrhaft erkennen will, um ihn in rechter Weise zu verehren und so sein Heil zu finden, muss ihm das von Gott her auf dem Wege einer Offenbarung ermöglicht werden.

Die katholische Replik auf Duplessis-Mornay erfolgte durch *Pierre Charron* (1541–1601), einen Bekannten Montaignes (Niemann 2: 156–167; Heinz: 51–63). In seiner 1593 erstmals erschienenen Schrift »Les Trois Véritez« antwortete er auf die beiden Publikationen Duplessis-Mornays. So entstand eine Dreiteilung der apologetischen Aufgabe: eine gegen »Atheisten« gerichtete Apologie der Religion; eine gegen »Juden und Mohammedaner« gerichtete Apologie des Christentums; eine gegen »Häretiker« gerichtete Apologie der römisch-katholischen Kirche. Dieser bei Charron erstmals anzutreffende Themenkanon ist dann zum klassischen Standard der katholischen Apologetik geworden.

Bei Charron selbst lag das Hauptgewicht eindeutig auf dem dritten Thema; es wird bei weitem am ausführlichsten behandelt. Gegen Duplessis-Mornay bemüht Charron sich dabei, die katholische Kirche als die wahre Kirche zu erweisen; als Kriterien nennt er etwa ihr Alter, ihre weltweite Ausdehnung, ihre innere Einheit und Heiligkeit sowie ihre Bewahrung der apostolischen Ursprünge in Amt und Lehre. Bei den beiden anderen Themen lehnt Charron sich hingegen durchaus an seinen Kontrahenten an. Auch für ihn ist Religion etwas notwendig zum Menschen Gehörendes, damit dieser die Erfüllung finden kann, auf die hin er angelegt ist.

Eine Besonderheit bei Charron besteht darin, dass er sich explizit mit dem Phänomen einer »natürlichen Religion« auseinandersetzt; insbesondere bestreitet er, dass sie genüge, um den Menschen zum Heil zu führen. Auch hier kommt Charron eine Vorreiterrolle zu, denn seine Kritik richtet sich gegen den Deismus, der sich im 16. Jahrhundert erstmals bemerkbar machte und dann im 17. Jahrhundert breite Kreise zog (Vergauwen: 113–115). Nach Auffassung der Deisten geht den Offenbarungsreligionen eine natürliche, auf Vernunft begründete Religion voraus. Sie gilt als der allein heilsrelevante Kern aller Religionen und soll deshalb als kritischer Maßstab ihnen gegenüber fungieren, um sie von allem Vernunftwidrigen zu reinigen (vgl. unten 192.232).

Charron nahm die Auseinandersetzung mit diesem deistischen Religionsverständnis auf, indem er vor allem die Zuverlässigkeit der Vernunft und der Erfahrung in Frage stellte. Religion auf der Grundlage der Vernunft kann dem Menschen demnach keine Gewissheit vermitteln. Diese muss nach Charron vielmehr in der Autorität Gottes begründet sein, die allein über jeden Zweifel erhaben ist. So sah er auch das Spezifische und das am meisten Ehrenwerte des Christentums in einem Glauben ohne Verstehen; denn Gründe zu fordern, würde die Autorität Gottes zerstören. Damit setzte sich die im Spätmittelalter begonnene Linie in die neuzeitliche Apologetik hinein fort. »Die erste für uns greifbare, spezifische Reaktion der katholischen Apologetik auf die Grundsätze der deistischen Offenbarungskritik bestand in einer der Tradition der großen Theologie bisher unbekannten, die Vernunft denunzierenden Versteifung auf das formale Autoritätsprinzip. Das Gewicht der Glaubensverteidigung verlagerte sich nun ganz auf die auch bisher schon wichtige Methode der äußeren Beglaubigung« (Heinz: 61).

Das zeigt sich auch beim dritten Autor, dem bezüglich der Verselbständigung der Apologetik in der Neuzeit eine besondere Bedeutung zukommt, dem niederländischen Humanisten *Hugo Grotius* (1583–1645), der in erster Linie als Vater des modernen Naturrechts und als Initiator des Völkerrechts gilt (Niemann 2: 167–190; Heinz: 43–51; Biser: 26f). Er verfasste aber eben auch ein apologetisches Werk, die 1627 erschienene Schrift »De veritate religionis christianae«; sie war in zahlreichen Übersetzungen in ganz Europa weit verbreitet und übte so eine große Wirkung aus. Das Besondere und für die weitere Geschichte der Apologetik Wegweisende bestand darin, dass Grotius die Apologetik strikt von der Dogmatik, also den Inhalten des christlichen Glaubens trennte; denn er hielt eine Rechtfertigung der Glaubensinhalte für nicht möglich. Ziel seiner Apologetik war es stattdessen, den göttlichen Ursprung des Christentums zu erweisen; seine Herkunft sollte auf Gott zurückgeführt und damit in der Autorität Gottes begründet werden. Die erforderlichen Beweismittel konnte Grotius angesichts seines Absehens von aller Inhaltlichkeit nur in den äußeren Kriterien sehen, von denen die Schrift spricht. Um deren Verlässlichkeit sicher zu stellen, musste er die Glaubwürdigkeit der Bibel als historische Quelle begründen. Grotius bemühte sich daher, die im Laufe der Geschichte gegen sie erhobenen Einwände zurückzuweisen. Das Ziel seiner Argumentation besteht darin, die von Jesus berichteten Wunder sowie seine Auferstehung als den entscheidenden Grund für den göttlichen Ursprung des Christentums zweifelsfrei darzulegen. »Jesus wird – und genau hier liegt die Zäsur – nicht mehr als ›Filius Dei', sondern nur noch als ›legatus divinus‹ erwiesen. Motiv ist Grotius' Ziel einer sich in gemeinsamer ethischer Praxis ohne dogmatische Streitereien vereinigenden Christenheit« (Niemann 2: 190). Er steht damit am Beginn einer streng historischen Begründung der christlichen Apologetik, deren Kern das Wunderargument bildet.

Diese Argumentationsstrategie wurde dann durch die seit dem 18. Jahrhundert einsetzende Bibelkritik problematisiert. Die historisch-kritische Erforschung der biblischen Texte zeigte Widersprüche und Irrtümer in ihnen auf und unterminierte so systematisch den Anspruch, es mit verlässlichen Zeugnissen göttlicher Offenbarung zu tun zu haben. Das bestärkte die deistische Auffassung in ihrem Bestreben, Religion auf einen Kern von notwendigen Vernunftwahrheiten zu begrenzen und die Behauptung von heilsrelevanten übernatürlichen Offenbarungen zurückzuweisen. Gotthold Ephraim Lessing erklärte schließlich die historische Begründung religiöser Wahrheiten für prinzipiell unmöglich (vgl. unten 235f): »Für die hohen Anforderungen der Vernunft genügt die historische Wahrheit, die immer nur als Hypothese eingeführt werden kann, nicht. Wahre, d. h. vernunftgemäße Religion, kann nicht in der Geschichte, im Bereich des Zufälligen begründet sein« (Vergauwen: 123).

Die theologische Apologetik ging durchaus auf diese Bibelkritik ein, etwa der Benediktiner Beda Mayr in seiner 1787–1789 erschienenen vierbändigen Schrift »Vertheidigung der natürlichen, christlichen, und katholischen Religion« (Niemann 2: 271–197; Heinz: 208f). Aber man kam dabei nicht entscheidend über das Wunderargument hinaus. So konnte auch auf die grundsätzliche Kritik Lessings an der historischen Begründung des Christentums durch den Rekurs auf eine göttliche Offenbarung in der Geschichte keine überzeugende Antwort gegeben werden.

Aufs Ganze gesehen bietet daher die Apologetik, wie sie sich jedenfalls im Raum der katholischen Theologie bis zum Ende des 18. Jahrhunderts herausgebildet hat, ein ernüchterndes Bild. Das gilt umso mehr, als diese Form der Apologetik dann von der Neuscholastik seit der Mitte des 19. Jahrhunderts weitgehend festgeschrieben und immer wieder reproduziert wurde. So konnte sie den theologischen Lehrbetrieb und die Handbücher etwa 150 Jahre lang ziemlich uneingeschränkt dominieren. Sie war dabei rein defensiv ausgerichtet, d. h. sie versuchte die von außen im Namen der Vernunft gegen Religion, Christentum und Kirche vorgetragenen Infragestellungen lediglich abzuwehren, ohne sich zu bemühen, den Glauben auch argumentativ-werbend zu erläutern und zu plausibilisieren. Seine entscheidende Ursache hatte dieses Defizit in dem seit dem Spätmittelalter vollzogenen Bruch zwischen Vernunft und Offenbarung. Man hielt es seither nicht mehr für möglich, den Glauben selbst als vernunfthaft zu erfassen und so dann auch ein vertieftes Verständnis des Glaubens zu ermöglichen. Stattdessen sollte der christliche Wahrheits*anspruch* begründet werden, indem der göttliche Ursprung des Christentums und der Kirche aufgewiesen wurde. Die Wahrheit des Glaubens selbst stand dabei gar nicht zur Debatte; und so überließ man dieses Feld, wohl ohne sich dessen wirklich bewusst zu werden, immer mehr einem religions- und christentumskritischen Rationalismus.

Das hatte zwangsläufig auch Auswirkungen auf das Verständnis des Glaubens. Im Kontext dieser Apologetik musste man ihn »in erster Linie als Zustimmung zu den von Gott geoffenbarten und von der Kirche vorgelegten Glaubenswahrheiten« (Schmitz 1: 201) verstehen. Die subjektiven Faktoren, die wesentlich mit zur Glaubenszustimmung und zum Glaubensakt gehören, blieben völlig ausgeblendet. Zwar »wird nicht geleugnet, daß der Glaube selbst eine komplexe Ganzheit ist, bei der Verstand, Wille und Gnade beteiligt sind. Für das Glaubwürdigkeitsurteil jedoch werden Wille und Gnade nicht als konstitutive Elemente gewertet.« Daher »werden beinahe ausschließlich die objektiv-äußeren Kriterien der Offenbarung in Betracht gezogen und der Nachweis der Offenbarungstatsache auf den Wunder- und Weissagungsbeweis abgestellt. Das hat zu der Bezeichnung ›objektive Apologetik‹ geführt« (ebd.). Es war dies aber eine gewissermaßen halbierte Apologetik, weil sie den Menschen als den Adressaten der Offenbarungsbotschaft mit seinen Fragen, Erfahrungen, Ängsten und Hoffnungen völlig ausblendete. So ist es auch überhaupt nicht erstaunlich, wenn diese Gestalt der Apologetik im außertheologischen Bereich keinen nachhaltigen Eindruck hinterließ und auch im kirchlichen Raum kaum als hilfreich empfunden werden konnte. Deshalb war schließlich »das im 20. Jh. sich ausbreitende Bewusstsein vom allg. Desaster der A(pologetik)« (Seckler 5: 839) nur konsequent.

Der innertheologische Kontext der Apologetik hatte sich seit dem Ende des 18. Jahrhunderts noch einmal verändert, allerdings ohne dass das einen wesentlichen Einfluss auf ihre Konzeption gehabt hätte. Nachdem sie sich im Zuge der neuzeitlichen Entwicklung seit Duplessis-Mornay und Charron zunächst verselbständigt hatte, wurde sie nun in die systematische Theologie reintegriert als Einführung in die Dogmatik (Heinz: 226–268). Der Hintergrund dieser Entwicklung war die staatliche Neuorganisation des theologischen Studienbetriebs, zunächst in Österreich (1774) und dann in Bayern (1777). Das Ziel dieser Reform bestand darin, den an der Scholastik orientierten Lehrbetrieb zu überwinden und ihn zu ersetzen durch eine ganz auf der Offenbarung Gottes aufbauende Theologie. Als deren Quellen sollten nicht mehr antike Philosophen und theologische Schulhäupter dienen, sondern Schrift und Tradition. In diesem Zusammenhang wurden die apologetischen Traktate der Dogmatik vorangestellt; sie sollten das theologische System grundlegen und in es einführen. Dabei fiel die Außenverteidigung des Glaubens keineswegs weg; sie blieb vielmehr auch weiterhin eine wesentliche Aufgabe. Doch sie wurde nun den Erfordernissen eines theologischen Systembaus dienstbar gemacht und so zur Grundlage der gesamten Theologie. Im Rahmen der Dogmatik behandelte sie nicht bestimmte Glaubenswahrheiten, sondern demonstrierte vor allem das Ergangensein einer göttlichen Offenbarung sowie die Stiftung einer Kirche als Hüterin und Interpretin dieser Offenbarung. An der apologetischen Argumentationsstrategie änderte sich dadurch aber nichts Entscheidendes.

Es war diese Entwicklung, die dann zur allmählichen Durchsetzung des Begriffs Fundamentaltheologie als Bezeichnung dieser modifizierten Aufgabenstellung führte. Seit der Mitte des 19. Jahrhunderts kam es schließlich, wie gesehen, zu deren erneuter Ausdifferenzierung durch ihre Etablierung als eigenständiges theologisches Fach. Neben der Apologetik kam ihm die Begründung der Theologie als Wissenschaft sowie ihrer inneren Einheit und Struktur zu (siehe oben 12–17).

Hinsichtlich der Stoffgliederung werden zwei Formen der Fundamentaltheologie unterschieden (Schmitz 1: 199f; Wagner H. 1: 742). Zum einen ist das die »deutsche«, weil vorwiegend an deutschen Universitäten verbreitete Form. Sie umfasst eine vorwiegend religionsphilosophische demonstratio religiosa, die Fragen wie die Erkennbarkeit Gottes oder die Hinordnung des Menschen auf Gott behandelt, die demonstratio christiana, die das Ergangensein der Offenbarung Gottes in Jesus Christus sowie deren Glaubwürdigkeit aufzeigt, und die demonstratio catholica, in der es um den Nachweis einer Stiftung der Kirche durch Jesus sowie deren Identität mit der römisch-katholischen Kirche geht. Man kann sagen: Diese Stoffeinteilung orientiert sich an dem Weg, den der Mensch gehen muss, um die Autorität Gottes zu erkennen, die ihm in der katholischen Kirche begegnet. Dagegen beinhaltet die »romanische«, weil vorwiegend an römischen Einrichtungen verbreitete Form der Fundamentaltheologie nur die demonstratio christiana und die demonstratio catholica. Die demonstratio religiosa wird hier der Religionsphilosophie zugewiesen. Stattdessen behandelt man hier noch die theologische Prinzipienlehre, d. h. die Quellen und Prinzipien theologischer Erkenntnis. Diese wurde in Deutschland in der Regel als Einführung in die Dogmatik verstanden und hatte daher dort ihren Platz. – Natürlich ist die Unterscheidung dieser beiden Formen idealtypisch; in der Praxis des Lehrbetriebs gab es durchaus auch unterschiedliche Mischformen. Diese beiden Formen der Fundamentaltheologie zeigen aber doch in jedem Fall, dass die Identität des Faches seit seiner Etablierung umstritten war und blieb. Während hinter der »romanischen« Form ein Verständnis des Faches sichtbar wird, das es mehr als Prolegomena zur Dogmatik sieht, zeigt sich hinter der »deutschen« Form eher ein Verständnis der Fundamentaltheologie als einem Fach im Grenzbereich von Philosophie und Theologie.

Auch in der konzeptionell erweiterten Form blieb die Fundamentaltheologie zunächst der objektiven Gestalt der neuzeitlichen Apologetik verhaftet. Auch sie bedurfte daher im 20. Jahrhundert einer Erneuerung, die nur gelingen konnte, wenn die Grenzen dieses Objektivismus gesprengt und seine Defizite beseitigt wurden (Geffré: 420f). Die subjektiven Faktoren des Glaubens und der Glaubenszustimmung mussten neu in den Blick genommen werden. Das Hauptmanko der objektiven Apologetik und Fundamentaltheologie bestand darin, dass sie das Glaubwürdigkeitsurteil allein auf äußere Kriterien gründen wollten und dabei die inneren Gründe für die Glaubenszustimmung völlig außer Acht ließen; sie hatten »eine *rationale Glaubensmotivierung* entwickelt, die zusammenhanglos neben der *gelebten Glaubensmotivierung des Gläubigen* steht« (ebd.). Es kam also zu einer Separierung der Vernunft vom menschlichen Lebensvollzug, und es blieb völlig unbeachtet, dass ein authentischer Glaube immer ein freier existentieller Akt ist. So wichtig die rational motivierte Glaubenszustimmung ist, so lässt sich der Glaube doch nicht darauf reduzieren; er bezieht vielmehr alle Dimensionen des Menschseins mit ein. Die Erneuerung der Fundamentaltheologie konnte nur gelingen, wenn sie dem Rechnung trug.

III. Neuaufbrüche bis zum 2. Vatikanum

Die für den Glauben unerlässlichen subjektiven Faktoren waren im Christentum selbstverständlich niemals vergessen worden; ohne sie ist ja ein Zum-Glauben-Finden und damit eine erfolgreiche Glaubensweitergabe gar nicht möglich. Und so sind diese subjektiven Voraussetzungen auch in der langen Tradition der christlichen Theologie immer wieder behandelt worden. Dass sie in der neuzeitlichen Apologetik weitgehend an den Rand gedrängt und vergessen wurden, stellte daher, aufs Ganze gesehen, eine Sonderentwicklung dar, die diese Theologie dem gelebten Glauben weit entrückt und ihrer Lebensdienlichkeit schwer geschadet hat. Es gab aber auch in dieser Epoche durchaus bemerkenswerte und gewichtige Versuche, dieses Defizit zu beseitigen. Sie blieben allerdings zunächst Außenseiterpositionen, teilweise wurden sie sogar heftig bekämpft, so dass sie ihre Wirkungen erst längerfristig entfalten konnten.

1. John Henry Newman

Einen solchen Versuch unternahm der spätere Kardinal John Henry Newman (1801–1890) mit seiner Zustimmungslehre (Fries 1; Petri 1: 149–152; Kuld: 125ff; Verweyen 1: 294–298). Mit dieser Thematik beschäftigte Newman sich schon vor seiner Konversion zum Katholizismus, und diese Beschäftigung gipfelte schließlich 1870 in der Veröffentlichung der Schrift »An Essay in Aid of a Grammar of Assent« (Newman 1). Newman ging es darin um den Nachweis, dass der Glaube nicht auf strengen Beweisen beruht, sondern einen Akt der Zustimmung darstellt, der wesentlich vom Willen abhängt und sich auf eine Konvergenz von Wahrscheinlichkeitsannahmen stützt. Damit sollte ein einseitig rationalistisches Verständnis der Glaubensmotivierung und -zustimmung zurückgewiesen werden.

Um dies plausibel zu machen, berief Newman sich auch auf die Alltagserfahrung. Dabei unterschied er zwischen zwei Arten des Denkens: dem »ursprüngliche(n) Folgerungsprozeß« sowie dem »Prozeß der Erforschung dieses folgernden Denkens«. Und Newman schloss daraus: »Alle Menschen haben Gründe, aber nicht alle können sie nennen. Wir können diese beiden Tätigkeiten des Geistes als folgerndes Denken und Argumentieren bezeichnen, oder als unbewusstes und bewusstes Denken, oder als implizite und explizite Vernunft« (Newman 2: 193). Letzteres, etwa das streng logische Beweisen, spielt allerdings in Alltagszusammenhängen keine tragende Rolle. Denn »wenn das so wäre, dann würde unser ganzes Leben darüber hingehen, Beweise beizubringen; unser ganzes Dasein wäre ein einziges fortgesetztes Disputieren; wir hätten keine Zeit zum Handeln; wir kämen gar nie zum Handeln« (a. a. O. 303). Nach Newman baut unsere Alltagsgewissheit stattdessen auf Wahrscheinlichkeitsargumenten auf. Diese müssen dabei gehäuft auftreten und einen gemeinsamen Richtungssinn aufweisen. Ist das der Fall, so vermögen sie einen »vernünftigen, rationalen Beweis« sowie eine »befriedigende Gewissheit« (Newman 1: 229) zu begründen, auch wenn es sich dabei nicht um eine zwingende formallogische Beweisführung handelt.

Als Beispiel führt Newman einen Indizienbeweis in einem Gerichtsverfahren an: »Die Gewissheit wird von dem Richter als etwas betrachtet, das auf konvergierende Wahrscheinlichkeiten folgt, die einen wirklichen Beweis konstituieren, wenn auch nur einen vernünftigen, nicht einen formal-logischen Beweis« (a. a. O. 230). Um zu solchen Wahrscheinlichkeitsurteilen zu kommen, ist »ein delikateres, geschmeidigeres und elastischeres organon« (a. a. O. 190) erforderlich als die Fähigkeit zum logischen Denken. Nach Newman handelt es sich dabei um »eine persönliche Gabe, nicht eine bloße Methode oder Kalkül« (a. a. O. 222). Es spielen hier also auch subjektive, nicht verallgemeinerbare Faktoren eine Rolle. Konvergierende Wahrscheinlichkeiten sind eben nicht zwingend; sie können sich im erkennenden Subjekt nur zur Gewissheit verdichten, wenn sie mit dem diesem Subjekt eigenen Sinn für das Richtige in Einklang stehen. Erst dann entsteht aus dem Folgerungsprozess Zustimmung, so dass »Folgerung und Zustimmung zweierlei Dinge sind« (a. a. O. 116).

Von daher wird es verständlich, wenn Newman den Willen als eine Voraussetzung des Glaubens ansieht. Der Glaube kann dem Menschen nicht andemonstriert werden; er beruht auf einer freien Entscheidung des Menschen und setzt deshalb eine entsprechende subjektive Disposition voraus. »Es ist ebenso sinnlos, die Menschen durch Beweisführung wie durch die Folter zum Glauben bringen zu wollen« (Newman 2: 55). Sie müssen von sich aus offen sein für eine religiöse Botschaft, auf der Suche nach einem von ihnen selbst nicht machbaren Heil. Solchen Menschen eignet eine spezifische Wahrnehmungsfähigkeit, die Newman den »illative sense« nennt. Gemeint ist damit wiederum ein Folgerungsprozess, der nicht in einem formalen Schlussverfahren besteht, sondern »sich kundtut im impliziten Schlussfolgern, im sicheren Instinkt, in der Urteilsfähigkeit bei bloß wahrscheinlichen Gegebenheiten, in intellektueller Gewissenhaftigkeit« (Newman 1: 412 Anm. 243 [Hg.]). Diese Befähigung ermöglicht es Gott, den Menschen zur Glaubenszustimmung zu führen und ihm die erforderliche Gewissheit im Glauben zu schenken. Wenn es einem Menschen an der grundlegenden Offenheit für die religiöse Dimension des Lebens und demzufolge auch am Willen zum Glauben fehlt, kann sich dieser illative sense nicht entfalten.

Die Willensabhängigkeit des Glaubens bedeutet aber keineswegs, dass er unvernünftig ist. Im Gegenteil, nach Newman »ist auch der Glaube ein Prozeß der Vernunft«, bei dem allerdings, ebenso wie in Alltagsverhältnissen, »viele Gründe für seine Folgerungen gar nicht zum Ausdruck gebracht werden können« (Newman 2: 165). Denn es sind dies innere Gründe, die im Menschen selbst liegen und die daher häufig nicht adäquat objektivierbar sind.

Unbeschadet dessen konnte Newman jedoch auch äußeren Kriterien, wie sie die objektive Apologetik seiner eigenen Zeit geltend machte, eine gewisse Bedeutung zuerkennen.

»Verbunden mit der vorausgehenden Wahrscheinlichkeit, daß die Vorsehung sich der Menschheit offenbaren wird, kann ein solcher, sonst ungenügender Beweis dafür, daß dies tatsächlich geschah, selbst nach dem Urteil der Vernunft für eine Überzeugung hinreichend sein. Aber abgesehen von jener Wahrscheinlichkeit, braucht er keineswegs dafür genügend zu sein. Das heißt, wenn die Vernunft nur den Beweis abwägt oder wenn sie nur aus äußerer Erfahrung folgert, widerspricht sie dem Glauben« (a. a. O. 149).

Hier wird zumindest ansatzweise das Bemühen Newmans deutlich, die subjektiven und die objektiven Faktoren für die Glaubensmotivierung miteinander zu verbinden, das also, was man später integrale Apologetik genannt hat (Geffré: 421f). Newman gewichtet dabei allerdings ganz unmissverständlich: Entscheidend bleiben die subjektiven, inneren Gründe, wohingegen »die Methoden des Verstandes bei der religiösen Forschung und Erkenntnis nur etwas Äußerliches, ein Hilfsmittel sind ... nur zusätzlich hinzukommen, aber nicht zum Wesen gehören ... an ihrem Platz zwar nützlich, aber nicht notwendig sind« (Newman 2: 57).

2. Maurice Blondel

Einen anderen Ansatzpunkt als Newman wählte ein weiterer bedeutender Kritiker der »objektiven« Apologetik und Fundamentaltheologie, der französische Philosoph Maurice Blondel (1861–1949). Sein Interesse richtete sich nicht unmittelbar auf den Akt der Glaubenszustimmung, sondern auf die Frage nach dem Verwiesensein des Menschen auf eine übernatürliche Offenbarung. Es ging Blondel also um die anthropologischen Voraussetzungen des Glaubensaktes, und zwar vor allem im Hinblick auf das Problem der Vermittelbarkeit der Offenbarungsbotschaft im Kontext der Moderne. Dahinter stand die Erfahrung einer tiefen Entfremdung des modernen Menschen vom Christentum, die Blondel während seiner Studienzeit in Paris gemacht hatte. Hier wurde ihm deutlich: Es reicht nicht, wenn die Möglichkeit einer Offenbarung Gottes sowie die Tatsächlichkeit ihres Ergangenseins aufgewiesen werden. Denn damit ist ja noch keineswegs begründet, warum ein Mensch sich mit dieser Offenbarung überhaupt beschäftigen, ja sie als das für sein Leben Bestimmende anerkennen soll. Um diese Frage, die in der »objektiven Apologetik« völlig ausgeblendet blieb, ging es Blondel. Sie war in Frankreich schon verschiedentlich thematisiert worden (Schmitz 1: 203f), denn man verspürte angesichts der Entwicklung moderner Wissenschaften wie der Psychologie oder der Soziologie ein großes Unbehagen darüber, dass die Theologie die im Menschen selbst gelegenen Anknüpfungspunkte für die Offenbarungsbotschaft völlig außer Acht ließ.

Das Besondere bei Blondel bestand nun aber darin, dass er diese Frage nicht als Theologe bzw. christlicher Apologet anging, sondern als Philosoph, genauerhin als ein der *modernen* Philosophie verpflichteter Philosoph. Er war überzeugt: In der Eigenart dieser Philosophie liegt das entscheidende Hindernis für das Bestreben, die christliche Offenbarungsbotschaft modernen Menschen verständlich zu machen und nahe zu bringen. Blondel wollte sich daher ganz auf den Boden dieser Philosophie stellen, um von hier aus, ohne weitere Voraussetzungen, einen Zugang zum Christentum aufzuzeigen.

Als den entscheidenden philosophischen Gedanken und damit gleichzeitig als die Grundlage des modernen Denkens betrachtet Blondel den Gedanken der *Immanenz*. Er besagt: Für den Menschen kann nur das als wahr gelten und angenommen werden, was ihm selbst entspricht und mit seiner eigenen autonomen Wirklichkeit in Einklang steht. Von daher muss aber der Gedanke eines Übernatürlichen geradezu skandalös erscheinen; denn das wäre ja gerade etwas, das sich dem Menschen nicht aus ihm selbst heraus erschließen kann, das also außerhalb der Immanenz liegt und dennoch mit dem Anspruch verbunden ist, für das Denken, Wollen und Handeln des Menschen wesentlich zu sein.

Blondels Intention bestand darin, beides zu seinem vollen Recht kommen zu lassen, den Gedanken der Immanenz ebenso wie den Gedanken des Übernatürlichen. Er wollte aufweisen, dass beides in seiner Eigenständigkeit voll und ganz bewahrt werden kann, ohne sich gegenseitig ausschließen zu müssen – oder anders gesagt: dass modernes Denken und Offenbarungsglaube miteinander vereinbar sind. Dazu war es aber erforderlich, den Aufweis einer apriorischen inneren Hinordnung des Menschen auf eine übernatürliche Offenbarung zu erbringen; es musste gezeigt werden, dass der Mensch in seiner autonomen Immanenz auf ein Übernatürliches hingeordnet und daher prinzipiell offen für es ist.

Diese Aufgabe nahm Blondel in seinem 1893 erschienenen Werk »L'Action. Essai d'une critique de la vie et d'une science de la pratique« in Angriff (Bouillard; Schmitz 1: 204–210; Flury 2: 94–102; Verweyen 2). Er begreift den Gesamtzusammenhang des menschlichen Lebens als Tat-Geschehen. Diese »Action«, in der der Mensch sich vorfindet, artikuliert sich in bewussten Willenssetzungen (»volonté voulue«), die ihre unterschiedlichen, je spezifischen Ziele verfolgen. Zugrunde liegt dem ein ursprüngliches Wollen (»volonté voulante«), das diese ganze »Action« des menschlichen Lebens in Gang gesetzt hat und immer wieder neu antreibt. Angefangen von den elementaren Sinneswahrnehmungen über wissenschaftliche und soziale Bestrebungen bis hin zu sittlichen, metaphysischen und religiösen Wertsetzungen ist diese Bewegung auf eine immer umfassendere Totalität hin ausgerichtet. Dabei zeigt sich jedoch ein bleibendes Missverhältnis zwischen der ursprünglichen Dynamik und den konkreten Willenssetzungen: Das ursprüngliche Wollen findet sich in keiner der konkreten Zielsetzungen ganz wieder, es kann durch sie alle letztlich nicht befriedigt werden. Zwar kommt es immer wieder zu Versuchen, diese vorwärts treibende Dynamik still zu stellen in bestimmten Formen und Gestalten des Lebens, die der Mensch aus seinen eigenen Möglichkeiten heraus geschaffen hat. Aber alle diese Versuche lassen sich als Ideologien durchschauen.

So gelangt Blondels Analyse schließlich zu der Erkenntnis, dass das im ursprünglichen Wollen liegende Bedürfnis in der Immanenz der »Action« nicht erfüllt werden kann. Es muss anerkannt werden, dass dieses Bedürfnis real existiert, und zugleich, dass es sich innerhalb der natürlichen Ordnung nicht stillen lässt. »Es ist notwendig, und es ist undurchführbar. Das ist ... der letzte Schluss aus dem Determinismus des menschlichen Handelns« (Blondel: 319). Damit zeichnen sich aber auf einer rein philosophischen Ebene die Konturen eines Übernatürlichen ab; die philosophische Analyse führt von sich aus zu der Idee, dass die Dynamik der menschlichen »Action« allein durch ein Übernatürliches zur Vollendung gebracht werden könnte. Dessen Realität vermag die Philosophie allerdings nicht aufzuweisen; sie gelangt lediglich zu dieser Idee. Doch es ist damit auf jeden Fall gezeigt, dass der Mensch sich nicht selbst genügt; es ist im Menschen selbst eine Spur freigelegt, die auf seine Ansprechbarkeit für eine übernatürliche Offenbarung verweist.

Blondel unterzog wenige Jahre nach dem Erscheinen von »L'Action« in seiner Schrift »Lettre sur l'apologétique« (1896) die damalige Apologetik einer scharfen Kritik. Das erweckte bei deren Vertretern den Eindruck, er wolle die traditionelle Apologetik im Ganzen verwerfen und durch eine Apologetik auf der Basis seiner Immanenzmethode ersetzen. Deshalb wurde Blondel innerhalb der Theologie seiner Zeit massiv abgelehnt. Doch Blondel betonte in der Kontroverse um seine Position immer wieder, dass der durch ihn selbst hervorgerufene Eindruck falsch sei. Er wolle die objektive Apologetik keineswegs ersetzen, sondern erkenne ihre Bedeutung durchaus an, möchte sie aber *ergänzen* durch eine Immanenzapologetik, die die Ansprechbarkeit des Menschen für die Offenbarung Gottes aufweist. So wollte Blondel objektiv-historische Tatsachen wie die Wunder, die Gestalt Jesu oder die Erscheinung der Kirche nicht einfach als solche stehen lassen; ihre Bedeutung erhalten sie nach ihm nur, wenn das wahrnehmende Subjekt entsprechend disponiert ist. Nur dann können diese Phänomene zu Zeichen für das göttliche Wirken werden. Ist der Mensch dagegen nicht innerlich auf die Möglichkeit einer übernatürlichen Offenbarung vorbereitet, bleibt er auch blind für die Zeichenhaftigkeit dieser äußeren Geschehnisse.

3. Pierre Rousselot

Daran konnte dann der französische Jesuit Pierre Rousselot (1878–1915) anknüpfen. In seinem Artikel »Lex yeux de la foi« aus dem Jahre 1910 ging es ihm um eine Versöhnung der für den Glaubensakt wesentlichen äußeren und inneren Faktoren (Kunz 1).

»Rousselot versteht den Glauben von vornherein als einen von der äußeren Offenbarungswirklichkeit geweckten und von der inneren Gnade getragenen personalen Lebensvollzug, in dem es kein einseitiges lineares Nacheinander und kein einseitiges Abhängigkeitsverhältnis gibt, sondern die einzelnen Elemente in einer spannungsreichen Einheit stehen und sich gegenseitig tragen und bedingen. Diesem Glaubensverständnis, das die einzelnen Elemente in einen Gesamtvollzug integriert, liegt ein integratives Verständnis der Verhältnisse von Vernunft und Glaube, von Natur und Gnade zugrunde« (Kunz 2: 313).

Dem Glauben geht nicht eine Vernunfteinsicht voraus, die anhand ihm äußerlich bleibender Kriterien gewonnen ist. Äußere Zeichen sind zwar für den Glauben unerlässlich, und diese Zeichen lassen sich auch unabhängig vom Glauben wahrnehmen. Aber erst im Licht des Glaubens wird sichtbar, dass sie im Zusammenhang mit dem sich offenbarenden Gott stehen. Es bedarf somit der »Augen des Glaubens«, damit diese äußeren Zeichen auch zu glaubwürdigen Zeichen der göttlichen Offenbarung werden.

Nach Rousselot bilden also die Glaubwürdigkeitserkenntnis und die Glaubenszustimmung eine innere Einheit, sie sind nicht voneinander zu trennen. Die Glaubenszustimmung beruht dabei jedoch auf einer inneren gnadenhaften Erleuchtung des Menschen; diese ist nicht vom Menschen selbst produziert, sondern wird ermöglicht durch die göttliche Gnade, die der Mensch in Freiheit entgegennimmt. In diesem Glaubenslicht zeigt sich in den äußeren Zeichen etwas, das zunächst verborgen geblieben ist, nämlich ihre Beziehung zu dem sich offenbarenden Gott. Und das vermag auch die Vernunft mitzuvollziehen, obwohl sie es auf sich allein gestellt nicht erkennen konnte. Auf diese Weise »ermöglicht der Glaube ein tieferes Sehen der Vernunft« (Kunz 2: 314), so dass beide dann miteinander in Einklang stehen können.

Mit dieser Konzeption eines integrativen Verhältnisses von Glaube und Vernunft wandte sich Rousselot gegen ein Verständnis, das in der katholischen Theologie in unterschiedlichen Varianten von der Mitte des 19. bis zur Mitte des 20. Jahrhunderts dominierte, etwa bei so einflussreichen Theologen wie Joseph Kleutgen, Ambroise Gardeil oder Réginald Garrigou-Lagrange (Schmitz 1: 210–212; Eicher: 151–162; Berger: 99–107). Danach ist streng zu unterscheiden zwischen dem durch die übernatürliche Gnade begründeten Glauben sowie der durch die natürliche Vernunft erreichten Glaubwürdigkeitserkenntnis. Beides ist gewissermaßen auf zwei verschiedenen »Stockwerken« angesiedelt, und um in das obere zu gelangen, muss man zunächst das untere durchschritten haben. So kann nach dieser Konzeption die Gnade (im oberen »Stockwerk«) ihre Wirkung erst entfalten, wenn die natürliche Vernunft (im unteren »Stockwerk«) nachgewiesen hat, dass es vernünftig und damit dann auch notwendig ist zu glauben. Da sich aber der Glaube auf eine übernatürliche Wirklichkeit bezieht, nämlich auf Gott und das ewige Heil, muss auch die Glaubenserkenntnis einen übernatürlichen Ursprung haben. So aber bleiben Vernunft und Glaube, Natur und Gnade unverbunden nebeneinander stehen; sie erscheinen als zwei parallele Ordnungen ohne Beziehung zueinander.

Diesen theologisch völlig unakzeptablen Hiatus wollte Rousselot durch seine Glaubensanalyse überwinden. Danach stehen die natürliche Vernunfterkenntnis und die Glaubenserkenntnis in einer Wechselbeziehung zueinander; sie greifen in bestimmter Weise ineinander, so dass man von einer »reziproken Priorität« sprechen kann: »Durch das Sehen der Zeichen werde ich zu der bezeichneten Sache geführt; insofern kommt dem Sehen der Zeichen Priorität zu. Aber erst wenn mir die bezeichnete Sache selbst aufleuchtet und ich sie anerkenne, also erst im Licht der bezeichneten Sache selbst, werden die Zeichen als solche wahrgenommen und ist ihre Synthese möglich; insofern kommt der zustimmenden Erkenntnis der bezeichneten Sache Priorität zu« (Kunz 2: 312). So konnte Rousselot auch den Einwand zurückweisen, die Einheit von Glaubwürdigkeitserkenntnis und Glaubenszustimmung stelle einen Zirkelschluss dar. Er leitete ja gerade nicht das eine aus dem anderen ab, sondern arbeitete ihr wechselseitiges Aufeinander-Bezogensein heraus.

Rousselot stieß ebenso wie Blondel auf massiven Widerspruch und blieb daher zunächst weitgehend wirkungslos. Zu kompromisslos hatte er mit dem neuzeitlichen Konzept der Apologetik gebrochen. So blieb dieses bis in die Mitte des 20. Jahrhunderts vorherrschend – im deutschen Sprachgebiet etwa in dem verbreiteten Standardwerk des Bonner Fundamentaltheologen Albert Lang (Lang) –, obwohl es durchaus auch immer wieder anders akzentuierte Ansätze gab, in Deutschland beispielsweise bei Karl Adam oder Gottlieb Söhngen, in Frankreich die »Nouvelle Théologie« um Henri de Lubac u. a. (Flury 1: 149–236). Zu einem grundlegenden Neuanfang auf breiter Front kam es im Raum der katholischen Theologie dann aber erst mit dem 2. Vatikanum.

4. Das 2. Vatikanische Konzil und die Fundamentaltheologie

»Es waren vor allem zwei Hinweise, die das Konzil zur Bestimmung aller künftigen Theologie gegeben hatte. In der Offenbarung ›redet der unsichtbare Gott ... aus überströmender Liebe die Menschen an wie Freunde ... und verkehrt mit ihnen ..., um sie in seine Gemeinschaft einzuladen und aufzunehmen‹. Dementsprechend ist es beständige Pflicht der Kirche, ›nach den Zeichen der Zeit zu forschen und sie im Licht des Evangeliums zu deuten. So kann sie dann in einer jeweils einer Generation angemessenen Weise auf die bleibenden Fragen der Menschen nach dem Sinn des gegenwärtigen und des zukünftigen Lebens und nach dem Verhältnis beider zueinander Antwort geben‹« (Verweyen 1: 17; zitiert werden DV 2 und GS 4). Beides ist für die Fundamentaltheologie unmittelbar relevant; denn sowohl das gewandelte Offenbarungsverständnis wie auch der neue, unvoreingenommene Blick auf die hermeneutischen Herausforderungen betreffen zentrale fundamentaltheologische Fragen.

Das Offenbarungsverständnis des Konzils (siehe unten 264–266) ist heilsgeschichtlich geprägt. Offenbarung meint demnach nicht die Übermittlung bestimmter Lehren durch Gott, sondern das gesamte Geschehen, in dem Gott sich selbst in personaler Weise den Menschen mitteilt, um sich aus Liebe mit ihnen zu verbinden. »Es ist klar, dass damit die Offenbarungsapologetik selbst eine tiefe Verwandlung in Richtung auf eine Hermeneutik des Wortes Gottes erhält« (Eicher: 487). Wenn das Konzil von Offenbarung spricht, geht es um ein personales Beziehungsverhältnis: Gott spricht sich selbst den Menschen zu, um mit ihnen Gemeinschaft zu haben. Es geht dann aber nicht mehr darum, zunächst einmal in formaler Weise den göttlichen Ursprung der Offenbarung zu demonstrieren, sondern es geht nun ganz zentral um den Inhalt des Offenbarungsgeschehens. Dementsprechend rückt das Konzil die Person Jesu Christi in den Mittelpunkt; denn er ist durch sein gesamtes Sein und Wirken das ebenso unwiderrufliche wie unüberbietbare Wort, durch das Gott sich den Menschen zuwendet:

»Jesus Christus, das fleischgewordene Wort, als ›Mensch zu den Menschen‹ gesandt› ›redet die Worte Gottes‹ (Joh 3,34) und vollendet das Heilswerk, dessen Durchführung der Vater ihm aufgetragen hat (vgl. Joh 5,36; 17,4). Wer ihn sieht, sieht auch den Vater (vgl. Joh 14,9). Er ist es, der durch sein ganzes Dasein und seine ganze Erscheinung, durch Worte und Werke, durch Zeichen und Wunder, vor allem aber durch seinen Tod und seine herrliche Auferstehung von den Toten, schließlich durch die Sendung des Geistes der Wahrheit die Offenbarung erfüllt und abschließt und durch göttliches Zeugnis bekräftigt, dass Gott mit uns ist, um uns aus der Finsternis von Sünde und Tod zu befreien und zu ewigem Leben zu erwecken« (DV 4).

Damit hat das Konzil eine bewusste Abwendung von der traditionellen Apologetik vollzogen, die die göttliche Sendung Jesu aufgrund bestimmter äußerer Zeichen wie Wunder und Weissagungen erweisen wollte. Dabei war außer Acht gelassen worden, »dass die Zeichen, die die Identifizierung Jesu ermöglichen, nicht außerhalb von ihm angesiedelt sind, sondern aus eben diesem personalen Ausstrahlungszentrum hervorgehen, das Christus ist. Bevor man überhaupt von Zeichen spricht, muss man zunächst von *dem Zeichen*, jenem ersten und höchsten der Zeichen sprechen, das alle anderen in sich schließt und begründet, nämlich Jesus selbst« (Latourelle: 607). Nach der Lehre des Konzils ist somit das in der Person Jesu Christi, d. h. im Ereigniszusammenhang seiner Botschaft, seines Wirkens und seines Schicksals, sich vollendende Heilsgeschehen der entscheidende Glaubensgrund und damit auch der Bezugspunkt der Glaubwürdigkeitserkenntnis. Die besonderen Zeichen wie die Wunder Jesu dürfen nicht losgelöst von seiner Person als ganzer gesehen werden; ihre Funktion und Bedeutung kann sich nur zeigen, wenn sie als integraler Bestandteil seiner gesamten personalen Wirklichkeit verstanden werden.

Mit Recht kann man die Offenbarungskonstitution des 2. Vatikanums »Dei Verbum« als »die Charta der Fundamentaltheologie« (Latourelle: 600) bezeichnen. Denn mit dem hier vollzogenen Wechsel von der spezifisch neuzeitlichen Offenbarungsapologetik zur Hermeneutik der Person Jesu Christi als des definitiven Wortes Gottes, seiner unwiderruflichen Zusage und Verheißung für den Menschen, werden die Grundlagen fundamentaltheologischer Arbeit neu gelegt. Das Konzil »hinterlässt der Fundamentaltheologie die Aufgabe, das sich im Worte Gottes darstellende Heilsgeschehen aus der Selbstevidenz seiner Wahrheit zu interpretieren und über seinen Wahrheitsanspruch (über sein Erkenntnis- und Wahrheitspotential) im Medium intersubjektiver Rationalität Rechenschaft abzulegen« (Vergauwen 1: 150; vgl. Eicher: 543).

Dabei hat das 2. Vatikanum in seiner Pastoralkonstitution »Gaudium et spes« bereits einen entscheidenden Hinweis darauf gegeben, wie diese hermeneutische Vermittlungsaufgabe anzugehen ist. Sie stellt sich in erster Linie auf dem Felde der Anthropologie, denn das Konzil versteht Christus als den Schlüssel zum Verständnis des Menschseins: »Tatsächlich klärt sich nur im Geheimnis des fleischgewordenen Wortes das Geheimnis des Menschen wahrhaft auf ... Christus, der neue Adam, macht eben in der Offenbarung des Geheimnisses des Vaters und seiner Liebe dem Menschen den Menschen selbst voll kund und erschließt ihm seine höchste Berufung« (GS 22). Damit erhält die *Fleischwerdung* des Wortes Gottes eine zentrale hermeneutische Bedeutung: Das Wort, durch das Gott sich an den Menschen wendet, nimmt selber eine menschliche Gestalt an, um sich so beim Menschen Gehör zu verschaffen. Als fleischgewordenes Wort erschließt es dem Menschen die tatsächliche Situation seines Menschseins sowie seine wahre Bestimmung. Das heißt aber, »daß das, was Christus den Menschen offenbart, nämlich ihre Gotteskindschaft, eine neue *Lebensweise*, eine *Praxis* ist« (Latourelle: 605). Davon kann die Fundamentaltheologie bei ihrer Begründungsaufgabe, zu der nach wie vor auch eine apologetische Dimension gehört, nicht unberührt bleiben. Sie muss vielmehr diesem Tatbestand Rechnung tragen, dass der christliche Glaube sich wesentlich praktisch zu bewähren und zu bewahrheiten hat.

Die Fundamentaltheologie hat die durch das 2. Vatikanum gegebenen Anstöße bereitwillig und konstruktiv aufgegriffen. Eine wichtige Voraussetzung dafür war das schon lange verbreitete Unbehagen angesichts ihrer traditionellen Konzeption, die als unbefriedigend empfunden wurde und deren Wirkungslosigkeit nicht länger zu übersehen war. Max Seckler hat die durch das 2. Vatikanum entstandene Situation folgendermaßen charakterisiert:

»In der Zeit nach dem Zweiten Vatikanischen Konzil ... hat ... die Fundamentaltheologie einen erstaunlichen Aufschwung genommen. Das Konzil hat auch für sie befreiend und anregend gewirkt, ›befreiend‹ allerdings auch in dem Sinn, daß die schultheologischen Konventionen weiter aufgelöst wurden, und daß der Begriff der Fundamentaltheologie oder des Fundamentaltheologischen dabei noch multivalenter wurde. Der Name wurde immer beliebter, die Sache konzeptionell vielgestaltiger, der gemeinsame Nenner ungewisser. Die ›neue Unübersichtlichkeit‹ ... der Postmoderne hat sich auch in der Fundamentaltheologie ausgebreitet, hat die alten Identitäten weiter erschüttert, aber auch neue Perspektiven aufgetan« (Seckler 4: 332f).

Bevor versucht wird, das gegenwärtige Profil des Faches zu umreißen, soll daher zunächst ein Überblick über Neukonzeptionen aus der jüngeren Vergangenheit und der Gegenwart gegeben werden.

IV. Die katholische Fundamentaltheologie nach dem 2. Vatikanum

Das Folgende bleibt auf den deutschen Sprachraum beschränkt; denn auch so kommt das Spektrum der relevanten fundamentaltheologischen Neuansätze in den Blick. Das gilt jedenfalls dann, wenn die Fundamentaltheologie als eine dezidiert theologische Disziplin verstanden und konzipiert wird, wie es im Folgenden der Fall ist (vgl. 123–125).

Bewusst ausgeklammert bleibt insbesondere die im angelsächsischen Raum beheimatete »analytische Religionsphilosophie« (zur Orientierung vgl. Hick 1; Alston; Plantinga; Jäger; Laube), die in den zurückliegenden Jahrzehnten auch viele fundamentaltheologische Fragen behandelt hat. Es sind jedoch erhebliche Zweifel erlaubt, ob sie die Fundamental*theologie* wirklich weiterbringen kann oder sie nicht doch eher in eine neue Sackgasse führt. Denn die analytische Religionsphilosophie hat »einen deutlichen Zug zur nicht nur rationalen, sondern rationalistischen Auseinandersetzung mit religiösen Problemen. Ihre Fragestellungen sind häufig nicht, oder nicht primär, an Phänomenen des religiösen Lebens gewonnen, sondern verdanken sich naturwissenschaftlichen (den Entwicklungen in der Physik, Kosmologie oder Biologie), wissenschaftstheoretischen (Verifikation bzw. Falsifikation von Hypothesen, Erklärungs- und Begründungsfragen) oder gesellschaftlichen Problemlagen (Öffentlichkeitsrelevanz religiöser Überzeugungen, religiöser Pluralismus). Das sind keine unwichtigen Probleme, im Gegenteil. Diese Fragestellungen und die mit ihnen verknüpften methodischen Präferenzen führen aber zu Wahrnehmungseinseitigkeiten und Problemverkürzungen, wenn sie absolut gesetzt werden. Religionsphilosophisches Denken dieser Art provoziert Fragestellungen, die die Differenzen zwischen religiösen Lebensorientierungen und nichtreligiösem Wissen epistemologisch nivellieren und Religion allenfalls als einen besonderen Fall von (angeblichem) Wissen neben anderem in den Blick rücken« (Dalferth 5: 96). So wird die Eigenart religiöser Vollzüge und Einstellungen aber von vornherein verfehlt und damit die Selbsterfassung des christlichen Glaubensfundamentes (im Sinne einer fides quaerens intellectum), also das, worum es in der Fundamentaltheologie zentral geht.

1. Karl Rahner: Transzendentale Fundamentaltheologie

Wie fast fünf Jahrzehnte zuvor Blondel ging es auch Karl Rahner (1904–1984) in seinem 1941 erschienenen Buch mit dem programmatischen Titel »Hörer des Wortes« um die Frage nach dem Verwiesensein des Menschen auf eine übernatürliche Offenbarung. Auch Rahner war also bemüht, das Fehlen einer anthropologischen Vermittlung in der Apologetik bzw. Fundamentaltheologie zu korrigieren. Er wollte dies erreichen durch den Aufweis einer »potentia oboedientialis« im Menschen für eine frei ergehende Offenbarung Gottes (Werner: 29–192). Der Weg, den Rahner dabei einschlug, war der einer Metaphysik des endlichen Geistes. Danach ist dieser in allen seinen Vollzügen über das Endliche und Begrenzte hinaus auf einen unendlichen Horizont, ein unumfassbares Geheimnis verwiesen. Das Endliche als Endliches kann der Geist nur erfassen, weil er in einen solchen unendlichen Horizont hineingestellt ist. Dieser bleibt die apriorische Bedingung der Möglichkeit für jeden menschlichen Erkenntnis- und Willensakt.

Dieser transzendentalphilosophische Aufweis begründet nach Rahner, dass der Mensch als endlicher Geist fähig ist, eine übernatürliche Offenbarung zu vernehmen, insofern er immer schon und unabdingbar, apriorisch auf diesen transzendentalen Horizont verwiesen ist. Ja, mehr noch: Der Mensch ist zu unbedingtem Gehorsam gegenüber einer solchen Offenbarung verpflichtet, wenn sich denn das alles umfassende Geheimnis ihm in dieser Weise erschließt. Denn würde er diesen Gehorsam verweigern, widerspräche das seinem eigenen Wesen als endlichem Geist.

Rahner beanspruchte, diesen Aufweis in einer streng philosophischen Argumentation erbracht zu haben, d. h. ohne irgendwelche theologische Vorgaben. Allerdings gestand er zu, dass dieser philosophische Aufweis in das Aufgabengebiet des Theologen fällt, weil es dabei um die im Subjekt gegebenen apriorischen Bedingungen der Möglichkeit für das Hören einer göttlichen Offenbarung geht. Und eben diesen transzendentalphilosophischen Aufweis sah Rahner in »Hörer des Wortes« als eine spezifisch fundamentaltheologische Aufgabe.

In der Folgezeit rückte dann der Begriff des »übernatürlichen Existentials« in das Zentrum der Theologie Rahners. Damit veränderte sich auch die fundamentaltheologische Argumentation (Verweyen 3). Denn Rahner vertrat nun die Auffassung: Schon die bloße Hinordnung des Menschen auf eine Offenbarung Gottes bedarf einer übernatürlichen Erleuchtung. So rückt auch der fundamentaltheologische Argumentationsgang unter (gnaden-)theologische Prämissen, wie sich etwa im »Grundkurs des Glaubens« (1976) zeigt. Rahner sieht nun bereits in der transzendentalen Erfahrung das Woraufhin dieser Transzendenzbewegung immer schon wirksam und vom Menschen notwendigerweise (wenn auch häufig unreflex) mitbejaht, »weil in eben diesem Akt (der Transzendenz; M.K.) und nur in ihm überhaupt erfahren wird, was Wirklichkeit ist« (Rahner 1: 76). Wird das vom Menschen in der reflexen Erfassung abgelehnt, gerät er daher mit sich selbst in Widerspruch. Im bewussten Ja dazu findet der Mensch hingegen »zu seiner eigentlichen Wahrheit gerade dadurch, daß er diese Unverfügbarkeit seiner eigenen Wirklichkeit als gewußte gelassen aushält und annimmt« (a. a. O. 53). So kann er auf die eigene Selbstsicherung verzichten und sich vertrauensvoll an das umfassende Geheimnis hingeben. Denn

»der Mensch, der sich überhaupt auf seine transzendentale Erfahrung des heiligen Geheimnisses einlässt, macht die Erfahrung, daß dieses Geheimnis nicht nur der unendlich ferne Horizont, das abwesende und distanziert-richtende Gericht über seine Um- und Mitwelt und sein Bewusstsein ist, nicht nur das Unheimliche, was ihn zurückscheucht in die enge Heimat des Alltages, sondern daß dieses heilige Geheimnis auch die bergende Nähe ist, die vergebende Intimität, die Heimat selber, die Liebe, die sich mitteilt, das Heimliche, zu dem man von der Unheimlichkeit seiner eigenen Lebensleere und -bedrohtheit fliehen und ankommen kann« (a. a. O. 137).

Für Rahner bleibt dafür allerdings die konkrete Hinwendung zur Welt unerlässlich; transzendentale Erfahrung wird also nicht im »luftleeren Raum« gemacht, sondern in den kategorialen Zusammenhängen der Welt und ihrer Geschichte. Das ist dann auch für die fundamentaltheologische Rechtfertigung des Glaubens entscheidend.

Nach Rahner können die überlieferten Glaubensaussagen nur glaubwürdig werden, wenn sie mit den transzendentalen Erfahrungen der Menschen in Einklang stehen. Das besagt: Die christliche Offenbarungsbotschaft thematisiert und bringt reflex zu Bewusstsein, was in der durch kategoriale Geschichtlichkeit ermöglichten transzendentalen Erfahrung schon gegeben ist, und sie findet darin ihre Bestätigung. Es gilt jedoch auch umgekehrt: Die geschichtlichen Begebenheiten, auf die der christliche Glaube sich bezieht, sind notwendig als Bestätigung der transzendentalen Erfahrung. Diese lässt den Menschen einerseits Ausschau halten nach einem »absoluten Heilsmittler«; und sie stellt andererseits das Kriterium dar, anhand dessen beurteilt werden kann, ob sich eine konkrete geschichtliche Begebenheit als das erhoffte und erwartete Heilsereignis tatsächlich erweisen und vor der Vernunft rechtfertigen lässt. Daher erfolgt die Glaubenszustimmung »im Zirkel eines gegenseitigen Bedingungsverhältnisses zwischen transzendentaler Gnadenerfahrung und geschichtlicher Erfassung glaubensbegründender Ereignisse« (a. a. O. 237).

Das zentrale Anliegen Rahners bestand in einer kritischen Wendung gegen die Subjektvergessenheit der traditionellen Fundamentaltheologie, darin, die Glaubensinhalte an die Erfahrung des Menschen rückzubinden und so ihre Glaubwürdigkeit zu erweisen. Um das leisten zu können, musste Rahner den in »Hörer des Wortes« erhobenen Anspruch, rein philosophisch zu argumentieren, revidieren und seiner Fundamentaltheologie Prämissen zugrunde legen, die dem christlichen Offenbarungsglauben entnommen sind. »Die transzendentalphilosophische Frage nach dem Subjekt, den Möglichkeitsbedingungen der Erkenntnis und ihrer Gegenstände, tritt damit in den Sinnraum dieser faktischen Heilsoffenbarung und erfährt eine transzendentaltheologische Vertiefung« (Reikerstorfer: 256). Auf diese Weise verlor die Fundamentaltheologie bei Rahner ihren bis dahin weitgehend defensiven Charakter. Denn bei der Annahme eines »übernatürlichen Existentials« im Sinne Rahners besteht ja »in gewisser Weise ein Überschuss an Christlichkeit über die Kirche hinaus« (Flury 2: 362). Rahner hat das dann in seiner umstrittenen Theorie von den »anonymen Christen« weiterzuführen versucht (siehe etwa Rahner 3 und 4; Schwerdtfeger; Hilberath: 147–160).

Einen transzendentalen Ansatz der Fundamentaltheologie vertritt auch *Heinrich Fries* (1911–1998) in seinen zahlreichen fundamentaltheologischen Publikationen. Die Fundamentaltheologie fragt nach den Grundlagen und Fundamenten der Theologie, worunter »die Voraussetzungen und Bedingungen der Möglichkeit von Theologie verstanden« werden. Genauerhin betreffen sie »die Frage nach dem Glauben selbst und überhaupt, die Frage nach dessen Korrelat: der Offenbarung als Prinzip jeder Theologie und ihrer spezifischen Inhalte, sowie der Frage nach deren Vermittlung als Frage nach der Kirche, insofern sie Träger und Überlieferung von Offenbarung ist« (Fries 4: 13). Das Zentrum des fundamentaltheologischen Diskurses ist dabei die transzendentaltheologische Frage nach der Offenbarung. Sie zielt nicht auf die Offenbarungsinhalte, sondern auf Wesen und Ereignis der Offenbarung »vor aller regionalen und speziellen Theologie« (Fries 2: 344). Denn die Offenbarung ist der Grund und Ursprung der gesamten Theologie. Als solche aber, »als transzendental-theol. Größe, wird die Offenbarung von den theol. Einzelfächern vorausgesetzt« (a. a. O. 345). Diese grundlegende Voraussetzung zu klären, das ist die Aufgabe der Fundamentaltheologie. Sie setzt dabei keinen allgemeinen Begriff von Offenbarung voraus, sondern geht von der christlichen Offenbarungserfahrung aus. »Es obwaltet hier dieselbe Verschränkung zwischen geschichtl. Erfahrung u. transzendental aprior. Reflexion, wie sie auch sonst beim geschichtlich existierenden Geist gegeben ist: in unbefangener Hinnahme seiner geschichtl. reflex nie adäquat einholbaren Erfahrung reflektiert der Mensch auf die aprior. Bedingungen der Möglichkeit solcher gemachten Erfahrung u. gewinnt so erst ein wirkl. Verständnis dieser Erfahrung« (ebd.). – Dieser Reflexion auf die Bedingung der Möglichkeit von Offenbarung korrespondiert der Aufweis der Hinordnung des Menschen auf eine geschichtlich ergehende Offenbarung. Denn christlicher Glaube »ist nur möglich, wenn im Menschen, wenn in den ihn bestimmenden Bedingungen die Möglichkeit und Disposition für den christlichen Glauben gegeben ist, wenn der Mensch so verfasst ist, daß er glauben kann, auch und gerade im Sinne des christlichen Glaubens. Wenn solche Bedingungen der Möglichkeit nicht gegeben, nicht aufweisbar sind, wird der christliche Glaube als ganzer und im einzelnen wirklichkeitsfremd, äußerlich, ideologisch, ja er kommt ernsthaft nicht in Frage« (Fries 4: 14). – Fries schreibt der Fundamentaltheologie eine besondere ökumenische Chance und Aufgabe zu, insofern ihre grundlegenden Fragestellungen heute für alle christlichen Konfessionen zu einer zentralen Anfrage und Herausforderung geworden sind. Sie sind damit aber auch etwas Verbindendes zwischen den Konfessionen (Fries 3: 224ff). Zudem attestiert Fries der Fundamentaltheologie einen missionarischen Charakter. Da sie nicht aus dem Glauben argumentiert, sondern »auf die rationale, die philos. u. histor. Argumentation verwiesen« ist (Fries 2: 347), wendet sie sich vor allem an Nichtglaubende. Sie »sucht als Wissenschaft von der Begegnung von Offenbarung u. Mensch den Menschen in seiner Befindlichkeit, in seinem menschl. Sein, in seiner Situation u. Existenz auf u. will ihn in Kontakt mit der Offenbarung bringen« (a. a. O. 349).

2. Hans Urs von Balthasar: Fundamentaltheologie als »Erblickungslehre«

Gegenüber der transzendentalen Methode, wie Rahner sie praktizierte, meldete der schweizerische Theologe Hans Urs von Balthasar (1905–1988) massive Vorbehalte an. Er war der Überzeugung:

»Kriterium der Echtheit des Christlichen kann weder die religiöse Philosophie noch die Existenz sein. In der Philosophie deckt der Mensch das von ihm her Wißbare über die Seinsgründe auf, in der Existenz lebt er das von ihm her Lebbare aus. Das Christliche ist vernichtet, wenn es sich in eine transzendentale Voraussetzung seines Selbstverständnisses in Denken oder Leben, Wissen oder Tat auflösen lässt« (Balthasar 2: 33; vgl. Verweyen 9: 392–394).

Balthasar sah darin eine unsachgemäße Übergewichtung der subjektiven Faktoren bei der Glaubenszustimmung, und es stellte sich ihm die Frage, »ob nicht die ganze Richtung immer wieder von einem heimlichen und gelegentlich auch offenen Philosophismus bedroht wird, wo das innere Maß des strebenden Geistes, mag es auch nur als ›Leere‹ und ›Hohlraum‹, als ›cor inquietum‹, als ›potentia oboedientialis‹ usf. gefasst werden, irgendwie doch zum Maß der Offenbarung gemacht wird« (Balthasar 1: 142). Mit dieser Problematisierung der Immanenzmethode wollte Balthasar jedoch keine Rückkehr zu einer extrinsezistischen, an äußeren Zeichen orientierten Glaubwürdigkeitserkenntnis einleiten. Denn auch diese Methode, »die zwischen einem zu glaubenden uneinsichtigen Inhalt und den für die Richtigkeit dieses Inhalts plädierenden ›Zeichen‹ ... unterscheidet« (a. a. O. 166f), betrachtete er als gescheitert. Es ging ihm vielmehr um einen »Weg zwischen Szylla des Extrinsezismus und Charybdis des Immanentismus« (Balthasar 2: 33). Balthasar sah diesen Weg in einer theologischen Ästhetik, in der es um die Wahrnehmung der Gestalt Jesu Christi geht. Denn in Christus leuchtet das innerste Geheimnis Gottes auf, seine Herrlichkeit, die sich als in souveräner Freiheit sich selbst verschenkende, unbedingte Liebe zeigt.

Es ging Balthasar daher um eine Rehabilitierung der Kategorie des Schönen, also eines der klassischen Transzendentalien des Seins. Denn »Gott kommt nicht primär als Lehrer zu uns (›wahr‹), als zweckvoller ›Erlöser‹ für uns (›gut‹), sondern um SICH, das

Herrliche seiner ewigen dreieinigen Liebe zu zeigen und zu verstrahlen in jener ›Interesselosigkeit‹, die die wahre Liebe mit wahrer Schönheit gemein hat« (Balthasar 3: 27f). Diese Schönheit gilt es neu wahrzunehmen. In ihr zeigt sich eine schöpferische Freiheit, die dem Wahrnehmenden etwas Überraschendes, für ihn Unvorhersehbares eröffnet. »Was uns entgegentritt ist überwältigend wie ein Wunder und darin vom Erfahrenden niemals einzuholen, besitzt aber gerade *als* Wunder seine Verstehbarkeit: es ist fesselnd und befreiend zugleich, wie es sich unzweideutig als ›erscheinende Freiheit‹ (Schiller) von innerer unbeweisbarer Notwendigkeit gibt ... Einen solchen Zusammenfall von Unerfindbarkeit durch mich mit eindringlichster Plausibilität für mich gibt es nur im Reich des interesselos Schönen« (Balthasar 2: 34). Deshalb stellt das auch den einzig adäquaten Zugang zur Offenbarung Gottes dar; nur im Aufleuchten ihrer Schönheit vermag sich auch ihre Glaubwürdigkeit zu erweisen. In der Ausarbeitung dieses Zugangs sah Balthasar die Aufgabe einer erneuerten Fundamentaltheologie, die er daher als »Erblickungslehre« konzipierte: »Ästhetik (im kantischen Sinn) als Lehre von der Wahrnehmung der Gestalt des sich offenbarenden Gottes« (Balthasar 1: 118).

Christus ist das Fundament des gesamten Christentums. Die Wahrnehmung seiner Gestalt muss deshalb den ganzen christlichen Glauben begründen und tragen. Dazu genügen aber Wahrscheinlichkeitsurteile nicht. Um diese Begründungsfunktion erfüllen zu können, ist vielmehr Evidenz gefordert, »und zwar nicht subjektive Evidenz, sondern objektive.« Darunter versteht Balthasar eine »Evidenz, die vom Phänomen selbst her auf- und einleuchtet, und nicht solche, die auf Grund von Bedürfnisbefriedigung des Subjekts festgestellt wird« (a. a. O. 446). Die Offenbarungsgestalt muss also den Menschen von sich aus zur Zustimmung bewegen, nicht weil sie eine bestimmte Funktion für ihn erfüllt und so einer menschlichen Verzweckung dienstbar gemacht wird.

Möglich erscheint eine solche objektive Evidenz, wenn durch die Offenbarungsgestalt etwas um seiner selbst willen Wertvolles aufstrahlt und für den Menschen wahrnehmbar wird. Aber »die subjektive Bedingung der Möglichkeit des Ansichtigwerdens (...) darf nie und nimmer in die Konstitution der objektiven Evidenz des Gegenstandes mit eingreifen oder diese einfach bedingen und damit ersetzen« (a. a. O. 447). Daran hängt nach Balthasar die ganze Glaubwürdigkeit der Offenbarung, dass sie nicht menschlichen Bedürfnissen und Bedingungen unterworfen und von ihnen abhängig ist, sondern sich als das um ihrer selbst willen Wertvolle, ja als das Wertvollste überhaupt zeigt. Es ist ein von sich aus leuchtendes Wunder, das aber gerade als solches überzeugt und Zustimmung hervorruft.

Und als dieses allein um seiner selbst willen Wertvolle offenbart sich eben die unbedingte göttliche Liebe; sie ist es, die in der Gestalt Jesu Christi – seiner Menschwerdung, seinem Tod am Kreuz und seiner Auferstehung von den Toten – wahrnehmbar wird. Diese Liebe ist das für den Menschen schlechterdings Herrliche, Wunderbare und Unfassliche, das er nicht ergründen, von dem er sich vielmehr nur ergreifen lassen kann, so wie er von einem großen Kunstwerk ergriffen und beseligt wird.

»›Verstehen‹ des Sich-Offenbarenden ist in beiden Fällen nicht ein Subsumieren unter bewältigende Wissenskategorien; weder die Liebe in der Freiheit ihrer Gnade noch das Schöne in seiner Zwecklosigkeit sind ›aufzuleisten‹ (Rilke), am wenigsten durch ein ›Bedürfnis‹ des Subjekts. Eine solche Reduktion auf ›Bedürfnis‹ wäre zynische Schändung der Liebe durch Egoismus; nur im Anerkennen der reinen Gnade des Geliebtwerdens darf der Liebende sein Erfülltsein durch solche Liebe mitbekunden« (Balthasar 2: 34f).

Darin vermag dann auch die Vernunft mit einzustimmen. Sie kommt bei Balthasar also nicht im Voraus zum Glauben ins Spiel, als Hinführung zu ihm, sondern sie hat »eine dem Glauben nachgeordnete Funktion« (Körner 1: 144). Nur so kann sie der Offenbarung gerecht werden, denn die Herrlichkeit der sich offenbarenden göttlichen Liebe nötigt auch die Vernunft zur Selbstbesinnung und -korrektur. Gefordert ist »Umkehr nicht allein des Herzens, das angesichts dieser Liebe bekennen muß, daß es bisher nicht geliebt hat«, sondern auch »Umkehr des Denkens, das davor umlernen muß, was Liebe überhaupt ist« (Balthasar 2: 40). Nur dann kann sich der Vernunft die Sinnfülle der Offenbarung erschließen, so dass es keine Glaubwürdigkeitserkenntnis gibt, die völlig unabhängig von der Zustimmung zum Offenbarungsgehalt ist. Wohl gibt es »ein beginnendes Verstehen der Offenbarungsgestalt, die für den natürlich-geschichtlichen Menschen nicht zu übersehen ist, an die er ständig stösst und die eine Erklärung fordert.« Er kann mittels seiner Vernunft Linien und Proportionen dieser Offenbarungsgestalt erkennen und nachzeichnen; aber diese Nachzeichnung »ist eine skizzenhafte, inchoative, unvollendbare.« Erst wenn der Mensch den Glaubensakt vollzieht, »dann versteht er sogleich auch, dass er Gnade ist, Gezogenwerden durch Gott, Überwältigung eigener Ohnmacht durch die Macht Christi, Überwältigung aber auch aller subjektiv-projizierenden Vorgriffe des Denkens und der Einbildungskraft durch die ganz andere Evidenz, die aus der Sache selbst stammt« (Balthasar 1: 182f).

Von dieser Bestimmung des Verhältnisses von Glaube und Vernunft her ergibt sich dann auch das Profil einer Fundamentaltheologie als »Erblickungslehre«. Die fundamentaltheologische Hinführung zur Offenbarung besteht dann »nicht in ihrer Vermittlung mit nicht christlichen ›Verstehensräumen‹« (Disse: 152). Es geht vielmehr darum, einer angemessenen Wahrnehmung der Offenbarung den Boden zu bereiten, damit sie sich selbst zeigen kann. Balthasar nennt hier insbesondere vier Aufgaben, durch deren Bearbeitung die Fundamentaltheologie die »objektive Qualität« der Christusoffenbarung deutlich werden lassen kann: 1. durch »kontemplatives Einblickgewinnen in die der Gestalt eigenen Proportionen, Verklammerungen und Gleichgewichte«; 2. durch »Verifikation der Glaubensgestalt an der Existenz«, wobei sich sowohl ihre »existentielle Gewalt« wie »ihre Eigenlebendigkeit« zeigt; 3. durch »die Selbstunterscheidung der Gestalt von allen übrigen weltlichen Religionsgestalten«, um so deren objektive Evidenz nachzuweisen; 4. durch den »Erweis, dass und wie die Gestalt von allen, die sie nicht in den Blick bekommen, verfehlt wird« (Balthasar 1: 463).

Balthasars Hauptanliegen bestand darin, die Christusoffenbarung und den Glauben vor subjektivistischen Verzweckungen und Verkleinerungen zu schützen. Deshalb betonte er den »Objektivismus des Glaubens« (a. a. O. 174). Alles menschliche Vor- und Zugreifen auf die Offenbarung stand für ihn im Verdacht, diese zu verkürzen oder zu manipulieren. Aber selbstverständlich wusste auch Balthasar, dass die Offenbarung den Menschen erreichen, bei ihm ankommen will und muss. Sie ist ja nichts weniger als »die Erfüllung … der ganzen philosophisch-mythologischen Frage des Menschen« (a. a. O. 138). Sie ist also nichts dem Menschen Fremdes, sondern trifft ihn in seiner Mitte und Tiefe. Aber damit das geschehen kann, muss sich der Mensch der Offenbarung annähern und angleichen – und eben gerade nicht umgekehrt. »Es geht … um eine Korrespondenz in der menschlichen Existenz als ganzer mit der Gestalt Christi; nicht nur intellektuelle, sondern existenzhafte Vorbedingungen müssen sich erfüllen, damit die die Gesamtexistenz ansprechende Gestalt bei dieser Gesamtexistenz auch Gehör findet« (a. a. O. 446). In *diesem* Sinne stimmte Balthasar auch »der sogenannten ›Immanenzmethode‹ Blondels und der Seinen« (ebd.) zu. Entscheidend war für ihn aber, dass die Offenbarungsgestalt vom Vorverständnis des Menschen, seinen Erwartungen, Bedürfnissen oder Erfahrungen unabhängig bleibt. »Das Vorverständnis ist im Grunde nicht etwas, was das Subjekt als Beitrag zur christlichen Erkenntnis liefert, es ist durch die einfache, objektive Tatsache notwendig gegeben, dass Gott Mensch wird und insofern den allgemeinmenschlichen Daseins- und Denkformen entspricht. Aber das Besondere, das er ist, kann er in diesen allgemeinen Formen nur von sich selbst her kundtun« (a. a. O. 447).

3. Eugen Biser: Hermeneutische Fundamentaltheologie

Den Ausgangspunkt in Eugen Bisers 1975 publiziertem »Grundriß einer hermeneutischen Fundamentaltheologie« bildet die fortschreitende Enttraditionalisierung, die sich in modernen Gesellschaften durchsetzt. Denn mit ihrer Selbstverständlichkeit verlieren Traditionen dabei auch ihre legitimierende Kraft. Mit Recht erkennt Biser (geb. 1918) darin gerade auch für das Christentum eine neue gewaltige Herausforderung. »Die Frage einer möglichen Kontinuität im Abbruch eines umfassenden Traditionsverlustes ist tatsächlich die Kardinalfrage des Glaubens in dieser Zeit« (Biser: 12).

Dieser Situation vermag die bisherige Fundamentaltheologie nicht gerecht zu werden, und zwar weder die extrinsezistische, d. h. mit äußeren Zeichen argumentierende noch die der Immanenzmethode verpflichtete Fundamentaltheologie. Der entscheidende Schwachpunkt besteht darin, dass beide Methoden lediglich zu einer Glaubwürdigkeitserkenntnis führen, dabei aber eine unüberbrückbar bleibende Kluft zum Glauben selbst bestehen bleibt (Fuchs/Kreiner: 401f). »Die mit dem Glauben sich stellende Aufgabe seiner Absicherung gegen Skepsis und Zweifel wird nicht von ihm selbst, sondern von der Instanz ins Werk gesetzt, die auch als Herd der gegen ihn gerichteten Einreden zu gelten hat: von der Vernunft.« Das bedeutet aber: »Genuine Faktoren des Glaubens mussten aus rationaler Perspektive angegangen und ausdiskutiert werden, und das heißt: aus einer Sicht, die nur an sie heran-, nicht aber, wie es erforderlich gewesen wäre, in sie hineinführte«. Die dem Glauben eigene Gewissheit ließ sich auf diese Weise nicht zur Sprache bringen. »Proportionsverzerrungen und Sinnverstellungen waren die ebenso abträglichen wie unvermeidlichen Folgen« (Biser 1: 25). Während der Extrinsezismus nur zu einer durch äußere Zeichen vermittelten Erkenntnis führte, vermochte die Immanenzmethode nur die eigene, persönliche Glaubensüberzeugung ins Spiel zu bringen, nicht jedoch den Glauben in einem dialogischen Prozess kommunikabel zu machen. »Nicht unmittelbar, nicht mitteilbar, so ließe sich das aporetische Patt umschreiben« (a. a. O. 70). Das mag in einer vom Christentum geprägten Gesellschaft und Kultur ausgereicht haben, nach dem Verlust der Selbstverständlichkeit des christlichen Glaubens infolge des Traditionsabbruchs ist das nicht mehr der Fall.

Der daraus sich ergebenden Konsequenz vermag die bisherige Fundamentaltheologie nicht mehr zu genügen. Denn es gilt nun: »Das Christentum muß hier und heute neu hervorgebracht werden, ganz so, als sei es die schöpferische Tat der Gegenwart und kein aus uralter Überlieferung überkommenes Erbe. Denn als wirksame Hilfe für den Menschen dieser Zeit kann nur das Gegenwärtige, Gleichzeitige gelten« (a. a. O. 13). Der Glaube lässt sich demnach nicht in einem Ereignis der Vergangenheit begründen, das dann als glaubwürdig dargetan wird; er muss vielmehr in der je eigenen Gegenwart begründet sein.

Das erfordert eine Neukonzeption der Fundamentaltheologie als »einer mit dem Zeitgeist schritthaltenden Fundamentaltheologie« (a. a. O. 18; Fuchs/Kreiner: 402–404). Ihr Adressat kann nicht mehr eine allgemeine Menschenvernunft sein, sondern der Mensch in seiner je konkreten, geschichtlich bedingten Lebens- und Glaubenssituation. Nur so kann der Glaube sich in der jeweiligen Gegenwart verständlich machen.

»Hier hilft nur eine, wenn man so will, ›kopernikanische‹ Wende weiter. Wenn man von der Vernunft und dem Existenzakt aus nicht gut zum Glauben kommt, muss zugesehen werden, ob nicht der umgekehrte Weg zum Ziel führt. Das aber ist, methodologisch gesehen, gleichbedeutend mit dem – zunächst fast paradox erscheinenden – Versuch, den Ausgangspunkt der Glaubensbegründung im Glauben selbst zu suchen« (a. a. O. 52).

Es ist dies aber der je gegenwärtige Glaube mit seinen Erfahrungen; sie gilt es verstehend zu durchdringen, um sie so kommunikabel zu machen. In diesem Sinne »muß der Glaube hermeneutisch, also nach Art eines sich selbst tragenden Verstehensaktes begründet werden. Und das heißt: Die ihm eigene Gewissheit muß ihm selbst anstatt ... außer ihm liegenden Beweisgründen entnommen werden« (a. a. O. 55). Seine Begründung findet der Glaube demnach in seiner Bewährung in der jeweiligen geschichtlich gegebenen Lebenssituation. Diese Erfahrungen lassen sich dann auch weiterkommunizieren. Fundamentaltheologische Aussagen dürfen dabei »nicht nur sprachliche Verlautbarungen von abstrakten Argumentationen sein; sie müssen vielmehr, gemäß der mitmenschlichen Situation ihres Adressaten, den Charakter dialogischer Anrede aufweisen, weil sie ihn nur so überzeugen können« (a. a. O. 52). Es geht deshalb immer auch darum, die angemessene Sprache zu finden, um die mit dem Glauben gemachten Erfahrungen weitergeben zu können. »Abgeschnitten von seinen heilsgeschichtlichen Wurzeln« (a. a. O. 62) kann der Glaube nur noch in einem solchen dialogischen Sprachgeschehen hermeneutisch begründet werden. Darin stellt sich dann auch die dem Glauben eigene Gewissheit ein (a. a. O. 71–79).

Von diesem hermeneutischen Ansatz her begreift Biser dann auch die apologetische Aufgabe der Fundamentaltheologie. »Die Aufarbeitung der sich dem Glauben in Gestalt von Schwierigkeiten und Zweifeln entgegensetzenden Hemmnisse« erscheint zunächst einmal als die Bearbeitung von Sprachbarrieren und muss sich deshalb »der zu ihrer Überwindung entwickelten Methoden« bedienen (a. a. O. 56). Gelingt dies nicht, bleiben also Skepsis und Ablehnung gegenüber dem Offenbarungsglauben bestehen, dann hat der Skeptiker bzw. Kritiker die Pflicht, seine Auffassung zu begründen (vgl. Niemann 2: 442). Und das kann erst als gelungen gelten, wenn die kritischen Einwände dabei eine mindestens ebenso große Evidenz erreichen wie der Glaube selbst.

Gegenüber der traditionellen Fundamentaltheologie wird die Beweislast hier also umgekehrt: Weil der Glaube ein »sich selbst tragender Verstehensakt« ist, bedarf er keiner von außen kommenden Begründungen. Deshalb vermögen dann aber auch von außen kommende Einwände die ihm eigene Gewissheit zunächst einmal nicht zu erschüttern. Von einer solch konsequent hermeneutischen Transformation der Fundamentaltheologie, wie Biser sie vorgenommen hat, lässt sich somit sagen: »Begründung orientiert sich nicht mehr am Nachweis der Wahrheit, sondern ist eher als eine Art innerer Plausibilisierung aufzufassen« (Meyer zu Schlochtern 1: 349).

4. Peter Knauer: Ökumenische Fundamentaltheologie

Auch Peter Knauer (geb. 1935) entwickelt in seinem erstmals 1978 veröffentlichten Werk »Der Glaube kommt vom Hören« – »das erste fundamentaltheologische Lehrbuch, in dem der theologische Durchbruch des Zweiten Vatikanischen Konzils nach einem klar durchdachten Konzept systematisch reflektiert und didaktisch sorgfältig vermittelt wird« (Verweyen 1: 21) – eine hermeneutische Fundamentaltheologie. Ein spezifischer Akzent besteht dabei in deren ökumenischer Ausrichtung. Knauer begründet dies damit, dass die Spaltung der Christenheit im Verständnis des Glaubens dessen allgemeinverständlicher Verantwortung entgegensteht. Seine Fundamentaltheologie will jedoch nicht überkonfessionell sein; Knauer versucht also nicht, einen imaginären »neutralen« Standort jenseits der unterschiedlichen Ausprägungen des christlichen Glaubens zu finden. Seine Intention ist daher auch nicht, »an die Stelle der verschiedenen Sprachen desselben Glaubens eine einzige Sprache« zu setzen. Es geht ihm vielmehr darum, »zu zeigen, wie die verschiedenen Sprachen des Glaubens ineinander zu übersetzen sind« (Knauer 1: 16). Die theologische Begründung und Legitimation dafür sieht Knauer in der Aussage des 2. Vatikanums, wonach zwischen den an Christus Glaubenden eine »wahre Verbindung im Heiligen Geist« besteht (LG 15). »Damit scheint eine bereits bestehende Einheit aller Glaubenden ausgesagt zu sein, die durch die Verständigungsbemühung nicht überboten werden kann, sondern nur ausdrücklich nachzuvollziehen ist« (Knauer 1: 17). Es geht demnach für eine ökumenische Fundamentaltheologie darum, »zu lernen, wie man christliche Theologien ineinander übersetzt.« Denn »sie sind überhaupt nur in dem Sinne sachgemäß, in dem sie sich ineinander übersetzen und so als Ausdruck der Übereinstimmung im Glauben erkennen lassen. Erst in solcher Übersetzung erfaßt man auch den Reichtum (›die Fülle der Katholizität‹) des eigenen Glaubens« (a. a. O. 224f).

Dieses ökumenische Anliegen schließt ganz organisch an ein hermeneutisches Konzept von Fundamentaltheologie an. Denn als hermeneutische kann sie ja nicht vom Glauben abstrahieren, so wie es die traditionelle Fundamentaltheologie getan hat. Ein solches Vorgehen ist aber nach Knauer »im Grunde ungeschichtlich«; denn es kann ja doch auf jeden Fall vorausgesetzt werden, »daß wir schon längst in der Wirklichkeit des Lebens mit der christlichen Verkündigung konfrontiert sind« (Knauer 2: 204). Einer hermeneutischen Fundamentaltheologie muss es deshalb nach Knauer – und hier akzentuiert er deutlich anders als Biser – um das Verstehen der *Fundamente* des dabei verkündeten Glaubens gehen.

»Worum geht es beim Glauben im Grunde? Wie verhalten sich Glaubensinhalt und Glaubensakt zueinander, d. h. was macht es für das Verständnis des Glaubensinhaltes aus, dass er als wahr nur in einer vom Heiligen Geist getragenen Erkenntnis erfaßt werden kann? Welcher Art ist die Gewißheit des Glaubens und worauf gründet er sie? Was setzt der Glaube als seinen Anknüpfungspunkt im Menschen voraus? Welche Voraussetzungen sind nur innerhalb des Glaubens selbst zugänglich, und welche können auch abgesehen von der Glaubenszustimmung erkannt werden? ... Und wie kann schließlich der Glaube nicht nur gegenüber bereits Glaubenden, sondern vor jedem Menschen verantwortet werden?« (Knauer 1: 16).

Den Ansatzpunkt zur Klärung all dieser Fragen sieht Knauer im Anspruch der christlichen Verkündigung, »Wort Gottes« zu sein. Das beinhaltet ja die Möglichkeit eines Angesprochenwerdens des Menschen durch Gott und damit auch der Gemeinschaft Gottes mit den Menschen. Das scheint jedoch dem Bedeutungsgehalt des Wortes »Gott« zu widersprechen, insbesondere der ihm zukommenden Unbegreiflichkeit. Und auch wenn man biblisch vom Geschaffensein der Welt ausgeht, ist Gott ja das Woraufhin eines einseitigen restlosen Bezogenseins der Welt, wobei Knauer diese Geschöpflichkeit der Welt in philosophischer Argumentation für beweisbar in einem strengen Sinne hält (vgl. a. a. O. 43–56). Wie soll aber angesichts eines solchen *einseitigen* restlosen Bezogenseins der Welt auf Gott eine Gemeinschaft des Menschen mit Gott möglich sein? So stellt gerade der Gottesbegriff den größten Einwand gegen die Rede von einem »Wort Gottes« dar. »Wer sich auf ›Wort Gottes‹ beruft, scheint sich auf etwas zunächst ganz Unmögliches zu berufen. Deshalb verdient nur ein solcher Offenbarungsanspruch weitere Beachtung, der auf diese seine Infragestellung antworten kann« (a. a. O. 87).

Das ist bei der christlichen Botschaft der Fall. Denn mit dem trinitarischen Gottesverständnis, so wie es in der christlichen Tradition entwickelt worden ist, wird ein Kriterium benannt, das es ermöglicht, in einer widerspruchsfreien Weise vom Ergehen eines Wortes Gottes zu sprechen. Eine reale Relation Gottes zum Menschen ist demnach möglich, weil sie als dessen Hineingenommensein in die von Ewigkeit her bestehende innergöttliche Beziehung des Vaters zum Sohn verstanden werden kann. Dies geschieht durch den Empfang des Heiligen Geistes, der in Gott Vater und Sohn miteinander verbindet und dann auch dem Menschen Gemeinschaft mit Gott vermittelt. Diese reale Beziehung Gottes zur Welt ist jedoch an dieser selbst nicht »ablesbar«, sie ist vielmehr »nur als ›übernatürliche‹ möglich, nämlich als unser Hineingenommensein in die Liebe Gottes zu Gott, des Vaters zum Sohn« (a. a. O. 195). Daher kann die Gemeinschaft mit Gott dem Menschen nur durch ein Wort Gottes eröffnet und geschenkt werden, das er seinerseits nur im Glauben entgegenzunehmen vermag. »Der Glaube kommt vom Hören«, so lautet denn auch der programmatische Titel von Knauers Fundamentaltheologie in Anlehnung an Paulus (Röm 10,17).

Die christliche Botschaft kann demnach selbst ihren Anspruch, Wort Gottes zu sein, verständlich machen. Damit ist jedoch keineswegs auch schon ihre Wahrheit und Glaubwürdigkeit erwiesen. Denn der Glaube kann sich als wahr und glaubwürdig nur im Glauben selbst erweisen, wenn denn Glaube nichts anderes bedeutet als Erfülltsein vom Heiligen Geist. Ein solcher Glaube vermittelt dem Menschen die Gewissheit, von Gott in unbedingter Liebe angenommen zu sein, und entmachtet so seine Angst um sich selbst, den Ursprung aller Unmenschlichkeit.

Dieses Glaubensverständnis erlaubt es Knauer auch, seinem ökumenischen Anliegen gerecht zu werden und zwischen den christlichen Konfessionen zu dolmetschen. »Zum Verständnis des Anliegens reformatorischer Theologie ist die Einsicht entscheidend, daß keine geschaffene Qualität Gemeinschaft mit Gott begründen kann; gegenüber orthodoxer Theologie ist darauf zu verweisen, daß Gemeinschaft mit Gott nur im Heiligen Geist möglich ist, der Personen miteinander verbindet« (a. a. O. 17 Anm. 1).

Dass der Glaube seine Wahrheit und seine Glaubwürdigkeit nur im Glauben selbst erweisen kann, darf allerdings nicht als eine Immunisierung gegenüber der Vernunft missverstanden werden. Zwar kann man »den Glauben weder aus Vernunftgründen ableiten noch mit Vernunftgründen beweisen oder auch nur plausibel machen« (a. a. O. 395), insofern es im Glauben um eine »übernatürliche« Wirklichkeit geht. Dennoch hat die Vernunft eine wichtige, unverzichtbare Funktion für den Glauben. Ihr obliegt es, Einwände, die im Namen der Vernunft gegen den Glauben vorgebracht werden, mit Vernunftargumenten zu entkräften. Denn »*nichts kann geglaubt werden, was einer ihre Autonomie wahrenden Vernunft widerspricht*. In diesem Sinn kommt der Vernunft geradezu ein Vorrang vor dem Glauben zu. Auch und gerade um des Glaubens willen ist darauf zu achten, daß die Eigenständigkeit und kritische Funktion der Vernunft gewahrt bleiben« (a. a. O. 396). Sie bewahrt den Glauben davor, durch Aberglauben entstellt zu werden oder ganz in Aberglauben abzugleiten. Denn wahrer Glaube ist der Glaube nur, wenn er frei bleibt von

Aberglauben, d. h. von der Verquickung mit Annahmen und Inhalten, die prinzipiell Gegenstand des Wissens sind und daher dem Urteil der Vernunft unterliegen. Um sich vor einer solchen unheilvollen Verquickung zu schützen, braucht der Glaube die Vernunft. Nur mit ihrer Unterstützung kann er reiner Glaube als das Erfülltsein vom Heiligen Geist bleiben.

5. Johann Baptist Metz: Praktische Fundamentaltheologie

Ihren Ausgangspunkt hatte die Fundamentaltheologie von J. B. Metz (geb. 1928) in den sechziger Jahren des 20. Jahrhunderts in einer kritischen Wendung gegenüber der transzendentalen Theologie seines Lehrers Karl Rahner und ähnlich gelagerten theologischen Konzeptionen, etwa der existentialen Interpretation der biblischen Botschaft durch den evangelischen Theologen Rudolf Bultmann. Allen diesen Formen der Theologie war nach Metz gemeinsam, dass in ihnen »Kategorien des Intimen, des Privaten, des A-Politischen« (Metz 2: 100) dominierten. Sie stellten eine Verkürzung der christlichen Botschaft dar. Denn »das Wort der Verkündigung wurde verstanden als reines Anredewort, als Wort der personalen Selbstmitteilung Gottes, nicht aber als Wort einer gesellschaftsbezogenen Verheißung« (a. a. O. 101). Das religiöse Subjekt wurde von der gesellschaftlich-politischen Wirklichkeit, der es doch unabdingbar zugehört, isoliert und ganz auf sein individuelles Heil hin fokussiert. So konnte Metz gegen Rahner sagen:

»Der in der transzendentalen Subjekttheologie ausgearbeitete Begriff der Erfahrung hat nicht die Struktur geschichtlicher Erfahrung. Er bringt nämlich jene gesellschaftlichen Widersprüche und Antagonismen, aus denen geschichtliche Erfahrung leidvoll lebt und in denen das geschichtliche Subjekt sich konstituiert, zum Verschwinden in der Ungegenständlichkeit einer vorgewußten ›transzendentalen Erfahrung‹, in der diese Widersprüche bereits undialektisch versöhnt sind. Die transzendentale Subjekttheologie wirkt deshalb wie eine Überlegitimation der Identität des religiösen Subjekts angesichts der geschichtlichen Leiden der Menschen« (Metz 1: 78).

Metz sieht deshalb auch als das hermeneutische Grundproblem der Theologie das Verhältnis »von Glaubensverständnis und gesellschaftlicher Praxis« an; es geht ihm um die »Entfaltung der gesellschaftskritischen Potenz dieses Glaubens« (Metz 2: 104).

Im Zuge der Ausarbeitung seiner Fundamentaltheologie schärfte Metz seinen Blick noch einmal in Bezug auf ihr gesellschaftlich-kulturelles Umfeld. Er sah dieses nun insbesondere durch eine evolutionslogische Interpretation der Welt gekennzeichnet, die in der Aufklärung und der westlich-bürgerlichen Zivilisation wurzelt, aber auch noch die materialistische Geschichtsdialektik des Marxismus bestimmt.

Dieses »Wirklichkeitsverständnis, das die wissenschaftlich-technische Naturbeherrschung leitet und aus dem der Kult der Machbarkeit seine Reserven zieht, ist geprägt von einer Vorstellung von Zeit als einem leeren, evolutionär ins Unendliche wachsenden Kontinuum, in das alles gnadenlos eingeschlossen ist; es treibt jede substantielle Erwartung aus und erzeugt so jenen Fatalismus, der an der Seele des modernen Menschen frisst« (Metz 1: 166).

In dieser evolutionistischen Perspektive wird auch Religion mittels einer Metatheorie entwicklungslogisch erklärt und eingeordnet, so dass ihre spezifische Eigenwirklichkeit und -dynamik gar nicht mehr zur Geltung kommt.

Eine Fundamentaltheologie, die sich dieser Situation stellen und ihr gerecht werden will, muss einen wesentlich apologetischen Zug haben. Sie muss das Christentum gegenüber seiner metatheoretischen Einordnung und Vergleichgültigung in seiner Authentizität verteidigen und rechtfertigen. Sie kann dabei aber – »anders als im Zeitalter der Metaphysik bzw. im Zeitalter von Gesellschaften, die selbst nochmals durch ein religiöses Endziel definiert waren« (a. a. O. 21f) – die heute dominierenden Theorieansätze nicht übernehmen. Denn für die Logik des Evolutionsdenkens »ist Gott – der Gott der Lebenden und der Toten, der Gott, der auch die Vergangenheit, die Toten nicht in Ruhe lässt – schlechthin undenkbar. Sie ist, weit mehr als jeder emphatische Atheismus, der in der Negation noch dem Negierten verhaftet bleibt, die eigentliche unpathetische Gott-losigkeit« (a. a. O. 169).

Dabei wendet sich die Fundamentaltheologie jedoch keineswegs nur »nach außen«, sondern auch »nach innen«, in den Innenraum des Christentums selbst. Denn nur hier kann sie sich der Grundlagen für die Bewältigung ihrer apologetischen Aufgabe vergewissern: Sie muss diese, »will sie nicht einen spekulativen regressus in infinitum riskieren, im Rückgang auf die Subjekte und deren Praxis leisten; sie muß sich also selbst als eine praktische Begründungsdisziplin verstehen: als *praktische* Fundamentaltheologie« (a. a. O. 24). Sie muss sich auf eine Praxis beziehen, die den Bedeutungsgehalt des christlichen Glaubens zur Geltung bringt und als wirksam erweist. Doch das sieht Metz innerhalb eines verbürgerlichten Christentums nicht zum Besten bestellt; er geht vielmehr davon aus, »daß die geschichtliche Krise des Christentums nicht eigentlich eine Krise seiner Botschaft und seiner Glaubensinhalte ist, sondern eine Krise seiner Subjekte und Institutionen, die sich dem unweigerlich praktischen Sinn dieser Inhalte zu sehr entziehen« (a. a. O. 165).

Eine solche Fundamentaltheologie hat ihr Bewährungsfeld »exterritorial zum vorgefassten theologischen System« (a. a. O. 27). Gerade so aber ist sie »Grundlagenforschung für Theologie« (a. a. O. 23). Es geht in ihr um die Identität des Christentums, jedoch nicht um die Sicherung einer geschichtsfernen, immer schon feststehenden Identität, sondern um eine umstritten und umkämpft bleibende Identität, die sich in den widersprüchlichen, leidvollen Erfahrungen und Kämpfen des konkret-geschichtlichen Lebens immer wieder neu herstellen und bewähren muss. Metz hat das mit Hilfe des bekannten Märchens vom Wettlauf zwischen Hase und Igel zu verdeutlichen versucht, indem er es »gegen den Strich« liest und sich auf die Seite des Hasen schlägt. Diese Option für den Hasen ist

»die Option für das Eintreten in das Feld der Geschichte, das man nur im Lauf, im Wettstreit, im Flug (und wie immer die Bilder gerade der paulinischen Tradition für das geschichtlich-eschatologische Leben der Christen lauten) durchmessen kann. Und diese Option für den Hasen bedeutet gleichzeitig den Versuch, die idealistische Sicherung gefährdeter Identität des Christentums, die absieht von der identitätsrettenden Kraft der Praxis (des Laufens), kritisch zu entlarven – sozusagen als theologischen Igel-Trick, der Identität und Sieg ohne die Erfahrung des Laufens (d. h. auch ohne die Erfahrung der Bedrohung und des möglichen Untergangs) verbürgt« (a. a. O. 159).

Deshalb muss Fundamentaltheologie sich auch immer wieder von authentischer christlicher Glaubenspraxis unterbrechen resp. irritieren lassen. Der Maßstab, an dem solche Praxis selbst dabei zu messen ist, ist die memoria passionis, mortis et resurrectionis Jesu Christi. Metz sieht daher »Erzählung« und »Erinnerung« als »kognitive Entsprechung« zur christlichen Praxis an (a. a. O. 158). Auf diese Weise wird die Geschichte Jesu Christi immer neu gegenwärtig als Anstoß und Aufforderung zur Nachfolge. Zugleich ist christliche Praxis so davor geschützt, sich aus der herrschenden gesellschaftlichen Totalität abzuleiten und in deren Dienst zu treten. Die memoria passionis, mortis et resurrectionis Jesu Christi erweist sich vielmehr als eine gefährliche Erinnerung, insofern sie den Blick auf die Vergessenen und an den Rand Gedrängten, die Leidenden und Unterdrückten lenkt.

Praktische Fundamentaltheologie sucht unter Bezugnahme auf solche an der Nachfolge Jesu orientierte Praxis den christlichen Glauben »in der Erzähl- und Argumentationsgestalt der befreienden Erinnerung, als einer bestimmten Gestalt von Hoffnung, in den Verhältnissen der Neuzeit zu verantworten« (a. a. O. 191). Sie lässt sich, in Abgrenzung zu einer transzendentalen Subjekttheologie, als an der Nachfolge Christi orientierte Subjekttheologie charakterisieren. Dabei vertritt sie die »Option für das solidarische Subjektseinkönnen aller Menschen«, weil sie sich versteht als Rechenschaft über die »*solidarische Hoffnung auf den Gott Jesu als den Gott der Lebenden und der Toten, der alle ins Subjektsein vor seinem Angesicht ruft*« (a. a. O. 84.86). Eine solche Fundamentaltheologie muss leid- und theodizeeempfindlich bleiben bzw. immer wieder neu werden, wobei sie auch die noch uneingelösten Verheißungen Gottes einzuklagen hat. Gerade so aber widersteht sie der Logik des evolutionären Denkens, die alles einem leeren, evolutionär ins Unendliche wachsenden Kontinuum der Zeit unterwirft, so dass ihr »am Ende alles gleich gültig wie dem Tod« ist (a. a. O. 169). Dagegen ist Gott, »biblisch, nicht das andere zur Zeit, sondern deren Ende, ihre Begrenzung, ihr Abbruch – und gerade so ihre Möglichkeit« (ebd.). Erst in einem solchen Horizont begrenzter, befristeter Zeit erscheint dann auch Hoffnung auf etwas Endgültiges, Unverlierbares – Rettung und Erlösung, Gerechtigkeit und Versöhnung, endgültiges Ankommen bei sich selbst – überhaupt begründbar, etwas also, das durch den ins Unendliche fortlaufenden Fluss der Zeit nicht wieder überholt wird, bis es schließlich dem Vergessen anheim fällt. Deshalb ist auch »die Rede vom ›letzten‹ und ›endgültigen‹ Wort der Zusage Gottes an die Menschheit in Jesus Christus ... selbst eine Zeitaussage. Sie erzwingt eine Logik befristeter Zeit«, die als solche unüberholbar bleibt und eine »narrativ-anamnetische Tiefenstruktur« hat (Metz 3: 162). Eben das ist die unerlässliche Voraussetzung der Kirche als einer Erzähl- und Erinnerungsgemeinschaft sowie der christlichen Glaubenspraxis, insofern ja beides seinen zentralen Bezugspunkt in der memoria Jesu Christi hat.

6. Helmut Peukert: Handlungstheoretische Fundamentale Theologie

In seinen »Analysen zu Ansatz und Status theologischer Theoriebildung« griff Helmut Peukert (geb. 1934) die These seines Lehrers Metz von einer anamnetischen Struktur des christlichen Glaubens und der Theologie auf, indem er sich die Frage stellte: Ist eine gefährliche und befreiende Erinnerung überhaupt möglich, wenn das Verhältnis zur eigenen Geschichte – wie die Psychoanalyse paradigmatisch zeigt – durch verzerrte Erinnerungen und Strukturen einer gestörten Kommunikation entstellt sein kann? Um diesen Verdacht auszuräumen, suchte Peukert nach einer theologischen Kommunikationstheorie, die es erlaubt, solche Verzerrungen und Störungen aufzuspüren. Sie soll klären helfen, »ob theologische Aussagen und aus der christlichen Tradition erwachsene sprachliche kommunikative Handlungen die innnovatorische und kritische Kraft besitzen, das Unrecht und die Gewalt eines Interaktionszusammenhangs (das, was biblisch ›Welt‹ heißt) zu durchbrechen, aufzudecken und als sprachliche Handlungen entzerrend und therapeutisch zu wirken« (Peukert: 70). Damit nahm Peukert eine wissenschaftstheoretische Grundlegung der praktischen Fundamentaltheologie in Angriff, die bei Metz noch fehlte. Er selbst verstand dieses Unternehmen als »fundamentale Theologie«, der er zwei Aufgaben zuschrieb: Sie ist »einerseits Wissenschaftstheorie der Theologie, sofern sie den Gegenstandsbereich freilegt und die Möglichkeit seiner theoretischen Erfassung klärt.

Sie ist andererseits fundamentale Theologie in dem Sinn, dass in ihr grundlegende theologische Aussagen erarbeitet werden, die im Ganzen der Theologie entfaltet werden müssen und für dieses Ganze hermeneutische Funktion haben« (a. a. O. 18).

Peukert setzt ein mit einer Rekonstruktion der wissenschaftstheoretischen Diskussion des 20. Jahrhunderts, an deren Beginn die Bestreitung der Möglichkeit von Theologie als Wissenschaft beim frühen Wittgenstein und im Wiener Kreis steht. Im Verlauf dieser wissenschaftstheoretischen Debatte kristallisiert sich als Basis wissenschaftlicher Rationalität immer mehr das kommunikative Handeln heraus, so dass die wissenschaftstheoretischen Fragestellungen schließlich auf eine Theorie des kommunikativen Handelns zulaufen. In ihr sieht Peukert

»das äußerste Ideal entworfen ..., das innerhalb der Neuzeit erreichbar war. Es ist der auf kommunikative Praxis verpflichtete Vorgriff auf eine Menschheit, die in Auseinandersetzung mit der Natur und in immer weiter getriebener Reflexion auf ihre Situation und ihre Möglichkeiten begreift, daß sie selbst in ihrer freien geschichtlichen Bewegung jeweils den Horizont entwirft, innerhalb dessen alle Fragen entschieden werden müssen ... Freiheit in universaler, geschichtlich zu realisierender Solidarität scheint die äußerste Grenze des Denkbaren zu bezeichnen« (a. a. O. 300).

Die Theorie des kommunikativen Handelns müsste deshalb das normative Fundament für das praktische Handeln ebenso wie für die Wissenschaften bereitstellen.

Nach Peukert bricht nun allerdings im Zentrum einer solchen Theorie eine Aporie auf, sobald man die Konstitution der einen, solidarischen Menschheit zu denken versucht. Denn sie hätte ja alle Menschen, insbesondere auch die Opfer der Geschichte miteinzubeziehen. Gefordert ist daher eine *anamnetische Solidarität*, die zunächst einmal nur als paradox erscheinen kann. So bleibt ja etwa auch die Theorie des kommunikativen Handelns, wie sie Jürgen Habermas ausgearbeitet hat, angesichts dieser Aporie ohne Antwort. Peukert setzt dem nun zwei Thesen entgegen:

»Ich möchte *erstens* behaupten, daß es in der jüdisch-christlichen Tradition um die Wirklichkeit geht, die in den Grund- und Grenzerfahrungen kommunikativen Handelns erfahren wird, und um die Weise kommunikativen Handelns, die angesichts dieser Erfahrungen noch möglich ist. Ich möchte *zweitens* behaupten, daß eine *fundamentale Theo-*

logie als *Theorie* dieses kommunikativen, anamnetisch-solidarisch auf den Tod zugehenden *Handelns* und der in ihm erfahrenen und erschlossenen *Wirklichkeit* entwickelt werden kann und muß« (a. a. O. 316).

Kommunikatives Handeln mit den unschuldigen Opfern der Geschichte ist demnach nur möglich, insofern es eine Wirklichkeit behauptet, die den anderen auch im Tod noch zu retten vermag. Diese Wirklichkeit, die deshalb »als ›*Gott*‹ bezeichnet werden (muß)«, wird damit zugleich auch als diejenige Wirklichkeit behauptet, »die durch diese Rettung des anderen die eigene zeitliche, auf den Tod zugehende Existenz ermöglicht« (a. a. O. 342). Diese Behauptung der Wirklichkeit Gottes bleibt also an die Praxis eines wirklich umfassend-(und damit eben auch anamnetisch-)solidarischen kommunikativen Handelns gebunden; sie ist eine Implikation dieser Praxis und nur von ihr her zugänglich. Diese praktische Wirklichkeitsbehauptung kann und will immer wieder neu Menschen zu einer solchen Praxis befreien, durch die diese dann auch selber auf die Wirklichkeit Gottes zugehen. Von daher erschließt sich ein Verständnis der Person Jesu und damit ein Zugang zur Christologie. Denn »durch die praktisch in seiner Existenz aufgestellte Behauptung der Wirklichkeit Gottes für die anderen hat er die Möglichkeit provoziert und eröffnet, Gott als den – auch für ihn – in seinem Tod rettend Handelnden zu behaupten« (a. a. O. 345).

So vermag eine fundamentale Theologie auf der Basis einer Theorie des kommunikativen Handelns sowohl den Gegenstandsbereich der Theologie zu bestimmen und zu klären wie auch zentrale theologische Aussagen grundzulegen. Sie verweist auf die Erfahrung der Wirklichkeit, die sich in der Praxis der Nachfolge Jesu erschließt. »Theologie ist dann gerade als Theorie dieses Handelns Theologie; und eine Theorie dieses Handelns wird, wenn sie sich auf diese Erfahrung einlässt, zur Theologie« (a. a. O. 346).

Im Gefolge Helmut Peukerts bemüht sich *Edmund Arens* (geb. 1953) um die Konzeption einer »fundamentaltheologisch arbeitende(n) theologische(n) Handlungstheorie, die als Reflexion christlich-kirchlicher Praxis im Kontext der Wissenschaften, der Gesellschaft und der einen Welt betrieben wird« (Arens 4: 163). Normierend für diese Handlungstheorie ist die Erinnerung an Jesus Christus und seine kommunikative Praxis sowie die der urchristlichen Gemeinden. Wie Peukert sieht auch Arens als Zentrum einer solchen »Christopraxis« universale Solidarität, die nicht nur weltweit ausgerichtet ist, sondern auch die Toten miteinbezieht. Begründet ist diese umfassend solidarische christliche Praxis »in der Parteilichkeit Gottes, in der Person und Praxis Jesu Christi, in seiner Auferweckung, im solidarisch geteilten Brot und Wein seines Leibes, in der Gemeinschaft seiner Kirche, in der Erwartung der Auferweckung der Toten und der Wiederkunft Christi« (a. a. O. 174). In solcher Christopraxis tritt die Wahrheit der christlichen Botschaft und des christlichen Glaubens zutage, und deshalb müssen die fundamentaltheologischen Fragen auf der Basis einer theologischen Handlungstheorie zu klären versucht werden. Das wird dann auch religionstheoretisch und religionstheologisch fruchtbar gemacht in Auseinandersetzung mit unterschiedlichen religionswissenschaftlichen, philosophischen und theologischen Ansätzen. Es geht Arens darum, zu begründen: »In der kommunikativ-religiösen Praxis werden immer zugleich bestimmte semantische Gehalte zur Sprache gebracht, denen indessen nicht nur eine inspirierende und motivational stimulierende rhetorische Kraft eigen ist, sondern die vielmehr eine Wirklichkeit erschließen und benennen, welche für menschliches Leben und Zusammenleben unaufgebbare semantische Dimensionen, nämlich die der Erinnerung und Verheißung zur Sprache bringt. Es ist dies zum einen die Erinnerung an erfahrene Unterdrückung, erlangte Identität und begangenes Unrecht, zum anderen die Verheißung einer erlösenden und versöhnenden Befreiung aus politischer, sozialer und psychischer Knechtschaft und Todesverfallenheit« (Arens 5: 216).

7. Francis Schüssler-Fiorenza: Fundamentalismuskritische Fundamentaltheologie

Den Bezugspunkt für Francis Schüssler-Fiorenzas 1984 in den USA publizierte Konzeption (die deutsche Übersetzung ist gekürzt) bildeten ein philosophischer Begriff des Fundamentalismus und die kritische Auseinandersetzung mit diesem in der zeitgenössischen Philosophie. Schüssler-Fiorenza (geb. 1941) erkannte in den dominierenden Varianten der Fundamentaltheologie deutliche Parallelen zu einem solchen Fundamentalismus. Denn »die transzendentale wie auch die historische Variante suchen das Fundament für die gesamte Wahrheit des Christentums entweder in der historischen Faktizität oder in der menschlichen Subjektivität« (Schüssler-Fiorenza: 269). Gegen die Möglichkeit einer unerschütterlichen, nicht mehr hintergehbaren Grundlegung, wie sie die Metapher des Fundamentes ja zunächst einmal nahe legt, wendet sich jedoch die philosophische Fundamentalismuskritik. »Fundamentalismus setzt bestimmte Grundsatzwahrheiten voraus, die entweder als sich selbst rechtfertigend (d. h. sie werden durch nichts anderes bewiesen) oder als unleugbar beschrieben werden können« (a. a. O. 268). Es geht also darum, etwas als endgültig gerechtfertigt auszuweisen, um eine Letztbegründung. Die philosophische Fundamentalismuskritik, auf die Schüssler-Fiorenza sich bezieht, betrachtet dieses Bestreben als aussichtslos; sie verweist darauf, dass alle Aussagen, auch reine Protokollsätze empirischer Beobachtungen, immer in einem bestimmten Kontext stehen und von daher mit bedingt sind. So setzt sich die Überzeugung durch, »daß eine Disziplin rational ist, nicht weil sie ein Fundament hat, sondern weil es sich bei ihr um ein selbstkorrigierendes Unternehmen handelt, das alle Ansprüche und relevanten Hintergrundtheorien prüft – wenn auch nicht alle gleichzeitig« (a. a. O. 270).

Diese Fundamentalismuskritik sieht Schüssler-Fiorenza auch als unabweisbare Herausforderung für die Fundamentaltheologie an. Denn sie macht darauf aufmerksam: »Es gibt keine äußere Instanz, sei es Geschichte oder menschliche Erfahrung, die unabhängig von der kulturellen Tradition und sozialen Interpretation existiert, die ein unabhängiges Fundament sowohl für den Glauben als auch für die Theologie bildet« (a. a. O. 273). Auch der Rekurs auf eine transzendentale Erfahrung (etwa im Sinne Rahners) muss von daher in Frage gestellt werden, denn auch eine solche transzendentale Instanz bleibt grundsätzlich »nur innerhalb eines kulturellen und interpretierenden Rahmens erreichbar« (ebd.).

Das stellt die Fundamentaltheologie vor die Frage: Bleibt sie unabdingbar daran gebunden, historische oder transzendentale Fundamente des Christentums in dem kritisierten Sinne aufzuzeigen und damit den Vorwurf des Fundamentalismus auf sich zu ziehen? Oder lässt sich das Begründungsunternehmen der Fundamentaltheologie auch anders konzipieren, so dass sie »in der Lage ist, inmitten der verschiedenen religiösen, kulturellen und gesellschaftlichen Traditionen zu beginnen, so wie sie sich mit den verschiedenen zeitgenössischen Interpretationen der menschlichen Erfahrung überschneidet« (ebd.)? Schüssler-Fiorenza will darlegen, inwiefern das möglich ist, ohne dabei in einen radikalen Kontextualismus zu verfallen, für den Aussagen immer nur innerhalb eines bestimmten Kontextes Bedeutung haben und Geltung beanspruchen können.

Die zentrale Aufgabe der Fundamentaltheologie sieht Schüssler-Fiorenza darin, »die Bedeutung und Wahrheit ihrer religiösen Tradition aufzudecken« (a. a. O. 288). Der hermeneutische Prozess der Interpretation des christlichen Glaubens und seiner Praxis dispensiert also keineswegs von der Wahrheitsfrage und damit von dem Anspruch einer kontexttranszendierenden Geltung. Es bleibt vielmehr festzuhalten: »Die Bedeutung einer religiösen Aussage zu interpretieren heißt eben auch, ihre Wahrheit herauszuarbeiten« (a. a. O. 275). Ohne einen Rückfall in den Fundamentalismus kann dies nach Schüssler-Fiorenza durch die Herstellung eines »reflexiven Gleichgewichts« zwischen unterschiedlichen Elementen erreicht werden. Sie sind miteinander verbunden, ohne dass eines von ihnen das unveränderliche Fundament für die anderen wäre. Das Gleichgewicht ist vielmehr deswegen reflexiv, weil diese Elemente sich in einer ständigen Wechselbeziehung befinden, in der sie sich auch verändern und Revisionen unterworfen werden können.

Genauerhin handelt es sich dabei vor allem um drei Elemente. Das erste ist die *hermeneutische Rekonstruktion* des christlichen Glaubens und seiner Praxis. Das Ziel dieses Interpretationsprozesses ist es, die Identität des Christentums angesichts seiner vielfältigen und unterschiedlichen Ausprägungen aufzuweisen sowie seine Intelligibilität und die Berechtigung seines Wahrheitsanspruchs zu begründen. Das zweite Element sind *retroduktive Legitimationen* (im Unterschied zu deduktiven bzw. induktiven Schlüssen). Es geht dabei um Klugheitsurteile und praktische Schlussfolgerungen, die die lebensorientierende Kraft der hermeneutisch rekonstruierten christlichen Tradition im Hinblick auf die gegenwärtige Erfahrung und Lebenswirklichkeit erschließen. Das dritte Element stellen *Hintergrundtheorien* dar, die die eigene Erfahrung wie auch die Wahrnehmung religiöser Traditionen leiten und interpretieren. »Wenn es ... zu einer Konfrontation von religiösen Überzeugungen und gegenwärtiger Erfahrung kommt, dann werden dadurch nicht nur die religiöse Überzeugung oder die Erfahrung in Frage gestellt, sondern möglicherweise auch die bestehenden Hintergrundtheorien« (a. a. O. 302).

Die Herstellung eines reflexiven Gleichgewichtes zwischen diesen drei Elementen stellt einen prinzipiell unabschließbaren Prozess dar. Eine Fundamentaltheologie, die sich das zur Aufgabe macht, bleibt daher in ihren Fundierungs- und Begründungsbemühungen permanenten Überprüfungen und Revisionen ausgesetzt. So ist sie dem Verdacht des Fundamentalismus enthoben.

8. Hans Waldenfels: Kontextuelle Fundamentaltheologie

Auch Hans Waldenfels (geb. 1931) fokussierte den Blick auf die Kontextualität des christlichen Glaubens und der Theologie, wie es ja schon der Titel seiner 1985 erstmals erschienenen Fundamentaltheologie programmatisch zum Ausdruck bringt. Im Unterschied zu Schüssler-Fiorenza war Waldenfels allerdings zunächst einmal weniger an begründungstheoretischen Problemen wie der philosophischen Fundamentalismuskritik orientiert als vielmehr an der veränderten Situation des Christentums in der Moderne.

Waldenfels unterscheidet mehrere Aspekte der Kontextualität von Glaube und Theologie. Zum einen geht es um das neu erwachte Bewusstsein, dass Glaubensverkündigung und -reflexion sich immer an konkreten Orten und in einer bestimmten Zeitepoche vollziehen und von daher mit bedingt werden. Dieses Bewusstsein hat sich zuerst und vor allem in den Kirchen und Theologien der sog. Dritten Welt entwickelt und ist von daher zur Herausforderung für das abendländische Christentum geworden, sich der eigenen Kontextualität neu bewusst zu werden. Zum zweiten wird das Christentum in einer sich mehr und mehr globalisierenden Welt zu *einer* Religion neben anderen Religionen. Es verliert seine alles dominierende Stellung, die es, zumindest in Europa, lange Zeit hatte, und muss lernen, in einem multireligiösen Kontext zu existieren. Das geht schließlich zum dritten einher mit dem »Zerbrechen des vermeintlich einen Denkhorizonts, wie wir Abendländer ihn jahrhundertelang aus der Symbiose von griechischem Denken und jüdisch-christlicher Erfahrungswelt als weltweit gültig postuliert haben« (Waldenfels 1: 19). Dadurch sieht sich auch das Christentum genötigt, im Kontext des Fremden, Anderen zu leben. Dieses kann zur Anfrage an es werden, ja zur Infragestellung der eigenen Identität und damit zum Anlass, sich neu auf sie zu besinnen bzw. sie neu zu bestimmen. »Wenn nicht alles täuscht, erweist sich der cartesianische Rückzug auf das eigene Ich inzwischen als radikaler Irrweg« (ebd.).

Ebensowenig wie Schüssler-Fiorenza geht es jedoch auch Waldenfels nicht um einen radikalen Kontextualismus. Leitend bleibt für ihn vielmehr »der Grundsatz: Wer Kontext sagt, muß zunächst Text sagen. Dabei gilt dann: Der Kontext erzeugt nicht den Text, der Text nicht unbedingt den Kontext, auch wenn Kontexte durch neue Texte mitbestimmt werden« (a. a. O. 20). Weder lässt sich der Kontext vom Text ableiten noch umgekehrt der Text vom Kontext; beides ist zunächst einmal unabhängig voneinander. Das zeigt sich ja auch daran, dass die Theologie gleichzeitig durchaus unterschiedliche Kontexte haben kann und in der Regel auch hat. Die Beachtung des Kontextes darf daher den Text nicht verdrängen; es muss diesem vielmehr insofern ein Vorrang zugestanden werden, als der Kontext nur Kontext sein kann in Bezug auf einen bestimmten Text. Im Hinblick auf das Christentum heißt das: »Der ›Text‹, von dem Juden wie Christen sich leiten lassen, ist uns vorgegeben in den Geschichten von einem Gott, der selbst in den Geschichten der Menschen spricht; als Christen müssen wir hinzufügen: Geschichten von einem Gott, der Mensch geworden ist« (a. a. O. 25).

Aufgabe der Theologie, insbesondere der Fundamentaltheologie ist es, sich des heutigen Kontextes, in dem dieser Text verstanden werden soll, zu vergewissern; denn nur dann kann der Text aus seinem ursprünglichen Kontext in aktuelle Kontexte übersetzt und so neu zur Sprache gebracht werden. Das erfordert häufig ein interdisziplinäres Arbeiten der Fundamentaltheologie, um die unterschiedlichen Kontexte in ihrer Andersheit und Eigensinnigkeit wirklich wahrnehmen zu können und ihnen gerecht zu werden. Nur wenn das der Fall ist, kann der Text in ihnen »ankommen« und Relevanz gewinnen.

Dieses fortgesetzte unerlässliche Bemühen um Kontextualisierung stellt keine Relativierung des Textes und damit ein Abgleiten in den Relativismus dar. Waldenfels hält vielmehr daran fest, dass das Christentum einen universalen Wahrheitsanspruch beinhaltet, der nicht auf einen bestimmten Kontext hin relativiert werden kann. Deshalb muss die »unvermeidliche Bemühung um ständig neue Kontextualisierung der christlichen Botschaft zugleich zu der ständigen Bemühung um die christliche Identität« führen (a. a. O. 24). Die Gewinnung von Relevanz in veränderten Kontexten kann nur gelingen auf der Grundlage eines immer wieder neuen Ringens um die eigene Identität, um sich ihrer zu vergewissern. Denn diese Identität des Christentums geht in keinem Kontext einfach auf. Doch als eine je neu zu kontextualisierende ist sie auch eine sich geschichtlich wandelnde Identität. Dem hat auch die Fundamentaltheologie Rechnung zu tragen. »Als sich ihrer Geschichtlichkeit bewusste Grundwissenschaft muss die Fundamentaltheologie heute kontextuelle Fundamentaltheologie sein« (a. a. O. 101).

Um das zu ermöglichen, bedarf die Fundamentaltheologie in besonderem Maße der interdisziplinären Zusammenarbeit mit anderen Wissenschaften. Fundamentaltheologie ist nach Waldenfels Theologie auf der Schwelle; der Fundamentaltheologe

»befindet sich gleichsam zugleich draußen und drinnen ... Einerseits macht er sich zu eigen, was die Menschen draußen wissen und sehen – in Philosophie, Geschichts- und Gesellschaftswissenschaften –, was sie über Gott, Jesus von Nazareth und die Kirche, aber auch was sie über sich selbst, die Welt, die Gesellschaft, in der sie leben, denken. Andererseits kommt er mit dem Wissen von innen als einer Einladung an alle, die drinnen *und* draußen sind. Der springende Punkt christlicher Theologie ist aber dann, die Tür, von der wir bildhaft sprechen, als *die* Tür zum realen Heil des Menschen zu erweisen« (a. a. O. 98).

9. Handbuch der Fundamentaltheologie: Intrinsezistische Fundamentaltheologie

Im Vorwort zu dem erstmals 1985–1988 erschienenen vierbändigen »Handbuch der Fundamentaltheologie« konstatierten dessen Herausgeber einen intensiven Aufschwung der Fundamentaltheologie, den sie in Zusammenhang brachten mit der Krise des Christentums in der Moderne und der daraus resultierenden Aufgabe einer vertieften Grundlagenreflexion. Zugleich sahen sie diesen

Aufschwung aber auch einhergehen mit Krisensymptomen, im Kern mit einer Identitätskrise des Faches. Diese war ausgelöst worden durch das offenkundige Scheitern der traditionellen Apologetik und Fundamentaltheologie mit ihrer extrinsezistischen Ausrichtung, also der Orientierung an äußerlichen Glaubwürdigkeitskriterien. Nach deren Überwindung war es in der Fundamentaltheologie zu einem Pluralismus der Perspektiven gekommen, der eine einheitliche Struktur des Faches immer weniger erkennbar werden ließ. So wurde dessen Identitätskrise durch die Bemühungen um neue Konzeptionen nicht überwunden, sondern, im Gegenteil, noch einmal verschärft.

Vor diesem Hintergrund machten es sich die Herausgeber des »Handbuchs« zur Aufgabe, mit diesem »eine formale Architektur des Faches zu entwerfen, die nicht schon die Funktion eines individuellen apologetischen Entwurfs ist, sondern einen solchen erst ermöglichen will, indem das Gelände vermessen und der einschlägige Stoff geordnet wird« (Handbuch 1^2, VIf). Es ging den Herausgebern also nicht um einen geschlossenen Systementwurf, der ja wiederum nur eine bestimmte Perspektive ausleuchten könnte, sondern um eine Art Rahmenkonzeption, die Vermessung des fundamentaltheologischen Geländes; es sollten das Selbstverständnis des Faches geklärt und die daraus sich ergebenden methodischen Konsequenzen eingehend reflektiert sowie die Aufgaben und Fragestellungen einer zeitgenössischen Fundamentaltheologie in ihrer ganzen Breite inhaltlich entwickelt werden. Angesichts dieser Konzeption legte sich die Entscheidung, das »Handbuch« in Teamarbeit zu erstellen, fast zwingend nahe, wobei nicht nur Fundamentaltheologen eingebunden wurden, sondern ein interdisziplinäres und interkonfessionelles Zusammenwirken erfolgte. Dadurch sollten die Offenheit und die Prozesshaftigkeit des fundamentaltheologischen Diskurses innerhalb eines formalen Rahmens auch in der praktischen Durchführung zur Geltung kommen.

Als die zentrale Aufgabe der Fundamentaltheologie sieht das »Handbuch« die Glaubensverantwortung. Diese Aufgabe wird als zweigeteilt verstanden: Zum einen geht es um die begriffliche Erfassung und reflexe Durchdringung der Fundamente des christlichen Glaubens sowie der Theologie als Glaubenswissenschaft.

Davon zu unterscheiden (nicht davon zu trennen) ist zum zweiten die apologetische Aufgabe; sie besteht darin, das, was als Fundament des Christentums ausgewiesen wurde, auch gegenüber »von außen« kommenden Einwänden oder gegenüber einer glaubensfernen Vernunft als glaubwürdig und vernünftig darzulegen. Bestimmend bei der Bearbeitung dieser zweigeteilten Aufgabe ist dabei eine »entschiedene hermeneutische Orientierung. Sie beruht auf der Einsicht, dass der Wahrheitsanspruch des christlichen Glaubens nur an und in den Inhalten des Evangeliums kognitiv einlösbar ist. Dieser Grundsatz entspricht auch der Würde einer vernunftgeleiteten Glaubensentscheidung« (Handbuch 1^2, VIII).

Im »Handbuch« wird diese Form der Glaubensverantwortung aus den Inhalten der christlichen Botschaft heraus als intrinsezistisch bezeichnet. Damit wird schon nomenklatorisch die entschiedene Abwendung vom Extrinsezismus der traditionellen Apologetik und Fundamentaltheologie markiert. Deren Bestreben, die Glaubwürdigkeit (credibilitas) des Glaubens mittels äußerer Zeichen und Kriterien zu erweisen, beruhte ja auf der Voraussetzung, dass die Vernunft den Glaubensinhalt nicht zu erfassen vermag und deshalb in das »Vorfeld« des Glaubens zu verweisen ist. So wurde die Apologetik konsequenterweise auch als eine vortheologische Disziplin aufgefasst, die sich nur rein philosophischer oder historischer Argumente bedienen durfte. Demgegenüber besteht das »Handbuch« darauf, »daß die Fundamentaltheologie sich ganz zentral mit dem Wahrheitsanspruch des Christentums zu befassen hat, und zwar näherhin mit dem Wahrheitsanspruch der *Sache des Christentums*, den sie zu vertreten und zu rechtfertigen hat, indem sie diese ›Sache‹ in ihrem inhaltlichen Sosein und in ihrer Wahrheitsbewandtnis erschließt und vernunfthaft verantwortet« (Seckler 4: 359). Die hermeneutische Erschließung der Glaubensbotschaft geht demnach Hand in Hand mit ihrer Rechtfertigung vor der Vernunft, weil der Glaube sich von seinem Inhalt her als mit der Vernunft vereinbar erweisen muss. Deshalb kann die Glaubwürdigkeitsbegründung nur inhaltlich erfolgen (Pottmeyer 1: 278ff).

Zur Voraussetzung hat diese intrinsezistische Wendung der Fundamentaltheologie vor allem den tief greifenden Wandel des

Offenbarungsverständnisses, wie ihn das 2. Vatikanische Konzil in die Wege geleitet hat (vgl. oben 58f sowie unten 264–266). Damit war »eine *systemtheoretische* Wendung der Vernunft ins ›Innere‹ der *Botschaft*« (Seckler 4: 400) möglich geworden. Dieser Intrinsezismus markiert aber zugleich den theologiegeschichtlichen Ort der Fundamentaltheologie, wie sie im »Handbuch« konzipiert ist. Denn darin kommt ja auch die Überzeugung zum Ausdruck:

»Für die Zukunft des Christentums und seine universelle menschliche Sendung wird es wichtig sein, daß es nicht nur als Religion unter Religionen wahrgenommen und dabei womöglich einem postmodernen, irrationalen, wahrheitsindifferenten oder rein praktologischen Religionsbegriff ausgeliefert wird, sondern als eine religiöse Kraft, die für konkrete Inhalte steht, für Wahrheit und Wahrheiten zum Heil und zur Heilung menschlicher Verhältnisse, die auf dem Feld des menschlichen Ringens um Wahrheit zu verantworten sind. Und hier, an diesem Ort, liegen auch die Aufgaben und die Praxisrelevanz der glaubenswissenschaftlichen Fundamentaltheologie« (a. a. O. 367).

10. Hansjürgen Verweyen: Fundamentaltheologie auf erstphilosophischer Grundlage

Einen markanten Akzent in der Debatte um die Aufgaben einer erneuerten Fundamentaltheologie setzte Hansjürgen Verweyen (geb. 1936) in seinem 1991 unter dem Titel »Gottes letztes Wort« erschienenen, vieldiskutierten Grundriss der Fundamentaltheologie. Nach seiner Überzeugung, der er auch schon in verschiedenen Publikationen zuvor Ausdruck verliehen hatte, ist das Begründungsproblem der Fundamentaltheologie mit deren hermeneutischer Wende keineswegs gelöst; ja, es lässt sich mit Hilfe der Hermeneutik überhaupt nicht lösen. Verweyen fokussiert die Aufmerksamkeit darauf, dass der christliche Glaube sich auf ein geschichtliches Ereignis gründet, das als das letztgültige Wort Gottes an den Menschen verstanden werden will. Von daher ergeben sich zwei wesentliche, unausweichliche Aufgaben für die Fundamentaltheologie. Denn

»letztgültig, das bedeutet zum einen, daß der *Sinn*, der sich in diesem Ereignis erschließt, für immer und für alle Menschen gilt. Fundamentaltheologie hat es von daher notwendig mit Philosophie zu tun, mit jener Dimension des Fragens, in der die Vernunft in eigener Verantwortung darüber befindet, ob überhaupt etwas und gegebenenfalls was dem Menschen universal und unüberholbar Sinn zu geben vermag. Zum anderen impliziert jene grundlegende christliche Behauptung, daß in dieser Welt kontingenter Faktizität etwas als ein unüberholbares und unbedingt einforderndes Ereignis *wirklich begegnen* (nicht nur begrifflich konzipiert werden) kann, ja daß in der Tat so etwas bereits begegnet ist und sich uns weiter zueignet. Der Fundamentaltheologie ist damit neben der philosophischen ebenso gewichtig eine historische Verantwortung aufgetragen« (Verweyen 4: 321f).

Beide Aufgaben sieht Verweyen in der zeitgenössischen Fundamentaltheologie weitgehend vernachlässigt, ja häufig scheint ihm sogar ein entsprechendes Problembewusstsein zu fehlen.

Glaube und Theologie stellen einen Verstehens- und Vermittlungsprozess dar, weil der in ihnen enthaltene Sinn in jeder Gegenwart und für jede Gegenwart neu erschlossen werden muss. Dieses hermeneutische Bemühen bleibt prinzipiell unabschließbar, denn auch in der Zukunft werden sich immer wieder neue Verstehenshorizonte eröffnen. »Hieraus resultiert die Gefahr, die anthropologische Relevanz des Geoffenbarten im Zuge einer zu kurz greifenden Korrelations- bzw. Korrespondenzmethode nur an den jeweils anstehenden, ›aktuellen‹ Fragen aufzuweisen und damit über ein bloßes ›Aggiornamento‹ des Glaubens nicht hinauszukommen« (Verweyen 1: 244). So droht sich dann aber auch die christliche Überzeugung von einer Letztgültigkeit der Offenbarung und der Unüberholbarkeit der in ihr gegebenen Wahrheit zu verflüchtigen. Dem kann die Fundamentaltheologie nach Verweyen nur begegnen, wenn sie über den Begriff eines letztgültigen Sinnes und einer unaufhebbaren Wahrheit verfügt. Dieser vermag dann als Kriterium zu dienen für die Prüfung von Letztgültigkeitsansprüchen, wie sie auch in Religionen, etwa im Christentum erhoben werden. Anhand dieses Kriteriums hat die Fundamentaltheologie die christliche Überzeugung von der Letztgültigkeit der Christusoffenbarung als der Vernunft entsprechend zu erweisen.

Um das leisten zu können, muss der Begriff letztgültigen Sinnes allerdings zwei Bedingungen erfüllen: Er muss von der Vernunft in eigener Autonomie erreicht werden, d. h. ohne Konfundierung mit theologischen Vorgaben wie etwa bei Rahners These vom übernatürlichen Existential (siehe oben 64) Es muss sich also um einen rein philosophischen Begriff handeln, damit er als wirklich unabhängiges Kriterium gelten kann. Zudem muss dieser Begriff in einer *erstphilosophischen* Reflexion gründen, d. h. er muss unhintergehbar sein, insofern sich zeigen lässt, dass noch bei seiner Infragestellung die von ihm behauptete Wahrheit in Anspruch genommen werden muss. Nur eine solche in erstphilosophischer Reflexion erreichte Letztbegründung stellt sicher, dass es tatsächlich um den Begriff eines *letzten*, nicht mehr überholbaren Sinnes geht.

Verweyen findet einen solchen Begriff in Anlehnung an die Philosophie Johann Gottlieb Fichtes. Demnach beinhaltet der Begriff eines letztgültigen Sinnes das Erscheinen des Absoluten im Verhältnis wechselseitiger Anerkennung, durch das endliche Freiheiten zum Bild des Absoluten werden. Die Erfahrung, unbedingt in Anspruch genommen zu sein von der Aufforderung zur Anerkennung anderer Freiheit, stellt im Menschen selbst die Grundlage für die Erfahrung des Absoluten dar. An dieser Sollensevidenz geht ihm auf, dass die Sinnerfüllung seines Menschseins nur in der Einheit mit dem Absoluten zu finden ist. Von einer letztgültigen Offenbarung des Absoluten kann daher nur die Rede sein, »wo Freiheit als völlig von einem unbedingten Sein in Anspruch genommen begegnet, und zwar in Anspruch genommen auf die Freisetzung der als Bilder Gottes geschaffenen Menschen hin« (Verweyen 1: 193).

Von diesem Kriterium her zeigt sich dann der Vorgang von traditio in ihren unterschiedlichen, aber zusammengehörenden Bedeutungsgehalten »als inhaltliche Mitte von Offenbarung und Glaube« (a. a. O. 51ff). So wird Jesus in seiner bis zum Äußersten gehenden Auslieferung (traditio) an die Menschen, durch die er diesen die schrankenlose Güte Gottes nahe bringt, zum unverstellten Bild des Absoluten und darin zu dessen letztgültiger Offenbarung. Deren Wahrheit kann dann aber in der Geschichte nur weiter überliefert und glaubwürdig bezeugt werden durch eine entsprechende Praxis. »'Traditio‹ im Sinne von ›Überlieferung‹ fällt nur dann nicht aus ihrer Ursprungsbewegung heraus, wenn sie ganz in der Transparenz für ›traditio‹ im Sinne von ›Auslieferung‹ aufgeht« (Verweyen 4: 334). Damit hat Verweyen von dem philosophisch erarbeiteten Kriterium zur Prüfung von Letztgültigkeitsansprüchen her auch eine Antwort auf die zweite wesentliche Frage der Fundamentaltheologie gefunden, wie die in einem kontingenten geschichtlichen Ereignis erschlossene Wahrheit im weiteren Fortgang der Geschichte immer wieder neu begegnen kann, eben durch die in der ursprünglichen traditio Jesu sich bewegende Praxis der Glaubenszeugen.

11. Jürgen Werbick: Fundamentaltheologie als Apologetik auf hypothetischer Grundlage

In seiner im Jahr 2000 erschienenen umfänglichen Fundamentaltheologie rückte Jürgen Werbick (geb. 1946) die kritischen Anfragen, die seit der Aufklärung wesentliche Voraussetzungen des christlichen Glaubens in Frage gestellt haben, ins Zentrum der Aufmerksamkeit: die religiöse Gottesbeziehung, die Bezugnahme auf eine göttliche Offenbarung, die Heilserwartung durch ein erlösendes Handeln Gottes sowie die Glaubwürdigkeit und die heilsmittlerische Bedeutung der Kirche. Die Behandlung dieser Themen beginnt Werbick jeweils mit einer ausführlichen Rekapitulation der Kritik, die diese Voraussetzungen ins Zwielicht gerückt hat. Denn »dem theologisch-wissenschaftlichen ›Durcharbeiten‹ dieser Zwiespältigkeiten hat sich die Fundamentaltheologie zu widmen« (Werbick 1: XIII). Sie hat die Kritik also nicht einfach rundweg zurückzuweisen, sondern sie muss nach deren berechtigten Anliegen und Wahrheitsmomenten fragen und so auch die Ambivalenz dieser Voraussetzungen ernst nehmen. Auf dieser Grundlage kann dann die kritische Auseinandersetzung erfolgen. Werbick bringt diese konzeptionelle Ausrichtung auch dadurch zum Ausdruck, dass er die vier Themenkomplexe nicht in traditioneller Terminologie als »Traktate« oder »demonstrationes« bezeichnet, sondern als »Streitfälle«.

»Streitfall meint die vor Gericht verhandelte ›causa‹ ... Diese Anklagen zwingen zu einer Rechenschaft, die sich ihnen ehrlich stellt und doch zu zeigen versucht, daß man ihnen im Entscheidenden und Letzten nicht Recht geben muß; zu einer Rechenschaft, die sich von den Anklagen herausfordern, aber nicht den Rahmen vorgeben lässt, in dem sie die Glaubwürdigkeit des Christlichen mit guten Gründen zu erweisen sucht ... Und das heißt: sie ist auf vernünftiges Argumentieren verpflichtet« (a. a. O. XV).

Im Kern bestreiten die religionskritischen Einwände, dass Religion von etwas spricht, das den Menschen unbedingt angeht und von dem er sich deshalb unbedingt ergreifen lassen soll. Stattdessen sehen sie darin eine Entfremdung des Menschen von sich selbst, eine Verzerrung und Verdrängung seiner wahren Wirklichkeit oder aber eine Verkennung der Tatsache, dass Religion lediglich eine bestimmte Funktion im Dienste natürlichen oder gesellschaftlichen Selbstbehauptungsstrebens darstellt. Es ist daher notwendig, »die Rede vom ›unbedingten Ergriffensein‹ und dabei entscheidend die vom *Unbedingten* soweit zu präzisieren, daß sie gegen religionskritische Entlarvungs- und Beerbungsversuche wie gegen funktionalistische Relativierungsversuche geschützt und ins Recht gesetzt werden kann« (a. a. O. 70).

Zu diesem Zweck entwickelt Werbick eine Kriteriologie der Religion, die deren Bezugnahme auf ein Unbedingtes klären und von problematischen Verständnisweisen abgrenzen soll. Als die elementare Gegebenheitsweise des Unbedingten ist dabei zunächst einmal seine Erfahrung als etwas Machtvolles, von außen Kommendes anzusehen; es begegnet dem Menschen als das unbedingt Andere, das »als potentiell zerstörend und nur bedingungsweise als heilvoll wahrgenommen wird« (a. a. O. 72). Auf einer zweiten Stufe rückt der vom Unbedingten betroffene Mensch in den Blick. Während die Religionskritik dieses Betroffensein von anthropologischen oder gesellschaftlichen Bedingungen her erklären will, gehen Religionen von »einer konstitutiven Differenz zwischen der Selbstgegebenheit des Menschen bzw. des Systems Gesellschaft und dem Gegebensein des Unbedingten« aus (a. a. O. 73). Auf einer dritten Stufe werden dann das Gegebensein des Unbedingten und der vom Unbedingten betroffene Mensch nicht mehr je für sich betrachtet, sondern in ein Verhältnis zueinander gesetzt. »Die Gegebenheitsweise des Unbedingten ist hier die der mit transzendentaler Unausweichlichkeit anzunehmenden *Bedingung der Möglichkeit* für das Menschseinkönnen und Menschlich-bleiben-Können des Menschen« (ebd.). Schließlich geht es auf einer vierten Stufe um die Thematisierung des Unbedingten als des Absoluten. Dieses wird dabei jedoch »nicht als geschlossene Selbstreferentialität« gedacht, »sondern als jene unbedingte – will heißen nicht von einem anderen hervorgerufene – Beziehungswilligkeit und Beziehungsmächtigkeit, in der das Absolute diejenigen, zu denen es in Beziehung tritt, durch diese Beziehung konstituiert und in eine Zukunfts-Offenheit der Beziehung hineinruft, die alle Pseudo-Absolutheiten und falschen Endgültigkeiten heilsam relativiert« (a. a. O. 74). Als solches bringt das Unbedingte den Menschen in seiner Freiheit zu seiner wahren Erfüllung, ohne doch auf diese Funktion reduzierbar zu sein.

Anhand dieser Kriteriologie der Religion setzt sich Werbick in den vier »Streitfällen« mit den gegen das Christentum vorgebrachten Anklagen auseinander. Dabei zeigt sich nun aber: Die Einwände lassen sich nicht endgültig zum Schweigen bringen. Es können zwar gute Argumente formuliert werden, mit denen sich der Kritik entgegentreten lässt. Aber die Möglichkeit eines – wie Werbick in Anlehnung an den Philosophen Paul Ricoeur sagt – »Konfliktes der Interpretationen« bleibt doch immer bestehen. Während der Glaube einer »Hermeneutik des Sinns« folgt, kann eine »Hermeneutik des Verdachts« das vom Glauben als sinnvoll Bejahte jederzeit in Zweifel ziehen und durch andere Erklärungen zu diskreditieren versuchen. In dieser Situation bleibt der Fundamentaltheologie nur das Bemühen um möglichst gute Argumente, aber in »dem Bewusstsein, daß noch so gute Gründe den Verdacht nicht ›gegenstandslos‹ machen und die Sinnbehauptung des Glaubens nicht dem ebenfalls begründbaren Zweifel entziehen können« (a. a. O. 217). Mit anderen Worten: Nach Werbick gibt es keine Letztbegründung, die der Hermeneutik des Verdachts definitiv die Grundlage entziehen würde. »Die Fähigkeit der Vernunft, Letztgültiges und Unbedingtes zu denken, schließt nicht notwendigerweise ihr Vermögen ein, dessen Unhintergehbarkeit zweifelsfrei zu stellen und so den Verdacht argumentativ zum Schweigen bringen zu können« (a. a. O. 224). Es wird also keineswegs in Abrede gestellt, dass es im Glauben um etwas Letztes und Unhintergehbares geht. Aber die von der Fundamentaltheologie vorgebrachten Argumente bleiben immer vorläufige Argumente; sie »argumentiert hypothetisch für die Bejahbarkeit des im Glauben Bejahten – von ihm aber eben nicht nur hypothetisch Bejahten« (a. a. O. 225). Diese Diskrepanz lässt sich nach Werbick nicht durch Letztbegründungsstrategien überwinden. Der fundamentaltheologische Aufweis, dass die Glaubenszustimmung auch angesichts der vorgebrachten Einwände und Anklagen vernünftig ist, bleibt hinterfragbar.

Das heißt dann aber auch: Die von der Fundamentaltheologie zu vertretende Wahrheit ist eine Wahrheit, die die Freiheit menschlicher Entscheidung fordert und respektiert. Daher bleibt diese Entscheidung immer auch eine anfechtbare und gefährdete Entscheidung. Doch sie ist deswegen keineswegs unbegründet. Aber die von der Fundamentaltheologie »argumentativ angezielte Ankunft bei einem unhintergehbar Letzten ist die Ankunft bei der Wahrheit einer Bitte, die selbst nicht zwingt, sie als letztgültig zu würdigen, aber eben *darum bittet*« (a. a. O. 226). So kann Werbick sagen, dass die Metapher »Würdigung« seine Überlegungen fokussiert; denn darin sieht er »die ursprüngliche Herausforderung der menschlichen Vernunft« gegeben (a. a. O. 878.864).

»In solcher Würdigung geschieht – klassisch metaphysisch gesprochen – Wahrheit als Adaequatio. Aber wenn wahr nur ist, ›was nicht in diese Welt passt‹ (Th.W. Adorno), so macht sie sich nicht nur dem gleich, was ist – in dem, was es ist. Sie schenkt ihm vielmehr jenen Raum der Aufmerksamkeit, in dem es zu dem werden kann, was es nicht aus sich selbst und durch sich selbst, sondern nur durch das Göttliche werden kann, wenn Gott die Wahrheit zugetraut werden darf, die nicht mehr in diese Welt passt, in ihr gleichwohl hier und jetzt nach Geltung verlangt. Würdigen teilt Freiheit mit und geht aus Freiheit hervor ... So werden eschatologisch Gewürdigte nicht einfach nur dazu befähigt, sich selbst optimal zu verwirklichen, sondern dazu herausgefordert, als die, die sie sind, sich auf das hin zu verlassen, was Gottes schöpferische Würdigung ihnen schenkt – ohne dabei zu zerstören, was sie sind« (a. a. O. 866f).

V. Evangelische Fundamentaltheologie

Während im katholischen Bereich Fundamentaltheologie als eigenständiges Fach durch Lehrstühle in den Fakultäten fest institutionalisiert ist und daher auch eine ständige Reflexion auf das Selbstverständnis und die Aufgaben dieses Faches stattfindet, verhält sich das in der evangelischen Theologie anders. Hier hat die Fundamentaltheologie keinen festen Ort innerhalb des theologischen Fächerspektrums. Im Gegenteil, man verstand die Fundamentaltheologie lange als Spezifikum der katholischen Theologie und lehnte die Art, wie sie betrieben wurde, strikt ab als unvereinbar mit dem reformatorischen Glaubensverständnis. Grundlagen- und Methodenprobleme wurden (und werden) als Prolegomena zur Dogmatik verhandelt, während man eine der Darlegung der Glaubensinhalte vorausgehende Glaubensbegründung und -verantwortung als vom Ansatz her verfehlt und daher abwegig zurückweist.

In besonders wirkmächtiger Weise hat das *Karl Barth* (1886–1968) getan. Nach ihm ist »alle gewollte Apologetik und Polemik ... notorisch noch immer ein unverantwortliches und ungegenwärtiges und darum auch unwirksames Tun gewesen«; denn dabei »muß offenbar der Glaube den Unglauben ernst und sich selbst nicht ganz ernst nehmen und darum heimlich oder offen aufhören, Glaube zu sein« (Barth K. 1: 29). Das ist für Barth aber nicht nur ein theologischer, sondern »auch ein pädagogischer Irrtum« (Barth K. 2: 103). Denn hier wird der Unglaube gar nicht wirklich ernst genommen, sondern in gefährlicher Weise verharmlost. In Wahrheit ist er nämlich »aktive Feindschaft gegen Gott und keineswegs eine liebenswürdig hoffnungsvolle Unerfahrenheit, die mit sanftem Wort über sich selbst belehrt werden könnte, um eben damit wenigstens an die Schwelle des Glaubens geführt zu werden« (a. a. O. 104). Hinter diesem verfehlten und darum erfolglosen Bemühen erkannte Barth das für ihn typisch katholische Zweistufendenken, wonach der Glaube und die in ihm wirksame Gnade Gottes auf bestimmten natürlichen Voraussetzungen aufbauen.

Ähnlich wird von evangelischen Theologen dann immer wieder, bis in die Gegenwart hinein, argumentiert. So sieht etwa Gerhard Sauter in einer eigenständigen Fundamentaltheologie eine Krisenerscheinung: Man wählt einen »falschen Anfang«, weil man sich der eigenen Sache nicht mehr sicher ist. »Die Fundamentaltheologie will ... eine Begründung verschaffen, die dem Reden im Glauben und auf Hoffnung hin vorangeht und ihm zugrunde liegen soll – und zwar so, daß Glaube und Hoffnung sich auf allgemein einsichtige Phänomene aufbauen *können* und es wünschenswert wäre, daß sie dies auch *tatsächlich täten*« (Sauter 1: 312). Das erscheint Sauter nicht nur höchst problematisch, sondern bedeutet nach ihm (und anderen) auch eine Gefahr für die Dogmatik; denn diese werde infolge einer Verselbständigung der Fundamentaltheologie »nur noch als Traditionsbestand angesehen« und stelle »kein lebendiges Sprachgebilde mehr« dar (a. a. O. 315).

Trotz dieser massiven Bedenken kam es aber in den 70er Jahren des 20. Jahrhunderts doch auch zu Ansätzen einer evangelischen Fundamentaltheologie. Dahinter stand zunächst einmal ein bestimmter Problemdruck (siehe 102f; 111f), aber es bedurfte dazu natürlich auch neuer grundsätzlicher Überlegungen, etwa wenn Gerhard Ebeling zu bedenken gibt:

> »Ist die Fundamentaltheologie – anstatt einfach ein konfessionelles Proprium katholischer Theologie zu sein – selber ein kontroverstheologischer Brennpunkt, *ein* Ort oder gar *der* Ort, an dem die Konfessionsdifferenz zutage tritt oder an dem sie gar ihre Wurzeln hat und wo sie deshalb eher verborgen und nicht leicht ans Licht zu bringen ist? Dann wäre nicht Fundamentaltheologie als solche katholisch, sondern es wäre – zumindest im Sinne einer hypothetischen Annahme – der Unterschied von katholisch und evangelisch selbst fundamentaltheologischer Art« (Ebeling 1: 481).

Dieses Bemühen um eine eigene evangelische Fundamentaltheologie konnte sich gegen die nach wie vor starken Vorbehalte nicht durchsetzen und ebbte nach einem ersten Anlauf zunächst einmal wieder ab. Erst in jüngerer Zeit scheint sich die Diskussion dieses Themas wieder zu intensivieren (Petzoldt 1). Ein wichtiger Punkt ist dabei auch die Frage nach dem angemessenen Ort der Behandlung fundamentaltheologischer Problemstellungen: Erfordern sie ein eigenständiges Fach oder aber stellen sie eine Perspektive der ganzen Theologie dar und sind deshalb in anderen Fächern mitzubehandeln? Die Beantwortung dieser Frage ist abhängig vom spezifischen Profil einer evangelischen Fundamentaltheologie, und so soll auch hier ein Überblick über verschiedene Ansätze gegeben werden.

1. Gerhard Ebeling: Fundamentaltheologie als Anwalt der Einheit der Theologie

Den gewichtigsten Anstoß zu der Diskussion um die Etablierung einer evangelischen Fundamentaltheologie gab Gerhard Ebeling (1912–2001) 1970 mit seinen »Erwägungen zu einer evangelischen Fundamentaltheologie«. Er machte dabei zunächst einmal deutlich, dass die Fragen und Intentionen, die dann in der katholischen Theologie zur Ausdifferenzierung des Faches Apologetik/Fundamentaltheologie geführt haben, von der Mitte des 18. bis zur Mitte des 19. Jahrhunderts auch die evangelische Theologie bewegten, sogar unter Verwendung derselben Begrifflichkeit (theologische Enzyklopädie, Apologetik, Fundamental- bzw. Prinzipienlehre). Es handelte sich also keineswegs um etwas spezifisch Katholisches; Ebeling wollte vielmehr bewusst machen: Die Forderung einer evangelischen Fundamentaltheologie kann durchaus an eine eigene evangelische Tradition anknüpfen, die in der Zwischenzeit allerdings weitgehend vergessen worden war. Die Wiederaufnahme dieser Tradition erschien Ebeling nun aber dringend notwendig angesichts der »Zentrifugalwirkung innertheologischer Disziplinenemanzipation« (Ebeling 3: 163). Denn er erkannte darin die große Gefahr, dass mit der Spezialisierung der einzelnen theologischen Fächer die Theologie selbst zu verschwinden droht; die Fächer stehen dann mehr oder weniger unverbunden nebeneinander, die gemeinsame theologische Aufgabe wird nicht mehr wahrgenommen und bearbeitet, so dass die Spezialisierung »anstatt einer Vertiefung in die Theologie die Entfernung von ihr« (ebd.) zur Folge hat. Nach Ebelings Überzeugung lässt sich dieser Gefahr nicht mehr durch die Prolegomena zur Dogmatik begegnen. »Denn die Dogmatik ist selbst zu einer Disziplin unter anderen geworden, und zwar zu einer besonders angefochtenen und verunsicherten. Es bedarf jedoch einer Grundlegung der Theologie unter ausdrücklicher Berücksichtigung des Disziplinenpluralismus« (ebd.).

Diese Aufgabe wies Ebeling der Fundamentaltheologie zu. Sie soll die einzelnen theologischen Disziplinen nicht überflüssig machen, sondern sie zusammenführen und zu ihrer Verständigung beitragen, indem sie die gemeinsame Grundlage theologischer Arbeit thematisiert und vertritt. Dabei war Ebeling sich sehr wohl einer gewissen Paradoxie bewusst, wenn er »eine weitere theologische Disziplin« fordert, »weil die Theologie an der Vielzahl ihrer Disziplinen leidet« (Ebeling 4: 560). Er gestand deshalb auch zu, dass die Etablierung einer eigenständigen Fundamentaltheologie den Charakter eines »Notdienstes« hat. Er hielt diesen aber für unverzichtbar, damit »unter der Fülle theologischer Arbeit nicht etwa die Theologie zu kurz komme« (Ebeling 3: 162).

Von dieser Aufgabenzuschreibung her ist klar, dass die Fundamentaltheologie keinen »Vorbau« zur Theologie darstellt, sondern eine ganz und gar theologische Disziplin ist. Sie hat »eine Besinnung auf das Wesen von Theologie durch Besinnung auf deren Fundament zu sein und damit aller theologischen Arbeit das Kriterium einzuschärfen« (Ebeling 1: 517f). Dabei läuft die Frage nach der inneren Einheit der Theologie (aber natürlich dann auch ihre »von außen« kommende Infragestellung durch die neuzeitliche Wissenschaft und Philosophie) letztlich auf die Wahrheitsfrage zu: Welche Wahrheit verschafft sich in der Vielfalt der theologischen Disziplinen Geltung und wie partizipieren die einzelnen Disziplinen in unterschiedlicher Weise an ihr? Die Ausdifferenzierung der theologischen Fächer ist ja ihrerseits geleitet von der Verpflichtung auf die Wahrheit. Angesichts fortschreitender Spezialisierung gerät dann aber die ihnen allen gemeinsame, sie miteinander verbindende Wahrheit aus dem Blick zugunsten unterschiedlicher Wahrheitsaspekte, die dann auch noch in einem spannungsvollen Verhältnis zueinander stehen können. Am schärfsten spitzt sich dies in »der Zerrung zwischen historischer und systematischer Wahrheitsfindung« zu (Ebeling 3: 167). Solche Diskrepanzen lassen sich nicht durch ein von anderswoher übernommenes Wahrheitsverständnis überwinden, sondern nur durch eine neue Besinnung auf das Wesen und die Grundlage der Theologie; nur von daher kann die Frage nach der von der Theologie zu vertretenden Wahrheit sachgemäß angegangen werden.

Ihr Fundament hat die Theologie im Überlieferungsgeschehen des Glaubens (vgl. Ebeling 1: 510f); dieses hält das Ineinander von Gotteserfahrung, Welterfahrung und Selbsterfahrung präsent, wie es sich im Ursprung des christlichen Glaubens in der Erscheinung Jesu Christi ereignet hat und aufgrund dessen verkündet werden konnte. Die Wahrheitsfrage der Theologie bleibt dann aber von diesem ihrem Fundament her mit der spezifischen Gewissheit des Glaubens verbunden. Deren Eigenart sieht Ebeling durch drei Aspekte charakterisiert:

»zum einen, daß die Gewißheit christlichen Glaubens weder den Charakter objektiv beweisbaren Wissens hat noch den der subjektiven Willkür, sondern ein Gegründetsein des Menschen außerhalb seiner selbst ist; ferner daß diese Gewißheit sich als ein Sein in der Wahrheit versteht, für das ein beständiges Fragen nach der Wahrheit keinen Widerspruch darstellt, vielmehr dem Lebensbezug der Wahrheit entspricht; und schließlich daß die Gewißheit nicht anders existiert als in der Anfechtung, also in einem ständigen Prozeß der Vergewisserung und Bewahrheitung, der aber nach dem Selbstverständnis des Glaubens nicht über die Wahrheit des Geglaubten, sondern allein über das Bleiben des Glaubenden in der Wahrheit entscheidet« (Ebeling 3: 174).

Im Glauben geht es demnach um eine existentielle Wahrheit »von herzbewegender, gewißmachender Kraft« (a. a. O. 173). Durch das ihr zugrunde liegende Ineinander von Gottes-, Welt- und Selbsterfahrung verschafft sie dem Menschen eine ganz neue Existenzmöglichkeit und gibt seinem Leben eine andere Orientierung.

Dieser Wahrheit ist die Theologie verpflichtet, und zwar mit allen ihren Disziplinen. Sie kann diese Wahrheit jedoch nicht etwa im Sinne eines Tatsachenbeweises demonstrieren, sondern muss sie hermeneutisch erschließen. Dies geschieht, indem sie den Verifikationsvorgang reflektiert, in dem die Wahrheit des Glaubens sich selbst zur Geltung bringt in einem immer wieder neuen Prozess der Vergewisserung und Bewahrheitung. Dazu ist es erforderlich, die in der Glaubensüberlieferung enthaltene und angesprochene Erfahrung frei zu legen. Das ist nur möglich, wenn alle theologischen Fächer ihren je spezifischen Beitrag zu diesem hermeneutischen Unternehmen leisten. Es handelt sich also nicht um eine Aufgabe allein der Fundamentaltheologie; deren besondere Funktion besteht vielmehr darin, dass sie »auf nichts anderes aus sein soll als auf den rechten Vollzug dieses gesamttheologischen Verifikationsvorganges« (a. a. O. 164). Dabei muss die fundamentaltheologische Arbeit vor allem drei Postulaten genügen (Ebeling 1: 521ff): 1. Integration theologischer Arbeit in die Sache der Theologie; 2. Konzentration des Christlichen auf den Grund des Glaubens; 3. Lokalisation des Glaubens im natürlichen Leben. Auf diese Weise verschafft die Fundamentaltheologie der Frage nach der Wahrheit der Theologie Geltung, wobei sie zugleich auch den Beitrag der einzelnen Fächer zu dieser Frage einfordert. Indem sie dafür Sorge trägt, dass dabei »die überlieferte Sprache auf die darin ausgesprochene und angesprochene Erfahrung hin interpretiert wird«, »erhält die hermeneutische Fragestellung eine Weite, die das, was in historische und systematische Theologie auseinanderzubrechen droht, auf seine Einheit hin ausrichtet« (Ebeling 3: 173).

Ganz in den Spuren Ebelings bewegt sich *Hans Hübner* (geb. 1930), der als Neutestamentler auf die Unabdingbarkeit einer Fundamentaltheologie stößt. Denn es »ist schon von vornherein die fundamentaltheologische Problematik so sehr mit der Aufgabe der Auslegung biblischer Schriften verflochten, daß sich ein Bibelwissenschaftler dieser Fragestellung überhaupt nicht entziehen kann, will er nicht die Exegese auf das Niveau eines positivistischen Wissenschaftsverständnisses degradieren und so seiner genuin theologischen Verpflichtung eben nicht gerecht werden. Denn der Exeget ist von seiner Aufgabe her Theologe – oder er ist nicht Exeget!« (Hübner 2: 443). So überschneiden sich die exegetische und die fundamentaltheologische Problematik. Einerseits hat die Fundamentaltheologie das Wesen der Bibel als der heiligen Schrift des Christentums mit zu bedenken; andererseits kann die Exegese nicht umhin, die systematisch-theologische Frage nach dem Wirklichkeitsverständnis der biblischen Schriften zu thematisieren und zu reflektieren. »Und die ›Schnittmenge‹ ihrer Aufgabe läuft dabei darauf hinaus, daß es um das ganz grundsätzliche Bedenken dessen geht, was *Theologie* wesensmäßig ausmacht« (a. a. O. 447). Denn die Theologie als ganze hat ihre Grundlage im biblischen Wirklichkeitsverständnis, für das die Offenbarung des sich selbst erschließenden Gottes konstitutiv ist. Aus diesem sachlichen Grunde »(sind) exegetische und theologisch-systematische Fragen, exegetisches und theologisch-systematisches Denken, letzten Endes eine Einheit, nämlich die vielbeschworene *Einheit der Theologie*« (Hübner 3: 18). Die spezifische Aufgabe der Fundamentaltheologie besteht darin, Anwältin dieser Einheit zu sein. Sie ist »die Disziplin, die sagt, was Theologie denn sei, die Heilige Schrift als ihre genuine, ihre primäre Quelle versteht« (Hübner 2: 458).

2. Wilfried Joest: Explikative Fundamentaltheologie

Der Vorstoß Ebelings zugunsten einer evangelischen Fundamentaltheologie wurde schon wenige Jahre später von Wilfried Joest (1914–1995) ausdrücklich aufgegriffen. Seinem 1974 erschienenen Studienbuch zu den theologischen Grundlagen- und Methodenproblemen gab er den Titel »Fundamentaltheologie«. Damit hatte er auch sein Verständnis von Fundamentaltheologie zum Ausdruck gebracht: »Es handelt sich um die für das Selbstverständnis und die Arbeitsweise der gesamten Theologie grundlegende Besinnung über ihren Gegenstand und ihre Funktion, über die Begründung und Normierung ihrer Aussagen, auch über ihr Verhältnis zu Wissenschaft im allgemeinen« (Joest: 9). Wie Ebeling war auch Joest der Überzeugung, dass diese Grundlagen- und Methodenfragen nicht mehr als Prolegomena im Rahmen der Dogmatik abgehandelt werden können, weil sie mittlerweile zu umfangreich geworden sind. »Dieses Anwachsen der ›Prolegomena‹ hat seinen geschichtlichen Grund darin, dass mit und seit der Aufklärung das allgemeine Geistesleben aus der Selbstverständlichkeit christlicher Tradition immer mehr herausgetreten ist« (ebd.). Dem muss dann aber auch die Theologie als ganze, nicht nur die Dogmatik, Rechnung tragen. So erschien auch für Joest eine gesonderte Behandlung dieser Grundfragen die logische Konsequenz.

Bei seiner Durchführung dieser Grundlagenreflexion setzt Joest sich vom altprotestantischen Vorgehen ab. Dieses hatte die in ihrer Inspiriertheit begründete Offenbarungsautorität der Heiligen Schrift als theologische Grundannahme angesetzt. Das geschah in einem zunächst ganz formalen Sinne, um daraus dann erst das Verständnis und den Gehalt der Offenbarung Gottes abzuleiten. Joest betrachtet dieses Vorgehen als unsachgemäß, weil es dem Glauben in seiner Eigenart als personalem Vertrauensvollzug nicht gerecht wird. Denn »der den Glauben tragende Grund ... ist nicht die formale Autorität des biblischen corpus, sondern eben jener Zuspruch und Anspruch selbst, der durch das Medium des geschriebenen Wortes begegnet« (a. a. O. 52). Die Schrift hat demnach keine den Glauben begründende Funktion; ihre Bedeutung besteht vielmehr darin, dass sie den Grund des Glaubens vermittelt. Dieser wird aber nur im Glauben selbst als solcher erfasst; denn »die den Glauben begründende Größe ist diejenige Größe, deren nicht zu hinterfragende Vertrauenswürdigkeit im Glauben vorausgesetzt wird, weil der Glaube in dem Grundvertrauen auf sie besteht und im Verlust dieses Vertrauens hinfällig würde« (a. a. O. 50). Eine zentrale Aufgabe der fundamentaltheologischen Grundlagenbesinnung besteht in der Explikation dieses Glaubensgrundes. Es geht also nicht um Glaubensbegründung im Sinne der Sicherstellung eines dem Glauben vorgängigen Fundamentes:

»Christlicher Glaube ist nicht begründbar im Sinn einer Argumentation, die dem Sich einlassen auf ihn eine vorhergehende Vergewisserung dafür bieten könnte, daß er sich nicht auf eine Illusion einlässt ... Es kann aber gezeigt werden, daß gerade *wenn* der Anruf wahr ist, der dem Glauben Grund gibt, der Anspruch *vorhergehender* Vergewisserung sowohl dem Anruf als dem Glauben ungemäß wäre« (a. a. O. 131).

Die Zirkelhaftigkeit dieses Vorgehens liegt auf der Hand und wird von Joest auch selbst thematisiert. Er hält diesen Zirkel jedoch für unvermeidlich, weil der Sache allein angemessen: Wenn nämlich der Glaube in nichts anderem besteht als im Vertrauen auf seinen Grund, dann kann sich die Tragfähigkeit dieses Grundes tatsächlich nur im Glauben selbst erweisen, nicht in einer dem Glauben vorhergehenden Vergewisserung. Diesen internen Begründungszusammenhang hat die fundamentaltheologische Grundlagenreflexion zu *explizieren*.

Als der den christlichen Glauben tragende Grund erweist sich dabei »Jesus in der Einheit seiner selbst mit seiner Verkündigung und seinem Geschick bis hin zu der Auferweckung des Gekreuzigten« (a. a. O. 52). Nach dem Verständnis des Glaubens begegnet dem Menschen in diesem Ereignis der Wille zuvorkommender, unbedingter Liebe, durch die er sich in vorbehaltloser Weise angenommen wissen darf. Dabei beansprucht dieser in Jesus begegnende Wille unbedingter Liebe den Menschen auch unbedingt in seinem Handeln, insofern »uns in Jesus der wahre Mensch entgegentritt, der ganz im Tun der Liebe lebt und der in seine Nachfolge ruft mit dem Gebot, solche Liebe unter den Menschen weiterzugeben« (a. a. O. 53). Die Unbedingtheit dieses Anspruchs zeigt sich formal daran,

»dass er durch keinen übergeordneten Anspruch und durch keine entgegenstehenden Verhältnisse sich entkräften lässt, und inhaltlich: dass er zum Tun von Liebe beansprucht auch da, wo das menschliche Bedingtsein durch eigene Bedürfnisse und durch solches, was uns zu Angst und Hass provoziert, dem entgegensteht« (ebd.)

Angesichts dieses unbedingten Anspruchs wird dann aber auch das Versagen des Menschen im je eigenen Leben aufgedeckt, so dass er durch ihn zugleich gerichtet wird. Doch auch dabei bleibt der Mensch umfangen von der Zusage unbedingten Angenommenseins, die in Jesus begegnet ist.

Nach Joest lässt sich das Gottesverständnis nicht vorgängig zum Glauben gewinnen, sondern nur im Glauben selbst, angesichts dieses in Jesus begegnenden Willens unbedingter Liebe. Denn wenn der Glaube von Gott spricht, dann meint er damit ja niemand anderen als »den Wollenden dieses Willens: den Liebenden der unbedingt zuvorkommenden Liebe, und in eins damit den Gebietenden in dem Aufgebot, uns im Tun von Liebe seinem Wirken zur Verfügung zu stellen, und den Siegenden in der Zukunft des Sieges dieser Liebe über alles, was jetzt gegen sie spricht und wirkt« (a. a. O. 55). Die Tragfähigkeit der Zusage dieses in Jesus begegnenden Liebeswillens bemisst sich demnach nicht an dem, was Menschen von sich aus an Liebe möglich ist, und kann daher auch nicht auf der Grundlage von Erfahrungen erwiesen werden, die Menschen vorgängig zum Glauben machen. Es bleibt vielmehr dabei: Der Glaube »kann seinen Grund nur in der unverfügbaren Erfahrung finden, daß im Sich-Einlassen auf Jesus Christus die Tragkraft seiner Zusage erfahren wird, und daß darin Gott selbst sich uns vergegenwärtigt als der Lebens-, Wirk- und Hoffnungsgrund, den wir weder gedanklich erstellen noch tätig beschaffen können« (a. a. O. 58f).

Diese Erfahrung kann nur jeder Glaubende unvertretbar selbst machen. Damit ist jedoch keineswegs ausgeschlossen, daß die Relevanz der Zusage des unbedingten göttlichen Liebeswillens auch Nichtglaubenden verständlich gemacht und so der universale Anspruch der christlichen Glaubensbotschaft verdeutlicht werden kann. »Bestritten wird nur, daß der Entschluß zum Glauben durch solche Verdeutlichung seiner Relevanz für menschliche Erfahrung *begründet* werden kann« (a. a. O. 159).

Genau darin sieht Joest die Aufgabe der Theologie: Sie stellt ein Reflexionsunternehmen dar, das den Glaubensgrund *voraussetzt* und zu explizieren hat sowie unter dieser Voraussetzung der Frage nachgeht, wie ein solcher Glaube inmitten gegenwärtiger Wirklichkeitserfahrung vertreten werden kann (a. a. O. 25). Entscheidend bleibt für Joest also: Um sachgemäß zu sein, muss die Theologie auch als Wissenschaft dem spezifischen Charakter des Glaubens und seines Grundes Rechnung tragen. Sie darf sich daher auch nicht einfach einem vorgegebenen Ideal von Wissenschaftlichkeit unterordnen, ohne zu prüfen, ob dabei ihr spezifischer Gegenstand überhaupt noch in angemessener Weise zur Geltung kommen kann und nicht etwa von vornherein methodisch de facto zum Verschwinden gebracht wird (a. a. O. 250ff).

Auf dieser Linie liegt auch *Matthias Petzoldt* (geb. 1948), zur Zeit wohl der entschiedenste Verfechter einer Verselbständigung der Fundamentaltheologie im Rahmen der evangelischen Theologie. Er versteht Fundamentaltheologie »als systematisch-theologische Reflexion zur Rechenschaft über den christlichen Glauben angesichts der Herausforderung äußerer Infragestellung und innerer Suche nach Vergewisserung; sie vollzieht sich als Besinnung auf den Grundvorgang, in dem und durch den Jesus Christus Grund des Glaubens wird, und zielt auf die Explikation des solchermaßen gegründeten Glaubens im Horizont gegenwärtiger Daseinserfahrung und Wissenschaftsverantwortung« (Petzoldt 2: 36f). Ähnlich wie schon von Ebeling anvisiert, soll sie nach Petzoldt als Metareflexion der Theologie betrieben werden, die die verschiedenen Arbeitsgebiete der Theologie in ihren Zusammenhängen bedenkt und sie dabei auch in den weiteren Horizont eines interdisziplinären Gesprächs mit anderen Wissenschaften rückt (vgl. auch Jeanrond/Petzoldt: 434–436).

3. Wolfhart Pannenberg: Fundamentaltheologie als Theologie der Religion(en)

Wolfhart Pannenbergs Verhältnis zur Fundamentaltheologie erscheint zunächst etwas schillernd: Zum einen bezeichnet er wichtige Aufgaben der Theologie als fundamentaltheologisch. Zum anderen lässt er eine deutliche Distanz gegenüber der Bezeichnung »Fundamentaltheologie« erkennen. Dafür macht Pannenberg (geb. 1928) vor allem zwei Gründe namhaft (Pannenberg 5: 196f). So suggeriere diese Bezeichnung, dass es hier um eine normative Grundlegung der Theologie im Ganzen gehe, bevor ihre Inhalte erörtert worden sind. Um diesen problematischen Eindruck zu vermeiden, sollten die bisherigen Prolegomena zur Dogmatik nicht Fundamentaltheologie genannt werden. Sieht man dagegen (im Sinne Schleiermachers) die Aufgabe einer Fundamentaltheologie darin, die Besonderheit des Christentums gegenüber den anderen Religionen bzw. die Besonderheit des Protestantismus gegenüber den anderen christlichen Kirchen herauszuarbeiten, so erscheine auch dafür die Bezeichnung »Fundamentaltheologie« unangemessen. Denn dabei geht es ja gerade nicht um das, was für den christlichen Glauben »fundamental« ist, nämlich um den sich offenbarenden Gott. »›Fundamentaltheologie‹ in diesem Sinne, in Orientierung an dem, was der Sache nach ›fundamental‹ ist, müsste also die Entfaltung der Lehre von Gott in seiner Offenbarung sein, und das wäre also bereits dogmatisch« (a. a. O. 197). Die Bezeichnung »Fundamentaltheologie« für eine von der Gotteslehre unterschiedene Klärung von Vorfragen bleibt für Pannenberg daher problematisch.

Hinter diesem Vorbehalt zeigt sich das eigentliche Anliegen Pannenbergs, nämlich die angemessene Behandlung der theologischen Wahrheitsfrage. Sie lässt sich nicht, wie es in der katholischen Theologie lange Zeit geschehen ist, vorab klären, um den Wahrheitsanspruch der christlichen Rede von Gott von vornherein sicher zu stellen, sondern »gehört in die Darstellung der christlichen Lehre selbst als Explikation der Offenbarung Gottes in Jesus Christus, die ihn als den Schöpfer und Vollender des Menschen und der Welt zum Gegenstand hat« (a. a. O. 202f). Als solche stellt sich die Wahrheitsfrage angesichts der Geschichtlichkeit des Christentums immer wieder neu und kann nie abschließend beantwortet werden.

Dennoch gibt es auch nach Pannenberg Vorfragen der Theologie, wenn sie denn richtig gestellt werden. Das gilt jedenfalls in der neuzeitlichen Situation der Theologie, insofern hier die Inhalte der christlichen Glaubensüberlieferung strittig geworden sind. Angesichts dessen sieht Pannenberg für die Theologie zwei Möglichkeiten:

»*Entweder* sie beharrt auf ihrer Positivität unter Berufung auf göttliche Offenbarung; dann aber verzichtet sie auf intellektuelle Legitimierung ihres Anspruches auf Allgemeingültigkeit; indem sie diesen Anspruch in einer Situation, in der er gegenüber anderen Religionen und Glaubensüberzeugungen strittig geworden ist, nicht ausweist, sondern nur voraussetzt; *oder* die im christlichen Überlieferungsbereich getriebene Theologie versteht sich insofern als *christliche* Theologie als sie die Überlegenheit des Christentums über andere Glaubensweisen ausdrücklich zum Gegenstand der Untersuchung und Prüfung macht durch eine Theologie der Religionen« (Pannenberg 2: 325f).

Diese zweite Alternative, die Pannenberg für allein verantwortbar hält (insbesondere gegen Karl Barth und seinen Einfluss in der evangelischen Theologie), bezeichnet er zunächst als Fundamentaltheologie. Von dieser Bezeichnung nimmt er allerdings in seiner »Systematischen Theologie« wieder Abstand mit der Begründung, fundamental seien diese Erörterungen »allenfalls im methodischen Sinne« (Pannenberg 3: 72); in sachlicher Hinsicht ist hingegen allein Gott in seiner Selbstoffenbarung in Jesus Christus fundamental. Ungeachtet dieser begrifflichen Frage geht es Pannenberg auf jeden Fall um die Grundlegung der Theologie als einer speziell christlichen. Das Ziel dieser Grundlegung ist es, »auf dem Boden der allgemeinen Religionsproblematik die Besonderheit der christlichen Offenbarung zu bestimmen«. Denn »erst durch die Aufstellung eines solchen Begriffs des spezifisch Christlichen wird die Argumentation einer speziellen Theologie des Christentums, sofern sie mit einem Normbegriff des Christlichen arbeitet, für andere nachvollziehbar und insoweit kontrollierbar« (a. a. O. 328).

Es geht also um die Erarbeitung eines Bezugsrahmens, innerhalb dessen das Christentum verortet werden kann. Dieser Bezugsrahmen muss so geartet sein, dass er auch für Nichtchristen diskutierbar, d. h. mittels rationaler Argumente ausweisbar, überprüfbar und kritisierbar bleibt. Erst innerhalb eines solchen Bezugsrahmens kann der spezifische Wahrheitsanspruch des Christentums dann entfaltet, verständlich gemacht und zu plausibilisieren versucht werden.

Diesen Bezugsrahmen müssen nach Pannenberg eine Theologie der Religionen und, ihr zugrunde liegend, eine Ausarbeitung der religiösen Frage als solcher bilden. Denn »die Religionsthematik setzt als ihr Fundament eine allgemeine Anthropologie voraus, die den Bezugsrahmen für alle Diskussionen über den Rang der religiösen Thematik im Zusammenhang der menschlichen Lebenswelt bildet, insbesondere für die Auseinandersetzung mit der Argumentation des modernen Atheismus« (a. a. O. 424). Deshalb versteht Pannenberg seine eigene »Anthropologie in theologischer Perspektive« auch dezidiert »als *fundamentaltheologische* Anthropologie« (Pannenberg 4: 21); denn es geht ihm darin zentral um den Aufweis, dass jeder Mensch unausweichlich einen Bezug zur religiösen Thematik hat. Pannenberg macht das fest am Phänomen des Grundvertrauens (basic trust), das den Säugling mit der Mutter verbindet; angesichts der Unbegrenztheit dieses Grundvertrauens sieht Pannenberg darin »von vornherein ein religiöses Phänomen« (a. a. O. 224). Auf dieser theologisch-anthropologischen Grundlage kann dann eine kritische *Theologie* der Religionen entfaltet werden, die sich von lediglich religionspsychologischen, -soziologischen oder -phänomenologischen Darlegungen gerade dadurch unterscheidet, dass sie die verschiedenen Religionen daraufhin befragt und kritisch bewertet, inwiefern sie der anthropologischen Grundlage der Religion gerecht zu werden vermögen und sich darin auch in den Erfahrungen ihrer Anhänger bewähren.

Im Rahmen einer solchen Theologie der Religionen lässt sich das Christentum in Bezug zu anderen Religionen setzen. So kann dann sein spezifischer Wahrheitsanspruch verdeutlicht und diskutierbar gemacht werden. Das geschieht nach Pannenberg im Zuge der dogmatischen Entfaltung der christlichen Glaubensinhalte. Trotz Pannenbergs zunehmender Reserve gegenüber dem *Begriff* Fundamentaltheologie kann bei ihm in der Sache also »gewissermaßen Fundamentaltheologie im Überfluß« (Seckler 6:

296) konstatiert werden, auch wenn er das nicht eigenständig neben der Dogmatik, sondern in einer diese mit umfassenden »Systematischen Theologie« verhandelt.

Ebenso wie Pannenberg vertritt auch *Michael Roth* (geb. 1968) in seinen Überlegungen zu Status und Aufgaben einer Fundamentaltheologie die Auffassung, dass der Wahrheitsanspruch des Glaubens nur im Zusammenhang mit der Entfaltung der Glaubensinhalte, also in der Dogmatik vertreten werden kann. Die fundamentaltheologische Perspektive wird von ihm dabei allerdings anders bestimmt als von Pannenberg, was wiederum an seinem Verständnis des Ansatzes einer evangelischen Fundamentaltheologie liegt. Deren Aufgabe sieht er darin, die Konstitutionsbedingungen des Glaubens und der Theologie zu erfassen und zu klären und dabei auch zu zeigen, wie die verschiedenen Disziplinen der Theologie Anteil an deren gemeinsamer Aufgabe haben. Und schließlich hat die Fundamentaltheologie deutlich zu machen, dass die Apologetik als die Darlegung des Wahrheitsanspruchs des christlichen Glaubens Sache der gesamten Theologie in ihrer Einheit ist. In Abgrenzung von der katholischen Fundamentaltheologie – die allerdings unverständlicherweise mit der Lehre des 1. Vatikanischen Konzils (siehe unten 238f) identifiziert wird – sieht Roth den Ansatz einer evangelischen Fundamentaltheologie in der Fundamentalunterscheidung von Sünde und Glaube (Roth 1: 209ff; Roth 2: 109ff). Sie knüpft an Luthers Glaubensverständnis an; danach ist der Glaube auf Evidenz gegründet, insofern im Glauben das Wort des Evangeliums als wahr erfahren wird. »Der Glaube wird damit nicht begriffen als Gehorsam, der auf Autorität beruht, sondern als eine Gewissheit, die sich dem Erleben von Evidenz verdankt« (Roth 1: 153). In diesem Glauben lernt der Mensch sich selbst und sein Dasein neu verstehen als auf Gott bezogen, weil sich ganz ihm verdankend. So sind die Glaubenden nicht mehr durch die Sünde, d. h. durch die Abwendung von Gott bestimmt. – In diese Fundamentalunterscheidung zwischen Glaube und Sünde ist auch die Vernunft hineingestellt. Sie bleibt dem Glauben gegenüber also nicht neutral, sondern auch »die Vernunft (unterliegt) der Alternative, durch den Glauben oder die Sünde bestimmt zu sein« (Roth 1: 211). Es kann daher auch keinen grundsätzlichen Gegensatz zwischen Glaube und Vernunft geben. Im Gegenteil, der Glaube nimmt ja die Vernunft selbst in Anspruch, wenn er sich denn als ein Verstehensprozess vollzieht. So sind dann im Glaubenden Vernunft und Glaube geeint. Es gilt deshalb »zu unterscheiden zwischen einer Vernunft im Horizont des Glaubens und einer Vernunft im Horizont des Unglaubens« (Roth 3: 154). Der Theologie obliegt die Darlegung der Vernunft des Glaubens, die eine bestimmte Sicht der Wirklichkeit im Ganzen beinhaltet. In diese Aufgabe der Theologie sind alle ihre Disziplinen eingebunden; die Aufgabe der Fundamentaltheologie ist es, diese gemeinsame, verbindende Perspektive bewusst zu halten und die spezifischen Beiträge der einzelnen Fächer dazu einzufordern. Grundlegend bleibt dabei »die Explikation der Bildung der christlichen Gewissheit« (Roth 2: 114). Dazu sind (analog zu Pannenberg) von Seiten der Fundamentaltheologie entsprechende Reflexionen auf die anthropologischen Voraussetzungen erforderlich; sie müssen nach Roth insbesondere zeigen, dass der Mensch auf die Erschließung von Gewissheit angewiesen ist. Auf dieser Grundlage kann die Theologie dann ihre Aufgabe zu erfüllen versuchen, die Vernunft des Glaubens zu explizieren. »Sie erläutert ihre Sicht der Verfasstheit des Weltgeschehens im Ganzen, indem sie die darin implizierte Sicht der Grundgegebenheiten, der Bestimmung und der Verfehlung menschlichen Daseins in Bezug auf konkrete Ausdrucksweisen menschlichen Daseins in der Gegenwart darlegt« (Roth 3: 170; vgl. Roth 4: 564ff). Theologie wird damit zu einer Hermeneutik der Gegenwart und greift auf diese Weise das Anliegen der Apologetik auf.

4. Ingolf U. Dalferth: Kombinatorische Theologie

Auch Ingolf Dalferth (geb. 1948) bleibt gegenüber einer eigenständigen evangelischen Fundamentaltheologie äußerst reserviert, weil er vor allem die Gefahren unsachgemäßer Konzepte (insbesondere in der katholischen Theologie) im Blick hat. Deshalb konzentrieren sich seine Äußerungen zur Sache zunächst einmal darauf, was Fundamentaltheologie nicht zu sein hat und nicht zu leisten vermag. Demnach ist sie »*überflüssig*, wenn sie meint, *Gründe für die Glaubwürdigkeit des Glaubens* beibringen oder diesen vor irgendeinem Zeit- oder Vernunftforum legitimieren zu müssen« (Dalferth 3: 189). Das hält Dalferth sowohl für unmöglich als auch für unnötig. Unmöglich ist es, weil es der Vernunft zu viel zumutet; unnötig ist es, weil es der Eigenart des Glaubens nicht gerecht wird. Die Vernunft ist keine neutrale Instanz, derer man sich jederzeit in gleicher Weise bedienen kann. Als zentrales Vollzugsorgan menschlichen Lebens ist sie nicht kontextfrei und übergeschichtlich, sondern immer eine geschichtlich situierte Vernunft. Deshalb variiert auch das Reservoir an Einsichten, Argumenten und Gründen, das sie bereithält, mit den sich verändernden Lebenshorizonten. Das gilt selbstverständlich auch für die Rechenschaft über den Glauben. Auch sie muss, wenn sie erfolgreich sein soll, immer konkret situiert sein. Sie hat also

»nichts zu tun mit dem philosophischen Irrweg der Neuzeit, der Suche nach unbezweifelbaren epistemischen Grundlagen sicheren Wissens, sondern mit konkreter theologischer Überzeugungskraft, die das jeweilige Gegenüber in seiner individuellen Bedingtheit und Situation mit seinen spezifischen Fragen ernst nimmt und es nicht zum Typ eines möglichen Adressaten einer möglichen Argumentation schematisiert, die überall immer nur dieselbe Frage meint beantworten zu müssen« (Dalferth 2: 194).

Eine solche generelle, nicht adressatenbezogene Legitimierung des Glaubens bleibt angesichts der Situiertheit der Vernunft unmöglich und eine Fundamentaltheologie, die das als ihre Aufgabe sieht, daher überflüssig.

Sie ist nach Dalferth aber auch völlig unnötig, weil der Glaube nicht auf Vernunftargumenten gründet und daher auch nicht von Vernunftargumenten abhängig ist. Im Gegenteil, Argumente »sind nachträgliche Rationalisierungen einer vorgängigen Gewissheit« (ebd.). Argumente für den Glauben setzen also den Glauben voraus; eine Rechenschaft über den Glauben steht niemals am Anfang eines Glaubensweges, sondern sie erfolgt dann, wenn dieser Glaube, von wem auch immer, konkret in Frage gestellt wird. Denn die Gewissheit, die dem Glauben ja in der Tat eignet, ist keine theoretische, durch Vernunftargumente gesicherte Gewissheit, »sondern *praktische Lebensgewissheit*«. Und das bedeutet eben: »Beim Glauben steht und fällt die Überzeugungskraft von Argumenten mit der lebenspraktischen Gewissheit, dass es so ist, wie argumentiert wird, nicht umgekehrt« (ebd.). Diese Gewissheit gründet in der Entdeckung eines Menschen, dass Gott in seinem Leben tatsächlich so nahe und wirksam ist, wie es von der christlichen Botschaft behauptet wird. Dabei bleibt diese Gewissheit natürlich auch Zweifeln ausgesetzt, sowohl »von außen« wie auch Zweifeln des Glaubenden selbst. Aber »letztlich gewiss ist nicht das, was nicht einmal mehr bezweifelt werden kann, sondern was trotz allen möglichen Zweifels Bestand hat« (Dalferth 4: 137). Entscheidend ist demnach die Tragfähigkeit dieser Entdeckung der Präsenz Gottes, insofern sie sich im Lebensvollzug immer wieder neu zu bewähren vermag. »Wer glaubt, dankt nicht den Argumenten, die ihn überzeugt haben, sondern Gott, von dem er überzeugt wurde« (Dalferth 2: 196).

Das besagt jedoch keineswegs, dass der Schritt zum Glauben unter Ausblendung der Vernunft oder gar im Widerspruch zur Vernunft erfolgt. Hier gilt es vielmehr genau zu unterscheiden: Dieser Schritt »kann durchaus *mit Vernunft* geschehen, aber er geschieht nicht *durch Vernunft*« (ebd.). Es ist also nicht die Vernunft, die diesen Schritt zum Glauben hin ermöglicht und trägt, sondern die Erfahrung der Gegenwart Gottes im eigenen Leben; aber die Vernunft vermag diesen Schritt gewissermaßen zu begleiten, so dass er sich als vernünftig erweisen kann. Diese dem Glauben eigene Vernünftigkeit lässt sich dann auch mit Argumenten entfalten. Aber das sind eben nachträgliche Argumente, die aus der Position des Glaubens heraus formuliert sind und deshalb das Zum-Glauben-Kommen voraussetzen. Es handelt sich also auch hier um eine situierte Vernunft, d. h. um ein bestimmtes Verständnis von Vernunft, nämlich die *Vernunft des Glaubens.* Sie »ist eine *Vernunft, die mit Gott rechnet*, die *Vernunft des Unglaubens* eine *Vernunft, die das nicht tut.* Das eine oder das andere tut jede Vernunft, und deshalb gibt es keine der Differenz von Glaube und Unglaube gegenüber neutrale, sondern nur eine dadurch jeweils konkret bestimmte Vernunft« (a. a. O. 204f).

Die Entfaltung dieser Vernunft des Glaubens sowie des in ihm begründeten Handelns ist Aufgabe der Theologie im Ganzen. Im Hinblick darauf hat Dalferth das Modell einer »kombinatorischen Theologie« entwickelt. Es geht dabei um die »produktive Vermittlung zwischen kultureller Matrix und der Rolle christlichen Glaubenslebens in ihr«, indem die Theologie fünf verschiedene Referenzsysteme zueinander in Beziehung setzt (»kombiniert«): Glaube, Lebenserfahrung, theoretisches Wissen der verschiedenen Wissenschaften, gesellschaftliche Organisationen (Staat, Politik, Recht, Wirtschaft), die verschiedenen Glaubenstraditionen (Dalferth 8: 19). Durch die kritische Bezugnahme auf diese nicht aufeinander rückführbaren Referenzsysteme mit ihren unterschiedlichen Rationalitäten kann die Theologie bei ihrer Entfaltung der Vernunft des Glaubens der Pluralität alltäglicher, kultureller und struktureller Wirklichkeiten Rechnung tragen.

Fragt man angesichts eines solchen Konzepts von Theologie, welche Aufgabe der Fundamentaltheologie zukommen könnte, so bleibt Dalferths Antwort einigermaßen vage. Klar ist jedenfalls, dass der Fundamentaltheologie keine Begründungsaufgabe im Vorfeld der Darlegung des Glaubens zukommen kann. D. h.

dann – im Unterschied zu Pannenberg – auch: »Aufgabe einer Fundamentaltheologie ist *nicht* eine *anthropologische Grundlegung der Theologie*, sondern – wenn überhaupt – eine *theologische Grundlegung der Anthropologie* am Leitfaden orientierender Leitdifferenzen, die aus der kritischen Entfaltung des Glaubens gewonnen sind« (Dalferth 3: 189). Ob es dazu aber einer eigenständigen Fundamentaltheologie bedarf, bleibt offen.

Gegenüber Konzeptionen wie der von Dalferth bemängelt *Peter Dabrock* (geb. 1964), dass dabei andere Diskurse mit ihren fremden Perspektiven nicht zu einer wirklichen Herausforderung für die eigene theologische Reflexion werden. Sie werden zwar in ihrer Eigenständigkeit theologisch respektiert, doch die theologische Reflexion »ist immer in der Lage, alles (...) in ihrer Perspektive zu verarbeiten« (Dabrock 1: 171). Dabrock vermisst hier die erforderliche »Differenzsensibilität« und insistiert deshalb darauf, dass es gerade die Sache der Fundamentaltheologie ist, diese Situation der Verantwortung der theologischen Perspektive nach außen hin eingehender zu reflektieren und zu bearbeiten. »Deshalb steht sie in gewisser Weise *auf der Schwelle* zwischen Theologie und Philosophie bzw. den anderen Humanwissenschaften. *Diese rationale Verantwortlichkeit und Situation impliziert mehrfache Differenz- und Fremderfahrungen im Blick auf die am Diskurs Beteiligten, den inhaltlichen Grund und den methodischen Vollzug des Fragens.* Weil Fundamentaltheologie auf der Schwelle über ihren Glaubensgrund nach-denkt und dort von seinem Anspruch her entsprechend Rechenschaft zu geben versucht, verantwortet sie ihn von innen (als Identitätsreflexion) nach außen (als Relevanzerweis)« (Dabrock 2: 123). Es geht Dabrock also keineswegs um einen fundamentaltheologischen Extrinsezismus im Stile der traditionellen katholischen Fundamentaltheologie; die Argumentationsgrundlagen sollen vielmehr die intrinsischen Geltungen bilden. Es geht aber darum, dass – ähnlich wie in der kontextuellen Fundamentaltheologie von Hans Waldenfels (siehe oben 88f) – in dieser Schwellensituation der Fundamentaltheologie der Andere als Anderer, Fremder wirklich zur Geltung kommen kann und nicht von vornherein nur aus der theologischen Perspektive wahrgenommen und in diese eingeordnet wird, so dass seine Andersheit und Fremdheit de facto gar nicht mehr zur Geltung kommen. Unter Bezugnahme auf das Werk des Philosophen Bernhard Waldenfels plädiert Dabrock deshalb für die Entwicklung einer responsiven Rationalität der Fundamentaltheologie. Sie soll es ermöglichen, dieser Schwellensituation mit ihren unvermeidlichen Differenzerfahrungen besser gerecht zu werden, nicht zuletzt auch hinsichtlich der sich dabei fast unweigerlich ergebenden Rückwirkungen auf die eigene theologische Perspektive. Denn »gerade wenn in Glaube und Liebe als Antwort auf den Zuspruch Gottes der Mensch außer sich gesetzt wird, wenn zur christlichen Identität also konstitutiv ihre Durchkreuzung gehört (vgl. Gal 2,20; Röm 8,10; 2 Kor 5,17), dann kann und darf (rationale) intrinsisch begründete und extrinsisch fokussierte Glaubensverantwortung von diesen Bestimmungen nicht frei sein (vgl. 1 Kor 1,18–31) … Dass auch und gerade die ernsthafte Glaubensverantwortung – angesichts der Erfahrung von Anspruchskonflikten radikaler Fremdheit – zu existentiellen Krisen bis zum Verlust der Glaubensgewissheit führen kann, unterstreicht nur, wie ernst es Gott mit dem (responsiv verstandenen) Doppelgebot der Liebe ist« (a. a. O. 143).

VI. Das Projekt der Fundamentaltheologie

Die Fundamentaltheologie hat seit den siebziger Jahren des 20. Jahrhunderts einen kräftigen Aufschwung genommen. Im katholischen Bereich hing das in erster Linie mit der Neuorientierung durch das 2. Vatikanische Konzil zusammen. Die bis dahin vorherrschende Gestalt der Apologetik/Fundamentaltheologie löste sich rasch auf; neue Aufgabenstellungen und Dialogpartner traten ins Blickfeld. Überschaut man die verschiedenen Neuansätze, die daraufhin konzipiert worden sind, so zeigt sich ein äußerst vielgestaltiges Bild; ja, es drängt sich fast unweigerlich der Eindruck eines »chaotische(n) Erscheinungsbild(es) der nachkonziliaren Fundamentaltheologie« auf (Seckler 4: 333). Es kann daher nicht verwundern, wenn ihr nun immer häufiger eine Identitäts- und Orientierungskrise attestiert wurde. Auch die praktisch gleichzeitig einsetzende Diskussion um die Etablierung einer evangelischen Fundamentaltheologie vermochte dabei keine Abhilfe zu schaffen, weil es hier ebenfalls nicht zu einer Verständigung über eine bestimmte Konzeption von Fundamentaltheologie kam. Alles in allem wirkt daher der »Titel ›Fundamentaltheologie‹ manchmal eher als Sammelbecken für ein relativ ungestörtes Nebeneinander von kreativen Innovationen denn als Begriff für eine nach Aufgaben und Methoden klar bestimmbare Disziplin« (Verweyen 1: 17). Das kann leicht dazu führen, »diesem Fach eine Vielzahl von Themen einzuverleiben, deren einzige Gemeinsamkeit wohl darin besteht, daß sie woanders keinen festen Platz in der Theologie haben« (Torrell: 26). So wurde in dieser Phase der »Neuerfindung« der Fundamentaltheologie schließlich der Ruf nach einem Identitätskern und einer Grundstruktur des Faches immer lauter, und insbesondere das »Handbuch der Fundamentaltheologie« versucht dann diesem Desiderat entgegenzuwirken.

Es erscheint nun allerdings unangemessen, die Vielgestaltigkeit und Uneinheitlichkeit der Fundamentaltheologie einfach nur zu beklagen. So unerlässlich es sicherlich bleibt, das Profil des Faches deutlicher zu konturieren, so sollte man sich doch bewusst machen, dass sich in dieser Situation der Fundamentaltheologie ein gutes Stück weit auch die veränderte Situation der Theologie und des Christentums reflektiert. Der Verlust ehemaliger Selbstverständlichkeiten und Gewissheiten, die rasche Erosion des Glaubens angesichts einer fortschreitenden Säkularisierung, das Auftreten neuer Herausforderungen in einer globalisierten Welt – all das macht es unerlässlich, den gewandelten Verstehenshorizonten bei der Erschließung des Glaubensgrundes sowie bei der Darlegung der Glaubwürdigkeit des Glaubens Rechnung zu tragen. Vor diesem Hintergrund lässt sich die Vielfältigkeit der fundamentaltheologischen Ansätze keineswegs umstandslos als Orientierungslosigkeit und Chaos verbuchen. In ihnen drücken sich vielmehr vor allem auch der Wille und die Bereitschaft aus, sich auf die veränderten Bedingungen einzustellen und einzulassen. Selbstverständlich ist nicht jeder der dabei eingeschlagenen Wege ein Königsweg, mancher von ihnen mag sich durchaus auch als Sackgasse herausstellen. Doch angesichts der vielfältigen Ursachen der Krise des Christentums und der Theologie bedarf es sicherlich auch in Zukunft unterschiedlicher Ansätze, um die dabei aufgeworfenen Fragen und Probleme zu bearbeiten. Die dafür erforderliche Sensibilität, die die Fundamentaltheologie in den zurückliegenden Jahrzehnten, aufs Ganze gesehen, durchaus unter Beweis gestellt hat, wird sie daher auch in Zukunft dringend benötigen.

So wird man dem Ruf nach einer einheitlichen Grundkonzeption der Fundamentaltheologie mit einiger Zurückhaltung begegnen. In ihr wird es vielmehr auch in Zukunft unterschiedliche Konzeptionen geben und geben müssen, um der Vielfalt der Herausforderungen gerecht werden zu können. Eines sollte dabei allerdings gewährleistet sein, nämlich die »Gemeinsamkeit einer Arbeitsrichtung« (Seckler 4: 334), eines Projektes, das die unterschiedlichen Entwürfe miteinander verbindet und sie untereinander kommunikationsfähig bleiben lässt. Nur wenn ein solches gemeinsames Projekt, das »eine weitgehende Verfahrensoffenheit zulässt und im Grunde auch verlangt« (ebd.), erkennbar wird, löst sich die Fundamentaltheologie nicht in ein völlig disparates Unternehmen auf. Im Folgenden soll dieses Projekt zu skizzieren versucht werden.

1. Die Aufgabe der Fundamentaltheologie

»Das *Christentum* ist (nicht nur, aber immer auch) ›denkende Religion‹ (A. v. Harnack), *christlicher Glaube* verlangt nach denkender Verantwortung, und *christliche Theologie* ist die im Glauben selbst gründende Bemühung, den Glauben denkend zu verstehen und öffentlich zu verantworten« (Dalferth 4: 133). Von seinen Ursprüngen an ist der christliche Glaube um ein vertieftes Verständnis seiner selbst im Medium vernünftigen Denkens bemüht (intellectus fidei). Dieses Bemühen, hinter dem die Überzeugung von der Vernunfthaftigkeit des Glaubens (ratio fidei) steht, dient sowohl der eigenen Selbstvergewisserung wie auch der Rechtfertigung des Glaubens nach außen hin. Weil eine solche denkende Verantwortung des Glaubens sich nicht nur auf seinen Inhalt, sondern auch auf seinen praktischen Vollzug in Geschichte und Gegenwart bezieht, geht es dabei prinzipiell um eine Sache der Theologie als ganzer, nicht nur einer einzelnen theologischen Disziplin.

Die spezifische Aufgabe der Fundamentaltheologie kommt in diesem Zusammenhang erst in den Blick, wenn man eine zusätzliche Differenzierung vornimmt: Das der Theologie insgesamt obliegende Denken des Glaubens steht unter dem Anspruch der Wissenschaftlichkeit. Dieser lange Zeit selbstverständliche Anspruch wurde im Zuge der neuzeitlichen Emanzipation der Wissenschaften von der Theologie mehr und mehr problematisch. Denn damit brach ein immer breiter werdender Graben zwischen dem überlieferten Glauben und den neuen Erkenntnissen der Wissenschaften auf, bis dahin, dass beides schließlich als ein kontradiktorischer Gegensatz erscheinen konnte. Das musste den Anspruch der Theologie, selber Wissenschaft zu sein, unweigerlich in Mitleidenschaft ziehen. Wie konnte sie den Anspruch der Wissenschaftlichkeit erheben, wenn sie selbst den Einsichten der neuzeitlichen Wissenschaften nicht gerecht zu werden schien?

Vor diesem Hintergrund lässt sich das zentrale Anliegen der

sich seit dem 19. Jahrhundert herausbildenden Fundamentaltheologie als ein *wissenschaftstheoretisches* dechiffrieren. Sie dient der wissenschaftstheoretischen Grundlegung der Theologie, die angesichts der neuzeitlichen Entwicklung der Wissenschaften, der Veränderungen des Wissenschaftsbegriffs sowie der daraus resultierenden Infragestellungen von Glaube und Theologie unabweisbar geworden ist. Die Fundamentaltheologie bearbeitet die Frage, inwiefern auch in diesem veränderten Kontext die denkende Verantwortung des Glaubens wissenschaftlichen Ansprüchen zu genügen vermag, Theologie also als Glaubenswissenschaft möglich ist. Die entscheidende Herausforderung besteht dabei darin, dass sie nicht einfach auf ein »von außen« vorgegebenes Wissenschaftsverständnis bzw. -ideal (etwa das der die neuzeitliche Wissenschaftsentwicklung dominierenden Naturwissenschaften) zurückgreifen kann, um ihm dann die denkende Verantwortung des Glaubens zu- und einzuordnen. Sachgemäß ist die wissenschaftstheoretische Grundlegung der Theologie nur, wenn sie der von ihr zu bedenkenden und zu verantwortenden »Sache«, dem christlichen Glauben und dessen authentischem Vollzug in ihrer spezifischen Eigenart gerecht wird. Wird dagegen schon die Wahrnehmung dieses »Gegenstandes« durch ein vorgefertigtes Wissenschaftsverständnis verstellt, so dass er gar nicht mehr als er selbst zur Geltung kommen kann, bleibt die Grundlegung der Theologie als denkender Verantwortung des *Glaubens* von vornherein verfehlt.

Diese wissenschaftstheoretische Grundlagenarbeit hat sich in der katholischen Theologie seit dem 19. Jahrhundert zu einer eigenständigen Disziplin im theologischen Fächerkanon ausdifferenziert. Das erscheint sinnvoll in Anbetracht des Umfangs und der Komplexität dieser Aufgabe. Denn um den wissenschaftlichen Anspruch der theologischen Glaubensverantwortung zu untermauern, muss die Fundamentaltheologie die Grundlagen des Glaubens selbst explizieren. Die Theologie betrachtet den Glauben ja nicht »von außen« in einer rein beobachtenden und beschreibenden Perspektive wie etwa die Religionswissenschaften. Sie lässt sich vielmehr den Glauben vorgegeben sein, nimmt also seine Perspektive ein und macht sich damit auch das in ihm selbst wurzelnde Streben nach Einsicht (fides quaerens intellectum) zu

Eigen. Für eine Verantwortung des Glaubens aus dieser Innenperspektive heraus aber bleibt es unabdingbar, dass seine Grundlagen, auf die er sich bezieht und stützt, aufgewiesen und verstehbar werden. Die fundamentaltheologische Grundlagenarbeit in wissenschaftstheoretischer Absicht erfordert daher die Selbstvergewisserung des Glaubensgrundes, »die *Ermittlung* des christlichen Logos« (Seckler 4: 375). Es geht also nicht um eine Begründung des Glaubens unter Absehung von seiner eigenen Sinnstruktur und -gestalt, sondern um eine Explikation des mit dem Glauben selbst gegebenen Grundes. »Denn einen anderen Grund (θεμέλιον) kann niemand legen als den, der gelegt ist, das ist Jesus Christus« (1 Kor 3,11).

Die fundamentaltheologische Erfassung und Darlegung der dem Glauben selbst eigenen Begründungsstruktur hat so zu erfolgen, dass sie auch für Nichtglaubende erkennbar und nachvollziehbar wird. Anders formuliert: Die fundamentaltheologische Grundlagenarbeit zielt auf die Freilegung der Vernunft des Glaubens; diese muss dabei so expliziert werden, dass sie sich auch Nichtglaubenden erschließen kann. Denn nur unter dieser Voraussetzung kann eine Verantwortung des Glaubens erfolgen, die auch außerhalb der christlichen Glaubensgemeinschaft verstehbar ist. Dazu gehört unabdingbar die Auseinandersetzung mit Einwänden, die gegen den Glauben vorgebracht werden. Nur wenn sie sich dazu in der Lage zeigt, kann Theologie wissenschaftlichen Ansprüchen genügen. Daher gehört zur fundamentaltheologischen Arbeit die Beschäftigung mit solchen kritischen Anfragen und Infragestellungen wesentlich hinzu. Ohne diesen apologetischen Aspekt erscheint Fundamentaltheologie unmöglich.

Mit Max Seckler kann man daher von zwei Blickrichtungen der fundamentaltheologischen Grundlagenarbeit sprechen: dem Blick »nach innen« und dem Blick »nach außen«. Der nach innen gerichtete Blick dient der elementaren *Selbsterfassung* des Christentums, seiner zentralen Botschaft und des sie tragenden Fundamentes. Dieses Fundierende lässt sich auf den Begriff der Offenbarung bringen (vgl. dazu Zweiter Teil, Abschnitt II). »In ihm wirkt sich … das Erkenntnisinteresse des Glaubens selbst aus, die Wirklichkeit, auf die er sich bezieht, in den kognitiven Vermittlungen des theologischen Denkens einzuholen« (Seckler 7: 54). Der nach außen gerichtete Blick dient der *Vermittlung* des christlichen Logos in außerchristliche Verstehenszusammenhänge hinein inklusive seiner Selbstbehauptung gegenüber kritischen Einwänden und Infragestellungen. Beide Aspekte der fundamentaltheologischen Grundlagenarbeit stehen jedoch nicht unverbunden nebeneinander, sondern ergänzen sich und bilden ein einheitliches Ganzes. Es handelt sich gewissermaßen um die zwei Seiten ein und derselben Medaille. Fundamentaltheologie besteht nicht in der Addition disparater Elemente, sondern muss als ein *integratives* Unternehmen konzipiert werden, dessen beide Teilaspekte unabdingbar zusammengehören.

Sachlogisch geht dabei allerdings der Blick nach innen dem nach außen gerichteten Blick voran, die Selbsterfassung des Fundamentes des Glaubens ist die Voraussetzung für die Erfüllung der apologetischen Aufgabe. Denn »bevor etwas verteidigt oder gerechtfertigt werden kann, muss feststehen, um was es geht« (Seckler 4: 375). Der apologetische Teil der fundamentaltheologischen Aufgabe kann also, wenn er denn sachgemäß sein soll, nicht unabhängig von der Selbsterfassung des Glaubens erfolgen, sondern bleibt ganz darauf bezogen. Ja, es muss sogar, weitergehend, damit gerechnet werden, dass mit dieser Erfassung des Fundamentes des Christentums

»*zugleich* auch das *grundlegende apologetische Potential* der Glaubensverantwortung aufgebaut bzw. freigesetzt wird, und zwar auch, wenn (oder vielleicht gerade weil) der apologetische Zweck dabei noch gar nicht direkt mit im Spiel ist. Das bedeutet, daß die besten Gründe zum Glauben von der Glaubenswahrheit selbst ausgehen und daß also das Fundament des Christentums *im Medium seiner inhaltlichen begrifflichen Erfassung auch seine eigene Überzeugungsmacht mitbringt*, die letztlich die entscheidende ist« (Seckler 7: 54).

Dieses Verständnis von Fundamentaltheologie bedeutet eine völlige Abkehr von dem im katholischen Raum über lange Zeit hin dominierenden Extrinsezismus, mit dessen Hilfe man zunächst den Problematisierungen des Glaubens durch die Aufklärung sowie des wissenschaftlichen Charakters der Theologie zu begegnen versuchte. Die erneuerte Fundamentaltheologie verfährt dagegen *intrinsezistisch* und *hermeneutisch* und erweist sich damit als eine ganz und gar *theologische* Disziplin.

Mit den Begriffen »Extrinsezismus« und »Intrinsezismus« wird eine grundlegende Alternative in der Verfahrensweise der Fundamentaltheologie zum Ausdruck gebracht: »Verweisung der fundamentaltheologischen Arbeit auf die Inhalte der christlichen Botschaft bzw. die Tabuisierung dieser Inhalte für sie« (Seckler 4: 398). Die von den lateinischen Wörtern »intrinsecus« (= inwendig) sowie »extrinsecus« (= außerhalb) abgeleiteten Begriffe »Intrinsezismus« und »Extrinsezismus« verweisen also auf ein gegensätzliches Verhältnis zum Inhalt der Glaubensbotschaft.

Die traditionelle (katholische) Apologetik bzw. Fundamentaltheologie wollte die Glaubwürdigkeit des christlichen Glaubens ganz von außen, d. h. aufgrund philosophischer bzw. historischer Argumentation und somit ohne Bezugnahme auf die Glaubensinhalte aufweisen. Die entscheidende Voraussetzung, die diesem Verfahren zugrunde lag, bestand in der Überzeugung, dass »der Inhalt der Offenbarung wenigstens in seinem innersten Kern als mysterium stricte dictum« anzusehen ist, das auch nach seiner Mitteilung durch Gott vom Menschen »in seiner inneren Möglichkeit nicht positiv durchschaut zu werden vermag« (Rahner 2: 32).

Demgegenüber gilt für eine intrinsezistisch verfahrende Fundamentaltheologie, dass sie »ihrer Aufgabe der Glaubensverantwortung durch Arbeit am *christlichen Logos in seiner Inhaltlichkeit* nachzukommen sucht« (Seckler 4: 398). Das hat aber zwangsläufig »eine systemtheoretische Wendung der Vernunft ins ›Innere‹ der *Botschaft*« (a. a. O. 400) zur Voraussetzung. Die Fundamentaltheologie wird als ganze aus der Außenperspektive in die Innenperspektive verlagert.

Als solche arbeitet sie notwendigerweise hermeneutisch. Anstatt den (ja völlig paradoxen) Versuch zu unternehmen, den Glauben unter Absehung von ihm selbst vor der Vernunft als »plausibel« zu erweisen, muss sie den Glauben hermeneutisch erschließen, d. h. ihn verstehbar werden lassen innerhalb gegenwärtiger Verstehenskontexte. Im Rahmen der Fundamentaltheologie erstreckt sich dieser hermeneutische Prozess allerdings nicht auf das gesamte Spektrum der christlichen Glaubensinhalte, sondern schwerpunktmäßig auf die dem Glauben selbst eigene Begründungsstruktur und -logik. Ihr geht es um die hermeneutische Freilegung dieses Logos des Glaubens als eines Offenbarungsglaubens.

Verschiedentlich ist der Fundamentaltheologie auch eine ökumenische Dimension bzw. Aufgabe zugesprochen worden (vgl. Wagner H. 3), etwa dergestalt, dass sie mit Infragestellungen des Glaubens befasst ist, die Christen und die Kirchen insgesamt, ja auch andere Religionen herausfordern. So könne die Fundamentaltheologie durch ihre Grundlagenarbeit konfessions- und sogar religionsverbindend wirken. Andererseits wird zu bedenken gegeben, dass die innerchristliche Konfessionsdifferenz »schon in der Bestimmung des Wesens des Christentums durchschlägt und darum die fundamentaltheologische Bemühung nicht etwa nur in ihrem speziellen Teil, sondern ganz und gar von der Verschiedenheit betroffen ist, wenn anders der Konfessionsgegensatz das Grundverständnis des Christlichen selbst berührt« (Ebeling 1: 508). Das hätte zwangsläufig auch Auswirkungen auf die Behandlung der Anfragen an den Glauben bzw. seiner Infragestellungen. So ist die Fundamentaltheologie auch ein Testgelände, auf dem geprüft werden kann, ob bzw. inwieweit die konfessionellen Grenzen und Gegensätze nach wie vor wirksam sind. Die dafür erforderliche Sensibilität scheint heute unter evangelischen Theologen im Allgemeinen stärker entwickelt als unter katholischen. Größere Beachtung verdiente in diesem Zusammenhang sicherlich die Intention von Peter Knauer in seiner ökumenischen Fundamentaltheologie, zwischen den Konfessionen und ihren unterschiedlichen Positionen zu dolmetschen (siehe oben 174f).

Damit erweist sich eine intrinsezistische und deshalb hermeneutisch arbeitende Fundamentaltheologie aber als eine ganz und gar theologische Disziplin. Sie ist also nicht im Vorfeld der eigentlichen theologischen Arbeit angesiedelt, sondern ein integraler Bestandteil von ihr. Es trägt daher auch kaum etwas zur Klärung ihres spezifischen Status bei, wenn sie als theologische Schwellendisziplin betrachtet wird, weil sie in besonderer Weise mit kritischen Anfragen aus dem außertheologischen Raum befasst ist; denn das gilt ja für andere theologische Disziplinen, etwa die Dogmatik oder die Moraltheologie, in kaum geringerem Maße. Ihre spezifische Aufgabe innerhalb des theologischen Fächerkanons hat die Fundamentaltheologie vielmehr in der wissenschaftstheoretischen Grundlegung der Theologie als ganzer. Dem dient der fundierende wie auch der apologetische Teil ihrer Arbeit. Es geht um die Frage: Kann die auf der Voraussetzung des Glaubens beruhende Theologie mit ihren verschiedenen Fächern als Wissenschaft gelten?

Mit den einschlägigen Arbeiten von Wolfhart Pannenberg und Helmut Peukert ist eine Öffnung der Theologie auf die moderne Wissenschaftstheorie erfolgt (Pannenberg 2; Peukert). Grundlegend für die Bestimmung des wissenschaftstheoretischen Status der Theologie bleibt dabei in jedem Fall die Klärung des Verhältnisses zwischen religiösem Glauben und Vernunft. Denn als *Glaubens*wissenschaft (siehe auch 394f) beruht sie ja auf elementaren Grundlagen und Voraussetzungen einer religiösen Rede von Gott, Welt und Mensch. Nur wenn sich dieses religiöse Fundament der Theologie als grundsätzlich vereinbar mit der Vernunft erweisen lässt, kann sie ihren wissenschaftlichen Anspruch begründen und als eine eigenständige Wissenschaft anerkannt werden. Und den entscheidenden Ansatzpunkt einer solchen wissenschaftstheoretischen Rechtfertigung der *christlichen* Theologie bildet eben die Überzeugung von der Vernunfthaftigkeit des christlichen Glaubens selbst. Die spezifische Aufgabe der Fundamentaltheologie besteht dabei darin, die Vernunfthaftigkeit des christlichen Glaubens*grundes* zu erschließen. Als solche leistet sie die wissenschaftstheoretische Grundlagenarbeit für die Theologie als ganze.

Ebenso wichtig wie umstritten bleibt in diesem Zusammenhang die Frage nach der geeigneten philosophischen Denkform, die der Fundamentaltheologie in der heute gegebenen Denksituation die Erfüllung ihrer Aufgabe ermöglicht. Die Wirklichkeit Gottes ist ja nicht mehr selbstverständlicher Bestandteil moderner Weltbilder. In den anderen Wissenschaften ist ihre Thematisierung methodisch ausgeschlossen, und auch in der zeitgenössischen Philosophie hat die Gottesfrage keinen festen, unumstrittenen Platz. Angesichts dessen muss die Fundamentaltheologie Rechenschaft darüber geben, wie die für die Erfüllung ihrer Aufgabe erforderlichen Denkvoraussetzungen erbracht und gerechtfertigt werden können. Welche Denkform ermöglicht es der Theologie, ihren spezifischen »Gegenstand«, Gott und sein Handeln an Welt und Mensch, in einer ebenso sachgemäßen wie begründbaren und somit rational mitvollziehbaren Weise zur Sprache zu bringen? Als Alternativen bieten sich eine metaphysische Denkform, eine transzendentalphilosophische Denkform, eine erstphilosophische Denkform sowie eine nachmetaphysische Denkform an.

So hat etwa *Karl Rahner* in seinem Buch »Hörer des Wortes« die fundamentaltheologische Fragestellung auf der Grundlage einer *metaphysischen Denkform* entwickelt. Unter Berufung auf die Metaphysik des Aristoteles geht er davon aus, dass alle Einzelwissenschaften ihre Begründung in einer einheitlichen Grundwissenschaft finden müssen, »welche diesen Wissenschaften die Gegenstände in ihren apriorischen Strukturen ... und die aus ihnen folgenden formalen Prinzipien ihrer Erkenntnis erstmals geben und gleichzeitig diese Wissenschaften als menschliches Geschehen in der Notwendigkeit ihres Seins und ihrer Eigenart ursprünglich begründen muß.« Daraus ergibt sich dann: »Jede wissenschaftstheoretische Frage ist eine Frage der einen ersten Wissenschaft, der Metaphysik« (Rahner 2: 10). Da jede Wissenschaft ein menschliches Handeln darstellt, und somit ein »eigentümlicher Seinsmodus des Menschen« ist, fragt die Wissenschaftstheorie als eine metaphysische Theorie unabdingbar »immer auch nach dem Wesen des Menschen« (a. a. O. 12). Für die Theologie, die sich auf ein Offenbarungswort Gottes bezieht, heißt das, dass sich ihre wissenschaftstheorethische Begründung »nur auf die apriorische Möglichkeit des Hörenkönnens einer möglicherweise ergehenden Offenbarung Gottes erstrecken kann« (a. a. O. 18). So weist Rahner denn auch der Fundamentaltheologie die Aufgabe zu, »die metaphysische Anthropologie des Menschen als des in seiner Geschichte auf eine mögliche Offenbarung Gottes Horchenden« (a. a. O. 38) auszuarbeiten. – In der zeitgenössischen Theologie sieht etwa der evangelische Theologe *Wolfhart Pannenberg* eine metaphysische Denkform für die Theologie als unabdingbar an. Denn nur so lässt sich nach seiner Überzeugung der Begriff Gottes »als der alles bestimmenden Wirklichkeit« (Pannenberg 2: 304) erreichen und verantworten. »Das theologische Reden von Gott bedarf für seinen Anspruch auf Wahrheitsgeltung der Beziehung auf metaphysisches Denken, weil das Reden von Gott auf einen Weltbegriff angewiesen ist, der nur durch metaphysische Reflexion zu sichern ist« (Pannenberg 6: 9). Ihm sekundiert katholischerseits *W. Kasper*: »Es könnte ja so sein, dass sich auf der Ebene der Reflexion metaphysische Aussagen als notwendige Voraussetzungen der Glaubensaussagen ergeben. Das würde bedeuten, dass die metaphysischen Aussagen die heilsgeschichtlichen nicht ersetzen, sondern auf der Ebene der Reflexion explizieren und abstützen. Das ist in der Tat der Fall. Denn nur auf diese Weise kann der universale Anspruch der zunächst geschichtlich-partikulären Glaubensüberlieferung denkerisch begründet werden« (Kasper 1: 180). »Die Metaphysik ist sozusagen die Luft, in der die Theologie allein atmen kann, weil sie allein die Frage nach dem Einen und Ganzen eröffnet, auf die man mit Gott antworten kann« (Kasper 2: 262). Auch nach der *Enzyklika »Fides et ratio«* des Papstes Johannes Paul II. aus dem Jahr 1998 bedarf die Theologie eines erneuerten metaphysischen Denkens, um den Wirklichkeitsgehalt und den universalen Anspruch des christlichen Glaubens auf dem Forum der Vernunft überzeugend vertreten zu können. »Erforderlich ist eine Philosophie von wahrhaft *metaphysischer* Tragweite; sie muss imstande sein, das empirisch Gegebene zu transzendieren, um bei ihrer Suche nach der Wahrheit zu etwas Absolutem, Letztem und Grundlegendem zu gelangen« (Nr. 83). – Nach einer anderen Auffassung kann nur eine *transzendentalphilosophische Denkform* der Theologie eine geeignete Grundlage bereitstellen, auf der die Vernunfthaftigkeit des christlichen Glaubens und seines Grundes erwiesen werden kann. So lässt sich nach *Thomas Pröpper* auf dem Wege einer transzendentalphilosophischen Freiheitsreflexion die *Idee* Gottes als vollkommener Freiheit erreichen. Daran kann die Theologie dann anknüpfen, um die Ansprechbarkeit der menschlichen Freiheit durch einen Gott zu begründen, wie er mit der transzendentalen Gottesidee erschlossen wird (Pröpper 4: 171ff). – In einer anderen Weise versucht *Richard Schaeffler* transzendentalphilosopisches Denken zum Bündnispartner der Theologie zu machen. Grundlegend ist dafür die Einsicht: »Die Religion ist ein eigengesetzliches (autonomes) Teilgebiet menschlichen Denkens, Sprechens und Handelns. Darum kann ihre objektive Geltung nicht aus anderen Formen dieses Denkens und Sprechens, z. B. aus der Metaphysik, hergeleitet werden« (Schaeffler 2: 24). Es geht vielmehr darum, von der religiösen Erfahrung selbst als Grundlage der Entwicklung von philosophischen Kriterien für die Wahrheitsfähigkeit des theologischen Redens von Gott auszugehen. Dabei favorisiert Schaeffler eine von Kant herkommende, aber weiterentwickelte Transzendentalphilosophie. Sie soll es nicht nur ermöglichen, religiöse Erfahrung als Spezialfall von Erfahrung überhaupt zu begreifen, sondern darüber hinaus das Verwiesensein jeder Erfahrung auf religiöse Erfahrung aufzuweisen. Als transzendentalphilosophischer Weg dahin dient eine von Kant inaugurierte Postulatenlehre auf dem Hintergrund der Dialektik der Vernunft. Danach können die verschiedenen Erfahrungsweisen und -welten mit ihren unterschiedlichen Objektivitätsansprüchen nur miteinander versöhnt und so die Einheit der Vernunft gewahrt werden, wenn die geordnete Ganzheit der Welt (im Sinne einer regulativen Idee) sowie die ihr korrespondierende Einheit des Ich sichergestellt werden. Das leisten, wie Schaeffler im Anschluss an Kant ausführt, die Postulate der reinen Vernunft. »Die ›Einheit des Ich‹ und die allumfassende ›Ganzheit der Welt‹ werden so aus regulativen Ideen (Begriffen von Aufgaben, die die Vernunft sich stellt) zu ›Postulaten‹ (Inhalten einer Hoffnung, ohne die das Ich und die Welt nicht vor Selbst-Zerfall bewahrt werden kann). Diese Postulate lauten: Die Vielfalt der Weisen, wie das Wirkliche uns in Anspruch nimmt und zum Aufbau je unterschiedlicher Erfahrungswelten herausfordert, darf als eine Vielfalt von Abbild- und Gegenwartsgestalten der einen Weise verstanden werden, wie wir ›in omnitudo realitatis‹, d. h. in allem, was ist und geschieht, von einer göttlichen Wirklichkeit in Anspruch genommen und zur Antwort herausgefordert werden. Die Vielfalt der Subjektivitätsweisen, mit denen wir uns als Forschersubjekte, als Subjekte der ästhetischen, sittlichen oder religiösen Erfahrung verhalten und verstehen, darf als eine Vielfalt von Abbild- und Gegenwartsgestalten der einen Weise verstanden werden, wie Gott den Menschen weiß und ihn in allem, was ist, unter seine Anrede stellt« (a. a. O. 223). Diese notwendigen Vernunftpostulate verweisen den Menschen in eine zukunftsoffene Geschichte hinein, in der ein unabschließbarer Dialog mit der Wirklichkeit immer wieder neue Erfahrungen möglich macht. »Die Vernunftpostulate sind deshalb nicht Ausdruck eines Wissens, aber auch nicht eines bloßen Meinens, sondern einer in transzendentaler Hinsicht notwendigen Hoffnung« (a. a. O. 224). Dabei lässt sich dann der »Grund der Hoffnung«, den die Vernunftpostulate »bezeugen, wenigstens versuchsweise mit dem aus der Sprache der Religion entlehnten Wort ›Gott‹ benennen« (ebd.). So verweisen dann aber transzendentalphilosophische Reflexion und religiöse Erfahrung wechselseitig aufeinander. Ihr Verhältnis zueinander umschreibt Schaeffler folgendermaßen: »Vernunftpostulate ohne religiöse Erfahrung sind leer, d. h. ohne die sie erfüllende Beziehung zur Wirklichkeit des Heiligen, das sie ›fordern‹; religiöse Erfahrung ohne Vernunftpostulate ist blind, d. h. ohne Bewusstsein von der universalen Bedeutung ihres speziellen Erfahrungsgehalts« (Schaeffler 1: 192f). Auf diese Weise lässt sich nach Schaeffler auch der universale Anspruch des christlichen Glaubens als mit der philosophischen Vernunft vereinbar erweisen und damit eine Grundlage für die Behandlung der theologischen Wahrheitsfrage schaffen, aber eben eine nicht-metaphysische Grundlage. – Davon bleibt das Bestreben von *Hansjürgen Verweyen* zu unterscheiden, den Begriff eines letztgültigen Sinnes zu erarbeiten (siehe oben 94f). Denn anders als Schaeffler geht er dabei gerade nicht von der religiösen Erfahrung aus, sondern möchte diesen Begriff in einer rein philosophischen Reflexion erreichen. Verweyen ist überzeugt: Nur wenn die autonome philosophische Vernunft, ohne religiöse oder theologische Vorgaben, den Begriff eines Sinnes, der nicht mehr durch andere Sinnansprüche überboten oder widerlegt werden kann, aufweist, ist der Theologie ein brauchbares Kriterium zur Prüfung ihres eigenen Wahrheitsanspruches an die Hand gegeben. Denn der theologische Wahrheitsanspruch beinhaltet einen Letztgültigkeitsanspruch, der nur als berechtigt gelten und von dem sich daher vernünftigerweise jemand nur dann unbedingt in Anspruch nehmen lassen kann, wenn für ihn eine nicht mehr hinterfragbare Evidenz gegeben ist. Der als Kriterium zur Prüfung des theologischen Letztgültigkeitsanspruches benötigte Begriff letztgültigen Sinnes erfordert deshalb nach Verweyen ein *erstphilosophisches Denken*, weil nur noch ein solches sich jenseits der Metaphysik eine Letztbegründung zutraut. – Schließlich kann die Aufgabe der Fundamentaltheologie auf *der Basis einer nachmetaphysischen Denkform* angegangen werden. Ihr liegt die Konzeption einer Vernunft ohne Letztbegründungsanspruch zugrunde. Sie legt das in Sprach- und Interaktionszusammenhängen enthaltene Vernunftpotential frei und nimmt von daher zentrale Themen der philosophischen Tradition in Angriff. Auf der Grundlage solcher nachmetaphysischer Vernunftkonzepte kann dann der Bedeutungsgehalt des Gottesgedankens erläutert bzw. der Begriff eines letztgültigen Sinnes entwickelt und begründet werden. So bezieht *Helmut Peukert* sich auf die Theorie des kommunikativen Handelns (siehe oben 83f). Ein anderer Bezugspunkt kann eine sozialphilosophische Theorie der Anerkennung darstellen, die ein angstfreies menschliches Selbstverhältnis sowie ein gerechtes und solidarisches Miteinander als Sinnperspektive moderner, demokratischer Gesellschaften begründet (*Knapp* 3: 170–228).

2. Glaube und Vernunft

Die zentrale Frage, die die Fundamentaltheologie als wissenschaftstheoretische Grundlegung der Theologie zu bedenken hat, ist die nach dem Verhältnis zwischen Offenbarungsglauben und Vernunft. Denn ob die denkende Verantwortung des Glaubens durch die Theologie wissenschaftlichen Ansprüchen zu genügen vermag, hängt ja vor allem davon ab, wie sich der Logos des Glaubens zur Vernunft als Vollzugsform menschlichen Lebens im Allgemeinen sowie des philosophischen und wissenschaftlichen Denkens im Besonderen verhält. In historischer Perspektive hat sich zudem gezeigt, dass es seit dem Spätmittelalter zu einem Bruch zwischen Offenbarungsglaube und philosophischer bzw. wissenschaftlicher Vernunft gekommen ist (vgl. oben 37ff). Die Theologie hat ihrerseits diesen Bruch mit vollzogen und bekräftigt, indem sie den Offenbarungs- und Glaubensinhalt als für die Vernunft unzugänglich erklärte und ihn damit deren kritischem Urteil entziehen wollte. So konnte dann die Glaubwürdigkeit des Glaubens nur noch in extrinsezistischer Weise zu begründen versucht werden. Für eine intrinsezistisch arbeitende Fundamentaltheologie bedarf es daher einer neuen, gründlichen Reflexion des Verhältnisses von Glaube und Vernunft, unter Vermeidung sowohl einer Zurückführung des Glaubens auf Vernunfteinsichten (Rationalismus) als auch einer Verweigerung der Glaubensverantwortung vor der Vernunft (Fideismus).

Eine wissenschaftstheoretische Rechtfertigung der Theologie kann nur gelingen, wenn weder Glaube und Vernunft sich ausschließende Gegensätze bilden noch der Glaube für die Vernunft prinzipiell unzugänglich bleibt und sich so ihrem Urteil schlechterdings entzieht. »Die Vernunft als höchstes Wahrheitsvermögen des Menschen ist weder ein Vorrecht der Nichtglaubenden, noch kann ihr aus der Sicht des Glaubens und der Offenbarung selbst die höchste und letzte Wahrheit, zu der der Mensch berufen ist, verschlossen sein« (Seckler 7: 55). Das Verhältnis von Glaube und Vernunft ist offenbar erheblich komplexer, als es eine pauschale Infragestellung der Wissenschaftlichkeit der Theologie, aber auch der theologische Extrinsezismus wahrhaben wollen. Eine sachgemäße Bestimmung dieses Verhältnisses muss beim Glaubensverständnis und bei der Frage nach der Glaubwürdigkeit des Glaubens einsetzen, wenn denn der Glaube nicht auf Vernunfteinsichten gründet, sondern etwas Eigenständiges darstellt.

In der katholischen Theologie der Neuzeit hat man die Frage nach dem Verhältnis der Glaubenszustimmung zur Offenbarung Gottes und der Erkenntnis der Glaubwürdigkeit der Offenbarung unter dem Stichwort »analysis fidei« erörtert. Erhard Kunz fasst die dabei zutage tretende Problematik prägnant zusammen:

»Im Glauben bejaht der Mensch entschieden und unbedingt Gottes Wort, das letztgültig und unüberholbar in Jesus Christus ergangen ist und in der Kirche verkündet wird. Er verlässt sich auf die unwiderrufliche Zusage der Liebe Gottes und baut so auf einen unerschütterlichen Grund auf, von dem er im Glauben unbedingte Gewissheit empfängt. Zugleich ist die Glaubenszustimmung ein freier personaler Vollzug, in welchem der Mensch über die Grundrichtung seines Lebens und Denkens entscheidet. Ein solcher Akt darf aber nicht – das verbietet das vernunftgeleitete sittliche Gewissen des Menschen – beliebig und willkürlich gesetzt werden. Damit er verantwortet geschieht, müssen die Berechtigung und die Verpflichtung zu glauben erkannt werden, und zwar so, dass beides auch vor dem Wahrheitsanspruch der Vernunft begründet und gültig ist. Zum verantworteten Vollzug des Glaubens gehört daher eine vernunftgemäße Erkenntnis der Glaubwürdigkeit der Sache des Glaubens (iudicium credibilitatis) hinzu. Insofern die Glaubwürdigkeitserkenntnis eine Aufgabe und ein Werk unserer Vernunft ist, gelten für sie die Bedingungen unserer Vernunfterkenntnis, die in sich grundsätzlich endlich, unabgeschlossen und irrtumsfähig ist und der zudem gegenüber der Sache des Glaubens spezifische Grenzen gesetzt sind. Es besteht somit eine Differenz zwischen der unbedingten Gewissheit des Glaubens (certitudo fidei) und der bedingten Gewissheit der vernünftigen Glaubwürdigkeitserkenntnis (certitudo credibilitatis). Aus dieser Spannung ergibt sich die Frage, wie denn trotz der weniger sicheren Glaubwürdigkeitserkenntnis eine unbedingte Glaubenszustimmung gegeben werden kann« (Kunz 2: 301).

a) Glaube und Glaubensgewissheit

Christlicher Glaube ist kein bloßes Fürwahrhalten angesichts noch bestehender (aber irgendwann auszuräumender) Wissenslücken, kein subjektives Meinen aufgrund fehlender Erkenntnismöglichkeiten oder eine Hypothese, deren Berechtigung bzw. Nichtberechtigung sich erst noch herausstellen muss. Ihn zeichnet vielmehr eine unbedingte Gewissheit aus, die ihm von seinem

Grund her zuteil wird. Und dieser Grund ist ein Sprachgeschehen, das als Wort Gottes geglaubt wird (siehe unten 262ff). Durch dieses Wort offenbart Gott sich selbst in unüberbietbarer Weise und sagt sich dem Menschen absolut verlässlich zu; er redet »aus überströmender Liebe die Menschen an wie Freunde (...) und verkehrt mit ihnen (...), um sie in seine Gemeinschaft einzuladen und aufzunehmen« (DV 2). Dieses nach christlicher Überzeugung in Jesus Christus ergangene Wort Gottes ist zugleich der tragende Grund wie auch der entscheidende Inhalt des christlichen Glaubens. In der glaubenden Annahme des Wortes Gottes manifestiert sich das unbedingte Vertrauen eines Menschen in Gott als den absolut verlässlichen Ursprung dieses Wortes.

Die dem Glauben eignende Gewissheit erweist sich damit als eine personale, weil auf einem personalen Vertrauensverhältnis beruhende Gewissheit. »Die Gewissheit des Glaubens ist die Gewissheit, es mit Gott selbst zu tun zu haben. Glaube ist Partizipation an Gott selbst« (Jüngel 1: 237). Es handelt sich also weder um eine auf empirischen Beobachtungen beruhende Gewissheit noch um eine durch das Denken sichergestellte theoretische Gewissheit, sondern um eine durch das Wort Gottes begründete und ermöglichte Gewissheit. Diese »mit dem Glauben per definitionem gesetzte Gewissheit schließt« daher auch »weder existentielle Anfechtung noch intellektuellen Zweifel aus« (a. a. O. 228). Sie ist eine »Lebensgewissheit«, weil sie sich im Vollzug des Lebens herstellt und bewährt, indem sich die im Wort Gottes gegebene Zusage Gottes immer wieder als letztlich tragfähig erweist, auch angesichts widersprechender Erfahrungen. Diese können zwar Zweifel und Anfechtungen hervorrufen, aber das hebt die Gewissheit des Glaubens nicht auf, ganz im Gegenteil. Denn »letztlich gewiß ist nicht das, was nicht einmal mehr bezweifelt werden kann, sondern was trotz allen möglichen Zweifels Bestand hat« (Dalferth 4: 137). Personales Vertrauen bleibt immer auch Situationen des Zweifels und der Anfechtung ausgesetzt und muss sich in ihnen bewähren. Ist das der Fall, kann die in einem solchen Vertrauensverhältnis begründete Gewissheit Bestand haben auch angesichts von Zweifeln und Anfechtungen. Eben dies gilt auch für die Gewissheit des Glaubens.

Diese Gewissheit kann sich nur einstellen auf der Grundlage eines personal freien Aktes der Glaubenszustimmung. Sie lässt sich einem Menschen nicht durch Argumente oder Beweise »andemonstrieren«. Auch das ergibt sich aus dem Phänomen des personalen Vertrauens als solchem. Wo ein Streben nach lückenloser Sicherung sich durchsetzt, wird Vertrauen zerstört bzw. die Entstehung von Vertrauen verhindert. Vertrauen benötigt den »Freiraum« interpersonaler Beziehungen, in dem nicht alles sichergestellt ist und auch nicht alles sichergestellt werden kann. Nur in einem solchen Raum der Freiheit kann Vertrauen wachsen und sich entfalten. Insofern der Glaube im Vertrauen auf die Verlässlichkeit Gottes gründet, bleibt daher auch für den Vollzug der Glaubenszustimmung Freiheit konstitutiv. Authentischer christlicher Glaube ohne Freiheit ist nicht denkbar.

Aus diesem Grund ist auch die mit dem Glauben verbundene Gewissheit sozusagen unübertragbar. »Meine Gewißheit ist nicht die Gewißheit anderer, und umgekehrt; und während von mir Gedachtes immer auch das Gedachte von anderen sein oder werden kann, gilt das von meiner Gewißheit gerade nicht« (a. a. O. 155). Die Gewissheit des Glaubens kann sich nur im Vollzug des Glaubens selbst einstellen, nicht vorgängig dazu oder unabhängig davon. So aber bleibt sie die je eigene Gewissheit eines glaubenden Individuums, das sich das Wort Gottes ganz persönlich gesagt sein lässt und sich aufgrund dessen vorbehaltlos Gott anvertrauen kann. In der Glaubenszustimmung öffnet der Mensch sich auf Gott und sein Heilswirken hin, weil er es als ihn selbst betreffend erkennt. Ein solcher Glaube »ist nicht die Annahme fremder Mitteilungen über das, was Gott in einer immer weiter in die Ferne entschwindenden Vergangenheit angeblich getan hat, sondern die Entdeckung, dass Gott im eigenen Leben so präsent und wirksam ist, wie die christliche Botschaft verkündet« (Dalferth 2: 196). Diese Entdeckung liegt der Gewissheit des Glaubens zugrunde und macht sie zu einer ganz persönlichen Gewissheit.

Die Eigenart der Glaubensgewissheit wird etwa von H. Verweyen nicht angemessen zur Geltung gebracht (vgl. dazu auch Knapp 3: 209f). Denn Verweyen knüpft die Gewissheit des Glaubens in problematischer Weise an einen philosophischen Begriff letztgültigen Sinns: »Erst wenn die Vernunft in eigener Autonomie den *Begriff* einer unaufhebbaren

Wahrheit und eines letzten Sinns für den Menschen gefasst hat, und zwar so, daß nichts mehr ihr diesen Begriff zu zerstören vermag, kann sie ehrlich sagen, daß sie bis ins Innerste von einer *erfahrenen* Wahrheit überzeugt ist. Die erfahrene Wahrheit vermag dann nämlich ... jene Überzeugung zu vermitteln, wenn sie den durch nichts mehr auflösbaren, in völliger Autonomie der Vernunft zu gewinnenden Begriff von letztem Sinn erfüllt« (Verweyen 4: 325). Demnach würde die Gewissheit des Glaubens endgültig erst durch einen philosophischen Begriff vermittelt, durch den sich die erfahrene Wahrheit des Glaubens erst definitiv bestätigt sehen kann. Bei einer solchen fundamentaltheologischen Konzeptualisierung erscheint die (ziemlich absurde) Konsequenz unausweichlich, Gläubigen, die nicht über einen solchen philosophischen Begriff verfügen, gewissermaßen eine Glaubensgewissheit zweiter Klasse attestieren zu müssen. Denn die Wahrheitsgewissheit des Glaubens gründet nach Verweyen ja nicht ganz im Glaubensvollzug selbst, sondern zum Teil in einer davon unabhängigen philosophischen Reflexion. Damit wird aber der ganz und gar personale Charakter der dem Glauben eignenden Gewissheit verkannt bzw. verdeckt. Demgegenüber gilt es festzuhalten: Die Gewissheit des Glaubens gründet ganz im Akt des Glaubens selbst als einem personalen Vertrauensakt. Der Erweis der Letztgültigkeit der Glaubenswahrheit dient der Explikation dieser Gewissheit, nicht ihrer Begründung. Die Glaubensgewissheit geht also dieser Reflexion voraus und wird nicht durch sie vermittelt.

So wird verständlich, dass ein Mensch mit seiner Glaubenszustimmung auch »über die Grundrichtung seines Lebens und Denkens entscheidet« (Kunz 2: 301). Denn »Wort Gottes« ist ja »als Kurzformel für den Sachverhalt zu nehmen, dass Gott uns auf sich und so zugleich auf uns selbst anspricht« (Jüngel 1: 234). Gott sagt sich dem Menschen zu, indem er dem von ihm getrennt lebenden (d. h. sündigen) Menschen seine Gemeinschaft anbietet. Wenn der Mensch diese heilsame Nähe Gottes in seinem Leben entdeckt und erfährt, weiß er sich als ein bei Gott geborgener Mensch, von Gott als sein Geschöpf unbedingt angenommen und anerkannt. Der Glaube erweist sich als ein Verstehensprozess, in dem die Glaubenden sich selbst wie auch die Welt im Ganzen in einem neuen Licht sehen lernen und aufgrund dessen auch die Ausrichtung ihres Lebens neu bestimmen. Die Entscheidung für einen authentischen Glauben ist daher immer auch eine Entscheidung für eine Lebensform, also mit Verhaltensweisen, -normen und Wertungen verbunden (Kutschera: 133ff).

b) Die Glaubwürdigkeit des Glaubens

Als Ausgangspunkt der fundamentaltheologischen Rechenschaft über das Verhältnis von Glaube und Vernunft wurde zunächst die Innenperspektive des Glaubens gewählt. Das erscheint unerlässlich, denn nur auf diese Weise bekommt man ja das Phänomen des Glaubens so in den Blick, wie es sich von seinem eigenen Selbstverständnis her darstellt und vollzieht.

Andererseits reicht es aber nicht aus, sich auf die Innenperspektive des Glaubens zu beschränken. Denn wenn der Glaube ein Vertrauensakt ist, dann stellt sich ja die Frage, ob es sich dabei nicht um ein blindes und damit ungerechtfertigtes Vertrauen handelt. Gewiss, diese Frage stellt sich zunächst einmal *nicht* aus der Innenperspektive des Glaubens heraus; denn der Glaube hat seinen Grund ja im Wort Gottes, das der Glaubende in seinem eigenen Lebensvollzug als tragfähig erkennt. Insofern erfolgt seine Glaubenszustimmung keineswegs blind. Aber die daraus erwachsende Gewissheit des Glaubens bleibt, wie gesehen, die je persönliche Gewissheit der einzelnen Glaubenden; sie stellt sich nur im Vollzug des Glaubens ein. So kann sich dann aber »von außen« sehr wohl die Frage erheben, ob das dem Glauben zugrunde liegende Vertrauen in Gott und sein Wort kein blindes Vertrauen ist und der Glaube nicht doch eine irrationale Haltung darstellt. Dieser Verdacht lässt sich nur entkräften, wenn auch Nichtglaubenden gegenüber Rechenschaft über die Verantwortbarkeit der Glaubenszustimmung abgelegt werden kann. Deshalb gehört ein solcher auf dem Forum der Vernunft zu erbringender Glaubwürdigkeitserweis zu den unerlässlichen Aufgaben der Fundamentaltheologie. Wird das für unmöglich erachtet, folgt daraus zwangsläufig eine fideistische Position.

Dieses Bemühen um eine vernunftgemäße Glaubwürdigkeitserkenntnis erfolgt im Dienst des Glaubens. Denn hier steht ja die Logoshaftigkeit des Glaubens auf dem Spiel. Das Christentum ist nach seinem eigenen Selbstverständnis keine esoterische Angelegenheit, sondern ein öffentlich zu verantwortender Glaube. Dann muss aber auch der Logos dieses Glaubens öffentlich, also auch Nichtglaubenden gegenüber erschließbar sein. Das wiederum ist die Voraussetzung dafür, dass die Glaubensbotschaft »auch dorthin vermittelbar ist, wo die Gewißheitsgründe des Glaubens noch keine Geltung haben, was ja doch bedeutet, dass die ›Vernunft des Glaubens‹ *kulturell universalisierbar* ist« (Seckler 4: 356). Denn es geht dabei ja nach christlicher Überzeugung um einen letztgültigen Sinn der Wirklichkeit im Ganzen (siehe 145f). Ohne eine für die Vernunft vollziehbare Erkenntnis der Glaubwürdigkeit des Glaubens lässt sich dieser universale Anspruch Nichtglaubenden gegenüber nicht begründen und daher auch nicht in einer dialogfähigen Weise vertreten. Deshalb muss die Ansprechbarkeit prinzipiell jedes Menschen auf die christliche Heilsbotschaft aufgewiesen werden, um dadurch die universale Bedeutung der dem Glauben einwohnenden Vernunft verstehbar werden zu lassen. Anderenfalls bliebe der mit dem Glauben verbundene universale Anspruch für Nichtglaubende eine nicht nachvollziehbare und damit willkürliche Behauptung.

Mit dieser Konzeption des Verhältnisses von Glaube und Vernunft wird theologisch ernst genommen, dass die Vernunft ein vom Glauben unabhängiges Vermögen und als solches keineswegs defizitär ist. Es bleibt daher auch gerade theologisch fragwürdig, wenn man das Unternehmen der Fundamentaltheologie mit der Frage beginnen sieht, »wie die Vernunft durch den Glauben zu sich selbst kommt« (Hofmann 2: 447 i. O. kursiv; vgl. 443 u.ö.). Die Vernunft ist auch ohne den Glauben bei sich selbst, etwa als naturwissenschaftliche oder als historische Vernunft. Der Glaube erschließt jedoch eine eigene, spezifische und neue Dimension der Vernunft, ohne dass damit die anderen Vernunftdimensionen abgewertet würden. Der mit dem Glauben gegebene Vernunftgehalt muss der »natürlichen« Vernunft vielmehr so erschlossen werden, dass seine Relevanz für jeden Menschen erkennbar wird. Dass der Glaube sich der von ihm unabhängigen Vernunft verständlich machen kann, gehört gerade mit zum Erweis seiner Glaubwürdigkeit.

In diesem Zusammenhang wird die Frage nach der Relevanz der Vernunft für den Glauben somit unabweisbar. Dabei bleibt jedoch zu bedenken: Die Vernunft ist kein kontextfreies, irrtumsresistentes Vermögen, sondern »diejenige spezifische Vollzugsform menschlichen Lebens, in der dieses sich selbst kritisch bestimmt, indem es Möglichkeiten erkundet und prüft (als kritische Einbildungs- und Urteilskraft), über sich, seine Leistungen und Vollzüge urteilt (als theoretische Vernunft), sich Ziele setzt und Mittel zu ihrer Verwirklichung wählt (als praktische Vernunft)« (Dalferth 2: 209). Diese Vernunftbegabtheit, die den

Menschen auszeichnet, befähigt ihn »zur Selbsterkundung, Selbsterkenntnis und Selbstbestimmung« (ebd.). Dabei bewegt sich die Vernunft aber immer in einem vorgegebenen, geschichtlich geprägten Kontext. Sie arbeitet also keineswegs voraussetzungslos, ihre Einsichten sind vielmehr immer an bestimmte Bedingungen und Vorgaben gebunden. Denn »wer nichts voraussetzt, kann auch nichts begründen« (Kutschera: 12). Das steht keineswegs im Widerspruch zur Autonomie der Vernunft. Denn Autonomie meint nicht Voraussetzungslosigkeit, sondern den Tatbestand, dass ein Urteil aufgrund eigener Einsicht gefällt wird. Die Begrenztheit menschlicher Erkenntnisfähigkeit wird dabei überhaupt nicht in Abrede gestellt, vielmehr drückt sich in diesem Autonomieideal »das Selbstverständnis als freie Person aus« (a. a. O. 9): Nichts soll als vernünftig anerkannt werden, was sich nicht der eigenen freien Einsicht erschlossen hat.

Dieses Vernunftverständnis verdankt sich der neuzeitlichen Entwicklung, was ja bereits deutlich macht, dass die inhaltliche Füllung des Vernunftbegriffs geschichtlichen Wandlungen unterliegt. Das ist auch für die theologische Inanspruchnahme der Vernunft von Relevanz und muss deshalb eigens reflektiert werden. So kann Vernunft unter neuzeitlichen Voraussetzungen nicht mehr von Glaubensprämissen her verstanden werden, wie das etwa bei Anselm von Canterbury der Fall gewesen ist (vgl. oben 29–31). Ja, im Zuge der neuzeitlichen Entwicklung ist auch eine metaphysische Vernunft, die sich zutraut, auf das Ganze der Wirklichkeit auszugreifen und für letzte Gründe aufzukommen, mehr und mehr problematisch geworden. Den Ausgangspunkt der neuzeitlichen Entwicklung bildet die von Descartes unternommene Selbstbegründung der Vernunft und ihrer Autonomie auf der Selbstgewissheit des Ich als unerschütterlichem Fundament (fundamentum inconcussum). Nach Kant beinhaltet diese auf die Selbstgewissheit des Ich gegründete Vernunft das Vermögen, reine Vernunftbegriffe, von Kant transzendentale Ideen genannt, zu folgern. Diesen Ideen entsprechen keine realen Objekte; es handelt sich vielmehr um regulative Ideen eines geordneten Vernunftgebrauchs, der nach den Bedingungen der Gegenstände der Erfahrung fragt. »Also ist der transzendentale Vernunftbegriff kein anderer, als der von der *Totalität der Bedingungen* zu einem gegebenen Bedingten. Da nun das *Unbedingte* allein die Totalität der Bedingungen möglich macht, und umgekehrt die Totalität der Bedingungen jederzeit selbst unbedingt ist: so kann ein reiner Vernunftbegriff überhaupt durch den Begriff des Unbedingten ... erklärt werden« (Kritik der reinen Vernunft B 379). Dieser transzendentale Vernunftbegriff ist dann jedoch durch die Einsicht in die Kontextabhängigkeit der Vernunft erschüttert worden, insbesondere ihre erstmals von Herder herausgearbeitete Sprachabhängigkeit und Geschichtlichkeit. Das hat dazu geführt, den mit der Vernunft verbundenen Anspruch mehr und mehr zurückzunehmen. Verstärkt wurde dies durch die radikale Vernunftkritik im Gefolge Nietzsches, der in der Vernunft lediglich eine Funktion des Willens zur Macht sehen wollte. Diesem Vernunftdefätismus begegnet das Verständnis von Vernunft als Rationalität; ihr Kriterium hat sie darin, dass für eine Behauptung oder Entscheidung akzeptable Gründe benannt werden können. Problematisch wird dieses Rationalitätskonzept allerdings da, wo es in szientistischer Weise enggeführt wird, so dass nur noch naturwissenschaftliche Begründungen als rational gelten. Gegen einen solchen Reduktionismus wendet sich etwa das Konzept einer kommunikativen Vernunft, wie sie von Jürgen Habermas ausgearbeitet wird. Sie hat ihre Grundlage in einem verständigungsorientierten Sprachgebrauch und seinen Implikationen. Diese Fundierung in der Sprache und ihrer vielfältigen Verwendung ermöglicht es, die prozedurale Rationalität der kommunikativen Vernunft in den unterschiedlichen Lebensbereichen in je spezifischer Weise zur Geltung zu bringen. – Die fundamentaltheologisch entscheidende Frage lautet: Kann die Theologie sich auf ein solches nachmetaphysisches Vernunftkonzept einlassen, wenn es um die Bestimmung des Verhältnisses von Glaube und Vernunft geht? Kann sie ihrer Begründungspflicht nachkommen auf dem Boden einer Vernunft, für die – anders als bei einem metaphysischen oder einem transzendentalphilosophischen Vernunftverständnis – keine Letztbegründungen mehr erreichbar sind? (dazu Knapp 3: 51ff; 190ff).

Die Konzeption einer autonomen Vernunft muss nicht aus theologischen Gründen abgelehnt werden. Im Gegenteil, wenn die Glaubenzustimmung nur auf der Grundlage eines personal freien Aktes in authentischer Weise erfolgen kann, so ist der Glaube dadurch mit dem neuzeitlichen Autonomiekonzept gerade verbunden. Damit wird dann aber auch die Frage unabweisbar, inwieweit die Sache des Glaubens selbst sich der Einsicht einer autonomen Vernunft erschließen kann. Der Glaube will ja (als fides quaerens intellectum) zu denken geben, sein Logos soll also auch im Denken nachvollzogen und einsichtig werden. Dieses Selbstverständnis des Glaubens impliziert, dass die Sache des Glaubens »trotz ihrer ›Unerfindlichkeit durch mich‹ im Denken die ›eindringlichste Plausibilität‹ gewinnen kann« (Seckler 4: 389; Seckler zitiert H. U. von Balthasar). Die Sache des Glaubens muss sich demnach so zur Geltung bringen lassen, dass sie auch einer ihre Autonomie wahrenden Vernunft zugänglich zu werden vermag. Max Seckler spricht im Hinblick auf diese Aufgabe von einer »theonomen Vernunftautonomie«, denn für sie ist es eben charakteristisch, »sich gleichzeitig einem zweifachen Anspruch verpflichtet zu wissen, nämlich dem des christlichen Glaubens und dem der autonomen Vernunft« (ebd.). Es muss also beides zusammengeführt werden: die (»theonome«) Sache des Glaubens und die autonome Vernunft. Letztere darf nicht etwa einem religiösen Autoritätsprinzip geopfert werden, sie stellt vielmehr das Medium dar, in dem die Sache des Glaubens reflektiert wird. Und das ist nur möglich, insofern der Glaube selbst vernunfthaft und als solcher erschließbar ist.

In einer solchen Konzeption wird nicht die Vernunft des Glaubens einfach neben die Vernunft des Unglaubens gestellt (so etwa Dalferth 2: 192f; 209). Das Konzept einer theonomen Vernunftautonomie ist vielmehr von der Überzeugung getragen, dass die Sache des Glaubens auch unter den Bedingungen einer autonomen Vernunft verständlich gemacht werden kann, weil zwischen Glaube und Vernunft »eine wirkliche Perichorese besteht und/oder herbeigeführt« werden kann (Seckler 4: 388). Die Autonomie der Vernunft stellt keinen Gegensatz zur Sache des Glaubens dar; letztere lässt sich der autonomen Vernunft vielmehr argumentativ vermitteln. So erst kann es dann ja auch zu einer Auseinandersetzung zwischen Glaube und Unglaube auf argumentativer Basis kommen.

An dieser Stelle dürfte einiger Diskussionsbedarf zwischen einer evangelischen und einer katholischen Fundamentaltheologie bestehen. Im Gefolge von Luthers theologischer Vernunftkritik (siehe oben 38f) vertreten evangelische Theologen nicht selten die Auffassung: Die Vernunft ist durch den Sündenfall korrumpiert und verblendet und kann deshalb den wahren Gott nicht erkennen (Roth 1: 211; Roth 2: 110f). Es geht dabei um die innere Ausrichtung des von Gott abgewandten Menschen, in die auch die Vernunft involviert ist. Das Postulat einer Autonomie der Vernunft gerät dann leicht in den Verdacht, Ausdruck der gegen Gott gerichteten Selbstermächtigung des sündigen Menschen zu sein, so dass es »auch zur Aufgabe der Vernunft werden« kann, »die Autonomie der Vernunft zu bestreiten« (Roth 3: 168). Beim Konzept einer theonomen Vernunftautonomie geht es hingegen um die Fähigkeit der Vernunft, zu Erkenntnissen aufgrund eigener, freier Einsicht zu gelangen. In Bezug auf den Glauben gewinnt die Vernunft ihre Einsichten dabei jedoch nicht aus sich selbst, sondern sie müssen ihr erschlossen werden, indem die Sache des Glaubens argumentativ dargelegt wird. Spricht man der Vernunft die Fähigkeit ab, auf diesem Wege zu eigener Einsicht zu gelangen, »dann muss man sich freilich konsequenterweise aus der wissenschaftlichen Theologie verabschieden« (Kutschera: 11 Anm. 9). – Etwas anders stellt sich der Sachverhalt bei *Joseph*

Ratzinger dar. Auch bei ihm findet sich der Satz: »Die menschliche Vernunft ist gar nicht autonom.« Und seine Begründung dafür lautet: Die Vernunft »lebt immer in geschichtlichen Zusammenhängen. Geschichtliche Zusammenhänge verstellen ihr den Blick (...); darum braucht sie auch geschichtliche Hilfe, um über ihre geschichtlichen Sperren hinwegzukommen« (Ratzinger 3: 110). Im Blick hat Ratzinger dabei eine »positivistisch fixierte Vernunft« (a. a. O. 109), die sich in einer Zweck-Mittel-Rationalität erschöpft. Eine solche bloß instrumentelle Vernunft begründet eine Kultur der Machbarkeit, die den Blick auf eine transzendente Wirklichkeit verdeckt, so dass in ihr für den Glauben kein Platz mehr scheint. Für eine solche verkürzte Vernunft kann der Glaube nach Ratzinger zur »geschichtlichen Hilfe« werden. Denn »nicht die mindeste Funktion des Glaubens ist es, daß er Heilungen für die Vernunft als Vernunft anbietet, sie nicht vergewaltigt, ihr nicht äußerlich bleibt, sondern sie gerade wieder zu sich selbst bringt. Das geschichtliche Instrument des Glaubens kann die Vernunft als solche wieder frei machen, so daß sie nun – von ihm auf den Weg gebracht – wieder selber sehen kann« (a. a. O. 110). Das liegt auf der Linie des Konzeptes einer theonomen Vernunftautonomie. Ratzinger geht es gerade um ein Miteinander von Glaube und Vernunft, ihr wechselseitiges Aufeinander-verwiesen-Sein. Wo dieses Miteinander verloren geht, kommt es zu Verabsolutierungen der Vernunft oder des Glaubens und infolge dessen zu Pathologien der Vernunft bzw. des Glaubens. So lautet denn auch die Quintessenz Ratzingers: »Die Vernunft wird ohne den Glauben nicht heil, aber der Glaube wird ohne die Vernunft nicht menschlich« (ebd.). Unberücksichtigt bleibt bei Ratzinger dabei jedoch die Fähigkeit der Vernunft zu kritischer Selbstreflexion. So ist ja etwa die Einsicht in eine »Dialektik der Aufklärung« und die aus ihr resultierende »Kritik der instrumentellen Vernunft« (Max Horkheimer) ein Projekt selbstkritischer philosophischer Vernunft. In seiner Auseinandersetzung mit neuzeitlichen Verengungen und Pathologien der Vernunft hat Ratzinger hier also durchaus Verbündete. Die fundamentaltheologische Herausforderung besteht dann darin, die eigene theologische Perspektive nochmals im Hinblick auf eine solche philosophische Perspektive zu reflektieren und zu fragen, welcher »Mehrwert« dieser gegenüber sich aus der Perspektive des Glaubens erschließt. Entscheidend bleibt dabei aber: Die Vernunft muss in eigenständiger, freier Weise, eben autonom, zu einer solchen Einsicht finden können. Es gibt zwar keine *absolute* Autonomie der Vernunft (vgl. Ratzinger 4: 208), weil diese in der Tat immer in geschichtlichen Zusammenhängen existiert. Das lässt jedoch die spezifische Würde der Vernunft unangetastet, auf eigener freier Einsicht zu bestehen, die ihr nur argumentativ vermittelt werden kann.

c) Aufgaben und Grenzen einer vernunftgemäßen Glaubwürdigkeitsverantwortung

Christlicher Glaube ist nicht das Resultat vernünftiger Überlegungen, er wird nicht durch die Vernunft begründet. Eine solche Auffassung wäre ein Rationalismus, der das Phänomen des Glaubens vom Ansatz verfehlt und ihm daher nicht gerecht werden kann. Christlicher Glaube, so wurde dargelegt, hat seinen Grund in dem in Jesus Christus ergangenen Wort Gottes. In Christus hat Gott sich selbst geoffenbart und sich dem Menschen vorbehaltlos zugesagt. Dadurch sieht der Mensch sich herausgefordert, sich selbst, sein Leben wie auch sein Denken neu zu orientieren. »Wer nur gelten lässt, was er in den Zusammenhang seines vorgegebenen, angeblich sicheren Weltbildes und seiner Plausibilität einordnen kann, und wer nicht bereit ist, diese Plausibilitäten durch neue Erfahrungen in Bewegung bringen zu lassen, der wird die Wahrheit der Offenbarung nicht wahrnehmen können« (Kunz 2: 326). Das Wort Gottes beinhaltet für den Menschen und seine Vernunft etwas Neues und Überraschendes, nicht ableitbar aus seinen eigenen, bisherigen Erfahrungen; es stellt diese Erfahrungen vielmehr kritisch auf den Prüfstand. Dem Wort Gottes vermag der Mensch daher nur gerecht zu werden, indem er sich auf es einlässt, um so dann auch sein eigenes Leben und Denken in einem neuen Licht verstehen zu lernen.

Dieser Grund des Glaubens lässt sich nur im Glauben selbst adäquat erfassen, nicht im Voraus zu ihm. »Christlicher Glaube ist nicht begründbar im Sinne einer Argumentation, die dem Sich einlassen auf ihn eine vorhergehende Vergewisserung dafür bieten könnte, daß er sich nicht auf Illusion einlässt« (Joest: 131). Die Tragfähigkeit des Wortes Gottes kann sich erst im Nachhinein, also nach erfolgter Glaubenszustimmung erweisen; sie lässt sich nicht vorab sicherstellen. Denn der Glaube »kann seinen Grund nur in der unverfügbaren Erfahrung finden, daß im Sich-Einlassen auf Jesus Christus die Tragkraft seiner Zusage erfahren wird, und daß darin Gott selbst sich uns vergegenwärtigt als der Lebens-, Wirk- und Hoffnungsgrund, den wir weder gedanklich erstellen noch tätig beschaffen können« (a. a. O. 58f). Diese Erfahrung verifiziert den Glauben, aber eben nicht unabhängig vom Glaubensvollzug. Daher handelt es sich hier zunächst einmal zweifellos um einen Zirkel: *Definitiv* als glaubwürdig kann sich das Wort Gottes erst im gelebten Glauben erweisen. *Diese* Glaubwürdigkeitserkenntnis ist aus prinzipiellen Gründen nicht durch Vernunftargumente begründbar; hier handelt es sich vielmehr um »*praktische Lebensgewissheit*« (Dalferth 2: 194).

Nun strebt der christliche Glaube jedoch *von sich aus* nach Einsicht. Das hat zunächst einen internen Grund: Der Glaube ist ein ganzmenschlicher Vollzug, und als solcher schließt er auch die Vernunft mit ein. Er ist mit dem Anspruch verbunden, sich nicht im Widerspruch zur Vernunft zu vollziehen, sondern in Einklang mit ihr zu stehen. Das schließt dann die Forderung mit ein, die Glaubensbotschaft so an Nichtglaubende zu vermitteln, dass auch sie den Glauben als nicht in Widerspruch zur Vernunft stehend zu erkennen vermögen, um so seine Glaubwürdigkeit auch ihnen gegenüber zu verantworten.

Um dem gerecht zu werden, hat die traditionelle katholische Fundamentaltheologie unterschieden zwischen Glaubensgrund (motivum fidei) und Glaubwürdigkeitsgrund (motivum credibilitatis). Diese Unterscheidung wird von evangelischen Theologen nicht selten vehement abgelehnt. So argumentiert etwa Ingolf U. Dalferth:

»Fundamentaltheologie ist ... *überflüssig*, wenn sie meint, *Gründe für die Glaubwürdigkeit des Glaubens* beibringen oder diesen vor irgendeinem Zeit- oder Vernunftforum legitimieren zu müssen. Das ist nicht nur unmöglich, sondern auch unnötig. Denn leuchten solche Glaubwürdigkeitsgründe ein, dann ist nicht der Glaube legitimiert, sondern eine Art des Fürwahrhaltens, das etwas für mehr oder weniger wahrscheinlich hält. Leuchten sie dagegen nicht ein, dann spricht das weder für noch gegen den Glauben, sondern nur gegen die Unzulänglichkeit der Versuche, ihn theoretisch glaubwürdig erweisen zu wollen, ohne ihn praktisch anzueignen« (Dalferth 3: 189).

Damit ist auf die in der Tat zentrale Schwierigkeit verwiesen, welchen Status und welche Relevanz Glaubwürdigkeitsgründe angesichts der dem Glauben selbst eignenden Gewissheit überhaupt haben können. Denn es bleibt ja zwischen beidem (certitudo fidei und certitudo credibilitatis) eine nicht zu leugnende Differenz, die nach Klärung verlangt.

Unbeschadet dessen lässt sich jedoch die Frage, die zu der Unterscheidung zwischen Glaubensgrund und Glaubwürdigkeitsgründen nötigt, nicht einfach beiseite schieben und ausblenden. Gerhard Ebeling (als evangelischer Theologe sicher ein unverdächtiger Zeuge) charakterisiert »das unabweisbare Problem, das im Hintergrund steht«, folgendermaßen: »Was immer über das Verstehen zu sagen sein mag, das dem Glauben *folgt* (im Sinne des ›credo ut intelligam‹), es muß auch ein Verstehen geben, das dem Glauben *vorausgeht*. Ein Glaubensanspruch, dessen Sinn nicht verstanden wird, kann gar nicht als *Glaubens*anspruch vernommen werden« (Ebeling 1: 519). Die Suche nach Glaubwürdigkeitsgründen dient demnach dazu, Nichtglaubenden bzw. Nichtchristen die christliche Glaubensbotschaft verständlich zu machen und darzulegen, inwiefern diese Botschaft auch sie selbst betrifft und zu einer Stellungnahme herausfordert. Dabei ist es heute Konsens, dass dieser Glaubwürdigkeitserweis nicht mehr auf extrinsezistische Weise erbracht werden kann. Es sind im Wesentlichen sechs Aspekte, die eine fundamentaltheologische Glaubwürdigkeitsverantwortung zu bedenken hat.

(1) Eine konsequent intrinsezistische Fundamentaltheologie hat zunächst die *Glaubwürdigkeit der Offenbarungsbotschaft* zu erweisen. Denn das ist ja der zentrale Inhalt des Christentums, und wenn es dem intrinsezistischen Ansatz um eine »hermeneutische Freisetzung des Glaubenslogos, der seine Wahrheitsmacht selbst ausübt« (Seckler 4: 388), geht, dann muss er von dieser Botschaft ausgehen. Deren Kern ist die Verkündigung des Kommens der eschatologischen Gottesherrschaft. Sie ist nach der Überzeugung des christlichen Glaubens in der Person des Jesus von Nazareth, in seinem Leben und Wirken, in seinem Tod und seiner Auferstehung bereits unwiderruflich angebrochen und geht ihrer verheißenen Vollendung entgegen. Die Fundamentaltheologie hat die Glaubwürdigkeit dieser Botschaft aufzuzeigen: »ihr angemesseneres Wirklichkeitsverständnis, ihre Deutungskompetenz, ihre innere Stimmigkeit und Kohärenz und ihre Wirkmacht. Die Zeugen des Reiches Gottes fungieren dabei als Glaubwürdigkeitszeichen, weil sich in ihrem Bekenntnis, ihrer Verkündigung und ihrer Lebenspraxis das Reich Gottes als Glaubwürdigkeitsgrund ver-

mittelt« (Pottmeyer 1: 294). Das ist eine zentrale Aufgabe des fundamentaltheologischen Offenbarungstraktates (siehe unten 267ff).

(2) Ein weiterer Schritt im Zusammenhang der fundamentaltheologischen Glaubwürdigkeitsverantwortung besteht sodann in einer *anthropologischen Rückkoppelung*. Es geht darum, zu begründen, inwiefern der Inhalt der Offenbarungsbotschaft unbedingt bedeutsam für jeden Menschen ist (siehe unten 274–276). Sie muss also gewissermaßen anthropologisch »verortet« werden, um dem Verdacht zu begegnen, dass sie der Wirklichkeit des Menschseins nicht gerecht wird. Dazu ist es erforderlich,

»das Offenbarungswort, das in Christus begegnet, auf solches, was den Menschen allgemein als Menschen angeht, zu *beziehen* ...; ›Beziehen‹ bedeutet: Verdeutlichen, dass die Christusbotschaft mit der allgemeinen Problematik menschlichen Daseins, wie sie auch außerhalb des Glaubens erfahren wird, so zu tun hat, dass sie eine Veränderung des Umgangs des Menschen mit dieser Problematik begründet, *wenn* er ihr glaubt; m.a.W. dass sie diese Problematik relevant betrifft« (Joest: 96).

In diesen Zusammenhang gehört auch die Frage, worin die mit dem Glauben verbundene spezifische Gewissheit ihre anthropologische Grundlage hat. Es ist deutlich zu machen, wie die Offenbarungsbotschaft, in der Gott sich dem Menschen in unverbrüchlicher Weise zusagt, diese zum Glauben gehörende Gewissheit zu begründen vermag.

(3) Mit zu den Aufgaben eines Glaubwürdigkeitsaufweises gehört es auch, den *Letztgültigkeitsanspruch der christlichen Offenbarungsbotschaft* verständlich zu machen. Das ist gerade heute von ganz besonderer Bedeutung, in einer Zeit, zu deren kultureller Signatur ein scheinbar nicht mehr hintergehbarer Pluralismus des Lebens und Denkens gehört. H. Verweyen hat die darin zum Ausdruck kommende Grundhaltung auf die Formel »unbedingte Abneigung gegenüber allem Unbedingten« gebracht (Verweyen 5: 42; 6: 180). Wo diese Grundhaltung herrscht, kann es gewissermaßen per definitionem nichts Letztgültiges, Unbedingtes geben, sondern nur noch eine Vielfalt von Überzeugungen und Meinungen, die in ihrer Unterschiedlichkeit oder auch Widersprüchlichkeit als prinzipiell gleichwertig nebeneinander bestehen. Verweyens prägnante Formel macht bewusst, dass ein solcher sich selbst zum letz-

ten Prinzip aufspreizender Pluralismus einen performativen Selbstwiderspruch beinhaltet. Dieser Hinweis allein bleibt für die Theologie jedoch nicht ausreichend. Sie muss vielmehr zeigen: Die christliche Überzeugung von der Unüberholbarkeit des Christusereignisses ist darin begründet, dass sich hier ein letztgültiger Sinn zeigt. Deshalb bleibt es für eine fundamentaltheologische Glaubwürdigkeitsverantwortung unerlässlich, den Begriff eines letztgültigen Sinns zu erarbeiten und zu begründen, der als Kriterium dienen kann, um den Letztgültigkeitsanspruch der Christusbotschaft auf seine Berechtigung hin zu prüfen (siehe unten 206–209; Knapp 3: 190ff). Als solcher kann dieser Begriff nur fungieren, wenn er unabhängig von Glaubensvoraussetzungen erarbeitet wird.

(4) Wesentlicher Bestandteil einer fundamentaltheologischen Glaubwürdigkeitsverantwortung ist die *Auseinandersetzung mit Einwänden*, die gegen den christlichen Glauben vorgebracht werden. Solche Einwände stellen ja seine Glaubwürdigkeit direkt in Frage und dürfen deshalb keineswegs ignoriert werden, wenn denn der Glaube nicht als vernunftwidrig gelten soll. Für eine intrinsezistische Fundamentaltheologie heißt das: Sie muss zeigen, dass die gegen den Glauben vorgebrachten Einwände dem Inhalt der Offenbarungsbotschaft nicht gerecht werden, dass sie ihn ignorieren oder falsch verstehen. Dabei lässt sich allerdings nicht von vornherein ausschließen, dass solche Einwände ein bestimmtes Verständnis des christlichen Glaubens tatsächlich auch treffen und in Frage stellen können. Die apologetische Aufgabe der Fundamentaltheologie ist also durchaus keine Einbahnstraße; sie zwingt vielmehr auch dazu, den Glauben selbst immer wieder neu zu bedenken und nötigenfalls zu fragen, ob ein bestimmtes Verständnis des Glaubens die Offenbarungsbotschaft eher verstellt und so verhindert, dass Menschen das Wort Gottes tatsächlich auch vernehmen können. In diesen Fällen übernimmt die Vernunft, in deren Namen kritische Anfragen an den Glauben und Einwände gegen ihn formuliert werden, eine »Filterfunktion« (Knauer 1: 395f) für den Glauben: Sie hilft ihm, das »herauszufiltern«, was einem sachgemäßen Verständnis der Offenbarungsbotschaft und des durch sie vermittelten Wortes Gottes im Wege steht.

(5) Unerlässlich für eine fundamentaltheologische Glaubwürdigkeitsverantwortung bleibt es, sich *Rechenschaft darüber zu geben, was Glaubwürdigkeitsargumente leisten bzw. nicht leisten können.* Unstrittig erscheint: Glaubwürdigkeitsargumente – ob zugunsten des Inhalts der Offenbarungsbotschaft, einer anthropologischen Rückkoppelung, eines Letztgültigkeitsaufweises oder in der (selbst)kritischen Auseinandersetzung mit Einwänden – lassen sich nicht mit einem Beweisanspruch verbinden. »Von einem Beweis, der aus allgemeinen Argumenten dem Sich-einlassen vorweg überzeugen will, ist dies streng zu unterscheiden« (Joest 1: 96). Die Tragfähigkeit des Wortes Gottes als Grund des Glaubens kann sich erst im Glauben selbst erweisen, nicht vorab erwiesen werden. Deshalb gilt: *Definitiv* glaubwürdig kann der Glaube erst im lebendigen Vollzug des Glaubens selbst werden.

Diese argumentative Lage ist nichts für die Theologie Spezifisches. In der wissenschaftstheoretischen Diskussion hat sich vielmehr mittlerweile die Auffassung weitgehend durchgesetzt: Rationalität ist nicht gleichzusetzen mit Verifizierbarkeit bzw. Beweisbarkeit (vgl. dazu: Kreiner 1: 12–17; Schärtl 1: 49–66). So hat der von Karl R. Popper begründete Kritische Rationalismus das Verifikationsprinzip durch das Falsifikationsprinzip ersetzt. Demnach ist eine wissenschaftliche Theorie nicht deshalb akzeptiert, weil sie verifiziert ist, sondern weil sie einer kritischen Überprüfung standhält und somit nicht eindeutig widerlegt ist. »Rationalität manifestiert sich danach primär in der Bereitschaft, die eigenen Überzeugungen kritisch zu überprüfen« (Kreiner 1: 17). Aber auch schon in ganz normalen Alltagszusammenhängen lässt sich die Gleichung Rationalität = Beweisbarkeit nicht aufrechterhalten. Wenn etwa jemand sagt: »Ich besteige dieses Flugzeug nur, wenn du mir beweist, dass bei dem anschließenden Flug nichts passieren kann«, so ist diese Forderung nicht erfüllbar. Man kann lediglich darauf verweisen, dass das Flugzeug optimal gewartet und das Flugpersonal sehr gut ausgebildet und zuverlässig ist, strenge Sicherheitsvorkehrungen herrschen, eine professionelle Flugüberwachung erfolgt usw. All das aber ist kein Beweis dafür, dass der in Aussicht genommene Flug problemfrei und sicher verlaufen wird. Dennoch betrachtet man es normalerweise nicht als irrational, wenn jemand dieses Flugzeug benutzt. – Auf der Grundlage des veränderten Rationalitätskonzepts werden auch die Rationalitätsbedingungen religiöser Überzeugungen neu zu bestimmen versucht. Damit stellt sich wiederum die Frage nach der angemessenen Denkform für die Fundamentaltheologie (siehe oben 127–130). So können nach Nicholas Wolterstorff Glaubensüberzeugungen solange als gerechtfertigt gelten, wie keine zwingenden Gründe dazu nötigen, sie aufzugeben (Wolterstorff: 162f). Als Kriterien für die Rationalität solcher Überzeugungen gelten Konsistenz, Kohärenz sowie pragmatische

Effizienz; d. h. sie düfen nicht in sich widersprüchlich sein, nicht in Widerspruch stehen zu als gesichert geltenden philosopischen oder wissenschaftlichen Erkenntnissen, und es dürfen keine negativen ethischen Konsequenzen aus ihnen folgen (Kreiner 1: 17.32f). – Diese Auffassung stößt in der fundamentaltheologischen Diskussion auf heftigen Widerspruch. Es bestehen erhebliche Zweifel, ob diese von der analytischen Philosophie bestimmte Denkform eine ausreichende Grundlage für die Bewältigung der fundamentaltheologischen Aufgabe darstellt. So spricht Klaus Müller von einem »Dammbruch«, wenn der Zusammenhang zwischen Rationalität und Begründung aufgelöst wird. »Dann werden religiöse Behauptungen als plausibel oder hinsichtlich ihrer Gültigkeit als unentscheidbar oder als wahrscheinlich etc. qualifiziert. Ein solchermaßen epistemologisch weich gemachtes Kriterium kann dann unschwer auch etwa von esoterischen Positionen in Anspruch genommen werden, wie sie heute beinahe inflationär unter dem Titel ›New Age‹ vertreten werden und wie es sie in Gestalt von Astrologie und Magie etc. immer schon gab« (Müller K. 1: 84). Eine kritische Prüfung in Bezug auf Konsistenz, Kohärenz und pragmatische Effizienz allein reicht demnach nicht aus; denn eine solche Prüfung bedarf eines Maßstabes, wenn sie nicht »in ein skeptisches Endlosverfahren« (a. a. O. 85) führen soll. Um das zu vermeiden, halten Müller und andere ein philosophisches Letztbegründungsdenken für unerlässlich, um die Rationalität der christlichen Glaubensüberzeugung sicher zu stellen. Denn »wenn etwas mich bis ins innerste Mark meiner Existenz hinein beansprucht, so muß ich wenigstens prinzipiell in der Lage sein, das, was da mit Absolutheitsanspruch an mich herantritt, vor dem kritischen Auge meiner Vernunft auch als unhintergehbar gültig zu erkennen. Solange es noch ›unausgeleuchtete Winkel‹ in mir gibt, von denen her potentiell jederzeit Fragen und Zweifel hinsichtlich der Letztgültigkeit des im Glauben Angenommenen in mir aufbrechen können, bleibt – zumindest und gerade von *mir* her gesehen – in der Schwebe, ob Jesus Christus nicht doch nur einer jener vorletzten Gurus auf der Suche nach meinem persönlichen Heil ist, die sich mir täglich aufs neue anbieten« (Verweyen 7: 96). Nur wenn die philosophische Vernunft sich in der Lage zeigt, etwas definitiv, unhintergehbar als letztgültig zu *denken*, gibt es nach dieser Auffassung ein Kriterium, anhand dessen eine bestimmte Glaubensüberzeugung als letztgültig identifiziert und dann auch als solche mit Überzeugung vertreten werden kann. Es handelt sich dabei um eine »Letztbegründung ohne Beweisanspruch«, das will heißen: »Wir können logisch irrtumsfrei zu einem Begriff eines nicht mehr hintergehbaren Gültigkeitsanspruches, eines letztgültigen Sinnes durchstoßen, jedoch ist damit in keiner Weise ausgemacht, dass es irgendetwas gibt, was diesen Begriff realiter erfüllt« (Müller K. 1: 93). – Auch ein solches *Letzt*begründungsprogramm bleibt allerdings in der Fundamentaltheologie höchst umstritten. So gibt etwa Jürgen Werbick zu bedenken: »Die Fähigkeit der Vernunft, Letztgültiges und Unbedingtes zu denken, schließt nicht notwendigerweise ihr Vermögen ein, dessen Unhintergehbarkeit zweifelsfrei zu stellen und so den Verdacht argumentativ zum Schweigen bringen zu können« (Werbick 1: 224). Solche Skepsis gegenüber Letztbegründungsunternehmen ist aber nicht gleichbedeutend mit der Auffassung, dass die Glaubwürdigkeit eines geschichtlich begegnenden Anspruchs auf Unbedingtheit und Letztgültigkeit nicht begründbar sei. Nur bleibt die Fundamentaltheologie in diesem Fall auf »vorletzte« Argumente verwiesen (vgl. Knapp 3: 207–228). Aber auch dann ist der Zusammenhang zwischen Rationalität und Begründbarkeit gewahrt.

Es bleibt eine Kluft zwischen einer vernunftgemäßen Glaubwürdigkeitserkenntnis und der Glaubwürdigkeit, die sich im Vollzug des Glaubens selbst einstellt. »Die guten Gründe, die im fundamentaltheologischen Diskurs vorgebracht werden und in einem mehr oder weniger umfassenden Entwurf ihre Überzeugungskraft entfalten sollen, erlangen niemals *aus sich selbst* die Kraft, Glaubensgewißheit zu tragen« (Werbick 1: 225). Und das hat eben seine Ursache darin, dass die Gewissheit und damit die definitive Glaubwürdigkeit des Glaubens in der Tragfähigkeit des Wortes Gottes begründet ist, die sich nur dem erschließen kann, der sich als Person ohne Vorbehalt auf die Zusage dieses Wortes einlässt. Die Kluft lässt sich deshalb auch nur durch die Glaubenszustimmung überbrücken.

Damit sind die Glaubwürdigkeitsargumente jedoch keineswegs überflüssig. Sie haben ihr Ziel darin, zu zeigen: Die Offenbarungsbotschaft ist etwas unbedingt Bedeutsames für jeden Menschen, weil sich darin ein letztgültiger Sinn erschließt. Sie ist *»das, was uns unbedingt angeht«*, weil es das ist, *»was über unser Sein oder Nichtsein entscheidet«* (Tillich: 21). Das kann und muss im Voraus zur Glaubenszustimmung geschehen, um die prinzipielle Ansprechbarkeit jedes Menschen auf die Offenbarungsbotschaft hin erkennbar werden zu lassen. Die Glaubwürdigkeitsargumente haben also einen vorbereitenden, hinführenden Charakter. Sie wollen argumentativ aufweisen, dass die Offenbarungsbotschaft und der ihr korrespondierende Glaube nicht nur nicht in Widerspruch zur Vernunft stehen, sondern dass es geradezu ein Gebot der Vernunft darstellt, sich einer bewussten Entscheidung, zu der die Glaubensbotschaft jeden Menschen herausfordert, nicht zu entziehen. Auch wenn die dafür beigebrachten Argumente keine unhintergehbaren Letztbegründungen liefern, können sie den Glaubwürdigkeitsanspruch des Glaubens stützen. Am angemessensten erscheint dafür eine *kumulative Begründungsform*, die auf einer Reihe von miteinander zusammenhängenden Argumenten beruht (Meyer zu Schlochtern 2: 333–353). Eine solche Kumulation von guten Gründen dient dazu, »die *innere Stimmigkeit* der Offenbarungsbotschaft und die *widerspruchsfreie Deutung* der Erfahrung der Wirklichkeit durch diese Botschaft aufzuzeigen. Ihren Wirklichkeitsbezug bewährt sie dadurch, dass sie sich mit anderen Wirklichkeitsauffassungen auseinandersetzt und widerständige Erfahrungen berücksichtigt« (Pottmeyer 1: 285). Das impliziert selbstverständlich auch, dass Argumente korrigiert, modifiziert oder ergänzt werden können, wenn sich dies als erforderlich erweist, etwa aufgrund neuer Erfahrungen und Einsichten. Das ist jedoch keine Schwäche einer solchen Begründungsform; darin kommt vielmehr das Bestreben zum Ausdruck, so präzise wie möglich auf die Vernunft in ihrer jeweiligen geschichtlichen Prägung einzugehen und sich ihr verständlich zu machen.

(6) Aufgabe der Fundamentaltheologie ist es schließlich auch, *den Weg von einer vernunftgemäßen Glaubwürdigkeitsverantwortung zur Glaubenszustimmung zu reflektieren.* Letztere ist nicht durch Argumente erzwingbar. Argumente zugunsten der Glaubwürdigkeit der Offenbarungsbotschaft können Hindernisse beseitigen, den Weg ebnen, aber der Schritt hin zur Glaubenszustimmung bleibt frei. Denn es handelt sich dabei ja nicht nur um eine rational-intellektuelle Frage; es geht vielmehr um die ganze Person mit allen ihren Dimensionen, also neben dem Intellekt etwa auch um den Willen oder die Emotionalität. Daher bleibt die Person »auch dem vernünftig Begründeten gegenüber frei. Sie kann sich ihm als konkret lebensbestimmender Macht ausliefern oder verweigern« (Seckler 6: 290).

Den Schritt zum Glauben hin kann der Mensch zudem nicht ganz auf sich allein gestellt tun, dazu bedarf es vielmehr unabdingbar auch der göttlichen Gnade. So weiß schon Paulus: »Niemand kann sagen: Jesus ist der Herr, wenn nicht im Heiligen Geist« (1 Kor 12,3). Denn im Glauben geht es ja um eine personale Begegnung und Beziehung zwischen Gott und Mensch, und um dies zu ermöglichen, muss Gott ganz von sich aus, gnadenhaft, auf den Menschen zugehen. Diese gewiss keinem Menschen von Gott vorenthaltene Gnade muss dann aber eben auch vom einzelnen Menschen seinerseits angenommen und ergriffen werden; d. h. jeder Mensch muss sich selbst in eine personale Beziehung mit Gott hineinbegeben (wollen). Dazu ist es erforderlich, das Wort Gottes zu vernehmen als ein ihn persönlich ansprechendes Wort, als an ihn ergehende Aufforderung (credenditas), sich ganz und unbedingt Gott anzuvertrauen. Erforderlich ist dafür der volle Einsatz der menschlichen Freiheit, der sich nicht einfach als zwingende Konsequenz eines Argumentationsganges ergibt, sondern von der Person als ganzer riskiert werden muss.

Das impliziert einerseits, dass, mit einer Formulierung des 1. Vatikanischen Konzils gesagt, »die Zustimmung zum Glauben keineswegs eine blinde Regung des Herzens ist« (DH 3010). Sie darf also nicht an der Vernunft vorbei erfolgen, sondern kann sich auf gute Gründe beziehen. Andererseits lässt sich auf dem Weg zu einer authentischen Glaubenszustimmung die Vernunft nicht vom menschlichen Lebensvollzug insgesamt separieren. Als freier Akt hat die Glaubenszustimmung auch ihre »inneren Gründe«. Es sind dies »biographisch-lebensweltliche und situative ›Gründe‹, die die Entscheidung zum Glauben als die einzig angemessene Antwort auf das Geheimnis und die Verheißung wie auch auf die Zwiespältigkeit und Bedrohtheit menschlichen Lebens erscheinen lassen« (Werbick 1: 224). Dazu ist es insbesondere erforderlich, der eigenen radikalen Verwiesenheit auf ein unbedingtes Anerkannt- und Angenommensein inne zu werden (vgl. unten 207f), wie es das in Jesus Christus ergangene Wort Gottes dem Menschen zuspricht und verheißt. Diese Verwiesenheit wird in den Lebensumständen und Lebensgeschichten der Menschen in ganz unterschiedlicher Weise erfahren oder aber auch verdeckt und verdrängt. Erst eine solche innere Erfahrung aber lässt einen Menschen dann auch die ihm in einer allem seinem eigenen Tun und Denken zuvorkommenden Weise immer schon angebotene Gnade Gottes ergreifen und so zum Glauben finden. Die Glaubenszustimmung erweist sich somit als ein äußerst komplexer Vorgang, bei dem die innere Disposition eines Menschen, die Vernunft sowie die göttliche Gnade in einer jeweils ganz individuellen Weise zusammenspielen.

Darauf insistiert etwa auch William James in seinem berühmten Essay »The Will to Believe«. James argumentiert dafür, dass der Wille und die Hoffnung, eine bestimmte Art von Wahrheit zu finden (James: 151) – nämlich eine das gesamte Dasein umfassende und zurecht bringende Heilswahrheit (siehe unten 170f) – nicht aufgrund eines empiristisch verengten Wahrheitsverständnisses diskreditiert werden darf. In einer gewissen Analogie zu John Henry Newmans Zustimmungslehre (siehe oben 49–52) plädiert James dafür, diese Option nicht von vornherein zum Schweigen zu bringen, sondern sie angesichts der menschlichen Lebenswirklichkeit ernst zu nehmen. Denn »in concreto kann sich die Freiheit des Glaubens nur auf lebendige Optionen erstrecken, welche der Intellekt des Individuums nicht aus eigener Kraft entscheiden kann, und lebendige Optionen erscheinen dem, der sie zu erwägen hat, niemals als Absurditäten« (a. a. O. 156). Deshalb erscheint James auch das »Gebot, dass wir unser Herz, unsern Instinkt und unsern Mut zum Schweigen bringen und – indem wir natürlich einstweilen mehr oder weniger so handeln, als entspräche die Religion *nicht* der Wahrheit – *warten* sollen bis zum Jüngsten Tage oder so lange, bis unser Verstand und unsere Sinne durch ihre gemeinsame Arbeit genügend Beweisgründe zusammengescharrt haben – dieses Gebot, sage ich, erscheint mir dann als der merkwürdigste Götze, der je in der Höhle des Philosophen fabriziert worden ist« (a. a. O. 156f). Es bleibt dann allerdings unerlässlich, zu begründen, dass der Schritt zum Glauben nicht in Widerspruch zu irgendwelchen Vernunfteinsichten steht.

d) Korrespondierende Fragen

Die Frage nach dem Verhältnis von Glaube und Vernunft steht im Zentrum der Fundamentaltheologie. Wenn deren Aufgabe in der wissenschaftstheoretischen Rechtfertigung der Theologie besteht, dann bedarf diese Frage in besonderer Weise der Klärung. Denn ließe sich nicht die Vereinbarkeit des Glaubens mit der Vernunft erweisen, stünde er gar in Widerspruch zu ihr, so wäre seine wissenschaftliche Verantwortung in Gestalt der Theologie von vornherein ausgeschlossen, ist doch die Vernunft das Medium der Wissenschaften. Dabei bleibt die Frage nach dem Verhältnis von Glaube und Vernunft aber eingebettet in eine Reihe weiterer grundlegender Fragen, die deshalb die fundamentaltheologische Arbeit ständig begleiten (vgl. dazu Wagner H. 1: 748–750; Wagner H. 2: 69ff; Stirnimann: 334ff). Sie hängen untrennbar mit der Frage nach dem Verhältnis von Glaube und Vernunft zusammen. Diese weiteren grundlegenden fundamentaltheologischen Fragen sind bisher schon verschiedentlich angeklungen, sollen jetzt aber noch einmal ausdrücklich benannt werden.

(1) *Glaube und Verstehen.* Die hermeneutische Fragestellung ist für die Theologie insgesamt zentral, wenn denn Theologie, als denkende Verantwortung des Glaubens, wesentlich durch das Bemühen um ein Verstehen seiner Quellen und seiner Vollzugsgestalten charakterisiert ist. Der christliche Glaube bleibt bezogen auf ein geschichtliches Ereignis, das immer wieder neu erschlossen werden muss aufgrund der Zeugnisse, die von ihm berichten und es deuten. Dazu liefert die Hermeneutik als die Lehre vom Verstehen wesentliche methodische Grundlagen, sowohl für die historische Rückfrage wie auch für die Neuaneignung der überlieferten Glaubenszeugnisse. Auch der Verstehenshorizont derer, die sich diese Überlieferung in ihrer jeweiligen Gegenwart neu anzueignen versuchen, ist ja geschichtlich geprägt und somit wandelbar. Das alles gilt nicht nur für die Theologie im Ganzen, sondern speziell auch für die Fundamentaltheologie. Auch bei ihrer Vergewisserung des Glaubensgrundes oder des Inhaltes der Offenbarungsbotschaft stellt sich die hermeneutische Frage, ebenso wie hinsichtlich ihres Bemühens, den Glauben der Vernunft zu erschließen. Denn auch die Vernunft ist ja nichts Übergeschichtliches, sondern als Vollzugsform menschlichen Lebens und Denkens in Geschichte eingelassen. Daher bleibt die Frage nach dem Verhältnis von Glaube und Vernunft immer verschränkt mit dem hermeneutischen Problem.

(2) *Glaube und Praxis.* Die verstehende Aneignung der Glaubensüberlieferung erschöpft sich nicht in einem geistigen Erkenntnisprozess, sondern muss auch als eine praktische Aneignung dieser Überlieferung erfolgen, in Gestalt einer auf den je konkreten Lebenskontext hin entworfenen Nachfolge Jesu Christi. Wenn durch den Glauben das Leben eines Menschen eine neue Orientierung erhält, so kann das nicht ohne praktische Auswirkungen bleiben. Diese werden ermöglicht und getragen durch das ihm zugesprochene Wort Gottes. Ausgerichtet ist die Glaubenspraxis auf das von Jesus angekündigte Kommen der eschatologischen Gottesherrschaft. Sie ist in seinem Leben, seinem Tod und seiner Auferweckung von den Toten bereits unwiderruflich angebrochen

und zielt auf den Miteinbezug aller Menschen und der ganzen Schöpfung (siehe unten 262–264). So wird durch diese Ausrichtung auf das universale Reich Gottes ein individualistisch verengtes Glaubensverständnis von vornherein aufgebrochen; der Glaube umfasst vielmehr unabdingbar auch die soziale und die gesellschaftlich-politische Dimension der Lebenswirklichkeit, auf die er gerade durch die zu ihm gehörende Praxis bezogen ist. Diese ist dabei nicht nur die Folge des Glaubens; sie ist vielmehr auch eine wichtige Bedingung für das Verstehen der Glaubensbotschaft. Denn in der Praxis der Nachfolge bewährt sich der Glaube; seine heilsamen und humanisierenden Auswirkungen werden erfahrbar und erkennbar. Die Frage nach der angemessenen Glaubenspraxis erweist sich damit als unverzichtbarer, integraler Bestandteil der fundamentaltheologischen Klärung des Verhältnisses von Glaube und Vernunft.

(3) *Glaube und Erfahrung*. Das Verstehen der Glaubensüberlieferung kommt erst zum Ziel, wenn es in Erfahrung mündet; und seine lebensorientierende Kraft kann der Glaube erst entfalten, wenn er von Erfahrung begleitet ist. »Es hängt alles daran, dass der Grund des Glaubens als solcher erfahren wird und gelebten Glauben hervorbringt« (Ebeling 1: 522). Ohne solche Erfahrung fehlt dem Glauben der Lebensbezug, er degeneriert zu einem abstrakten Gebäude von Lehren und Normen. Erst die Erfahrung der Tragfähigkeit des Wortes Gottes als des Glaubensgrundes schenkt den Glaubenden die eigene innere Gewissheit, aufgrund derer sich der Glaube in ihrer je spezifischen Lebenswirklichkeit verankern und diese neu prägen und orientieren kann. Diesen Erfahrungsbezug des Glaubens hat die Fundamentaltheologie eigens zu reflektieren; denn es handelt sich dabei ja um eine andere Gestalt von Erfahrung als etwa in den empirischen Wissenschaften, nämlich um eine kommunikative Erfahrung auf der Grundlage einer personalen Beziehung des glaubenden Menschen zu Gott (siehe unten 346–351).

(4) *Glaube und religiöser Pluralismus*. Der Zusammenbruch der konfessionellen Milieus, die fortschreitende Aushöhlung volkskirchlicher Strukturen und insbesondere der Prozess der Globalisierung haben die Partikularität des Christentums neu zu Be-

wusstsein gebracht. Damit droht religiöser Glaube zu etwas Beliebigem zu werden, zu einem bunten Markt der Möglichkeiten. Diese veränderte Situation des Glaubens hat bereits vor Jahrzehnten Adorno hellsichtig erfasst, wenn er konstatiert: »Warum einer *den* Glauben annehmen soll und nicht einen anderen, dafür ist dem Bewusstsein heute kein anderer Rechtsgrund gegeben als einzig sein eigenes Bedürfnis, das Wahrheit nicht verbürgt« (Adorno 1: 25). Eine solche Funktionalisierung des Glaubens im Hinblick auf die menschliche Bedürfnislage bleibt leicht durchschaubar als ein rein menschliches Konstrukt. Damit stellt sich der Fundamentaltheologie eine überaus komplexe Aufgabe ganz neu: Um dem Projektionsverdacht und der Beliebigkeitsfalle begründet entgegentreten zu können, muss sie die Unausdenkbarkeit und Unüberbietbarkeit der Christusoffenbarung aufweisen. Das hat jedoch so zu geschehen, dass der in einer globalisierten Welt in ganz neuer Weise dringlich gewordene interreligiöse Dialog nicht unmöglich gemacht, sondern im Gegenteil deutlich wird: Das Christentum ist auf der Grundlage der Christusoffenbarung offen für die Begegnung mit anderen Religionen und dabei auch selber lernwillig und lernfähig (siehe unten 284–290).

Die Klärung all dieser Fragen, in deren Zentrum die Frage nach dem Verhältnis von Glaube und Vernunft steht, dient der wissenschaftlichen Rechtfertigung der Theologie. Es gilt zu zeigen: Der christliche Glaube steht nicht in Widerspruch zur Vernunft; er ist vielmehr in sich selbst vernunfthaft, und dieser Logos des Glaubens lässt sich auch einer nichtgläubigen Vernunft erschließen. Wenn sich das als möglich erweist, so vermag auch die Theologie als denkende Verantwortung des Glaubens, die ihn nicht »von außen« (psychologisch, soziologisch, religionswissenschaftlich, philosophisch) betrachtet, sondern ihm als eigenständigem Phänomen in seinem spezifischen Vollzug gerecht werden will, den Ansprüchen einer wissenschaftlichen Vernunft zu genügen. Vorausgesetzt ist dabei, dass Wissenschaftlichkeit nicht lediglich von einem bestimmten Objektbereich her, etwa dem der Naturwissenschaften, definiert wird, sondern dass es, je nach dem zu erforschenden Gegenstand, unterschiedliche wissenschaftliche Zugangsweisen und Rationalitätsstandards gibt. So hat eben auch die Theologie ihren spezifischen Gegenstand, dem sie sich in einer adäquaten Weise nähern muss, damit er nicht von vornherein durch den wissenschaftlichen Zugriff in seiner Eigenart missachtet und verdeckt wird.

Eine solche problematische Bestimmung des theologischen Gegenstandes liegt zugrunde, wenn die Theologie auf »eine wissenschaftlich rationale Basis für objektive Geltungsansprüche alle Art« gestellt werden soll und dann postuliert wird: »Unter dem Gesichtspunkt wissenschaftlicher Rationalität bzw. objektiver Verantwortung sind religiöse Geltungsansprüche nicht anders zu behandeln als beispielsweise naturwissenschaftliche Theoriebildungen« (Loichinger: 2). Ein solcher Reduktionismus macht es schon vom Ansatz her unmöglich, die Vernunfthaftigkeit des Glaubens in sachgemäßer Weise zu erschließen. Der Gegenstand der Theologie ist kein Gegenstand im Sinne der Naturwissenschaften und kann daher auch nicht in der Weise naturwissenschaftlicher Theoriebildung erfasst werden.

In diesem Zusammenhang stellt sich nun aber noch eine weitergehende Frage. Zur Eigenart des christlichen Glaubens gehört ja auch, dass er mit einem »Wahrheits- (und nicht nur Geltungs-)anspruch« (Seckler 4: 341) verbunden ist. Christlicher Glaube versteht sich selbst nicht nur als eine Möglichkeit, die auch angesichts einer kritischen Vernunft als rational zu rechtfertigen ist. Sein Selbstverständnis beinhaltet vielmehr die Überzeugung, dass das, was die christliche Botschaft beinhaltet, auch tatsächlich wahr ist. Die Frage, ob dieser Wahrheitsanspruch zu Recht besteht, muss nun aber eigens thematisiert werden. Sie ist nicht automatisch mit beantwortet mit dem Aufweis der Rationalität der Glaubenszustimmung. Rationalität verbürgt also nicht per se auch schon Wahrheit.

So kann es beispielsweise gute Gründe geben, anzunehmen, dass es nicht nur auf der Erde, sondern auch anderswo im Weltall Leben gibt (oder gegeben hat). Insofern ist es dann vernünftig, mit dieser Möglichkeit zu rechnen. Damit ist aber eben noch nicht erwiesen, dass diese Annahme auch tatsächlich wahr ist.

Es gehört deshalb mit zur Aufgabe der Fundamentaltheologie, diesen christlichen Wahrheitsanspruch zu klären. Die Vernunfthaftigkeit des Glaubens verdient nur dann Anerkennung, wenn sich auch sagen lässt, inwiefern der mit ihm verbundene Wahrheitsanspruch berechtigt ist und wie er sich einlösen lässt. Ein religiöser Glaube, der die Wahrheitsfrage ausklammert, ist bloße Esoterik und kann dann auch nicht Bezugspunkt wissenschaftlicher Theologie sein.

3. Die Wahrheitsfrage

Wer sich auf Wahrheit beruft, muss heute mit massiven Zweifeln und Rückfragen rechnen. Postmoderner Pluralismus und erkenntnistheoretische Schwierigkeiten haben die Universalität von Wahrheitsansprüchen in Zweifel gezogen. So ist Wahrheit als etwas Gemeinsames, Verbindliches suspekt geworden; wenn überhaupt, dann gibt es Wahrheit nur im Plural: Jede und jeder hat ihre/seine Wahrheit. Damit ist das traditionelle Wahrheitsverständnis seiner Substanz beraubt, Wahrheit radikal subjektiviert. Der amerikanische Philosoph Richard Rorty sieht dies als die entscheidende Grundlage einer dezentrierten Kultur, für die es charakteristisch ist, dass sie »ihr wichtigstes Ziel nicht in der Wahrheit, sondern in der Freiheit« erblickt (Rorty: 11). Wahrheit und Freiheit erscheinen so geradezu als Gegensatz.

Angesichts dieser Entwicklungen erhält die Thematisierung der Wahrheitsfrage für die Fundamentaltheologie eine besondere Dringlichkeit. Denn die allgemeine kulturelle Tendenz macht sich selbstverständlich auch in Sachen Glaube und Religion bemerkbar. Auch hier lässt sich vielfach feststellen: »Der längst obsolet gewordene *Wahrheitsanspruch* religiöser Überzeugungen ist ... durch die Forderung nach deren *Authentizität* ersetzt worden« (Neuhaus 1: 114). Das erscheint zunächst einmal insofern verständlich, als der christliche Wahrheitsanspruch in der kirchlichen Glaubensverkündigung oft in autoritärer Weise zur Geltung gebracht worden ist und sich so als ein totalitärer Machtanspruch zeigt, der keinen Raum lässt für andere Wahrheitsansprüche (religiöser, wissenschaftlicher, philosophischer oder ästhetischer Art). Theologisch unakzeptabel bleibt es dann allerdings, wenn das Streben nach einer Überwindung dieser Konfundierung von Wahrheit und Macht zu einer faktischen Eliminierung der Wahrheitsfrage führt.

Innerhalb der Theologie wird dem etwa durch die *pluralistische Religionstheologie* (siehe unten 224–227) Vorschub geleistet. Sie versucht die Auffassung zu begründen, dass mehrere Religionen in gleicher Weise wahr sein können, auch wenn sie sich inhaltlich widersprechen oder sich ihre Überzeugungen sogar logisch ausschließen. Auf diese Weise wird die Wahrheitsfrage neutralisiert und letztlich bedeutungslos (Kreiner 2: 128).

Aus kulturwissenschaftlicher Perspektive sekundiert dieser Zurückdrängung der Wahrheitsfrage der Ägyptologe *Jan Assmann* mit der These, die Unterscheidung zwischen wahr und falsch im Bereich der Religion verdanke sich dem Übergang vom Polytheismus zum Monotheismus, weshalb Assmann sie auch als die »Mosaische Unterscheidung« bezeichnet (Assmann 1: 17ff). Durch den Monotheismus sieht er einen neuen Typus von Wahrheit eingeführt: »die absolute, geoffenbarte, metaphysische oder Glaubenswahrheit« (Assmann 2: 28). Damit werde der polytheistischen Toleranz im Bereich der Religion ein Ende gesetzt; denn monotheistische Religionen »*müssen* intolerant sein, d. h. sie müssen einen klaren Begriff von dem haben, was sie als mit ihren Wahrheiten unvereinbar empfinden, wenn anders diese Wahrheiten jene lebensgestaltende Autorität, Normativität und Verbindlichkeit haben sollen, die sie beanspruchen« (a. a. O. 26). Diese dem Monotheismus eingeschriebene Intoleranz geht nach Assmann mit zumindest latenter Gewaltbereitschaft und der Ausgrenzung Andersdenkender einher. Er ist sich allerdings im Klaren darüber, dass die Unterscheidung zwischen wahr und falsch im Bereich der Religion sich nicht rückgängig machen lässt. Denn »an klaren Begriffen dessen, was wir mit unseren Überzeugungen als unvereinbar empfinden, werden wir festhalten müssen, wenn anders diese Überzeugungen irgendeine Kraft und Tiefe besitzen sollen« (a. a. O. 165). Um ihr Gefahrenpotential auszuschalten, werden die monotheistischen Religionen sich jedoch nach Assmann »nicht mehr auf ›absolute‹, sondern nur noch auf relative, d. h. ›lebensdienliche‹ Wahrheiten berufen können, die es immer neu auszuhandeln gilt.« Sie werden daher auch ihre Wahrheitsansprüche »nicht mehr auf ein für allemal festgeschriebene Offenbarungen gründen können« (ebd).

Angesichts solcher Relativierungen (oder teilweise auch Eliminierungen) der Wahrheitsfrage, die sich heute in allen Lebensbereichen bemerkbar machen, hat die Fundamentaltheologie Rechenschaft über den Wahrheitsanspruch des Christentums abzulegen. Sie muss zeigen, wie er zu verstehen und zu begründen ist. Dabei wird sie gut daran tun, ihren Blick vor allem auch auf den »Stammvater« des als prinzipiell, also unhintergehbar verstandenen postmodernen Pluralismus zu richten, nämlich *Friedrich Nietzsche* (1844–1900). Bei ihm ist nicht nur die Verabschiedung der Wahrheitsfrage zugunsten eines Perspektivenpluralismus vorgedacht und grundgelegt; Nietzsche hat vielmehr ganz dezidiert die Voraussetzung dafür in der Zurückweisung des Wahrheitsanspruchs des Christentums gesehen. Diesen Zusammenhang muss eine fundamentaltheologische Rechtfertigung des christlichen Wahrheitsanspruchs angesichts der heutigen »postmodernen« Lebens- und Denksituation im Auge behalten.

a) Herausgefordert durch Nietzsche

Die Philosophie Nietzsches stellt einen Frontalangriff auf das traditionelle Wahrheitsverständnis in Philosophie und Religion dar. Nietzsche nimmt für sich in Anspruch: »Alles, was bisher ›Wahrheit‹ hiess, ist als die schädlichste, tückischste, unterirdischste Form der Lüge erkannt; der heilige Vorwand, die Menschheit zu ›verbessern‹, als die List, das Leben selbst *auszusaugen*, blutarm zu machen« (Nietzsche 1: 373). Leben ist für Nietzsche vitale Kraft, natürlicher, triebhafter Drang. Als solches steht es nicht im Dienste einer höheren Ordnung oder eines höheren Zwecks. Es ist vielmehr »unmoralisch« (Nietzsche 2: 577); es will lediglich sich selbst, die ihm inne wohnende Lebenskraft entfalten. Sein Wesen ist »sein *Wille zur Macht*« (Nietzsche 3: 316). Nietzsches Philosophie will diese amoralische Kraft des Lebens als die Grundlage des gesamten Daseins freilegen und ihr Anerkennung verschaffen. Deshalb betrachtet Nietzsche alles als Lüge, was die Entfaltung des Lebens einschränkt unter Berufung auf eine höhere Ordnung oder Wahrheit.

Zu diesen lebensfeindlichen Lügen zählen insbesondere die Religion und der Gottesgedanke. »Der Begriff ›Gott‹ erfunden als

Gegensatz-Begriff zum Leben – in ihm alles Schädliche, Vergiftende, Verleumderische, die ganze Todfeindschaft gegen das Leben in eine entsetzliche Einheit gebracht! Der Begriff ›Jenseits‹, ›wahre Welt‹ erfunden, um die *einzige* Welt zu entwerten, die es gibt« (Nietzsche 1: 373f). »Gott« ist für Nietzsche der Inbegriff des Lebensfeindlichen. Indem Religion auf Gott und eine jenseitige Welt verweist, werden die reale Welt und das in ihr pulsierende Leben entwertet; ihnen wird eine »wahre Welt« gegenübergestellt. Damit erweist sich Religion als Ursprung aller lebensfeindlichen Bestrebungen. Sie ist etwas Grundfalsches, durch und durch Lüge, weil sie sich gegen das Leben, die Grundkraft des Daseins richtet.

Hier hat auch das traditionelle Wahrheitsverständnis der Philosophie seinen Ursprung: Es ist »jener Christen-Glaube, der auch der Glaube Plato's war, dass Gott die Wahrheit ist, dass die Wahrheit göttlich ist« (Nietzsche 2: 577). Diese Identifikation der Wahrheit mit Gott nötigt deshalb dazu, zusammen mit der Verkündigung des Todes Gottes, verstanden als eine vom Menschen zu vollbringende Tat, auch den philosophischen Wahrheitsgedanken zu überwinden. Nihilismus bedeutet für Nietzsche, Abschied zu nehmen von jeder »Wahrheit« dieser Art, die der natürlichen Lebenskraft in ihrem amoralischen Entfaltungsdrang eine andere Welt entgegensetzt. Denn »der vom Nihilismus aufgelöste Glaube an die Wahrheit ist der klassischen Definition entsprechend Glaube daran, dass den Menschen eine adaequatio intellectus ad rem – der erkennende Nachvollzug dessen, was die Welt zuinnerst ausmacht und was als ihr Ziel zu gelten hat – erreichbar ist, weil ihr intellectus (ektypus) an Gottes intellectus (archetypus) Anteil hat« (Werbick 2: 53).

Nietzsches Überzeugung, dass der Wahrheitsgedanke letztlich im Gottesgedanken als dem Ursprung aller Lebensfeindlichkeit gründet, schließt dann natürlich per se die Anerkennung eines spezifisch theologischen Wahrheitsanspruchs aus. Pointiert formuliert: »Was ein Theologe als Wahrheit empfindet, das *muss* falsch sein: man hat daran beinahe ein Kriterium der Wahrheit« (Nietzsche 4: 175).

In seiner frühen Schrift »Ueber Wahrheit und Lüge im aussermoralischen Sinne« begreift Nietzsche den menschlichen Wahrheitstrieb als Fiktion der Sprache. Um sich mittels der Sprache verständigen zu können, muss der Mensch zu einer allgemein gültigen, verbindlichen Bezeichnung der Dinge finden. So entsteht in ihm die Illusion, auf diese Weise das Wesen der Dinge zu erfassen. Denn »jedes Wort wird sofort dadurch Begriff, dass es eben nicht für das einmalige ganz und gar individualisirte Urerlebnis, dem es sein Entstehen verdankt, etwa als Erinnerung dienen soll, sondern zugleich für zahllose, mehr oder weniger ähnliche, d. h. streng genommen niemals gleiche, also auf lauter ungleiche Fälle passen muss. Jeder Begriff entsteht durch Gleichsetzen des Nicht-Gleichen« (Nietzsche 5: 879f). Dahinter steht die Überzeugung Nietzsches, dass Subjekt und Objekt, Mensch und Natur einander letztlich fremd bleiben. Daher vermag auch das Objekt keinen adäquaten Ausdruck im Subjekt zu finden, »denn zwischen zwei absolut verschiedenen Sphären wie zwischen Subjekt und Objekt giebt es keine Causalität, keine Richtigkeit, keinen Ausdruck, sondern höchstens ein *ästhetisches* Verhalten, ich meine eine andeutende Uebertragung, eine nachstammelnde Uebersetzung in eine ganz fremde Sprache. Wozu es aber jedenfalls einer frei dichtenden und frei erfindenden Mittel-Sphäre und Mittelkraft bedarf« (a. a. O. 884). Auf diese Weise kann aber nur ein individueller Eindruck formuliert, jedoch kein allgemein gültiger Begriff gebildet werden, der das Wesen der Dinge bezeichnet. Dieses bleibt »ein für uns unzugängliches und undefinirbares X« (a. a. O. 880). Das eben verschleiern die Begriffe, sobald ihre Herkunft aus dem ganz und gar individuellen, rein ästhetischen Sprach-Spiel vergessen wird. Daraus folgert Nietzsche: »Was ist also Wahrheit? Ein bewegliches Heer von Metaphern, Metonymien, Anthropomorphismen, kurz eine Summe von menschlichen Relationen, die poetisch und rhetorisch gesteigert, übertragen, geschmückt wurden, und die nach langem Gebrauche einem Volke fest, canonisch und verbindlich dünken: die Wahrheiten sind Illusionen, von denen man vergessen hat, dass sie welche sind« (a. a. O. 880f). Das setzt sich bis in die neuzeitliche Wissenschaft hinein fort, die »unaufhaltsam an jenem grossen Columbarium der Begriffe, der Begräbnisstätte der Anschauung« arbeitet (a. a. O. 886). Hinter all dem steht ein bestimmtes menschliches Bedürfnis, nämlich die Überwindung der Fremdheit zwischen Subjekt und Objekt, Mensch und Natur. »Der Forscher nach solchen Wahrheiten sucht im Grunde nur die Metamorphose der Welt in den Menschen; er ringt nach einem Verstehen der Welt als eines menschenartigen Dinges und erkämpft sich besten Falls das Gefühl einer Assimilation« (a. a. O. 883). Doch das muss Illusion bleiben, wenn denn Mensch und Welt einander tatsächlich so fremd sind, wie Nietzsches Philosophie das annimmt. Die Suche nach einer menschengemäßen Wahrheit erweist sich als vergeblich, weil Subjekt und Objekt, Mensch und Natur letztlich nicht zueinander passen. Die Suche des Menschen nach Orientierung, Halt und Sinn passt nicht in eine Welt, die von blinder, selbstbezüglicher Lebenskraft bestimmt ist. Diese ignoriert das Bedürfnis und die Sehnsucht des Menschen nach Halt und Sinn. Das will er in seinem Streben nach Wahrheit nicht wahrhaben. So konnte der späte Nietzsche formulieren: »*Wahrheit ist die Art von Irrthum*, ohne welche eine bestimmte Art von lebendigen Wesen nicht leben könnte« (Nietzsche 6: 506). Die Konsequenz, die Nietzsche aus dieser Einsicht gezogen hat, war seine Konzeption des Übermenschen. Dieser setzt der natürlichen Welt keine andere, wahre Welt mehr entgegen, sondern sagt heroisch ja zu dieser Welt. Damit überwindet er dann alle seine Bedürfnisse und Sehnsüchte, die in der realen Welt keine Resonanz und keine Antwort finden. In diesem Sinne ist es gemeint, wenn Nietzsche sagt: »Der Mensch ist Etwas, das überwunden werden muss« (Nietzsche 7: 44). Dann kann er vorbehaltlos einstimmen in das Lebensgesetz der Natur; er kann sich endlich begreifen als ein Teil von ihr, ja sagen zu sich als einem bloßen Stück Natur. Und diese will eben nichts anderes, als ihre natürliche Lebensenergie, ihren Willen zur Macht ungehindert entfalten. Indem er darin einstimmt, überwindet der Mensch sich selbst und wird so auch dem Tod Gottes gerecht.

Nietzsches Verkündigung des Todes Gottes, verstanden als die nihilistische Auflösung fester, unverrückbarer, überzeitlicher Wahrheiten, führt ihn zu der Überzeugung, dass es nur ein perspektivisches Erfassen der Wirklichkeit geben kann. Jede Erkenntnis erfolgt aus einer bestimmten Perspektive und bleibt daher relativ. »Erkenntnis-Gewissheit ist eine Schimäre ... Mit Gott sind die unbezweifelbaren Tatsachen ›gestorben‹, ist die Wahrheit gestorben, wenn man sie als das ›originalgetreue‹ Erfassen des Gegebenen versteht ... Es gibt keine ›Thatsachen‹, bei denen menschliche Erkenntnis ankommen könnte, ›nur Interpretationen‹« (Werbick 2: 54). Wahrheit als ein fester, unumstößlicher Haltepunkt, an dem der Mensch sich verlässlich orientieren und auf den er sich unbedingt verlassen kann, ist dann nicht mehr zu haben.

Wendet man sich von Nietzsche her neueren philosophischen Wahrheitstheorien zu (Puntel; Kreiner 3: 77ff; Gloy: 67ff; Schärtl 1: 108ff), so zeigt sich, dass Wahrheit hier zumeist »nur noch als *Satzwahrheit*, nicht mehr als *Seinswahrheit* begriffen« wird (Janich: 29), sei es im Falle semantischer Wahrheitstheorien im Gefolge des polnischen Logikers Alfred Tarski, sei es in Kohärenztheorien der Wahrheit oder in intersubjektivitätstheoretisch ansetzenden Wahrheitskonzepten. Das kommt mit Nietzsches Kritik am traditionellen Wahrheitsverständnis jedenfalls darin überein, dass Wahrheit nicht mehr gleichgesetzt wird mit der Erkenntnis des Wesens der Wirklichkeit, der Wirklichkeit an sich. In diesen neueren Wahrheitstheorien wird nun allerdings nicht mehr Nietzsches kompromisslose Bestreitung eines solchen Wesens, sein Kampf gegen die Unterscheidung der realen Welt von einer anderen, wahren Welt fortgeführt. Sie verdanken sich vielmehr einem leiseren Paradigmenwechsel in der Philosophie, der sogenannten linguistischen Wende (linguistic turn), wie sie sich seit Gottlob Frege und Ludwig Wittgenstein vollzogen hat. Diese ist in der Einsicht begründet, dass das traditionelle (auch von Nietzsche noch vorausgesetzte) Verständnis der Sprache als »Instrument« der Mitteilung und der Benennung von Gegenständen unzulänglich bleibt. Stattdessen lenkt sie den Blick auf die Welt erschließende Bedeutung der Sprache: Jeder Zugang des Menschen zur Wirklichkeit ist sprachlich vermittelt; daher muss Sprache als fundamentale Kategorie der Philosophie und eines philosophischen Verständnisses von Wirklichkeit angesehen werden. Von daher ergibt sich als Programm neuerer Wahrheitstheorien, »*Wahrheitsprobleme als Probleme ihrer sprachlichen Formulierung* zu untersuchen und nötigenfalls ... zu reformulieren und zu rekonstruieren« (a. a. O. 28).

Für die Fundamentaltheologie stellt sich die Frage: Kann eine solche Beschränkung der Wahrheitsproblematik auf Satzwahrheiten auch als theologisch sachgemäß gelten? In Bezug auf die Gottesfrage als die zentrale Frage der Theologie hieße das: Die Wahrheitsfrage stellt sich in Bezug auf Aussagen über Gott. Das ist natürlich zunächst einmal völlig zutreffend; doch wenn die theologische Wahrheitsproblematik darauf reduziert wird, wird ihre spezifische Sinnspitze damit gerade verfehlt. Denn für eine den christlichen Glauben denkend verantwortende Theologie stellt Wahrheit zweifellos ein Gottesprädikat dar; d. h. für sie geht es nicht nur um wahre Sätze *über* Gott, sie hat vielmehr die für den Glauben wesentliche Überzeugung zu verantworten, dass *Gott selbst wahr ist.*

Theologisch gesehen hat Nietzsche also zunächst einmal völlig recht: Das Christentum identifiziert die Wahrheit mit Gott. Sätze über Gott sind demnach wahr, weil und insofern sie die Wahrheit, die Gott selbst ist, adäquat zur Sprache bringen. Eine sachgemäße Behandlung der theologischen Wahrheitsfrage muss deshalb vorrangig klären, was die Wahrheit Gottes beinhaltet, gerade auch angesichts der fundamentalen Kritik Nietzsches. In welchem Sinne ist Gott selbst wahr, und was besagt das hinsichtlich der Wirklichkeit der Welt? Das bedeutet dann aber (auch mit Blick auf den linguistic turn in der Philosophie): »Ohne den Zusammenhang mit der Sprache zu verlieren, hat Wahrheit einen Bezug zum Sein. Daran hängt überhaupt der Zusammenhang von Sprache und Gott, von Wahrheitsfrage und Gottesfrage« (Ebeling 5: 116). Wie ist also in *theologischer Perspektive* der Bezug der Wahrheit zum Sein beschaffen? Erst von einer Klärung dieser Frage her kann dann auch auf Nietzsches Kritik in angemessener Weise geantwortet werden.

b) Biblisches Wahrheitsverständnis und Sprechakttheorie

Der Ansatzpunkt muss dabei das biblische Verständnis von Wahrheit sein. In der griechischen Übersetzung des Alten Testaments wird mit dem griechischen Wort für Wahrheit, ἀλήθεια, zumeist das hebräische Wort $^{\ae}$mæt wiedergegeben (Hübner 1: 140; Arens 1: 7–12). Die Grundbedeutung dieses hebräischen Wortes lautet: Beständigkeit, Zuverlässigkeit, unbedingter Verlass. Im Deutschen wird $^{\ae}$mæt häufig mit »Treue« übersetzt. Auf Gott bezogen meint der Begriff $^{\ae}$mæt daher seine vorbehaltlose Verlässlichkeit und Vertrauenswürdigkeit. Wenn Gott dem Menschen $^{\ae}$mæt erweist, so bedeutet das: Gott ist beständig, d. h. er bleibt sich selber treu, und deshalb ist er ganz und gar zuverlässig. Wenn in biblischen Zusammenhängen von Wahrheit in Bezug auf Gott gesprochen wird, dann geht es um den Selbsterweis dieser unbedingten göttlichen Verlässlichkeit. Wahrheit ist demnach nicht etwas von Gott Verschiedenes, sondern Gott selbst in seiner Beständigkeit und Verlässlichkeit. Als diese Wahrheit Gottes ist Wahrheit im biblischen Verständnis eine personale Wahrheit. Von seiner biblischen Grundlage her hat der mit dem christlichen Glauben verbundene Wahrheitsanspruch also einen personalen Charakter.

Das bleibt grundlegend für die theologische Behandlung der Wahrheitsfrage. Denn als denkende Verantwortung des Glaubens muss die Theologie dessen Selbstverständnis gerecht werden. D. h. aber: »Wer die theologische Wahrheitsfrage *sachgemäß* stellen will, wird jedenfalls davon ausgehen müssen, daß die hier strittige Behauptung in der Regel gerade nicht die Form der neutralen Sachaussage hat, sondern die Form der Zusage und der Verheißung« (Link 1: 36). Der Glaube vertraut darauf, dass Gott sich selbst treu ist, indem er seine Zusagen und Verheißungen wahr macht. Von diesem Wahrheitsgeschehen hat die Fundamentaltheologie bei ihrer Klärung der Wahrheitsfrage auszugehen.

Dabei lässt sich nun philosophisch an Einsichten anknüpfen, die im Rahmen der von dem Oxforder Sprachphilosophen *John L. Austin* initiierten »Sprechakttheorie« gewonnen wurden. Sie geht von der Beobachtung aus, dass sprachliche Äußerungen nicht nur einen Tatbestand beschreiben oder eine Behauptung aufstellen können (konstative Äußerungen), sondern auch Äußerungen beinhalten, die als solche eine Handlung vollziehen, wie z. B. »ich gratuliere dir«, »ich verzeihe dir«, »ich ernenne dich«, »ich verspreche dir« usw. Austin spricht hier von »performativen« Sätzen bzw. Äußerungen, von engl. to perform = vollziehen (Austin: 29f). Konstative und performative Äußerungen stellen also zwei unterschiedliche Sprechakte dar: Im ersten Fall besteht der Sprechakt darin, *dass* man etwas sagt im Sinne einer Feststellung oder Behauptung (»Dieser Stuhl ist blau«). Im zweiten Fall besteht der Sprechakt darin, dass der Sprecher etwas tut, *indem* er etwas sagt (»Ich schenke dir diesen blauen Stuhl«). Im ersten Fall spricht Austin von einem lokutionären Akt, im zweiten Fall von einem illokutionären Akt. Mittels performativer Äußerungen werden demnach illokutionäre Akte ausgeführt.

Austin war der Auffassung, performative Äußerungen könnten, im Unterschied zu konstativen Äußerungen, nicht wahr oder falsch sein (a. a. O. 29.64.153), sondern lediglich unsachgemäß ausgeführt werden und so dann missglücken (a. a. O. 35–45). Allein in dieser Hinsicht bleiben sie daher nach Austin auch kritisierbar (etwa wenn jemand sagt: »Ich schenke dir diesen blauen Stuhl«, obwohl dieser gar nicht ihm selbst gehört, sondern seinem Nachbarn). In diesem Punkt, der auch für eine mögliche fundamentaltheologische Rezeption der Sprechakttheorie von besonderer Bedeutung ist, hat nun allerdings *Jürgen Habermas* Austin widersprochen, indem er zeigt: Auch performative Äußerungen beinhalten Wahrheitsansprüche. Denn »der Geltungsanspruch konstativer Sprechakte wird in gewisser Weise von Sprechhandlungen *jedes* Typs vorausgesetzt. Die Bedeutung des in nicht-konstativen Sprechakten erwähnten propositionalen Gehalts kann durch die Transformation eines Satzes ›- daß p‹ in dem Aussagesatz ›p‹ explizit gemacht werden – und zum Sinn der darin ausgedrückten Proposition gehört der Wahrheitsanspruch wesentlich hinzu.« Und der Grund dafür lautet: »Wahrheitsansprüche sind … Geltungsansprüche eines Typs, die in die Strukturen möglicher Rede überhaupt eingebaut sind. Wahrheit ist ein universaler Geltungsanspruch« (Habermas 1: 420). Um nochmals das triviale Beispiel zu bemühen: Die performative Äußerung »Ich schenke dir diesen blauen Stuhl« impliziert einen Wahrheitsanspruch, der sich in den konstativen Satz transformieren lässt: »Dieser Stuhl ist blau.« Der damit ausdrücklich gemachte Wahrheitsanspruch lässt sich gegebenenfalls bestreiten, etwa durch die Feststellung: »Dieser Stuhl ist gar nicht blau, sondern grün« oder: »Dieser blaue Gegenstand ist überhaupt kein Stuhl, sondern ein Sofa.«

Habermas hat die Analysen Austins aber noch in einer anderen Hinsicht weiter getrieben. In sprach*pragmatischer* Perspektive stellt er die Frage: Worin besteht die illokutive Kraft, die einen illokutionären Sprechakt gelingen lässt, so dass der Hörer das vom Sprecher gemachte Angebot annimmt und damit die von diesem intendierte intersubjektive Beziehung zustande kommt? Und es zeigt sich: Die Grundlage eines illokutionären Aktes bilden bestimmte Verpflichtungen, die der Sprecher eingeht, indem er diesen illokutionären Sprechakt mittels einer performativen Äußerung ausführt. »Die illokutive Kraft eines akzeptablen Sprechakts besteht also darin, dass sie einen Hörer dazu bewegen kann, sich auf die sprechhandlungstypischen Verpflichtungen des Sprechers zu verlassen« (a. a. O. 432; i.O. kursiv). Damit rückt ein Aspekt in den Blick, der bei Austin nicht ausdrücklich in seiner grundlegenden Bedeutung reflektiert wird: die *Wahrhaftigkeit* des Sprechers, mit der er seine Intentionen äußert. Auch dieser Wahrhaftigkeitsanspruch ist daher nach Habermas ein unerlässlicher universaler Anspruch der verständigungsorientierten Rede. »Wahrhaftigkeit verbürgt die Transparenz einer sprachlich sich darstellenden Subjektivität« (a. a. O. 426). Nur unter dieser Voraussetzung kann der Hörer sich darauf verlassen, dass der Sprecher zu den in seinem Sprechakt eingegangenen Verpflichtungen auch steht, dass er also das von ihm gemachte Angebot, »sofern der Hörer es akzeptiert, ›wahrzumachen‹ bereit ist« (a. a. O. 431).

Solche Wahrhaftigkeitsansprüche lassen sich nicht gewissermaßen »von außen«, aus einer Beobachterperspektive auf ihre Berechtigung hin prüfen. »Wahrhaftigkeitsansprüche können nur in Handlungszusammenhängen eingelöst werden ... Ob jemand seine Intentionen wahrhaftig ausdrückt oder in seinen manifesten Äußerungen die zugerechneten Intentionen bloß vorspiegelt (und sich in Wahrheit strategisch verhält), das muß sich, wenn wir die Interaktionen nur lange genug mit ihm fortsetzen, in seinen Handlungen zeigen« (Habermas 2: 139). Es lässt sich also erst im Nachhinein definitiv feststellen, ob ein hier und jetzt erhobener Wahrhaftigkeitsanspruch berechtigt ist oder nicht. Hier und jetzt kann ich einer anderen Person nur einen Vorschuss an Vertrauen darauf gewähren, dass sich der von ihr erhobene Wahrhaftigkeitsanspruch beim Fortgang der Interaktion mit ihr als berechtigt erweisen wird. Habermas spricht in diesem Zusammenhang auch von »Glaubensgewissheit« und erläutert dies folgendermaßen:

»Einer Person glauben heißt, dass ich ausschließe, dass sie nicht meinen könnte, was sie sagt. Das Gewissheitserlebnis, das einen solchen Akt des Glaubens an eine Person begleitet, verdankt sich den Interaktionen, in denen ich die Wahrhaftigkeit des Betreffenden erfahren habe. Die *Glaubensgewissheit* ... ist von kommunikativen Erfahrungen abhängig; deshalb lassen sich Wahrhaftigkeitsansprüche auch nur in Interaktionen einlösen oder ›bezeugen‹« (a. a. O. 142).

Der einer Person entgegengebrachte Vertrauensvorschuss gründet also in bereits gemachten Erfahrungen mit ihr; es ist die daraus erwachsene Erwartung der Konsistenz ihres interaktiven Verhaltens, die ihren hier und jetzt erhobenen Wahrhaftigkeitsanspruch als glaubwürdig erscheinen lässt.

Die Einsichten, die eine sprachphilosophische Sprechakttheorie zutage fördert, stellen eine geeignete Grundlage dar, um den mit dem Glauben verbundenen und von der Theologie zu vertretenden Wahrheitsanspruch zu explizieren. Denn wenn der Grund des Glaubens in einem *Wort Gottes* zu sehen ist, der unbedingten Zusage und Verheißung seines rettenden, heilschaffenden Beistandes, dann handelt es sich dabei ja um ein Sprachgeschehen. Genauer gesagt: Das als Zusage und Verheißung verstandene Wort Gottes kann als ein performatives Sprachgeschehen begriffen werden, d. h. als ein Sprachgeschehen, das als solches eine Handlung darstellt, und zwar eine Handlung Gottes zugunsten des Menschen. Eine sprachphilosophisch informierte Theologie hat also davon auszugehen, »daß das Evangelium als bestimmte Sprachhandlung selbst Glaubensgrund, dass das ›Wesen des Christentums‹ Sprachhandlung« ist (Bayer: 453). Die theologische Wahrheitsfrage wird dann aber nur adäquat gestellt, wenn sie in diesem Sprachgeschehen verortet wird (vgl. Schüssler-Fiorenza: 147–150).

Die biblische Tradition ist von der Überzeugung durchdrungen und getragen, dass Gott sich in der Geschichte, insbesondere in der Geschichte Israels offenbart, indem er zum Menschen spricht und sich heilschaffend für ihn engagiert. Das Wort und das Handeln Gottes stehen dabei nicht nebeneinander, sie bilden vielmehr eine innere, unauflösbare Einheit. Markant ist das etwa im Jesajabuch als Spruch Jahwes formuliert:

»So wie Regen und Schnee vom Himmel fallen und dorthin nicht zurückkehren, ohne die Erde zu tränken, zu befruchten und sie sprossen zu lassen, so dass sie Samen den Säenden und Brot den Essenden gibt, so verhält es sich mit meinem Wort, das aus meinem Mund hervorgeht: Es kommt nicht leer zu mir zurück, ohne vollbracht zu haben, was ich wollte, und ausgeführt zu haben, wozu ich es sandte« (Jes 55,10f).

Gottes Wort ist nach biblischem Verständnis ein machtvoll wirkendes Wort, das zugleich dem Menschen dieses machtvolle Wirken Gottes kundtut und ihn so der rettenden Hilfe und des Beistandes Gottes vergewissert.

Im Neuen Testament wird Jesus Christus als das *fleischgewordene* Wort Gottes verstanden (Joh 1,14). Es ist das göttliche Wort, das von allem Anfang an war und durch das alles, die gesamte Schöpfung geworden ist (Joh 1,1–3). Dieses machtvolle, schöpferische Wort Gottes ist in Jesus von Nazareth in menschlicher Gestalt, als konkreter geschichtlicher Mensch erschienen. In der Geschichte dieses Menschen, in seinem Leben und in seinem Schicksal zeigt sich die Wirkmächtigkeit des göttlichen Wortes noch einmal in besonderer, ja, nach neutestamentlicher Auffassung, in nunmehr unüberbietbarer Weise. Denn Jesus Christus, dieses menschgewordene Wort Gottes, »ist das Ja zu allem, was Gott verheißen hat« (2 Kor 1,20). Christus steht demnach in Kontinuität zum Heilshandeln Gottes an Israel und den ihm gegebenen Verheißungen. An all dem hält Gott fest, er widerruft nichts davon, denn »Gott ist treu« (2 Kor 1,18). Er bekräftigt seine Verheißungen, nicht indem er sie lediglich wiederholt, sondern indem er sie in Jesus Christus definitiv wahr macht. »In ihm ist das Ja Wirklichkeit geworden« (2 Kor 1,19). Seine Heilsgegenwart, die Gott Israel immer wieder zugesagt hat, wird in Christus neu und endgültig zugesagt, indem sie sich gegen alle Widerstände und Mächte als wirksam und durchsetzungsfähig erweist. So bekundet dieses fleischgewordene Wort Gottes: Es gibt schlechterdings keine Macht, noch nicht einmal die alles Leben vernichtende Macht des Todes, gegen die die Heilsgegenwart Gottes machtlos bleibt und nicht ankommt.

Als dieses Wort Gottes ist Christus die Wahrheit Gottes in Person (Joh 14,6), verstanden im biblischen Sinne, wonach die Wahrheit Gottes seine Beständigkeit und Verlässlichkeit meint. Diese personale Wahrheit wird in Jesus Christus neu und endgültig zugesagt, indem sie sich in seiner Person in unüberbietbarer Weise als wirkmächtig erweist.

Damit wird dann aber auch noch einmal ganz neu die Verkündigung dieses Wortes Gottes initiiert. Denn im Blick auf das Christusereignis muss man ja sagen: »Das Christentum ist die Religion der erfüllten Verheißung, die gerade als solche dem Glaubenden wiederum zur Verheißung wird« (Pannenberg 3: 275). Das, was zunächst Israel verheißen worden ist und in der Person Jesu Christi seine Bestätigung und Erfüllung gefunden hat, wird zur Verheißung für alle Menschen. Ihnen allen wird der helfende und rettende Beistand Gottes zugesagt, der sich in Christus als wirksam erwiesen hat.

In diesem Sinne lässt sich das Wort Gottes als ein performatives Sprachgeschehen begreifen. In ihm sagt Gott sich selbst dem Menschen absolut verlässlich zu und verheißt ihm so das Geschenk seines eschatologischen Heiles. Die endgültige Einlösung dieses Versprechens steht (wie bei jedem Versprechen) noch aus. Für den christlichen Glauben stellt jedoch das Christusereignis die Wahrhaftigkeit Gottes unter Beweis. Im Zusammenhang des Lebens, des Sterbens und der Auferweckung Jesu hat Gott nicht nur die Intentionen seines Heilshandelns offenbar gemacht; er hat sich vielmehr selbst vorbehaltlos engagiert, um das von ihm verheißene Heil Wirklichkeit werden zu lassen und so seine Verheißung wahr zu machen. Das ermöglicht es den Glaubenden, sich auf das in Christus gesprochene Wort Gottes einzulassen und auf die Einlösung des damit gegebenen Versprechens zu vertrauen.

c) Gottes Wahrheit

Die Wahrheit Gottes, um die es im Glauben geht, ist eine *Heils*wahrheit; der Wahrheitsanspruch, der mit dem an jeden Menschen gerichteten Wort Gottes verbunden ist, hat einen soteriologischen Charakter, er bezieht sich auf das eschatologische (also letztgültige, unüberbietbare) Heil des Menschen. Konstitutiv für diesen Wahrheitsanspruch ist das wirkmächtige Wort, durch das Gott sich an den Menschen wendet. Es überwältigt den Menschen nicht, dieser muss sich vielmehr die ihm von Gott eröffnete Wahrheit zu eigen machen, indem er sich vertrauensvoll auf das Wort Gottes einlässt. Eben das heißt glauben: sich vorbehaltlos-vertrauensvoll das Wort Gottes gesagt sein lassen. Daher geht es im Glauben auch nicht um eine theoretische Wahrheit, die die Welt oder den Menschen zu erklären beansprucht. Es geht vielmehr um eine praktische Wahrheit (vgl. Joh 3,21), »um die Konkretion und Aneignung von Wahrheit im menschlichen Leben, um *gelebte Wahrheit*« (Dalferth 5: 175). Sie ermöglicht es dem Menschen, die Welt und sich selbst in einem neuen Licht zu sehen und zu verstehen und so dann auch neue Erfahrungen mit sich und der Welt zu machen. Dazu muss sich die Wahrheit Gottes geschichtlich immer wieder neu konkretisieren, indem sein Wort Glauben weckt und findet.

Dabei bewahrheitet und bewährt sich die mit seinem Wort gegebene Zusage und Verheißung Gottes jetzt schon, auch wenn ihre endgültige Einlösung noch aussteht. Indem die Wahrheit Gottes zur gelebten Wahrheit im Hier und Jetzt des Glaubens wird, kann sich ihre versöhnende und heilsame, zukunftserschließende und einen letztgültigen Sinn gewährende Kraft zeigen und entfalten. Damit wird kein allgemein gültiger, theoretischer »Wahrheitsbeweis« erbracht; ein solcher lässt sich für die mit dem Glauben verbundene Wahrheit gar nicht erbringen, wenn es sich denn dabei um eine das Leben zurecht bringende und in diesem Sinne praktische Wahrheit handelt. Als solche muss sie sich immer wieder neu in den unterschiedlichen Zusammenhängen und Herausforderungen des Lebens erweisen. So lässt sich die Frage nach der Wahrheit Gottes auch durch keine Antwort endgültig still stellen; sie findet vielmehr »ihre jeweilige Antwort im Leben der Glaubenden durch die erhellende Kraft der Offenbarung Gottes für die Erfahrungen ihres Lebens« (Pannenberg 3: 281). Damit gilt für die theologische Wahrheitsfrage ebenfalls, was Peter Janich im Hinblick auf philosophische Wahrheitstheorien konstatiert: »Erst das Verlassen der Beobachterperspektive und die tatsächliche Teilnahme an *Rede zur Lebensbewältigung* und schließlich erst das Handeln statt das Reden über das Handeln erlaubt eine befriedigende und befriedigend vollständige Beantwortung der Frage ›Was ist Wahrheit?‹« (Janich: 99).

Daraus erhellt, warum die Wahrheit Gottes sich in konkreten geschichtlichen Zusammenhängen erschließt und nur so erschließen kann, zunächst in der Geschichte Israels und sodann in der Fleischwerdung des göttlichen Wortes, also in der Geschichte eines konkreten Menschen im Kontext dieser Geschichte Gottes mit Israel. So muss denn auch von dieser Wahrheit Gottes »zuallerst erzählt, sie muß bezeugt werden, sie ist allein im Erzählen und Bezeugen zugänglich, in welchem die Zeugen sich mit ihrer eigenen Existenz für die Wahrheit ihres Zeugnisses verbürgen und diese in ihrem eigenen Handeln zu erschließen, aufzuzeigen und sichtbar zu machen suchen« (Arens 1: 15). Der Glaube bleibt elementar angewiesen auf die erzählerische Vergegenwärtigung von Erfahrungen dieser Heilswahrheit. Denn »das Neue und noch nie Dagewesene kann nur erzählend dargestellt und vergegenwärtigt werden« (Metz 1: 199). Es lässt sich gerade nicht aus dem Bekannten herleiten, sondern tritt überraschend, unvorhersehbar zu diesem hinzu. »Eine Vernunft, die sich dem erzählenden Austausch solcher Erfahrungen des Neuen verschließt oder ihn im Namen ihres kritischen Wesens und ihrer Autonomie total abbricht, erschöpft sich in der Nachkonstruktion und bleibt schließlich ein Stück Technik« (ebd.), eine rein instrumentelle Vernunft. Die Wahrheit Gottes lässt sich mittels einer solchen Vernunft nicht erfassen, sondern bleibt ihr zwangsläufig verschlossen.

Die Wahrheit Gottes hat ihren Bezug zum Sein demnach darin, dass sie »das Sein zum Heil« kehrt (Jüngel 1: 430). Und eben um dieses Geschehen zu erfassen, muss von ihm immer wieder neu erzählt werden, beginnend mit den biblischen Erzählungen, aber keineswegs mit ihnen endend; denn die Erfahrungen, in denen sich die Wahrheit Gottes konkretisiert, werden ja in ganz unterschiedlichen geschichtlichen Kontexten immer wieder neu und auf unterschiedliche Weise gemacht. Dem vermag die Theologie nur gerecht zu werden, wenn sie sich bewusst bleibt, dass sie eine »narrative Tiefenstruktur« (Metz 1: 203; vgl. oben 81f) hat.

Unbeschadet dessen beinhaltet der Wahrheitsanspruch des Glaubens, der sich in einem performativen Sprachgeschehen artikuliert, auf jeden Fall aber auch Wirklichkeitsbehauptungen. Als wissenschaftstheoretische Grundlegung der Theologie hat die Fundamentaltheologie gerade auch darüber Rechenschaft abzulegen. Eine solche

»Wirklichkeitsbehauptung unterscheidet sich in wesentlichen Hinsichten von den Behauptungssätzen empirischer Tatsachenwissenschaften. Denn sie versteht ihren ›Gegenstand‹ nicht als einen gegebenen Bestandteil der allgemein zugänglichen Erfahrungswelt, der in neutraler Beobachtung festgestellt werden könnte, sondern als die Wirklichkeit des in das Dasein des Menschen inmitten der Welt des Gegebenen Grund, Richtung und Ziel hereinrufenden Willens, der nur aus seinem Anruf und nur im Sich-einlassen auf diesen Anruf *als* Wirklichkeit erfahren wird. Und die Aussage dieser Wirklichkeit will wahr sein nicht im Sinne einer adaequaten *Beschreibung* ihres ›Gegenstandes‹, sondern eher als eine jenem Anruf entsprechende *Antwort*, die sich doch nie als abschließend richtiges und ›letztes‹ Wort verstehen kann. Eben in dieser ihrer Verschiedenheit von den Behauptungssätzen der Tatsachenwissenschaften wird die theologische Wirklichkeitsaussage für Kriterien, die an solchen Wissenschaften orientiert sind, unvermeidlich problematisch« (Joest: 232).

Gott ist nicht Teil unserer Erfahrungswirklichkeit; er tritt vielmehr »von außen« zu dieser hinzu, indem er sich ihr zuspricht. Dadurch rücken Welt und Mensch in eine neue, aus ihnen selbst unableitbare Perspektive und werden auf diese Weise grundlegend verwandelt und erneuert. Wenn der Glaube Gott und sein Handeln als wirklich behauptet und von dieser Wirklichkeit auch in Behauptungssätzen spricht, so haben solche Sätze ihre Grundlage und ihren »Gegenstandsbereich« in diesem Sprachgeschehen des Wortes Gottes, sie lassen sich davon nicht ablösen, denn sie explizieren das, was dieses Sprachgeschehen zu erkennen gibt. Der Versuch, das aus einer neutralen Beobachterperspektive zu verifizieren oder zu falsifizieren, bleibt daher unsachgemäß.

Das lässt sich etwa folgendermaßen konkretisieren: Wenn der Glaube feststellt: »Gott ist Liebe« (1 Joh 4,8.16), so ist das nicht an innerweltlichen Erfahrungszusammenhängen ablesbar oder überprüfbar; diese Feststellung bleibt vielmehr an das Geschehen gebunden, in dem Gott sich selbst als Liebe erweist und zusagt. Die glaubende Bezugnahme darauf impliziert die Wirklichkeitsbehauptung: Gott existiert als die transzendente Wirklichkeit sich selbst verschenkender Liebe. Oder wenn der Glaube verkündet: »Jesus ist von den Toten auferstanden«, so ist damit die Wirklichkeit eines neuen Lebens behauptet, das Jesus von Gott ermöglicht worden ist. Diese Wirklichkeit ist jedoch nicht Teil der innerweltlichen Lebenszusammenhänge und daher auch nicht wie ein innerweltlicher »Gegenstand« erfassbar und beschreibbar (vgl. dazu unten 253–255ff).

Damit ist allerdings keineswegs bestritten, dass der Glaube *auch* Behauptungen beinhaltet, die sich auf innerweltliche Sachverhalte beziehen und damit auch entsprechend überprüfbar sind, etwa die Behauptung, dass Jesus von Nazareth tatsächlich gelebt und den Kreuzestod erlitten hat. Ließe sich nachweisen, dass Jesus als geschichtlicher Mensch gar nicht existiert hat, so wäre damit natürlich der Glaubensaussage von der Menschwerdung des Wortes Gottes in ihm der Boden entzogen. Aber diese Glaubensaussage ist eben nicht identisch mit der Tatsachenbehauptung, dass der Mensch Jesus tatsächlich gelebt hat. Letztere lässt sich mit den Mitteln historischer Forschung überprüfen, ganz unabhängig davon, wie man zu den Glaubensaussagen über Jesus steht. Ein Nachweis der Historizität Jesu erweist jedoch nicht auch die Behauptung als wahr, dass in ihm das Wort Gottes Fleisch geworden ist. Der Wirklichkeitsgehalt dieser Behauptung ist kein »Gegenstand« unserer Erfahrungswelt; ihre Wahrheit erschließt sich nur auf der Grundlage einer lebenspraktischen Aneignung dieses fleischgewordenen Wortes Gottes. Die Explikation dieser Wahrheit muss daher im Zusammenhang mit dem Sprachgeschehen des Wortes Gottes erfolgen und dabei sein lebensveränderndes und -erneuerndes Potential als Grundlage dessen aufweisen, was der christliche Glaube als Wahrheit Gottes beansprucht.

d) Präzisierungen und Abgrenzungen

Die fundamentaltheologische Behandlung der Wahrheitsfrage dient der Klärung des Wahrheitsgehaltes des christlichen Glaubens und der auf ihn bezogenen theologischen Aussagen. Denn der Glaube beansprucht nicht nur, mit der Vernunft vereinbar zu sein, sondern auch, einen spezifischen Wahrheitsaspekt zu beinhalten, im Unterschied etwa zu naturwissenschaftlichen oder historischen Wahrheiten. Dieser Wahrheitsgehalt hat, so zeigte sich, einen soteriologischen Charakter, es geht also um eine Heilswahrheit, die sich in einem an den Menschen gerichteten Wort Gottes erschließt. Dieses theologische Wahrheitsverständnis sei nun in verschiedener Hinsicht noch etwas verdeutlicht.

(1) Mit der Beanspruchung eines spezifischen Wahrheitsaspektes durch Glaube und Theologie wird keineswegs die Wahrheitserkenntnis anderer Wissenschaften in Abrede gestellt oder ihr eine andere Wahrheit entgegengesetzt. Es gibt *keine »doppelte Wahrheit«* (vgl. dazu: Hödl; Sparn). Die von der Theologie zu vertretende Heilswahrheit des Glaubens kann aus prinzipiellen theologischen Gründen dem von anderen Wissenschaften als wahr Erkannten nicht widersprechen. Es gibt unterschiedliche Aspekte der Wahrheit, aber diese schließen sich nicht gegenseititg aus, sondern ergänzen einander und bilden insofern eine Einheit. Das 2. Vatikanische Konzil erläutert das folgendermaßen:

»Durch ihr Geschaffensein selber nämlich haben alle Einzelwirklichkeiten ihren festen Eigenstand, ihre eigene Wahrheit, ihre eigene Gutheit, sowie ihre Eigengesetzlichkeiten und ihre eigenen Ordnungen, die der Mensch unter Anerkennung der den einzelnen Wissenschaften und Techniken eigenen Methode achten muss. Vorausgesetzt, dass die methodische Forschung in allen Wissensbereichen in einer wirklich wissenschaftlichen Weise und gemäß den Normen der Sittlichkeit vorgeht, wird sie niemals in einen echten Konflikt mit dem Glauben kommen, weil die Wirklichkeiten des profanen Bereichs und die des Glaubens in demselben Gott ihren Ursprung haben« (GS 36/2).

Es bleibt deshalb eine vordringliche Aufgabe der Theologie, die Vereinbarkeit von beidem zu erweisen. D. h. allerdings keineswegs, dass sie ihr begegnende Wahrheitsansprüche nicht auch kritisch zu prüfen hätte. Auch mit dem Anspruch der Wissenschaftlichkeit vorgetragene Wahrheitsbehauptungen können die Wirklichkeit, auf die sie sich beziehen, verfehlen oder ideologisch verzerren. »Daß mitunter gerade W(ahrheits)-Ansprüche mit umfassendem Geltungsanspruch als ideologiegestützte Selbstverständlichkeiten im prophet(ischen) Widerspruch der Krisis der Gottes-W(ahrheit) auszusetzen sind, ist die Kehrseite des Festhaltens an der *einen* W(ahrheit)« (Müller/Werbick: 935f).

(2) Die Wahrheit Gottes, um die es in Glaube und Theologie geht, ist auf Geschichte bezogen, ohne deshalb einem geschichtlichen Relativismus zu unterliegen. Das Verhältnis von *Wahrheit und Geschichte* bleibt daher durchaus spannungsvoll und ist immer wieder neu auszutarieren. Die Wahrheit Gottes muss und will sich in den unterschiedlichen Kontexten der Geschichte jeweils konkretisieren. Sie lässt sich nicht in einer ein für allemal gültigen, überzeitlichen Weise explizieren. Jede Aneignung der Wahrheit Gottes hat unabdingbar einen historischen Index. Das ist notwendig, weil sie nur so den konkreten Menschen in seiner geschichtlichen Situation auch tatsächlich erreichen und von ihm erfasst werden kann. Dabei bleibt sie jedoch immer die eine Heilswahrheit *Gottes*, und als solche ist sie übergeschichtlich. Denn so sehr Gott mit der Menschwerdung seines Wortes sich in die Geschichte hineinbegeben und ihr ausgeliefert hat, so wahrt er doch zugleich seine Transzendenz gegenüber der Geschichte. Die Wahrheit Gottes geht nicht auf in der Geschichte, sie ist nicht deren Resultat; sie bleibt das aus der Geschichte Unableitbare und sie Übersteigende. Die Wahrheit Gottes kommt von außen auf die Geschichte zu, indem sie durch das Wort Gottes in diese hineingesprochen wird. Nur so, als der Geschichte *zugleich* immanent und transzendent, vermag die Wahrheit Got-

tes die immer in Geschichte verstrickten Menschen aus ihren Abwegen und Ausweglosigkeiten zu erlösen und der Geschichte als ganzer eine Heilsperspektive zu eröffnen. Die christliche Theologie hat dieses Zugleich von Immanenz und Transzendenz Gottes mittels ihres trinitarischen Gottesverständnisses denkbar gemacht: Gott bleibt (als der Vater) der Welt schlechthin transzendent und ist doch zugleich (als der Sohn) auf sie bezogen und (als der Geist) ihr immanent.

(3) *Wahrheit Gottes und menschliche Freiheit* bilden keinen Gegensatz, sondern fordern sich gegenseitig. Jede Wahrheit, die nicht ganz auf freie Zustimmung aus ist, droht gewalttätig zu werden. So bleibt auch die Wahrheit Gottes darauf angewiesen, dass der Mensch sie sich in freier Entscheidung zu Eigen macht, weil ihn diese Wahrheit überzeugt. Mit den Worten des 2. Vatikanums formuliert: »Anders erhebt die Wahrheit nicht Anspruch als Kraft der Wahrheit selbst« (Dign. Hum. 1/3). Zu bedenken bleibt dabei allerdings, dass die Wahrheit Gottes für den Menschen auch selbst befreiend wirkt: »Die Wahrheit wird euch frei machen« (Joh 8,32). Sie öffnet dem Menschen die Augen für seine eigene Situation und ermöglicht ihm einen realistischen Blick auf sich selbst. Seine Selbsttäuschungen werden entlarvt, die von Angst getriebene Fixierung auf sich selbst wird aufgebrochen. Auf diese Weise ermöglicht die Wahrheit Gottes dem Menschen eine grundlegende Neuorientierung, einen Neuanfang seines Lebens. Sie erweist sich als die Bedingung der Möglichkeit, die Wahrheit des eigenen Menschseins zu finden. Es zeigt sich: »*Wahrheit* ist ein Gottesprädikat, das Gottes schöpferischen Bezug zum Leben von Personen charakterisiert: Gott ist *wahr*, indem er das Leben von Personen *wahr macht*, und er macht es wahr, indem er sie von den Verfehlungen ihres Lebens *frei spricht*« (Dalferth 5: 205), weil Gott den Menschen als sein Geschöpf unbedingt anerkennt und bejaht (siehe unten 207). Die Wahrheit Gottes eröffnet dem Menschen einen neuen Freiheitshorizont, indem sie den Kreislauf menschlicher Selbstverfehlungen, Selbsttäuschungen und Selbstrechtfertigungen aufbricht. So wird dem Menschen neu Zukunft zugespielt, und er kann in Freiheit auf sie vorgreifen.

»Während jedoch die *neuzeitlich* begriffene Freiheit diesen Vorgriff in der Form des *Sollens* erarbeitet – sie erhebt sich auf dem Boden dessen, was der Mensch ›hat‹ und handelnd einsetzen kann –, verdankt ihn die vom Glauben getragene Freiheit des *Evangeliums* allein der Macht Gottes. Sie ist nichts als deren Manifestation. Denn wer sich auf diese Macht verlässt, der nichts unmöglich ist, weil sie alles vermag, muß sich selbst loslassen. Erst in solcher Freiheit *von* sich, in der er die Sphäre des natürlichen Verlangens und Sorgens, den Raum der Selbstverwirklichung, überschreitet, wird er – johanneisch gesprochen – ›wahrhaft frei‹ (Joh 8,36), frei *zu* sich selbst ... Diese *Freiheit*, in der der Glaube der Nähe des Reiches Gottes entspricht, ist als *vestigium* seiner *Wahrheit* geltend zu machen. Sie findet ihre Erfüllung in der *Liebe* (Gal 5,13), weil die Liebe das Können der Freiheit am Anspruch des Nächsten begrenzt und es dadurch als ein fremdes Können, als Können Gottes erweist« (Link 1: 64f).

(4) Mit dem Eintritt des Christentums in den hellenistischen Kulturraum geriet sein biblisches Wahrheitsverständnis unter den Einfluss der philosophischen Metaphysik und wurde nun von daher mitgeprägt. Das führte häufig zu einer sehr starken, einseitigen Betonung der Überzeitlichkeit und der Unveränderlichkeit der Wahrheit, wie es dem Wahrheitsverständnis der griechischen, insbesondere der platonischen Philosophie entspricht (Wagner H. 2: 85f). So konnte die mit Gott identifizierte Wahrheit immer wieder in Gegensatz zur Welt in ihrer Zeitlichkeit und Vergänglichkeit gebracht und dadurch tatsächlich diese Welt entwertet und Gott zum Inbegriff des Lebensfeindlichen werden, wogegen *Nietzsches Wahrheits- und Gotteskritik* dann mit Recht Anklage erhebt. Muss jedoch die Wahrheit Gottes als eine in diese Welt eingehende und in ihr Raum greifende Wahrheit verstanden werden, so verschiebt sich die Problematik. Die Wahrheit Gottes stellt dann keinen Gegensatz zu dieser Welt als solcher dar, sondern zu einer falschen Gestalt dieser Welt. Als Heilswahrheit will sie diese Welt nicht entwerten und den Menschen nicht von dieser Welt fern halten; es geht vielmehr um eine Erneuerung der Welt und des Menschen.

In diesem Zusammenhang tritt auch das (negative) Verhältnis von *Wahrheit und Leiden* in den Blick. In der Theologie wird das vor allem von Johann Baptist Metz thematisiert. Bei seiner Forderung einer anamnetischen Vernunft geht es ja um eine leidempfindliche Vernunft, eine Vernunft, die charakterisiert ist durch die memoria passionis, das Eingedenken fremden Leides (vgl. oben 80f). Metz lässt sich dabei leiten von dem Satz Theodor W. Adornos: »Das Bedürfnis, Leiden beredt werden zu lassen, ist Bedingung aller

Wahrheit« (Adorno 2: 27). Demnach ist eine Vernunft, die Leiden vergisst, verdrängt oder bagatellisiert, nicht wirklich wahrheitsfähig; es ist eine letztlich zynische Vernunft, die sich beschränkt auf Fragen der Herstellbarkeit und der Machbarkeit und dabei die Opfer und die Leidenden dem Vergessen anheim gibt. Dem setzt Metz entgegen: »Erst eine Vernunft mit Leidensapriori, eine leidgeschärfte Vernunft begründet und leitet Wahrheitsansprüche in einer ideologiefreien und auch in strikt pluralistischen Verhältnissen zustimmungsfähigen Weise« (Metz 6: 27; vgl. Metz 7: 221) Das gilt selbstverständlich auch für die Wahrheit Gottes; sie ist theologisch nur in rechter Weise zur Geltung gebracht als eine dem Leiden widersprechende und es bekämpfende Wahrheit. Ihre erneuernde Kraft zeigt sich vor allem auch darin, dass sie den Leidenden und Opfern eine neue Perspektive der Gerechtigkeit und der Versöhnung eröffnet.

Zu widersprechen bleibt dann aber vor allem Nietzsches Glorifizierung des Lebens als machtförmiger Grundkraft des Daseins. Es ist gerade diese Machtförmigkeit, gegen die die Wahrheit Gottes sich wendet und die sie ihrerseits als lebensfeindlich und nicht zukunftsfähig entlarvt. Dem rücksichtslosen Willen zur Macht setzt sie vorbehaltlos sich verschenkende Liebe entgegen, die sich in ihrer Ohnmacht in einer überraschenden und unableitbaren, schöpferischen Weise als mächtig erweist. So wirkt die sich in solcher Liebe konkretisierende Wahrheit Gottes heilend und versöhnend in der Welt, bis dahin, dass sie schließlich auch gegen die unversöhnliche Macht des Todes dem Leben Zukunft eröffnet. Als das von Ewigkeit her je neue Ereignis dieser Liebe spricht Gott sich dem Menschen zu. Und es ist eben diese Wahrheit Gottes, die dann auch durch alle noch so unterschiedlichen Perspektivierungen menschlichen Denkens und Lebens hindurchgreift und den Menschen zum wahren Leben befreit, zu einem »Leben in Fülle« (Joh 10,10) in strikt antinietzeanischem Sinne.

Zweiter Teil: Themen der Fundamentaltheologie

Als wissenschaftstheoretische Grundlegung der Theologie muss die Fundamentaltheologie sich bestimmten inhaltlichen Themen zuwenden. Leitend bleiben dabei die beiden zentralen Fragen, die das Projekt der Fundamentaltheologie abstecken: die Frage nach der Vereinbarkeit von Glaube und Vernunft sowie die Frage nach dem spezifischen Wahrheitsgehalt des Glaubens. Die traditionelle Fundamentaltheologie sah von einer inhaltlichen Bearbeitung und Konkretisierung dieser Fragen ab, sie wollte den Glaubwürdigkeitsaufweis ganz »von außen«, unter Bezugnahme auf »äußere Zeichen« erbringen. Dieser fundamentaltheologische Extrinsezismus (vgl. oben 125), wird heute allgemein als unsachgemäß und unzureichend angesehen. Deshalb müssen sowohl der Wahrheitsanspruch des christlichen Glaubens wie auch die Behauptung seiner Vernunfthaftigkeit unter Bezugnahme auf die Inhalte des Evangeliums eingelöst werden. Nur so kann die Theologie als Glaubenswissenschaft legitimiert und begründet werden.

Die Gliederung dieser inhaltlichen Themen orientiert sich im Folgenden an den vier Traktaten der traditionellen katholischen Fundamentaltheologie: Religionstraktat, Offenbarungstraktat, Kirchentraktat, Theologische Erkenntnislehre. Diese Gliederung ist in jüngerer Zeit wieder aufgegriffen worden, insbesondere im »Handbuch der Fundamentaltheologie«, aber etwa auch in der »Kontextuellen Fundamentaltheologie« von Hans Waldenfels. Sicherlich ist das nicht zwingend, andere Gliederungsprinzipien bleiben selbstverständlich denkbar und möglich. Doch es sprechen auch gute Gründe für eine Gliederung in diese vier Traktate. Zum einen sind in ihnen alle für die fundamentaltheologische Grundlegungsarbeit relevanten Themen berücksichtigt. Dabei können dann auch jeweils kritische Anfragen und Infragestellungen des Glaubens aufgegriffen werden, so dass die wissenschaftstheoretische Fundierungsaufgabe und die apologetische Aufgabe der Fundamentaltheologie eng miteinander verbunden sind. Und schließlich ist es für das Fach als solches von Vorteil, wenn es über eine einigermaßen klare Struktur verfügt. Das tritt nicht nur dem Eindruck des Beliebigen entgegen, den die Fundamentaltheologie in den zurückliegenden Jahrzehnten gelegentlich hinterlassen hat. Es kommt sicherlich auch dem fundamentaltheologischen Diskurs selbst zugute, wenn er sich stärker an einer einigermaßen festen thematischen Strukturierung des Faches orientieren kann.

Wie gesehen besteht die Grundlagenarbeit der Fundamentaltheologie für die Theologie als ganze darin, die Vernunfthaftigkeit des christlichen Glaubens*grundes* sowie den mit ihm verbundenen Wahrheitsanspruch zu erschließen. Denn Theologie als Glaubenswissenschaft (siehe unten 394f) beruht auf bestimmten Grundlagen und Voraussetzungen einer religiösen Rede und eines religiösen Verständnisses der Wirklichkeit im Ganzen. Und die zentrale Grundlage und Voraussetzung des christlichen Glaubens ist eben sein spezifischer Glaubensgrund.

Als diesen seinen Glaubensgrund sieht das Christentum das als letztgültige Offenbarung Gottes verstandene Christusereignis an. In diesem Offenbarungsgeschehen erschließt sich nach christlicher Überzeugung die Wahrheit Gottes als der letztgültige Sinn allen geschöpflichen Daseins. Das hat die Fundamentaltheologie in ihrem Traktat »Offenbarung« zu explizieren. Dabei muss dann auch in Auseinandersetzung mit der Offenbarungskritik aufgewiesen werden, warum der Mensch sich diese Wahrheit nicht selbst mittels seiner Vernunft zu sagen vermag. Es geht darum, zu begründen, inwiefern die Form der Offenbarung in einem kontingenten geschichtlichen Ereignis dem Offenbarungsinhalt als dem christlichen Glaubensgrund adäquat ist. – Der christliche Offenbarungsglaube steht dabei im Kontext einer vielgestaltigen religiösen Suche nach dem letztgültigen Sinn der Wirklichkeit im Ganzen. Als Kriterium zur Prüfung der divergierenden religiösen Wahrheitsansprüche hat die Fundamentaltheologie in ihrem Traktat »Religion« den Begriff eines letztgültigen Sinnes zu erarbeiten und zu begründen. Es gilt zu zeigen, dass das, was dieser Begriff beinhaltet, vernunftgemäß und mit einem spezifischen Wahrheitsanspruch verbunden ist. Von daher kann dann nicht nur die Auseinandersetzung mit der Religionskritik geführt, sondern auch der mit dem christlichen Offenbarungsglauben verbundene Letztgültigkeitsanspruch auf seine Berechtigung hin befragt werden. – Im Traktat »Kirche« hat die Fundamentaltheologie zu klären, inwiefern mit dem christlichen Glaubensgrund unabdingbar die Entstehung einer Kirche verbunden ist, so dass dann der christliche Glaube auf diese Kirche bezogen bleibt und daher auch die Theologie als Wissenschaft in einem Bezug zur Kirche steht. Von zentraler Bedeutung ist in diesem Zusammenhang die Frage, wie Kirche auf den christlichen Glaubensgrund hin transparent bleibt bzw. wodurch sie ihn verdeckt oder verdrängt. – Schließlich muss die Fundamentaltheologie in ihrem Traktat »Theologische Erkenntnislehre« die Frage beantworten, auf welche Quellen sich die Erkenntnis des christlichen Glaubensgrundes und der sich von ihm her zeigenden Wahrheit Gottes bezieht und stützt. Diese Quellen der Glaubenserkenntnis bleiben ja auch für die wissenschaftliche Theologie von zentraler Bedeutung.

I. Religion: Der Mensch vor Gott

1. Religionskritik als Ausgangspunkt

Im Hintergrund des fundamentaltheologischen Religionstraktates steht die neuzeitliche Religionskritik, die sich seit dem 18. Jahrhundert entwickelt und dann immer massivere Formen angenommen hat. Sie betrachtet religiöse Daseinsorientierungen als etwas Überholtes, das einer unwiderruflich vergangenen Epoche der Menschheitsgeschichte zugehört. So folgt etwa nach Auguste Comtes (1778–1857) Dreistadiengesetz des Fortschritts in der Menschheitsgeschichte dem religiösen Stadium das metaphysische Stadium und schließlich das Stadium der wissenschaftlichen Welterklärung.

Die neuzeitliche Zuspitzung der Religionskritik darf freilich nicht übersehen lassen, dass diese ursprünglich ein Moment der Religion selbst darstellt. Religionskritik ist also keineswegs grundsätzlich religionsfeindlich, sondern kann durchaus auch im Dienste der Religionen stehen. Als solche ist Religionskritik sehr alt und findet sich auch in der biblischen Tradition (vgl. etwa Frevel). Dort verschafft sie sich etwa im alttestamentlichen Bilderverbot Ausdruck. Es dient der Sicherung der Unverfügbarkeit Gottes, der sich menschlicher Instrumentalisierung prinzipiell entzieht, und folgt darin einem religionskritischen Impuls: Das biblische Gottesverständnis soll von menschlichen Projektionen und Verzweckungen freigehalten bzw. gereinigt werden. Man kann im Hinblick darauf von einer »jüdischen Aufklärung« sprechen und dementsprechend dann die Entwicklung des alttestamentlichen Gottesverständnisses als »die Geschichte einer Religionskritik« lesen (Nordhofen: 111).

Auf neuzeitlichem Boden findet das dann seine Fortsetzung in einer theologischen Religionskritik, wie sie *Karl Barth* formuliert hat. Er setzt dabei nun Religion in toto gleich mit Unglaube: »Religion ist eine Angelegenheit, man muß geradezu sagen: *die* Angelegenheit des *gottlosen* Menschen« (Barth K. 3: 327). Als vom Menschen produzierte verstellt Religion den Blick auf den Gott, der sich von sich aus zu erkennen gibt und der nur im Glauben angenommen werden kann. Dabei werden dann die selbst gemachten religiösen Gottesbilder durchkreuzt. – Auf dieser Linie einer theologischen Religionskritik liegen auch *Thomas Rusters* Bemühungen um eine »Entflechtung von Christentum und Religion«. Er lässt sich von der Beobachtung leiten, dass mittlerweile die Erfahrung der alles bestimmenden Wirklichkeit nicht mehr mit dem christlichen Gottesverständnis in Einklang zu bringen ist, wie es dem Christentum über lange Zeit hin gelungen war. Dagegen tritt heute die Fremdheit des biblischen Gottes wieder deutlich zutage und entlarvt das, was als die alles bestimmende Wirklichkeit moderner Gesellschaften erfahren wird, als falschen Gott, biblisch: Götze. Im Anschluss an Walter Benjamin identifiziert Ruster diese Wirklichkeit als das alles umfassende und bestimmende kapitalistische System. »Der Kapitalismus ist darin Religion, dass keine Erfahrung mehr außerhalb des Kapitalismus möglich ist. Alles, was ist und sein kann, steht in einer ökonomischen Funktion. Der Kapitalismus beerbt die ›ehemals so genannten Religionen‹, da er die Absolutheit für sich beanspruchen kann, die ehemals in die Domäne der Religionen fiel« (Ruster: 128). Daraus ergibt sich dann die Aufgabe einer theologischen Religionskritik, die sich auf der Höhe der Zeit befindet: »Gott muß hinfort als jemand gedacht werden, der von der alles bestimmenden Wirklichkeit erlöst. Das Christentum ist nur in seinem Gegenüber zur herrschenden Religion richtig zu erfassen« (a. a. O. 140f).

Die neuzeitliche Religionskritik, auf die dann die Fundamentaltheologie mit der Ausbildung ihres Religionstraktates reagiert, nimmt im Vergleich zu dieser internen, religiös bzw. theologisch motivierten Kritik einen Perspektivenwechsel vor. Sie verselbständigt sich gegenüber religiösen Traditionen und betrachtet religiöse Daseinsorientierungen gewissermaßen von außen. Sie werden nach ihrer Vereinbarkeit mit der Vernunft befragt und dann im Namen der Vernunft kritisiert. Es geht jetzt nicht mehr darum, das Göttliche vor menschlichen Entstellungen und Funktionalisierungen zu schützen, also um Religionskritik im Interesse der Religion. In den Blickpunkt rückt stattdessen immer mehr die Überzeugung, dass Religion und religiöse Einstellungen als solche vernunftwidrig sind.

Gewisse Vorläufer gibt es dafür bereits in der Antike. So haben etwa Xenophanes (ca. 570–ca. 475 v. Chr.) und Demokrit (ca. 460–ca. 370 v. Chr.) die Göttervorstellungen kritisiert, weil sie so sehr dem Menschen entsprachen. Demokrit sieht die Hervorbringung solcher Vorstellungen im Zusammenhang mit dem Gefühl der Furcht, wie es sich etwa bei bestimmten Naturerscheinungen, z. B. Blitz oder Donner, einstellt (Kern: 19; Müller H.-P.: 287–290). Im Hintergrund der neuzeitlichen Religionskritik stehen dagegen Erfahrungen, die das Selbstverständnis des Menschen zu Beginn der Neuzeit grundlegend verändern (vgl. etwa Zirker: 34–50). Dazu zählen insbesondere die Schrecken des Dreißigjährigen Krieges, der das destruktive Potential der Religion dramatisch vor Augen führt, sowie die neuen Erkenntnisse der Wissenschaften. Beides macht es erforderlich, religiös begründete Macht- und Geltungsansprüche zurückzudrängen und zu begrenzen. Religion muss sich nun in einer ganz neuen Weise der autonomen Vernunft unterstellen und sich kritisch auf ihre Vernunftgemäßheit hin befragen lassen. Das ist die Geburtsstunde der neuzeitlichen Religionskritik.

Dabei lernt der Mensch mehr und mehr, dass er sein Dasein ganz in eigener Verantwortung und im Vertrauen auf die Fähigkeiten seiner Vernunft gestalten muss. Mit ihrer Hilfe vermag er seine Lebensverhältnisse umzugestalten, so dass sich sein Menschsein in einer bis dahin unbekannten Weise entfalten kann. Es entstehen ganz neue Freiheits- und Möglichkeitsräume, nicht zuletzt durch eine immer stärkere Dienstbarmachung der Natur für den Menschen mit Hilfe der neuzeitlichen Wissenschaft und Technik. Religiöse Daseinsorientierungen, die viele Jahrhunderte lang für die Einzelnen wie für die Gesellschaft und Kultur im Ganzen bestimmend waren, verlieren im Zuge dieser Entwicklung erheblich an Einfluss. Ja, das kirchliche Christentum und die christliche Tradition erscheinen nicht selten als Widerpart und Hemmnis beim Streben des neuzeitlichen Menschen nach autonomer Welt- und Lebensgestaltung.

Vor diesem Hintergrund kann sich die Religionskritik als notwendige Voraussetzung einer vollen Verwirklichung des Menschseins, all seiner Anlagen und Kräfte verstehen. So ist nach Karl Marx die Kritik der Religion »die Voraussetzung aller Kritik« (Marx: 378). Wer die bestehenden Lebensverhältnisse kritisieren möchte mit dem Ziel, sie grundlegend zu verändern und zu erneuern, der muss zunächst Religionskritik betreiben; denn die Religion stellt das ideologische Fundament der bestehenden gesellschaftlichen und kulturellen Lebensverhältnisse dar. Ohne eine Kritik der Religion fehlt dem Streben nach der Schaffung neuer Lebensgrundlagen die Legitimation. »Der Kampf gegen die Religion ist also mittelbar der Kampf gegen *jene Welt*, deren geistiges *Aroma* die Religion ist« (ebd.).

Die Perspektive, die diese Religionskritik des 19. und frühen 20. Jahrhunderts eröffnet, besteht daher auch in einem allmählichen Absterben und Verschwinden der Religion. Darin stimmen deren Hauptvertreter Ludwig Feuerbach, Karl Marx, Friedrich Nietzsche oder Sigmund Freud überein, auch wenn sie damit dann unterschiedliche Konsequenzen und Erwartungen verbinden. Es handelt sich hier jeweils um eine Religionskritik um des Menschen willen, sie hat also eine anthropologische Spitze: Die Religion muss und wird untergehen, weil sie der autonomen Selbstentfaltung des Menschen hinderlich im Wege steht.

2. Religion nach der Religionskritik

Diese Erwartung der Religionskritik hat sich nicht erfüllt, die Religionen sind nicht untergegangen, und ihr Untergang steht auch in der Zukunft nicht zu erwarten. Gewiss, die Situation der Religion hat sich in modernen Gesellschaften erheblich verändert. Infolge gewaltiger Säkularisierungsschübe hat sie ihre dominierende gesellschaftliche und kulturelle Stellung zumeist verloren, auch dort, wo sie nicht gewaltsam unterdrückt worden ist wie im Einflussbereich der ehemaligen Sowjetunion. Eine religiös bestimmte Lebenswelt ist weitgehend zerfallen, die Weitergabe des religiösen Glaubens hat ihre Selbstverständlichkeit verloren und gelingt häufig überhaupt nicht mehr. Auch wenn man gegenwärtig – als Pendant zur (vermeintlichen oder tatsächlichen) »Wiederkehr der Religion« – einen »neuen Atheismus« konstatieren muss (Schärtl 4; Striet 3), so wird man doch sagen müssen: Ihren stärksten und folgenreichsten Gegner hat Religion nicht mehr in einem militanten theoretischen Atheismus, sondern in einer verbreiteten Gleichgültigkeit und Ignoranz, einem praktischen Atheismus, der sich häufig gar nicht mehr um diskursive Begründungen bemüht, sondern einfach nur eingebettet ist in die Selbstverständlichkeit einer weitgehend säkularisierten Kultur. Zu all dem hat sicherlich auch die klassische Religionskritik des 19. und frühen 20. Jahrhunderts auf unterschiedliche Weise mit beigetragen. Aber es ist dabei eben doch nicht zu einem Verschwinden der Religion gekommen.

Auch in weitgehend säkularisierten Gesellschaften bleibt Religion weiterhin präsent, und zwar keineswegs nur als Traditionsgut, etwa in Form sakraler Kunst, oder mittels einer »gelebten Distanzierung«, durch die religiöse Inhalte für andere Zwecke nutzbar gemacht werden, beispielsweise in der Werbung (Hoff 1: 30ff). Es entstehen vielmehr auch neue religiöse Bewegungen gerade auf dem Boden moderner, säkularisierter Gesellschaften. In ihnen verschafft sich ein Unbehagen an einer Modernisierung Ausdruck, die einseitig nur den Imperativen technischer Machbarkeit und Rationalität oder ökonomischer Effizienz folgt. Je deutlicher wird, dass solche einseitigen Modernisierungsprozesse wichtige Fragen und Probleme, etwa Gerechtigkeits- und Sinnfragen oder ökologische Probleme ohne Antworten lassen, umso mehr werden diese anderswo gesucht, u. a. im Bereich der Religion. Eben darauf reagieren die neuen religiösen Bewegungen.

An ihnen lässt sich auch ein Gestaltwandel des Religiösen in der Moderne beobachten. Sie gehen weitgehend an den großen etablierten Kirchen vorbei, können von ihnen nicht kanalisiert werden. Denn es handelt sich um eine sehr stark individualisierte Form von Religion. Ihr Zentrum bilden die subjektiven Bedürfnisse und Befindlichkeiten der je Einzelnen; entscheidend ist, was diesen plausibel erscheint und sich mit ihren Erfahrungen verbinden lässt, nicht dagegen das Geltendmachen allgemein verbindlicher Wahrheitsansprüche. Diese Individualisierung des Religiösen erklärt auch, warum es dabei häufig zu synkretistischen Formen kommt.

Unbeschadet dessen bleibt Religion jedoch auch in ihrer kirchlich institutionalisierten Form in säkularisierten Lebenszusammenhängen zumindest punktuell weiterhin präsent. Dies ist etwa bei besonders schockierenden Ereignissen, z. B. Terroranschlägen oder Naturkatastrophen, der Fall. Hier, wo es Menschen buchstäblich die Sprache verschlägt angesichts der Konfrontation mit dem Unvorstellbaren, scheinen religiöse Institutionen auch in weitgehend säkularisierten Gesellschaften oft als einzige sprachfähig zu bleiben; sie bieten angesichts des Unfassbaren auch Menschen, die ansonsten kaum noch Bezug zum Religiösen haben, einen Raum, in dem sie mit ihrer Fassungslosigkeit, ihrem Schmerz und ihrer Trauer aufgefangen und nicht allein gelassen werden. Hier hat Religion also offenbar nach wie vor einen Platz und eine Bedeutung in der Öffentlichkeit moderner Gesellschaften.

In einer ganz anderen Weise verbindet sich die öffentliche Präsenz der Religion innerhalb des modernen Lebenszusammenhangs mit dem Datum des 11. September 2001. Hier ist schlagartig bewusst geworden: Die weitgehende Säkularisierung, wie sie sich in einigen westlichen, insbesondere europäischen Ländern zeigt, stellt weltweit gesehen einen Sonderfall dar. In einer globalisierten Welt hingegen bleibt Religion ein ganz wesentlicher kultureller Faktor mit einem beträchtlichen Machtpotential. Das müssen auch Politik und Wirtschaft in Rechnung stellen, wenn sie durch die Verfolgung ihrer Handlungsziele nicht immer wieder katastrophale Folgewirkungen auslösen und so mit dazu beitragen wollen, dass die Prophezeiung eines »clash of civilizations« (S. Huntington) nicht doch noch wahr werden könnte.

Die Ereignisse des 11. September zeigen in einer sehr drastischen Weise allerdings ebenfalls: Auch »Religion nach der Religionskritik« (Lutz-Bachmann; Nagl) bleibt etwas zutiefst Ambivalentes. Einerseits scheint Religion etwas für den Menschen Wichtiges zu sein; allen Distanzierungsversuchen zum Trotz holt sie ihn immer wieder ein, er wird sie offensichtlich nicht los, kann sie nicht auf Dauer einfach hinter sich lassen. Religion schenkt Halt und Orientierung, gerade in Zeiten tiefgreifender Umbrüche, durch die Menschen sich in einer elementaren Weise bedroht fühlen. Andererseits enthält Religion dann aber auch ein beträchtliches Gefahrenpotential; sie kann Menschen zu blindem Hass anstacheln, und sie scheint niemals definitiv davor gefeit, ihren Wahrheitsanspruch gegebenenfalls auch gewaltsam behaupten und durchsetzen zu wollen. So können sich durch die Ereignisse des 11. September 2001 ja durchaus auch jene bestätigt sehen, die religiöse Überzeugungen als Ausdruck völliger Verblendung und Nährboden totalitärer Gesinnungen betrachten.

Auch wenn sich also die Voraussagen der großen religionskritischen Entwürfe des 19. und frühen 20. Jahrhunderts nicht bestätigt haben, so bleibt Religionskritik doch auch weiterhin bedeutsam und unerlässlich; gerade weil Religion sich, entgegen der Erwartung dieser Religionskritik, als zukunftsfähig erwiesen hat, bedarf sie auch weiterhin der religionskritischen Begleitung. Religion und Religionskritik waren immer schon und bleiben auch weiterhin Zwillinge. Dabei hat sich die Religionskritik heute wieder weitgehend auf die *Wirkungsgeschichte* einzelner Religionen verlagert (Schmidinger 1: 155f). Insbesondere wird deren Gewaltpotential thematisiert und zu zeigen versucht, dass es sich dabei nicht lediglich um bedauerliche Fehlentwicklungen handelt, sondern beispielsweise um Konsequenzen eines bestimmten Gottesverständnisses. Das ist ja etwa auch der Kern der Debatte um den Monotheismus (siehe oben 158).

Religionskritik nimmt ernst, dass Religionen mit einem Wahrheitsanspruch verbunden sind, und sie setzt sich mit diesen Wahrheitsansprüchen kritisch auseinander. In diesem Ernstnehmen der Religion durch die Religionskritik ist das Zwillingsverhältnis beider begründet. Eine solche religionskritische Begleitung erweist sich dann aber auch gerade aus theologischer Sicht als unerlässlich. Denn religiöse Wahrheitsansprüche sind ja keineswegs selbstverständlich; sie bleiben vielmehr strittig: Sie schließen sich oft gegenseitig aus oder rufen grundsätzliche Zweifel hervor, etwa dergestalt, ob sie nicht einem überholten Weltbild verhaftet sind. Daher kann sich auch die Theologie, wenn sie denn wissenschaftlichen Ansprüchen genügen will, einer genauen und kritischen Prüfung religiöser Wahrheitsansprüche nicht entziehen. Damit nimmt sie dann aber das zentrale Anliegen der Religionskritik in sich auf und verhilft dieser zu ihrem Recht.

Die Theologie muss allerdings auch nach den Grenzen der Religionskritik fragen. So bleibt ja etwa zu prüfen, ob diese nicht vorschnell und kurzschlüssig die negativen Auswirkungen von Religion mit deren Wesen identifiziert und damit religiöse Wahrheitsansprüche als erledigt ansieht. Demgegenüber bleibt erklärungsbedürftig, warum alle Religionskritik Religion offensichtlich nicht zum Verstummen und zum Verschwinden zu bringen vermag.

Man kann das natürlich mit der Unaufgeklärtheit und Rückständigkeit religiöser Menschen zu erklären versuchen. Doch zumindest ebenso gut lässt sich argumentieren: Die hartnäckige Überlebensfähigkeit der Religion könnte darin gründen, dass das Menschsein vor unabweisbare Fragen stellt, die auch keine Religionskritik zum Schweigen zu bringen vermag. Thematisiert Religion also doch eine Wahrheit, der der Mensch nicht zu entkommen vermag? Überdauert Religion deshalb alle religionskritischen Infragestellungen, trotz all des Negativen und Gefährlichen, das sich in der Geschichte der Religionen immer wieder zeigt?

Die Klärung des Bedeutungsgehalts und der Verantwortbarkeit religiöser Wahrheitsansprüche ist die spezifisch fundamentaltheologische Aufgabe bei der Beschäftigung mit dem Thema Religion. Das setzt allerdings voraus, dass zunächst die Frage beantwortet wird, was das eigentlich ist: Religion.

3. Was ist Religion?

Die Klärung dieser Frage wird dadurch erschwert, dass es keine allgemein anerkannte Bestimmung des Begriffs Religion gibt, ganz im Gegenteil: »Die Zahl der angebotenen Definitionsversuche geht in die Hunderte« (Pollack: 163; vgl. Riesebrodt: 17–42). Manche Religionswissenschaftler fordern daher, auf diesen Begriff in wissenschaftlichen Zusammenhängen ganz zu verzichten. Das hieße allerdings, dass die Religionswissenschaft selbst kaum noch in der Lage wäre, Auskunft über ihren eigenen Objektbereich zu geben und sich damit als eigenständige Disziplin aufzulösen drohte (Hock: 18).

Auch für die Fundamentaltheologie hätte ein solcher Verzicht fatale Folgen. Denn bei ihrem Bemühen, die Vereinbarkeit von Glaube und Vernunft sowie den spezifischen Wahrheitsgehalt des Glaubens darzulegen, muss sie ja einen Bezugspunkt in der menschlichen Lebenswirklichkeit benennen, auf den der christliche Glaube sich bezieht. Dieser anthropologische Bezugspunkt ist das Thema der Religionen. Das, worum es in religiösen Einstellungen und Überzeugungen geht, scheint etwas zu sein, das mit dem Menschsein als solchem, mit der elementaren Lebenssituation des Menschen gegeben ist. Aus diesem Grunde bleibt gerade auch für die Fundamentaltheologie eine möglichst präzise und zustimmungsfähige Klärung des Begriffs Religion unerlässlich; denn nur auf dieser Grundlage eines konsensfähigen Religionsbegriffs lässt sich dann auch das, was Religion als anthropologische Fragestellung beinhaltet, diskutieren und klären.

Die Schwierigkeit bei der Bestimmung des Religionsbegriffs gründet ganz wesentlich darin, dass dieser in einem spezifischen kulturellen Kontext beheimatet ist, nämlich in der abendländischen Geistesgeschichte (Tenbruck: 37). In anderen Kulturen und Sprachen, etwa asiatischen, gibt es dafür kein Äquivalent (Stietencron: 125–129). Damit ist natürlich die Gefahr gegeben, ein Verständnis von Religion, wie es sich in Europa herausgebildet hat, vorschnell in andere geschichtliche und kulturelle Zusammenhänge hinein zu übertragen bzw. zum Kriterium für sie zu machen.

Einer der ersten, der diesen Begriff reflektiert, ist *Cicero* (106–43 v. Chr.). Vor dem Hintergrund des Völkergemischs im damaligen römischen Weltreich und der damit einher gehenden unterschiedlichen Vorstellungen und Praktiken in Bezug auf das Göttliche geht es Cicero um einen für alle verbindlichen, öffentlichen Kult als Grundlage für den Zusammenhalt von Staat und Gesellschaft. In seiner Schrift »De natura deorum« bezeichnet Cicero diesen öffentlichen, staatstragenden Kult als religio. Und er ist überzeugt: »Wenn wir allgemein unsere Verhältnisse mit denjenigen fremder Völker vergleichen, so wird es sich zeigen, dass wir in allen übrigen Dingen ihnen gleich oder gar unterlegen sind, doch durch die religio, d. h. durch die Verehrung der Götter (cultus deorum), weit überlegen« (II, 8). Religio ist demnach cultus deorum bzw. pius cultus deorum (I, 117); denn sie muss begleitet sein von einer entsprechenden inneren Einstellung (pietas). Diese resultiert aus dem Wissen, was den Göttern gegenüber angebracht ist, und der daraus entstehenden Ehrfurcht (sanctitas). Es geht dabei jedoch nicht um die Verehrung der Götter im privaten Bereich, sondern in der Öffentlichkeit (Feil: 45f) durch bestimmte Praktiken (Orakelsprüche, Auspizien). Denn Cicero teilt die traditionelle römische Auffassung, dass die Götter den Menschen gerade auch im Hinblick auf die jeweiligen politischen Herausforderungen Orientierung geben und sie vor Gefahren warnen. Eben das ist für den Bestand des Staates von entscheidender Bedeutung und muss deshalb sorgfältig beachtet und sehr ernst genommen werden. Dieses Anliegen verdeutlicht Cicero auch durch eine Ableitung des Begriffs religio vom Verbum relegere. Demnach werden diejenigen religiosi genannt, »die alles, was zur Verehrung der Götter gehört, immer wieder sorgfältig beobachteten und gewissermaßen immer wieder überlasen (relegerent)«

(II, 72). Der Begriff religio bezeichnet bei Cicero mithin das, was in Bezug auf die Verehrung der Götter von Bedeutung ist für den Bestand des Staates. – Eine andere Ableitung des Begriffs religio findet sich bei dem aus Nordafrika stammenden christlichen Schriftsteller *Laktanz* (ca. 250 – ca.325). In seiner Schrift »Divinae institutiones« führt er ihn zurück auf das Verbum religare: verbinden, verbunden sein. In der religio geht es demnach um das Verbundensein des Menschen mit Gott. Grundgelegt ist das nach Laktanz in der Schöpfung; als von Gott geschaffener ist der Mensch von vornherein und bleibend mit Gott verbunden. Daher schuldet der Mensch Gott Gehorsam und hat ihm zu dienen. Die Erfüllung dieser beiden Forderungen beinhaltet das, was Laktanz unter Frömmigkeit versteht. Durch das »Band der Frömmigkeit« (vinculum pietatis) kommt das in der Schöpfung grundgelegte Verbundensein des Menschen mit Gott in angemessener Weise zur Geltung. Das geschieht nicht nur im Christentum, sondern auch in anderen Formen der Gottesverehrung. Im Hinblick darauf verwendet Laktanz den Begriff religio auch im Plural als zusammenfassende Bezeichnung dieser unterschiedlichen Formen der Gottesverehrung. Allerdings unterscheidet er dabei dann zwischen religio vera und religio falsa, wobei das Christentum als die wahre Religion verstanden wird. – Das polemische Potential dieser Unterscheidung wird vor allem von *Augustinus* (354 – 430) entfaltet. In seiner Schrift »De vera religione« verwendet er den Begriff religio vor allem, um das eigene christliche Gottesverständnis von nicht christlichen Formen der Gottesverehrung und des Gottesverständnisses abzugrenzen. Als Kriterium dient ihm dabei die Übereinstimmung mit den Einsichten des philosophischen Weisheitsstrebens, insbesondere mit dem neuplatonischen Gedanken des Einen als des Ursprungs aller Wirklichkeit. Wahre Religion ist demnach identisch mit der Erkenntnis und der Verehrung des einen Gottes als des Schöpfers des gesamten Kosmos; sie »verbindet (religet) uns mit dem einen allmächtigen Gott« (De vera religione 113; 80). Damit kann Augustinus das Christentum als die vera religio insbesondere von den in der Spätantike verbreiteten polytheistischen Kulten abgrenzen und begründen, warum diese den Menschen auf Abwege und letztlich in sein Verderben führen. – Diese Verwendung des Begriffs religio, die vor allem dazu dient, das Christentum in seinem Verhältnis zu anderen Formen der Gottesverehrung zu thematisieren und es von diesen abzugrenzen, wird obsolet, sobald sich im *Mittelalter* eine weitgehend uneingeschränkte Vorherrschaft des Christentums etabliert hat (Tenbruck: 52). Der Begriff religio verschwindet damit jedoch nicht, sondern ändert seine Bedeutung; er dient jetzt zur Bezeichnung des Ordenslebens. Geht es um andere, nicht christliche Glaubensgemeinschaften, so spricht man von sectae (wörtl.: Gefolgschaften). Als religio bezeichnet man hingegen den Ordensstand als den Stand der Vollkommenheit, insofern dessen Angehörige sich bemühen, ihr Leben ganz und uneingeschränkt auf Gott hin auszurichten. So heißt es etwa bei Thomas von Aquin: »Religio ... ist eine Tugend, durch welche wir Gott etwas als Dienst und Ehre darbringen. Deshalb werden in betonter Weise jene religiosi genannt, die sich ganz dem Dienste Gottes weihen, sich Gott gleichsam als Ganzopfer (holocaustum) darbringen« (STh II–II q186 a1 resp.) – Am Ausgang des Mittelalters verändert sich der Bedeutungsgehalt des Begriffs religio wiederum grundlegend. Der Blick geht nun wieder über den christlichen Binnenraum hinaus. So fragt *Nikolaus von Kues* (1401–1464) in seiner Schrift »De pace fidei« angesichts der Eroberung Konstantinopels durch die Türken im Jahre 1453, wie ein friedliches Miteinander unterschiedlicher Glaubensgemeinschaften möglich werden kann. Sein zentraler Gedanke dabei ist die Unterscheidung zwischen der einen religio und den verschiedenen religiones. Nach Auffassung des Kusaners betrifft dabei die Verschiedenheit der einzelnen Religionen in erster Linie die Riten und die Kultpraktiken. Dabei geht es jedoch grundsätzlich um dasselbe, nämlich die una religio, die Verehrung Gottes. Die verschiedenen religiones partizipieren also an einer einzigen religio, wenn auch in je unterschiedlicher Weise. Das bringt die berühmte Formel des Kusaners zum Ausdruck: religio una in rituum varietate. Denn es geht dabei immer um den einen Gott. Nikolaus von Kues argumentiert also mit der Einheit Gottes: Weil Gott einer ist, zielen die unterschiedlichen Formen der Gottesverehrung auf eine einzige Gottesverehrung. Die verschiedenen religiones müssen daher transparent gemacht werden auf diese una religio hin. Dann sieht der Kusaner auch die Möglichkeit eines Friedens zwischen den Religionen gegeben. Dabei ist er allerdings der Auffassung, dass sich das Christentum der una religio am meisten annähert (Feil: 157f). Die anderen Religionen partizipieren deshalb umso mehr an ihr, je mehr sie mit dem Christentum übereinstimmen. – Die Unterscheidung zwischen der einen religio und den vielen religiones bleibt auch wegweisend für das Verständnis des Begriffs Religion im *Zeitalter der Aufklärung*. Allerdings wird nun das allen Religionen Zugrundeliegende nicht mehr mit einer bestimmten Religion, dem Christentum, faktisch identifiziert; es steht sozusagen über den einzelnen Religionen als deren vernünftiger Kern, der sich deshalb auch mit Hilfe der natürlichen Vernunft erkennen lässt. Das, was die verschiedenen Religionen voneinander unterscheidet, gilt lediglich als eine Art Beiwerk, das sich den historischen Umständen ihrer Entstehung verdankt. Im 17. und 18. Jahrhundert hat sich für den gemeinsamen vernünftigen Gehalt aller Religionen die Bezeichnung »natürliche Religion« eingebürgert; denn man sah darin etwas, das dem Menschen von Natur aus mitgegeben und eben deshalb auch allein mittels der Vernunft, unabhängig von göttlichen Offenbarungen erkennbar ist. Der Gehalt dieser »natürlichen Religion«, wie ihn etwa *Herbert von Cherbury* (1583–1648) in seinem Werk »De veritate« entfaltet, besteht in der Begründung und Beförderung einer moralischen Lebensführung. So gilt eine solche auch als der entscheidende Aspekt der Gottesverehrung, und Religion stellt dem Menschen dafür eine Belohnung nach dem Tod in Aussicht. Diesem Religionsverständnis bleibt auch *Immanuel Kant* (1724–1804) verhaftet. Wie er etwa in seiner Schrift »Die Religion innerhalb der Grenzen der bloßen Vernunft« erläutert, erkennt der Mensch mit dem moralischen Gesetz »aus sich selbst durch seine eigene Vernunft den Willen Gottes, der seiner Religion zum Grunde liegt«; »denn eigentlich entspringt der Begriff von der Gottheit nur aus dem Bewusstsein dieser Gesetze und dem Vernunftbedürfnis, eine Macht anzunehmen, welche diesen den ganzen, in einer Welt möglichen, zum sittlichen Endzweck zusammenstimmenden Effekt verschaffen kann« (B 147). Alles, was in den einzelnen Religionen darüber hinaus geht, ist für die Gottesverehrung nicht wesentlich, und wer es dennoch zu etwas Wesentlichem macht, der huldigt einem »Religionswahn, dessen Befolgung ein Afterdienst, d.i. eine solche vermeintliche Verehrung Gottes ist, wodurch dem wahren, von ihm selbst geforderten Dienste gerade entgegen gehandelt wird« (B 256). – Gegen diese vollständige Verzweckung der Religion im Dienste einer moralischen Lebensführung erhebt dann *Daniel Friedrich Schleiermacher* (1768–1834) Einspruch. In seinen Reden »Über die Religion« versteht er Religion als etwas Eigenständiges in Abgrenzung von der Metaphysik einerseits sowie der Moral andererseits. Denn Religion »begehrt nicht, das Universum seiner Natur nach zu bestimmen und zu erklären wie die Metaphysik, sie begehrt nicht, aus Kraft der Freiheit und der göttlichen Willkür des Menschen es fortzubilden und fertig zu machen wie die Moral« (Schleiermacher 1: 35). Religion muss demnach von einem theoretischen ebenso wie von einem praktischen Weltverhältnis unterschieden werden. Ihr Wesen ist »weder Denken noch Handeln, sondern Anschauung und Gefühl« (ebd.). Durch die Anschauung des Universums wird ein bestimmtes Gefühl im Menschen hervorgerufen, nämlich das Gefühl, Teil dieses Universums in seiner Unendlichkeit zu sein. Religiöses Bewusstsein beinhaltet daher nach Schleiermacher nicht etwas Allgemeines wie beim Konzept einer »natürlichen Religion«, sondern ist immer individuelles Bewusstsein, insofern Gefühl etwas unhintergehbar Individuelles ist. Damit zeigt sich Schleiermachers Religionsverständnis als richtungweisend für die Individualisierung und Subjektivierung der Religion unter den Bedingungen einer entfalteten Moderne. In der zeitgenössischen Theologie wird dieses Religionsverständnis am konsequentesten von *Falk Wagner* entwickelt und vertreten (Wagner F. 1: 523ff).

Der Religionsbegriff ist in seinen unterschiedlichen Ausprägungen immer ein Allgemeinbegriff. Er hat die Funktion, die jeweils als wesentlich erkannten Elemente religiöser Überzeugungen und Praktiken zu identifizieren und zusammenzufassen. Dabei kommt ihm zunächst bis in die erste Hälfte des 19. Jahrhunderts auch eine normative Funktion zu; er dient der kritischen Unterscheidung zwischen »wahrer Religion« und defizitären bzw. problematischen Formen religiöser Einstellungen.

Mit der neuzeitlichen Religionskritik verändert sich das dann. Alle bisherigen Ansätze zur Bestimmung des Begriffs Religion waren ja von einem prinzipiell affirmativen Verhältnis zu religiösen Einstellungen geprägt. Eben dies wird durch die Religionskritik in Frage gestellt. Infolge dessen verändert sich nun auch die Zugangsweise zu dem Phänomen Religion. Sichtbaren Ausdruck findet das in der Religionswissenschaft, die sich in der zweiten Hälfte des 19. Jahrhunderts akademisch etabliert. Angesichts des von der Religionskritik in Aussicht gestellten Absterbens der Religion fragt sie nach deren Bedeutung in der Geschichte der Menschheit. Sie will dabei dem Phänomen Religion zunächst einmal nicht wertend gegenübertreten, sondern es in seiner Eigenart erforschen und beschreiben.

Diese religionswissenschaftliche Herangehensweise wirkt sich auch bei der Bestimmung des Begriffs Religion aus. Sie erfolgt jetzt in einer deskriptiven Weise und hat demzufolge keinen normativen Charakter mehr. Dabei dominieren in der Religionswissenschaft zwei Ansätze, zum einen ein substantialistisches Religionsverständnis, d. h. der Versuch, eine allen Religionen gemeinsame »Substanz« zu identifizieren, zum anderen ein funktionalistisches Religionsverständnis, das die Frage zu beantworten sucht, welche spezifischen Leistungen und Funktionen Religionen zugeschrieben werden können (Hock: 14–17).

Versuche einer substantialistischen Bestimmung von Religion werden vorwiegend im Rahmen der *Religionsphänomenologie* unternommen. Ihre Basis bildet die empirische Erforschung der Religionsgeschichte. Wie bei Schleiermacher (siehe 193) soll Religion als ein menschlicher Grundvollzug eigener Art erwiesen werden, der sich nicht aus anderen Grundvollzügen des Menschseins ableiten oder auf sie reduzieren lässt. Anders als bei Schleiermacher wird der religiöse Grundvollzug jedoch nicht in einer rein passiven Anschauung des Universums gesehen, sondern in einer Wechselbeziehung des Menschen mit einer übernatürlichen Wirklichkeit. Dabei zeigt sich eine zunehmende Reserve gegenüber dem Gottesbegriff, weil man entdeckt, dass in einer Reihe von Religionen, etwa dem frühen Buddhismus oder vorgeschichtlichen Kulten, Götter keine entscheidende Rolle spielen (Pollack: 168). Die dem Menschen begegnende Wirklichkeit wird daher häufig als Macht bezeichnet, weil sie als eine solche erfahren wird; es wird die These vertreten, dass sich in den Namen von Gottheiten diese Erfahrung spiegelt (van der Leeuw: 155f). Nathan Söderblom und insbesondere *Rudolf Otto* (1869–1937) haben dann das Heilige als das Wesen der Religion auszeichnen wollen. Nach Otto bezieht der religiöse Mensch sich auf eine numinose Wirklichkeit, die in ihm bestimmte Gefühlsregungen hervorruft. Dieser Beziehungskomplex zwischen dem Menschen und dem Numinosen ist die Sphäre des Heiligen. Das Numinose ist dabei für den Menschen einerseits faszinierend und anziehend andererseits unnahbar und schauererregend. Gerade in dieser Ambivalenz ist das Numinose das Erhabene und Ehrfurcht Gebietende (augustum), das im Menschen ein Kreaturgefühl hervorruft. – Kritisch wird gegen solche religionsphänomenologische Ansätze eingewandt, dass sie der Religionsgeschichte in ihrer Vielfalt nicht gerecht zu werden vermögen. Sie wollen zu Aussagen über das Wesen verschiedenartiger religiöser Phänomene kommen unter Absehung von deren unterschiedlichen historischen und sozialen Kontexten. Da das kaum möglich erscheint, wird verschiedentlich das Ende der Religionsphänomenologie gefordert. Neuere Versuche haben allerdings die Suche nach dem Wesen der Religion aufgegeben; sie fragen stattdessen nach den subjektiven Intentionen, die sich in religiösen Sinndeutungen Ausdruck verschaffen (Hock: 67–70). – Im Unterschied zur Religionsphänomenologie betrachtet die *Religionssoziologie* Religion als ein gesellschaftliches Gebilde und fragt nach deren gesellschaftlichen Funktionen. So versteht *Emile Durkheim* (1858–1917) Religion als die ursprüngliche Zentralinstanz einer jeden Gesellschaft; sie ist das, was eine Gesellschaft eint und zusammenhält, indem sie eine gemeinsame Idee lebendig erhält. »Es gibt keine Gesellschaft, die nicht das Bedürfnis fühlte, die Kollektivgefühle und die Kollektivideen in regelmäßigen Abständen zum Leben zu erwecken und zu festigen. Diese moralische Wiederbelebung kann nur mit Hilfe von Vereinigungen, Versammlungen und Kongregationen erreicht werden, in denen die Individuen, die einander stark angenähert sind, gemeinsam ihre gemeinsamen Gefühle verstärken« (Durkheim: 571). Dazu bedarf es konkreter Orte und Riten, an denen dieses Gemeinsame und Verbindende erlebbar und erfahrbar wird. Diese Funktion erfüllt nach Durkheim die Religion. Wie auch beim Religionsverständnis Schleiermachers sind dabei Gefühle wesentlich; es sind dies jedoch keine individuellen Gefühle, sondern gemeinsame Gefühle, die Menschen miteinander verbinden. In diesem Sinne ist für Durkheim Religion der Ursprung aller bedeutenden gesellschaftlichen Institutionen; alles für den Bestand und den Zusammenhalt von Gesellschaften Wesentliche war ursprünglich in der Religion gegeben und ist aus ihr erwachsen. Das besagt umgekehrt: »Die Idee der Gesellschaft (ist) die Seele der Religion« (a. a. O. 561) Daher bleibt Durkheim dann auch skeptisch gegenüber der religionskritischen Erwartung eines Absterbens der Religion; diese scheint ihm vielmehr »eher berufen zu sein, sich zu verwandeln, als zu verschwinden« (a. a. O. 576). – Während Durkheim sein Augenmerk ganz auf die integrative Funktion der Religion für die Gesellschaft richtet, tritt bei *Max Weber* (1864–1920) ihr gesellschaftliches Veränderungspotential in den Blick. Begründet sieht er das im Spezifikum religiöser Sinnstiftung, die den Kosmos im Ganzen als sinnhaft verstehen lehrt. Aus dieser umfassenden Perspektive heraus vermag Religion begrenzte Sinnzusammenhänge, wie sie etwa durch politisches oder ökonomisches Handelns konstituiert werden, aufzusprengen. Am bekanntesten ist hier Webers These, wonach der Protestantismus in seiner calvinistischen Ausprägung durch die religiöse Begründung einer spezifischen Berufsethik die Entstehung der kapitalistischen Wirtschaftsform ermöglicht hat. Nach Weber muss das gesehen werden im Zusammenhang der fortschreitenden menschlichen Weltbemächtigung, bei der immer rationalere Methoden entwickelt werden. Weber spricht daher von einem Rationalisierungsprozess oder auch von der Entzauberung der Welt, weil diese dabei immer mehr menschlichen Zwecken dienstbar gemacht wird und so nach und nach ihren Geheimnischarakter verliert. Und dazu trägt eben auch die Religion wesentlich bei; dass sich der Kapitalismus im Westen und nicht etwa im östlich-asiatischen Kulturraum durchgesetzt hat, hängt nach Weber ganz entscheidend mit unterschiedlichen religiösen Vorstellungen zusammen. Allerdings sieht er darin auch den letzten Schritt dieses weltgeschichtlichen Rationalisierungsprozesses. Damit hat dann die Religion ihre entscheidende Funktion verloren. Doch auch Weber erwartet nicht ihr Absterben, sondern eine Veränderung ihrer gesellschaftlichen Stellung, nämlich die Abdrängung ins Irrationale sowie ihre daraus folgende Privatisierung. Der durchgesetzte Kapitalismus bedarf sie nicht mehr zu seiner Legitimation, und angesichts des Erkenntnisfortschritts der modernen Wissenschaften hat sich auch das moderne Weltbild religiöser Vorstellungen entledigt. Religion ist damit zu etwas Irrationalem geworden; religiöse Menschen müssen deshalb bereit sein, »das Opfer des Intellekts« zu bringen: »Die Fähigkeit zu dieser Virtuosenleistung des ›Opfers des Intellekts‹ ist das entscheidende Merkmal des positiv religiösen Menschen« (Weber: 611). Das kann aber nur die Privatangelegenheit Einzelner sein. – Der Überzeugung Webers, dass Religion in modernen Gesellschaften funktionslos geworden sei, widersprechen neuere religionssoziologische Ansätze. So dient Religion etwa nach Hermann Lübbe und Niklas Luhmann der Bewältigung von Kontingenz, die von Sinnsystemen und Sinnkonstrukten des modernen Lebens nicht mehr bewältigt werden kann. Religion stützt und stabilisiert demnach diese Sinnzusammenhänge, wo sie selbst versagen (Arens 5: 18–22; 179–182).

Sowohl substantialistische wie funktionalistische Bestimmungen des Religionsbegriffs haben ihre Probleme. So erfolgt jede inhaltliche Bestimmung der »Substanz« von Religion de facto auf dem Boden bestimmter religiöser Traditionen und schließt somit fast zwangsläufig anderes aus. Substantialistische Fassungen des Religionsbegriffs vermögen somit der Vielfalt des Religiösen nicht gerecht zu werden.

Dieses Problem hat ein funktionalistisches Religionsverständnis nicht. Es richtet sein Augenmerk auf das, was Religionen etwa für die Gesellschaft leisten. Religion wird hier also »von außen« betrachtet, ihre »Innenperspektive« und die spezifischen Inhalte werden lediglich auf ihre Funktionalität hin bedacht. Dadurch abstrahieren funktionalistische Ansätze allerdings vom Selbstverständnis religiöser Menschen; es tritt gewissermaßen ein Verfremdungseffekt ein, denn niemand teilt ja eine religiöse Überzeugung, um auf diese Weise etwa eine wichtige gesellschaftliche Funktion zu erfüllen. Ganz im Gegenteil, »wird Religion um eines anderen als ihres eigenen Wahrheitsgehalts willen angenommen, so unterminiert sie sich« (Adorno 1: 25). Wer sich eine religiöse Überzeugung zu eigen macht, tut dies gerade deshalb, weil er darin etwas Wahres über sich selbst sowie die Welt im Ganzen erkennt.

Damit soll keineswegs die Berechtigung einer funktionalen Betrachtung der Religion bestritten werden; sie kann gewiss wertvolle Einsichten vermitteln. Doch sie erfasst dabei eben nur einen Aspekt, nicht aber den ganzen Bedeutungsgehalt von Religion. Ein funktionales Religionsverständnis wird daher genau dann falsch, wenn es besagt, Religion sei *nichts anderes* als die Erfüllung bestimmter Funktionen (Werbick 1: 58–70). Damit wird der Wahrheitsgehalt von Religion auf solche Funktionen, die sich zudem in unterschiedlichen Kontexten verändern können, reduziert. Dass Religion einen eigens zu würdigenden Wahrheitsgehalt haben könnte, kommt so gar nicht mehr in den Blick; diese Möglichkeit wird bei einer rein funktionalistischen Betrachtungsweise vielmehr von vornherein wegdefiniert.

Will man bei der Beantwortung der Frage, was Religion ist, deren Wahrheitsgehalt nicht ausklammern, bleibt eine *philosophische Reflexion* des Phänomens Religion unerlässlich. Dem kommt entgegen, dass im Prozess der Globalisierung Religion einen neuen Stellenwert erhält und daher auch von philosophischer Seite ein verstärktes Interesse zu finden scheint. Das zeigt sich etwa bei *Jürgen Habermas*, für den das Thema Religion lange marginal geblieben war und der ihm nun seit einiger Zeit deutlich mehr Interesse und Aufmerksamkeit entgegenbringt. Habermas geht davon aus, dass Religion auch in modernen Lebenskontexten etwas Eigenständiges und Unverzichtbares bleibt. Sie erschließt ein bestimmtes menschliches Selbstverständnis und kann so auch der Philosophie als eine wichtige Inspirationsquelle dienen. Es geht dabei um einen spezifischen »Sinn von Humanität« (Habermas 3: 23), der nicht einfach gegeben ist, sondern äußerst fragil bleibt und gerade heute im Zuge einer fortgeschrittenen Säkularisierung immer mehr zu erodieren droht. So lässt sich etwa im Blick auf die jüdisch-christliche Tradition und den biblischen Bundesgedanken immer wieder lernen: Der Mensch in seiner Individualität bleibt Teil eines ihn umfassenden und tragenden Lebenszusammenhangs. Es wird ihm damit einerseits Distanz zu sich selbst nahe gelegt, die Zwänge einer blinden Selbsterhaltung und Selbstzentriertheit werden aufgesprengt; andererseits wird er zur Entwicklung von Individualität und zu einer autonomen Lebensgestaltung herausgefordert, um sein Leben in eigener Verantwortung innerhalb des ihn mit einschließenden Lebenszusammenhangs führen zu können.

Damit bezieht Habermas eine Gegenposition zu der Auffassung, die *Georges Bataille* in seiner »Theorie der Religion« entwickelt hat. Nach Bataille ist Individualität das Resultat einer Selbstverdinglichung, durch die der Mensch sich der Welt der Dinge angleiche. Damit schneide er sich von der heiligen Strömung ab, die alles Lebendige eins sein lässt. Religion ist nach Bataille die Suche nach diesem Strom des Lebendigen und als solche gleichbedeutend mit Entindividualisierung (Bataille: 45f).

Die der Religion inhärente Vernunft versucht der Dresdener Philosoph *Thomas Rentsch* genauer zu erfassen, indem er Religion als eine spezifische lebensweltliche Praxis beschreibt und analysiert. Dabei wird dann auch ein falsches Verständnis von Religion aufgedeckt, etwa wenn religiöse Sätze als theoretische Aussagen im Sinne der Naturwissenschaften bzw. einer philosophischen Metaphysik verstanden oder auf ethische Sätze reduziert werden. Nach Rentsch nimmt Religion Bezug auf die menschliche Grundsituation, die durch letzte Bedingungen und Grenzen menschlichen Lebens bestimmt ist. Diese Grundsituation bleibt dem Menschen prinzipiell unverfügbar und stellt als solche den Horizont dar, innerhalb dessen er das je eigene individuelle Dasein in seiner Endlichkeit und Begrenztheit als ein sinnvolles erfahren oder aber in seiner Sinnhaftigkeit verfehlen kann. »Das Bewußtwerden dieser Zurückbezogenheit auf unverfügbare Sinnbedingungen ist das Spezifikum genuin religiöser Vernunft« (Rentsch 1: 256). Rentsch versteht Religion daher als *»Aufklärung über sinnkonstitutive Unverfügbarkeit«* (a. a. O. 258). Das geschieht jedoch nicht auf der Grundlage theoretischer, spekulativer Überlegungen, sondern mittels einer *»praktische(n) Anerkennung der unverfügbaren Sinnbedingungen unserer Existenz«* (a. a. O. 255). Deshalb wird Religion in adäquater Weise nur verstanden, wenn man sie als spezifische Gestalt menschlicher Lebenspraxis betrachtet. Sie vermittelt bestimmte Daseinshaltungen, etwa Dankbarkeit oder Respekt gegenüber den Mitgeschöpfen, und sie konstituiert spezifische Lebensformen. In beidem ist das religiöse Selbst- und Weltverhältnis gewissermaßen geronnen und lässt sich so dann aneignen, einüben und weitertradieren. Der in der Religion verkörperte Aspekt der Vernunft bildet den vernünftigen Kern einer solchen lebensweltlichen Praxis. Diese der Religion eigene Vernunft kann

»zu einer Erweiterung des üblichen alltäglichen wie philosophischen Vernunftverständnisses führen. Das Bewusstsein der Verschränktheit von Endlichkeit, Unbedingtheit und Sinn führt ihre Entwürfe über diskursive und pragmatisch beherrschbare Formen hinaus. Seitens eines restriktiven Rationalitätsverständnisses können diese Entwürfe als ›überschwenglich‹ im Kantschen Sinne erscheinen: Sie übersteigen dann auf haltlose und unhaltbare Weise die Grenzen menschlicher Lebenswelt und Praxis. Aber die Totalität der Sinnbedingungen unserer Welt, des gemeinsamen Lebens und unserer eigenen Existenz sind so wirklich wie uns auf Dauer entzogen. Eher scheint es, dass wissenschaftliche und technische Rationalität sowie Verfallsformen des Alltagslebens in der Gefahr inhumaner Verfehlungen stehen. Indem wir endlich, bedingt und frei existieren, leben wir von nicht machbarem natürlichem, sozialem und existentiellem Sinn; areligiös, ohne ihn zu bemerken, religiös im Bewußtsein seiner ungeschuldeten Gegenwart ... Die diskursive Vernunft öffnet sich hier einer Tiefendimension, die sie nicht zerstört, sondern, recht verstanden, intensiviert. Man könnte diese Dimension als ekstatische Vernunft bezeichnen: als eine Vernunft, die empfänglich ist für die zeitliche Endlichkeit und Fragilität allen Lebens, für die Ferne und Fremdheit der Anderen als Voraussetzung jeder Nähe, für die uneinholbare Tiefe jedes Individuums und für die Fülle des ethisch qualifizierten Augenblicks der Einsicht und des Verstehens« (a. a. O. 259f).

Man kann somit sicherlich sagen: Religionen sind Orientierungssysteme (Hock: 18f unter Bezugnahme auf Jacques Waardenburg). Doch diese Bestimmung von Religion reicht nicht aus; sie erscheint, für sich allein genommen, zu weit. Denn als Orientierungssysteme lassen sich ja etwa auch Erziehungs- und Bildungseinrichtungen begreifen, ohne dass ihnen deshalb ein religiöser Charakter zugesprochen werden müsste. Berücksichtigt man hier nun die philosophischen Hinweise, wie sie etwa Habermas und Rentsch geben, so lässt sich präzisieren: Religionen sind Orientierungssysteme angesichts von etwas für den Menschen unverfügbar Bleibendem. Dieses Unverfügbare zeigt sich dabei am Menschen selbst, es wird im Vollzug des Menschseins erfahrbar, insofern sich nämlich der Mensch selbst in bestimmter Hinsicht unverfügbar bleibt. »Religion ist die Erkenntnis, dass der Mensch sich nicht sich selber – sondern etwas anderem – verdankt« (Hasenfratz: 16). Sie verweist ihn darauf, dass er seinen Grund nicht in sich selbst hat und sich deshalb im Letzten auch selbst entzogen bleibt. Zugleich hilft Religion dem Menschen dann aber auch, diese Situation seiner Existenz nicht nur anzunehmen, sondern sie verstehen zu lernen als die Bedingung der Möglichkeit eines nicht von ihm selbst machbaren Sinnes, der sein gesamtes Dasein umfasst.

So lässt sich die Frage, was Religion ist, folgendermaßen beantworten: *Religion beinhaltet einen existentiellen Bezug zu etwas Letztgültigem, von dem her dem eigenen Dasein als ganzem seine wahre Bestimmung zuerkannt wird.* Dazu einige Erläuterungen. – Es wird von einem *Letztgültigen* gesprochen, nicht von einer göttlichen Wirklichkeit, um zunächst einmal dem Tatbestand Rechnung zu tragen, dass es Religionen wie etwa den frühen Buddhismus gibt, in denen Gottesvorstellungen keine zentrale Rolle spielen oder die sogar ganz ohne sie auskommen. Ein Letztgültiges ist etwas, dem eine nicht mehr überbietbare Bedeutung zuerkannt wird und das durch nichts anderes aufhebbar oder relativierbar ist. Ein solches Letztgültiges kann es dann aber auch außerhalb institutionalisierter Religionen geben. So umfasst diese Bestimmung von Religion auch religionsanaloge Phänomene und hilft dadurch etwa verstehen, welche Letztgültigkeiten in säkularisierten Lebenszusammenhängen an die Stelle der traditionellen Religionen getreten sind. Das Religionsverständnis wird damit zweifellos entgrenzt, vermag auf diese Weise aber der veränderten Situation der Religion heute und ihren Wandlungen besser gerecht zu werden. – Religionen beinhalten einen *existentiellen Bezug* zu etwas Letztgültigem. Sie sind nicht lediglich intellektuelle Gebilde, Gedankensysteme, sondern betreffen den Menschen in seinem Existenzvollzug als ganzem. Dabei geht es in der religiösen Bezugnahme auf ein Letztgültiges näherhin um die existentielle Grundsituation des Menschseins im Sinne von Rentsch. Deshalb haben religiöse Überzeugungen auch »einen existentiell bedeutsameren Status als wissenschaftliche Theorien oder Hypothesen« (Schärtl 2: 50). Hier steht der Mensch mit seinem Leben selbst auf dem Spiel. – In diesem existentiellen Bezug zu etwas Letztgültigem erschließt sich dem Menschen die *wahre Bestimmung* seines Daseins. Es geht um die Frage, wie der Mensch sein Dasein im Zusammenhang der Wirklichkeit im Ganzen so verstehen und leben kann, dass er seine existentielle Grundsituation anzuerkennen und ihr gerecht zu werden vermag. Indem Religion dem Menschen dies ermöglicht, erschließt sie ihm die Wahrheit über sich selbst und befähigt ihn zugleich, sein Leben dieser Wahrheit entsprechend zu gestalten. Diese Erschließung seiner wahren Bestimmung ermöglicht es dem Menschen, sein Dasein als ein im Letzten sinnvolles zu verstehen und anzunehmen. – Religion markiert damit eine *Differenz zu den Sinnzusammenhängen des Alltags*. Indem sie auf ein Letztgültiges verweist, unterzieht Religion die Alltagswirklichkeit ebenso einer kritischen Prüfung wie einen Fortschrittskult, der allein den Imperativen wissenschaftlich-technischer Machbarkeit sowie ökonomischer Effizienz und Wertsteigerung gehorcht. In diesem Sinne lautet die »kürzeste Definition von Religion: Unterbrechung« (Metz 1: 166). Sie steht so in einem dialektischen Verhältnis zu dem, was die Alltagswirklichkeit und die Gesellschaft im Ganzen bestimmt: Zum einen distanziert sie den Menschen davon, zum anderen setzt sie ihn dann in neuer Weise wieder dazu in Beziehung, nach Maßgabe dessen, was ihr als Letztgültiges gilt.

Religion bleibt somit unabdingbar mit einem eigens zu rechtfertigenden Wahrheitsanspruch verknüpft, nämlich dem Anspruch, dem Menschen die *wahre* Bestimmung seines Daseins zu erschließen. Um den spezifischen Gehalt dieses Wahrheitsanspruchs genauer erfassen und seine Vernunftgemäßheit prüfen zu können, bedarf es einer eingehenderen Darlegung der anthropologischen Grundlage von Religion.

4. Die anthropologische Grundlage von Religion

Mit diesem Ansatzpunkt wird den kritischen Einwänden der neuzeitlichen Religionskritik Rechnung getragen, die Religion als Verhinderung einer freien, selbst bestimmten Entfaltung der im Menschen liegenden Möglichkeiten versteht. Und in der Tat haben Religionen ja auf vielfache Weise Menschen von sich selbst entfremdet; sie haben immer wieder verhindert, dass Menschen zu selbstbewussten, autonomen Persönlichkeiten herangereift sind; sie haben ungerechte Verhältnisse sanktioniert und das Bemühen um die Herstellung von Freiheit und Gerechtigkeit torpediert. Und Religionen haben nicht selten Menschen fanatisiert; sie haben Unfrieden gesät und Gewalt gepredigt und sind so verantwortlich geworden für Hass und Krieg.

Zu fragen bleibt nun allerdings, ob das Phänomen Religion damit erledigt ist, wie die Religionskritik meint. Demgegenüber ist es das Ziel der Fundamentaltheologie, aufzuweisen, dass Religion ein unhintergehbares anthropologisches Fundament hat. Unbeschadet aller notwendigen Kritik an Fehlentwicklungen und Gefahren, die mit Religion einhergehen können und auf die die Religionskritik völlig zurecht hinweist, soll begründet werden, dass Religion den Menschen nicht von sich selbst wegführt und an der Entfaltung seines Menschseins hindert, sondern, im Gegenteil, der existentiellen Grundsituation des Menschseins entspricht und im Dienste seiner humanen Gestaltung steht. Dieser Aufweis stellt den Kern des fundamentaltheologischen Religionstraktates dar.

Mit dieser anthropologischen Fragestellung ist eine Abkehr vom traditionellen Ansatz der Fundamentaltheologie bei den so genannten Gottesbeweisen verbunden. Ein solcher Weg erscheint nicht mehr gangbar,

»und zwar spätestens seit Nietzsche. Für ihn ist ... menschliche Vernunft derart radikal von Täuschungsquellen durchherrscht, dass sie keine Chance mehr hat, sich über diese aufzuklären. Damit ist das, was gemeinhin Wahrheit heißt, eine einzige Illusion, von der man vergessen hat, dass sie eine ist. Diese These auch nur in Frageform aufzustellen, reicht, um die Vernunft zu einer Art Selbstzersetzung zu bringen. Vor diesem Hintergrund kann selbst die Frage nach der Wirklichkeit Gottes nur noch mit einem argumentum ad hominem beantwortet werden« (Müller K. 2: 160).

Die traditionellen Gottesbeweise – sowohl das ontologische Argument des Anselm bzw. Descartes' als auch die »fünf Wege« des Thomas – wie dann auch das moralphilosophische Argument Kants beruhen allesamt auf Voraussetzungen, die der neuzeitlichen Vernunftkritik nicht stand halten (a. a. O. 54–103). Sie können daher auch der Fundamentaltheologie nicht mehr als Grundlage dienen.

Richard Swinburne hat den Versuch unternommen, einige der traditionellen Gottesbeweise (das kosmologische und das teleologische Argument) in Kombination mit anderen Argumenten (etwa dem Auftreten von Bewusstsein) als Wahrscheinlichkeitsargumente zu reformulieren (Swinburne). Er geht dabei induktionslogisch vor, d. h. er expliziert Prämissen, die die Hypothese einer Existenz Gottes stützen sollen. So ist nach Swinburne etwa die Komplexität und die Geordnetheit der Welt einfacher zu erklären durch die theistische Hypothese eines personalen Schöpfergottes als durch die atheistische Hypothese. Damit werde die Annahme einer Existenz Gottes wahrscheinlicher als die gegenteilige Annahme. Die Frage ist jedoch, ob sich ein solches Mehr oder Weniger an Wahrscheinlichkeit überhaupt objektiv bemessen lässt oder ob das nicht jeweils von letztlich subjektiv bleibenden Hintergrundannahmen abhängt. So wendet etwa *John L. Mackie* gegen die Schöpferhypothese ein: »Die personale Erklärung im Sinne einer unvermittelten Verwirklichung von Absichten stellt keine gangbarere Brücke dar als jene, die der Materialist zwischen bestimmten komplizierten elektrochemischen Systemen und dem Bewusstsein postulieren muss. Sie mag als gangbar erscheinen, doch nur deshalb, weil man als Modell für sie die nur dem äußeren Anschein nach vertraute Verwirklichung menschlicher Absichten nimmt, welche in Wahrheit einen komplizierten und vielfach vermittelten Kausalablauf darstellt« (Mackie: 210).

Der von der Fundamentaltheologie zu erbringende Aufweis der Vernünftigkeit von Religion wird durch den von der neuzeitlichen Philosophie erzwungenen Verzicht auf »Gottesbeweise« jedoch keineswegs unmöglich. Diese bleiben ja für religiöse Vollzüge selbst ohne Bedeutung; Religion beansprucht sie also nicht im Zusammenhang ihrer eigenen lebensweltlichen Praxis, um durch sie ihre Rationalität zu erweisen. Gottesbeweise bilden nicht die Grundlage von Religion, sondern setzen gelebte Religion voraus und wollen nachträglich der reflexiven Selbstvergewisserung von Glaubenden dienen. Dabei abstrahieren sie allerdings vom religiösen Vollzug und blenden damit die diesem selbst innewohnende Vernunft weitestgehend ab. Daher zieht etwa *Blaise Pascal*

(1623–1662) ihren Nutzen ganz unabhängig von der Frage nach ihrer philosophischen Tragfähigkeit in Zweifel: »Die metaphysischen Gottesbeweise liegen dem menschlichen Denken so fern und sind so verwickelt, dass sie kaum zu Herzen gehen, und wenn das auch einigen nützlich sein sollte, so würde es ihnen nur in dem Augenblick nützen, da sie diese Beweisführung vor Augen haben, doch eine Stunde danach fürchten sie, sich getäuscht zu haben« (Pascal: Frgm. 190; Zählung nach Brunschvicg: 543). Pascal stellt also darauf ab, dass der religiöse Vollzug und die mit ihm gegebene Gotteserkenntnis auf einer anderen Grundlage als der philosophisch-rationalen der Gottesbeweise erfolgt. Deshalb, und nicht wegen ihrer mangelnden philosophischen Stringenz, bleiben diese im unmittelbaren religiösen Zusammenhang faktisch bedeutungslos. Sie gehen nicht »zu Herzen«, wie Pascal sagt, d. h. sie erreichen nicht das innere Wirkzentrum, den Beweggrund der Person. Doch »das Herz hat seine Vernunftgründe (ses raisons), welche die Vernunft (la raison) nicht kennt« (a. a. O. Frgm. 423; Brunschvicg: 277). Pascal macht darauf aufmerksam und insistiert darauf, dass die mathematische oder die naturwissenschaftliche Vernunft nicht die ganze Vernunft ist, sondern sich in der menschlichen Personalität eine eigene Dimension der Vernunft zeigt. Religiöse Vollzüge betreffen nun aber gerade dieses personale Sein des Menschen, sein Herz mit der ihm eigenen Vernunft.

Der Tatbestand, dass die traditionellen Gottesbeweise ihre Tragfähigkeit verloren haben, kann somit der Fundamentaltheologie in ihrem Religionstraktat dazu verhelfen, dem Phänomen Religion besser gerecht zu werden, und sich so nicht als Verlust, sondern als Gewinn erweisen. Notwendig ist dafür jedoch eine konsequente anthropologische Wende des Religionstraktats. Denn die der Religion selbst eigene Dimension der Vernunft kann sich nur von den anthropologischen Grundlagen personaler Existenz her erschließen. Um die Vernunftgemäßheit von Religion zu begründen, müssen also deren anthropologische Voraussetzungen expliziert werden.

Damit ist *nicht* gemeint, dass der Mensch gewissermaßen von Natur aus religiös sei. Eine religiöse Lebensgestaltung gründet in menschlicher Freiheit und ist daher auch nicht notwendigerweise gegeben. Aufzuweisen ist vielmehr: Es besteht ein bestimmter Zusammenhang zwischen *unhintergehbaren* anthropologischen Gegebenheiten als den Grundlagen menschlicher Personalität und einer religiösen Lebensorientierung. Anders formuliert: Es geht darum, die *Ansprechbarkeit* prinzipiell jedes Menschen auf das, was Religion hinsichtlich der Wirklichkeit des Menschseins zu sagen hat, zu explizieren und zu begründen. Wenn sich dieser Aufweis erbringen lässt, kann mit guten Gründen gesagt werden: Religion ist vernunftgemäß, insofern in ihr die mit dem personalen Sein des Menschen verbundene Dimension der Vernunft zur Entfaltung kommt.

Eine solche anthropologische Wende der Fundamentaltheologie kann ihren Ansatzpunkt finden in dem Zusammenhang zwischen Religion und einem bestimmten »Sinn von Humanität«, so wie er in den religionsphilosopischen Konzepten von Jürgen Habermas und Thomas Rentsch aufgewiesen wird (siehe oben 197–199). Nach Habermas ist Religion eine Ressource, aus der dieser Sinn von Humanität immer wieder erneuert werden muss, wenn er nicht verloren gehen soll. Es geht dabei um die Verbindung von zwei elementaren Aspekten des Menschseins: zum einen die Entfaltung von Freiheit und einer je einzigartigen Individualität als Grundlage eines selbstbestimmten Lebens; zum anderen das Bewusstsein der Zugehörigkeit zu einem umfassenden Lebenszusammenhang und, daraus resultierend, eine solidarische Lebensorientierung. Nur wo sich beides miteinander verbindet, kann eine zutiefst humane Welt entstehen. Thomas Rentsch führt dies dann weiter, indem er aufweist: Die Fähigkeit von Religion, Ressource eines solchen Sinnes von Humanität zu sein, ist darin begründet, dass sie die sinnkonstitutive Bedeutung der existentiellen Grundsituation des Menschseins erschließt. Sie verweist den Menschen darauf, dass er kein autarkes Lebewesen ist, sondern in seiner Endlichkeit und Begrenztheit auf seine Mitwelt bezogen und auf sie angewiesen bleibt. So ist auch ein humanes Menschsein, in dem sich die Entfaltung von Freiheit und Individualität mit einer solidarischen Lebenseinstellung verbindet, nur möglich, wenn der Mensch diese Grundsituation seiner Existenz bejahen kann. Der Mensch muss sich selbst annehmen als ein begrenztes und in umfassendere Zusammenhänge eingebundenes Lebewesen. Religion befähigt ihn dazu, indem sie es ihm ermöglicht, diese für ihn unverfügbar bleibende Grundsituation seiner Existenz als deren Sinnbedingung zu verstehen und dem dann auch lebenspraktisch zu entsprechen. Als solche ist Religion »*Aufklärung über sinnkonstitutive Unverfügbarkeit*« (Rentsch 1: 258) und wird dadurch zur Ressource für jenen spezifischen Sinn von Humanität.

Naturalistische Theorien, etwa auf der Grundlage der Hirnforschung, werden genau dann reduktionistisch, wenn sie diesen Bezug der Religion zum Ganzen der menschlichen Lebenssituation unbeachtet lassen. Zweifellos gehen religiöse Erfahrungen, Äußerungen oder Handlungen mit bestimmten hirnphysiologischen Prozessen einher. Diese cerebralen Vorgänge vermögen das Phänomen Religion jedoch nicht hinreichend zu erklären. Sie müssen in den Zusammenhang der existentiellen Grundsituation des Menschen gerückt und von daher reflektiert werden. Erst dann lässt sich der Beitrag der Hirnforschung zum Verständnis von Religion ermessen.

Der Aufweis dieses Zusammenhangs von Religion und Humanität bedarf nun aber einer Weiterführung und Vertiefung. Denn der Sinn, um den es in religiösen Zusammenhängen geht, wird dort als ein *letztgültiger* Sinn verstanden. Das besagt: Es ist der Sinn, auf den alle authentischen menschlichen Sinnerfahrungen letztlich verweisen und der daher durch keine andere, »tiefere« Sinnerfahrung mehr überholt oder überboten werden kann. Letztgültiger Sinn ist das, was die wahre Bestimmung menschlichen Daseins beinhaltet. Erst wo dieser letztgültige Sinn sich zeigt, da erschließt sich dem Menschen die Wahrheit über sich selbst und sein Leben ganz.

Aufgabe der Fundamentaltheologie ist es, zu klären, ob bzw. wann Religionen zu Recht diesen Anspruch erheben können, Menschen die wahre Bestimmung ihres Daseins zu erschließen, sie also auf dessen letztgültigen Sinn zu verweisen. Als Kriterium benötigt die Fundamentaltheologiedafür den *philosophischen* Begriff eines letztgültigen Sinnes. Denn der mit Religion verbundene Anspruch, die wahre Bestimmung des menschlichen Daseins zu kennen, kann nur dann als berechtigt gelten, wenn er sich auch unabhängig von religiösen Vorgaben vor der kritischen Vernunft der Philosophie rechtfertigen lässt. Die fundamentaltheologische Klärung des anthropologischen Stellenwerts von Religion erfordert daher die Ausarbeitung und Begründung eines philosophischen Begriffs letztgültigen Sinnes, der die wahre Bestimmung menschlichen Daseins erschließt.

Das kann auf unterschiedliche Weise in Angriff genommen werden: auf dem Wege einer erstphilosophischen Reflexion, wie ihn in der zeitgenössischen Fundamentaltheologie etwa H. Verweyen einschlägt (siehe oben 94f), aber auch unter den Prämissen eines nachmetaphysischen Denkens, das sich auf das in Sprach- und Interaktionszusammenhängen enthaltene, von unterschiedlichen Wissenschaften (etwa den Sprachwissenschaften oder der Entwicklungspsychologie) erschlossene Vernunftpotential bezieht und auf dieser Grundlage seine Antworten auf philosophische Fragestellungen entwickelt und begründet. Auf diesem Weg kann aufgewiesen werden: Letztgültiger Sinn beinhaltet ein unbedingtes Anerkannt- und Bejahtsein des Menschen. So lässt sich im Anschluss an eine sozialphilosophische Theorie der Anerkennung, die ihrerseits Bezug nimmt auf Erkenntnisse der Sozial- und der Entwicklungspsychologie (vgl. dazu Knapp 3: 190ff), zeigen und begründen: Das symbiotische Verhältnis des Säuglings zur Mutter bleibt grundlegend für die Entwicklung eines jeden Menschen zu einer eigenständigen und freien Person. In den unregelmäßig wiederkehrenden Fusionserlebnissen mit der Mutter erfährt der Säugling eine unbedingte Anerkennung und Geborgenheit. Dadurch werden sein Vertrauen in die eigenen Kräfte und Möglichkeiten sowie das Grundvertrauen in die Wirklichkeit im Ganzen begründet. So bildet dieses Verwiesensein auf Anerkennung und Bejahung die anthropologische Grundlage personaler Existenz; das Zuteilwerden von Anerkennung befähigt den Menschen zu dem, was konstitutiv für Personalität ist (Schmidinger 2: 13ff.125ff): die Entfaltung von Individualität, die im kommunikativen Miteinander mit anderen in autonomer Selbstbestimmung erfolgt und dabei das Ganze des eigenen Lebens, sowohl in seiner zeitlichen Erstreckung wie auch im Hinblick auf die verschiedenen Dimensionen des Menschseins, mit einbezieht. Und diese Entfaltung seiner Individualität ist dann wiederum die Voraussetzung dafür, dass ein Mensch in seiner Einzigartigkeit sich in gesellschaftlichen Zusammenhängen als anerkannt, geachtet und wertgeschätzt erfährt und dadurch seine eigene Selbstachtung und Selbstschätzung gestärkt werden.

Das elementare Verwiesensein auf Anerkennung stellt somit die unerlässliche Voraussetzung und Grundlage des Personseins dar, das innere Zentrum und der Beweggrund personaler Existenz, das Herz des Menschen im Sinne Pascals. Die »Logik des Herzens« wird bestimmt von der Sehnsucht und der Suche nach Anerkennung. Davon bleibt jede menschliche Sinnsuche zuinnerst bestimmt. Sie kann deshalb auch ihr Ziel, den letztgültigen Sinn – über alle vorläufigen und fragmentarischen Formen von Anerkennung hinaus – nur in einem *unbedingten* Anerkannt- und Bejahtsein finden, also einem Anerkannt- und Bejahtsein, das an keinerlei Voraussetzungen und Bedingungen geknüpft ist. Der Begriff eines letztgültigen Sinnes beinhaltet somit eine letzte Geborgenheit des Menschen in seiner je einzigartigen Identität, das endgültige Ankommen in der »Heimat«, die »allen in die Kindheit scheint und worin noch niemand war« (Ernst Bloch). Darin liegt die wahre Bestimmung des Menschen, auf die ihn seine existentielle Grundsituation verweist.

Diese Bestimmung des Begriffs letztgültigen Sinns berührt sich eng mit dem, was *Jürgen Werbick* mit Hilfe der Metapher »Würdigung« anzielt (siehe oben 99f). Die Kategorie der Anerkennung hat demgegenüber jedoch den Vorteil, dass sie anschlussfähig ist an zeitgenössische philosophische Konzepte (Honneth; Ricoeur) und daher erlaubt, den anthropologischen Bezugspunkt des letztgültigen Sinnes auf der Grundlage dieser Konzepte aufzuweisen.

Mit der Erarbeitung des *Begriffs* eines letztgültigen Sinnes ist allerdings nichts entschieden bezüglich der Wirklichkeit dessen, was dieser Begriff beinhaltet. Religionen sind nun aber mit dem Anspruch verknüpft, dem Menschen nicht nur den letztgültigen Sinn seines Daseins zu erschließen, sondern ihm auch die Verwirklichung seiner wahren Bestimmung zu ermöglichen. In ihnen geht es demnach um die *Wirklichkeit* einer letztgültigen Sinnerfüllung. Religionen betrachten das als eine reale Möglichkeit, die prinzipiell jedem Menschen eröffnet ist. Der von der philosophischen Vernunft erarbeitete und begründete Begriff eines letztgültigen Sinnes erlaubt es dagegen nicht, über dessen tatsächliches Gegebensein zu entscheiden. Dieser Begriff, wonach letztgültiger Sinn ein unbedingtes Anerkannt- und Bejahtsein des Menschen beinhaltet, stellt lediglich ein *Kriterium* dar, um die Letztgültigkeitsansprüche der verschiedenen Religionen auf ihre Vernunftgemäßheit hin zu überprüfen: Was diesem Begriff widerspricht, kann von der Vernunft nicht als letztgültiger Sinn akzeptiert werden.

Religionen machen geltend, dass unbedingte Anerkennung in innerweltlichen Zusammenhängen immer nur fragmentarisch realisierbar und erfahrbar ist. Die unbedingte Anerkennung eines anderen Menschen kann zwar intendiert, aber aufgrund der menschlichen Begrenztheit und Fehlbarkeit nicht ungebrochen verwirklicht werden. Religiöse Überzeugungen bringen angesichts dessen zu Bewusstsein: Eine Verwirklichung *unbedingter* Anerkennung sprengt die Dimensionen der irdisch-vergänglichen Welt. Religionen nehmen daher Bezug auf ein Letztgültiges, das sie als ein Unbedingtes verstehen und verehren. Denn nur was selbst unbedingt ist, vermag das Versprechen unbedingter Anerkennung auch tatsächlich ungebrochen und endgültig einzulösen.

Der existentielle religiöse Bezug zu diesem Unbedingten kann im Anschluß an Paul Tillich als »Ergriffensein« von ihm charakterisiert werden (vgl. Werbick 1: 68f). Der Mensch lässt sich davon ergreifen, weil dieses Unbedingte das ist, was ihn selbst »unbedingt angeht«, d. h. ihn im Zentrum seines Personseins erreicht. In der Begegnung mit diesem Unbedingten wird ihm zuteil, worauf er durch sein personales Sein elementar verwiesen ist: die Erfahrung unbedingter Anerkennung. Sie gründet darin, dass ein Mensch sich als von der Wirklichkeit des Unbedingten angegangen und in seiner ganzen Existenz herausgefordert erkennt. Indem er sich davon in seinem Inneren als Person erfassen lässt, wird ihm die Erfahrung unbedingter Anerkennung und Bejahung vermittelt und so die wahre Bestimmung seiner Existenz erschlossen, unbeschadet ihrer jeweiligen gesellschaftlichen oder kulturellen Prägungen.

In diesem Zusammenhang stellt sich die Frage nach der *Erkennbarkeit Gottes* als des Unbedingten. Genauer gefragt: Sind Gott und seine Existenz auch vorgängig zu seiner Erschließung im religiösen Bezug zu ihm, unabhängig vom existentiellen Ergriffensein von der Wirklichkeit des Unbedingten für den Menschen erkennbar? In der christlichen Tradition wurde das, im Zuge des seit der Antike bestehenden Bündnisses zwischen Glaube und philosophischer Vernunft, als Aufgabe einer »natürlichen Theologie« angesehen. Angesichts des mythischen Sprechens vom Göttlichen bei den Dichtern sowie einer den Staat legitimierenden politischen Theologie hatte die philosophische Theologie nach der wahren Natur der Gottheit zu fragen (vgl. unten 394). So wird auch heute dafür argumentiert, dass eine theologisch verantwortete Rede von Gott eines »natürlichen«, philosophisch-metaphysischen Gottesgedankens bedarf, weil nur mit seiner Hilfe gezeigt werden könne, »ob dem Gegenstand theol[ogischer] Rede ein mög[liches] Referenzobjekt zugeordnet werden kann, das sie von bloß myth[ischer] Rede unterscheidet« (Honnefelder 3: 191); es geht darum, »einen dem religiösen Glauben (...) *angemessenen Gottesbegriff* sichern zu helfen; also so etwas wie ein kategoriales *Grundgerüst* zur angemessenen Interpretation der religiösen Glaubenserfahrung ..., in dem zum Ausdruck kommt, daß das Gegenüber dieser Glaubenserfahrung wirklich ›Gott‹ genannt werden kann, gerade in seiner radikalen Andersheit und Unbegreiflichkeit gegenüber allem innerweltlich Gegebenen« (Kehl 4: 83). Ist also speziell der christliche Glaube auf eine solche vorgängig zu ihm erfolgende Gotteserkenntnis angewiesen, um anhand ihrer seine eigene Rationalität zu erweisen? – Lange Zeit erschien dies unproblematisch, weil die antike und die mittelalterliche Philosophie ein Weltbild begründet haben, in dem Gott einen selbstverständlichen Platz hatte. Das hat sich dann in der Neuzeit grundlegend geändert. Seit Kant war die Gewissheit verloren, Gott als einen gesicherten Gegenstand der Erkenntnis ansehen zu können. Zwar ist auch für Kant der Gottesgedanke notwendig, weil die menschliche Vernunft ihn fordert; aber es ist dies eben nun kein möglicher Gegenstand der Erkenntnis mehr, sondern eine bloß regulative Idee der Vernunft, die die Einheit der Erfahrung, die Zusammengehörigkeit von theoretischer und praktischer Vernunft verbürgt. »Das spekulative Interesse der Vernunft macht es notwendig, alle Anordnung in der Welt so anzusehen, als ob sie aus der Absicht einer allerhöchsten Vernunft entsprossen wäre. Ein solches Prinzip eröffnet nämlich unserer auf das Feld der Erfahrungen angewandten Vernunft ganz neue Aussichten, nach teleologischen Gesetzen die Dinge der Welt zu verknüpfen, und dadurch zu der größten systematischen Einheit derselben zu gelangen« (Kritik der reinen Vernunft B 714f). Dieser »Vernunftbegriff von Gott« (a. a. O. B 113) stellt keine Stütze des religiösen Gottesglaubens mehr dar; denn auf der Grundlage dieses Gottesbegriffs wird es philosophisch unentscheidbar, ob Gott ist und wer Gott ist. Die notwendige Idee Gottes besagt nichts weiter, »als dass die Vernunft gebiete, alle Verknüpfung der Welt nach Prinzipien einer systematischen Einheit zu betrachten, mithin *als ob* sie insgesamt aus einem einzigen allbefassenden Wesen, als oberster und allgenugsamer Ursache, entsprungen wären« (a. a. O. B 714). Man kann deshalb durchaus sagen: Dieser Bruch zwischen dem philosophischen Gottesgedanken und dem religiösen Gottesglauben hat eine »philosophische Ortlosigkeit des Glaubens« (Ratzinger 5: 89) zur Folge. – Angesichts dieser Problemlage umfasst die Klärung der Frage, ob der christliche Glaube auf eine vorgängig zu ihm erfolgende philosophische Gotteserkenntnis angewiesen ist, genauerhin zwei Aspekte: Bedarf es einer unabhängig von religiösen Glaubensvollzügen erfolgenden Vergewisserung der Existenz

Gottes? Und ist die theologische Rede von Gott auf einen philosophischen Gottesbegriff als »kategoriales Grundgerüst« angewiesen? Was zunächst Letzteres betrifft, so lässt sich die Frage folgendermaßen präzisieren: Droht ohne einen philosophischen (sei es metaphysischen oder transzendentalphilosophischen) Gottesbegriff die theologische Rede von Gott so anthropomorph zu werden, dass damit die transzendente Wirklichkeit Gottes verfehlt wird? Es geht darum, sicher zu stellen: Gott ist nicht Teil dieser Welt. Der strittige Punkt ist, ob eine angemessene theologische Rede von Gott dabei einen philosophischen Gottesbegriff *voraussetzen* und in Anspruch nehmen muss oder ob sie auch ohne diese Voraussetzung auskommt. Kann also das Verständnis Gottes als des Welt und Mensch gegenüber transzendenten Unbedingten auch mittels eines die religiöse Glaubenserfahrung auslegenden nachmetaphysischen Denkens erreicht werden? (siehe unten 214f). Das schließt selbstverständlich nicht aus, dass für die Theologie die Auseinandersetzung mit philosophischen Gottesbegriffen wichtig und hilfreich sein kann. Sie bieten ihr die Möglichkeit, ihr eigenes Gottesverständnis zu verdeutlichen, indem sie Gemeinsamkeiten, aber auch Differenzen im Hinblick auf diese herausarbeitet. Als vorgängig zur Glaubenserfahrung gegebenes begriffliches Grundgerüst für ihr eigenes Gottesverständnis kann die Theologie einen solchen philosophischen Gottesbegriff jedoch nicht akzeptieren. – Ebensowenig setzt die theologische Rede von Gott einen philosophischen Aufweis der Existenz Gottes voraus. Im Gegenteil, »isoliert von irgendeiner religiösen oder ethischen Lebensform ist die Frage nach der Existenz Gottes eine Scheinfrage« (Watzka: 318). Sachgemäß kann sie nur im Zusammenhang des Aufweises der Rationalität religiöser Lebensformen behandelt werden. Denn die Bejahung der Existenz Gottes ist ursprünglich immer verknüpft mit bestimmten religiösen Erfahrungen und Wahrheitsansprüchen, die sich in entsprechenden Lebensformen Ausdruck verschaffen. Wo dieser ursprüngliche religiöse Zusammenhang nicht mehr gegeben ist, wird die Frage nach der Existenz Gottes letztlich belanglos. Als solche gehört sie daher auch nicht zum Arbeitsgebiet der Fundamentaltheologie. Deren Aufgabe besteht vielmehr darin, den mit dem Wort »Gott« verbundenen universalen Anspruch zu explizieren, indem sie aufweist, inwiefern der Gott, auf den der christliche Glaube sich beruft und bezieht, jeden Menschen in seinem Existenzvollzug unbedingt angeht.

Die religiöse Bezugnahme auf ein Unbedingtes stellt nicht notwendigerweise den Menschen selbst in Frage, es relativiert ihn nicht in seinem Eigenwert, wie es die Religionskritik behauptet. Das bleibt jedoch auf dem Forum der Vernunft aufzuweisen und zu begründen. »Entscheidendes Kriterium muss sein, ob das Unbedingte jeweils als Unbedingtes gegeben ist, ob es als solches zur Geltung kommen kann und ob es so gegeben ist, dass die von ihm ›Ergriffenen‹ ihr Ergriffensein als *ihre* Beziehung leben können, in ihrem

Ergriffensein als sie selbst vorkommen dürfen – ohne dass die Unbedingtheit des sie darin Angehenden dadurch widerrufen wäre« (Werbick 1: 71). Diese beiden Bedingungen sind erfüllt, wenn das Ergriffensein vom Unbedingten das unbedingte Anerkannt- und Bejahtsein des Menschen beinhaltet. Dann ist ja der Mensch wirklich als er selbst gemeint und gewollt. Und zugleich kommt dabei dieses Unbedingte als Unbedingtes zur Geltung; denn eine solche Unbedingtheit der Anerkennung und Bejahung des Menschen ist nur dann denkbar und möglich, wenn sie an keinerlei Voraussetzungen und Bedingungen gebunden ist, wenn sie also durch ein selber Unbedingtes erfolgt.

»Dieses Unbedingten wird man nur gewahr und gewiss in der Weise des kategorischen Angegangenwerdens und Angerufenseins. Der Wahrnehmungsakt ist dabei ineins ein Akt der Selbstwahrnehmung (›es geht *mich selbst, mein Selbst* unbedingt an‹), der Wahrnehmung von Andersheit (›ich werde von einem unbedingten *Anderen* angegangen‹), gegenüber der sich das Subjekt nichts ›ausbedingen‹ kann« (Höhn: 179).

Die Bestimmung des anthropologischen Ortes von Religion hat somit *drei Kriterien* zutage gefördert, die es erlauben, die Wahrheitsansprüche konkreter Religionen kritisch zu prüfen. *Erstens* kann eine Religion nur dann mit Recht den Anspruch erheben, die wahre Bestimmung des Menschseins zu erschließen, wenn sie ersichtlich und nachweislich zur Humanisierung des Menschen und der Welt beiträgt. *Zweitens* muss eine Religion dem Menschen ein unbedingtes Anerkannt- und Bejahtsein als letztgültigen Sinn seines Menschseins, als die wahre Bestimmung seines Daseins vermitteln. *Drittens* muss das Letztgültige, auf das Religion sich beruft, selbst ein Unbedingtes sein; denn nur wenn es keinerlei Voraussetzungen, Bedingungen oder Begrenzungen unterworfen ist, kann es einem anderen wirklich unbedingte Anerkennung und Bejahung schenken.

Zusammenfassend lässt sich daher sagen: Das Thema des fundamentaltheologischen Religionstraktates ist die Frage nach der wahren Bestimmung des Menschseins. Religion beansprucht, Antwort auf diese Frage zu geben. Aufgabe der Fundamentaltheologie ist es, diesen mit Religion verbundenen Wahrheitsanspruch zu klären. Den Ausgangspunkt kann dabei der Rekurs auf die menschliche Grundsituation mit ihren letzten, unhintergehbaren Grenzen und Bedingungen bilden. Die wahre Bestimmung des Menschen zeigt sich, indem sich der letztgültige Sinn menschlichen Daseins angesichts dieser seiner existentiellen Grundsituation erschließt. Deshalb bedarf die Fundamentaltheologie eines philosophischen Begriffs letztgültigen Sinnes als Kriterium, um prüfen zu können, ob der mit einer konkreten Religion verbundene Wahrheitsanspruch auch vor der philosophischen Vernunft gerechtfertigt werden kann. Der letztgültige Sinn beinhaltet das, was dem Menschen in seinem Innersten entspricht, nämlich ein unbedingtes Anerkannt- und Bejahtsein. Konstitutiv für die Erfahrung dieses letztgültigen Sinnes ist die religiöse Beziehung zu einem Letztgültigen, das dem Menschen unbedingte Anerkennung und Bejahung schenkt und daher selbst unbedingt sein muss.

Indem sich ihm dieser letztgültige Sinn seines Daseins erschließt, wird der Mensch befreit zu einer humanen Entfaltung seines Menschseins. Die Erfahrung, unbedingt anerkannt und bejaht zu sein, versöhnt ihn mit sich selbst und mit der existentiellen Grundsituation seines Menschseins. Infolge dessen kann sich auch das Verhältnis zu seiner Mitwelt verändern; die in seiner Ungesichertheit und Bedrohtheit wurzelnde Angst des Menschen um sich selbst wird entmachtet, so dass auch sein aus ihr resultierendes Selbstbehauptungs- und Selbstsicherungsstreben überwunden werden kann. Wer mit sich selbst versöhnt ist, kann anderen in einer offenen und solidarischen Weise begegnen, muss sie nicht mehr für seine selbstzentrierten Zwecke instrumentalisieren oder versuchen, sich auf ihre Kosten Anerkennung zu verschaffen.

5. Die Vernunft der Religion

Infolge der anthropologischen Wendung der Religionsthematik stellt sich die Frage nach der Vernunftgemäßheit der Religion, ihrer Rationalität in veränderter Weise. Sie kann nicht mehr gewissermaßen von außen, unter Absehung von den religiösen Vollzügen und ihrer anthropologischen Fundierung angegangen und beantwortet werden. Es geht vielmehr um eine der religiösen Praxis selbst innewohnende Vernunft, d. h. um eine spezifische Dimension der Vernunft, die von der Religion erschlossen wird. Diese religiöse Dimension der Vernunft steht nicht in Konkurrenz zur wissenschaftlichen oder philosophischen Vernunft. Sie erweitert diese vielmehr in einer bestimmten Hinsicht und muss sich dann natürlich auch nach ihrer Vereinbarkeit mit den anderen Vernunftaspekten befragen lassen.

Auch das Gegebensein eines Unbedingten kann unter diesen veränderten Voraussetzungen nicht unter Absehung vom religiösen Vollzug und seinen anthropologischen Grundlagen erschlossen werden. Den Ausgangspunkt muss also das existentielle »Ergriffensein« des Menschen von diesem Unbedingten bilden. Das hat wiederum Pascal treffend formuliert: »Das Herz und nicht die Vernunft nimmt Gott wahr … Gott ist dem Herzen und nicht der Vernunft wahrnehmbar« (Pascal: Frgm. 424; Brunschvicg: 278). Die »Wahrnehmung« des Unbedingten, Gottes kann nur da erfolgen, wo es im Menschen begegnet, nämlich im Herzen, seinem personalen Beweggrund. Erst aufgrund dieser personalen »Wahrnehmung« wird das Unbedingte als solches dann auch reflex erfasst. Eine Vernunft hingegen, die von dieser »Wahrnehmung« abstrahiert, kommt nicht hinaus über spekulativ-theoretische Erörterungen, die wiederum für den religiösen Vollzug selbst keine Bedeutung haben.

Bei der »Wahrnehmung« des Unbedingten im Sinne Pascals handelt es sich jedoch keineswegs um eine »blinde Regung des Herzens«, die das 1. Vatikanische Konzil mit Recht als Grundlage jedenfalls des christlichen Glaubens abgewiesen hat. Wie gesehen lässt sich der personale Beweggrund des Menschen unter Bezugnahme auf entwicklungspsychologische Erkenntnisse als Sehnsucht und Suche nach unbedingter Anerkennung und Bejahung entschlüsseln. Die »Wahrnehmung des Herzens«, um die es Pascal geht, hat demnach eine unhintergehbare anthropologische Grundlage, die sich auch der philosophischen und der wissenschaftlichen Vernunft einsichtig machen lässt. Aufgrund dieser Wahrnehmung kann das Unbedingte dann in einer reflexen Weise erfasst werden als die Bedingung der Möglichkeit unbedingter Anerkennung und Bejahung. Damit wird der Gottesgedanke erreicht (vgl. Knapp 3:

218f): Gott muss gedacht werden als das von Ewigkeit her je neue Ereignis unbedingter Anerkennung. Als solcher bleibt Gott von der Wirklichkeit der Welt und des Menschen unterschieden und somit ihnen gegenüber transzendent. Das tatsächliche Gegebensein Gottes als des transzendenten Unbedingten lässt sich aus diesem Gottesbegriff jedoch nicht ableiten, sondern bleibt nur im religiösen Vollzug selbst »wahrnehmbar«.

Da dieser Gottesbegriff Bezug nimmt auf die in jedem Menschen verankerte, entwicklungspsychologisch entzifferbare Sehnsucht nach unbedingter Anerkennung und Bejahung, ist seine *universale Verstehbarkeit* gesichert. Daraus folgt jedoch keineswegs, dass damit der von der biblischen und theologischen Tradition zur Geltung gebrachten *Unbegreiflichkeit Gottes* nicht mehr Rechnung getragen werden kann. Denn es bleibt ja zu beachten: Dass Gott den Menschen unbedingt anerkennt und bejaht, besagt nicht, dass er auch alles am Menschen uneingeschränkt gut heißt und so zum Erfüllungsgaranten für dessen Wünsche und Phantasien wird. Hier gilt es vielmehr genau zu unterscheiden zwischen der Person und ihren Werken, d. h. ihrer Lebensgestaltung. Stellt man das in Rechnung, dann erschließt sich, warum der den Menschen unbedingt anerkennende Gott ihm zugleich immer wieder auch als fremd und unbegreiflich begegnen kann. Gott lässt sich nicht auf Menschenmaß reduzieren, er bleibt der »deus semper maior«, dessen Gedanken und Wege deshalb immer wieder auch andere sind als die des Menschen (Jes 55,8f). Denn das, was für den Menschen letztlich gut ist, was ihn endgültig »heil« macht, das übersteigt alle seine Vorstellungen und Möglichkeiten. Daher darf jeder Mensch sich aber gerade von diesem oft unbegreiflichen Gott absolut verlässlich getragen und als je einzigartige Person unbedingt anerkannt wissen. – Die Basis dieser Konzeptualisierung des Gottesgedankens ist eine anthropologische, aber deshalb ist er doch *keineswegs anthropozentrisch.* Zwar wird man sicherlich sagen können: Das Verhältnis Gottes zur Schöpfung im Ganzen erschließt sich zunächst einmal in seinem Verhältnis zum Menschen. Von daher wird dann aber auch erkennbar, dass die Fürsorge Gottes allen seinen Geschöpfen gilt, wie etwa der Hinweis Jesu auf die Vögel und die Lilien verdeutlicht (Mt 6,26ff). Alle Geschöpfe werden demnach von Gott in ihrer geschöpflichkeit Eigenständigkeit anerkannt und bejaht. Der Mensch ist aber eben das Geschöpf, für das dies auch so »wahrnehmbar« ist, dass es ausdrücklich zu Bewusstsein kommen kann.

Die spezifische Dimension der Vernunft, die zur Religion gehört, muss somit im Zusammenhang mit der Personalität des Menschen gesehen werden. Religionen beanspruchen, dass durch sie das Wirkzentrum und der Beweggrund der Person ihr letztes und wahres Ziel finden. Eine spezifische Dimension der Vernunft eignet der Religion daher, weil sie das Personsein des Menschen bis in seine letzte Konsequenz hinein zur Geltung kommen lässt. In der christlichen Tradition findet sich dabei seit frühester Zeit die Überzeugung: Diese »Logik des Herzens« (im Pascalschen Sinne), die sich entziffern lässt als die mit dem Menschen als Person gegebene Sehnsucht nach unbedingter Anerkennung und Bejahung, ist von Gott selbst in den Menschen hineingelegt. »Du hast uns auf Dich hin geschaffen, und unruhig ist unser Herz, bis es ruht in Dir«, so wendet sich Augustinus zu Beginn seiner »Confessiones« an Gott. Gott will sich demnach selbst mit dem Menschen verbinden. Es ist diese liebende Gemeinschaft zwischen Gott und Mensch, auf die hin der Mensch geschaffen worden ist. Allein hier kann der Mensch daher auch seine wahre Bestimmung, den letztgültigen Sinn seines Daseins finden, weil er sich endgültig und unwiderruflich von Gott anerkannt und bejaht weiß, so dass selbst die vernichtende Macht des Todes nichts mehr dagegen vermag.

Religion beinhaltet demnach eine spezifische Vernunftdimension, insofern sie die unhintergehbare existentielle Grundsituation des Menschen thematisiert, und zwar so, dass sie es dem Menschen ermöglicht, sich mit dieser Grundsituation seines Daseins zu versöhnen. Religion lenkt dabei den Blick auf das Ganze seines Daseins und lässt ihn dieses als im Letzten sinnhaft erfahren und erkennen. Das impliziert einen Wahrheitsanspruch, der als grundsätzlich vereinbar mit der Vernunft erwiesen werden muss. Diese von Religion beanspruchte Wahrheit ist als Heilswahrheit zu charakterisieren, weil sie den Menschen im Ganzen seiner Existenz »zurecht bringt« und ihn mit sich in Einklang kommen lässt, insofern sie das beinhaltet, was dem Menschen in seinem Innersten, im Zentrum seiner Person zutiefst entspricht. Zur Begründung dieses Wahrheitsanspruchs bedarf es eines philosophisch erarbeiteten Begriffs eines letztgültigen Sinnes (siehe oben 206–208). Anhand dieses Kriteriums muss sich erweisen lassen, ob eine Religion tatsächlich die wahre Bestimmung menschlichen Daseins als dessen letztgültigen Sinn erschließt und sich ihr Wahrheitsanspruch somit als berechtigt zeigt.

Im Zuge einer »postmodernen« Eliminierung der Wahrheitsfrage fordern auch Theologen, die Sinnfrage von der Wahrheitsfrage zu entkoppeln: »An die Stelle der Wahrheitsfrage muss die Sinnfrage treten« (Gräb: 126). Diese verbleibt dann allerdings innerhalb des Horizontes eines nicht mehr hintergehbaren Pluralismus. Denn mit der

Wahrheitsfrage wird auch die Perspektive eines *letztgültigen* Sinnes eliminiert. Das erscheint jedoch insofern selbstwidersprüchlich, als damit de facto der Pluralismus selbst zu etwas Letztgültigem gemacht wird. Der von Religion erschlossene letztgültige Sinn beinhaltet dagegen den als berechtigt zu erweisenden Anspruch, dem Menschen die Wahrheit seines Daseins zu erschließen. Wahrheits- und Sinnfrage bleiben dann aber unabdingbar miteinander verbunden.

Der Wahrheitsgehalt einer Religion drängt sich dem Menschen keineswegs unausweichlich auf, seine Evidenz ist von anderer Art als etwa bei der Feststellung eines empirischen Sachverhaltes oder bei einem mathematischen Beweis. Was die wahre Bestimmung seines Daseins ist, lässt sich einem Menschen nicht andemonstrieren. Eine Religion für sich selbst als wahr annehmen kann ein Mensch nur, wenn sie in Einklang steht mit seinen eigenen Erfahrungen mit sich selbst und seinem Leben. Das lässt sich auch durch den Aufweis der Vernunfthaftigkeit eines religiösen Wahrheitsanspruchs nicht überspringen. Authentische religiöse Überzeugungen können daher immer nur auf freien Entscheidungen von Menschen beruhen.

Das Ernstnehmen der eigenen Selbst- und Lebenserfahrung bleibt auch zugleich zentrales Argument und eigentlicher Streitpunkt in der Auseinandersetzung mit einem rein naturalistischen Verständnis des Menschen. Die Intention eines solchen radikalen Naturalismus besteht ja darin, alle geistigen Bestrebungen, Erfahrungen oder Überzeugungen restlos zu erklären als kausale Wirkungen naturaler Prozesse, so dass ihnen keine eigene Bedeutung mehr zuerkannt werden kann. Konsequenterweise wird dann die menschliche Selbsterfahrung zum Selbstmissverständnis erklärt und als bloße Illusion verbucht, so etwa die moderne Hirnforschung in Bezug auf die menschliche Freiheitserfahrung. Dagegen lässt sich die Rationalität religiöser Überzeugungen grundsätzlich nur auf der Grundlage der menschlichen Selbsterfahrung erweisen (vgl. Striet 3: 106). »Wenn Gott ist, können wir sein, wofür wir nicht umhin können, uns zu halten: Personen. Wenn wir das nicht wollen, gibt es kein Argument, das uns vom Dasein Gottes überzeugen könnte. Auch wenn wir es wollen, gibt es allerdings keine Nötigung, an Gott zu glauben. Es bleibt uns immer die Alternative, auf Verstehen zu verzichten, also darauf zu verzichten, das, als was wir uns selbst erfahren, in Einklang zu bringen mit dem, was die Wissenschaft über uns sagt. Wir können Hermeneutik und Naturgeschichte unvermittelt lassen. Es bleibt immer die Möglichkeit der intellektuellen Resignation« (Spaemann: 34).

Wo Religion Menschen unbedingte Anerkennung und Bejahung vermittelt, eine letzte Geborgenheit, die ihnen im Innersten ihres

Personseins entspricht, da steht sie im Dienste einer Humanisierung des Menschen (siehe oben 213). Aus dem homo sapiens kann ein homo humanus werden, der er ja keineswegs automatisch ist. In einer solchen Humanisierung des Menschen verschafft sich die Vernunft der Religion in lebenspraktischen Kontexten Ausdruck. Die religiöse Dimension der Vernunft wird zur Grundlage einer Kultur der Mitgeschöpflichkeit, die immer da bedroht ist, wo Menschen ihrer existentiellen Grundsituation nicht gerecht werden, sondern sie verkennen oder verdrängen.

Einen anderen Weg, um die der Religion inne wohnende Vernunft aufzuweisen, schlägt *Klaus Müller* im Anschluss an den Philosophen *Dieter Henrich* ein. Den Ausgangspunkt bildet dabei das menschliche Selbstbewusstsein, das sich in einer Doppelstellung vorfindet: Zum einen ist dies die Ichperspektive, in der der je einzelne Mensch der einmalige und unvertretbare Mittelpunkt seiner eigenen Welt ist und als solcher allem anderen, was existiert, gegenübersteht. Zum anderen findet der seiner selbst bewusste Mensch sich als Einer unter zahllosen anderen Menschen und Dingen vor. Angesichts dieser Situation muss selbstbewusste Subjektivität sich entweder als in sich zerrissen und damit absurd verstehen. Oder es erweist sich als möglich, beide Perspektiven trotz ihrer Diskrepanz miteinander zu vermitteln. Und eben das versteht Müller mit Henrich als die spezifische Leistung von Religion: Sie »entwickelt Vermittlungsgestalten von je einer der beiden Seiten her, also gemäß deren je eigener Tiefenstruktur und Logik. Daraus folgt, dass je eine der beiden Dimensionen der anderen untergeordnet wird, ohne dass sich die Tiefenstruktur und Logik der je untergeordneten mit den Mitteln der dominierenden aufheben ließe« (Müller K. 2: 164). So wird auch erklärbar, warum es (nur) zwei charakteristische Grundformen von Religion gibt: Das sind zum einen die fernöstlichen Hochreligionen, in denen Selbstbewusstsein seine Vereinzelung auf einen als überindividuell verstandenen Wirklichkeitsgrund hin übersteigt. Da eine solche Form von Religion »von dem wegdenkt, was der Ontologie der Einzelnheit ihre Evidenz gibt, wird sie notwendig monistisch verfasst sein« (Henrich 1: 117). Dem stehen die »westlichen« Hochreligionen gegenüber, in denen Selbstbewusstsein seine Einmaligkeit auf eine Ordnung des Seienden hin übersteigt, die sich einem höchsten Seienden verdankt. Die Ontologie dieser Form von Religion ist pluralistisch, denn sie »kann ein Einzelnes ohne Welt von Einzelnen auch nicht als höchstes Einzelnes zulassen« (ebd.). Indem Religionen so auf unterschiedliche Weise die mit einem selbstbewussten Dasein und seiner eigenartigen Doppelstellung unausweichlich gegebenen Fragen nach seiner Herkunft, Identität und Bestimmung zu beantworten versuchen, »erweist sich Religiöses als solches von prinzipieller und originärer Vernünftigkeit« (Müller K. 2: 166). Denn Selbstbewusstsein erfährt sich als seiner selbst nicht mächtig, es vermag sich nicht selbst zu begründen. Es muss daher einen für es unverfügbaren Grund seiner selbst voraussetzen, der nicht mit ihm identisch, ihm aber auch nicht äußerlich sein kann. So findet Selbstbewusstsein in sich selbst den Gedanken eines Grundes; es ist »ein Transzendenzgedanke der Form ›grundloser Grund‹«, der »dem augustinischen Kriterium des ›interior intimo meo‹ einschließlich des ›superior summo meo‹ genügt« (a. a. O. 170). Daher ist es nach Müller auch erforderlich, sich auf eine monistische Denkform einzulassen, weil anders »keine hinreichende Antwort auf das Verhältnis von Absolutem und Endlichem« möglich sei (Müller K. 4: 244). Selbstbewusste Subjektivität muss demnach zurückgehen in den ihr selbst unverfügbaren überpersonalen Grund. So kann sie dann verstehen, dass sie selbst in ihrer Einzigartigkeit, wie aber auch die Vielzahl der anderen Personen, aus diesem überpersonalen Einheitsgrund hervorgegangen ist und zugleich geborgen bleibt. Umgekehrt heißt das: »Das Geheimnis ... des Monismus liegt im Gedanken selbstbewusster Subjektivität beschlossen« (a. a. O. 206). – Nun lässt sich allerdings das Ausgangsproblem, die Doppelstellung des Selbstbewusstseins, konzeptionell auch ganz anders angehen. Die beiden Ichperspektiven lassen sich nämlich ohne weiteres miteinander vermitteln, wenn sie als Verweis auf Verhältnisse wechselseitiger Anerkennung verstanden werden: Das Ich in seiner Einmaligkeit will als dieses einzigartige und unvertretbare Ich anerkannt und wertgeschätzt werden, so dass es als solches zur Geltung kommt und damit nicht lediglich eines unter vielen bleibt. Die Doppelstellung des Selbstbewusstseins verweist demnach von vornherein in den Raum der *Intersubjektivität*. Das hat Konsequenzen für den Aufweis einer spezifischen Vernunftdimension von Religion. Dessen Ansatzpunkt kann dann nicht eine *monologische* Reflexion selbstbewusster Subjektivität sein; denn dabei wird das Phänomen des Selbstbewusstseins in seiner Doppelstellung konzeptionell ja gerade verfehlt, insofern dieses sich unabdingbar auf intersubjektive Anerkennungsverhältnisse verwiesen weiss. Auch die Vernünftigkeit von Religion kann dann nicht unter Absehung davon, sondern muss vielmehr auf der Grundlage einer Theorie der Anerkennung erfolgen. Dies ist möglich von der Einsicht her, dass Anerkennungsverhältnisse immer ein Moment von Unbedingtheit implizieren, das sich als Spur der frühkindlichen Erfahrung unbedingter Anerkennung und Geborgenheit entziffern lässt. Diese Erfahrung ist nicht nur entscheidend für die Entwicklung einer eigenständigen und freien Person (siehe oben 207), sondern auch für das lebenslange Streben nach unterschiedlichen Formen von Anerkennung (Knapp 3: 178f). Das in der frühkindlichen Erfahrung begründete Versprechen *unbedingter* Anerkennung verweist dann jedoch auch über alle diese innerweltlichen Anerkennungsverhältnisse hinaus in die Dimension der Religion, weil nur in religiösen Zusammenhängen ein wirklich unbedingtes Anerkanntsein gedacht und realisiert werden kann (vgl. ausführlicher a. a. O. 195–201.218f).

Ein Blick auf die Vielfalt der Religionen und ihr Verhältnis zueinander zeigt nun allerdings: Der mit Religion verbundene Wahrheitsanspruch ist zwischen den unterschiedlichen Religionen selbst strittig. Wie die Geschichte lehrt, kann Religion deshalb ein äußerst destruktives Potential entfalten und zur Quelle von Hass und Gewalt werden. Diesem Problemkomplex muss sich die Fundamentaltheologie ausdrücklich stellen, zumal im Zeitalter der Globalisierung, in der auch die Religionen einander näher rücken und aufeinander treffen. Es gilt zu klären: Wie können Religionen in anbetracht der unterschiedlichen, ja gegensätzlichen Ausprägungen religiöser Wahrheitsansprüche miteinander koexistieren? Auf welcher Grundlage kann es zu einem aussichtsreichen interreligiösen Dialog kommen? Im Hintergrund steht dabei immer die Frage, wie die Vielzahl und Vielfalt der verschiedenen Religionen *theologisch* zu verstehen und zu bewerten ist. Es geht also um eine Theologie der Religionen, die von der Fundamentaltheologie heute mit besonderer Dringlichkeit gefordert ist.

6. Theologie der Religionen

Im Rahmen der zeitgenössischen deutschsprachigen Fundamentaltheologie ist das Thema einer Theologie der Religionen zunächst besonders nachdrücklich von Wolfhart Pannenberg behandelt worden (siehe oben 110ff). Für ihn ist die Theologie der Religionen dabei allerdings von vornherein Teil einer systematischen christlichen Theologie. Sein Ziel ist es, die Besonderheit der christlichen Offenbarung auf dem Boden der allgemeinen Religionsproblematik zu bestimmen. Es geht ihm also um die Erarbeitung eines Bezugsrahmens, um die besondere Stellung und Bedeutung des Christentums im Kontext der anderen Religionen erkennbar zu machen und zu begründen. Im fundamentaltheologischen Religionstraktat erscheint jedoch eine solche Verquickung mit der Offenbarungsthematik unangebracht. Hier geht es zunächst einmal darum, die Vielfalt der Religionen von der anthropologischen Grundlage der Religion her zu verstehen.

Üblicherweise werden heute drei Positionen voneinander unterschieden, wenn es um das Verständnis und die Bewertung der Vielfalt der Religionen geht: der Exklusivismus, der Inklusivismus sowie der religionstheologische Pluralismus (Schmidt-Leukel 1; in etwas differenzierter Form: Kessler 1: 214–216; Kessler 2:

303–305). Die Unterschiede zwischen diesen Positionen sind darin begründet, wie sie jeweils die Differenzen zwischen den verschiedenen religiösen Wahrheitsansprüchen bewerten und von daher das Verhältnis der Religionen zueinander bestimmen.

Für den religionstheologischen *Exklusivismus* gibt es nur eine wahre Religion, alle anderen Religionen sind im Irrtum, ihre Wahrheitsansprüche müssen daher auch in toto als falsch zurückgewiesen werden. Das Heil kann dem Menschen daher auch nur (exklusiv) durch die eine wahre Religion vermittelt werden.

Im Raum des Christentums artikuliert sich diese exklusivistische Position vor allem in dem Axiom: Extra ecclesiam nulla salus. Es findet sich zuerst im 3. Jahrhundert bei Theologen wie Cyprian von Karthago oder Origenes (Waldenfels 1: 428). Dabei geht es allerdings noch nicht um das Verhältnis des Christentums zu anderen Religionen, sondern um einen innerchristlichen Konflikt, nämlich um die Geistbegabtheit bestimmter prophetischer Gruppen. In diesem Zusammenhang insistieren Theologen wie Cyprian und Origenes darauf, dass der Geist Gottes nur in der Kirche vermittelt wird und wirkt, weil diese durch die Bischöfe in Verbindung steht mit den Aposteln als den ursprünglichen Geistempfängern. Deshalb kann es außerhalb der (hierarchisch strukturierten) Kirche kein Heil geben. Später wird dann auch das Verhältnis des Christentums zu den anderen Religionen von diesem Axiom her bestimmt. So lehrt das Konzil von Florenz 1442, »daß niemand, der sich außerhalb der katholischen Kirche befindet, nicht nur [keine] Heiden, sondern auch keine Juden oder Häretiker und Schismatiker, des ewigen Lebens teilhaft werden können, sondern daß sie in das ewige Feuer wandern werden, ... wenn sie sich nicht vor dem Lebensende ihr angeschlossen haben« (DH 1351). Dieses exklusivistische Verständnis des Christentums wird auch von Martin Luther geteilt. So heißt es in seinem Großen Katechismus: »Außer der Christenheit aber, da das Evangelion nicht ist, ist auch keine Vergebung nicht, wie auch keine Heiligkeit da sein kann« (WA 30, 190, 32–34).

Ein solcher Exklusivismus stellt keine Grundlage bereit für ein tolerantes Miteinander der Religionen. Wenn nur eine einzige Religion als wahr anerkannt wird, bleibt die Existenzberechtigung aller anderen Religionen prekär. Das führt dann in der Regel zu einer Ablehnung des Rechtes auf Religionsfreiheit, ja es kann zur Legitimation einer gewaltsamen Bekämpfung anderer Religionen werden.

Ein religionstheologischer *Inklusivismus* bricht den Alleingeltungsanspruch einer einzigen Religion auf. Es wird anerkannt, dass es Wahrheit in verschiedenen religiösen Traditionen geben kann und tatsächlich auch gibt. Der Maßstab dafür ist eine bestimmte Religion, in der die Wahrheit sich in höchster, unüberbietbarer Weise zeigt. Von daher wird es dann möglich, Elemente von ihr auch in anderen Religionen zu entdecken. Das schließt auch ein, dass andere Religionen Aspekte dieser Wahrheit entfalten können, die in der Tradition der sich selbst als maßgeblich verstehenden Religion marginalisiert sind oder auch ganz fehlen (sei es, weil sie verdrängt wurden, sei es, weil sie ganz unbekannt sind). Auf dieser Grundlage kann dann auch eine Heilsmöglichkeit für Angehörige anderer Religionen anerkannt werden.

In der katholischen Kirche hat das 2. Vatikanische Konzil ein solches inklusivistisches Verständnis gelehrt und damit den traditionellen Exklusivismus überwunden. So heißt es in seiner »Erklärung über das Verhältnis der Kirche zu den nichtchristlichen Religionen«, dass die Kirche »nichts von alledem ab(lehnt), was in diesen Religionen wahr und heilig ist.« Auch wenn deren Vorschriften und Lehren »zwar in manchem von dem abweichen, was sie selber für wahr hält und lehrt«, so lassen sie »doch nicht selten einen Strahl jener Wahrheit erkennen ..., die alle Menschen erleuchtet.« Diese Wahrheit erkennt die Kirche selbst in Jesus Christus, »der ist ›der Weg, die Wahrheit und das Leben‹ (Joh 14,6), in dem die Menschen die Fülle des religiösen Lebens finden, in dem Gott alles mit sich versöhnt hat« (NA 2). Und von Jesus Christus her kann sie dann auch in anderen Religionen »einen Strahl jener Wahrheit erkennen«. Aufgrund dieser Sicht anderer Religionen vermag das 2. Vatikanum mit dem Axiom »Extra ecclesiam nulla salus« zu brechen. Denn der universale Heilswille Gottes umfasst alle Menschen. Daher muss unter bestimmten Bedingungen auch Nichtchristen (ja sogar Atheisten) eine Heilsmöglichkeit zuerkannt werden (LG 16). – Eine ähnliche, wenn auch keineswegs identische Auffassung findet sich evangelischerseits in den theologischen Leitlinien zum Thema »Christlicher Glaube und nichtchristliche Religionen« der Kammer für Theologie der EKD aus dem Jahr 2003. Das Kriterium für die Betrachtung der Religionen ist dabei das reformatorische Verständnis des Evangeliums von der Rechtfertigung des Sünders. Es »besagt, dass Gott schon als Schöpfer allen Menschen nahe ist. Menschsein heißt: in der Nähe Gottes sein. Darin sind alle Menschen gleich, welcher Religion sie auch immer angehören … Auf die Nähe des gnädigen Gottes sind alle Menschen umso mehr angewiesen, als sie sich zu ihrem Verderben der Gegenwart Gottes entziehen und also als *Sünder* leben … Der *Unterschied* zwischen Christen und Menschen einer anderen Religion wird dagegen durch die Erfahrung der heilsamen Zuwendung Gottes zur Menschheit in der Geschichte Jesu Christi begründet, die nur der an Jesus Christus Glaubende macht … Dieses Unterschiedensein stellt Gottes gnädige Zuwendung zu allen Menschen nicht in Frage, macht aber deutlich, dass andere Religionen die Erfahrung des in Jesus Christus allen Menschen nahe kommenden Gottes nicht vermitteln. Das den christlichen Glauben mit den Menschen aller Religionen Verbindende (Gott ist allen Menschen gnädig nahe) ist insofern das sie zugleich Trennende« (8). In diesem Nahekommen Gottes *ereignet sich* die rettende und heilende Wahrheit Gottes. Diese »Wahrheit als Ereignis aber wird niemals menschlicher Besitz. Sie betrifft Menschen in der freien Selbstvergegenwärtigung Gottes im Heiligen Geist. Man ›hat‹ sie nur, weil und insofern man von ihr ergriffen, durch sie also für Gott frei und vor Gott wahr *gemacht wird* … In dieser Hinsicht sind Christen also in der gleichen Lage wie die Menschen mit anderen religiösen Grunderfahrungen. Sie sind selbst *auf das Ereignis der Wahrheit angewiesen*, das sie bezeugen« (15). Deshalb kann und darf anderen Menschen diese Wahrheit auch nicht aufgezwungen werden. In aller Vorsicht bezieht der Text dann aber doch eine inklusivistische Position, wenn es heißt: Christen »begegnen anderen Religionen in der Erwartung, dass sich dort ebenfalls in irgendeiner Weise Erfahrungen mit dieser Wahrheit finden« (16). Im Unterschied zum 2. Vatikanum wird jedoch nichts gesagt über eine Heilsmöglichkeit für Angehörige anderer Religionen, wohl um der Unverfügbarkeit dieser Wahrheit für den Menschen (auch für Christen und die Kirche) Rechnung zu tragen.

Ein solches inklusivistisches Verständnis des interreligiösen Verhältnisses eröffnet die Perspektive eines fruchtbaren interreligiösen Dialoges, ja es fordert geradezu einen solchen. Denn nach dieser Konzeption des interreligiösen Verhältnisses geht es hier um eine Wahrheit, an der verschiedene Religionen auf unterschiedliche Weise Anteil haben. Ihre Differenzen werden dabei keineswegs unterschlagen, sie treiben diesen Dialog vielmehr gerade an, um trotz dieser Differenzen gemeinsam immer tiefer in die Wahrheit einzudringen. Dabei können die einzelnen Religionen sich auch gegenseitig befruchten und voneinander lernen.

Die Vertreter eines religionstheologischen *Pluralismus* kritisieren an der Konzeption des Inklusivismus, dass er der Vielfalt der Religionen nicht wirklich gerecht zu werden vermag; da er den Superioritätsanspruch einer bestimmten Religion beinhaltet, ließen sich die anderen Religionen in ihrer Eigenständigkeit letztlich nicht voll und ganz würdigen und ernst nehmen, so dass auch der Wunsch, sie zum Verschwinden zu bringen, nicht konsequent überwunden werde. Daher geht es den Pluralisten um den Nachweis, dass zumindest eine Reihe von Religionen gleichwertig sein können und infolge dessen Überlegenheitsansprüche einzelner Religionen keinerlei Berechtigung haben. Begründet wird das von John Hick, dem Vordenker einer pluralistischen Religionstheologie, mit bestimmten Konzeptualisierungen der göttlichen Wirklichkeit sowie ihrer Erfahrbarkeit (vgl. Hick 2: 254–269). So muss die göttliche Wirklichkeit – »the Real«, wie Hick sagt, um nicht schon durch die Bezeichnung eine Assoziation bestimmter religiöser Vorstellungen hervorzurufen – als unendlich gedacht werden, so dass sie die endlichen menschlichen Erfahrungs- und Erkenntnismöglichkeiten grundsätzlich übersteigt. Auch wenn es sich dabei durchaus um authentische Erfahrungen der göttlichen Wirklichkeit handelt, so bleiben sie aus prinzipiellen Gründen begrenzt, es wird niemals die ganze göttliche Wirklichkeit in ihrer Unendlichkeit erfahren, auch wenn diese sich selbst dem Menschen erschließt. Hinzu kommt ein epistemologisches Argument. Danach sind die menschlichen Erfahrungs- und Erkenntnismöglichkeiten immer durch bestimmte, unhintergehbare kulturelle Muster und Perspektiven geprägt. Auch die Wahrnehmung der göttlichen Wirklichkeit wird daher durch unterschiedliche kulturelle Standards und Kategorien bestimmt. So wird sie etwa in manchen Kulturen als personal erfahren, in anderen hingegen als nicht-personal.

Damit eröffnet sich für den religionstheologischen Pluralismus die Möglichkeit, ganz unterschiedliche Religionen als gleichwertig anzuerkennen. Auch wenn diese Religionen sich inhaltlich in manchem widersprechen, ist es nicht erforderlich anzunehmen, dass nur eine von ihnen wahr sein kann oder dass eine von ihnen in besonderer Weise wahr und damit den anderen überlegen ist. Die Differenzen zwischen den Religionen begründen also keinerlei Superioritätsansprüche, sie nötigen nicht dazu, dass die Religionen sich gegenseitig in Frage stellen. Es kann vielmehr eine ganze Reihe von Religionen gleichermaßen wahr sein, auch wenn sie sich inhaltlich erheblich unterscheiden oder sich widersprechen.

Die pluralistische Religionstheologie behauptet allerdings keineswegs, dass tatsächlich *alle* Religionen in gleicher Weise wahr sind. Eine Religion kann nämlich nur dann als eine authentische Erfahrung der göttlichen Wirklichkeit angesehen werden, wenn sie eine Umwandlung des Menschen fördert, weg von der egozentrischen Sorge um sich selbst hin zu einer liebenden Bezogenheit auf die göttliche Wirklichkeit und die Mitmenschen. Wo das geschieht, haben Religionen eine heilsame und Heil schaffende Wirkung, ganz unbeschadet ihrer unterschiedlichen inhaltlichen Ausprägungen. Dieses auf die praktischen Konsequenzen der Religionen zielende Kriterium erlaubt es dem religionstheologischen Pluralismus, eine legitime Vielfalt von völlig gleichwertigen Religionen zu unterscheiden von Religionen, die nicht als gleichwertig gelten können.

Der religionstheologische Exklusivismus kann ebenso wie ein inklusivistischer Ansatz immer nur aus der Perspektive einer bestimmten Religion vertreten werden. Beide gehen von der Innenperspektive einer konkreten Religion aus und bewegen sich von daher auf die anderen Religionen zu. Die pluralistische Religionstheologie ist hingegen von einem Metastandpunkt aus konzipiert; ihr kategoriales Grundgerüst verdankt sich bestimmten metaphysischen und epistemologischen Annahmen, so dass von der Wirklichkeit der konkreten, gelebten Religion zunächst einmal abstrahiert wird. Der religionstheologische Pluralismus möchte die unterschiedlichen Religionen gewissermaßen aus einer Vogelperspektive heraus betrachten, die uns redlicherweise jedoch gar nicht zur Verfügung steht (Arens 2: 180ff; ders. 5: 203). Eine religiöse Überzeugung und die aus ihr folgenden lebenspraktischen

Konsequenzen erwachsen vielmehr immer aus der Teilhabe an einer bestimmten religiösen Praxis und setzen dementsprechend deren Perspektive voraus. Dieser Standpunktgebundenheit einer jeden praktizierten Religion muss auch eine Theologie der Religionen Rechnung tragen, wenn sie nicht wirklichkeitsfremd und ideologisch werden will.

Deutlich wird das vor allem an der Wahrheitsfrage. Der religionstheologische Pluralismus muss ja mit der Konsequenz zurechtkommen, dass auch zwei gegensätzliche Aussagen gleichzeitig und gleichermaßen als wahr gelten sollen. Das erscheint aber aus logischen Gründen unmöglich. So kann etwa die göttliche Wirklichkeit nicht sowohl personal wie auch nicht-personal sein. In der Konsequenz der pluralistischen Religionstheologie liegt deshalb letztlich die Abschaffung des Wahrheitsbegriffs (Kreiner 2: 128), insofern dessen grundlegende Funktion ja gerade darin besteht, zwischen wahr und falsch zu unterscheiden. Das hat dann auch Auswirkungen auf die religiöse Lebenspraxis; denn diese wird ja durch bestimmte religiöse Überzeugungen begründet, die die Gläubigen als wahr ansehen. Auch in dieser Hinsicht bleibt also die Unterscheidung zwischen wahr und falsch vorausgesetzt.

Im Übrigen lässt sich auch ein ernsthafter interreligiöser Dialog nicht von einem Metastandpunkt aus führen, sondern nur so, dass die verschiedenen Perspektiven der einzelnen Religionen aufeinander treffen und miteinander ins Gespräch kommen. »Dialogwürdig und humanes Zusammenleben fördernd ist nur, wer mit einem möglichst unverkürzten Verständnis des eigenen Glaubens in eine wirklich relevante Begegnung mit dem Andersgläubigen eintritt und ihm auch sagt, was er anders sieht als dieser« (Kessler 1: 217). Nur so können die unterschiedlichen Wahrheitsansprüche der Religionen zur Geltung kommen. Und das ist ja der zentrale Inhalt eines interreligiösen Dialogs. Für einen solchen erscheint daher ein religionstheologischer Pluralismus wenig förderlich. Wenn ein interreligiöser Dialog fruchtbar sein und die friedliche Koexistenz der Religionen bestärken soll, dürfte ein »selbstkritisch-offener Inklusivismus« (a. a. O. 215) als Grundlage dafür weit angemessener und aussichtsreicher sein. Denn er vertritt in der Begegnung mit anderen Religionen den eigenen Standpunkt in der Erwartung:

Es kann, aus christlicher Perspektive gesagt, »auch in anderen Religionen von uns wahrzunehmende Zeugnisse *des* Gottes-Geistes und *des* Logos geben, der in Jesus inkarniert ist« (ebd.).

Neben den drei genannten Modellen wird als ein weiteres Modell ein religionstheologischer *Interiorismus* vorgeschlagen (Knauer 3; Gäde). Im Unterschied zu den drei Standardmodellen ist er allerdings aus der Perspektive einer bestimmten Religion entworfen, nämlich aus der Perspektive des Christentums und der christlichen Theologie. Das geschieht in der Überzeugung, dass weder der Exklusivismus noch der Inklusivismus noch der Pluralismus dem spezifischen Wahrheitsanspruch des christlichen Glaubens gerecht zu werden vermögen. Das Anliegen des Interiorismus wird besonders deutlich in seiner Abgrenzung vom Inklusivismus: Von diesem unterscheidet er sich »vor allem dadurch, dass er keine Superiorität beansprucht, als würde die christliche Botschaft andere Religionen überbieten wollen. Sie versteht ihre Aufgabe vielmehr geradezu umgekehrt als einen Dienst an der von ihr selbst anerkannten Unüberbietbarkeit aller wahren Religion« (Knauer 3: 249). Alle wahren Religionen vermitteln demnach ein *unüberbietbares* Geborgensein des Menschen, und insofern sie das tun, sind sie unüberbietbar wahr. Es ist daher nicht möglich, dass eine Religion für sich einen Superioritätsanspruch erhebt und für sich allein die unüberbietbare Wahrheit reklamiert, während anderen Religionen nur Teilwahrheiten zugestanden werden. Die Wahrheit, um die es in den Religionen geht, ist unteilbar. Insofern sind dann auch alle wahren Religionen unüberbietbar wahr. Allerdings geht der Interiorismus davon aus, dass die Wahrheit der nichtchristlichen Religionen erst durch Jesus Christus zutage gebracht wird: » Als wahr ... können sie definitiv nur erkannt werden, wenn sie sich als Verheißung Gottes verständlich machen. Das tun sie jedoch nicht aus sich selbst heraus. Sie bleiben schleierhaft, ... solange sie nicht durch Christus als Wort Gottes erschlossen und verständlich werden ... Sind sie aber einmal durch Christus erschlossen, dann werden sie in ihrer unüberbietbaren Wahrheit erkannt« (Gäde: 188). – Es erscheint überaus zweifelhaft, ob man damit dem Inklusivismus tatsächlich gerecht wird, wenn man ihm unterstellt, dass er das Heil und die Heilswahrheit der Religion gewissermaßen in einem graduellen Sinne versteht und damit die prinzipielle Unüberbietbarkeit der religiösen Heilswahrheit verkennt. Gewiss wird er in dieser Form vertreten. Aber das ist keineswegs notwendigerweise so, wie es hier offensichtlich unterstellt wird. Ein offener und selbstkritischer Inklusivismus kann ohne weiteres anerkennen, dass die unüberbietbare Wahrheit religiöser Orientierungen in verschiedenen Religionen gegeben ist, und das mit der Überzeugung verbinden, wonach diese Wahrheit in der eigenen Religion in einer maßgebenden Weise erkennbar wird. So verstanden ist der Interiorismus dann aber nichts anderes als die christliche Ausprägung eines nicht-verengten Inklusivismus.

Religionen haben nicht die Wahrheit, die für das Heil des Menschen konstitutiv ist, als einen festen, unverlierbaren Besitz. Diese

Wahrheit erschließt sich ihnen vielmehr auf verschiedene Weise und möglicherweise auch in unterschiedlicher Klarheit, wie es jedenfalls inklusivistische Positionen behaupten. Religionen sind menschliche Antwortversuche auf diese sich selbt erschließende göttliche Heilswahrheit; in ihnen versuchen Menschen, dieser Wahrheit zu entsprechen und sich ihr zu nähern, um so ihr Heil zu finden.

Gemeinsamer anthropologischer Bezugspunkt der Religionen ist dabei die menschliche Sehnsucht nach unbedingter Anerkennung und Bejahung. Die Religionen greifen diese im personalen Sein des Menschen verankerte Sehnsucht auf, um der durch sie verursachten Unruhe des menschlichen Herzens zu begegnen (vgl. NA 2). Die Vielfalt und Unterschiedlichkeit der Religionen ist dabei »Kennzeichen der Lage der Menschheit zwischen dem Verlust ihrer schöpfungsgemäßen Bestimmung und ihrer endzeitlichen Vollendung« (Bürkle: 72). In dieser Vielfalt und Unterschiedlichkeit spiegelt sich, angetrieben durch die Unruhe des menschlichen Herzens, die vielfältige und unterschiedliche Suche nach einem letztgültigen Sinn wider, nachdem sich infolge der Selbstermächtigung des Menschen, seines Herrschaftsstrebens und Selbstbehauptungswillens die Perspektive einer solchen wahren Bestimmung seines Daseins verflüchtigt zu haben scheint. In den Religionen werden die Sehnsucht und die Suche nach diesem in die Verborgenheit abgedrängten letztgültigen Sinn wach gehalten, der nicht vom Menschen gemacht werden kann und den er durch seine selbstzentrierten Bestrebungen gerade verfehlt.

Die Frage, ob und inwiefern die Religionen in ihrer Unterschiedlichkeit und Vielfältigkeit als Heilswege anzusehen sind, wird man differenziert beurteilen müssen. Angesichts einer allzu oberflächlichen Behandlung dieser Frage, die sich besonders im Gefolge des religionstheologischen Pluralismus breit gemacht hat, spricht Max Seckler mit Recht von einem »Heilswegunfug«, insofern »pauschal a priori allen Religionen (und womöglich nur ihnen) unter Absehung von dem, wozu sie in concreto die ihnen ausgelieferten Menschen anleiten mögen, das Heilswegprädikat zuerkannt wird« (Seckler 8: 128). Das ist nur möglich, wenn die Heilsfrage von der Wahrheitsfrage abgekoppelt wird. Ein solches

Vorgehen bleibt jedoch zutiefst problematisch; denn »schließlich sind die Religionen, unbeschadet ihrer möglichen Heilswegfunktion, in ihrer geschichtlichen Verfassung und Depraviertheit nicht selten und in statu viae wohl auch grundsätzlich eine mitunter schreckliche Mischung von Erhabenheit, Wahrheit, Verderbnis, Irrtum und Lüge« (Seckler 9: 180). Die Religionen, in denen Menschen bei ihrer Suche nach der wahren Bestimmung des Daseins einem letztgültigen Sinn nahe zu kommen und so ihr Heil zu finden versuchen, bleiben von menschlichen Eigenmächtigkeiten und Verfehlungen bedroht. Dadurch wird die sich in ihnen erschließende Wahrheit immer wieder entstellt und verdunkelt. Deshalb kann prinzipiell keiner Religion unter Absehung von der Wahrheitsfrage das Prädikat eines Heilsweges zugesprochen werden.

Dieser Zusammenhang zwischen der Heilsfrage und der Wahrheitsfrage ist daher auch der zentrale Gegenstand eines ehrlichen und ernsthaften interreligiösen Dialogs. Denn die entscheidenden Differenzen zwischen den Religionen betreffen ja die Frage, was heilsentscheidend für den Menschen ist. Und diese Frage beantwortet jede Religion aufgrund ihrer spezifischen Wahrheitserkenntnis. Das ist konstitutiv für ihre jeweilige Identität und muss deshalb im interreligiösen Dialog ernst genommen werden. Denn in diesem geht es ja um die daraus sich ergebenden Differenzen zwischen den einzelnen Religionen. Es ist ein Dialog, in dem »die Menschen einander die Wahrheit, die sie gefunden haben oder gefunden zu haben glauben, mitteilen, damit sie sich bei der Erforschung der Wahrheit gegenseitig zu Hilfe kommen« (Dign. Hum. 3). Im interreligiösen Dialog kommt demnach das Bemühen zum Tragen, gemeinsam tiefer einzudringen in die zum Heil führende Wahrheit. Es geht darum, zu erkennen, dass die Religionen gemeinsam auf der Suche nach der wahren Bestimmung des Daseins sind, auch wenn sie dabei verschiedene Wege einschlagen. Das Ziel eines solchen Dialoges, in dem die Religionen sich gegenseitig in ihrer Unterschiedlichkeit ernst nehmen und respektieren, kann keine »Einheitsreligion«, das Einebnen aller Differenzen sein. Es geht vielmehr darum, den jeweils Anderen besser kennen und verstehen zu lernen. Das schließt ein, auch die eigene Religion aus der Perspektive des jeweils Anderen zu sehen. Bei allen bleibenden Differenzen kann so ein gegenseitiges Voneinander-Lernen stattfinden, das alle am Dialog Beteiligten bereichert. So verstanden hat der interreligiöse Dialog seinen Sinn dann erfüllt, wenn er den Buddhisten (resp. Muslimen, Christen usw.) dazu verholfen hat, bessere und bewusstere Buddhisten (resp. Muslime, Christen usw.) zu werden. Auf diese Weise trägt das Gespräch zwischen den Religionen dann auch dazu bei, die Grundlage für ihre vertrauensvolle, friedliche und fruchtbare Koexistenz zu schaffen.

Man kann im Hinblick auf ein solches dialogisches Miteinander der Religionen auch von einem wechselseitigen Inklusivismus sprechen (Arens 5: 255f). Denn dabei wird ja nicht nur die jeweils andere Religion aus der eigenen Perspektive betrachtet und verstanden; erforderlich ist vielmehr auch ein Überschreiten der eigenen Innenperspektive, um sich in die jeweils andere Innenperspektive hineinzuversetzen und von daher die eigene Religion sehen zu lernen. Ein solcher wechselseitiger Inklusivismus »bringt in die interreligiöse Kommunikation zugleich die eigenen Geltungsansprüche ein und sucht sie darin dialogisch und diskursiv zur Geltung zu bringen, so dass es gleichzeitig zu einer Verständigung über Gemeinsamkeiten und Grenzen zwischen den am interreligiösen Diskurs Beteiligten kommen kann. Insofern entfaltet sich der wechselseitige Inklusivismus nicht allein ›in der hermeneutischen Polarität von Verstehen und Bezeugen‹, sondern zugleich in der Polarität von Anerkennung und Bekennen« (Arens 5: 256; Arens zitiert R. Bernhardt).

Wie sich speziell das Christentum im interreligiösen Dialog positioniert, wird von dem mit dem christlichen Glauben verbundenen Wahrheitsanspruch bestimmt; das Verhältnis des Christentums zu den anderen Religionen lässt sich nur von daher klären. Um die Darlegung und Begründung dieses spezifisch christlichen Wahrheitsanspruchs geht es im fundamentaltheologischen Offenbarungstraktat.

II. Offenbarung: Gott vor dem Menschen

Die Beschäftigung mit der Thematik einer göttlichen Offenbarung ist seit dem Übergang zur Neuzeit befrachtet mit der Hypothek des Bruches zwischen einer philosophischen Vernunft und dem Offenbarungsglauben, wie er sich seit dem Spätmittelalter vollzogen hat (vgl. oben 37ff). Die verschiedenen Offenbarungskonzeptionen wie auch die Auseinandersetzung um sie drehen sich daher ganz entscheidend um die Frage, ob bzw. wie dieser Bruch überwunden werden kann. Dabei muss nun allerdings das Verhältnis von Vernunft und Offenbarung ganz neu austariert werden. Den Hintergrund dafür bildet nicht zuletzt die Erfahrung der konfessionellen Auseinandersetzungen und Glaubenskriege während des 17. und 18. Jahrhunderts, die die Gesellschaft in ihren Grundfesten erschüttert haben. Angesichts dessen wächst der Vernunft eine neue Bedeutung im Hinblick auf die Offenbarungszeugnisse und den auf diese gestützten Offenbarungsglauben zu: Sie wird diesen gegenüber zur kritischen Instanz und Autorität, die über die Glaubwürdigkeit von Offenbarungsansprüchen zu entscheiden hat. Indem die philosophische Vernunft damit eine dominante Stellung im Verhältnis zur Offenbarung beansprucht, zwingt sie auch die Theologie, ihr Offenbarungsverständnis neu zu reflektieren.

1. Die Herausforderung der neuzeitlichen Offenbarungskritik

Auch wenn es zunächst so erscheinen mag, die Offenbarungskritik der Aufklärung ist, aufs Ganze gesehen, keineswegs offenbarungsfeindlich. Der überwiegenden Mehrzahl ihrer Vertreter geht es nicht um die Eliminierung des Offenbarungsgedankens, sondern darum, dass er mit den Einsichten einer philosophischen Vernunft in Einklang gebracht werden muss. Die neuzeitliche Offenbarungskritik will also den Bruch zwischen Vernunft und Offenbarungsglauben überwinden. Diesem Anliegen kann sich auch die Theologie nicht verweigern. Das Neue und Schwierige besteht allerdings in einer Verschiebung der Gewichte im Vergleich zu den Synthesen von Vernunft und Offenbarung, wie sie zunächst in der Alten Kirche (vgl. oben 19ff) und dann noch einmal von Thomas von Aquin im Hochmittelalter (vgl. 32–37) konzipiert worden sind. So vermag ja nach Thomas die Vernunft den Offenbarungsinhalt nicht zu erfassen, er übersteigt ihre Einsichtsfähigkeit. Dagegen erkennen nun die Philosophen der Aufklärung nur das als Inhalt einer göttlichen Offenbarung an, was auch mit Hilfe der Vernunft nachvollziehbar und einsehbar ist. Die Konsequenz dieser Konzeption des Verhältnisses von Vernunft und Offenbarung besteht dann aber darin, dass die Differenz zwischen der Offenbarungswahrheit und der Vernunftwahrheit weitestgehend eingeebnet wird. Dieser Grundzug der neuzeitlichen Offenbarungskritik stellt für die Theologie die zentrale Herausforderung dar.

Den Ausgangspunkt bildet die Konzeption einer »natürlichen Religion« im 17. und 18. Jahrhundert (vgl. 192), angestoßen vor allem von *Herbert von Cherbury* (1583–1648), dem »Vater der Religions- und Offenbarungskritik der Aufklärung« (Seckler 10: 41). Angesichts der Vielzahl unterschiedlicher Religionen soll ein Kerngehalt freigelegt werden, den sie alle gemeinsam haben und der durch die Vernunft erkannt werden kann. Diese Suche nach den Prinzipien einer natürlichen Vernunftreligion ist veranlasst durch die Krise des Offenbarungsglaubens, die sich in den Religionskriegen manifestiert. Damit stellt sich insbesondere die Frage nach der Erkennbarkeit einer göttlichen Offenbarung ganz neu und grundsätzlich, so wie sie etwa *Immanuel Kant* (1724–1804) in seiner Schrift »Der Streit der Fakultäten« formuliert hat: »Wenn Gott zum Menschen wirklich spräche, so kann dieser doch niemals *wissen*, daß es Gott sei, der zu ihm spricht. Es ist schlechterdings unmöglich, daß der Mensch durch seine Sinne den Unendlichen fassen, ihn von Sinnenwesen unterscheiden, und ihn woran *kennen* solle« (A 102). Demnach kann der Mensch nicht sicher unterscheiden zwischen einer tatsächlichen Offenbarung Gottes und der bloßen Behauptung oder auch Vortäuschung einer solchen. Die Diskrepanz zwischen der eigenen Endlichkeit als Sinnenwesen und der Unendlichkeit Gottes macht es ihm unmöglich, die Berechtigung eines Offenbarungsanspruchs unzweifelhaft zu erweisen. Es ist diese Grundproblematik, mit der die Philosophen der Aufklärung bei ihrer Auseinandersetzung mit der Offenbarungsthematik ringen und die sie mit Hilfe des Konzeptes einer natürlichen Vernunftreligion überwinden wollen.

Deren entscheidender Kerngedanke wird sichtbar, wenn Kant der zitierten Passage die folgende Einschränkung hinzufügt: »Daß es aber *nicht* Gott sein könne, dessen Stimme er zu hören glaubt, davon kann er sich wohl in einigen Fällen überzeugen; denn, wenn das, was ihm durch sie geboten wird, dem moralischen Gesetz zuwider ist, so mag die Erscheinung ihm noch so majestätisch, und die ganze Natur überschreitend dünken: er muß sie doch für Täuschung halten« (ebd.). Kant benennt damit zumindest ein negatives Kriterium, an das sich die Vernunft angesichts eines Offenbarungsglaubens verlässlich halten kann: Was von Gott kommt, muß auf jeden Fall im Einklang mit dem moralischen Gesetz stehen. Es ist dann zwar immer noch nicht sichergestellt, daß es sich tatsächlich um eine Offenbarung Gottes handelt; das kann der Mensch nach Kant eben »niemals wissen«. Doch es lässt sich jedenfalls mit Sicherheit ausschließen, dass etwas als Offenbarung Gottes gelten kann, was dem moralischen Gesetz widerspricht.

Das aufklärerische Konzept einer natürlichen Religion hat somit eine moralische Zielrichtung: Sie steht ganz im Dienste einer moralischen Lebensführung, und eben insofern ist sie vernunftgemäß. An diesem Kriterium hat sich daher auch ein jeder Offenbarungsglaube messen zu lassen, wenn er als vernünftig verantwortbar anerkannt werden will. Die neuzeitliche Offenbarungskritik beruht auf dieser Voraussetzung, dass wahre Religion und Vernunft in der Erkenntnis des moralischen Gesetzes übereinkommen. Die Grundlage dafür ist der Gedanke Gottes als des moralischen Gesetzgebers, der sich in der Vernunft ebenso wie in jeder wahren Religion Geltung verschafft. Kant erläutert dies in seiner Religionsschrift so:

»Da alle Religion darin besteht: daß wir Gott für alle unsere Pflichten als den allgemein zu verehrenden Gesetzgeber ansehen, so kommt es bei der Bestimmung der Religion in Absicht auf unser ihr gemäßes Verhalten darauf an, zu wissen: *wie Gott* verehrt (und gehorcht) sein *wolle*. – Ein göttlicher gesetzgebender Wille aber gebietet entweder durch an sich *bloß statutarische*, oder durch *rein moralische* Gesetze. In Ansehung der letztern kann ein jeder aus sich selbst durch seine eigene Vernunft den Willen Gottes, der seiner Religion zum Grunde liegt, erkennen; denn eigentlich entspringt der Begriff von der Gottheit nur aus dem Bewusstsein dieser Gesetze und dem Vernunftbedürfnisse, eine Macht anzunehmen, welche diesen den ganzen, in einer Welt möglichen, zum sittlichen Endzweck zusammenstimmenden Effekt verschaffen kann ... Wenn wir aber statutarische Gesetze desselben annehmen, und in unserer Befolgung derselben die Religion setzen, so ist die Kenntnis derselben nicht durch unsere eigene bloße Vernunft, sondern nur durch Offenbarung möglich ... Es mögen nun aber auch statutarische göttliche Gesetze, (die sich nicht von selbst als verpflichtend; sondern nur als geoffenbarter göttlicher Wille für solche erkennen lassen), angenommen werden: so ist doch die reine *moralische* Gesetzgebung, dadurch der Wille Gottes ursprünglich in unser Herz geschrieben ist, nicht allein die unumgängliche Bedingung aller wahren Religion überhaupt, sondern sie ist auch das, was diese selbst eigentlich ausmacht, und wozu die statutarische, nur das Mittel ihrer Beförderung und Ausbreitung enthalten kann« (Die Religion innerhalb der Grenzen der bloßen Vernunft B 147f).

Eine Offenbarung Gottes, wenn sie denn als vernunftgemäß anerkannt werden soll, steht demnach im Dienst der praktischen Vernunft. Ein darüber hinausgehender vernünftiger Gehalt wird einer göttlichen Offenbarung im Rahmen dieser Offenbarungskonzeption der Aufklärung nicht zuerkannt. Kurz und bündig formuliert dies *Johann Gottlieb Fichte* (1762–1814) in seinem »Versuch einer Kritik aller Offenbarung«: »Der Endzweck jeder Offenbarung ist reine Moralität« (Fichte: 74). Wo immer eine solche Koinzidenz von Offenbarung und praktischer Vernunft gegeben ist, erfordert die Bezugnahme auf eine Offenbarung daher auch keine blinde Unterwerfung unter die göttliche Autorität. Denn dann »ist kein Gehorsam gegen Gott möglich, ohne aus Gehorsam gegen die Vernunft« (a. a. O. 21).

In diesem Sinne macht die neuzeitliche Offenbarungskritik die Vernunft zu einer kritischen Kontrollinstanz gegenüber allen Offenbarungsansprüchen. Die entscheidende Voraussetzung dabei ist, dass die Vernunft »letztlich theonom gedacht« wird, »d. h. sie vernimmt in ihrer eigenen Struktur jene Wahrheit, die Grundlage aller Religion und Sittlichkeit ist« (Seckler/Kessler: 19). Die autonome Selbstbestimmung des Menschen zielt dann darauf, das seiner Vernunft einbeschriebene göttliche Gesetz zu erkennen und es in freier Zustimmung zu übernehmen. So reicht die Vernunft über alle Kontexte und Veränderungen der Geschichte hinaus. Das von der Vernunft als wahr Erkannte ist deshalb mit einem universalen Geltungsanspruch verbunden und muss dementsprechend auch als unveränderlich betrachtet werden.

Damit tritt ein weiterer, neuer Aspekt der neuzeitlichen Offenbarungskritik zutage: die Unterscheidung zwischen einer historischen Wahrheit und einer Vernunftwahrheit. Der Offenbarungsglaube bezieht sich ja auf kontingente geschichtliche Ereignisse, durch die er sich grundgelegt weiß, weil er in ihnen eine Offenbarung Gottes erkennt. In der Theologie der Aufklärungszeit hatte dabei vor allem der sog. Wunderbeweis eine herausragende Bedeutung (Heinz: 48.122.123f.134 u.ö.). Dagegen stellt die Offenbarungskritik nun die Frage: Können solche kontingente geschichtliche Ereignisse allgemeine Vernunftwahrheiten überhaupt begründen? Denn eine Offenbarung kann nach dem Konzept der Aufklärung ja nur dann tatsächlich auch von Gott kommen, wenn sie mit dem moralischen Gesetz als einer allgemeinen Vernunftwahrheit übereinstimmt. Ist eine solche allgemeine Vernunftwahrheit aber mit historischen Argumenten zu sichern? Es war insbesondere *Gotthold Ephraim Lessing* (1729–1781), der den Fokus der Aufmerksamkeit auf diese unterschiedlichen Begründungszusammenhänge gelenkt und deren Diskrepanz reflektiert hat.

Lessing unterscheidet zwischen der Wahrheit einer historischen Tatsache und einem allgemeinen Wahrheitsanspruch der Vernunft, wie ihn die Philosophie erhebt. Erstere lässt sich mehr oder weniger wahrscheinlich machen, etwa aufgrund historischer Quellen oder von Zeugen. Letzterer hingegen kann nur anhand von Vernunftkriterien, die überall und immer gelten, überprüft werden. Das wird von Lessing dann auch für die Offenbarungsfrage geltend gemacht. So kann es etwa historisch zutreffend sein, dass Jesus sich selbst für den Sohn Gottes gehalten hat. Aus dieser historischen Wahrheit lässt sich jedoch keine wahre Aussage über das Wesen Gottes folgern, also dass es verschiedene Personen in

Gott gibt. Eine solche Aussage muss sich vielmehr an Vernunftkriterien bemessen lassen und von daher begründet werden. Angesichts dieser zwei Klassen von Wahrheiten muss Lessing konstatieren: »Das, das ist der garstige breite Graben, über den ich nicht kommen kann, so oft und ernstlich ich auch den Sprung versucht habe« (Lessing 1: 443). Dieses Auseinanderfallen von Geschichtswahrheiten und Vernunftwahrheiten scheint es unmöglich zu machen, in einer Offenbarung begründete Überzeugungen als allgemeinverbindlich anzuerkennen. Gegenläufig zum Bestreben neuzeitlicher Offenbarungskritik droht sich damit aber der Bruch zwischen Vernunft und Offenbarung in neuer Weise aufzutun.

Nun bleibt Lessing dabei allerdings nicht stehen, sondern sucht nach einer Möglichkeit, die es ihm doch noch erlaubt, zwischen Geschichts- und Vernunftwahrheiten zu vermitteln. Diese Möglichkeit sieht er mit dem Erziehungsgedanken gegeben. In seiner 1780 erschienenen Schrift »Die Erziehung des Menschengeschlechts« erkennt Lessing der geschichtlich ergangenen Offenbarung eine erzieherische Funktion im Hinblick auf die Menschheit und ihre geschichtliche Entwicklung zu. So wie der einzelne Mensch durch den Erziehungsprozess angeleitet und geformt wird, so leitet demnach die Offenbarung die Menschheit im Ganzen an, damit sie ihre Veranlagung zur Vernunft allmählich entfaltet. Denn die Vernunft ist in der Menschheit nicht von Anfang an voll ausgebildet; sie muss sich erst in einem langen Prozess entwickeln. Dieser Prozess wird durch die Offenbarung vorangetrieben, indem sie der Menschheit Vernunftwahrheiten zunächst in der Form göttlicher Verlautbarungen vermittelt. So kann Lessing mit Hilfe des Erziehungsgedankens einer sich in der Geschichte ereignenden göttlichen Offenbarung doch eine wichtige, unersetzbare Bedeutung für die Menschheit zuerkennen und damit auch Offenbarungswahrheit und Vernunftwahrheit in ein positives Verhältnis zueinander setzen. Die Offenbarung ist demnach eine »*geschichtliche Form* der Vernunft« (Seckler/Kessler: 25), die diese in einer bestimmten Phase der Geschichte notwendigerweise annehmen musste, um von der Menschheit erfasst und angeeignet werden zu können.

Damit kommt es dann aber auch bei Lessing wiederum zu einer Nivellierung der Offenbarungswahrheit auf eine Vernunftwahrheit. Denn »Erziehung giebt dem Menschen nichts, was er nicht auch aus sich selbst haben könnte: sie giebt ihm das, was er aus sich selber haben könnte, nur geschwinder und leichter. Also giebt auch die Offenbarung dem Menschengeschlechte nichts, worauf die menschliche Vernunft, sich selbst überlassen, nicht auch kommen würde: sondern sie gab und giebt ihm die wichtigsten dieser Dinge nur früher« (Lessing 2: 75 [§ 4]). Das bedeutet: »Die Ausbildung geoffenbarter Wahrheiten in Vernunftswahrheiten ist schlechterdings notwendig, wenn dem menschlichen Geschlechte damit geholfen sein soll. Als sie geoffenbaret wurden, waren sie freilich noch keine Vernunftswahrheiten, aber sie wurden geoffenbaret, um es zu werden« (a. a. O. 94 [§ 76]). So gehört die Offenbarung zur Geschichte der Vernunft selber. Aber ihr Wahrheitsgehalt darf nicht die Gestalt einer Offenbarungsaussage behalten, sondern muss sich schließlich als eine Vernunftwahrheit erweisen, damit, wie es in Kants Religionsschrift heißt, »jedermann sich von dieser ihrer Wahrheit durch sich selbst und seine eigene Vernunft überzeugen kann« (Die Religion innerhalb der Grenzen der bloßen Vernunft B 233). Und das ist nach dem aufklärerischen Konzept einer natürlichen Religion eben dann der Fall, wenn eine Koinzidenz zwischen der Offenbarungsbotschaft und der praktischen Vernunft besteht.

Diese Nivellierung von Offenbarungswahrheit und Vernunftwahrheit kommt seit dem 17. Jahrhundert durchaus auch in der Theologie zur Auswirkung und wird hier dann als Rationalismus bezeichnet (Gawlick: 45f). Doch im Zentrum der theologischen Reflexion steht die durch die Offenbarungskritik der Aufklärung provozierte Frage: Hat die Offenbarung Gottes dem Menschen nicht etwas zu sagen, das er sich gerade nicht mittels seiner Vernunft selbst zu sagen vermag? Hat die Theologie somit unter Bezugnahme auf diese Offenbarung etwas geltend zu machen, das die auf sich allein gestellte Vernunft dem Menschen nicht zu erschließen vermag, ohne dass es sich dabei um etwas Irrationales, Vernunftfeindliches handelt? Es geht also darum, zu klären, ob die Offenbarung Gottes, auf die der christliche Glaube sich beruft, für den Menschen etwas beinhaltet, das die Vernunft nicht aus sich selbst heraus erreichen kann.

So wird nun der Offenbarungsgedanke zur Schlüsselkategorie der neuzeitlichen Theologie. Er soll ihr einen eigenständigen Geltungsbereich sichern, in Abgrenzung von anderen Geltungsbereichen, von philosophischen Vernunftwahrheiten ebenso wie von empirischen bzw. historischen Tatsachenwahrheiten. Es geht um eine Neubesinnung auf die eigenen Grundlagen der Theologie gegenüber den Dominanzansprüchen der natürlichen Vernunft, so wie sie von der Philosophie der Aufklärung geltend gemacht werden. Zusammenfassend lässt sich sagen (Eicher: 48–52): Der Offenbarungsgedanke wird nun zum *Qualifikator* für den Inhalt des christlichen Glaubens; es geht um die Sicherstellung der Alterität des im Glauben Begegnenden gegenüber allem, was der Mensch von sich aus wissen kann. Zudem erweist der Offenbarungsgedanke sich als *Legitimator* der christlichen Gottesrede, indem er deren Geltungsgrund identifiziert. Schließlich ist der Offenbarungsgedanke dann auch die zentrale *apologetische Kategorie*, die den theologischen Wahrheitsanspruch gegenüber anderen Wahrheitsansprüchen abgrenzt.

Dabei zeigen sich konfessionelle Unterschiede. So spielt in der reformatorischen Theologie die Lehre von der Verbalinspiration der biblischen Schriften in diesem Zusammenhang eine besondere Rolle (Waldenfels 2: 52–55); sie soll das Verständnis dieser Texte »als Niederschlag ihrer Offenbarung durch den Geist Gottes an die Propheten und Apostel« sicherstellen (Pannenberg 3: 240).

Im katholischen Bereich kommt die Auseinandersetzung mit der Offenbarungskritik der Aufklärung, die sich zunächst in der Entwicklung eines apologetischen Offenbarungstraktats (Heinz) Ausdruck verschafft, zu einem gewissen, vorläufigen Abschluss mit dem *1. Vatikanischen Konzil*. In enger Anlehnung an Thomas von Aquin (vgl. oben 32–37) geht es in seiner Dogmatischen Konstitution über den katholischen Glauben »Dei Filius« aus dem Jahr 1870 davon aus,

»daß es eine zweifache Ordnung der Erkenntnis gibt, die nicht nur im Prinzip, sondern auch im Gegenstand verschieden ist: und zwar im Prinzip, weil wir in der einen [Ordnung] mit der natürlichen Vernunft, in der anderen mit dem göttlichen Glauben erkennen; im Gegenstand aber, weil uns außer dem, wozu die natürliche Vernunft gelangen kann, in Gott verborgene Geheimnisse zu glauben vorgelegt werden, die, wenn sie nicht von Gott geoffenbart wären, nicht erkannt werden könnten« (DH 3015).

Mit dieser Unterscheidung zwischen Vernunfterkenntnis und Offenbarungserkenntnis wird die Intention der Aufklärung (sowie eines ihr folgenden theologischen Rationalismus) als unsachgemäß und verfehlt abgewiesen und der theologische Anspruch untermauert, daß die Offenbarung Gottes etwas beinhaltet, das die menschliche Vernunft sich nicht selbst zu sagen vermag.

Das Konzil formuliert selbst die Konsequenz dieser zweifachen Erkenntnisordnung für das Verhältnis von Vernunft und Offenbarungsglauben. Danach ist das von Gott Geoffenbarte wahr »nicht [etwa] wegen der vom natürlichen Licht der Vernunft durchschauten inneren Wahrheit der Dinge, sondern wegen der Autorität des offenbarenden Gottes selbst, der weder sich täuschen noch täuschen kann« (DH 3008). Da die Vernunft die innere Wahrheit des Geoffenbarten nicht zu erkennen vermag, kann diese nur durch die Autorität Gottes verbürgt werden. Dabei ist der Mensch »gehalten, dem offenbarenden Gott im Glauben vollen Gehorsam des Verstandes und des Willens zu leisten«, da er »ganz von Gott als seinem Schöpfer und Herrn abhängt und die geschaffene Vernunft der ungeschaffenen Wahrheit völlig unterworfen ist« (ebd.). Der Offenbarungsglaube wird damit zum reinen Autoritätsglauben. Daran ändert auch nichts, dass nach der Lehre des 1. Vatikanums »der Gehorsam unseres Glaubens mit der Vernunft übereinstimmend« ist, insofern Gott mit seiner Offenbarung »äußere Beweise (externa argumenta)«, etwa Wunder und Weissagungen, verbunden hat (DH 3009). Sie sollen sicherstellen, dass es sich tatsächlich um eine Offenbarung Gottes handelt, und damit der Vernunft die Glaubenszustimmung ermöglichen. Da die Vernunft aber nur »von außen« den göttlichen Ursprung der Offenbarung zu erkennen vermag, nicht jedoch die innere Vernunftgemäßheit des Geoffenbarten, bleibt von ihr ein Akt der Unterwerfung unter die Autorität Gottes gefordert. Man bezeichnet ein solches Offenbarungsverständnis als extrinsezistisch (von lat. extrinsecus = von außen [her]), weil es die Glaubwürdigkeit der Offenbarung an äußeren Kriterien festmacht. Diesem Extrinsezismus entspricht der instruktionstheoretische Charakter der Offenbarung (Seckler 7: 45–47), d. h. ihr Verständnis als göttliche Belehrung des Menschen, bei der diesem der innere Wahrheitsgehalt des Geoffenbarten verschlossen bleibt.

Bis ins 19. Jahrhundert hinein bleibt die theologische Auseinandersetzung mit der neuzeitlichen Offenbarungskritik somit weitgehend defensiv. Die Theologie vermag diese zunächst nicht produktiv zu verarbeiten. Angesichts der Herausforderung der Aufklärung erweist sich damit aber das theologische Offenbarungsverständnis – je länger, desto mehr – als unzureichend. Diese Situation kann auf Dauer keinen Bestand haben, wenn die Theologie nicht völlig ins geistige Abseits geraten will; eine grundlegende Erneuerung des Offenbarungsverständnisses wird unausweichlich. Im katholischen Raum ist hier als Wegbereiter insbesondere Maurice Blondel zu nennen, der auf dem Wege seiner Immanenzapologetik nach einer anthropologischen Vermittlung der Offenbarungswahrheit fragt (vgl. oben 52–55), und in seinem Gefolge etwa Karl Rahner (vgl. oben 63–65). Diese Entwicklung ist dann mit dem 2. Vatikanischen Konzil schließlich auch vom kirchlichen Lehramt rezipiert worden.

In der evangelischen Theologie erfolgt die Neuorientierung vor allem im Anschluss an Hegel und Kierkegaard und ist dann insbesondere in der Theologie Karl Barths zur Auswirkung gekommen. Nachdem die Aufklärung »den alten Offenbarungsbegriff der orthodoxen Dogmatik des 17. Jh.s, die Identifizierung von Offenbarung und Inspiration der Heiligen Schrift, das Verständnis von Offenbarung als Übermittlung übernatürlich verbürgter Wahrheiten zerstört« hat, »konnte der Offenbarungsbegriff nur gerettet werden durch die Einschränkung seines Inhaltes auf die *Selbst*erschließung Gottes« (Pannenberg 7: 8). Dieser Begriff von Offenbarung geht (neben Schelling) insbesondere auf *Hegel* zurück (Pannenberg 8: 79). So heißt es etwa in seiner »Enzyklopädie der philosophischen Wissenschaften«: »Es liegt wesentlich im Begriffe der wahrhaften Religion, d. i. derjenigen, deren Inhalt der absolute Geist, daß sie *geoffenbart* und zwar *von Gott* geoffenbart sei … der Geist ist nur Geist, insofern er *für* den Geist ist, und in der absoluten Religion ist er der absolute Geist, der nicht mehr abstrakte Momente seiner, sondern sich selbst manifestiert« (§ 564). Hegels Verständnis der Offenbarung Gottes als Selbstoffenbarung ist also eingebettet in eine metaphysische Philosophie des absoluten Geistes.

Demgegenüber lenkt dann *Kierkegaard* den Blick darauf, dass der christlichen Wahrheit eine solche spekulative Begründungsform ebenso unangemessen bleibt wie eine rein historische Begründung, die Lessing bei seiner Offenbarungskritik vor Augen gestanden hat. »Für Kierkegaard sind diese zwei Problemlösungen typisch für eine ›objektive‹ Betrachtung der christlichen Wahrheit. Die objektive Betrachtung scheitert für ihn insgesamt. Er setzt ihr nun vehement die ›subjektive‹ Betrachtung entgegen« (Kienzler 2: 52f). Denn im Christentum geht es um eine Wahrheit, die sich nicht einem objektivierenden Denken erschließt, sondern von der der Mensch sich in seiner Existenz bestimmen lassen muss. Es ist eine ihn existentiell angehende und fordernde Wahrheit, weil sie ihm als die ewige Wahrheit den Grund seiner endlichen Existenz erschließt. Im Hinblick darauf spricht Kierkegaard von einem Paradox: »Wenn die ewige Wahrheit sich zu einem Existierenden verhält, wird sie das Paradox« (Kierkegaard 1: 201). Um dieses Paradox geht es im christlichen Glauben: Er beruht auf der existentiellen Entscheidung eines je Einzelnen, dass Gott als die ewige Wahrheit in Jesus Christus da gewesen ist. Das ist weder auf historische noch auf spekulative Weise einzuholen, denn es ist »objektiv gesehen das Absurde« und kann daher nur »festgehalten« werden »in der Leidenschaft der Innerlichkeit« (ebd.). Eben darin besteht der Akt des Glaubens, so dass gesagt werden muss: »Der Gegenstand des Glaubens ist nicht ein Lehrer, der eine Lehre hat; denn wenn ein Lehrer eine Lehre hat, ist eo ipso die Lehre wichtiger als der Lehrer, und das Verhältnis ist intellektuell ... Sondern der Gegenstand des Glaubens ist die Wirklichkeit des Lehrers: daß der Lehrer wirklich da ist« (Kierkegaard 2: 28). Im Glauben wird eben das bejaht, und so gewährt der existentielle Akt des Glaubens Zugang zu Gott, der in Christus (paradoxerweise) in der Welt gegenwärtig geworden ist. Damit wird dann das möglich, was nach Kierkegaard »Glaube ist: daß das Selbst, indem es es selbst ist und es selbst sein will, durchsichtig sich gründet in Gott« (Kierkegaard 3: 81).

Die Existenzdialektik im Sinne Kierkegaards, die aus der vom Menschen erstrebten Synthese von Endlichkeit und Unendlichkeit resultiert, wird dann in der *dialektischen Theologie* nach dem Ersten Weltkrieg verstanden als das Gegenüber Gottes zur Welt, das deren permanente »Krisis« bedeutet: Der Mensch steht als Sünder in Widerspruch zu Gott, und deshalb wird ihm auch seinerseits von Gott widersprochen. So fügt sich dann die göttliche Offenbarung »gut der existenzdialektisch interpretierten allgemeinen Problematik menschlichen Daseins ein, so sehr, dass Gottes Offenbarung geradezu zum Konvex des Konkav der derart interpretierten menschlichen Existenzproblematik zu werden scheint. Gottes Offenbarung, Gottes Menschwerdung scheint hier geradezu zum Postulat der zunächst ohne sie interpretierten Existenzdialektik geworden zu sein« (Jüngel 2: 171).

Dagegen wendet sich dann *Karl Barth* (1886–1968). Ursprünglich selbst ein Vertreter der dialektischen Theologie, distanziert er sich mehr und mehr von dieser, je deutlicher ihm wird: Die Offenbarung Gottes, von der die Bibel handelt, bleibt außerhalb der menschlichen Existenzdialektik. »Barths eigener dialektischer Weg bricht da ab, wo er erkennt, daß es Theologie gibt, weil Gott schon gesprochen hat, so daß man daraufhin nun von ihm sprechen kann« (a. a. O. 129). Dieses »Deus dixit« bildet jetzt für Barth den Ausgangspunkt und den Grund der Theologie, und deshalb muss alles ausgeschieden werden, was »nach existentialphilosophischer Begründung, Stützung oder auch nur Rechtfertigung der Theologie« (Barth K. 1: VIII) aussehen könnte. Es geht Barth stattdessen gerade darum, den Vorrang der Offenbarung Gottes vor der menschlichen Existenzdialektik zu sichern. Denn Barth sieht nun klar: Der Glaube im biblischen Verständnis ist »keine Möglichkeit der menschlichen Existenz, kein (natürliches oder übernatürliches) Existential, sondern eine der menschlichen Existenz eingeräumte Wirklichkeit, die als solche nur eine Möglichkeit des Wortes Gottes ist, das die Existenz von außen trifft« (Jüngel 2: 177). Die Offenbarung muss daher als eine vom Menschen aus völlig unableitbare Selbstoffenbarung Gottes gedacht werden. Anders als Hegel begründet Barth nun allerdings dieses Offenbarungsverständnis nicht spekulativ mit Hilfe einer Philosophie des absoluten Geistes. Stattdessen wird das Wort Gottes zur zentralen Kategorie seiner Offenbarungstheologie: In seinem Wort hat Gott sich in souveräner Freiheit dem Menschen zugewandt, um diesem sich selbst zu offenbaren. »Gottes Wort ist Gott selbst in seiner Offenbarung. Denn Gott offenbart sich als der Herr und das bedeutet nach der Schrift für den Begriff der Offenbarung, dass Gott selbst in unzerstörter Einheit, aber auch in unzerstörter Verschiedenheit der Offenbarer, die Offenbarung und das Offenbarsein ist« (Barth K. 1: 311, i. O. kursiv).

Diesem in der evangelischen Theologie sehr einflussreichen Offenbarungsverständnis Barths ist vor allem von *Wolfhart Pannenberg* widersprochen worden. Er wendet sich entschieden gegen Barths Reduktion des Offenbarungsgedankens auf das Wort Gottes, weil dabei der Vielgestaltigkeit der biblischen Offenbarungszeugnisse nicht Rechnung getragen werde. Insbesondere sieht Pannenberg durch die Identifikation der göttlichen Offenbarung mit einem Wort Gottes die biblische Überzeugung, dass Gott sich in bestimmten geschichtlichen Ereignissen geoffenbart hat, nicht zur Geltung gebracht. Darin besteht nach Pannenberg aber gerade das Charakteristische der biblischen Offenbarung. »Die Selbstoffenbarung Gottes hat sich nach den biblischen Zeugnissen nicht direkt, etwa in der Weise einer Theophanie, sondern indirekt, durch Gottes Geschichtstaten vollzogen« (Pannenberg 9: 91). Dieser Geschichtsbezogenheit der göttlichen Selbstbekundung muss auch die Theologie gerecht werden. Deshalb fordert Pannenberg, die theologische Rede von einem Wort Gottes müsse durch den Offenbarungsbegriff präzisiert werden. Denn

»ohne die im Offenbarungsbegriff zusammengefasste biblische Geschichtstheologie bliebe die Vorstellung des Wortes Gottes eine mythologische Kategorie und ein Instrument unausgewiesener Autoritätsansprüche. Der Offenbarungsbegriff integriert seinerseits die verschiedenen Aspekte der biblischen Wortgottesvorstellung, besonders das prophetische Wortverständnis, in dem Gedanken des Selbsterweises Gottes durch sein geschichtliches Handeln, dessen Ergebnis aber dem Propheten oder dem apokalyptischen Seher im Voraus enthüllt wird« (Pannenberg 3: 280).

Zur Klärung dieser Kontroverse um ein angemessenes theologisches Offenbarungsverständnis bleibt es unerlässlich, den Blick auf dessen biblische Grundlagen zu richten.

2. Biblische Grundlagen eines erneuerten Offenbarungsverständnisses

Der Begriff Offenbarung kann sowohl als Erfahrungsbegriff wie auch als Reflexionsbegriff verwendet werden (Seckler 7: 48–50). Im ersten Fall bezieht er sich auf bestimmte, konkrete Erfahrungen, in denen Gott sich manifestiert und seinen Willen kundgetan hat. Im zweiten Fall wird das biblische Heilsgeschehen im ganzen mittels theologischer Reflexion als Offenbarung Gottes zu verstehen und zu denken versucht; die verschiedenen Offenbarungserfahrungen werden dabei also als ein zusammenhängendes Geschehen begriffen.

Die Bibel spricht in sehr vielfältiger Weise von Erfahrungen göttlicher Manifestationen; sie können sich in Träumen, Visionen oder Theophanien ebenso ereignen wie in Gestalt von Wundern, prophetischen Worten oder Geisterfahrungen (vgl. Eicher: 28ff; Schmitz 2: 31ff). Für diese unterschiedlichen Phänomene kennt die Bibel keinen zusammenfassenden Begriff. Fragt man nach dem ihnen Gemeinsamen und für sie Charakteristischen, so lässt sich sagen: Alle diese Manifestationen und Kundgaben Gottes haben ihren entscheidenden Sinn- und Bedeutungsgehalt darin, dass sie die Heilsgegenwart Gottes inmitten der Geschichte zusagen und Menschen in ganz konkreten Situationen dieser Heilsgegenwart versichern (Greshake: 210ff).

In einer grundlegenden Weise ist das der Fall bei dem Ereignis, in dem Israel seine Existenz als Gottesvolk begründet sieht, dem Exodusgeschehen. Gott zeigt sich hier als ein Gott, der mit seinem Volk ist, um es aus Not, Bedrängnis und Unheil zu retten und ihm Heil zu schenken. Dies erweist sich dann in der Geschichte Israels immer wieder aufs Neue; in ganz unterschiedlichen geschichtlichen Kontexten versichern Manifestationen Gottes dem von ihm erwählten Volk seine Heilsgegenwart und seinen ungebrochenen Heilswillen. Auch Straf- und Gerichtsankündigungen ebenso wie dementsprechende Erfahrungen, etwa das babylonische Exil, dienen dazu, Israel auf dem Weg des Heils zu halten bzw. es dorthin zurückzuführen. Das Neue Testament sieht dann auch Jesus von Nazareth ganz im Kontext und in der Kontinuität dieser Geschichte Israels, versteht ihn jedoch nun als die eschatologische

Offenbarungsgestalt, weil Gott sich in ihm noch einmal in ganz neuer Weise manifestiert.

Jesus geht es um die Sammlung Israels angesichts des Anbruchs der eschatologischen Gottesherrschaft (vgl. zum Folgenden ausführlicher Knapp 1: 121ff). Darin unterscheidet sich Jesus markant von Johannes dem Täufer, zu dessen Anhängern er zunächst gehört hat. Johannes hat ganz Israel das unmittelbar bevorstehende Gericht Gottes angekündigt. Dem darin zur Geltung kommenden Zorn Gottes kann nur entgehen, wer zur Umkehr bereit ist. Die Taufe, die Johannes spendet, stellt eine Besiegelung dieser Umkehrbereitschaft dar. Auch Jesus hat sich von Johannes taufen lassen, woraus zu schließen ist, dass er der Gerichtsbotschaft des Johannes geglaubt hat. Ja, es kann davon ausgegangen werden, dass Jesus selbst neben Johannes getauft hat (vgl. Joh 3,22; 4,1); er hat demnach zum Jüngerkreis des Täufers gehört. Doch Jesus hat sich von diesem dann bald wieder getrennt, eine eigene Verkündigungstätigkeit begonnen und dabei die Taufpraxis nicht weitergeführt.

Diese Abwendung von Johannes ist in der Botschaft begründet, die Jesus fortan verkündet. In ihrem Zentrum steht nicht mehr das unmittelbar bevorstehende Gericht Gottes, sondern die bereits in der Gegenwart anbrechende eschatologische Gottesherrschaft. Besonders deutlich zum Ausdruck kommt das in dem Jesuswort: »Wenn ich mit dem Finger Gottes die Dämonen austreibe, so ist doch die Herrschaft Gottes schon zu euch gekommen« (Lk 11,20). Die endzeitliche Gottesherrschaft hat demnach bereits die Gegenwart erfasst; ihre heilvollen Auswirkungen lassen sich schon ganz real erfahren. Konkret nimmt dieses Wort Jesu Bezug auf sein exorzistisches Wirken, das historisch kaum zu bezweifeln ist. Das zeigen gerade auch die vom Neuen Textament überlieferten Vorwürfe von Gegnern Jesu, die seine Dämonenaustreibungen voraussetzen (Mk 3,22–27; Mt 12,22–32; Lk 11,14–23). Nicht das Faktum seines erfolgreichen exorzistischen Wirkens ist strittig, sondern dessen Deutung. In den Augen seiner Gegner ist Jesus selbst besessen, weil er mit Beelzebul, dem Fürsten der Dämonen, im Bunde stehe (Mk 3,22). »Der entscheidende Vorwurf gegen Jesus besteht also darin, dass er mit der Kraft eines *fremden Gottes*

Dämonen austreibt. Damit praktiziert Jesus Glaubensabfall« (Ebner 1: 132).

Das Auftreten von Besessenheitsphänomenen war im palästinisch-jüdischen Raum zur Zeit Jesu nichts Außergewöhnliches (Hengel: 92–94). Das lässt sich durchaus gut erklären. Es dürfte vor allem mit Erfahrungen politischer Fremdherrschaft und der damit einher gehenden kulturellen Entfremdung zusammenhängen (Vollenweider 1: 199 Anm. 54). »Palästina hatte lange Zeit hindurch politische Fremdherrschaft und damit soziale und kulturelle Unterdrückung erfahren müssen. Für jüdisches Verständnis war nun politische Fremdherrschaft eo ipso mit dem Gedanken der Herrschaft fremder Götter bzw. Dämonen verknüpft. Die äußere Ohnmachtserfahrung, die man angesichts dieser doppelten Bedrückung durchmachte, konnte bei entsprechender Disposition des Menschen nach innen transportiert werden« (Seybold/Müller: 110). Das vermag das vermehrte Auftreten von Besessenheitsphänomenen, die sich in körperlichen Zwangshandlungen oder bestimmten Krankheitsbildern äußern, zu erklären. Ähnliches konnte auch anderswo in stark religiös geprägten Kulturen beobachtet werden, etwa bei sibirischen Stämmen (ebd.). Der Glaube an das Wirken von Geistern und Dämonen steht demnach in Zusammenhang mit der Erfahrung eines Kontrollverlustes, eines »Nicht-mehr-Herr-im-eigenen-Hause-Seins«. »Unheimliche Orte gelten als von Dämonen besessen, weil man in Panikattacken angesichts des Unheimlichen nicht mehr Herr über sich selbst ist. Starke Affekte und Abhängigkeiten gelten als Auswirkung von Dämonen: Die Testamente der Zwölf Patriarchen sehen in der Trunksucht, in Hurerei und Zorn Dämonen am Werk! Denn in diesen ›Lastern‹ verliert der Mensch die Kontrolle über sich. Ebenso können normale Krankheiten auf Dämonen zurückgeführt werden, weil auch sie den Menschen aus seinem Leben herausdrängen: Starke Schmerzen oder Behinderungen berauben ihn seiner Selbststeuerung. Erst recht aber ist das der Fall, wo ein Mensch aufgrund psychisch abweichender Verhaltensweisen nicht mehr als der erscheint, der er sonst war« (Theissen/Merz: 281). In all diesen Fällen scheint etwas Fremdes im Menschen zu wirken, dem er wehrlos ausgeliefert ist und sich nicht mehr entziehen kann. Das vermehrte Auftreten solcher Phänomene im jüdisch-palästinischen Raum zur Zeit Jesu lässt sich begreifen als Auswirkung der damaligen politisch-kulturellen Situation. In diesem Kontext ist das exorzistische Wirken Jesu als solches nichts Auffälliges. »Wir haben hier den ›historischen‹ Jesus in seiner für aufgeklärte Gemüter erschreckenden oder auch abstoßenden Fremdheit vor uns« (Hengel: 99).

Jesus selbst versteht seine Dämonenaustreibungen als Teil der endzeitlichen Heilszeit; er sieht in ihnen das eschatologische Gottesreich bereits in die Gegenwart einbrechen und erwartet daher, dass sich dieses Heilsgeschehen in allernächster Zukunft endgültig durchsetzen wird. Die Vaterunserbitte »Dein Reich komme« (Lk

11,2) ist zu verstehen als Bitte um die baldige Vollendung dieses bereits in Gang befindlichen Kommens der heilsamen Gottesherrschaft.

Fragt man, wie Jesus zu diesem Verständnis seines exorzistischen Wirkens gekommen sein könnte, fällt der Blick auf seine Vision vom Satanssturz: »Ich sah den Satan wie einen Blitz vom Himmel fallen« (Lk 10,18). Jesus spricht hier von einer Himmelserscheinung, deren Zeuge er geworden ist (zurückhaltender etwa Becker: 132f). Und er bringt dies offensichtlich in Zusammenhang mit einer apokalyptischen Vorstellung (Ebner: 100f): dem endzeitlichen Kampf zwischen Gott und Satan. Jesus deutet die von ihm beobachtete Himmelserscheinung als den Sturz des Satan aus dem himmlischen Bereich. Demnach ist Jesus Zeuge des endzeitlichen Sieges Gottes über den Satan, seinen Widersacher, die Macht des Bösen geworden.

Genauere Umstände dieser Vision Jesu lassen sich angesichts der knappen Textgrundlage kaum mehr sicher erschließen. Belegen lässt sich: »Der Glaube vieler Völker erkennt in Sternschnuppen göttliche Wesen, Seelen, Teufel und Dämonen« (Vollenweider 1: 194). Das gilt auch für den jüdischen Bereich. Ebenso gibt es hier wie anderswo Belege für die Überzeugung, dass Sterne vom Himmel fallen können (a. a. O. 195). Daraus lassen sich jedoch keine sicheren Schlüsse auf den Erfahrungshintergrund der Vision Jesu ziehen. So bleibt es letztlich rein spekulativ, wenn etwa gemutmaßt wird, dahinter könne »die Beobachtung eines Meteors stehen, was von Jesus im Kontext des apokalyptischen astralen Wissens zusammen mit der Vorstellung vom eschatologischen Himmelskampf als endgültige Niederlage Satans gedeutet wird« (Ebner: 103f).

Im Licht dieser Vision wird Jesu eigenes Verständnis seiner Dämonenaustreibungen verständlich. Denn »der Satan gilt als Herr der Dämonen. Zwar ist er nach Lk 10,18 in seiner himmlischen Stellung entmachtet – dies ist das primäre Ereignis –, doch bleibt seine zerstörerische Tätigkeit auf Erden mit Hilfe seiner Helfershelfer, der Dämonen … Wenn Jesus … mit dem Finger Gottes die Dämonen austreibt, zerstört er eine Bastion des Satans auf Erden und demonstriert für diesen Bereich den Anbruch der Herrschaft Gottes« (Müller U.B. 1: 421). Jesus versteht demnach sein eigenes exorzistisches Wirken von dem endzeitlichen Geschehen im Himmel her, dessen Zeuge er in seiner Vision geworden ist. Das dürfte auch ein Bildwort Jesu bestätigen, das in den Zusammenhang der

Auseinandersetzungen um seine Dämonenaustreibungen gehört: »Niemand kann in das Haus des Starken hineingehen, um sein Hab und Gut zu rauben, wenn er nicht zuerst den Starken gefesselt hat. Und dann wird er sein Haus ausrauben« (Mk 3,27). Dieser Spruch soll offenbar der »Verstärkung der Grundüberzeugung Jesu vom Sturz Satans« (Ebner: 142) dienen: Jesus kann nur deshalb in den Machtbereich des Satans eindringen, weil dieser zuvor entmachtet worden ist.

Der Zusammenhang zwischen der Vision vom Satanssturz und den Dämonenaustreibungen erklärt auch das eigentliche Spezifikum des exorzistischen Wirkens Jesu. Es besteht darin, dass er seinen Exorzismen eine eschatologische Bedeutung zuspricht. Das ist religionsgeschichtlich singulär. »Nirgendwo sonst finden wir einen Wundercharismatiker, dessen Wundertaten das Ende einer alten und der Beginn einer neuen Welt sein soll« (Theißen/Merz: 279). Dieses einzigartige Verständnis seiner Dämonenaustreibungen konnte Jesus nur gewinnen, weil ihm in visionärer Weise Einblick in das im himmlischen Bereich bereits begonnene endzeitliche Geschehen gewährt worden ist. In seinem eigenen Wirken erkennt er dann die Fortsetzung dieser eschatologischen Ereignisse in irdischen Zusammenhängen.

Angesichts der spärlichen Informationen, die wir besitzen, lässt sich die Vision Jesu nicht eindeutig biographisch verorten. Es liegt jedoch nahe, sie in Zusammenhang mit der Trennung Jesu von Johannes dem Täufer zu bringen, denn sie vermag diese Trennung sehr gut zu erklären. Jesus ist ja dadurch eine ganz eigene Offenbarungserfahrung zuteil geworden, durch die ihm die Heilsgegenwart Gottes, sein rettender und erlösender Einbruch in die Gegenwart gewiss geworden ist. Diese Offenbarungserfahrung kann Jesus dann bestätigt sehen in seinen erfolgreichen Dämonenaustreibungen.

Solche exorzistischen Phänomene erscheinen heute befremdlich, weil der dabei vorausgesetzte Glaube an das Wirken von Geistern und Dämonen aus guten Gründen weithin nicht mehr geteilt wird. Aus der Perspektive moderner Medizin stellt sich das, was zur Zeit Jesu mit dämonischen Mächten in Zusammenhang gebracht wurde, ganz anders dar. Im Kern geht es dabei jeweils um die Erfahrung eines Kontrollverlustes über das eigene Selbst bzw. den eigenen Körper. Dabei können ganz unterschiedliche Erscheinungen eine Rolle spielen, Trunksucht ebenso wie Hautkrankheiten oder Fieber. Bei all dem verliert ein Mensch die Kontrolle über sich; er wird sich selbst fremd und fühlt sich demgegenüber ohnmächtig. Hinzu kommt, dass dadurch das Eingebundensein in die Zusammenhänge des Alltags häufig gestört ist oder gar eine vollkommene Isolation erfolgt. Zwar lässt sich das exorzistische Wirken Jesu nicht mehr im Einzelnen rekonstruieren. Aber es bleibt doch jedenfalls gut denkbar, welche Auswirkungen für solche Menschen eine Begegnung mit Jesus haben konnte. Wenn er ihnen seine Gewissheit vom Anbruch der eschatologischen Heilszeit vermittelt hat, so durften sie sich auch ganz persönlich angesprochen wissen: So wie sie es im Umgang mit Jesus erfahren, so wendet sich auch Gott ihnen unmittelbar zu in ihrem Leid; ihre Perspektivlosigkeit und Isoliertheit werden aufgesprengt, weil sie sich von Gott als seine Geschöpfe unbedingt anerkannt und bejaht wissen können. Eine solche Erfahrung vermag kranke oder marginalisierte Menschen in ihrem Innersten zu berühren und zu erschüttern. In manchen Fällen hat das dann Auswirkungen bis in den körperlichen Bereich, so dass diese Menschen sich als geheilt erfahren. Auch die moderne Medizin entdeckt heute ja wieder neu, dass bei vielen Krankheiten psychische Faktoren eine erhebliche Rolle spielen; innere Zwänge und Blockaden, unbewältigte psychische Konflikte etc. können das Entstehen von Krankheiten verursachen oder begünstigen. Von hier aus kann durchaus auch heute, angesichts eines von den modernen Wissenschaften geprägten Weltbildes ein Verstehenszugang zu dem zunächst so fremd erscheinenden exorzistischen Wirken Jesu geebnet und dieses als glaubwürdig erwiesen werden.

Von der Offenbarungserfahrung Jesu her eröffnet sich eine ganz andere Perspektive als bei der Botschaft Johannes des Täufers. So wird Jesu Trennung von Johannes ebenso verständlich wie das, was dann für seine eigene Verkündigung und sein Wirken charakteristisch ist. Jesus lebt ebenso wie der Täufer in hochgespannter Naherwartung; anders als dieser erwartet er jedoch nicht das unmittelbar bevorstehende Gericht Gottes, sondern die Vollendung der bereits in der Gegenwart anbrechenden eschatologischen Gottesherrschaft in allernächster Zukunft. Denn in seiner Vision vom Satanssturz ist Jesus gezeigt worden, dass Gott unwiderruflich begonnen hat, sein eschatologisches Heil zu schaffen. Jesus kann deshalb die Menschen auffordern, sich vertrauensvoll an diesen Gott zu halten, ja ihn anzureden als Abba (vgl. Röm 8,15; Gal 4,6), mit einem Plapperlaut aus der Kleinkindersprache, in dem eine geradezu familiäre Intimität mitschwingt.

Diese vertrauensvoll-intime Beziehung zu Gott und die Gewissheit, dass er unwiderruflich begonnen hat, seine eschatologische

Herrschaft zu errichten, bestimmen das gesamte Wirken und Verhalten Jesu und machen es verständlich (Ebner: 105). Anders als der Täufer zieht Jesus umher, um seine Botschaft vom Kommen der eschatologischen Gottesherrschaft in ganz Israel zu verkünden. Denn es ist verheißen, dass Gott in der Endzeit sein Volk neu sammelt (Ez 34,11–22; Mi 2,12). Besonders nimmt er sich dabei der Armen und Kranken, der Schwachen und Ausgestoßenen an (Jes 58,6f; Ez 34,4). Er bereitet ein festliches Mahl (Jes 25,6) und vergibt den Israeliten all ihre Sünden (Mi 7,19). Es sind diese endzeitlichen Verheißungen, von denen Jesus sich nun in seinem eigenen Verhalten leiten lässt: Er versucht Israel zu sammeln (vgl. unten 291f) und wendet sich dabei insbesondere den Benachteiligten und Leidenden zu; er beansprucht unabhängig vom offiziellen Kult die Vollmacht zur Sündenvergebung und hält Mahl auch mit Menschen, die gesellschaftlich bzw. religiös ausgegrenzt sind. Diese provokante Praxis spiegelt sich in dem diskreditierenden Vorwurf: »Siehe, ein Fresser und Weinsäufer, ein Freund der Zöllner und Sünder« (Lk 7,34).

In diesem Verhalten Jesu kommt auch sein Selbstverständnis zum Ausdruck, das wiederum am markantesten in dem Logion Lk 11,20 formuliert ist: »Wenn *ich mit dem Finger Gottes* Dämonen austreibe, so ist doch die Herrschaft Gottes schon zu euch gekommen.« Hier zeigt sich ein spezifischer Vollmachtsanspruch: Jesus identifiziert sich in seinem eigenen Handeln mit Gott selbst; er sieht sich an der Stelle Gottes handeln. Dieser Vollmachtsanspruch tritt in Lk 11,20 in seiner ursprünglichen Gestalt zutage, »noch nicht überlagert von späteren christologischen Vorstellungen« (Hengel: 97). Auch der Vollmachtsanspruch kann im Zusammenhang mit der Vision vom Satanssturz gut verständlich werden: Jesus leitet aus dieser Vision seine eigene Berufung zum eschatologischen Boten Gottes ab, und er sieht das dann in seinen erfolgreichen Dämonenaustreibungen bestätigt. Von daher ist das ganze Auftreten und Wirken Jesu zutiefst durch »seine unverwechselbare messianische Vollmacht« (a. a. O. 102) geprägt.

Doch Jesus wird – wahrscheinlich infolge einer Aktion im Jerusalemer Tempel sowie eines gegen den Tempel gerichteten Wortes, das in verschiedenen Versionen überliefert wird (Mk 14,58; Mt

26,61; Joh 2,19; Apg 6,14) – zum Tod am Kreuz verurteilt (Ebner: 178ff). Damit muss Jesus als gescheitert betrachtet werden. Denn sein Tod bleibt folgenlos, und nach alttestamentlichem Verständnis ist ein Gehenkter von Gott verflucht (Dtn 21,23). Damit scheint sowohl der ungeheuere Vollmachtsanspruch Jesu wie auch seine unmittelbar mit diesem Anspruch verbundene Verkündigung der bereits in der Gegenwart anbrechenden und in naher Zukunft vollendeten eschatologischen Gottesherrschaft widerlegt. Die Gegner Jesu, die schon seine Dämonenaustreibungen nicht als Bestätigung seines Anspruchs und seiner Gottesbotschaft anerkannt haben, können sich voll und ganz bestätigt sehen.

Als die Jüngerinnen und Jünger, die Jerusalem nach dem Tod Jesu fluchtartig verlassen haben (Mk 14,50), wieder zurückkehren und seine Auferweckung von den Toten verkünden, entsteht eine grundlegend neue Situation. Der christliche Glaube erhält sein entscheidendes Fundament, wie bereits Paulus klar erkennt: »Wenn ... Christus nicht auferweckt worden ist, dann ist unsere Verkündigung leer, leer auch euer Glaube« (1 Kor 15,14). Die konstitutive Bedeutung des Osterglaubens für die christliche Gemeinde besteht dabei darin, dass die Jüngerinnen und Jünger nun Jesus *von Gott* als den bevollmächtigten Boten der eschatologischen Gottesherrschaft bestätigt erkennen (zum Folgenden ausführlicher: Knapp 2). An Ostern erweist sich für sie: Jesus ist von Gott selbst ins Recht gesetzt worden; seine Botschaft vom Kommen der eschatologischen Gottesherrschaft wie auch sein damit verbundener Vollmachtsanspruch werden durch seinen Kreuzestod also keineswegs widerlegt. Das Osterereignis begründet, warum die Erwartung der eschatologischen Gottesherrschaft auch durch alles menschliche Scheitern hindurch Bestand hat und keine Macht dieser Welt – nicht einmal der Tod als »der letzte Feind« (1 Kor 15,26) – ihr von Jesus verkündetes Kommen zu verhindern vermag. An Jesus, als dem von den Toten auferweckten Gekreuzigten, hat sich die Gottesherrschaft bereits endgültig durchgesetzt, ist sie voll und ganz Wirklichkeit geworden. Daher kann ihn Paulus als den »Ersten der Entschlafenen« (1 Kor 15,20) verstehen, d. h. mit der Auferweckung Jesu hat die endzeitliche Totenauferstehung begonnen.

Aufgabe der Fundamentaltheologie als wissenschaftstheoretischer Grundlegung der Theologie ist es, zu klären, ob diese christliche Osterbotschaft sich auch als mit der Vernunft vereinbar verantworten lässt. Die Aufmerksamkeit muss dabei in erster Linie dem Verständnis und Bedeutungsgehalt der Ostererscheinungen gelten. Denn das Neue Testament sieht den Osterglauben durchgängig in Erscheinungen des Auferstandenen begründet. In der Diskussion über die Entstehung des Osterglaubens stehen sich dabei zwei grundsätzliche Positionen gegenüber (Essen: 295–315). Auf der einen Seite sind dies historisch-genetische Erklärungsversuche, die den Osterglauben »*allein* aus alttestamentlich-jüdischen und jesuanischen Vorgaben sowie aus psychischen und reflexiven Verarbeitungsprozessen in den Jüngern« (Kessler 3: 208) verständlich machen wollen. Dem steht die Auffassung gegenüber, dass die Entstehung des Osterglaubens nur erklärbar wird, wenn es einen »von außen« kommenden Anstoß, ein den Jüngerinnen und Jüngern zuteil gewordenes Widerfahrnis gegeben hat. »Am Fundament des Christentums stoßen wir auf ein Urgestein, das nurmehr schwer zu erkennen gibt, ob ihm der Einschlag eines gewaltigen Meteoriten, ›senkrecht von oben‹ einbrechend, zugrundeliegt, oder ob sich seine Bildung ›nur‹ geologischen Bewegungen innerhalb der Erdkruste verdankt« (Vollenweider 2: 34).

Die neuzeitliche Offenbarungskritik konzentriert sich zunächst auf die Erzählung vom leeren Grab (Mk 16,1–8 parr) und versucht dessen Existenz auf natürliche, rationale Weise zu erklären mittels unterschiedlicher Hypothesen (H. S. Reimarus: Betrugshypothese unter Bezugnahme auf Mt 27,64; H. E. G. Paulus: Scheintodhypothese unter Bezugnahme auf Mk 15, 43–45; anonymer Autor 1799: Umbestattungshypothese unter Bezugnahme auf Joh 20,2). Diese Konzentration auf das leere Grab erklärt sich nicht zuletzt damit, dass die theologische Apologetik im Aufklärungszeitalter bis hin zur katholischen Neuscholastik dieser Erzählung im Rahmen eines extrinsezistischen Offenbarungsverständnisses eine zentrale Bedeutung für die Begründung des Osterglaubens zugeschrieben hat (Schüssler-Fiorenza: 13–24). Nimmt man dagegen ernst, dass das Neue Testament selbst die Entstehung des Osterglaubens auf Erscheinungen des Auferstandenen zurückführt, so muss auch eine Kritik des Osterglaubens darauf ihre Aufmerksamkeit richten. Dies geschieht in den historisch-genetischen Erklärungsversuchen, deren Grundmuster *David Friedrich Strauß* (1808–1874) mit seiner subjektiven Visionshypothese entwickelt hat (Kessler 3: 161–173; Essen: 29–35). Demnach konnten die Jünger die Diskrepanz zwischen dem schrecklichen Ende Jesu und seinem messianischen Auftreten zuvor nur überbrücken, wenn sich der Tod Jesu als seine Erhebung zu Gott und als Übergang in die messianische Herrlichkeit verstehen ließ. Nach Strauß suchten die Jünger in den Schriften Israels nach der Möglichkeit einer solchen Antwort, bis sich ihnen schließlich zur Gewissheit verdichtete, dass Jesus bei Gott lebt und er deshalb von den Toten auferstanden sein muss. Insbesondere in der Emmausgeschichte (vgl. bes. Lk 24,25–27) erschien das Strauß noch gut erkennbar. Das konnte dann bei einigen – Strauß denkt vor allem an die Frauen im Jüngerkreis – den inneren Zustand und die Gefühle so sehr in Wallung bringen, dass es zu regelrechten Visionen kam und sie Jesus als Auferstandenen sahen. Solche Visionen lassen sich nach Strauß also vollständig aus der inneren, psychischen Disposition der betreffenden Jünger bzw. Jüngerinnen erklären. Im Prinzip stellen alle historisch-genetischen Versuche, die Entstehung des Osterglaubens zu erklären, Varianten dieser straußschen Hypothese dar, etwa wenn der Osterglaube auf eine Umkehrerfahrung der Jünger zurückgeführt wird bzw. auf die Erfahrung, die Botschaft Jesu habe den Jüngern seinen Kreuzestod zu bewältigen geholfen und sich so als tragfähig erwiesen.

Gegen die historisch-genetischen Erklärungsversuche lässt sich einwenden, dass sie weder die große Einmütigkeit des nachösterlichen Neuanfangs noch dessen enorme Dynamik überzeugend zu erklären vermögen. So sind ja im Neuen Testament keine Anhaltspunkte für Debatten und Auseinandersetzungen im Jüngerkreis zu finden, die bei reflexiven Verarbeitungsprozessen doch zu erwarten wären. Die Entstehung des Osterglaubens wird hier also nicht textorientiert rekonstruiert, sondern gegen den Duktus der neutestamentlichen Zeugnisse. Es kommt hinzu, dass dabei das Geschichtsverständnis der neuzeitlichen Geschichtswissenschaft zur nicht mehr kritisch hinterfragten Norm der Interpretation der neutestamentlichen Osterüberlieferung gemacht wird. Demnach kann etwas nur dann als vernünftig erklärbares historisches Ereignis anerkannt werden, wenn es im Zusammenhang mit anderen geschichtlichen Ereignissen steht (Korrelationsprinzip) und zugleich eine Analogie zu anderen Ereignissen besteht.

Nun sprechen aber die neutestamentlichen Auferstehungszeugnisse von einer gegenüber dem geschichtlichen Leben Jesu neuen Realität. Danach hat Gott dem toten Jesus eine andere, neue Lebensmöglichkeit geschaffen, die sich fundamental von seiner bisherigen irdischen Existenzweise unterscheidet. So kann etwa Paulus sagen: »Wir wissen, daß Christus, von den Toten auferweckt, nicht mehr stirbt; der Tod hat keine Macht mehr über ihn« (Röm 6,9; vgl. Apg 13,34). Gott hat also dem am Kreuz gestorbenen

Jesus eine neue Dimension des Lebens erschlossen, eine neue Lebenswirklichkeit, die nicht mehr den Bedingungen der irdischen Welt unterliegt (vgl. 1 Kor 15,42–44.50). Wenn das Neue Testament von der Auferstehung Jesu spricht, geht es daher »*nicht* um Wiederbelebung der Leiche, nicht um Rückkehr ins erneut sterbliche Leben (unter empirisch prüfbaren Bedingungen), sondern um den Übergang und Eintritt in eine ganz neue Dimension, in ein radikal andersartiges (unzerstörbares) Leben in/aus Gott, ›jenseits‹ der uns erfahrbaren Raum-Zeit-Welt, um eine die weltlichen Möglichkeiten übersteigende Wirklichkeit« (Kessler 4: 61). Das kommt auch in der neutestamentlichen Metapher von der Erhöhung Jesu zu Gott zum Ausdruck (Müller U.B. 2: 72–76). Der von den Toten auferweckte Jesus ist demnach der irdischen Dimension entnommen und in die Dimension des göttlichen Lebens mit hineingenommen. »Die Auferstehung Jesu ist also ein *reales Geschehen* und gleichwohl kein von uns aus prüfbares Ereignis, also in diesem Sinn *kein ›historisches Ereignis‹*« (Kessler 4: 62).

Das hat Auswirkungen auf das Verständnis der *Leiblichkeit des Auferstandenen* (Kessler 3: 322–338. 483–486; Essen: 358f; Dalferth 6: 405–409). Denn wenn die Auferstehungswirklichkeit nicht Teil der raumzeitlichen Welt ist, kann auch der Auferstehungsleib nicht identifiziert werden mit dem materiellen Körper Jesu, der nach seinem Tod begraben worden ist. So unterscheidet denn auch Paulus deutlich zwischen dem jetzigen irdischen Leib (σῶμα ψυχικόν) und dem Auferstehungsleib (σῶμα πνευματικόν) (1 Kor 15,44). Das zeigt: Für das biblische Denken ist Leiblichkeit nicht identisch mit Körperlichkeit in ihrer physischen Materialität. Der Leib ist nicht lediglich ein Teil des Menschen, sondern der Mensch als ganzer ist Leib in der Hinsicht, dass er eine einzigartige Person ist, die in konkreten, gelebten Beziehungen zu ihrer Mitwelt existiert. Denn zu einer solchen eigenständigen, unverwechselbaren Person wird der Mensch ja als ein in die Welt, den Kosmos Hineinverwobener; seine einzigartige personale Identität entwickelt er in diesen Beziehungen, d. h. insofern er in seiner Leiblichkeit in der Welt existiert und in sie eingebunden ist. So besagt dann auch die leibliche Auferweckung Jesu: Jesus wird von Gott aus dem Tod gerettet als er selbst, als diese einzigartige Person, die er in seinem irdischen Leben war bzw. geworden ist, nämlich als der vollmächtige eschatologische Bote Gottes. Als dieser wird Jesus von Gott bestätigt und ins Recht gesetzt, indem Gott ihn in seiner Leiblichkeit aus dem Tod errettet. – Das erfordert dann auch nicht zwingend die Annahme eines *leeren Grabes*. Die Aussage, dass Jesus leiblich auferweckt worden ist, kann auch aufrechterhalten werden, wenn man nicht von einem leeren Grab ausgeht.

Dabei lässt sich bezüglich der Historizität eines leeren Grabes keine Gewissheit mehr gewinnen. Das ist theologisch jedoch nicht entscheidend. Denn selbst wenn man von einem leeren Grab ausgeht, bleibt ja die Frage, was damit eigentlich bewiesen ist; schon das Neue Testament weiß ja, dass ein Grab aus unterschiedlichen Gründen leer sein kann (vgl. Mt 27,63f). »Die theologisch entscheidende Frage ist nicht, ob es leer war oder nicht, sondern ob die *Möglichkeit*, daß es nicht leer war, die Wahrheit des Bekenntnisses der Auferweckung Jesu durch Gott unmöglich machen würde« (Dalferth 6: 397 Anm. 47). Diese Frage ist mit einem klaren Nein zu beantworten, so dass auch theologisch ohne Schwierigkeiten gesagt werden kann: »Das leere Grab ist nicht notwendigerweise Bestandteil des urchristlichen Auferstehungsglaubens, sondern gehört eher auf die Ebene der Metaphorik und Erzähllogik. Die Befreiung aus dem Grab ist Modell und Bild (Bezeichnung) für die gemeinte Sache (Bezeichnetes): für die Befreiung aus dem Rachen des Todes und für das wunderbare Geschenk neuen, nicht wieder sterblichen Lebens« (Kessler 4: 73).

Es stellt sich dann aber die Frage, wie diese mit der Auferweckung Jesu gegebene transzendente Realität einer neuen Dimension des Lebens in der raumzeitlichen Erfahrungswelt wahrgenommen und erkannt werden kann. Die neutestamentliche Überlieferung antwortet darauf durch den Verweis auf die Erscheinungen des Auferstandenen. Im Gegensatz zur Auferweckung Jesu müssen diese dann aber als »historische Ereignisse« innerhalb der geschichtlichen Erfahrungswirklichkeit der Jüngerinnen und Jünger Jesu gedacht und begriffen werden können. Es ist also erforderlich, »daß die Tatsächlichkeit der als geschichtlich bezeugten Ereignisse vor dem Forum der historischen Vernunft zu erweisen ist und einer historisch-kritischen Prüfung standhalten muß« (Essen: 384). Dieser Forderung muss Genüge getan werden, auch wenn die Erscheinungserzählungen des Neuen Testaments keine historisch zuverlässigen Informationen über das ursprüngliche Geschehen enthalten.

»Die Groß-Evangelien beantworten mit ihren Erscheinungserzählungen (von den Emmaus-Jüngern, Maria von Magdala, dem ungläubigen Thomas usw.) gar nicht die Frage, was den Jüngern *damals* zu Ostern (um 30) widerfahren ist, sondern sie beantworten Anschluß-Fragen der schon gläubigen Gemeinden ihrer Zeit (um 80–100 n. Chr.). So will z. B. die Emmauserzählung (Lk 24,13–35) die Frage beantworten: Wie können wir heute dem auferweckten Herrn begegnen?« (Kessler 4: 75f). Häufig wird dennoch von Visionen gesprochen. Das wird sowohl nahe gelegt, wenn Paulus sagt, dass er »Jesus, unseren Herrn, gesehen« hat (1 Kor 9,1), als auch durch das ὤφθη in dem sehr alten, auf jeden Fall vorpaulinischen Osterkerygma in 1 Kor 15,3b–5, in dem ja ebenfalls ein visuelles Moment mitschwingt. Dabei bleibt jedoch zu beachten: Diese Umschreibung der Erscheinung durch ὤφθη + Dat. greift eine in der Septuaginta gebräuchliche Theophanieformel auf. Die Erscheinungen des Auferstandenen werden durch die Verwendung dieser spezifischen Terminologie also bereits theologisch interpretiert; sie sind damit »als *das* Ereignis charakterisiert, das die endzeitlich-endgültige Heilsgegenwart Gottes manifestiert« (Kessler 3: 151). Über den genaueren Verlauf des Ereignisses selbst lässt sich daraus deshalb kaum etwas Zuverlässiges erschließen.

Angesichts der Quellenlage ist zunächst einmal einzugestehen: »Jede positive Antwort auf die Frage nach dem Wie der Erscheinungen – gleichviel ob diese von supranaturalistischem oder psychologisierendem Interesse geleitet sei – überschreitet auf jeden Fall die Grenzen des historisch und theologisch Wißbaren« (Kessler 3: 234). Fundamentaltheologisch bleibt dann zu fragen und zu klären: Lässt sich der zentrale Gehalt dieser Zeugnisse, dass den Jüngerinnen und Jüngern etwas »von außen« widerfahren ist, als *denkmöglich* und damit als prinzipiell auch vor der Vernunft verantwortbar erweisen? Besonders aussichtsreich erscheint hier die Hypothese, dass es sich bei den Ostererscheinungen um Selbstbekundungen des Auferstandenen in einem Begegnungsgeschehen gehandelt hat (a. a. O. 208–263; Essen: 440). Der Auferstandene hat sich demnach den Jüngerinnen und Jüngern gezeigt und erfahrbar gemacht, indem er ihnen in neuer Weise begegnet und dadurch erneut in Beziehung zu ihnen getreten ist:

»In der ›Erscheinung‹ vermittelt sich der Auferstandene ursprünglich und grundlegend in die Geschichte hinein. Dieser grundlegend *eine* Vorgang und Sachverhalt muß für die Jünger, soweit sie sich ihm nicht versagten, im Kontext ihrer bisherigen Orientierungen (verfügbares Vorwissen und Vorverständnis) und Erfahrungen sowie im Zuge der Verwandlung dieser Orientierungen und Erfahrungen (durch jene neue Erfahrung) eindeutig, von ihm selbst her evident und deshalb spontan (also vor aller weiteren Reflexion) verständlich gewesen sein, ohne daß er deswegen schon in all seinen Implikationen voll begriffen, entfaltet und gedeutet gewesen wäre. Durch dieses Hervortreten Jesu von Gott her, durch seinen Übergang und sein Eintreten in die geschichtliche Erfahrung der Jünger hinein und die dadurch bewirkte elementare Unterbrechung ihres bisherigen Existenzverlaufs wird Jesu neue lebendige Gegenwart überhaupt erst ursprünglich erkennbar und so auch geschichtlich wirksam; sonst wäre sie rein verborgen, unerkannt und geschichtlich-praktisch bedeutungslos geblieben. So schafft der Auferstandene selbst durch das grundlegende Geschehen seiner neuen Begegnung jene geschichtliche ›Beziehungswirklichkeit‹, zu der diejenigen, denen er erscheint, hinzugehören, und zwar als Zeugen« (Kessler 3: 217f).

Die Ostererscheinungen können somit nicht in einer angemessenen Weise verstanden werden als bloß feststellendes Konstatieren eines Sachverhaltes in objektivierend-neutraler Perspektive. Anders als bei einer solchen »falschen Objektivierung und Verdinglichung des zum Osterglauben hinführenden Ereigniszusammenhangs« (Essen 1: 444) sind bei einer Selbstbekundung des Auferstandenen in einem Begegnungsgeschehen die Jünger unabdingbar selbst in diesen Ereigniszusammenhang involviert. Der Auferstandene zwingt sich ihnen nicht sozusagen auf, sondern vermittelt sich in ihre konkrete menschlich-geschichtliche Wirklichkeit hinein. Die Ostererscheinungen treffen die Jünger also nicht wie ein Keulenschlag; sie holen diese vielmehr in ihrer realen lebensgeschichtlichen Situation ab.

Muss der Osterglaube in dieser Weise auf die Selbstbekundung des Auferstandenen in Begegnung zurückgeführt werden, so kann er »seinem Inhalt nach durch Reflexion nicht hergestellt und auf die subjektive Deutungskompetenz der Jünger allein nicht zurückgeführt werden« (a. a. O. 440). Wie in jedem wirklichen Begegnungsgeschehen bleibt vielmehr auch hier ein elementares Moment des Überraschenden, Nichtvorhersehbaren und Unableitbaren in Rechnung zu stellen. Nur so kann dann auch »die (angesichts des Verbrecher- und Fluchtods Jesu am Kreuz wahrlich) überraschende Einmütigkeit und erstaunliche Dynamik des österlichen Neuanfangs« (Kessler 3: 142) verständlich gemacht und erklärt werden. Denn dieser Neuanfang geht ja einher mit einer tiefgreifenden Veränderung der Jünger, einer Verwandlung ihrer bisherigen Orientierungen und einer dementsprechenden Neuausrichtung ihres Lebens. Wenn das in großer Einmütigkeit und Plötzlichkeit geschieht, bedarf es dafür einer Erklärung. Historisch-genetische Erklärungen der Entstehung des Osterglaubens bleiben eine solche Erklärung schuldig; ein Verständnis der Ostererscheinungen als Selbstbekundung des Auferstandenen in Begegnung lässt dieses Phänomen hingegen durchaus plausibel erscheinen.

Entscheidend für die Konsistenz dieser Hypothese bleibt, dass es sich dabei um ein Begegnungsgeschehen in *Freiheit* handelt. Der Auferstandene begegnet den Jüngerinnen und Jüngern, um neu in Beziehung zu ihnen zu treten. Eine solche Beziehung kann jedoch nur zustande kommen, wenn dieses Angebot in Freiheit angenommen wird. Die Ostererscheinungen gehen demnach nicht an der menschlichen Freiheit vorbei, im Gegenteil: Nur wo das neue Beziehungsangebot des Auferstandenen in Freiheit angenommen wird, kann er sich auch als Auferstandener selbst bekunden.

Dabei muss dann noch einmal unterschieden werden zwischen der Ostererfahrung als solcher, also den Ostererscheinungen, und ihrer Deutung durch die Formel: Gott hat ihn/Jesus von den Toten auferweckt. Diese Formel, die aller Wahrscheinlichkeit nach den ältesten Kern der neutestamentlichen Osterüberlieferung darstellt, hat ihren ursprünglichen »Sitz im Leben« im urchristlichen Gottesdienst. Ihrer Form nach handelt es sich um eine Lobpreisung Gottes (Eulogie) als Antwort der Gemeinde auf die Ostererfahrung. Diese Antwort greift die in der frühjüdischen Apokalyptik bereit liegende und verbreitete Erwartung einer endzeitlichen Totenauferweckung auf. So lässt sich sagen: Die christliche Aussage von der Auferstehung Jesu stellt eine (im damaligen Kontext ohne weiteres verständliche) *Interpretation* der Ostererfahrung dar. Der christliche Auferstehungsglaube ist demnach die (deutende) Antwort auf die Ostererfahrung.

Der Osterglaube der Jünger hat somit einen responsorischen Charakter: Er ist ihre in Freiheit gegebene Antwort auf die Selbstbekundung des Auferstandenen. Die Ostererscheinungen setzen also diesen Glauben nicht schon voraus, er entsteht vielmehr in der Begegnung mit dem Auferstandenen, insofern die Jünger sich in ihrer Freiheit tatsächlich dieser Begegnung aussetzen. Es muss daher auch »der Fehldeutung entgegengetreten werden, das ›Sehen‹ des Auferstandenen dispensiere die Jünger ihrerseits nicht nur von dem Akt freier und zum Glauben führender Entscheidung, sondern auch vom Glauben« (Essen: 445). Der Auferstandene lässt sich nicht in einer distanziert-objektivierenden Einstellung wahrnehmen und erkennen, sondern nur im Akt eines vertrauensvollen Glaubens, der aus der Begegnung mit ihm erwächst. Vorausgesetzt bleibt demnach auf Seiten der Jünger eine Bereitschaft zum Glauben im Sinne einer (in ihrer menschlichen Freiheit gründenden) Offenheit für eine solche Begegnung mit dem Auferstandenen. Wer sich einer solchen Möglichkeit grundsätzlich verschließt, macht damit von vornherein eine Selbstbekundung des Auferstandenen unmöglich.

Versucht man sich von diesen Voraussetzungen her trotz der äußerst dürftigen Quellenlage der Frage zu nähern, *wie* Jesus sich von Gott her in neuer Weise in die Erfahrung der Jüngerinnen und Jünger hinein vermittelt haben kann, so lässt sich mit aller gebotenen Vorsicht sagen (Kessler 3: 495–501; ders. 4: 79f): Es wird sich dabei nicht um etwas sensationell Mirakelhaftes, das die Jünger einfachhin überwältigt hat, gehandelt haben. Das würde dem von Jesus verkündeten Gott widersprechen, der sich und seinen Heilswillen den Menschen nicht aufzwingt. So haben ja auch die machtvollen Taten Jesu offensichtlich Raum gelassen für eine in Freiheit gegebene personale Antwort des Menschen (vgl. oben 245). Und es gibt keinen überzeugenden Grund, warum das bei den Ostererscheinungen anders gewesen sein sollte. So erscheint es durchaus denkbar, dass Jesus sich den Jüngern durch besondere Zeichen erkennbar und seine lebendige Gegenwart erfahrbar gemacht hat. Diese Zeichen müssen in Verbindung stehen mit dem, was die Jünger in ihrem Zusammensein mit Jesus vor seinem Tod erlebt haben; denn nur unter dieser Voraussetzung kann in solchen Zeichen Jesus in neuer Weise als in und aus Gott Lebender wahrnehmbar werden. Gewiss lässt sich das nicht detailliert beschreiben, weil entsprechende Informationen fehlen. Aber es bleibt doch jedenfalls denkbar, dass »bei den Jüngern nach Karfreitag in Galiläa, dort, wo die Erinnerungen an die Wege mit Jesus noch so frisch waren, ... vieles (Menschen, Orte, Umstände, Dinge) zum sprechenden Zeichen werden *konnte*, unter dem der von Gott her lebendige Gekreuzigte selbst nach ihnen greifen und sich symbolisch vermittelt ihnen kundtun *konnte* (wenn sie sich dafür öffneten), so daß er selbst ihnen ›erschien‹ und sie ihn ›sahen‹« (Kessler 3: 500f). Entscheidend wäre dann also nicht irgendein äußeres Geschehen, sondern ein durch solche Zeichen vermitteltes, für die Jünger selbst überraschendes Ergriffensein durch Jesus, durch das sie ihn als lebendig erfahren und seine personale Zuwendung zu ihnen in neuer Weise spürbar wird.

Möglicherweise lässt sich sogar darüber hinaus die Erfahrung, die die Jünger in ihrer Begegnung mit dem Auferstandenen gemacht haben können, noch etwas konkretisieren. Sicherlich kann es sich auch dabei nur um eine Mutmaßung handeln; aber wenn sie begründbar und in sich konsistent ist, darf sie doch eine gewisse Plausibilität beanspruchen. So liegt ja die Annahme nahe, dass die Ostererfahrung an die Erfahrungen anschließt, die die Jünger in ihrem Zusammensein mit Jesus vor seinem Tod gemacht haben. Jesus hat einen Gott verkündet, der damit begonnen hat, den Menschen endgültig sein Heil zu schenken, weil er sie unbedingt anerkennt und bejaht als seine Geschöpfe. Diese heilsame Erfahrung unbedingter Anerkennung und Bejahung hat Jesus selbst Menschen, denen er begegnet ist, vermittelt, um so die Intention und das Handeln Gottes konkret sichtbar werden zu lassen und als wirksam zu erweisen. Und es erscheint nun gut denkbar, dass den Jüngern auch an Ostern genau diese Erfahrung noch einmal zuteil geworden ist. In der Begegnung mit dem Auferstandenen hätten sie sich demnach in einer neuen und für sie völlig überraschenden Weise als unbedingt anerkannt und bejaht erfahren. Jesus hätte sich ihnen als von den Toten Erretteter selbst bekundet, indem er diese Erfahrung neu ermöglicht und so die Einsicht eröffnet hat, dass die dem Menschen von Gott geschenkte unbedingte Anerkennung und Bejahung auch noch im Tod Bestand hat (vgl. Röm 8,38f). Die Ostererfahrung wäre dann also, wie auch schon die Erfahrung im Zusammensein mit dem vorösterlichen Jesus, identisch mit dem, was der Begriff letztgültigen Sinnes beinhaltet (vgl. oben 207).

Geht man davon aus, dass die Ostererscheinungen die Jünger gewissermaßen abholen in ihrer jeweiligen lebensgeschichtlichen Situation, so kann das noch zu konkretisieren versucht werden im Anschluss an eine These von Gerd Theißen (Theißen: 76–78). Danach steht die Entstehung des Osterglaubens bei den Jüngern im Zusammenhang mit der Bewältigung der Dissonanz zwischen der Erfahrung Jesu und seines Charismas sowie seinem Kreuzestod. Diese Dissonanz wirkt sich in spezifischen individuellen Konflikten aus. Sie drehen sich um die Frage, inwiefern die einzelnen Jünger durch ihr persönliches Verhalten diese Diskrepanz mit ermöglicht haben. So kann etwa Petrus durch seine Verleugnung Jesu in einen Zwiespalt mit sich selbst geraten sein. Die Ostererfahrung des Petrus würde dann die Lösung dieses Konfliktes darstellen in dem Sinne, dass er sich in dieser spezifischen lebensgeschichtlichen Situation in überraschender Weise als unbedingt anerkannt und bejaht durch Jesus erfährt. »Ostern ist für Petrus ›Wiederannahme‹ des

Verleugners« (a. a. O. 78). Oder Jakobus: Sein innerer Konflikt könnte in der Distanzierung der Familie Jesu von ihm (vgl. Mk 3,20f) begründet sein. – *Karl Rahner* hat im Rahmen seiner transzendentalen Theologie (vgl. 63–65) die Glaubwürdigkeit der Osterbotschaft mit der These einer transzendentalen Auferstehungshoffnung zu begründen versucht. Danach vollzieht jeder Mensch »mit transzendentaler Notwendigkeit entweder im Modus der freien Annahme oder der freien Ablehnung den Akt der Hoffnung auf seine eigene Auferstehung. Denn jeder Mensch will sich in Endgültigkeit hinein behaupten und erfährt diesen Anspruch in der Tat seiner verantwortlichen Freiheit, ob er diese Implikation seines Freiheitsvollzugs zu thematisieren vermag oder nicht, ob er sie glaubend annimmt oder verzweifelt ablehnt« (Rahner 1: 264). Diese transzendentale Auferstehungshoffnung soll den Verständnishorizont für die Osterbotschaft bilden, so dass diese »nicht gänzlich unerwartet und gänzlich außerhalb unseres Erfahrungshorizontes und unserer Verifikationsmöglichkeit liegt« (a. a. O. 270). Rahner spricht von einer »nicht auflösbaren Korrespondenz zwischen transzendentaler Auferstehungshoffnung und der kategorial-realen Gegebenheit solcher Auferstehung. In diesem Zirkel trägt sich beides gegenseitig und bezeugt sich uns als wahr« (ebd.). Im Unterschied dazu geht der hier dargelegte Verstehungszugang nicht vom menschlichen Selbstbehauptungswillen aus, sondern versucht die Ostererfahrung in Zusammenhang zu bringen mit dem Verwiesensein des Menschen auf unbedingte Anerkennung und Bejahung als dem letztgültigen Sinn seines Daseins. Das Zuteilwerden unbedingter Anerkennung und Bejahung befähigt den Menschen ja gerade dazu, die immer wieder auch unheilvolle Fixierung auf das eigene Selbst und den eigenen Selbstbehauptungswillen aufzusprengen und zu überwinden. Wer sich als unbedingt angenommen und bejaht erfährt, kann sich und sein Leben absolut verlässlich getragen wissen, auch in den Brüchen und Ausweglosigkeiten des eigenen Daseins, ja sogar angesichts der vernichtenden Macht des Todes. Unbedingtes Anerkannt- und Bejahtsein besiegt die Angst des Menschen um sich selbst und befreit ihn dadurch von den aus dieser Angst resultierenden Zwängen der Selbstsicherung und Selbstbehauptung. So zeigt sich bei diesem Verstehenszugang eine Verbindung zwischen dem, was als die ursprüngliche Ostererfahrung wahrscheinlich gemacht werden kann, und heutigen Erfahrungshorizonten und Lebensvollzügen: Wo immer Menschen durch die Osterbotschaft die Zusage und Erfahrung unbedingten Anerkannt- und Bejahtseins vermittelt wird, können sie in das ursprüngliche Osterzeugnis einstimmen, insofern dieses sich in ihrem eigenen Leben bewährt (vgl. Knapp 2: 76f).

Angesichts dieses biblischen Befundes ist es die spezifische Aufgabe der Fundamentaltheologie als wissenschaftstheoretischer Grundlegung der Theologie, nach der Glaubwürdigkeit des durch die christliche Offenbarungsbotschaft vermittelten Glaubensgrundes zu fragen und Kriterien zu benennen, anhand derer sich diese Glaubwürdigkeit prüfen lässt. Dazu ist es jedoch zunächst erforderlich, ein Offenbarungsverständnis zu entwickeln, das diesem biblischen Befund gerecht zu werden vermag.

3. Jesus Christus, Gottes unüberbietbares Offenbarungswort

Nach biblischem Verständnis beinhaltet eine Offenbarung Gottes die Zusage seiner Heilsgegenwart inmitten der Geschichte. In diesem Sinne stellt auch der Geschehenszusammenhang von Leben, Sterben und Auferweckung des Jesus von Nazareth eine Offenbarung Gottes, verstanden als Reflexionsbegriff (vgl. 244), dar: In diesem Geschehen macht Gott seine heilsame Gegenwart inmitten der Geschichte offenbar und sagt sie dem Menschen zu. Nach christlicher Überzeugung kommt dieser Offenbarung allerdings eine besondere, einzigartige Bedeutung zu. Denn »vielfach und auf unterschiedliche Weise hat Gott in früherer Zeit zu den Vätern gesprochen durch die Propheten; in dieser Endzeit aber hat er zu uns gesprochen durch den Sohn« (Hebr 1,1f). Die Christusoffenbarung hat demnach einen letztgültigen Charakter; sie ist ein eschatologisches Ereignis, das nicht mehr durch Propheten, sondern durch den Sohn Gottes selbst geschieht.

Damit sind die zuvor in der Geschichte Israels ergangenen Offenbarungen keineswegs entwertet oder gar überholt. Nach Paulus ist Jesus Christus vielmehr »das Ja zu allem, was Gott verheißen hat« (2 Kor 1,20). Die Christusoffenbarung steht somit ganz in der Kontinuität mit dem Heils- und Offenbarungshandeln Gottes in der Geschichte Israels. Gott ist sich selbst treu, deshalb hält er an allen seinen Verheißungen fest und bekräftigt sie. Diese Bekräftigung erfolgt jedoch nicht im Sinne einer bloßen Wiederholung, sondern sie geschieht hier in einer definitiven Weise: Gott erweist, dass sich seine Heilsgegenwart und sein Heilswirken gegen alle Mächte und Widerstände durchzusetzen vermögen. Das ist es, was das Neue Testament und der christliche Glaube an dem Geschehenszusammenhang des Lebens und Wirkens Jesu, seines Todes sowie seiner Errettung aus dem Tod offenbar werden sehen. Noch nicht einmal die alles Leben mit der Vernichtung bedrohende Macht des Todes vermag etwas gegen diese Heilsgegenwart

Gottes. Darin besteht die Unüberbietbarkeit der Christusoffenbarung: Sie erweist die absolute Verlässlichkeit und die uneingeschränkte Durchsetzungsfähigkeit des göttlichen Heilswirkens.

Die Kontinuität der Christusoffenbarung mit dem Offenbarungshandeln Gottes in der Geschichte Israels lässt sich allerdings nicht bruchlos in das verbreitete Schema Verheißung – Erfüllung pressen. Gewiss hat Gott im Christusereignis nach der Überzeugung des christlichen Glaubens alle seine Verheißungen zur Erfüllung gebracht. Es darf dabei jedoch keineswegs übersehen werden: Auch die Christusoffenbarung bleibt ihrerseits wiederum mit einer Verheißung verknüpft, nämlich dass das in Jesus Christus Geschehene an allen Menschen wahr wird. Das ist allen Menschen von Gott zugesagt, aber die Erfüllung dieser Verheißung steht noch aus. Man muss deshalb sagen: »Das Christentum ist die Religion der erfüllten Verheißung, die gerade als solche dem Glaubenden wiederum zur Verheißung wird« (Pannenberg 3: 275). D. h. dann aber auch: Juden und Christen warten gemeinsam auf die umfassende Erfüllung der Verheißungen Gottes, wobei sich allerdings nach christlicher Überzeugung in Jesus Christus diese Verheißungen schon definitiv erfüllt haben.

So bleibt das christliche Offenbarungsverständnis charakterisiert durch die Spannung zwischen dem Schon und dem Noch-nicht des von Gott geschenkten Heiles. Die Heilszusage Gottes ist demnach schon definitiv erfüllt und Wirklichkeit geworden in Jesus Christus. Andererseits steht ihre universale Erfüllung noch aus, und so sehen sich die Christen zusammen mit den Juden in die Zukunft verwiesen, auf die umfassende Verwirklichung des Reiches Gottes hin. Um diese Spannung möglichst unmissverständlich zur Geltung zu bringen, kann man begrifflich unterscheiden zwischen der *Endgültigkeit* und der *Vollendung* der in Jesus Christus erfolgten Offenbarung Gottes (Pröpper 3: 281).

Von diesem Verstehensansatz her muss Offenbarung sowohl als Wortereignis, als Ergangensein des Wortes Gottes begriffen werden wie auch als geschichtlicher Selbsterweis Gottes. Beides gehört unabdingbar zusammen. Jesus Christus offenbart Gott, indem er selbst (im Kontext des Offenbarungshandelns Gottes in der Geschichte Israels) als konkrete Person zum Wort Gottes wird, durch das Gott sich an jeden Menschen wendet und das er jedem Menschen zuspricht. Konstitutiv für dieses Offenbarungswort ist also eine geschichtliche Wirklichkeit, nämlich der Geschehenszusammenhang des Lebens und Sterbens Jesu sowie des Osterereignisses. Durch dieses Christusgeschehen sagt Gott allen Menschen seine unverbrüchliche Heilsgegenwart zu und verheißt ihnen die Teilhabe am vollendeten eschatologischen Heil. Als solches ist das Christusereignis das endgültige Wort Gottes; es kann durch keine weitere Offenbarung überboten werden.

Dieses Wort Gottes macht den universalen Heilswillen Gottes sowie seine Heilsmacht offenbar. Gott zeigt sich als vorbehaltlose, unbedingte Liebe (vgl. 1 Joh 4,8.16), die sich allen Menschen schenken und so ihr Heil wirken will. Die Offenbarung Gottes muss deshalb verstanden werden als seine *Selbstoffenbarung*: Gott offenbart sein Wesen und seinen daraus sich ergebenden Willen, um dadurch eine neue Verbindung zwischen sich und dem Menschen grundzulegen. Man hat dieses Offenbarungsverständnis als kommunikationstheoretisch-partizipativ bezeichnet (Seckler 7: 47f). Denn Offenbarung stellt demnach ja eine kommunikative Wirklichkeit dar, die darauf zielt, eine neue personale Beziehung zwischen Gott und Mensch zu schaffen. Auf diese Weise wird dem Menschen die Teilhabe, Partizipation an der göttlichen Lebenswirklichkeit geschenkt. Gott offenbart also sich selbst dem Menschen, damit dieser an der göttlichen Lebensfülle Anteil erhält. So wird noch einmal deutlich: Die Offenbarung Gottes stellt selbst ein Heilsgeschehen dar.

Im katholischen Raum wird dieses Offenbarungsverständnis dann auch kirchlich rezipiert und entfaltet in der Offenbarungskonstitution »Dei Verbum« des 2. *Vatikanischen Konzils* (vgl. etwa: Waldenfels 2: 193–208; Verweyen 1: 270–277; Hoping: 701–735.739–742.745–748). Darin wird die Offenbarungslehre des 1. Vatikanums (vgl. oben 238f) weiterentwickelt, neu akzentuiert und an wichtigen Punkten modifiziert. Ermöglicht wird das insbesondere durch eine Berücksichtigung theologischer Ansätze, die das 1. Vatikanische Konzil noch verdrängt hatte (Eicher: 497), sowie eine fundierte Bezugnahme auf die biblischen Grundlagen. Diese Neuausrichtung des Offenbarungsverständnisses durch das

2. Vatikanum wird gleich zu Beginn von »Dei Verbum« deutlich, wenn es dort heißt:

»Es hat Gott in seiner Güte und Weisheit gefallen, sich selbst zu offenbaren und das Geheimnis seines Willens bekannt zu machen (...), daß die Menschen durch Christus, das Fleisch gewordene Wort, im Heiligen Geist Zugang zum Vater haben und der göttlichen Natur teilhaftig werden (...). In dieser Offenbarung redet also der unsichtbare Gott (...) aus dem Überfluß seiner Liebe die Menschen wie Freunde an (...) und verkehrt mit ihnen (...), um sie in die Gemeinschaft mit sich einzuladen und in sie aufzunehmen. Dieses Offenbarungsgeschehen ereignet sich in Taten und Worten, die innerlich miteinander verknüpft sind, so daß die Werke, die in der Heilsgeschichte von Gott vollbracht wurden, die Lehre und die durch die Worte bezeichneten Dinge offenbaren und bekräftigen, die Worte aber die Werke verkündigen und das in ihnen enthaltene Geheimnis ans Licht treten lassen. Die durch die Offenbarung sowohl über Gott als auch über das Heil des Menschen ›erschlossene‹ innerste Wahrheit aber leuchtet uns in Christus auf, der zugleich der Mittler und die Fülle der ganzen Offenbarung ist« (DV 2 = DH 4202).

Indem Gott sich selbst offenbart, macht er seinen Willen kund, den Menschen Zugang zu sich zu verschaffen, ihnen Gemeinschaft mit sich und damit Anteil an der göttlichen Natur zu schenken. So »erschließt sich Gott nicht nur dem menschlichen Erkennen, sondern macht seine Heilswirklichkeit den Menschen präsent und teilt sich ihnen mit, so daß wirklich Neues zwischen Gott und den Menschen geschieht« (Schmitz 2: 71). Es geht bei der Offenbarung Gottes nicht um eine bloße Belehrung des Menschen; entscheidend ist vielmehr, dass Gott etwas zugunsten des Menschen getan hat. Was in lehrhafter Weise verkündet wird, muss sich dadurch legitimieren, dass es den Bedeutungsgehalt dieses göttlichen Heilswerkes erläutert.

Dessen Höhepunkt stellt Jesus Christus dar; in ihm ist deshalb auch die »Fülle« der Offenbarung gegeben. Das erläutert das Konzil so:

»Er ist es also, der durch seine ganze Gegenwart und Verkündigung, durch Worte und Werke, durch Zeichen und Wunder, vor allem aber durch seinen Tod und seine glorreiche Auferstehung von den Toten, schließlich durch die Sendung des Geistes der Wahrheit die Offenbarung erfüllt und somit abschließt und durch göttliches Zeugnis bekräftigt, daß Gott wirklich mit uns ist, um uns aus der Finsternis des Todes zu befreien und zu ewigem Leben zu erwecken. Daher wird die christliche Heilsordnung, nämlich der neue und nun endgültige Bund, niemals vorübergehen, und es ist keine neue öffentliche

Offenbarung mehr zu erwarten vor der glorreichen Kundwerdung unseres Herrn Jesus Christus« (DV 4 = DH 4204).

Die Christusoffenbarung ist Teil einer Offenbarungsgeschichte, deren Abschluss sie darstellt, wobei das 2. Vatikanum sich bedauerlicherweise nicht genauer über das Verhältnis zwischen der Offenbarung Gottes in der Geschichte Israels und der Christusoffenbarung äußert. Dafür geht das Konzil auf die vor allem im neuzeitlichen Kontext bedeutsame Wunderfrage ein. Anders als vom 1. Vatikanum werden die Wunder ebenso wie die Auferstehung Jesu nicht mehr als lediglich äußere Zeichen verstanden, durch die die Offenbarung als Offenbarung Gottes kenntlich und glaubwürdig wird, sondern als Teil des Offenbarungsgeschehens selbst; in ihnen zeigt sich zeichenhaft, was die Offenbarung Gottes erschließt, nämlich dass Gott mit dem Menschen ist, um ihn aus aller Not, Bedrängnis und Verlorenheit zu retten.

Ein zentraler Aspekt bleibt dabei noch zu beachten. Während das 1. Vatikanische Konzil einen Autoritätsglauben als die angemessene menschliche Antwort auf die göttliche Offenbarung fordert, nimmt »Dei Verbum« den dialogischen Charakter der Offenbarung ernst. So heißt es jetzt in sprachlicher Anlehnung an das 1. Vatikanum bei gleichzeitiger Absetzung von ihm in der Sache: »Dem offenbarenden Gott ist der *Gehorsam des Glaubens* (…) zu leisten, durch den der Mensch sich ganz Gott frei anvertraut, indem er ›dem offenbarenden Gott vollen Gehorsam des Verstandes und des Willens‹ leistet und der von ihm gegebenen Offenbarung freiwillig zustimmt« (DV 5 = DH 4205). Die vom Menschen geforderte Glaubenszustimmung gründet also unzweifelhaft in einem Akt menschlicher Freiheit. Nur so ist sie die unabdingbar personale Antwort des Menschen auf die Offenbarung Gottes, wenn es denn bei dieser um eine neue personale Begegnung und Beziehung zwischen Gott und Mensch geht.

4. Die Glaubwürdigkeit der Offenbarungsbotschaft

Die neuzeitliche Offenbarungskritik hat das Verhältnis zwischen menschlicher Vernunft und göttlicher Offenbarung auf eine neue Grundlage zu stellen versucht. Sie insistiert darauf: Nur das, was in Einklang mit den Einsichten der (praktischen) Vernunft steht, kann als Offenbarung Gottes anerkannt werden. Die Glaubwürdigkeit des Offenbarungsglaubens bemisst sich demnach daran, inwieweit das, was als Offenbarungswahrheit gilt, auch als Vernunftwahrheit verständlich gemacht werden kann. Die neuzeitliche Offenbarungskritik ebnet damit faktisch den Unterschied zwischen Offenbarungswahrheit und Vernunftwahrheit ein. Lessing, Kant, Fichte oder Hegel stimmen darin überein: Offenbarungswahrheiten sind dazu bestimmt, zu Vernunftwahrheiten zu werden.

Die entscheidende Frage, vor die die Theologie sich damit gestellt sieht, lautet: Hat die Offenbarung Gottes dem Menschen nicht etwas zu sagen, das er sich nicht mittels seiner Vernunft prinzipiell auch selbst sagen kann? Stellt die Offenbarung lediglich ein Durchgangsstadium auf dem Weg zur vollen Ausbildung der Vernunft dar? Oder hat die Theologie auf der Grundlage der Offenbarungsbotschaft etwas geltend zu machen, das sich dem Menschen nicht durch seine auf sich selbst gestellte Vernunft zu erschließen vermag? Wie kann das dann aber als glaubwürdig und mit der Vernunft vereinbar erwiesen werden?

Die von der Theologie (und auch vom katholischen Lehramt) dabei zunächst beschrittenen Wege haben sich als Sackgassen erwiesen. Das gilt für die Begründung des christlichen Offenbarungsanspruchs durch die Lehre von der Verbalinspiration der Heiligen Schrift, um auf diese Weise Offenbarung als unbezweifelbar-verlässliche Übermittlung übernatürlicher Wahrheiten zu begründen. Und es gilt ebenso für ein extrinsezistisches Offenbarungsverständnis, das die Glaubwürdigkeit der Offenbarung durch den Verweis auf äußerliche, für jedermann sichtbare Zeichen sicherstellen will. Der Blick auf die biblischen Grundlagen zeigt: Solche eindeutige, unbezweifelbare Zeichen gibt es nicht. Das gilt sowohl hinsichtlich des irdischen Wirkens Jesu wie auch hinsichtlich des Osterereignisses. Beides stellt keinen »objektiven

Beweis« dar. Die Wahrheit der Offenbarung lässt sich nicht in diesem Sinne »objektiv«, d. h. »von außen« aus einer Beobachterperspektive beweisen. Überzeugungskraft kann die Offenbarungsbotschaft vielmehr nur da gewinnen, wo Menschen ihre eigene Subjektivität miteinbringen, wo sie sich für das Offenbarungshandeln Gottes öffnen und sich selber auf das einlassen, was ihnen dabei begegnet. Das gilt für alle Glaubenden, auch für die Zeitgenossen Jesu, die etwa Zeugen seiner Dämonenaustreibungen geworden sind, ebenso wie für die Osterzeugen.

Das bedeutet jedoch keineswegs, dass die Offenbarungsbotschaft der Vernunft unzugänglich bleibt, so dass ein Bruch zwischen Vernunft und Offenbarung besteht. Die Offenbarung beinhaltet nicht etwas schlechterdings Übervernünftiges; sie kann sich der Vernunft vielmehr durchaus in ihrem Wahrheitsgehalt erschließen, auch wenn die Vernunft nicht die normative Instanz für den Offenbarungsinhalt zu sein vermag, wie es die Offenbarungskritik der Aufklärung intendiert hat. Im Rahmen des Glaubwürdigkeitserweises für die Offenbarungsbotschaft hat die Fundamentaltheologie dieses Verhältnis von Vernunft und Offenbarung zu klären.

a) Vernunft und Offenbarung

Wenn die Offenbarung Gottes als seine Selbstmitteilung zu verstehen ist, dann vermag die auf sich selbst gestellte Vernunft das Geoffenbarte sich nicht von sich aus zu erschließen; es liegt außerhalb der Reichweite dessen, wofür sie als autonome Vernunft aufkommen und einstehen kann, und muss ihr deshalb »von außen« gegeben werden. Sobald dies aber geschehen ist, ist die Vernunft in der Lage, der Offenbarung *nach*-zudenken; sie kann das Geoffenbarte nachvollziehen, nach seinem Wahrheitsgehalt fragen und ihn einer kritischen Reflexion unterziehen. Auf diese Weise eröffnet die Offenbarung der Vernunft eine neue Perspektive, die sie nicht von sich aus hat, die ihr aber in ihrer eigenen autonomen Selbstgegebenheit zugänglich gemacht werden kann und insofern auch als vernunftgemäß gelten darf. So vermag die Vernunft dann zu prüfen, ob die Offenbarung in Widerspruch zu ihren eigenen Einsichten steht. Und sie kann fragen, welche anthropologischen Perspektiven sich von der Offenbarung Gottes her zeigen. Die Offenbarung erweitert also das Spektrum dessen, was der Vernunft zugänglich ist, ohne jedoch selbst aus der Vernunft ableitbar zu sein.

Es bleibt daher auch fundamentaltheologisch unakzeptabel, wenn *Jürgen Habermas* von einem »Sperrklinkeneffekt der Offenbarungswahrheit« (Habermas 5: 255) im Hinblick auf das Verhältnis von philosophischer Vernunft und Offenbarungsglauben spricht. Dabei zeigt sich Habermas religiösen Traditionen gegenüber keineswegs ablehnend, sondern »lernbereit« (a. a. O. 149.255). Denn er sieht es angesichts einer »entgleisenden Säkularisierung« (Habermas 6: 250) als eine unerlässliche Aufgabe an, dass die philosophische Vernunft bestimmte semantische Gehalte der religiösen Überlieferung in ihre eigene Sprache übersetzt, etwa die biblischen Aussagen von der Geschöpflichkeit und der Gottebenbildlichkeit des Menschen (vgl. a. a. O. 261f). Nur so lässt sich ihr unverzichtbarer Bedeutungsgehalt auch in einer säkularisierten Gesellschaft retten. Diese Übersetzungsprozesse können jedoch den neuzeitlichen Bruch zwischen Vernunft und Offenbarung nicht wieder rückgängig machen; sie vollziehen sich vielmehr vor dem Hintergrund dieses unaufhebbaren Bruches. »Der Riß zwischen Weltwissen und Offenbarungswissen läßt sich nicht wieder kitten« (Habermas 7: 28). Der Kern des Offenbarungsglaubens bleibt demnach der philosophischen Vernunft abgrundtief fremd. Denn »religiös verwurzelte existentielle Überzeugungen entziehen sich durch ihren gegebenenfalls rational verteidigten Bezug auf die dogmatische Autorität eines unantastbaren Kerns von infalliblen Offenbarungswahrheiten der Art von *vorbehaltloser* diskursiver Erörterung, denen sich andere ethische Lebensorientierungen und Weltanschauungen, d. h. weltliche ›Konzeptionen des Guten‹ aussetzen« (Habermas 5: 135). Deshalb vermag die philosophische Vernunft diesen »opaken Kern der religiösen Erfahrung« bestenfalls zu umkreisen (a. a. O. 150), nicht aber in einen Diskurs zu übersetzen, in dem »nur ›öffentliche‹ Gründe (zählen), also Gründe, die auch jenseits einer partikularen Glaubensgemeinschaft überzeugen können« (a. a. O. 255). Demgegenüber ist fundamentaltheologisch geltend zu machen: Die (durchaus nicht zu leugnende) Sperrigkeit des Offenbarungsglaubens für die philosophische Vernunft ist nicht darin begründet, dass das, was dieser beinhaltet, sich einer diskursiven Erörterung entzieht, wie Habermas mit seinem philosophischen Gewährsmann Kierkegaard annimmt (vgl. a. a. O. 244.251). Den »infalliblen Kern« der Offenbarungswahrheit bildet der Anspruch, einen letztgültigen Sinn zu erschließen. Dabei ist es dann aber die unerlässliche Aufgabe der Theologie, sowohl das Kriterium zur Prüfung eines solchen Letztgültigkeitsanspruchs wie auch die Behauptung einer Ansprechbarkeit jedes Menschen für diesen letztgültigen Sinn »öffentlich« zu begründen, also mit Argumenten, die auch außerhalb einer religiösen Gemeinschaft, in philosophischen Diskursen überprüfbar und selbstverständlich auch kritisierbar sind. Sperrig bleibt der Offenbarungsglaube für die philosophische Vernunft jedoch insofern, als er auf einer *existentiellen* Entscheidung beruht bzw.

eine solche fordert. Für diese vermag eine ihrer Grenzen bewusste philosophische Vernunft in der Tat nicht aufzukommen und nicht einzustehen. Die Glaubenszustimmung beruht nicht allein auf diskursiven Erörterungen, sondern auf einer unvertretbaren Freiheitsentscheidung eines Menschen, die alle Dimensionen seiner Existenz mit einbezieht. Insofern bleibt der Offenbarungsglaube von der philosophischen Vernunft geschieden, aber deswegen doch keineswegs gänzlich unzugänglich für sie. Die unerlässliche Differenzierung zwischen Glauben und Wissen hat keineswegs einen Riss zwischen der philosophischen Vernunft und der Vernunft des Glaubens zur Folge.

Wenn Offenbarung als ein kommunikativ-personales Begegnungsgeschehen zwischen Gott und Mensch verstanden werden muss, so kann unabhängig von diesem Geschehen ihr Inhalt nicht erschlossen werden. Dass Gott dem Menschen unbedingt liebend zugewandt ist, das vermag sich der Mensch mittels seiner Vernunft *nicht selbst zu sagen*. Das muss sich vielmehr zeigen und erweisen, indem Gott sich ihm erschließt und mitteilt. Und erst aufgrund dieses Geschehens kann es dann auch dem Menschen *zugesagt werden*. Dem entspricht das skizzierte Verhältnis von Vernunft und Offenbarung: Die Vernunft denkt dem Offenbarungsgeschehen nach und befragt es nach dem ihm selbst inne wohnenden Vernunftgehalt.

Dabei bleibt die Glaubenszustimmung zur Offenbarung frei. Denn die Selbstmitteilung Gottes in seiner Offenbarung erreicht nur da ihr Ziel, wo Menschen sich für sie öffnen und ihr aus ihrer personalen Freiheit heraus zustimmen. Auch wenn sich die Glaubenszustimmung als vor der Vernunft verantwortbar erweisen lässt, so bleibt der Mensch als Person doch frei; er kann auch durch die Vernunft nicht gezwungen werden, die Offenbarung Gottes anzunehmen. Gott kann sich selbst nur einem Menschen mitteilen und schenken, der sich für eine solche Beziehung zu Gott offen zeigt und bereit ist, sich darauf einzulassen. Diese Offenheit und Bereitschaft beruhen nicht allein auf rationalen Erwägungen, sondern auf einem ganzmenschlichen, personalen Akt (vgl. oben 150–152).

Das Verständnis der Offenbarung als Selbstmitteilung Gottes an den Menschen lenkt schließlich den Blick auch noch einmal auf die Form, in der sie sich ereignet hat, nämlich als ein kontingentes geschichtliches Ereignis. Diese Form ihres Ergehens stellt keinen Einwand gegen die Glaubwürdigkeit der Offenbarung dar, wie insbesondere Lessing geltend zu machen versucht hat (vgl. oben 235f). Wenn Gott in seiner Offenbarung sich selbst dem Menschen erschließt, indem er ihm seine unbedingte Liebe schenkt, so entspricht ihre Form vielmehr genau diesem Inhalt. Denn in der Offenbarung geht es dann ja nicht um eine jederzeit zugängliche geschichtsunabhängige Wahrheit, wie Lessing gemeint hat. Liebe zeigt sich vielmehr nur da, wo sie sich konkret ereignet, d. h. als eine geschichtlich vermittelte Wirklichkeit. Von einer Offenbarung Gottes als seiner Selbstmitteilung lässt sich deshalb glaubwürdig nur dann sprechen, wenn auf ein reales Geschehen verwiesen werden kann, das als das Sich-Zeigen der vorbehaltlosen, unbedingten Liebe Gottes verstehbar ist.

b) Inhaltliche Glaubwürdigkeit der Offenbarungsbotschaft

Neben der grundlegenden Frage nach dem Verhältnis von Vernunft und Offenbarung muss der fundamentaltheologische Glaubwürdigkeitserweis für die Offenbarungsbotschaft auch deren Inhalt miteinbeziehen. Denn als eine zentrale Herausforderung muss heute zweifellos »der *faktische Verlust der Bedeutsamkeit* der Offenbarungsbotschaft für viele Menschen verbunden mit dem *Verdacht ihrer Belanglosigkeit*« (Pottmeyer 1: 266) konstatiert werden. In einer weitgehend säkularisierten Gesellschaft ist die Erwartung von Lebenssinn sehr stark fokussiert auf das, was der Mensch selbst schafft und bewirkt. So richten sich Hoffnungen und Zukunftsperspektiven insbesondere auf technischen, wissenschaftlichen und wirtschaftlichen Fortschritt. Von ihm wird nicht nur eine Verbesserung und Erleichterung der Lebensbedingungen erwartet, sondern eine Erschließung neuer Möglichkeits- und Erfahrungsräume und damit eine Erweiterung und Intensivierung der Lebensperspektiven. Entsprechend sind auch die privaten Lebensentwürfe vor allem darauf ausgerichtet, an diesen Entwicklungen möglichst stark zu partizipieren und die sich bietenden Chancen optimal auszuschöpfen.

Zu solchen selbst geschaffenen Sinnperspektiven liegt der Offenbarungsglaube zweifellos quer. Er scheint dem Menschen gewissermaßen zu wenig zuzutrauen, seine Potentiale völlig zu unterschätzen und ihn daher auf einen weltjenseitigen Sinn zu verweisen. So kommt er denn auch in säkularisierten Lebenszusammenhängen, wenn überhaupt, häufig nur noch an den Rändern und Bruchstellen des Lebens in den Blick, wo die selbst gemachten Lebensperspektiven nicht mehr (oder noch nicht) tragfähig sind. Das widerspricht nun aber dem eigenen Anspruch der Offenbarungsbotschaft vollständig. Der Erweis ihrer inhaltlichen Glaubwürdigkeit muss deshalb nicht nur darauf zielen, ihre bleibende Relevanz in säkularisierten Lebenszusammenhängen zu begründen; es gilt vielmehr auch zu zeigen, dass diese Relevanz nicht nur an den Rändern des Lebens gegeben ist, sondern im Blick auf die Lebenswirklichkeit im Ganzen.

Den Ansatzpunkt dafür bietet der zentrale Inhalt des Offenbarungsglaubens: die Botschaft von der Ankunft der eschatologischen Gottesherrschaft. Jesus selbst hat sie in seinem eigenen Wirken inmitten dieser Welt anbrechen sehen; und nach der Überzeugung des christlichen Glaubens hat sich das dann durch die Errettung Jesu aus dem Tod bestätigt und bis in seine letzte Konsequenz hinein erfüllt. In diesem Geschehen hat Gott sich selbst geoffenbart, um das Leben in der Schöpfung zu erneuern und dem Menschen den wahren Sinn seines Daseins zu erschließen.

Dieser Inhalt der Offenbarungsbotschaft wird dann glaubwürdig, wenn das heilsame Nahekommen Gottes, seine fürsorgende »Herrschaft« real und konkret erfahrbar wird. Das ist dort der Fall, wo Menschen sich als »im Letzten« getragen erfahren; wo sie sich angesichts der Abgründe des eigenen Daseins gehalten wissen und ihnen eine innere Gelassenheit und Zuversicht geschenkt wird; wo sie auch in den Brüchen und Enttäuschungen des eigenen Lebens, in der Konfrontation mit eigenem oder fremdem Leid nicht verzweifeln; wo Menschen ihre Selbstverschlossenheit und Ichbezogenheit überwinden und offen werden für Andere, insbesondere Leidende, Bedürftige, Arme; wo sie Kraft finden, um Gräben zu überwinden, für einen Neuanfang oder die Kultivierung eines solidarischen, versöhnten Miteinander. In solchen Erfahrungen, in denen sich die Herrschaft Gottes zeigt und die auch in völlig säkularisierten Lebenszusammenhängen möglich sind, hat die Offenbarungsbotschaft ihren inhaltlichen Glaubwürdigkeitsgrund. Zugleich kann von daher auch ihre bleibende Relevanz deutlich werden. Denn diese Erfahrungen verweisen ja darauf, dass die Perspektive eines ausschließlich vom Menschen selbst gemachten Sinnes die Lebenswirklichkeit entscheidend verkürzt; der Mensch droht sich in seinen eigenen Machbarkeits- und Machtphantasien selbst zu verfehlen und zu verlieren.

Zu beachten bleibt allerdings auch hier wiederum: Überzeugungskraft gewinnt die Offenbarungsbotschaft dabei zunächst einmal für die, die sich für sie öffnen und auf sie einlassen, indem sie ihre eigene Subjektivität mit einbringen. Um das dann auch »nach außen« weiterzuvermitteln, braucht es *Zeugen*, d. h. Menschen, die bereit sind, für den Inhalt der Offenbarung und ihre Wahrheit einzutreten (Pottmeyer 1: 288–293; Arens 3: 14–168). Diese Zeugen sind Vermittlungsgestalten, die den Inhalt der Offenbarung und ihre Wahrheit in der jeweiligen Gegenwart neu transparent werden lassen. Als solche bleiben sie unabdingbar für den Erweis von deren Glaubwürdigkeit. Genauerhin fungieren dic Zeugen dabei »als Glaubwürdigkeitszeichen, weil sich in ihrem Bekenntnis, ihrer Verkündigung und ihrer Lebenspraxis das Reich Gottes als Glaubwürdigkeitsgrund vermittelt« (Pottmeyer 1: 294). Die Zeugen sind also nicht selbst der Grund für die Glaubwürdigkeit der Offenbarung; das ist vielmehr der Offenbarungsinhalt, der von den Zeugen in seinem Wirklichkeits- und Wahrheitsgehalt zur Geltung gebracht wird.

Die Glaubenspraxis eines Zeugen kann als »darstellendes Handeln« verstanden werden, womit ein Handeln gemeint ist, »durch das Menschen für andere weitergeben und auf symbolische, niemals erschöpfende Weise realisieren, was sie selber empfangen haben« (Pröpper 1: 65). Dieses Handeln ist in menschlicher Freiheit verwurzelt; der Mensch bringt aus seiner Freiheit heraus symbolische Vergegenwärtigungen der eschatologischen Gottesherrschaft hervor. Aber es ist dies kein eigenmächtiges Handeln des Menschen. Ein solches Handeln ist ihm vielmehr nur möglich, wenn er dazu befähigt worden ist: Er stellt in seinem in Freiheit erfolgenden Handeln das dar, was ihm selbst zuvor eröffnet und geschenkt worden ist.

c) Letztgültiger Sinn

Die Offenbarungsbotschaft ist unabdingbar mit dem Anspruch verbunden, dass sie den letztgültigen Sinn der Wirklichkeit erschließt. Es gehört daher mit zum fundamentaltheologischen Glaubwürdigkeitsaufweis, diesen Anspruch zu erläutern und zu begründen. Dabei kann auf den Begriff letztgültigen Sinnes zurückgegriffen werden, der im Religionstraktat der Fundamentaltheologie zu erarbeiten ist als Kriterium zur Prüfung religiöser Letztgültigkeitsansprüche (vgl. oben 206f). Letztgültiger Sinn beinhaltet demnach ein unbedingtes Anerkannt- und Bejahtsein des Menschen. Wenn sich Menschen dieser letztgültige Sinn erschließt, wird ihnen damit eine letzte Geborgenheit in ihrer je einzigartigen Individualität vermittelt. Um aufzuweisen, dass die Christusoffenbarung das erfüllt, was der philosophisch verantwortete Begriff letzgültigen Seins beinhaltet, muss also ihr anthropologischer Bedeutungsgehalt expliziert werden.

Als Selbstoffenbarung Gottes zielt die Christusoffenbarung auf die Ermöglichung einer personalen Beziehung zwischen Gott und Mensch, damit der Mensch auf diese Weise Anteil an der göttlichen Lebensfülle erhält. Das besagt aber: Offenbarung in diesem kommunikationstheoretisch-partizipativen Sinne beinhaltet die unbedingte Anerkennung und Bejahung des je einzelnen Menschen in seiner Individualität und mit seiner besonderen Lebensgeschichte durch Gott. Gott wendet sich also in seiner Offenbarung dem Menschen unbedingt liebend zu, weil er ihn als sein Geschöpf unbedingt anerkennt und bejaht und deshalb mit ihm verbunden sein will.

Der anthropologische Bedeutungsgehalt dieses letztgültigen Sinnes lässt sich dann weiter entfalten. Ein Mensch kann ja nur wirklich er selbst sein, wenn er sich anerkannt und bejaht weiß als er selbst. Die Wertschätzung durch andere, die Achtung und der Respekt, die sie ihm entgegenbringen, das Verständnis, das sie für ihn bekunden, gibt dem Menschen die notwendige innere Sicherheit, um sein eigenes Selbstsein, seine Identität angstfrei auszubilden und zu bewahren oder aber auch sich neu zu orientieren, weiterzuentwickeln und zu verändern. Nur wenn ein Mensch sich als er selbst anerkannt und bejaht weiß, kann er sich daher auch selbst annehmen mit allen Facetten, einschließlich seiner dunklen oder negativen Seiten. Wo Menschen unbedingtes Anerkannt- und Bejahtsein als der letztgültige Sinn ihres Daseins erschlossen wird, eröffnet sich ihnen somit auch die Möglichkeit einer letzten und umfassenden Versöhnung mit sich selbst.

Die Erfahrung dieses unbedingten Anerkannt- und Bejahtseins wird dem Menschen vermittelt durch das Wort Gottes, das nach christlichem Verständnis Jesus Christus als Person ist. Durch dieses Wort sagt Gott sich dem Menschen absolut verlässlich zu, so dass dann auch aus der glaubenden Annahme des Wortes Gottes die spezifische mit dem Glauben verbundene Gewissheit erwachsen kann. Denn diese gründet ja gerade in der Tragfähigkeit des Wortes Gottes in der eigenen Lebenswirklichkeit der Glaubenden. Die dem Glauben eignende Gewissheit ist eine »Lebensgewissheit«, die sich nur im Lebensvollzug herstellen und bewähren kann (siehe oben 133f). Dies geschieht, indem die in seinem Wort gegebene Zusage Gottes sich immer wieder als letztlich tragfähig erweist auch angesichts von Zweifeln oder widersprechenden Erfahrungen. Die Offenbarungsbotschaft begründet somit die zum Glauben gehörende Gewissheit, indem sie dem Menschen ein unbedingtes Anerkannt- und Bejahtsein als den letztgültigen Sinn seines Daseins erschließt und dabei zugleich, als Zusage des Wortes Gottes, die Erfahrung dieses Sinnes in seinem Leben grundlegt und ermöglicht.

Ein Mensch, der sich als er selbst unbedingt von Gott anerkannt und bejaht wissen darf, wird nicht sich selbst entfremdet; er kann, ganz im Gegenteil, wirklich und ganz, ohne etwas zu verleugnen oder zu verdrängen, zu sich selbst finden und bei sich selbst ankommen; er kann seine eigene Wahrheit, seine wahre Situation als Mensch seinerseits anerkennen und ihr stand halten. Eben das ist die wahre Bestimmung eines jeden Menschen: ganz er selbst sein zu dürfen und es auch wirklich zu können, weil Gott ihn in seiner vorbehaltlos-liebenden Zuwendung zu ihm unbedingt anerkennt und bejaht als sein Geschöpf. Gott offenbart sich selbst dem Menschen, um ihn zu dieser Wahrheit zu befreien (vgl. Joh 8,32) aus seinen eigenmächtigen Bemühungen, sich selbst zu sichern und zu behaupten. Damit erst kann der Mensch den letztgültigen Sinn seines

Daseins finden, theologisch gesagt: sein unverlierbares Heil. Durch die unbedingte Anerkennung und Bejahung durch Gott eröffnet sich dem Menschen eine neue Zukunftsperspektive, die er aus sich selbst heraus nicht hat. Die unbedingt liebende Zuwendung Gottes zu ihm begründet ein absolut verlässliches Aufgehoben- und Geborgensein, das auch die alles mit Vernichtung bedrohende Macht des Todes nicht zu zerstören vermag. Die Wahrheit, um die es in der Offenbarung Gottes geht, muss deshalb als *eschatologische* Heilswahrheit verstanden werden.

Damit ist der Auffassung widersprochen, letzten Gedanken im Bereich der Religion komme eine Sinnstiftungsfunktion, aber kein Wahrheitswert zu; sie beruhten auf einer menschlichen Deutungsleistung, nämlich der »Deutung der Erfahrung im Horizont der Idee des Unbedingten« (Barth, U. 1: 14; vgl. 122; Barth U. 2: 208). Solche Deutungen seien immer kontextrelativ, so dass ihnen ein kontextüberschreitender Wahrheitsgehalt (und in diesem Sinne Letztgültigkeit) nicht zuerkannt werden könne. Das bleibt nicht nur mit dem christlichen Offenbarungsglauben unvereinbar, insofern dieser mit einem universalen Wahrheitsanspruch verbunden ist. Das zeigt sich vielmehr auch als in sich selbst problematisch, nicht konsistent. Denn »wenn es ... möglich ist, daß Deutungen durch ihre Haltlosigkeit im Blick auf Wirkliches, auch die Wirklichkeit des Menschen, entkräftet werden können, dann kann und muß auch von ihrer Wahrheit die Rede sein. Jede Affirmation von Sinn muß sich im Blick auf die Wirklichkeit des Menschen behaupten können« (Henrich 2: 228f). Im Rahmen der Fundamentaltheologie dient genau dem die anthropologische Explikation des mit dem christlichen Glauben verbundenen Letztgültigkeits- und Wahrheitsanspruchs.

d) Auseinandersetzung mit Einwänden

Unerlässlich für den fundamentaltheologischen Glaubwürdigkeitsaufweis bleibt die Auseinandersetzung mit Einwänden, die gegen den Offenbarungsglauben bzw. seine theologische Interpretation vorgebracht werden (können).

(1) Ein naheliegender Einwand besagt: Die christliche Botschaft von der Offenbarung der vorbehaltlosen Liebe Gottes stellt nichts anderes als eine *menschliche Wunschprojektion* dar; ein Gott, der dem Menschen unbedingte Anerkennung und Bejahung zuteil werden lässt, ist leicht durchschaubar als bloße Funktion menschlicher Wünsche.

Dieser Einwand kann auf eine theologisch gewichtige Unterscheidung aufmerksam machen, wie sie insbesondere in der

Rechtfertigungslehre zutage tritt, nämlich die Unterscheidung zwischen der Person und den Werken eines Menschen. Der Mensch als Person ist nicht identisch mit seinen Werken, d. h. seinen Leistungen und Taten. Wenn Gott den Menschen unbedingt anerkennt und bejaht als sein Geschöpf, so gilt das der Person und ist unabhängig von den Werken des Menschen, d. h. unabhängig von dem, was ein Mensch aus sich selbst und seinem Leben gemacht hat. Das besagt jedoch nicht, dass Gott die Werke des Menschen gleichgültig wären. Nicht zuletzt im Blick auf sie kann sich Gott als der ganz Andere und Fremde zeigen, der dem Menschen kritisch gegenübertritt, dessen Gedanken und Wege sich wesentlich unterscheiden von den menschlichen Gedanken und Wegen (vgl. Jes 55,8f). Dass Gott den Menschen unbedingt anerkennt und bejaht, besagt also keineswegs, dass Gott ihn nicht auch herausfordert und zur Umkehr ruft. Der Mensch soll sich nicht als ein destruktives Element in der Schöpfung erweisen, der alles seinen selbstherrlichen, egoistischen Zwecken zu unterwerfen sucht. Nur dann kann der Mensch ja auch seine wahre Bestimmung als Geschöpf Gottes finden, nämlich Bild Gottes in der Schöpfung zu sein (Gen 1,26f). Daher ist das Offenbarungswort Gottes immer auch »jenes schlechthin herausfordernde Wort ..., an dem die Menschen je neu die heilsame Provokation wahrnehmen können, die sie über ihre Bedürfnisse, ihre Bedürfnisweckungs- und Bedürfnisbefriedigungs-Systeme hinausruft, eine Provokation, die sie in ihren mehr oder weniger selbstverständlichen Selbstinterpretationen noch tiefer in Frage stellt als das Wort der Religionskritiker« (Werbick 1: 339)

Beides muss also zusammen gesehen werden: die unbedingte Anerkennung und Bejahung des Menschen als Person durch Gott sowie Gottes kritische Infragestellung menschlicher Selbstzentriertheit und Selbstgenügsamkeit. Wenn ein Mensch sich als von Gott unbedingt anerkannt und bejaht erfährt und weiß, sieht er sich damit doch auch zugleich über sich selbst hinausverwiesen, dazu herausgefordert, die eigene Selbstzentriertheit zu überwinden, um sich so gegenüber den Mitgeschöpfen als Bild des sich selbst verschenkenden Gottes zu erweisen. Durch die Offenbarung Gottes wird daher die in jedem Menschen tief verankerte Sehnsucht nach unbedingter Anerkennung und Bejahung jedenfalls nicht ungebrochen bestätigt.

Das ist sicherlich kein Knock-down-Argument gegenüber dem Verdacht, der christliche Offenbarungsglaube beruhe auf menschlicher Wunschprojektion. Das Argument erweist diesen Verdacht aber auf jeden Fall als zu undifferenziert. Zudem lässt es sich mit der Gegenfrage verbinden, ob denn eine Offenbarung Gottes (nur) glaubwürdig sein könnte, wenn sie der menschlichen Sehnsucht nach Anerkennung frontal zuwiderliefe.

Damit ist auch ein grundsätzliches philosophisches Problem berührt, nämlich der Zusammenhang zwischen Wünschen und Denken. »Daß der Wunsch ein schlechter Vater des Gedankens sei, ist seit Xenophanes eine der Generalthesen der europäischen Aufklärung, und sie gilt unvermindert noch gegenüber den ontologischen Restaurationsversuchen. Aber Denken, selber ein Verhalten, enthält das Bedürfnis – zunächst die Lebensnot – in sich. Aus dem Bedürfnis wird gedacht, auch, wo das wishful thinking verworfen ist. Der Motor des Bedürfnisses ist der der Anstrengung, die Denken als Tun involviert. Gegenstand der Kritik ist darum nicht das Bedürfnis im Denken, sondern das Verhältnis zwischen beiden« (Adorno 2: 397). Wo das Bedürfnis im Denken zum Verschwinden gebracht wird, hat das daher fatale Folgen für das Denken selber: »Der Gedanke, der den Wunsch, seinen Vater, tötet, wird von der Rache der Dummheit ereilt« (Adorno 3: 158). Als solches wird Denken zur bloßen Nachkonstruktion, zu einem rein instrumentellen Denken, zur unkritischen Apologie des Bestehenden. – Ganz analog lässt sich auch das Verhältnis zwischen Wunsch und Offenbarungsglaube begreifen. Wie das Denken ist auch der Offenbarungsglaube mit der im Wünschen sich artikulierenden menschlichen Bedürftigkeit verflochten. Die entscheidende Frage ist auch hier die nach dem Verhältnis zwischen beiden. Es ist die Frage, ob der Offenbarungsglaube willfährig ist gegenüber dem menschlichen Wünschen, wie es ja der Einwand unterstellt, es handle sich um reine Wunschprojektion, oder ob er sich diesem Wünschen gegenüber auch als kritisch erweist, indem er es korrigiert oder über bestimmte Fixierungen hinausführt. Und nicht zuletzt bleiben schließlich auch die Konsequenzen eines Denkens zu diskutieren, das den Offenbarungsglauben pauschal unter Illusionsverdacht stellt und ihn damit für erledigt hält. Wird das der anthropologischen Wirklichkeit gerecht, wenn die im Offenbarungsglauben »aufgehobene« menschliche Bedürftigkeit lediglich als Ursprung möglicher Wunschphantasien thematisiert wird? Oder wird damit das Menschsein nicht in einer problematischen Weise verkürzt, so dass der Mensch letztlich nur noch als bloße Funktion naturaler oder gesellschaftlicher Prozesse erscheint?

(2) Ein anderer Einwand gegen die Bezugnahme auf eine göttliche Offenbarung sieht dadurch den Menschen auf eine weltjenseitige Wirklichkeit fixiert; seine letztgültige Sinnperspektive scheint völlig

ins Transzendente verlegt, wenn das Heil des Menschen in der Partizipation an der Lebensfülle Gottes gesehen wird. Der Offenbarungsglaube hätte demnach *Weltflucht*, eine *Vertröstung auf das Jenseits* zur Konsequenz und entwertete so das Leben in dieser Welt.

Auch dieser Einwand lenkt den Blick noch einmal auf die Werke des Menschen, auf das also, was er aus seinem Leben in der Welt macht, wie er es gestaltet. Dieses Leben wird jedoch keineswegs herabgewürdigt, wenn der Glaube die Überzeugung beinhaltet, dass der letztgültige Sinn menschlichen Daseins nur in der Lebensgemeinschaft mit Gott zu finden ist. Die unbedingte Anerkennung und Bejahung, die dem Menschen dadurch zuteil wird, verweist ihn ja gerade in die Welt. Hier soll er als Bild Gottes leben, indem er das sichtbar macht und weitervermittelt, was ihm selbst von Gott eröffnet und geschenkt wird; eben dies soll sich im Verhältnis des Menschen zu seiner Mitwelt zeigen und auswirken in mitgeschöpflicher Solidarität, im Einsatz für menschenwürdige Lebensverhältnisse sowie in der Sorge um die Bewahrung der Schöpfung. So bleibt aber die letztgültige Sinnperspektive aufs engste mit der innerweltlichen Lebenswirklichkeit verzahnt; der Fluchtweg aus der Welt ist den Glaubenden abgeschnitten. »Dieser Glaube ist erdverbunden« (Striet 3: 113).

Kaum jemand hat das klarer erfasst als *Dietrich Bonhoeffer*, wenn er schreibt: »Gott ist mitten in unserem Leben jenseitig« (Bonhoeffer: 135 [30.4.44]). Das zeigt sich in der Bibel, schon im Alten Testament und dann noch einmal in besonderer Weise bei Jesus Christus. In der Begegnung mit ihm kommt es in radikaler Weise zu der Erfahrung,

»daß hier eine Umkehrung alles menschlichen Seins gegeben ist, darin, daß Jesus nur ›für andere da ist‹. Das ›Für-andere-da-sein‹ Jesu ist die Transzendenzerfahrung! Aus der Freiheit von sich selbst, aus dem ›Für-andere-da-sein‹ bis zum Tod entspringt erst die Allmacht, Allwissenheit, Allgegenwart. Glaube ist das Teilnehmen an diesem Sein Jesu. (Menschwerdung, Kreuz, Auferstehung.) Unser Verhältnis zu Gott ist kein ›religiöses‹ zu einem denkbar höchsten, mächtigsten, besten Wesen – dies ist keine echte Transzendenz –, sondern unser Verhältnis zu Gott ist ein neues Leben im ›Dasein-für-andere‹, in der Teilnahme am Sein Jesu. Nicht die unendlichen, unerreichbaren Aufgaben, sondern der jeweils gegebene erreichbare Nächste ist das Transzendente. Gott in Menschengestalt! Nicht wie bei orientalischen Religionen in Tiergestalten als das Ungeheure, Chaotische, Ferne, Schauerliche; aber auch nicht in den Begriffsgestalten des Absoluten, Metaphysischen, Unendlichen etc.; aber auch nicht die griechische Gott-Menschengestalt des ›Menschen an sich‹, sondern ›der Mensch für andere‹!, darum der Gekreuzigte. Der aus dem Transzendenten lebende Mensch« (a. a. O. 191f [3.8.44]).

Die Transzendenz Gottes lässt die Welt demnach nicht hinter sich, sie geht vielmehr mitten durch sie hindurch und ist daher auch nur im Diesseits dieser Welt erfahrbar, als radikale »Umkehrung« des eigenen Lebens. Wenn der Mensch sich in der Nachfolge Jesu aus seiner Ichzentriertheit zu einem Dasein für andere befreien lässt, eröffnet sich ihm inmitten dieser Welt die Transzendenz Gottes. Sie zeigt sich und wird erfahrbar, indem die eigene Selbstbefangenheit und Selbstverschlossenheit aufgedeckt und überwunden werden. Auch die Hoffnung auf die neue Welt Gottes, sein eschatologisches Reich bleibt deshalb von dieser »tiefe(n) Diesseitigkeit des Christentums« (a. a. O. 183 [21.7.44]) geprägt; sie geht nicht an der Welt vorbei, sondern bezieht diese unabdingbar mit ein. »Nur wenn man das Leben und die Erde so liebt, dass mit ihr alles verloren und zu Ende zu sein scheint, darf man an die Auferstehung der Toten und eine neue Welt glauben« (a. a. O. 86 [30.11.43]).

(3) Daran schließt sich ein dritter Einwand gegen die Glaubwürdigkeit der christlichen Offenbarungsbotschaft an, das sog. *Theodizeeproblem*. Dieser Einwand besagt: Durch das unermessliche, immer wieder neue Leid in der Schöpfung und die Leidensgeschichte der Menschheit mit ihren ungezählten Opfern werde die mit dem Offenbarungsglauben verbundene Heilsbotschaft widerlegt. Nur eine Ignoranz all diesem Leid gegenüber bzw. dessen zynische Verharmlosung mache weiterhin den Glauben an eine in Christus erfolgte göttliche Offenbarung und die damit verbundene Heilsverkündigung möglich. Da ein entsprechendes Problembewusstsein im Christentum häufig nicht sehr ausgeprägt war, wird deshalb auch mit Recht »mehr Theodizee-Empfindlichkeit in der Theologie« (Metz 4: 126) gefordert.

In dieser Gestalt beinhaltet die Theodizeefrage nicht das Problem einer abstrakten metaphysischen Logik, die sich um die Vereinbarkeit von göttlicher Allmacht und Güte dreht. Wie bereits I. Kant in seiner Schrift »Über das Misslingen aller philosophischen

Versuche in der Theodizee« (1791) gezeigt hat, müssen sämtliche Bestrebungen dieser Art scheitern, da sie die Grenzen des für den Menschen Erkennbaren missachten. Eine erkenntniskritisch geläuterte Vernunft sieht sich daher zur Bescheidenheit genötigt und muss akzeptieren, dass sie »zur Einsicht des Verhältnisses, in welchem eine Welt, so wie wir sie durch Erfahrung immer kennen mögen, zu der höchsten Weisheit stehe, schlechterdings unvermögend« ist (A 210).

In ihrer metaphysischen Fassung hat die Theodizeefrage jedoch die eigentliche theologische Problematik noch gar nicht erreicht. Theologisch bedrängend wird die Theodizeefrage vielmehr vor allem im Blick auf das als tatsächlich geschehen geglaubte Heilshandeln Gottes, eben als der Einwand: Angesichts all des unermesslichen Leides ist es nicht glaubwürdig, dass Gott sich als sowohl unbedingt heilswilliger wie auch heilsmächtiger Gott *geoffenbart hat.*

Diesem Einwand gegenüber bleibt zunächst noch einmal darauf zu verweisen, dass das christliche Offenbarungsverständnis charakterisiert ist durch die Spannung zwischen dem Schon und dem Noch-nicht des von Gott geoffenbarten Heiles. In Jesus Christus ist die Heilszusage Gottes bereits definitiv verwirklicht, ihre universale Erfüllung steht jedoch noch aus. Theologisch stellt die Theodizeeproblematik dann aber vor die Frage: *Wann* endlich macht Gott das wahr, was in Jesus Christus geschehen ist und was er seiner ganzen Schöpfung verheißen hat, indem er alles Leid in ihr überwindet und heilt? So verstanden ist die Theodizeefrage »*die* eschatologische Frage« der Theologie; »sie verhindert, dass die Schöpfung identitätsphilosophisch, universalgeschichtlich, evolutionslogisch oder wie auch immer auf ihr gelingendes Ende hin durchsichtig gemacht werden kann« (Metz 4: 127). Auch das im Christusereignis bereits unwiderruflich geschehene Heilshandeln Gottes lässt sich nicht einfachhin auf das Ende der Geschichte hin »hochrechnen«. Die Theodizeeproblematik verweist auch die Theologie darauf, dass dieses Heilshandeln Gottes mit einer noch uneingelösten Zukunftsverheißung verknüpft bleibt.

Wird das ernst genommen, so hat es Konsequenzen für das Gottesverständnis selbst; denn der Herausforderung durch die

Theodizeefrage kann die Theologie nur gerecht werden, wenn sie neu lernt und darauf achtet, »daß alle Gottesprädikate in den biblischen Traditionen – von der Selbstdefinition Gottes in der Exodusgeschichte bis zum johanneischen Wort ›Gott ist Liebe‹ – einen Verheißungsvermerk tragen, einen Verheißungsvermerk, der die Theologie legitimiert und nötigt, von der Schöpfung und der Schöpfungsmacht Gottes in der Gestalt negativer Theologie zu sprechen« (a. a. O. 136f). Auch als offenbar gewordener bleibt Gott demnach zugleich verborgen in dem Sinne, dass er für den Menschen nicht durchschaubar und berechenbar wird. Gott gibt sich selbst zu erkennen als ein unbedingt heilswilliger Gott, doch er bleibt dabei in seiner personalen Tiefe verborgen, er behält sein personales Geheimnis. Daher sind auch die Wege Gottes, die zum endgültigen, umfassenden Heil führen, für den Menschen unergründlich (vgl. Röm 11,33). Darauf verweist die Theodizeeproblematik den Glauben wie auch die Theologie nachdrücklich; beide dürfen sich hier kein Wissen anmaßen, über das sie gar nicht verfügen können. Gefordert ist vielmehr eine personale Antwort des Menschen, sein personales Vertrauen auf die Verlässlichkeit des Gottes, der sich in Jesus Christus geoffenbart und zugesagt hat.

Das ist keine »Lösung« des Theodizeeproblems. Über eine solche verfügt die Theologie nicht. Sie vermag lediglich dafür zu argumentieren, diese Frage offen zu halten (Neuhaus 2), sie also nicht mit vorschnellen Antworten, sei es positiver, sei es negativer Art, still zu stellen. Als offen gehaltene richtet sich die Frage zunächst an Gott, in Form der (An-)Klage oder Bitte, des verzweifelten Schreiens oder des vertrauensvollen Hoffens. Dann aber wendet sich diese Frage auch an die Fragenden selbst, ob sie »Gottes Liebe die Möglichkeit, sich selbst zu rechtfertigen und aller Zustimmung zu gewinnen, noch zutrauen oder aber diese Möglichkeit, mit Berufung auf die Unaufwiegbarkeit des Leidens und die Unversöhnbarkeit der Schuld, für bereits definitiv und zwar negativ entschieden ansehen wollen« (Pröpper 2: 275). Der Theologie kommt im Hinblick auf diese Fragen die Aufgabe zu, zu klären, worin auch angesichts der bedrängenden Theodizeeproblematik die Hoffnung auf Gott begründet sein kann. Diese Hoffnung beinhaltet die Erwartung, dass Gott das ganze unermessliche Leid schließlich doch zu versöhnen und den zahllosen Opfern Gerechtigkeit widerfahren zu lassen vermag. Erst wenn sich diese Hoffnung erfüllt hat, ließe sich die Theodizeeproblematik als »gelöst« ansehen. Billiger ist das theologisch nicht zu haben, wenn man denn die mit der Christusoffenbarung verbundene Verheißung ernst nimmt.

Ihre Begründung kann diese Hoffnung deshalb auch nur im Christusgeschehen finden. In der Verbundenheit mit Jesus, seinem vollmächtigen eschatologischen Boten, zeigt Gott sich nicht nur bis in die äußerste Konsequenz solidarisch mit den Leidenden, sondern auch fähig, den leid- und todbringenden Mächten zu widerstehen und inmitten tiefsten Leides, ja sogar im Tod neue Lebensmöglichkeiten zu erschließen. Daher greift der bekannte Einwand Karl Rahners, was es denn dem Menschen in seinem Elend und seiner Verzweiflung nütze, wenn es Gott genau so elend ergeht, theologisch entschieden zu kurz. Es geht dabei keineswegs um »eine sublime Verdoppelung menschlichen Leidens und menschlicher Ohnmacht« (Metz 4: 135). Gott setzt sich vielmehr selbst dem Leid aus, wird zum leidenden Gott, um seine leid- und todüberwindende Macht zu erweisen und so Gerechtigkeit, Versöhnung und Heil zu schaffen, also das, was angesichts der Theodizeefrage allein Hoffnung zu begründen vermag.

Es ist wiederum *D. Bonhoeffer*, der das besonders klar erfasst hat:

»Gott lässt sich aus der Welt herausdrängen ans Kreuz, Gott ist ohnmächtig und schwach in der Welt und gerade und nur so ist er bei uns und hilft uns. Es ist Matth. 8,17 ganz deutlich, daß Christus nicht hilft kraft seiner Allmacht, sondern kraft seiner Schwachheit, seines Leidens! Hier liegt der entscheidende Unterschied zu allen Religionen. Die Religiosität des Menschen weist ihn in seiner Not an die Macht Gottes in der Welt, Gott ist der deus ex machina. Die Bibel weist den Menschen an die Ohnmacht und das Leiden Gottes; nur der leidende Gott kann helfen. Insofern kann man sagen, daß die ... Entwicklung zur Mündigkeit der Welt, durch die mit einer falschen Gottesvorstellung aufgeräumt wird, den Blick frei macht für den Gott der Bibel, der durch seine Ohnmacht in der Welt Macht und Raum gewinnt« (Bonhoeffer: 178 [16.7.44]).

Gott durchbricht den leid- und todbringenden Kreislauf von Gewalt und Gegengewalt, indem er sich selbst den Mächten dieser Welt ausliefert und sich dabei in dieser Welt ganz an den Rand, gar aus ihr heraus drängen lässt. Damit überlässt Gott jedoch die

Welt keineswegs sich selbst. Nach biblischem Verständnis gewinnt Gott vielmehr in seiner innerweltlichen Ohnmacht in neuer Weise Macht und Raum und erweist sich gerade so als ein helfender und rettender Gott.

Für Bonhoeffer zeigt sich nun gerade an dieser innerweltlichen Ohnmacht Gottes: Gott hat die Welt als eine eigenständige, freie und autonome Wirklichkeit erschaffen, und er respektiert diese Eigenständigkeit bis in ihre äußersten Konsequenzen hinein. Die Leidensbereitschaft und -fähigkeit Gottes muss theologisch von daher verstanden werden: Gott hat sich selbst in seiner absoluten Freiheit dazu bestimmt, sich von dieser eigenständigen geschöpflichen Wirklichkeit bestimmen zu lassen, ohne deshalb seinen unbedingten Heilswillen aufzugeben. Das hat dann jedoch zur Konsequenz: »Wenn Gott wirklich das Risiko einer Freiheitsgeschichte einging, dann wird umso unentbehrlicher auch das Zeugnis, daß Gott sich nicht unbeteiligt heraushielt, sondern sich von ihr und ihrem Leiden betreffen lässt, ja sich selber ihm aussetzt« (Pröpper 2: 273). Dieses Zeugnis ist der zentrale Inhalt der Christusoffenbarung. Eben deshalb bleibt es für die Theologie unerlässlich, vom leidenden Gott zu sprechen und von daher dann auch ihre genuine Antwort auf die Theodizeeproblematik in aller gebotenen Behutsamkeit zu formulieren zu versuchen.

Die Glaubwürdigkeit des Christentums als einer Offenbarungsreligion wird jedoch nicht nur durch religionskritische Einwände in Frage gestellt. Sie hat sich ebenso im Dialog mit anderen Religionen zu bewähren. Auch dies muss im Rahmen des fundamentaltheologischen Offenbarungstraktates bedacht werden.

5. Die Unüberbietbarkeit der Christusoffenbarung und die anderen Religionen

Die Rede von einem Absolutheitsanspruch des Christentums provoziert meist negative Reaktionen, weil damit eine Haltung der Intoleranz gegenüber Andersdenkenden und insbesondere gegenüber Angehörigen anderer Religionen assoziiert wird. Und die Geschichte des Christentums bietet ja auch genügend Anschauungsmaterial für eine solche Intoleranz: Weil man sich im Besitz der absoluten Wahrheit zu wissen glaubt, sieht man sich dazu berechtigt, gegen Nichtchristen mit allen zur Verfügung stehenden Mitteln vorzugehen. Die in modernen Kontexten eigentlich selbstverständliche Forderung nach Religionsfreiheit scheint angesichts eines solchen Absolutheitsanspruchs nicht akzeptabel. Dass die Vielfalt der Religionen etwas Bereicherndes sein kann, kommt dabei gar nicht in den Blick.

Historisch gesehen ist die Rede von der Absolutheit des Christentums recht jungen Datums. Sie geht zurück auf Georg Wilhelm Friedrich Hegel (1770–1831) und wurde in der Theologie dann von Ernst Troeltsch (1865–1922) aufgegriffen.

In seiner Religionsphilosophie entwickelt *Hegel* sein Verständnis des Christentums im Rahmen einer Geschichte der Religionen (Lehmann 1: 20–25). Diese rekonstruiert er als einen logischen Entwicklungsgang, innerhalb dessen dann das Christentum als die vollendete Religion erwiesen wird. Als solche ist das Christentum für Hegel die absolute Religion, weil er in ihm die »absolute Identität« von göttlichem und menschlichem Geist gegeben sieht. Damit erfüllt das Christentum in vollkommener Weise den Begriff der Religion, der im Zusammenhang von Hegels Philosophie des absoluten Geistes eben besagt, dass es in der Religion um die Vermittlung von göttlichem und menschlichem Geist geht: »Es ist das die vollendete Religion, die Religion, die das Sein des Geistes für sich selbst ist, die Religion, in welcher sie sich selbst objektiv geworden ist, die *christliche*. In ihr ist unzertrennlich der allgemeine und der einzelne Geist, der unendliche und der endliche; ihre absolute Identität ist diese Religion und der Inhalt derselben« (Hegel 2: 189). – Anders als für Hegel stellt sich die Situation für *Troeltsch* dar (Lehmann 1: 25–33). Sein Verstehenshintergrund ist der Historismus, wie er sich seit der zweiten Hälfte des 19. Jahrhunderts herausgebildet hat. Er führt zu einer Relativierung alles historisch Gegebenen, so dass in der Geschichte kein »Ort« des Absoluten mehr identifiziert werden kann. Alles ist zutiefst bedingt durch die historische Situation, in der es gegeben ist. Etwas unwandelbar Absolutes kann daher nur im Jenseits der Geschichte existieren. Innerhalb der Geschichte gibt es dagegen nach Troeltsch nur »relative Absolutheit«. Gemeint ist damit die Zuerkennung einer relativen Höchstgeltung im Vergleich zu verwandten Phänomenen. Nur in diesem Sinne kann dann nach Troeltsch auch von der Absolutheit des Christentums gesprochen werden. Dabei gibt es durchaus überzeugende Gründe, die es gestatten, dem Christentum eine einzigartige Stellung zuzuerkennen. So sieht auch Troeltsch in ihm den Konvergenzpunkt der bisherigen Entwicklung der Religionsgeschichte. Aber es entzieht sich eben der Erkenntnismöglichkeit der Wissenschaft, zu entscheiden, ob es dabei bleiben oder aber im Fortgang der Geschichte nicht doch eine Höherentwicklung geben wird. Die Zuerkennung einer Höchstgeltung lässt sich also nicht wissenschaftlich absichern; sie muss nach Troeltsch vielmehr letztlich als eine subjektive Entscheidung angesehen werden, als persönliche Überzeugung.

Für die Theologie ist nicht der Begriff »Absolutheit des Christentums« entscheidend. Er ist wohl so missverständlich, dass er die gemeinte Sache eher verstellt und deshalb besser gemieden werden sollte. Theologisch geht es um die Endgültigkeit der in Jesus Christus erfolgten Offenbarung Gottes sowie um deren Unüberbietbarkeit, insofern in Jesus Christus »die Fülle der ganzen Offenbarung« (DV 2) gegeben ist (Balthasar 4: 132–134). Es ist eine für den christlichen Glauben konstitutive Überzeugung: Der »Ereigniszusammenhang von Jesu Verkündigung, Tod und Auferweckung« ist »als die der Unbedingtheit der Liebe Gottes gemäße (...) Offenbarungsgestalt zu begreifen« (Pröpper 3: 281). In diesem Geschehenszusammenhang *ereignet sich* diese Liebe Gottes und *erweist sich* so als real und konkret wirksam. »Jesus lebt die Liebe Gottes als Mensch, deswegen kann sie an ihm abgelesen werden; sie *geschieht*, deswegen ist sie offenbar. Jesu große Liebe ist sakramentales Zeichen und Werkzeug der unendlichen Liebe Gottes, des ›Vaters‹. Die Wahrheit Gottes wird hier praktisch und konkret, sie wird Fleisch« (Kessler 5: 5). Als solches wird dieses Geschehen als das letztgültige Wort Gottes an den Menschen verstehbar. »Hinter dieses Wort wird Gott nicht mehr zurückgehen, und er lässt es, wie Ostern zeigt, nicht annullieren« (a. a. O. 6).

Wenn die Theologie von der Endgültigkeit der Christusoffenbarung spricht, dann geht es um diese vollkommene, unbedingte Entschiedenheit der Liebe Gottes zugunsten des Menschen, die sich in ihrem bis zum äußersten gehenden Engagement für den Menschen zeigt (vgl. Joh 3,16; Röm 8,32). Als solche ist die Liebe Gottes unüberbietbar, sie ist nicht steigerungsfähig. Das besagt jedoch keineswegs, dass diese Liebe vor dem Christusereignis weniger groß gewesen wäre. Durch ihre Fleischwerdung in Jesus Christus erweist sie sich vielmehr endgültig als (immer schon) unüberbietbare Liebe. Dieser endgültige Erweis bleibt allerdings zu unterscheiden von der endgültigen Erfüllung und Vollendung dessen, was diese Liebe intendiert. Denn die in Jesus Christus erfolgende endgültige und unwiderrufliche Offenbarung der unüberbietbaren Liebe Gottes ist ja verbunden mit der Verheißung universalen Heils, umfassender Versöhnung. Und die Erfüllung dieser Verheißung steht noch aus.

Ein christlicher »Absolutheitsanspruch« ist somit nur in dem Sinne legitim, insofern er den absoluten Anspruch dieser göttlichen Liebe beinhaltet und zur Geltung bringt. Ein so verstandener »Absolutheitsanspruch« bleibt für das Christentum allerdings unabdingbar; denn im christlichen Glauben geht es ja in der Tat um nichts anderes als um den absoluten Anspruch der Liebe Gottes, wie sie sich in Jesus Christus geoffenbart hat. Die alles durchdringende und versöhnende »Herrschaft« dieser Liebe ist der letztgültige Sinn aller Wirklichkeit.

Dieser spezifische »Absolutheitsanspruch« der unbedingten, vorbehaltlosen Liebe Gottes bleibt grundsätzlich unvereinbar mit jeder Art von Unterdrückung Anderer; letzteres widerspricht ihm selbst und hebt ihn damit auf. Der absolute Anspruch der unbedingten Liebe Gottes kann prinzipiell nicht an der menschlichen Freiheit vorbei zur Geltung gebracht werden, sondern nur als Angebot und Appell an diese. »Damit erweist sich aber die Forderung nach religiöser Freiheit als Freiheit des einzelnen, sich in religiösen Dingen frei entscheiden zu können, als ein Moment des recht verstandenen christlichen Absolutheitsanspruchs selber« (Petri 2: 325).

Schließlich muss in diesem Zusammenhang auch das Verständnis des Christentums als einer Offenbarungsreligion noch einmal etwas genauer bedacht werden. Denn wenn der Anspruch auf absolute Geltung sich auf die unbedingte Liebe Gottes bezieht, so wie sie sich in Jesus Christus endgültig erwiesen hat, dann nötigt das zu einer unmissverständlichen Unterscheidung zwischen dieser von Gott geoffenbarten Wirklichkeit und den menschlichen Bemühungen, dieser Offenbarung zu entsprechen. Das gilt auch für die unterschiedlichen kirchlichen Vermittlungsgestalten der Offenbarung; auch sie sind menschliche Versuche, dem sich offenbarenden Gott zu entsprechen. Nimmt man dies ernst, so folgt daraus:

»Das Christentum ist dann nicht linear als *religio revelata* zu begreifen, sondern dialektisch als jene Art von Religion, die sich in *Korrelation* zur Sache der biblisch-christlichen Offenbarung bildet und bilden muß, also als *religio revelationis*. Die Offenbarung ist hier das bleibende und kritische *Gegenüber* für die antwortende Praxis des Volkes Gottes, das sein religiöses Verhalten, sein Glauben und Beten, seinen Kult und seine religiösen Institutionen in *Entsprechung* zur Sache der Offenbarung ausbildet und verantworten muß. Bei einem solchen Begriff von Offenbarungsreligion werden die institutionellen Einrichtungen des Religionssystems der direkten Verbürgung durch geoffenbarte Festsetzungen entzogen ... Der Begriff ›Offenbarungsreligion‹ ist dann von einem ideologischen in einen responsorischen und kritischen umzuwandeln« (Seckler 11: 168).

Es ist also unsachgemäß, den christlichen »Absolutheitsanspruch« auf bestimmte religiöse Institutionen, Riten oder Aussagen auszudehnen. Als menschliche Antworten auf die Offenbarung bleiben diese immer bruchstückhaft, sie entsprechen der Offenbarung niemals in vollkommener Weise. Diese grundsätzlich unvermeidbare menschliche Gebrochenheit des geschichtlich begegnenden Christentums steht jedoch zu dem mit der Christusoffenbarung verbundenen Anspruch, die »absolute« Wahrheit Gottes zu erschließen, nicht in Widerspruch, wenn dieser in sachgemäßer Weise strikt auf die sich darin zeigende unüberbietbare Liebe Gottes bezogen wird.

Das angemessene Verständnis des christlichen »Absolutheitsanspruchs« bleibt auch entscheidend für eine theologisch sachgemäße Bestimmung des Verhältnisses von Christentum und nichtchristlichen Religionen. Denn nur von diesem Anspruch her ist eine Klärung der Frage möglich, inwiefern auch andere Religionen für Menschen zu Heilswegen werden können. Wenn die Unüberbietbarkeit der Christusoffenbarung darin besteht, dass die Liebe Gottes sich hier in endgültiger Weise als heilschaffend erwiesen hat, so werden andere Religionen damit ja nicht per se für falsch oder nichtig erklärt. Ganz im Gegenteil, das Christentum muss damit rechnen, dass die unbedingte göttliche Liebe sich auch in anderen Religionen zeigt und auch von ihnen heilswirksam an Menschen weitervermittelt werden kann. Das entscheidende theologische Kriterium dafür aber ist eben das, was im Christusereignis offenbar wird: die Heilsmacht der unbedingten Liebe Gottes zu allen Menschen. Dieser endgültige göttliche Liebeserweis bleibt für die christliche Theologie *das* theologische Wahrheitskriterium hinsichtlich aller anderen Religionen, wie das ja auch im Blick auf die eigenen christlichen Traditionen der Fall ist. Das bedeutet:

»Ohne Orientierung an Jesus (genauer: an dem, wofür er inhaltlich steht) können wir *nicht* erkennen, ob irgendwo sonst in der Welt der Logos bzw. der Geist des *Vaters* und nicht vielmehr ein ganz *anderer* Logos bzw. Geist sich manifestiert. Für Christen ist die Selbstoffenbarung Gottes in Jesus Christus gleichsam die ›Wünschelrute‹, der diakritische Maßstab, das Kriterium zur Erkenntnis von Gottes Wirken anderswo (bzw. zur Unterstützung von Wahrheit und Unwahrheit auch in der eigenen Religion): Wenn etwas dem Kern der Botschaft Jesu (also der allen geltenden Liebe und Gerechtigkeit) *widerspricht*, dann kann es *nicht* von Gott stammen. Umgekehrt: ›Wo die Güte und die Liebe wohnt, da *ist* Gott‹ und da wirkt Gott. Die Religionen *können* also durchaus Heilswege sein« (Kessler 5: 8).

Im Rahmen einer pluralistischen Religionstheologie (siehe oben 224–226) wird vorgeschlagen, das christliche Bekenntnis zur Einzigartigkeit Jesu Christi im Sinne einer »Sprache der Liebe« zu verstehen (Knitter: 119–125). So wie Liebende sich ihre Einzigartigkeit versichern (»Du bist für mich die schönste, liebenswerteste Frau«), so sollen die christologischen Aussagen und Bekenntnisse verstanden werden als Ausdruck der innigen Beziehung, die Christen zu Jesus haben. Diese Bekenntnisse wären demnach nicht wörtlich zu nehmen, in ihnen soll sich vielmehr nur die höchste, mit nichts anderem vergleichbare Wertschätzung zeigen, die Jesus bei Christen genießt. Das würde dann nicht ausschließen, dass andere Religionen einen anderen Heilsmittler als ebenso einzigartig im Sinne höchster Wertschätzung ansehen, wie das bei Christen in Bezug auf Jesus Christus der Fall ist.

Damit wird nun aber der universale Wahrheitsanspruch eingezogen, den der christliche Glaube mit seinem Bekenntnis zu Jesus Christus verbindet. Denn in diesem Bekenntnis kommt ja nicht lediglich eine enge Beziehung zu Christus zum Ausdruck, es hat vielmehr ganz zweifellos einen propositionalen Gehalt, d. h. es will in Bezug auf Christus etwas als wahr aussagen und zur Geltung bringen, nämlich den endgültigen Erweis der unüberbietbaren Liebe Gottes und deren eschatologische Heilsbedeutung. Mit der Eliminierung dieses Wahrheitsanspruchs würde das Christentum dann aber auch des kritischen Kriteriums beraubt, das es als sein Spezifikum in den interreligiösen Dialog einzubringen und dort zu vertreten hat. Dieses Kriterium (und der mit ihm verbundene Wahrheitsanspruch) beinhaltet eben die für das Christentum schlechterdings konstitutive Überzeugung von der Endgültigkeit und Unüberbietbarkeit der Christusoffenbarung, wie sie der fundamentaltheologische Offenbarungstraktat im Zuge einer wissenschaftstheoretischen Grundlegung der Theologie darzulegen und zu begründen hat.

Theologie hat als wissenschaftliche Disziplin einen kirchlichen Bezug; sie steht in einem kirchlichen Kontext. Auf die damit gegebene Spannung zwischen ihrer Wissenschaftlichkeit und ihrer Kirchlichkeit wird später einzugehen sein (siehe unten 393ff). Zunächst muss erörtert und geklärt werden, welcher Zusammenhang zwischen dem christlichen Glaubensgrund, der in Jesus Christus offenbar gewordenen Wahrheit Gottes, sowie der Entstehung und der Existenz einer christlichen Kirche besteht. Der Klärung dieser Frage dient der fundamentaltheologische Kirchentraktat.

III. Die Kirche – Zeugin und Tradentin der Wahrheit Gottes

Der traditionelle (katholische) Kirchentraktat der Fundamentaltheologie sollte aufweisen, dass die katholische Kirche die wahre, von Jesus gewollte Kirche ist. Durch die Erkenntnisse der historisch-kritischen Exegese ist diese verengte konfessionelle Apologetik dann aufgesprengt worden, insofern deutlich geworden ist: Der Übergang von Jesus zur Kirche ist keineswegs so glatt und bruchlos, wie er bei dieser traditionellen Sichtweise vorausgesetzt werden musste. Damit verschiebt sich die Zielsetzung des fundamentaltheologischen Kirchentraktates beträchtlich. Es gilt nun zunächst einmal den Zusammenhang zwischen dem Wirken Jesu und der nachösterlichen Kirche aufzuzeigen und zu begründen; es bedarf also einer grundsätzlichen Legitimation von Kirche, des Nachweises, dass die Entwicklung einer christlichen Kirche nicht in Widerspruch steht zu den ursprünglichen Intentionen Jesu und seiner Botschaft. Von daher ist dann zu klären, ob und in welchem Sinne die in Jesus Christus endgültig offenbar gewordene Wahrheit Gottes die Existenz einer christlichen Kirche erfordert und deshalb notwendig mit einschließt. Damit verbindet sich schließlich die Frage, wie die Kirche zur wahren Kirche wird, d. h. woran es sich bemisst, ob sie die Wahrheit Gottes zur Geltung bringt und dass sie im Fortgang ihrer eigenen Geschichte in dieser Wahrheit verbleibt. Im Zuge der Klärung dieses Problemkomplexes muss sich dann auch zeigen, in welchem Verhältnis die Theologie zur Kirche steht.

1. Jesus und die Kirche

Das ganze Wirken Jesu war auf das Kommen der eschatologischen Gottesherrschaft ausgerichtet (siehe oben 245–250). Jesus verstand sich selbst als den von Gott bevollmächtigten Boten dieser Gottesherrschaft, die in seinem eigenen Handeln bereits die Gegenwart erreicht (Lk 11,20). Im Hinblick auf dieses sich in vollem Gang befindliche eschatologische Geschehen ging es Jesus darum, Israel, das von Gott aus allen Völkern erwählte Volk, neu zu sammeln. Auch wenn einige Texte von Begegnungen Jesu mit Nichtisraeliten bzw. von Aufenthalten in heidnischem Gebiet sprechen (Mk 5,1–20; 7,24–30.31–37; Mt 8,5–13; Joh 4,1–12), so war sein Wirken doch auf sein eigenes Volk konzentriert; er wollte dieses Volk, mit dem Gott einen Bund geschlossen hat, auf das eschatologische Heil der Gottesherrschaft vorbereiten, damit diese sich im Gottesvolk Israel durchsetzen und so für alle Welt sichtbar werden kann. Aus diesem Grund musste Israel neu gesammelt werden.

So zog Jesus, anders als Johannes der Täufer, umher, um seine Botschaft zu verbreiten; denn die Zeit drängte, Jesus erwartete die endgültige Durchsetzung der Gottesherrschaft in der allernächsten Zukunft. Daher berief er auch einen Kreis von Jüngerinnen und Jüngern, die ihn bei der Verbreitung seiner Botschaft unterstützen sollten. Dieser Jüngerkreis ist zugleich »Zeichen und Instrument der Sammlung Israels. Jesus braucht die Jünger, um Gottes Heilswillen anschaulich zu machen und um ganz Israel erreichen zu können« (Pesch R.: 68). Seinen Anspruch auf ganz Israel als das Zwölfstämmevolk dokumentierte Jesus auch durch die Schaffung eines Zwölferkreises (Mk 3,13–19 parr); er ist wohl zu verstehen als ein eschatologisches Zeichen, das die Versammlung des Gottesvolkes im unmittelbar nahe gekommenen Gottesreich symbolisiert.

Diese Israelzentriertheit, die das Wirken und die Verkündigung Jesu aller Wahrscheinlichkeit nach durchgängig charakterisiert, besagt keineswegs, dass Jesus das Heil der eschatologischen Gottesherrschaft exklusiv für Israel reserviert sieht. Der Gott, von dem Jesus spricht, ist der gute Vater aller seiner Geschöpfe; er sorgt sich um sie alle, so dass »kein Sperling zur Erde fällt ohne euren Vater« (Mt 10,29). Daher hat für Jesus zweifellos auch das Heil der Gottesherrschaft eine universale Ausrichtung. Das muss keineswegs in Widerspruch zur Konzentration seines Wirkens auf Israel stehen, wenn man dieses etwa vor dem Hintergrund der alttestamentlichen Erwartung einer Völkerwallfahrt zum Zion sieht (Jes 2,4ff; vgl. Mt 8,11f): Danach werden die Völker zum Tempel des Gottes Israels auf dem Zion kommen, weil von dort aus ein

Reich des Friedens und der Gerechtigkeit begründet wird. In Israel als dem auserwählten Volk Gottes soll also das Heil Gottes vor aller Welt sichtbar und von da aus dann an die anderen Völker weiter vermittelt werden. Israel dient Gott gewissermaßen als Medium, durch das er den anderen Völkern seinen Heilsplan und sein Heilswirken sichtbar vor Augen stellt, um sie so für sich zu gewinnen. In dieser Perspektive fügen sich der universale göttliche Heilswille und die Israelzentriertheit, wie sie bei Jesus zutage tritt, problemlos zusammen.

An der Israelbezogenheit des Wirkens Jesu wird auch ein wichtiger inhaltlicher Aspekt der von ihm verkündeten eschatologischen Heilswirklichkeit deutlich, nämlich dass es sich dabei um eine wesentlich soziale Größe handelt (vgl. Söding: 74–76). Deshalb gehört zu diesem Heil auch ein Volk, in dem es sich durchsetzen und zeigen kann; Gott braucht ein Volk, um seinen Heilswillen zu verwirklichen. Sicherlich richtet sich die Botschaft Jesu zunächst einmal an den einzelnen Menschen, um ihn zur Umkehr zu rufen. Aber Jesus sieht den Einzelnen nicht als ein isoliertes Individuum, sondern als Teil eines ihn Umfassenden, eben des Volkes Israel. Denn wo immer die Gottesherrschaft sich durchsetzt, reißt sie den Einzelnen heraus aus falscher Vereinzelung – sei dies soziale Isolation oder Marginalisierung, sei es eine egozentrische Lebenshaltung – und verweist ihn auf den ihn umfassenden sozialen Zusammenhang, ohne den er als Individuum gar nicht lebensfähig wäre. Das Heil der Gottesherrschaft zielt auf den Einzelnen als Teil eines versöhnten sozialen und gesellschaftlichen Ganzen.

Mit seinem Bestreben, das Gottesvolk Israel neu zu sammeln, ist Jesus gescheitert. Doch schon sehr bald bemühten sich seine Jünger erneut um eine Sammlung Israels; denn sie sahen in ihrer Ostererfahrung (siehe oben 251ff) eine Bestätigung Jesu als des bevollmächtigten eschatologischen Boten Gottes durch Gott selbst. Gott hatte den Gekreuzigten aus dem Tod errettet und zu sich erhöht; und so erwarteten seine Jünger nun seine baldige Wiederkunft (Parusie) als Menschensohn-Weltenrichter, der die eschatologische Gottesherrschaft dann endgültig durchsetzen wird. Im Hinblick darauf eröffneten sie nach ihrem eigenen Verständnis mit ihrer wieder begonnenen Verkündigungstätigkeit Israel eine letzte Möglichkeit der Umkehr und der Ausrichtung auf den Anbruch der eschatologischen Heilszeit. Dabei wussten sie sich bestärkt durch den Empfang des Geistes Gottes. Insbesondere die Apostelgeschichte macht deutlich: Das nachösterliche Werden der Kirche wurde vom Geist Gottes initiiert und gelenkt. Die Ausgießung des Geistes an Pfingsten (Apg 2,1ff) befähigte die Jünger Jesu zu ihrer Sendung. Und alle, die sich ihnen anschlossen, indem sie sich auf den Namen Jesu taufen ließen und sich so zu ihm als dem Messias Gottes bekannten, empfingen ebenfalls die Gabe des Geistes (Apg 2,38).

Die Frage nach dem Ursprung der Kirche verweist somit auf diesen Zusammenhang zwischen Jesus, seiner Botschaft und seinem Wirken sowie den Erfahrungen und Einsichten, die seinen Jüngern und Jüngerinnen durch das Oster- und das Pfingstgeschehen zuteil geworden sind. Diese verschiedenen Ereignisse bilden in ihrem inneren Zusammenhang die entscheidende theologische Voraussetzung für die Entstehung der Kirche: Jesu Bemühen um eine Sammlung Israels angesichts des Kommens der eschatologischen Gottesherrschaft, die an Ostern offenbar gewordene Bestätigung Jesu durch Gott sowie der Empfang des Geistes Gottes, durch den die werdende Kirche sich zusammengeführt weiß. In diesem Ursprungszusammenhang hat die Kirche ihre theologische Begründung, und so kann sie nur von daher auch ihre theologische Legitimation erhalten.

Von zentraler Bedeutung ist bei diesem Verstehensansatz, dass er deutlich macht: Die Kirche steht unzweifelhaft in einer Kontinuität zu Jesus und seinem Wirken. Und das bleibt ja unabdingbar, wenn sie sich mit Recht als Kirche Jesu Christi verstehen will. Als solche erweist sie sich dadurch, dass sie das von Jesus Begonnene im Licht von Ostern weiterführt, jedoch nicht aus eigener Vollmacht, sondern befähigt durch den Geist Gottes. So ist Kirche ein Geschöpf des Geistes, durch den sie im Wirkungsfeld Jesu gehalten wird (vgl. Kühn 1: 145ff). Erkennbar und überprüfbar wird das daran, dass sie dem von Jesus verkündeten eschatologischen Handeln Gottes Raum gibt, indem sie sich ganz auf das Kommen der Gottesherrschaft und ihre in der Person Jesu Christi bereits unwiderruflich vollendete Wirklichkeit ausrichtet.

So ist die Kirche dann auch selbst dem eschatologischen Handeln Gottes zugeordnet. Denn »das Reich Gottes ist nicht etwas Freischwebendes, sondern es wird im Blick auf die Geschichte an das Volk Gottes gebunden. Die Gottesherrschaft kann nur dann in der Geschichte ankommen, wenn sie von Menschen angenommen wird« (Lehmann 2: 28). Gott überwältigt den Menschen nicht, er will ihn als freies Geschöpf. Deshalb bleibt Gott angewiesen auf Menschen, die ihm und seinem eschatologischen Kommen Raum geben. Wenn die Kirche unter den veränderten nachösterlichen Bedingungen das Bemühen Jesu um eine Sammlung des Volkes Gottes fortsetzt, dann geht es um die Sammlung der Menschen, die sich ganz auf die eschatologische Gottesherrschaft hin ausrichten und ihr so Raum geben.

Als dieses neu gesammelte Volk Gottes darf die Kirche »sich – analog (!) zu Jesus – als Repräsentantin und Sachwalterin der Gottesherrschaft verstehen« (Merklein 1: 169). Das heißt nicht, dass sie mit der Gottesherrschaft identisch wäre, so wie in der Person des von den Toten auferweckten Jesus von Nazareth die Gottesherrschaft bereits endgültig Wirklichkeit geworden ist. Und es heißt auch nicht, dass die Kirche die Gottesherrschaft aus eigener Macht herbeizuführen vermag. Das kommt vielmehr allein Gott zu. Aber die Kirche ist ein ganz wesentlicher, hervorgehobener Ort, an dem die Gottesherrschaft (wenn auch immer nur fragmentarisch) ankommen und so dann in die ganze Welt ausstrahlen kann, weil die Kirche die Gemeinschaft der Menschen ist, die dem eschatologischen Wirken Gottes in dieser Welt bewusst und ausdrücklich Raum geben.

Es ist in diesem Zusammenhang nicht mehr erforderlich, auf *Mt 16,18*, die Verheißung, dass Jesus seine Kirche auf Petrus bauen werde, zu rekurrieren. In dieser Stelle sah die traditionelle katholische Fundamentaltheologie einen ausdrücklichen kirchenstiftenden Akt Jesu historisch zuverlässig dokumentiert. Heute wird dieser Vers von den meisten Exegeten als eine nachösterliche Bildung angesehen. Demnach stellte Petrus in der Gemeinde, für die das Matthäusevangelium ursprünglich geschrieben wurde, die entscheidende apostolische Autorität dar. Und das Evangelium legitimiert das durch einen Jesus in den Mund gelegten Spruch. Dabei konnte auf den in den frühen christlichen Gemeinden bekannten Tatbestand zurückgegriffen werden, dass Jesus selbst dem Jünger Simon den aramäischen Beinamen Kepha, Stein, beigelegt hatte (Mk 3,16), aus dem dann im

Griechischen Πέτρος wurde. Möglicherweise geht dieser Beiname darauf zurück, dass Simon der erste Jünger Jesu war und er als solcher den Anfang der Sammlung Israels darstellte. Nun verweist aber die Verheißung an Petrus in Mt 16,18 auf die Metapher vom Fundament, die in nachösterlicher Zeit im Hinblick auf den Bau der Gemeinde gebräuchlich gewesen ist, sowie auf eine bestimmte Modifikation dieser Metapher, die sich dabei beobachten lässt. Während nämlich im 1 Kor, einem echten Paulusbrief, Christus selbst als das Fundament der Gemeinde bezeichnet wird (3,10f), bilden für den deuteropaulinischen Eph die Apostel und Propheten das Fundament, wohingegen Christus der Eckstein ist (2,20), d. h. der erste Stein des Fundamentes, an dem sich dann das ganze Fundament ausrichtet. Im Hintergrund steht dabei wohl ein Generationswechsel in den christlichen Gemeinden: In der zweiten und dritten Generation geht es darum, das zu bewahren, was den Gemeinden durch ihre Gründer vermittelt worden ist. Deshalb wird nicht mehr Christus allein als das Fundament angesehen, auf dem die Gemeinde aufgebaut ist; vielmehr gehören jetzt auch diejenigen zum Fundament hinzu, deren Wirken sich die Gemeinde verdankt und die daher auch eine besondere Autorität in ihr genießen. In diese Situation passt Mt 16,18 sehr gut. – In die nachösterliche Situation verweisen dann auch andere Beobachtungen, insbesondere die Verwendung des griechischen Wortes ἐκκλησία. Bei den Synoptikern kommt es nur in Mt 16,18 und 18,17 vor; dagegen begegnet es überaus häufig in der Briefliteratur und in der Apostelgeschichte, ist also dem Sprachgebrauch der nachösterlichen Gemeinde zuzuordnen.

Die Jesusanhänger haben nach Ostern ihr eigenes Selbstverständnis durch den Begriff ἐκκλησία zum Ausdruck gebracht. Dieser Begriff gehörte im klassischen Griechisch dem politischen Bereich zu und bezeichnete die Versammlung derer, die in einer Polis das Bürgerrecht besaßen. In der Septuaginta wurde der Begriff aufgegriffen, um das hebräische q^{e}hal JHWH, Volksversammlung Jahwes zu übersetzen. Gemeint war damit die zum Gottesdienst versammelte Gemeinde der Israeliten. Denn für das von Gott als sein Volk erschaffene und erwählte Israel ist die gottesdienstliche Versammlung konstitutiv; hier richtet es sich immer wieder neu auf seinen Gott hin aus.

Wenn die junge Gemeinschaft der Jesusanhänger sich selbst als Ekklesia Gottes bezeichnet hat, so stellte sie sich damit bewusst in diese Tradition; sie beanspruchte von Anfang an, das von Gott erwählte Volk zu repräsentieren. Auch daran zeigt sich: Es ging um eine neue Sammlung des Gottesvolkes, um seine Neuausrichtung auf das anbrechende eschatologische Gottesreich. In dieser Selbstbezeichnung als Ekklesia Gottes verschaffte sich also das Bewusstsein der Jesusgemeinde Geltung, das von Jesus Begonnene fortzuführen. Begründet wusste sie das durch ihre Ostererfahrung, in der sie Jesus durch Gott selbst bestätigt und beglaubigt sah, indem sie erkannte: Die von Jesus verkündete eschatologische Wirklichkeit hat sich an ihm selbst bereits unwiderruflich durchgesetzt.

Von daher hat Paulus dann das Verständnis der Kirche als Leib Christi entwickelt (Merklein 2): »Wir, die Vielen, sind ein Leib in Christus« (Röm 12,5). Durch die Anteilhabe an der eschatologischen Christuswirklichkeit werden die Einzelnen zusammengeführt als Glieder eines Leibes. »Durch den einen Geist wurden wir alle in einen Leib hineingetauft, Juden und Griechen, Sklaven und Freie; und alle wurden wir mit dem Geist getränkt« (1 Kor 12,13). Dieser vermittelt den Einzelnen verschiedene Fähigkeiten und Begabungen, so dass sie als unterschiedliche Glieder des einen Leibes fungieren können.

Entwickelt hat Paulus dieses Verständnis der Kirche als Leib vom Herrenmahl her. Denn »ist das Brot, das wir brechen, nicht Teilhabe am Leib Christi? *Ein* Brot ist es. Darum sind wir viele *ein* Leib; denn wir, die vielen, haben teil an dem einen Brot« (1 Kor 10,16f). Das in der Taufe begründete Verbundensein mit Christus kommt in besonderer Weise im Herrenmahl zum Vorschein und zeigt sich hier als eine leibhafte Wirklichkeit: Weil die Feiernden teilhaben an dem einen Brot als dem sakramentalen Leib Christi, werden sie auch untereinander zu einem Leib: »Ihr aber seid Leib Christi« (1 Kor 12,27). Die Kirche ist also nicht irgendein Leib, sondern dezidiert Leib *Christi*, weil ihr Leib-Sein aus der sakramentalen Verbundenheit mit Christus erwächst. Als solche lässt sie sich von Christus in Dienst nehmen, um ihn in der Welt zu verkünden und so das Volk Gottes angesichts des im Christusgeschehen unwiderruflich erfolgten Anbruchs der eschatologischen Gottesherrschaft zu sammeln. Die verschiedenen Glieder des einen Leibes der Kirche sind dieser Aufgabe auf unterschiedliche Weise zugeordnet.

Das Verständnis der Kirche als Leib Christi wird allerdings dort problematisch, wo es zu einer faktischen Identifikation von Christus und Kirche führt. Die theologisch unerlässliche Unterscheidung zwischen Christus als dem eschatologischen Heilsmittler und der Kirche wird dann mehr oder weniger eingezogen. »Eine Kirche, die sich unreflektiert oder selbstbewusst als fortlebender Christus (Leib Christi) versteht, schwebt immer in Gefahr, sich selbst soteriologische Kompetenz anzumaßen und, anstatt sich ihres ständigen Angewiesenseins auf Gottes rechtfertigendes Wort bewusst zu bleiben, sich als Heilsmittlerin zu gebärden« (Merklein 2: 343). Die Kirche erscheint dann selbst als mitkonstitutiv für das Heil. Ein solches Verständnis ist ansatzweise bereits im Neuen Testament angelegt, wenn in den deuteropaulinischen Briefen an die Kolosser und an die Epheser Christus als das Haupt der Kirche, seines Leibes, bezeichnet wird (Kol 1,18; Eph 1,22f). Demnach sind Christus und Kirche auf das Engste aneinander gebunden; die Kirche ist der Bereich, in dem Christus wirksam ist, so dass »Heil grundsätzlich nur innerhalb der *Kirche* zustande« kommt (Verweyen 1: 401).

Im Hintergrund steht dabei das Verständnis Christi als All-Herrscher. In ihm will Gott alles, im Himmel und auf der Erde, zusammenfassen (Eph 1,10). Deshalb hat Gott »ihm alles zu Füßen gelegt« und ihn so zum »Haupt über alles« gemacht (1,22). Diese kosmische Christologie wird dann ekklesiologisch gewendet unter Rückgriff auf das ursprüngliche paulinische Verständnis der Kirche als Leib Christi. So kann nun gesagt werden, dass Gott Christus als das »Haupt über alles« auch der Kirche als Haupt gegeben hat, die sein Leib ist (1,22f). Die Kirche ist dann gewissermaßen das Medium, durch das Christus das ganze All durchdringt, und wo die Kirche ist, da ist auch das Heil Christi.

Im Unterschied zu einer solchen theologisch höchst problematischen Identifikation von Christus und Kirche hat Paulus von der Kirche als Leib Christi in einem funktionalen und instrumentalen Sinne gesprochen. Im Blick ist dabei die Unterschiedlichkeit der Charismen in der Gemeinde, die sich alle der (in Taufe und Herrenmahl begründeten) Christusverbundenheit der Gemeindemitglieder verdanken; sie stehen nicht in Konkurrenz zueinander, sondern ergänzen sich im Hinblick auf den gemeinsamen Sendungsauftrag der Kirche als des einen Leibes. Bei diesem paulinischen Verständnis wird somit einerseits die Verbundenheit zwischen Christus und der Kirche betont, dabei andererseits aber doch auch deutlich zwischen beidem unterschieden: Die Kirche steht im Dienste Christi und seines Sendungsauftrages. Dabei verweist sie über sich selbst hinaus auf Christus, in dem die eschatologische Gottesherrschaft bereits unwiderruflich Wirklichkeit geworden ist.

2. Israel und die Kirche

Wie schon Jesus selbst konzentrierten sich auch seine Anhänger in der ersten Zeit nach Ostern ganz auf die Sammlung des Gottesvolkes Israel. Als Ekklesia Gottes verstand man sich als Kristallisationspunkt des endzeitlichen Israel, war also noch ganz im damaligen Judentum verortet. Noch die Apostelgeschichte lässt erkennen, dass die Jesusanhänger ursprünglich eine bestimmte innerjüdische Gruppierung neben verschiedenen anderen bildeten; sie wird als die »Partei (αἵρεσις) der Nazoräer« bezeichnet (Apg 24,5), so wie es etwa auch die »Partei der Sadduzäer« (Apg 5,17) oder die der Pharisäer (15,5) gab (Stegemann: 54). Doch schon recht bald ging man dann zur Missionierung von Nichtjuden über; und der Erfolg dieser Bestrebungen führte schließlich zur Trennung von der jüdischen Synagoge.

Dieser Übergang zur Heidenmission hing sicherlich damit zusammen, dass die Jesusanhänger, wie schon Jesus selbst, innerhalb des Judentums auf keine allzu große Resonanz stießen. Ihren Ausgangspunkt hatte die Hinwendung zu Nichtjuden wohl bei einem Kreis von hellenistischen Judenchristen um Stephanus, die sich kritisch mit dem Jerusalemer Tempelkult und dem jüdischen Gesetz auseinander setzten (Apg 6,13f) und deshalb aus Jerusalem vertrieben wurden. Die erste Zielgruppe unter den Nichtjuden waren die sogenannten »Gottesfürchtigen« (Stegemann 1: 54f), die schon Kontakt zur Synagoge hatten, weil sie sich vom Judentum angezogen fühlten, sich aber nicht zu einer Konversion entschließen konnten wegen der nicht unerheblichen sozialen und lebenspraktischen Konsequenzen eines solchen Schrittes. Unter diesen »Gottesfürchtigen« stießen die Jesusanhänger offenbar auf eine positive Resonanz, weil sie weder die Beschneidung noch die Einhaltung der Torah forderten. Paulus hat das dann mit seiner Theologie des Gesetzes (vgl. vor allem Röm 7) weitergeführt und damit die theologische Grundlage für die Trennung des Christentums vom Judentum geschaffen.

Die Entstehung eines Heidenchristentums konnte nicht ohne Auswirkungen auf das Selbstverständnis der Kirche als Ekklesia Gottes bleiben und musste in dieses Selbstverständnis integriert werden. Die Kirche sah sich nun nicht mehr allein auf Israel hin ausgerichtet, sondern hatte zu lernen, dass sie zu allen Völkern gesandt ist, um das eschatologische Heilshandeln Gottes in aller Welt zu verkünden und Menschen aus allen Völkern zum Volk Gottes zu sammeln.

Eine theologische Reflexion dieser neuen Situation der Kirche findet sich etwa in *Eph 2,11ff.* Hier wird die Kirche verstanden als der Ort, an dem die Feindschaft zwischen Juden und Heiden überwunden ist und sie miteinander versöhnt sind. Christus hat beide mit Gott versöhnt (V. 16), indem er ihnen in einem einzigen Geist den Zugang zum Vater eröffnet hat (V. 18). Deshalb hat auch das, was zuvor trennend zwischen Juden und Heiden stand, in der Kirche keine Bedeutung mehr; das gilt insbesondere für die Beschneidung (V. 11) und das Gesetz (V. 15). Dennoch steht die Kirche nach der Überzeugung des Verfassers in Kontinuität zu Israel: Diejenigen, die zuvor als Heiden »ohne Hoffnung und gottlos in der Welt« gelebt haben, erhalten Anteil am Bund Gottes mit Israel und seinen Verheißungen (V. 12). Demnach führt die Kirche also das, was Gott durch seinen Bund mit Israel begonnen hat, weiter, indem Gott durch sie Menschen aus allen Völkern sein Heil anbietet.

Eine Frage kommt im Epheserbrief dabei jedoch überhaupt nicht in den Blick, nämlich die Frage nach dem Verhältnis der Kirche zu dem neben ihr weiter existierenden Israel. Denn mittlerweile hat sich ja gezeigt: Israel als das von Gott erwählte Volk geht nicht in der Kirche auf; es bleibt vielmehr als eigenständige Wirklichkeit bestehen. Auch das musste nun aber in das Selbstverständnis der Kirche als Ekklesia Gottes integriert werden, nachdem sie sich der Heidenmission zugewandt und ihre ursprüngliche Israelzentriertheit aufgegeben hatte. Damit wurde nun die Frage bedrängend: Hält Gott weiterhin an seinem Bund mit Israel fest, auch wenn dieses sich Christus verweigert? Die Antwort auf diese Frage prägt das Selbstverständnis der christlichen Kirche in erheblichem Maße mit.

Die Geschichte des Verhältnisses von Judentum und Christentum zeigt, dass es von vornherein ein überaus unheilschwangeres Verhältnis gewesen ist. Es war weitgehend geprägt von einem christlichen Antijudaismus, d. h. einer *theologischen* Herabqualifizierung des Judentums einschließlich der Infragestellung seiner weiteren Existenzberechtigung. Dieser Antijudaismus hat seine Wurzeln bereits im Neuen Testament selbst, etwa wenn die Juden als Abkömmlinge des Teufels angesehen werden (Joh 8,43f) oder wenn der Bund Gottes mit Israel als »veraltet« und daher »dem Untergang nahe« gilt (Hebr 8,13). Auf solche Aussagen konnte sich später dann die *Substitutionstheorie* berufen, die besagt: Gott hat Israel als sein erwähltes Volk verworfen und den Bund mit ihm aufgekündigt, weil Israel den Messias Gottes abgelehnt hat; und an der Stelle Israels hat Gott sich die Kirche als sein neues Volk erwählt. Damit war Israel theologisch enterbt, seinen Platz in der Heilsgeschichte sah man nun durch die Kirche eingenommen.

Diese in ihren Auswirkungen so verhängnisvolle Substitutionstheorie wurde für das Christentum in seinem Verhältnis zum Judentum über eine sehr lange Zeit hin bestimmend, obwohl es doch schon im Neuen Testament selbst eine geradezu gegensätzliche Konzeption dieses für das Christentum ebenso grundlegenden wie schwierigen Verhältnisses gibt, nämlich die von Paulus in *Röm 9–11* entwickelte Israeltheologie. Grundlegend ist dabei gerade die Überzeugung des Paulus, dass Gott Israel als sein Volk keineswegs verstoßen hat (11,1); der Bund Gottes mit Israel und seine Verheißungen sind nicht hinfällig geworden (9,4). Und Paulus führt dafür ein theologisch schlechterdings fundamentales Argument ins Feld: Gottes Wort hat Bestand (9,6), seine Gnadengaben und seine Berufung sind unwiderruflich (11,29). Es sind also Gottes unbedingte Treue und Zuverlässigkeit, die es undenkbar machen, dass er sich von dem von ihm erwählten Volk wieder abwendet.

Dabei behält Gott nach Paulus allerdings die Freiheit, sich auch der Heiden zu erbarmen. Das kann ihm Israel nicht verwehren wollen, zumal es selbst das Gesetz Gottes nicht erfüllt (9,31) und auch die aus Gott stammende, in Christus offenbar gewordene Gerechtigkeit nicht erkannt hat (10,3f). Nur ein kleiner Rest Israels ist von Gott aus Gnade erwählt worden, die übrigen wurden verstockt (11,5.7). Doch auch sie sind damit nicht von Gott verworfen; nach Paulus zeigt sich in ihrem Scheitern vielmehr ein heilsgeschichtlicher Sinn, insofern dadurch das Heil Gottes zu den Heiden gelangt ist (11,11). Durch das Versagen Israels konnte sich demnach die universale Ausrichtung des Heiles Gottes erweisen: An ihm sollen Menschen aus allen Völkern Anteil erhalten. So wie Gott damit den Heiden in völlig ungeschuldeter Weise sein Erbarmen geschenkt hat, kann er es dann aber wiederum auch dem sich verweigernden Israel schenken. Und Paulus ist überzeugt, Gott wird genau das tun, so dass auch Israel eine Zukunfts- und Hoffnungsperspektive bleibt: »Ganz Israel wird gerettet werden« (11,26). Das macht Paulus speziell den Heidenchristen in der römischen Gemeinde bewusst:

»Vom Evangelium her sind sie (= die Juden) Feinde (Gottes) um euretwillen; was aber die Erwählung betrifft, sind sie Geliebte (Gottes) um der Väter willen. Unwiderruflich nämlich sind die Gnadengaben und die Berufung Gottes. Denn wie ihr einst Gott ungehorsam wart, jetzt aber Erbarmen gefunden habt infolge ihres Ungehorsams, so sind auch sie jetzt infolge des euch geschenkten Erbarmens ungehorsam geworden, damit auch sie nun Erbarmen finden. Denn Gott hat alle miteinander in den Ungehorsam eingeschlossen, um sich aller zu erbarmen« (11,28–32).

Paulus sieht also die Erwählung Israels durch Gott und die durch den Geist Gottes geleitete Entstehung der Kirche zusammen; weder steht beides in Konkurrenz zueinander noch wird das eine durch das andere ersetzt; beides kann vielmehr nebeneinander bestehen, weil es eine innere Einheit bildet. Diese wird begründet durch den Heilswillen Gottes, der sich schließlich als ein universaler Heilswille erweist. Er liegt bereits der Erwählung Israels zugrunde. Daher schärft Paulus speziell den Heidenchristen ein, dass auch sie von Israel getragen sind; auch die Kirche aus Juden und Heiden hat ihren Grund in den Verheißungen, die Gott zuerst Israel gegeben hat. Deshalb bleibt die Kirche unablösbar auf Israel bezogen; ohne Israel sind Christus, der ja »dem Fleisch nach« aus Israel stammt, und die Kirche schlechterdings undenkbar. Paulus verdeutlicht das durch das Bild vom Ölbaum: Die Heidenchristen sind Zweige, die von einem wilden Ölbaum abgebrochen und in den edlen Ölbaum, d. h. Israel, eingepfropft worden sind. Damit haben sie Anteil erhalten an der Kraft der Wurzel dieses edlen Ölbaums; auch die Heidenchristen werden also von seiner Wurzel getragen und genährt (11,17f).

In dieser paulinischen Perspektive kann demnach unmöglich gesagt werden, dass die Kirche Israel ersetzt hat. Die Subtitutionstheorie muss als theologisch haltlos zurückgewiesen und durch den *Partizipationsgedanken* ersetzt werden: Die Kirche hat Anteil an den Verheißungen Gottes für Israel erhalten, die für Gott unwiderruflich bleiben und an denen er deshalb uneingeschränkt festhält. Die Kirche ist daher auch kein neues Israel, sie ist kein neues Volk Gottes. Den Volk-Gottes-Titel kann die Kirche in einer theologisch legitimen Weise nur für sich selbst beanspruchen, »wenn damit auch die besondere Verbundenheit der Kirche mit Israel ausdrücklich annonciert werden soll« (Weinrich 1: 211). Es darf kein Zweifel aufkommen: Es gibt nur *ein* Volk Gottes; die Kirche ist zusammen mit Israel dieses eine Volk Gottes, nämlich der den Heiden zugewandte Teil des Gottesvolkes. Ihre Aufgabe ist es, die Verheißung, die Gott zuerst Israel gegeben hat, zu allen Völkern zu tragen und sie in diese Verheißung mit einzubeziehen. Diese ursprünglich an Abraham ergangene Verheißung besagt, dass Gott Abraham zu einem großen Volk machen wird und dann durch Abraham alle Geschlechter der Erde Segen erlangen sollen (Gen 12,1–3). Das geschieht nun durch das Wirken der Kirche; indem sie den in Jesus Christus erfolgten Anbruch der eschatologischen Gottesherrschaft verkündet, eröffnet sie Menschen aus allen Völkern einen Weg, um in den verheißenen Segen miteinbezogen zu werden.

Das Volk Gottes stellt demnach eine in sich differenzierte Einheit dar. Denn »der dem Volk Gottes wesensmäßig eignende heilige Singular schließt ... keineswegs unterschiedliche Zugänge zu ihm aus, die im Sinne einer inneren Differenzierung zu verstehen sind« (Weinrich 1: 222). Während für Israel die Übernahme der Torah als Vorbereitung auf die eschatologische Gottesherrschaft den Zugang zum Gottesvolk bildet, ist es für die Kirche der Glaube an Jesus Christus als denjenigen, in dem diese eschatologische Gottesherrschaft bereits Wirklichkeit geworden ist. Aber auch die Kirche sieht ja der Vollendung dieser Wirklichkeit noch entgegen. Mit Israel zusammen wartet sie daher auf die endgültige Ankunft des Messias, den sie im Glauben allerdings bereits zu kennen beansprucht. Gerade in dieser gemeinsamen eschatologischen Ausrichtung zeigt sich die unauflösliche innere Verbundenheit zwischen Israel und der Kirche noch einmal besonders deutlich. Zugleich erinnert die eigenständige Existenz Israels neben ihr dann aber die Kirche auch immer wieder daran, dass sie selbst nicht nur bleibend von der »Wurzel Israel« getragen ist, sondern auch die Vollendung des von Gott in Jesus Christus bereits geschenkten Heils noch aussteht.

Wenn die Kirche nur zusammen mit Israel als Volk Gottes verstanden werden kann, so besagt das also auch: Dieser »Titel ›Volk Gottes‹ stellt die Kirche in einen sie selbst heilsam relativierenden größeren Gesamtrahmen, der die menschheitliche Perspektive des Heilswillens Gottes für seine Schöpfung anzeigt« (ebd.). Als Volk Gottes zusammen mit Israel hat die Kirche immer wieder neu zu lernen, dass nicht erst sie selbst der Beginn der Heilsgeschichte Gottes mit den Menschen ist. Das neben ihr weiter existierende Israel führt ihr vielmehr ständig vor Augen, dass der Heilswille Gottes hinter sie selbst zurück wie auch über sie hinaus reicht. Daher muss dieses bleibende Bezogensein der Kirche auf Israel auf jeden Fall auch beachtet werden, wenn die fundamentaltheologische Frage nach der wahren Kirche gestellt wird.

3. Die Frage nach der wahren Kirche

Die Frage nach der wahren Kirche reicht weit zurück in der Geschichte der Kirche. Dabei bezog man sich auch schon bald auf ihre vier Wesensmerkmale (notae ecclesiae), die im Glaubensbekenntnis genannt werden: Einheit, Heiligkeit, Katholizität und Apostolizität. »Diese vier theologischen Grundeigenschaften der Kirche gelten seit der Patristik als die Erkennungszeichen der wahren Kirche Jesu Christi, die sie von allen häretischen und schismatischen Gemeinschaften unterscheidet. Von der Gegenreformation an hat die katholische Ekklesiologie diese Attribute allein der römisch-katholischen Kirche zugesprochen« (Kehl 1: 125). Davon war dann auch der Kirchentraktat der traditionellen katholischen Apologetik geprägt. Seit dem 19. Jahrhundert wurde diese sog. via notarum dann ergänzt durch die via empirica (Pottmeyer 2: 168f).

Man versuchte zu zeigen, dass die katholische Kirche Zeichen aufweise – etwa ihre weltweite Ausbreitung, ihre unerschütterliche Beständigkeit, d. h. ihre feste Treue zur Tradition –, die sie als ein moralisches Wunder erscheinen lassen, weil diese Zeichen nicht durch menschliche Fähigkeiten allein, sondern letztlich nur durch ein Einwirken Gottes erklärbar seien, so dass auf diese Weise Gott selbst die katholische Kirche als die wahre Kirche kenntlich mache. Mittlerweile ist diese unsachgemäße konfessionelle Verengung und Verzweckung der Frage nach der wahren Kirche jedoch überwunden. Damit ist der Blick wieder frei auf ihren eigentlichen fundamentaltheologischen Bedeutungsgehalt, der alle christlichen Glaubensgemeinschaften gleichermaßen betrifft: Wodurch wird Kirche zur wahren Kirche? Wie findet Kirche in ihre Wahrheit? Woran bemisst sich, dass sie wahre Kirche Jesu Christi ist?

Grundlegend bleibt hierzu zu sagen: Die Kirche wird dann zur wahren Kirche, wenn sie sich von der Wahrheit Gottes in Anspruch nehmen lässt, die sich in Jesus Christus geoffenbart hat. Was die Kirche zur wahren Kirche macht, ist also die Wahrheit Gottes (siehe oben 170–174). Wo sich die Kirche nicht in den Dienst an dieser Wahrheit stellt, da kann sie nicht wahre Kirche sein. Die Wahrheit Gottes beinhaltet das in ihm gründende und von ihm geschenkte Heil, und sie erschließt sich in seiner Selbstmitteilung an den Menschen, durch die sich diesem sein endgültiges Heil, die wahre Bestimmung seines Menschseins in der liebenden Gemeinschaft mit Gott eröffnet. Darin findet der Mensch den letztgültigen Sinn seines Daseins, sein unbedingtes Anerkannt- und Bejahtsein (siehe oben 207f; 274–276). Aufgabe der Kirche ist es, diese Wahrheit Gottes und seine Heilsverheißung allen Völkern zu verkünden und Zeugnis abzulegen vom unwiderruflichen Anbruch des eschatologischen Heils Gottes. Denn Gott »will, dass *alle* Menschen gerettet werden und zur Erkenntnis der Wahrheit gelangen« (1 Tim 2,4). Kirche wird ihrer Aufgabe in dem Maße gerecht und damit zur wahren Kirche, wie sie in ihrem Sein und Handeln diesem universalen Heilswillen Gottes und seiner Heilswahrheit entspricht.

Dieses Kriterium für die wahre Kirche richtet sich nicht gegen Israel. Denn es ist ja gerade die Wahrheit des Gottes Israels, um die es dabei geht. Zu ihrer Wahrheit kann Kirche deshalb nicht finden, wenn sie sich selbst in Gegensatz zu Israel bringt. Das ist vielmehr ein sicheres Indiz dafür, dass sie aus ihrer Wahrheit herausgefallen ist. Ihre Aufgabe erfüllt sie nur dann, wenn sie Menschen aus allen Völkern an die Seite Israels ruft. Wahre Kirche ist die Kirche daher nur als eine auf Israel bezogene Kirche, eine Kirche zusammen mit Israel als dem ursprünglichen Volk Gottes.

Als wahre Kirche, die sich von der Wahrheit Gottes in Anspruch nehmen lässt, kann sich die Kirche niemals selbst genügen; sie muss vielmehr immer wieder bestrebt sein, jegliche Versuchung einer Fixierung auf sich selbst zu überwinden. Stattdessen gilt es, das eigene Relativsein (im Sinne von »bezogen sein auf …«) zu erkennen. Insbesondere vier solcher »Relativierungen« erscheinen dabei wesentlich. – (1) Kirche muss in ihrem ganzen Sein und Handeln bezogen sein auf ihre Sendung, allen Völkern das Kommen der eschatologischen Gottesherrschaft als die universale Heilswahrheit Gottes zu verkünden. Diese Sendung ist der alleinige Daseinszweck der Kirche, und deshalb muss alles in der Kirche, etwa auch ihre Struktur, daraufhin relativ sein; es muss sich also von dieser Sendung her rechtfertigen lassen, die die Kirche immer wieder über sich selbst hinaus verweist. – (2) Kirche ist wesentlich bezogen auf Israel. Sie ist also auch in der Hinsicht über sich selbst hinaus verwiesen, dass sie mit ihrem eigenen Auftrag Anteil hat an einem weit hinter sie zurückreichenden Erbe, das nicht ihr eigenes Erbe ist. Auch diesem Relativsein auf Israel hin muss die Kirche immer wieder neu zu entsprechen lernen. – (3) Kirche muss in ihrem ganzen Sein und Handeln auf das endgültige Heil Gottes, die vollendete Gottesherrschaft bezogen sein. Die Kirche ist daher unzweideutig vom Reich Gottes zu unterscheiden, sie darf nicht mit diesem identifiziert werden. Das Reich Gottes ist größer als die Kirche; es ist das, wonach die Kirche selbst sich sehnt, woraufhin auch sie noch unterwegs ist und das sie selbst noch erwartet. Auch in dieser Hinsicht wird die Kirche also über sich selbst hinaus verwiesen, ist sie relativ auf ihr eigenes Ziel hin, das zugleich das Ziel der ganzen Schöpfung ist. So muss die Kirche auch selbst immer wieder neu transparent werden auf dieses Ziel hin, indem sie sich darauf hin ausrichtet und daran

Maß nimmt. Dabei wird die eschatologische Gottesherrschaft dann auch immer wieder zur kritischen Instanz für das Sein und Handeln der Kirche. In diesem Sinne eines immer wieder neuen Transparentwerdens auf die eschatologische Heilswirklichkeit hin kann die Kirche dann auch als Keim und Anfang des Reiches Gottes auf Erden bezeichnet werden, wie das 2. Vatikanische Konzil es tut (LG 5/2). – (4) Kirche muss schließlich bezogen sein auf das Kommen der eschatologischen Gottesherrschaft, das sich auch außerhalb ihrer selbst in dieser Welt ereignet, etwa im Kontext anderer Religionen. Auch im Hinblick darauf bleibt die Kirche also über sich selbst hinaus verwiesen, auch im Hinblick darauf ist das Reich Gottes größer als die Kirche: Sein Kommen macht nicht an kirchlichen Grenzen halt. Die Aufgabe der Kirche besteht dann darin, Zeichen der anbrechenden Gottesherrschaft auch außerhalb ihrer selbst aufzuspüren, sie zu deuten und als Fragmente der eschatologischen Heilswirklichkeit verständlich werden zu lassen. Die Kirche hat hier gewissermaßen Dolmetscherdienste zu leisten. Zugleich muss sie selbst dabei immer wieder neu erkennen, dass das Kommen der eschatologischen Gottesherrschaft nicht in ihrer Verfügungsmacht liegt und daher auch für sie selbst immer wieder überraschend, unvorhersehbar bleibt.

Diese Relativierungen verweisen darauf, dass nicht die Kirche selbst in ihrem Sein und Wirken das maßgebende Kriterium für das eschatologische Kommen Gottes darstellt. Dieses Kriterium bleibt vielmehr allein Christus; in seiner Person hat sich die eschatologische Wirklichkeit der Gottesherrschaft bereits definitiv durchgesetzt. Auch die Kirche muss sich daher immer wieder auf Christus hin ausrichten, um wahre Kirche zu werden und zu sein. So ist Christus ihr bleibendes Gegenüber; sie ist Leib Christi nicht als fortlebender Christus, sondern weil sie sich von Christus in Dienst nehmen lässt.

Ganz in diesem Sinne sieht das 2. Vatikanische Konzil die Sendung der Kirche daran gebunden, dass sie Christi »Gebote der Liebe, der Demut und der Selbstverleugnung treulich hält« (LG 5/2). Nur wenn die Kirche sich selbst immer wieder neu an diese Lebensgestalt Jesu Christi bindet, bleibt sie auch ihrer Sendung treu und kann sie ihrem Auftrag gerecht werden. Die Bereitschaft Jesu, unter dem vorbehaltlosen Einsatz des eigenen Lebens den Menschen zu dienen und sich für sie einzusetzen, lässt den Anbruch der eschatologischen Gottesherrschaft offenbar werden. Daher kann auch die Kirche ihre Sendung, dieses eschatologische Heilsgeschehen allen Völkern zu verkünden, glaubwürdig nur erfüllen, wenn sie in ihrem eigenen Sein und Handeln dieser Lebensgestalt Jesu zu entsprechen versucht. Daran zeigt sich ihre Ausrichtung an Christus ganz konkret.

Eine solche Kirche vermag sich nicht selbst zu genügen, sie ist keine »Insel der Seligen«; sie hat ihren Ort vielmehr inmitten der Welt, in deren Zerrissenheit und Not (vgl. Werbick 1: 724f). Und hier hat sie vor allem an der Seite derer zu stehen, die in dieser Welt besonders zu leiden haben, der Armen und Entrechteten, der Ausgestoßenen und Kranken, der Opfer von Krieg, Gewalt oder Katastrophen. Als wahre Kirche muss sie solche konkreten Optionen treffen, eine immer wieder neue Option für die Armen. Gewiss, das Evangelium richtet sich an alle Menschen; aber nicht so sehr in den Reichen und Gutsituierten, sondern in den Armen, den Leidenden und Ausgestoßenen kann die Kirche immer wieder Christus selbst ganz konkret begegnen (vgl. Mt 25,31ff). Die Kirche darf deshalb die Sorge um die Armen und Leidenden nicht einfach an spezialisierte und professionalisierte Organisationen delegieren, so unerlässlich Professionalisierung hier auch für die Kirche bleibt. Wahre Kirche kann sie jedoch nur sein, wenn die Armen in der Kirche selbst in hervorgehobener Weise präsent sind, nicht als »Objekte« kirchlicher Betreuung, sondern indem »die Armen selbst zu tragenden *Subjekten* der Kirche und ihres gemeinsamen Glaubens« werden (Kehl 1: 245). Das ist ein untrügliches Kriterium der wahren Kirche.

Wenn von der wahren Kirche gesprochen wird, so bezieht sich das also auf »das gesamte Leben und Wirken der Kirche« (Kasper 3: 264). Die Wahrheit Gottes, die durch Jesus Christus endgültig offenbar geworden ist, hat die Kirche nicht nur in ihrer Verkündigung zur Geltung zu bringen, sondern auch in ihrem Handeln in der Welt. Ja, Verkündigung und Handeln lassen sich gar nicht voneinander trennen. So stellen auch das Bezeugen und Bekennen des Glaubens durch die Kirche immer (mehr oder weniger gut gelungene und erfolgreiche) kommunikative Handlungen dar (Arens 3; ders. 4: 131ff). Und umgekehrt muss das kirchliche Handeln in unterschiedlichen innerweltlichen Kontexten auf die Verkündigung der Kirche bezogen bleiben; denn es ist ja letztlich immer daran zu messen, inwiefern dadurch die verkündete Botschaft zeichenhaft-konkret dargestellt und beglaubigt wird. Die Kirche hat demnach »das Wort der Wahrheit« (Eph 1,13), das Evangelium so zu verkünden, dass sie dabei auch als ganze diese »Wahrheit in Liebe« bezeugt und so auch selber (nicht nur die einzelnen Glaubenden) immer mehr auf Christus hinwächst (vgl. Eph 4,15). Auf diese Weise wird die Kirche selbst in ihrem Dasein in der Welt zum Zeichen des Reiches Gottes (Pottmeyer 2: 170ff).

Diese Zeichenhaftigkeit der Kirche gründet nicht in ihr selbst, in ihren eigenen menschlichen Qualitäten. Zum Zeichen für die eschatologische Heilswirklichkeit kann die Kirche nur werden, wenn sie so auf Christus hin ausgerichtet ist, dass er sie ganz für sich in Dienst nehmen und so ihre Zeichenhaftigkeit selbst wirken kann. Zeichen des Reiches Gottes ist die Kirche demnach insofern, als Christus sich selbst durch sie und ihr Handeln sichtbar und erfahrbar macht. Solche »*Selbstdarstellung Jesu Christi* ist genau das, was eine Rede von der wahren Kirche als Zeichen des Reiches Gottes meint, die sich bewusst ist, dass Jesus Christus selbst das wahre Zeichen des Reiches Gottes ist, an dem Kirche sich messen muss, und dass ihre eigene Zeichenhaftigkeit sich ihm verdankt« (a. a. O. 171).

Diese Indienstnahme durch Christus feiert die Kirche immer wieder in den Sakramenten. In ihnen zeigt sich besonders deutlich, dass sie nicht aus sich selbst heraus wahre Kirche zu sein vermag. Deshalb wird auch ihre Befähigung, Zeichen des Reiches Gottes zu sein, durch ihr eigenes Versagen und ihre Sündhaftigkeit zwar immer wieder verdeckt und erheblich beeinträchtigt, aber doch nicht zerstört. Denn diese Befähigung hat die Kirche eben nicht aus sich heraus, sondern sie ist ihr durch Christus und den Geist Gottes geschenkt. Ihr sind das Wort Gottes und die Sakramente anvertraut, so dass sie sich daran immer wieder auch als ganze (und nicht nur die einzelnen Gläubigen) neu ausrichten kann. In diesen Gaben findet die unverbrüchliche Treue Christi zur Kirche ihren wirksamen Ausdruck, die es ihr dann auch ermöglicht, trotz zahlreicher Verirrungen ihrer Zeichenhaftigkeit für das Reich Gottes je neu zu entsprechen.

So sind der Verkündigungsdienst der Kirche, ihr Handeln in den unterschiedlichen weltlichen Bezügen sowie ihr liturgisch-sakramentales Feiern wechselseitig aufeinander bezogen. Jedes dieser Elemente bleibt auf die beiden anderen verwiesen; nur in ihrem Miteinander kann Kirche ihrer Aufgabe gerecht werden, »Säule und Grundfeste der Wahrheit« (1 Tim 3,15) zu sein. Nicht die Kirche selbst ist die Wahrheit – das ist allein Gott, der sich endgültig geoffenbart hat in Jesus Christus im Zusammenhang der Geschichte Israels und seines Bundes mit Gott; die Kirche soll auf diese Wahrheit hin transparent sein, der Ort, an dem diese Wahrheit sich immer wieder neu und verlässlich zeigen und zur Geltung bringen kann. Insofern das der Fall ist, dient die Kirche der Wahrheit Gottes, wird sie zum Zeichen für diese in den innerweltlichen Kontexten.

Das geschieht jedoch nicht per se; es erfordert vielmehr, dass die Kirche sich selbst als eine *ecclesia semper reformanda* begreift. Nur so kann sie wahre Kirche sein und bleiben, indem sie sich immer wieder neu auf Christus und die in ihm sich zeigende Wahrheit hin ausrichtet. Darin liegen die Aufgaben und die Bedeutung jeder ernsthaften Kirchenreform. In diesem Sinne sagt auch das 2. Vatikanische Konzil in seinem Ökumenismusdekret: »Jede Erneuerung der Kirche besteht wesentlich im Wachstum der Treue gegenüber ihrer eigenen Berufung ... Die Kirche wird auf dem Weg ihrer Pilgerschaft von Christus zu dieser dauernden Reform gerufen, deren sie allzeit bedarf, soweit sie menschliche und irdische Einrichtung ist« (UR 6).

Was wahre Kirche ist, lässt sich zusammenfassend durchaus auch anhand der vier im Glaubensbekenntnis genannten Wesensmerkmale erläutern, wenn diese nicht im Sinne einer konfessionellen Apologetik missbraucht werden. Mittlerweile wird auf die *notae ecclesiae* auch in der evangelischen Theologie im Zusammenhang mit der Frage nach der wahren Kirche Bezug genommen (Dantine; Steinacker), so dass sich gerade von hier aus eine konfessionsverbindende Perspektive eröffnen könnte. – Wenn die wahre

Kirche gekennzeichnet wird durch ihre *Einheit*, so ist damit nicht eine durch Menschen bewirkte Einheit der Kirche gemeint, sondern ihre durch den Geist Gottes bewirkte Einheit (Kehl 1: 126). Diese Einheit besteht trotz aller von Menschen verschuldeten Spaltungen fort. Sie besteht in der einen Sendung, die über alle konfessionellen Grenzen hinweg die unterschiedlichen christlichen Glaubensgemeinschaften unter der Führung des Gottesgeistes daran festhalten lässt, den in Christus erfolgten heilsamen Anbruch des eschatologischen Reiches Gottes zu verkünden. – *Heiligkeit* kommt der Kirche nicht deshalb zu, weil sie frei von Sünde wäre, sondern weil sie die Gemeinschaft derer ist, die geheiligt worden sind durch den Empfang des Heiligen Geistes und dadurch Gemeinschaft haben mit Gott in seiner Heiligkeit. Diese Heiligkeit der Kirche ist verbunden mit einem göttlichen Auftrag, wie es etwa der 1. Petrusbrief erläutert: »Ihr seid ein auserwähltes Geschlecht, eine königliche Priesterschaft, ein heiliger Stamm, ein zum Eigentum erworbenes Volk, damit ihr die großen Taten dessen verkündet, der euch aus der Finsternis in sein wunderbares Licht gerufen hat« (2,9). Aufgrund ihres Verbundenseins mit Gott erschließt sich der Kirche die Wahrheit Gottes, und sie wird selbst von dieser Wahrheit in Anspruch genommen und so zur wahren Kirche. – Das dritte Wesensmerkmal der *Katholizität* meint keine Konfessionsbezeichnung, sondern verweist auf den Auftrag der Kirche, ihre Sendung auf der ganzen Erde, bei allen Völkern und Menschen zu erfüllen (griech. καϑ' ὅλον = allumfassend). Die Katholizität der Kirche beinhaltet also die Universalität ihres Sendungsauftrags. – *Apostolizität* der Kirche besagt schließlich, dass die Kirche auf dem ursprünglichen Christuszeugnis der Apostel gründet und dieses durch die Geschichte hindurch für sie normativ bleibt. Durch die Apostel hat die Kirche die Christusbotschaft empfangen und damit auch ihre Identität als Kirche Jesu Christi.

An diesen vier Wesensmerkmalen wird erkennbar, was die wahre Kirche ausmacht. Nun zeigt allerdings schon ein flüchtiger Blick auf die empirische Realität der Kirche, dass sie den notae ecclesiae nur in unzureichendem Maße entspricht. So hat etwa die Kirche ihr Handeln nicht selten an rein innerweltlichen Macht- und Nutzenkalkülen orientiert und dabei dann ihre Heiligkeit verdeckt. Am offenkundigsten ist jedoch, dass die sichtbare Kirche ihre Einheit nicht bewahrt, sondern sich in verschiedene christliche Glaubensgemeinschaften gespalten hat. Damit geht eine nicht gering zu veranschlagende Beeinträchtigung der Glaubwürdigkeit ihrer Verkündung einher. Auch wenn festzuhalten bleibt, dass die Einheit der Kirche nur durch den Geist Gottes bewirkt werden kann, so ist doch zu klären, worin der Verlust der kirchlichen Einheit begründet ist und was zu ihrer Wiederherstellung erforderlich bleibt bzw. inwiefern die Trennung auch weiterhin vertretbar ist. »Denn nicht die Einheit bedarf der Rechtfertigung, sondern die Trennung« (Ratzinger 1: 211).

4. Kirche im Plural – die ökumenische Herausforderung

Die Frage und die Suche nach kirchlicher Einheit sind keineswegs nur eine rein innerchristliche Angelegenheit. Die Einheit der Kirche steht vielmehr auch im Dienste der Einheit der Menschheit, eine Perspektive, die angesichts der großen Zerrissenheit der Menschheit in der globalisierten Welt ganz neu an Bedeutung gewinnt. So bildet für das 2. Vatikanische Konzil die Kirche »für das ganze Menschengeschlecht die unzerstörbare Keimzelle der Einheit, der Hoffnung und des Heils« (LG 9/2). Eben dies wird jedoch in seiner Glaubwürdigkeit unterminiert, wenn die Kirche in sich selbst gespalten ist.

Vor diesem Hintergrund ist es eine wichtige fundamentaltheologische Aufgabe, die Einheit und Differenz der verschiedenen christlichen Glaubensgemeinschaften zu reflektieren. Dabei geht es noch einmal um die Frage nach der Wahrheit der Kirche; denn wenn diese in der Wahrheit Gottes begründet ist, kann sie nur eine sein. Das Ziel einer ökumenischen Theologie muss dann darin bestehen, zu klären: Wie kann die Einheit der Kirche auch angesichts unterschiedlicher christlicher Glaubensgemeinschaften zur Geltung kommen? Einerseits darf Einheit demnach nicht in einem monolithischen Sinne verstanden werden, so dass jegliche innerchristliche Vielgestaltigkeit per se eine (sündhafte) Negation der Einheit wäre. Andererseits lässt sich die konfessionelle Vielfalt kaum überzeugend deuten im Sinne »einer pluralistischen Ekklesiologie, deren pneumatologischer Enthusiasmus die Fülle des in Christus erschienenen neuen Lebens von der geschöpflichen Vielfalt geschichtlicher Individuationen nicht zu unterscheiden weiß« (Körtner 1: 38). Damit wäre die kirchliche Einheit letztlich zu einem bloßen Lippenbekenntnis herabgestuft, das ernsthafte Streben nach ihr aber aufgegeben bzw. die Einheit der Kirche ins Eschaton »vertagt«. Wenn man heute tatsächlich konstatieren muss, »dass das ökumenische Bewußtsein und die ökumenische Praxis oftmals verflacht ist«, so hängt das wohl nicht zuletzt mit der Verbreitung eines solchen ins Prinzipielle gesteigerten Pluralismus zusammen, der unter dem Signum einer (angeblichen) Postmoderne auftritt und sich auch im Bereich der innerchristlichen Ökumene bemerkbar macht. Ein solches Denken »will die bestehenden Glaubensunterschiede nicht mehr sehen und verschreibt sich einer falsch verstandenen Toleranz, welche nicht im Respekt vor der anderen Meinung, sondern in der Indifferenz gegenüber der eigenen wie der fremden Glaubensüberzeugung gründet« (Kasper 4: 606). Die damit einher gehende Eliminierung der Wahrheitsfrage ist jedoch nicht der Königsweg zur Lösung des ökumenischen Problems, sondern lediglich dessen Verdrängung.

Gegenläufig dazu lassen sich heute allerdings auch gewisse Tendenzen einer *Rekonfessionalisierung* beobachten. Sie haben gewiss unterschiedliche Ursachen, hängen aber doch alle damit zusammen, dass Konfessionen auch eine identitätsstiftende Funktion haben. Wenn angesichts der vielfältigen Veränderungen in der modernen Welt – und dazu zählt auch, dass die Religionen und Konfessionen einander näher rücken – der Eindruck entsteht, dass die konfessionellen Identitäten zu verschwimmen drohen, so kann das zu entsprechenden Gegenreaktionen führen. Das ist in der Orthodoxie der Fall angesichts einer neuen Präsenz anderer Konfessionen in ihrem angestammten geographischen Bereich. Im Protestantismus war eine solche Gegenreaktion zu spüren im Gefolge der »Gemeinsamen Erklärung zur Rechtfertigungslehre« von Lutheranern und Katholiken im Jahre 1999, weil manche die Befürchtung haben, damit werde das entscheidend Reformatorische unkenntlich gemacht. Und im Katholizismus stellen etwa die Herausgabe eines neuen Weltkatechismus sowie die die innerchristliche Ökumene betreffenden Passagen der vatikanischen Erklärung »Dominus Jesus« im Jahr 2000 eine Gegenreaktion im Sinne einer Rekonfessionalisierung dar, wobei vor allem das schwindende Wahrheitsbewusstsein als bedrohlich empfunden wird. Problematisch werden solche Entwicklungen auf jeden Fall dann, wenn sie zu einer Konkurrenz exklusiver Wahrheitsansprüche werden, die keinen Raum mehr lassen für die Vielfalt unterschiedlicher christlicher Traditionen.

Für eine ökumenische Theologie erscheint heute eine neue Vergewisserung der Grundlagen der innerchristlichen Ökumene nötig. Denn ökumenische Dialoge lassen sich nur auf einer soliden Grundlage erfolgversprechend führen. Solche Grundlagen können »nicht ein sentimentaler Irenismus, für den die Wahrheitsfrage gleichgültig geworden ist, nicht ein vages Zusammengehörigkeitsgefühl, ein verwaschener Humanismus oder eine Allerweltsreligion« sein, »die sich in einen diffusen Relativismus, Synkretismus oder Indifferentismus auflöst« (Kasper 5: 196). Eine unerlässliche Voraussetzung besteht vielmehr darin, dass die unterschiedlichen Positionen klar formuliert und in den Dialog eingebracht werden, um von da aus dann eine ehrliche Suche nach der gemeinsamen Wahrheit zu beginnen. Wichtig bleibt dabei das Bemühen aller Beteiligten, das das 2. Vatikanische Konzil im Hinblick auf den katholischen Glauben anmahnt, nämlich dass er »tiefer und richtiger ausgedrückt werden« muss »auf eine Weise und in einer Sprache, die auch von den getrennten Brüdern wirklich verstanden werden kann« (UR 11/2). Erforderlich ist dazu – wie auch beim interreligiösen Dialog (siehe oben 229f) – ein Perspektivenwechsel, der dazu nötigt, die eigene Auffassung in der Sicht des jeweiligen Dialogpartners zu reflektieren. So schließt ein ernsthafter ökumenischer Dialog immer auch einen Selbstreinigungsprozess mit ein, bei dem im Blick auf die Dialogpartner die eigene Position vertieft wird und mögliche Missverständnisse ausgeräumt werden. Das ist gewiss ein schwieriger Weg; aber nur so besteht Aussicht, dass die Ergebnisse eines Dialogs auch dauerhaft Bestand haben. Über die dabei erforderliche innere Haltung der Dialogpartner sagt Papst Johannes Paul II. in seiner Ökumene-Enzyklika »Ut unum sint«, dass sie getragen sein muss vom Geist der Liebe und der Demut: »Liebe gegenüber dem Gesprächspartner, Demut gegenüber der Wahrheit, die man entdeckt und die Revisionen von Aussagen und Haltungen erforderlich machen könnte« (Nr. 36).

Was die Inhalte des ökumenischen Dialogs betrifft, so bleibt es unerlässlich, elementare Unterschiede im *Kirchenverständnis* zu thematisieren, wie sie insbesondere zwischen der evangelischen Position einerseits sowie der orthodoxen und der römisch-katholischen Position andererseits bestehen. Es bleibt für die Perspektiven des ökumenischen Dialogs wenig aussichtsreich, wenn konstatiert werden muss: »Wir haben es mit *unterschiedlichen Ekklesiologien* zu tun, welche zu unterschiedlichen ökumenischen Zielvorstellungen führen; diese führen ihrerseits zu unterschiedlichen Erwartungshaltungen und damit vom Wesen der Sache her zu wechselseitigen Enttäuschungen, weil der Partner den jeweils eigenen Erwartungen nicht entspricht oder aufgrund seiner andersartigen ökumenischen Zielvorstellung gar nicht entsprechen kann« (Kasper 4: 608f). Es droht dann eine Erlahmung der ökumenischen Bemühungen infolge fortgesetzter Frustrationen.

Nach *evangelischem Verständnis* ist die Kirche eine creatura verbi; sie wird durch das Wort Gottes hervorgebracht, ist ein Geschöpf des Wortes, das Gott in Jesus Christus gesprochen hat. Als Geschöpf des Wortes Gottes ist die Kirche aber nur dem Glauben erkennbar, dem Blick des Nichtglaubenden dagegen verborgen. Von daher wird für das evangelische Kirchenverständnis die Unterscheidung zwischen sichtbarer und unsichtbarer Kirche zentral. Diese Unterscheidung bedeutet jedoch nicht, dass die sichtbare Kirche von der unsichtbaren Kirche getrennt werden könnte und als solche dann letztlich unwichtig bleibt. Die unsichtbare Kirche als die Selbstvergegenwärtigung Gottes in seinem Wort ist vielmehr unabdingbar verwiesen auf eine ihr entsprechende sichtbare Gestalt. Diese sichtbare Kirche ist überall da gegeben, wo die rechte, reine Predigt des Evangeliums sowie die evangeliumsgemäße Feier der Sakramente stattfindet. An diesen beiden Kennzeichen erkennt der Glaube die Gegenwart der Kirche als des Leibes Christi, denn durch beides wird sie auferbaut. So lassen sich sichtbare und unsichtbare Kirche nicht voneinander trennen, sondern sie bleiben wechselseitig aufeinander verwiesen: Ohne die unsichtbare Kirche gibt es keine sichtbare Kirche und umgekehrt, »wobei freilich stets vorausgesetzt ist, dass es nur zu einer *indirekten*, niemals aber zu einer *direkten*, immer nur zu einer *mittelbaren*, niemals aber zu einer *unmittelbaren* Identität von sichtbarer und unsichtbarer Kirche kommen kann« (Jüngel 3: 182f). Die unsichtbare Kirche als (geglaubte) creatura verbi kann nicht mit einer bestimmten kirchlichen Institution gleichgesetzt werden.

In Abgrenzung davon hat man sich *katholischerseits* im Zuge der Gegenreformation vor allem auf den sichtbaren, institutionellen Aspekt der Kirche konzentriert. Im Gefolge Kardinal Bellarmins (1542–1621) wurde von »drei Bändern« (vincula) gesprochen, die die Verbundenheit mit der wahren Kirche gewährleisten: das gemeinsame Glaubensbekenntnis, der Empfang der Sakramente, die Wahrung der institutionell-hierarchischen Einheit mit der römisch-katholischen Kirche.

»Die Plausibilität dieser traditionell-apologetischen Argumentation beruhte auf einem spezifischen Verständnis von ›Leib‹: Die Kirche galt vor allem als ›Leib Christi‹ (corpus); dieser ist aber im Unterschied zur ›Seele‹ der Kirche, also zum Hl. Geist, sichtbar; d. h. er ist eine klar umgrenzbare gesellschaftliche ›Körperschaft‹ (corpus), die – weil von Jesus Christus zum Heil der Menschen gestiftet – strukturell eine ›vollkommene Gesellschaft‹ (societas perfecta) bildet und als solche identisch ist mit der römisch-katholischen Kirche. Alle anderen nicht-katholischen christlichen Gemeinschaften wurden dagegen als häretische oder schismatische Abspaltungen von dieser einzig wahren Kirche Jesu Christi tituliert« (Kehl 1: 412f).

Auf einer solchen Grundlage, die sich noch 1943 in der Enzyklika »Mystici Corporis« des Papstes Pius XII. findet (DH 3802), bleibt ein Bemühen um ökumenische Verständigung nicht nur aussichtslos, sondern schlicht überflüssig.

Diese gegenreformatorische Verengung hat dann das 2. Vatikanum entscheidend korrigiert. Es kommt dem evangelischen Verständnis durch die Feststellung entgegen, dass das Evangelium »für alle Zeit für die Kirche der Ursprung ihres ganzen Lebens ist« (LG 20/1); denn »dem Wort Gottes wohnt eine so große Macht und Kraft inne, daß es für die Kirche Stütze und Lebenskraft« ist (DV 21). Damit ist von der Sache her das Verständnis der Kirche als einer creatura verbi eingeholt (Böttigheimer 1: 55). So wird es dann auch möglich, die Identifikation der wahren Kirche Jesu Christi mit der römisch-katholischen Kirche aufzubrechen. Das Konzil vermeidet vielmehr bewusst eine solche Identifizierung, wenn es feststellt, die Kirche Christi, die im Glaubensbekenntnis als die eine, heilige, katholische und apostolische Kirche bekannt wird, subsistiere (subsistit) »in der katholischen Kirche, die vom Nachfolger Petri und von den Bischöfen in Gemeinschaft mit ihm geleitet wird« (LG 8/2). Dieses viel diskutierte lateinische Verbum »subsistit« besagt:

»Die Kirche Christi ist – auf der sakramental-strukturellen Ebene, also auf der Ebene der ›Heilsmittel‹ – in der katholischen Kirche *konkret* verwirklicht; in ihr findet sie unter dieser Rücksicht ihre ›konkrete Existenzform‹, erscheint sie auch institutionell ›vollständig‹ (…) verfaßt« (Kehl 2: 10; vgl. UR 3/5). In dieser Vollständigkeit der sakramentalen Struktur der Kirche Christi »hat die katholische Kirche in der Sicht des Konzils ihr theologisches Plus« (ebd.). Weil die Kirche Christi aber nicht einfachhin identisch ist mit der römisch-katholischen Kirche, kann das 2. Vatikanum nun auch außerhalb von ihr kirchliche Wirklichkeit anerkennen. Im Hinblick darauf spricht es von »Kirchen und kirchlichen Gemeinschaften« (LG 15; UR 3/4.19). Diese Differenzierung besagt, dass die kirchlichen Wirklichkeiten außerhalb der katholischen Kirche in unterschiedlichem Maße Anteil an der vollständigen sakramentalen Struktur der Kirche Christi haben.

Als zentrales Problem im ökumenischen Dialog kristallisiert sich von daher die *Amtsfrage* heraus. Dabei geht es im orthodox-katholischen Dialog vor allem um einen spezifischen Aspekt, nämlich den universalkirchlichen Einheitsdienst. Im evangelisch-katholischen Dialog hingegen ist in einem grundlegenderen Sinne strittig, »wie das ordinierte Amt in die kirchliche Gesamtstruktur einzuordnen ist« (Böttigheimer 1: 60). Das 2. Vatikanum hat in Bezug auf das reformatorische Christentum von einem »defectus sacramenti ordinis« (UR 22/3) gesprochen. In der theologischen Diskussion geht man überwiegend davon aus, dass mit dieser eher beiläufigen Bemerkung nicht ein völliges Fehlen des Amtes, sondern ein Mangel an der Vollgestalt des kirchlichen Amtes festgestellt werden soll, wie es etwa auch in dem katholisch-lutherischen Konsensdokument »Das geistliche Amt in der Kirche« von 1981 gesagt wird (Nr. 77; vgl. auch Kasper 6: 345). Dieser »defectus« ist nach der Lehre des 2. Vatikanums verantwortlich dafür, dass im reformatorischen Christentum »die ursprüngliche und vollständige Wirklichkeit des eucharistischen Mysteriums nicht bewahrt« worden sei (UR 22/3); denn nach katholischer Auffassung steht jede rechtmäßige Eucharistiefeier unter der Leitung eines in apostolischer Sukzession (s. u.) stehenden Bischofs bzw. eines von einem solchen Bischof ordinierten Priesters (LG 26/2).

Nun gibt es allerdings durchaus bedeutsame Gemeinsamkeiten zwischen dem evangelischen und dem katholischen Amtsverständnis, wie das erwähnte Dokument »Das geistliche Amt in der Kirche« in beeindruckender Weise zeigt. Als ganz wesentlich muss dabei etwa angesehen werden, dass auch nach evangelischer Überzeugung das Amt als von Gott gestiftet gilt. Die Ordnung der Ämter bleibt allerdings der Kirche selbst überlassen. »Die Art der Ämterordnung geht dann, aber auch nur dann in Ordnung, wenn sie dem Auftrag der Kirche zur Evangeliumsverkündigung in Wort und Sakrament und zu der ihr korrespondierenden diakonischen Liebesarbeit entspricht. Die *Notwendigkeit* solcher Entsprechung ist iure divino gegeben, über die *Art ihrer Gestaltung* ist iure humano zu entscheiden« (Jüngel 4: 271; vgl. Kühn 3: 82f). Dabei sind nach reformatorischem Verständnis alle Getauften aufgrund des allgemeinen Priestertums zur Verkündigung und Bezeugung des Evangeliums berufen. Dem Amt obliegt demgegenüber in der Regel die *öffentliche* Verkündigung und die Darreichung der Sakramente. Schließlich geht es auch darum, den »*Reichtum* des allgemeinen Priestertums der Glaubenden« zu ordnen; »die christliche Gemeinde braucht *Ämter*, weil sie überreich beschenkt ist und diesen *geistlichen Reichtum*, um ihn recht zur Geltung bringen zu können, *in geordnete Bahnen* lenken muss« (a. a. O. 274).

Der entscheidende Kern der Differenz in der Amtsproblematik ist die Frage nach der *apostolischen Sukzession* des Amtes. Nach katholischer Auffassung ist dies ein wesentliches, unverzichtbares Kriterium für die Apostolizität der Kirche. Die apostolische Sukzession im Bischofsamt ist sichtbares und wirksames Zeichen dafür, dass die Kirche in Kontinuität zu ihrem apostolischen Ursprung steht und das sie begründende apostolische Zeugnis unverfälscht bewahrt hat. Dabei ist es völlig unstrittig, dass es in der Reformationszeit zu einer Unterbrechung der apostolischen Sukzession im Bischofsamt gekommen ist; weil sich keine Bischöfe fanden, die evangelische Christen ordiniert haben, ging man schließlich zur presbyterialen Ordination über. Nach evangelischer Auffassung ist nun allerdings dieses Abweichen von der Regel, die man zunächst auch selbst einhalten wollte, von den Reformatoren »zweifellos als theologisch verantwortbar und grundsätzlich möglich betrachtet worden, so sehr es faktisch aus der Not geboren war« (Wenz: 379). Die Unterbrechung der apostolischen Sukzession bleibt nach evangelischem Verständnis insofern unproblematisch, als durch diese die Apostolizität der Kirche nicht gesichert werden kann. Die Apostolizität der Kirche hat ihren Grund vielmehr in ihrer Schriftgemäßheit: »Da der Nachfolger des Apostels der neutestamentliche Kanon (und nicht etwa der Bischof) ist, existiert die Kirche deshalb und nur deshalb in *apostolischer Sukzession*, weil und insofern sie *schriftgemäß* denkt, redet und handelt« (Jüngel 3: 185).

Eine Verständigung in dieser Frage wird für die Zukunft des evangelisch-katholischen Dialogs von zentraler Bedeutung sein. Das erscheint insofern durchaus sachgemäß, als es sich dabei auch um ein theologisch zentrales Problem handelt. Denn »in der apostolischen Sukzession geht es um die Wahrung der *Wahrheit des Evangeliums*, die allein die *Einheit* der Kirche konstituiert und garantiert« (Jüngel 4: 273). Annäherungen scheinen dabei auf jeden Fall möglich. So dürfte unstrittig sein, dass die apostolische Amtsnachfolge »nicht im Sinne einer automatisch wirkenden Garantie missverstanden werden« darf (Böttigheimer 2: 168). Auch nach katholischer Auffassung steht nicht der einzelne Bischof je für sich in der apostolischen Sukzession, sondern als Mitglied des universalen Bischofskollegiums (Ratzinger 1: 257–259). Deshalb kann auch nur der Konsens des Bischofskollegiums als untrügliches Zeichen der Apostolizität der Kirche gelten (vgl. LG 25). In ökumenischer Hinsicht bleibt dabei bedeutsam, dass selbstverständlich »jede kirchliche Verkündigung sich von der Heiligen Schrift nähren und sich an ihr orientieren« muss (DV 21); auch »das Lehramt ist nicht über dem Wort Gottes, sondern dient ihm« (DV 10/2). Insofern steht auch die Lehre von der apostolischen Amtssukzession prinzipiell in Einklang mit dem reformatorischen Schriftprinzip. Zu bedenken und zu klären bleibt in diesem Zusammenhang dann jedoch ebenfalls, was auch einzelne evangelische Theologen herausstellen: »Die Bewahrung des apostolischen Zeugnisses, wie es grundlegend in der Heiligen Schrift gegeben ist, bedarf der dieses Zeugnis bewahrenden Zeugen, die successio apostolicae doctrinae impliziert notwendig die Nachfolge im apostolischen Dienst« (Kühn 2: 251). Wenn es prinzipiell kein Zeugnis ohne Zeugen geben kann, dann setzt die Bewahrung der Apostolizität des Glaubenszeugnisses der kirchlichen Verkündigung und Lehre auch eine apostolische Sukzession der Glaubenszeugen voraus.

Die katholische Kirche sieht diese successio apostolica im Bischofsamt gegeben als sichtbares und wirksames Zeichen, dessen sich der Heilige Geist bedient, um die Apostolizität der Kirche zu sichern (Böttigheimer 3: 311). Zu fragen ist dann aber auch: Wenn in den evangelischen Kirchen die apostolische Tradition bewahrt worden ist trotz der Unterbrechung der Amtssukzession, muss es dann nicht auch in ihr eine solche (wenn auch nicht so eindeutig identifizierbare) Zeugenreihe geben? Die entscheidende Frage wäre somit die nach den inhaltlichen Übereinstimmungen im Glauben.

In der theologischen Diskussion zeichnen sich hier durchaus Verständigungsmöglichkeiten ab. So erwägt etwa der katholische Ökumeniker Peter Neuner, »ob nicht immer dann, wenn das Amt die rechte Lehre verkündigt, es damit auch als rechtes Amt anerkannt werden könnte, und das selbst dort, wo die Art und Weise, wie die Amtsübertragung erfolgte, nicht nach den Regeln verlief, die die katholische Theologie für den Normalfall aufstellt« (Neuner 2: 231). Von der Sache her sekundiert dem Wolfgang Beinert, wenn er die apostolische Sukzession als »Anzeige einer *strukturellen Kontinuität der Kirche mit ihrem (apostolischen und damit christologischen) Ursprung*« (Beinert 3: 298) versteht. Diese Strukturkontinuität muss sich nicht in einer historisch belegbaren lückenlosen Kette von Amtsträgern zeigen. Gesteht man dies zu – und man muss es zugestehen, weil eine solche lückenlose Kette von Amtsträgern historisch eben kaum belegbar sein dürfte –, so stellt sich die Frage, woran die strukturelle Kontinuität, die die apostolische Sukzession anzeigt, festgemacht werden kann. Nach Beinert umfasst sie »wenigstens die (heute) übergemeindliche Episkopé, das verantwortete Predigtamt, die bevollmächtigte Sakramentenspendung. Wo sie vorhanden sind, kann einer christlichen Konfession, bzw. deren Amtsträgern die apostolische Sukzession und damit ein strukturell gültiges Amt eigentlich nur abgesprochen werden, wenn nachgewiesen wird, dass die Amtsträger nicht in der Apostolizität des Lebens und der Lehre (als den Primärdaten der Apostolizität überhaupt) stehen und die Gemeinden ihnen darin gleich sind« (a. a. O. 298f). Man kann das dann etwa konkretisieren im Hinblick auf die »Gemeinsame Erklärung zur Rechtfertigungslehre« von Lutheranern und Katholiken aus dem Jahr 1999, »wenn angesichts der katholischen Bewertung des altkirchlichen Bischofsamtes als für die Kirche ›notwendig und unverzichtbar‹ evangelischerseits kritisch gefragt wird, ob und wieweit diese Bewertung nicht dem Rechtfertigungskonsens entgegensteht« (Meyer: 252).

Ein spezifischer Aspekt im Zusammenhang der Amtsthematik ist schließlich das *Petrusamt.* »Die Frage, ob der römische Papst ›iure divino‹ Oberhaupt der Kirche Jesu Christi ist, trennt die römisch-katholische Kirche von allen anderen Konfessionen« (Böttigheimer 4: 7). Dabei verhält sich die Sachlage ganz ähnlich wie beim Problem der apostolischen Sukzession: Auch in der nichtkatholischen Christenheit wird ein päpstlicher Einheitsdienst nicht selten grundsätzlich als durchaus nützlich angesehen, aber es wird bestritten, dass dies mit zu dem gehört, was für die Kirche konstitutiv ist. Ein wichtiges theologisches Argument stellt dabei das Fehlen einer eindeutigen neutestamentlichen Grundlage dar. Zwar kommt Petrus im Neuen Testament durchaus eine gewisse Sonderrolle zu; aber von einer Petrus*nachfolge* ist nicht die Rede. Ein solches Petrusamt in seiner Verbindung mit dem römischen Bischof hat sich erst in der späteren kirchlichen Tradition herausgebildet. Ein Urteil über die Legitimität dieser Entwicklung hängt nicht zuletzt mit der dornigen theologischen Frage zusammen, wie das Verhältnis von Hl. Schrift und kirchlicher Tradition konzipiert wird (siehe unten 374–380).

Erschwerend kommt hinzu, dass sich seit dem Mittelalter immer stärker die Tendenz durchsetzt, den Papst gewissermaßen herauszurücken aus dem Zusammenhang der Gesamtkirche (Schatz: 102ff). Den Höhepunkt dieser Entwicklung bildet das 1. Vatikanische Konzil im 19. Jahrhundert mit seinen beiden Papstdogmen (über die Forschungslage und die aktuelle Diskussion informiert knapp und präzise: Pottmeyer 7). Die Definition des päpstlichen Jurisdiktionsprimats ist so gefasst, dass er keinerlei Einschränkungen unterliegt (DH 3064). Der Papst besitzt demnach die höchste und volle bischöfliche Gewalt in der Kirche in allen Fragen des Glaubens und der Sitten sowie der Disziplin und Leitung der Kirche. Diese Jurisdiktionsvollmacht ist eine ordentliche und unmittelbare, sie gilt also nicht nur in außerordentlichen Situationen oder unter besonderen Bedingungen. Dagegen ist das Unfehlbarkeitsdogma an bestimmte Bedingungen geknüpft (siehe unten 388).

Das 2. Vatikanische Konzil hat sich dann bemüht, das Petrusamt wieder stärker gesamtkirchlich einzubinden, indem man versucht hat, es neu in ein Verhältnis zum Kollegium der Bischöfe zu setzen. Den Ansatz dafür bildet das patristische Verständnis der Kirche als communio (Kehl 1: 320ff). Danach ist die Kirche eine Gemeinschaft von Ortskirchen, sie besteht in und aus den Ortskirchen (LG 23/1). Jede Ortskirche ist selbst wahrhaft Kirche, die sich in der Feier der Eucharistie und im Hören auf das Wort Gottes konstituiert. Die communio dieser Ortskirchen wird repräsentiert durch das Kollegium der Bischöfe als ihren Leitern. Der Papst repräsentiert die Einheit dieser universalen Gemeinschaft der Ortskirchen. Als solcher ist er Mitglied des Bischofskollegiums; er steht also nicht außerhalb von diesem, hat aber als der Nachfolger des Petrus eine hervorgehobene Stellung in ihm als dessen Haupt.

Mit dieser Communio-Ekklesiologie weist das 2. Vatikanum in ökumenischer Hinsicht in die richtige Richtung, auch wenn das Verhältnis von universaler Kirche und Ortskirchen selbst innerkatholisch noch längst nicht befriedigend geklärt ist (vgl. etwa Kehl 3; Pottmeyer 3; Scheffczyk). Denn es bleibt eine beträchtliche, unausgeglichene Spannung zwischen der Lehre des 2. Vatikanums vom Bischofskollegium und dem päpstlichen Jurisdiktionsprimat, so wie ihn das 1. Vatikanum definiert hat (vgl. LG 22). Daher kommt es auch an diesem Punkt immer wieder zu innerkirchlichen Konflikten.

In ökumenischer Perspektive gilt in jedem Fall: Die Papstdogmen des 1. Vatikanums bleiben für Nichtkatholiken unakzeptabel. Soll durch sie die Hoffnung auf ökumenische Fortschritte nicht von vornherein zunichte gemacht werden, so wird es unerlässlich sein, den päpstlichen Einheitsdienst mit einer Communio-Ekklesiologie zu verbinden und ihn in deren Rahmen zu entwickeln. Dazu ist es jedoch erforderlich, zwischen dem universalkirchlichen Einheitsdienst des Papstes und dem Papst als Oberhaupt der römisch-katholischen Kirche zu unterscheiden. In diesem Sinne hat Joseph Ratzinger im Blick auf die Ostkirche die Perspektive formuliert:

»Rom muß vom Osten nicht mehr an Primatslehre fordern, als auch im ersten Jahrtausend formuliert und gelebt wurde. Wenn Patriarch Athenagoras am 25.7.1965 beim Besuch des Papstes in Phanar diesen als Nachfolger Petri, als den ersten an Ehre unter uns, den Vorsitzer der Liebe, benannte, findet sich im Mund dieses großen Kirchenführers der wesentliche Gehalt der Primatsaussagen des ersten Jahrtausends, und mehr muß

Rom nicht verlangen. Die Einigung könnte hier auf der Basis geschehen, daß einerseits der Osten darauf verzichtet, die westliche Entwicklung des zweiten Jahrtausends als häretisch zu bekämpfen und die katholische Kirche in der Gestalt als rechtmäßig und rechtgläubig akzeptiert, die sie in dieser Entwicklung gefunden hat, während umgekehrt der Westen die Kirche des Ostens in der Gestalt, die sie sich bewahrt hat, als rechtgläubig und rechtmäßig anerkennt« (Ratzinger 1: 209).

Dies könnte ein Grundsatz sein, der es eventuell auch nichtkatholischen Kirchen möglich macht, den Papst als universalen Repräsentanten und Sprecher der Christenheit anzuerkennen. »Er hätte dann der Gesamtkirche so vorzustehen, daß analog zur altkirchlichen Patriarchalstruktur die Schwesterkirchen ihre Identität und kanonische Autonomie nicht verlieren, sondern ganz im Gegenteil ihre rechtmäßige Verschiedenheit geschützt sowie ihre Treue zur apostolischen Lehre und zueinander gefördert wird« (Böttigheimer 4: 13). Dem päpstlichen Dienst würde damit vor allem ein pastoraler Charakter eignen. Der Papst wäre Anwalt der Einheit, der die verschiedenen Kirchen immer wieder auf die in der Schrift maßgebend bezeugte Wahrheit Gottes verweist und sie so an die Wahrheit ihres eigenen Kircheseins erinnert.

Um überhaupt möglich zu sein, müsste dieser päpstliche Einheitsdienst in rechtswirksamer Weise ausgestaltet werden, eine gewiss nicht einfache Aufgabe, aber vielleicht doch auch nicht völlig utopisch. »Ausreichend wäre eine Übereinkunft, die alle Schwesterkirchen zur ›Koinonia‹ verpflichtet, welche sich im Petrusamt symbolisiert. Einigkeit müßte darüberhinaus in den formalen Vollmachten herrschen, welche Jurisdiktion und Lehre betreffen und die zur effektiven Ausübung dieses Amtes nötig sind, sowie in der geistlichen Ausübung dieses Dienstes« (a. a. O. 15). Ein solcher Einheitsdienst könnte wohl dazu beitragen, dass die Stimme der Christenheit in einer globalisierten Welt überzeugender und glaubwürdiger vernehmbar wird.

Die *Zielvorstellungen* hinsichtlich einer zukünftigen Einheit der Kirche – daran ist noch einmal zu erinnern (siehe 315) – hängen entscheidend von den unterschiedlichen ekklesiologischen Grundlagen ab. Daher bleibt die Arbeit daran vorrangig. Andererseits braucht der ökumenische Prozess Perspektiven, und diese sind alles andere als einheitlich. Für die katholische Kirche geht es um eine volle sichtbare Gemeinschaft; und sie »versteht darunter – und dabei stimmt sie mit der orthodoxen Position grundsätzlich überein – eine Einheit im *einen* Glauben, in *denselben* Sakramenten und im *einen* apostolisch begründeten Bischofsamt« (Kasper 5: 198). Das ist im katholischen Kirchenverständnis begründet. Auf evangelischer Seite stößt das dagegen auf beträchtliche Vorbehalte.

»Es geht im Kern um die Frage, ob und in welchem Sinne gesamtkirchliche Strukturen für die sichtbare Einheit der Kirche, der wir entgegengehen, notwendig sind. Ja, es geht noch grundsätzlicher um die Frage, ob wir als ökumenisches Ziel überhaupt so etwas wie eine ›sichtbare Einheit‹ ins Auge fassen, was in letzter Zeit protestantischerseits als ökumenische Zielvorstellung – und mit dem Hinweis: genau das sei römisch-katholisch – wiederholt in Frage gestellt worden ist« (Kühn 2: 247).

Statt dessen favorisiert man in der Regel das Modell der Leuenberger Konkordie, aufgrund derer sich 1973 auf europäischer Ebene die lutherischen, die reformierten und die unierten Kirchen wechselseitig anerkannt und infolgedessen Kanzel- und Abendmahlgemeinschaft gewährt haben. Die Grundlage dieser Kirchengemeinschaft ist die Feststellung eines gemeinsamen Verständnisses des Evangeliums, d. h. der Rechtfertigungsbotschaft im reformatorischen Sinne. Die Kirchen bleiben jedoch bekenntnismäßig und institutionell getrennt. Bei dieser Kirchengemeinschaft wird somit die strukturelle Ebene bewusst ausgeklammert. Das wiederum ist für die katholische (und auch die orthodoxe) Seite nicht akzeptabel. Doch es gibt durchaus auch evangelischerseits Vorbehalte, die besagen, dass das Leuenberger Modell von seinem Ansatz her zu begrenzt sei. »Die ›öffentliche‹ Predigt des Evangeliums durch das geistliche Amt sowie der ihm zugeordnete Vollzug bzw. Vorsitz (im Falle des Herrenmahls) bei den Sakramenten stellen … als solche bereits ›Strukturen der Einheit der Kirche‹ dar, und ein ›consentire‹ in diesen Vollzügen betrifft gerade bei den Sakramenten keineswegs nur die Sakraments*lehre*, sondern auch ihre praktische, der Einheit der Kirche dienende ›Verwaltung‹« (Kühn 2: 260f). So bleibt vielleicht doch auch in dieser Frage der ökumenischen Zielvorstellungen Raum für Gesprächs- und Annäherungsmöglichkeiten, wobei hier nochmals die besondere Relevanz der Amtsfrage deutlich wird.

5. Kirche und Theologie

Fundamentaltheologie als wissenschaftstheoretische Grundlegung der Theologie behandelt das Thema Kirche, weil für die Theologie ein kirchlicher Bezug wesentlich und unverzichtbar ist. Theologie vollzieht sich gerade auch als wissenschaftliche Disziplin im Kontext von Kirche; abgeschnitten von diesem, als gewissermaßen frei schwebendes Unternehmen, verlöre sie ihre Relevanz, nicht nur für die Kirche, sondern auch für die Gesellschaft. Der damit gegebenen Spannung zwischen ihrer Wissenschaftlichkeit und ihrer Kirchlichkeit kann die Theologie nicht entkommen; sie muss diese Spannung aushalten und fruchtbar zu machen versuchen (siehe dazu 393ff). Die Klärung dieses kirchlichen Bezuges der Theologie macht es für die Fundamentaltheologie jedoch zunächst einmal erforderlich, Rechenschaft darüber abzulegen, was Kirche ist und worin sie ihren Grund hat, und zwar im Blick auf die Frage: Welche Bedeutung hat die Kirche für den christlichen Glauben? Warum bleibt sie für diesen unverzichtbar? Erst eine Beantwortung dieser Frage, um die es im fundamentaltheologischen Kirchentraktat geht, lässt verständlich werden, wie Kirche mit hineingehört in den Zusammenhang einer vernunftgemäßen Verantwortung des Glaubens und seiner Wahrheit. Darum geht es im fundamentaltheologischen Kirchentraktat auch zentral um die Frage nach der Wahrheit der Kirche selbst sowie darum, wie diese Wahrheit angesichts der realen Spaltung der Kirche zur Geltung kommen kann.

Theologie hat einen Bezug zur Kirche, weil sie eine unverzichtbare Aufgabe der Kirche darstellt. Die Kirche hat von frühester Zeit an den von ihr zu bezeugenden und zu überliefernden Glauben als eine fides quaerens intellectum verstanden. Und das ist auch ganz folgerichtig so, wenn es denn in diesem Glauben der Kirche um Wahrheit geht, nämlich um die Wahrheit Gottes, die in Jesus Christus offenbar geworden ist. Wahrheit kann als solche aber nur anerkannt werden, wenn sie sich auch vor der Vernunft als Wahrheit zu erweisen vermag. Aus diesem Grund muss die Kirche ihren Glauben im Medium der Vernunft auslegen, so dass es schon sehr früh zu einer Symbiose von Glaube und Vernunft gekommen ist. Man wird sagen können: Ohne diese Symbiose von

Glaube und Vernunft hätte das Christentum wohl niemals zu einer Weltreligion werden können. Es wäre nicht in der Lage gewesen, eine kulturelle Dominanz zu erringen und diese über eine so lange Zeit hin zu bewahren.

Diese Verbindung zwischen Glaube und Vernunft herzustellen und den Glauben im Medium der Vernunft auszulegen, ist die spezifische Aufgabe der Theologie. Darin besteht ihre Funktion für die Kirche. Zugleich liegt darin dann aber auch ihre gesellschaftliche Relevanz begründet, insofern sie damit ja auch der Gesellschaft gegenüber den Bedeutungsgehalt des christlichen Glaubens darlegt und seine Perspektiven für die Gesellschaft erläutert. Die Theologie wird so zum Bindeglied zwischen der Kirche einerseits sowie der Gesellschaft und der Kultur andererseits. In dieser Funktion ist die Theologie der bevorzugte Ort, an dem die Kirche immer wieder ihre eigene Glaubenserkenntnis reflektieren und sich mit kritischen Anfragen oder neuen Herausforderungen in einer wissenschaftlich fundierten Weise auseinandersetzen kann.

Die damit berührte Frage nach den Grundlagen der Glaubenserkenntnis ist das Thema des vierten Traktates der Fundamentaltheologie, der Theologischen Erkenntnislehre. In ihrem Zusammenhang ist nochmals über die Theologie zu handeln. Es geht dann vor allem auch darum, sie in Beziehung zu setzen zu den anderen Orten der Glaubenserkenntnis und ihr Verhältnis zu diesen zu klären.

IV. Die Grundlagen theologischer Erkenntnis

Nachdem die Fundamentaltheologie sich in ihrem Religionstraktat zunächst um eine Explikation des anthropologischen Bezugspunktes der Theologie bemüht, sodann die Offenbarung Gottes als das Fundament theologischen Denkens und Redens dargelegt und den Bezug der Theologie zur Kirche erläutert hat, gilt es schließlich, die Grundlagen theologischer Erkenntnis zu klären. Erst damit sind dann alle unerlässlichen Elemente einer Grundlegung der Theologie gegeben, die diese als eine Wissenschaft sui generis ausweist. Denn theologische Erkenntnis stellt ja eine spezifische Form der Erkenntnis dar, die etwa von naturwissenschaftlicher, aber auch von philosophischer Erkenntnis zu unterscheiden ist. Aufgabe der Fundamentaltheologie ist es, theologisches Erkenntnisstreben in seiner Eigenart darzulegen und nach seiner Begründbarkeit zu fragen. Dazu ist im fundamentaltheologischen Erkenntnislehre-Traktat zum einen zu klären, woraus theologische Erkenntnisse abgeleitet werden. Zum anderen geht es um die methodischen Grundlagen theologischer Erkenntnis sowie um die Frage, wer ihr Subjekt ist und an welchen »Orten« sie sich vor allem ereignet.

Historisch ist die Theologische Erkenntnislehre ein Kind des Reformationszeitalters. Als ihr Vater gilt im Raum der katholischen Theologie der spanische Dominikaner *Melchior Cano* (1509–1560) mit seinem Werk »De locis theologicis«, das erst nach seinem Tod gedruckt und veröffentlicht wurde (Klinger 1: 19ff; Kern/Niemann: 49–53; Seckler 12; Pottmeyer 4: 91–95; Körner 2). Der große Einfluss Canos auf die Entwicklung der Theologischen Erkenntnislehre zeigt sich schon daran, dass der Titel dieses Werkes dem ganzen Unternehmen in der katholischen Theologie über lange Zeit hin den Namen gegeben hat. – Cano reagierte mit seinem Konzept insbesondere auf die reformatorische Unterwerfung theologischer Erkenntnis unter das kritische Prinzip des sola scriptura. Demgegenüber unterscheidet Cano insgesamt zehn loci theologici, also Orte, die in unterschiedlicher Weise konstitutiv sind für die Gewinnung theologischer Erkenntnis. Grundlegend ist dabei der Offenbarungsinhalt; ihn sieht Cano in Schrift und Tradition, den ersten beiden loci theologici, gegeben, womit er sich von der reformatorischen Konzentration auf das Schriftprinzip in spezifisch katholischer Weise abgrenzt. Fünf weitere loci theologici dienen sodann der Interpretation der Offenbarung; es sind fünf Bezeugungsinstanzen, die das rechte Verständnis der in Schrift und Tradition enthaltenen Offenbarung darlegen: die universale Kirche, die allgemeinen Konzilien, die Römische Kirche, die Kirchenväter sowie die scholastischen Theologen. Diese insgesamt sieben loci sind die für die Theologie spezifischen Erkenntnisorte, die loci proprii, da sie auf der Autorität der Offenbarung beruhen. Daneben nennt Cano noch drei weitere loci, die loci alieni: die natürliche Vernunft, die Philosophen sowie die Menschheitsgeschichte. Auch sie können zur theologischen Erkenntnis beitragen, obwohl sie nicht an der Autorität der Offenbarung partizipieren. Die Aufgabe der Theologischen Erkenntnislehre sieht Cano darin, diese unterschiedlichen loci theologici in ein möglichst sachgemäßes Verhältnis zueinander zu bringen.

Ihren Ansatzpunkt hat theologische Erkenntnis bei der Offenbarung Gottes; hiervon nimmt sie ihren Ausgang, und darauf ist sie dann auch bleibend bezogen. Denn in inhaltlicher Hinsicht geht es bei der theologischen Erkenntnissuche um die Erschließung des Wahrheitsgehalts der von der Kirche tradierten Offenbarungsbotschaft. Dabei handelt es sich um einen prinzipiell unabschließbaren Erkenntnisprozess, weil von dieser Offenbarung ja in immer wieder neuen, sich verändernden Kontexten gesprochen werden muss. Die Offenbarungsbotschaft und der Offenbarungsglaube sehen sich daher auch immer wieder mit neuen Herausforderungen und Fragen konfrontiert; und angesichts dessen stellt sich dann auch die Frage nach dem Wahrheitsgehalt der Offenbarung immer wieder neu, so dass dieser theologische Erkenntnisprozess niemals definitiv an sein Ende gelangt.

Wenn christliche Theologie von der Offenbarung Gottes spricht, so versteht sie darunter seine *Selbst*offenbarung (siehe 264): Gott offenbart sich, indem er sich selbst dem Menschen erschließt. Es geht um ein personales Geschehen, eine personale Begegnung: Gott offenbart sich selbst, weil er zum Menschen in Beziehung treten, sich ihm schenken und so eine personale Gemeinschaft mit ihm begründen will. Dieses kommunikationstheoretisch-partizipative Offenbarungsverständnis setzt nun aber voraus, dass Gott sich in einer Weise offenbart, die es dem Menschen ermöglicht, das als ein personales Beziehungsangebot zu verstehen. Wie kann also der transzendente Gott sich so offenbaren, dass er als ein beziehungswilliger und -fähiger Gott vernehmbar wird und so dann auch beim Menschen ankommen kann? Der christliche Glaube antwortet auf diese Frage: Die Selbstoffenbarung Gottes erfolgt als Wort Gottes in menschlicher Sprache. Offenbarung ist demnach zu begreifen als ein Sprachgeschehen, ein Wortereignis.

Hier stellt sich nun allerdings die Frage, ob es sich bei dieser Rede von einem Wort Gottes nicht um eine bloß mythologische Vorstellung handelt. Im Zuge einer von der Fundamentaltheologie zu leistenden wissenschaftstheoretischen Grundlegung der Theologie ist es daher unerlässlich, das theologische Verständnis dieses Begriffs »Wort Gottes« genauer zu klären und nach seiner Vernunftgemäßheit zu fragen. Darin besteht die erste Aufgabe einer Theologischen Erkenntnislehre; denn alles, was als theologische Erkenntnis geltend gemacht wird, steht auf dem Boden dessen, was die Theologie als göttliches Offenbarungswort ansieht; es muss von dorther ableitbar und legitimierbar sein.

1. Wort Gottes als Grundlage theologischer Erkenntnis

Wenn theologische Erkenntnis auf ein Sprachgeschehen zurückgeführt wird, so geht es nicht um ein Wort *über* Gott; gemeint ist vielmehr, dass Gott selbst redet und sich dadurch selbst zur Sprache bringt. In dem, was die Theologie als Wort Gottes reklamiert, kommt also Gott selbst zu Wort, und zwar derart, dass er vom Menschen vernommen und verstanden werden kann. Mit Gerhard Ebeling lässt sich dieses Sprachereignis folgendermaßen charakterisieren:

»Es handelt sich in dem als Offenbarung zu verstehenden Wortgeschehen ... nicht primär um diejenige Funktion des Wortes, die in der Mitteilung eines Sinngehaltes besteht, sondern, so wenig davon zu abstrahieren ist, primär um diejenige Funktion des Wortes, die sich nach Erfüllung ausstreckt ... Bei dem Verständnis der Offenbarung als Wortgeschehen geht es primär nicht um die logische, sondern um die geschichtliche Funktion des Wortes, eben weil es um ein die Existenz selbst in ihrem Existieren betreffendes Wort geht, um ein nicht einfach Antworten darreichendes, sondern auf Antwort wartendes, zum Antworten ermächtigendes Wort; wobei es um nichts Geringeres geht, als dass der Mensch selbst in seinem Existieren dazu ermächtigt wird, als Antwortender, man könnte geradezu sagen: als Antwort zu existieren« (Ebeling 6: 370).

In der Terminologie moderner Sprachphilosophie handelt es sich beim Ereignis des Wortes Gottes nicht um einen konstativen Sprechakt, sondern um einen performativen Sprechakt (siehe oben 165). Solche performativen Äußerungen zeichnen sich dadurch aus, dass der Sprecher durch seinen Sprechakt eine Handlung ausführt. Auf das Wort Gottes bezogen heißt das: Gott eröffnet durch sein Offenbarungswort dem Menschen eine neue Beziehungsmöglichkeit. Durch dieses Wort sagt Gott dem Menschen sich selbst, seinen helfenden und rettenden Beistand in absolut verlässlicher Weise zu. So wird dieses Wort Gottes für den Menschen zu einer sein gesamtes Leben (einschließlich seines Sterbens) einbeziehenden Verheißung. Als solches fordert das Wort Gottes ihn dazu heraus, sich selbst von der mit ihm gegebenen Zusage und Verheißung Gottes her neu zu verstehen und sein Leben darauf hin auszurichten.

Fragt man, wo und wie das Wort Gottes vernehmbar wird, so antwortet der christliche Glaube: Jesus Christus ist als Person dieses Wort Gottes; in ihm ist es »Fleisch geworden« (Joh 1,14). Demnach ist Jesus Christus nicht nur ein Prophet, also ein Bote, der ein von Gott kommendes Wort verkündet, so wie ihn etwa der Koran versteht. Nach christlicher Überzeugung ist vielmehr Jesus Christus selbst die menschgewordene Gestalt des Wort Gottes. Der christliche Glaube versteht »Jesu Leben und Geschick als die (innergeschichtlich) endgültige Gestalt der Menschenzuwendung des Gottes Israels«, so »daß es die wesentliche Bedeutung der Geschichte Jesu ausmacht, der Erweis (d. h. das endgültig offenbarende Geschehen) der unbedingt für die Menschen entschiedenen Liebe Gottes zu sein« (Pröpper 3: 279). Damit aber wird Christus zur Zusage und Verheißung Gottes für alle Menschen: Der Zusammenhang seines Lebens, seines Sterbens und seiner Auferweckung von den Toten ist zu begreifen als das Wort, durch das Gott sich den Menschen in letztgültiger Weise zuspricht. In Christus bringt Gott zum Ausdruck, was er für alle Menschen will und wie er sich selbst vorbehaltlos dafür engagiert. Als solcher ist Jesus Christus der christliche Glaubensgrund, der eben als ein Sprachgeschehen, als den Menschen anredendes Wort Gottes verstanden werden will.

Eine christliche Theologie muss sich in diesem Zusammenhang genau Rechenschaft darüber ablegen, dass nicht erst im Neuen Testament, sondern bereits im Alten Testament in vielfacher Weise vom Ergehen eines Wortes Gottes gesprochen wird. Insbesondere geschieht das in Prophetenworten, die dann häufig als »Spruch Jahwes« gekennzeichnet werden. Inhaltlich lässt sich dieses alttestamentliche Wort-Gottes-Ereignis folgendermaßen charakterisieren:

»Thema der Glaubenserkenntnis aus dem Wort Gottes ist, typisch für Israel, die Weisung Gottes für den geschichtlichen Weg des Volkes. Deren Eigenart besteht zuerst darin, diesen Weg wirksam zu führen, nachfolgend lässt er sich verstehen, etwa in heilsgeschichtlichen Zusammenhängen oder im Blick auf die außerisraelitische religiöse und weltliche Wirklichkeit. Die ganze alttestamentliche Existenz ist somit eingetaucht in die Erfahrung des Wortes Gottes und gekennzeichnet vom Eindruck der vielgestaltigen Erfahrbarkeit der Stimme und des Wortes Gottes« (Pesch O.H. 1: 2).

Um zu klären, wie sich die radikale neutestamentliche Konzentration des Wortes Gottes auf die Person Jesu Christi zu diesem alttestamentlichen Wort-Gottes-Ereignis verhält, kann man zunächst von der Beobachtung ausgehen, dass das Neue Testament selbst das in Christus ergangene Wort Gottes in Beziehung setzt zu dem in der Geschichte des alttestamentlichen Gottesvolkes immer wieder vernommenen Gotteswort (Hebr 1,1f). Christus als Wort Gottes steht demnach in Kontinuität zum alttestamentlichen Wort Gottes; dieses ist durch das Christusgeschehen nicht etwa überholt, sondern wird durch es erneuert in der Situation der Endzeit (vgl. Hebr 1,2). Christus als das menschgewordene Wort Gottes steht ganz im Horizont des im Kontext der Geschichte Israels ergangenen Wortes Gottes, und kann so auch als endzeitliches Wort Gottes überhaupt nur von daher verstanden werden.

In Anknüpfung an das oben entwickelte Offenbarungsverständnis (siehe 262–266) lässt sich somit sagen: Durch Jesus Christus als endzeitliches Wort Gottes wird das endgültig bestätigt, was Gott Israel im Fortgang seiner Geschichte immer wieder neu zugesagt hat: sein helfendes Mitsein, seinen rettenden Beistand. Im Zusammenhang des Lebens, des Sterbens und der Auferweckung Jesu bewahrheitet sich die an Israel ergangene Zusage Gottes, insofern sich hier zeigt: Dieser helfende und rettende Beistand Gottes hält schlechterdings jeder Macht dieser Welt stand, sogar der alles mit Vernichtung bedrohenden Macht des Todes. Um eben das zu erweisen, muss das Wort Gottes Mensch werden; das bleibt die unerlässliche Bedingung der Möglichkeit dafür, dass das an Israel ergangene Wort Gottes sich in einer solch endgültig-unüberbietbaren Weise bewahrheiten kann. In diesem Sinne versteht der christliche Glaube Jesus Christus als das endzeitlich-letztgültige Wort Gottes, über das hinaus es kein weiteres Wort Gottes gibt und zu geben braucht.

Dieses Wort Gottes ist das objektive Prinzip theologischer Erkenntnis (Pesch O.H. 1: 1). Als *Prinzip* allen theologischen Erkenntnisstrebens ist es dessen Ursprung und Grund: Von ihm geht theologische Erkenntnis aus, und in ihm hat sie ihr bleibendes Fundament. So empfängt sie vom Wort Gottes auch ihren Inhalt und versucht dann, sich diesen verstehend anzueignen. In diesem Sinne ist das Wort Gottes *objektives* Prinzip theologischer Erkenntnis, insofern sie sich von ihm auch ihren Gegenstand (z. B. die Botschaft von der Auferweckung Jesu) vorgegeben sein lässt. Bei der verstehenden Aneignung dieser Inhalte geht es dann darum, deren Bedeutsamkeit in einer ganz bestimmten Hinsicht zu erschließen, nämlich im Hinblick auf das Heil des Menschen und der Welt. Das Wort Gottes lässt erkennbar werden, was Gott zugunsten des Heils seiner Schöpfung will und tut, so dass gesagt werden kann: »Theologische Erkenntnis ist eine solche, deren Sinn und Ziel es ist, dessen, *was* das Wort Gottes sagt, durch seine Bewandtnis als Wort *Gottes* als wahr gewiß zu werden und es in seinen Zusammenhängen, Konsequenzen und Wirkungen zu verstehen« (ebd.).

In sprachpragmatischer Perspektive lassen sich somit zwei Aspekte unterscheiden. Zunächst ist das Wort Gottes unmittelbare Anrede des Menschen durch Gott im Sinne eines performativen Sprechaktes. Das Wort Gottes ist das Medium, durch das Gott sich an den Menschen wendet, um in Beziehung zu ihm zu treten und sich mit ihm zu verbinden. Dabei ist dieses Wort Gottes jedoch auch mit bestimmten Inhalten verknüpft, etwa der Botschaft vom Nahegekommensein des Reiches Gottes oder der Osterbotschaft. Grundlage theologischer Erkenntnis ist das Wort Gottes in beiderlei

Hinsicht, wobei sich aber die Frage stellt, wie sich der performative und der inhaltliche Aspekt zueinander verhalten. – Verfehlt ist auf jeden Fall eine Reduktion auf den inhaltlichen Aspekt. Damit würde das Wort Gottes auf eine bloße Lehre, eine theologische Doktrin verkürzt. Das Heil des Menschen hinge dann letztlich davon ab, dass er diese (kirchlich verwaltete und vermittelte) Lehre unverkürzt annimmt und nicht mehr von ihr abweicht. Dagegen haben die Reformatoren mit Recht geltend gemacht (Pesch O.H. 1: 6f): Das Wort Gottes ist die lebendige Stimme des Evangeliums (viva vox evangelii). Es spricht den Menschen unmittelbar an, um ihn in seinem Herzen und seinem Gewissen, also im Zentrum seiner Person zu treffen. Das Wort Gottes spricht den Menschen frei, indem es ihm das Erbarmen und die Gnade Gottes zusagt und dadurch eine neue Beziehung zwischen ihm und Gott ermöglicht. Das Angesprochenwerden durch das Wort Gottes ist demnach etwas Persönliches und Subjektives. Als ein solches Sprachereignis bleibt das Wort Gottes nicht objektivierbar. – Damit droht nun aber das Abgleiten in einen reinen Subjektivismus. Wenn allein die Nichtobjektivierbarkeit des Wortes Gottes betont und jedes Moment von Objektivität abgestritten würde, so bliebe es letztlich ausgeschlossen, Anderen gegenüber Rechenschaft abzulegen über dieses Wort-Gottes-Ereignis und dessen Vernunftgemäßheit zu erläutern. Hält man dagegen an einer solchen vernunftgemäßen Rechenschaftspflicht fest – und die christliche Theologie hat das über weite Strecken ihrer Geschichte hin sehr entschieden getan (vgl. oben 18ff) –, so bleibt es unerlässlich, die Nichtobjektivierbarkeit des Wortes Gottes mit Momenten des Objektiven, die unabdingbar zu ihm gehören, zusammenzusehen. Dabei erscheinen insbesondere zwei solcher Momente bedeutsam. Zum einen, in einer eher formalen Hinsicht, kann von einer Objektivität des Wortes Gottes insofern gesprochen werden, als es dem Menschen vorgegeben ist. Das Wort Gottes kommt nicht aus dem Menschen selbst heraus, es ist kein Produkt seiner Subjektivität; es kommt vielmehr von außen auf den Menschen zu, begegnet ihm in seiner Subjektivität und muss als dieses Objektiv-Vorgegebene von ihm angeeignet werden. Das bedeutet vor allem, dass das Wort Gottes nicht als eine Wunschprojektion des Menschen verstehbar ist; als ihm Vorgegebenes begegnet es dem Menschen vielmehr immer wieder auch kritisch, ja es widerspricht ihm explizit in bestimmten konkreten Ausprägungen seines Menschseins. Zum zweiten ist von einer Objektivität des Wortes Gottes zu sprechen hinsichtlich seiner Inhaltlichkeit. Denn diese Inhalte müssen sich ja objektivieren lassen, d. h. sie müssen sprachlich darstellbar, formulierbar sein. Erst auf der Grundlage solcher sprachlichen Objektivationen kann dann auch einer kritischen Vernunft gegenüber Rechenschaft über das Wort-Gottes-Ereignis abgelegt werden. – Die so verstandene Objektivität des Wortes Gottes, die den Verdacht eines bloßen Subjektivismus zu entkräften vermag, muss nun aber mit seiner grundlegenden Nichtobjektivierbarkeit zusammengedacht werden. Die Objektivität des Wortes Gottes darf also nicht das Subjektive und Personale in der Begegnung mit dem Wort Gottes verdrängen oder auslöschen. Das Verhältnis von beidem ist vielmehr folgendermaßen zu bestimmen: In den objektiven Momenten des Wortes Gottes kommt zum Ausdruck und wird erkennbar, was geschieht, wenn ein Mensch dem Wort Gottes begegnet. Dieses Begegnungsgeschehen selbst bleibt jedoch nichtobjektivierbar, denn es ereignet sich ganz in der Subjektivität eines Menschen. Deshalb dürfen auch nicht irgendwelche sprachliche Objektivationen des Wortes Gottes mit diesem selbst gleich gesetzt werden. Man muss vielmehr sagen: »Bestimmte objektivierende und objektivierte Aussagegestalten und deren zugrunde liegende Begriffsprägungen *sind* nicht das Wort Gottes, sondern *repräsentieren* es, d. h. sie repräsentieren die Logoshaftigkeit der Selbstmitteilung Gottes« (Pesch O. H. 1: 13).

Durch ihre Bezugnahme auf das Wort Gottes wird theologische Erkenntnis als eine spezifische Erkenntnis begründet und unterscheidet sich als solche von jeder anderen Erkenntnis. Das gilt selbstverständlich für empirische Erkenntnis, wie sie etwa in den Naturwissenschaften grundlegend ist. Das gilt aber auch im Hinblick auf philosophische Erkenntnis als reiner Vernunftreflexion. Deren Verhältnis zur theologischen Erkenntnis lässt sich folgendermaßen bestimmen:

»Philosophie ist *autonome Vernunft*, auch wenn sie nach der sogenannten Transzendenz fragt, weil diese Frage ihrer eigenen Wesenskonstitution entspringt; sie ist radikales, sich auf sich selber stellendes Fragen ... *christliche Theologie* ist methodisch reflektierte Rede vom Wort Gottes im Menschen-Wort; ihr Zentrum ist der Mensch gewordene, durch Menschen-Wort in der Geschichte sich offenbarende Christus ... Wesentlich also gegenüber Philosophie, die die autonome Vernunft zu ihrem Prinzip hat, ist für Theologie, daß sie schon von ihrem Ursprung und Ansatzpunkt her eine eminent *geschichtliche* Wissenschaft ist ... Philosophie hat zu jeder Zeit, freilich im Bewusstsein ihrer geschichtlichen Bedingtheit, kritisch fragend neu anzufangen. Theologie dagegen kann und muß sich immer auf das Wort Gottes als die erste und letzte Instanz ihres Denkens berufen ... Der Philosophie bleibt jeweils nur der Anfang aus ihr selbst und der Rückgang auf sie selbst« (Beierwaltes: 9f).

Im Unterschied zur Philosophie bleibt theologische Erkenntnis also verwiesen auf etwas ihr unableitbar Vorgegebenes, eben das geschichtlich begegnende Wort Gottes. Ihr Ziel besteht darin, dieses Wort Gottes von seinen geschichtlichen und theologischen Voraussetzungen her sowie seine Inhalte und Konsequenzen verstehend zu erschließen und seinen spezifischen Wahrheitsgehalt zu explizieren. Auf diese Weise eröffnet theologische Erkenntnis einen anderen, neuen Blick auf die Wirklichkeit. Welt und Mensch zeigen sich ihr aus der Perspektive Gottes und seines Heilshandelns – »sub ratione

Dei«, wie es bei Thomas von Aquin heißt (STh I, 1,7 resp.) –, so wie sie sich durch das Wort Gottes erschließt.

Als solche lässt theologische Erkenntnis sich durch keine andere Erkenntnis substituieren, aber auch sie stellt umgekehrt weder die empirische noch die philosophische Erkenntnis in Frage. Diese unterschiedlichen Erkenntnisarten stellen je eigene Perspektivierungen der Wirklichkeit dar. Sie gehen dabei von verschiedenen Ansatzpunkten aus, was jedoch nicht besagt, dass es sich um Konkurrenzunternehmungen handelt. Sie stehen vielmehr zueinander in einem Verhältnis der Komplementarität, d. h. sie ergänzen sich gegenseitig, was selbstverständlich keineswegs immer spannungs- und konfliktfrei bleibt. Doch keine dieser Erkenntnisperspektiven vermag die gesamte Wirklichkeit in allen ihren Aspekten und Dimensionen zu erfassen. Daher bleibt es auch unsachgemäß, wenn eine von ihnen verabsolutiert und ihr Verwiesensein auf andere Perspektiven geleugnet wird.

Für die Theologie ergibt sich daraus die hermeneutisch anspruchsvolle Aufgabe, ihre eigene Erkenntnis in einer methodisch reflektierten Weise in Beziehung zu setzen zu den Erkenntnissen anderer Wissenschaften, insbesondere der Naturwissenschaften und der Philosophie. Es geht darum, zu klären, wie sich diese unterschiedlichen Erkenntnisse zueinander verhalten. Nur in einer solchen dialogischen Einstellung kann Theologie die Relevanz ihrer spezifischen Erkenntnis verdeutlichen und als vernunftgemäß erweisen.

Nun ist allerdings mit der Thematisierung des Wortes Gottes als der Grundlage, dem objektiven Prinzip theologischer Erkenntnis noch nicht vollständig erfasst, was für diese konstitutiv ist. Denn das Wort Gottes zielt ja darauf, dass es vom Menschen auch angenommen wird; was Gott dem Menschen durch sein Wort zusagt, soll der Mensch sich auch gesagt sein lassen. Nur unter dieser Voraussetzung kann Gott in eine neue Beziehung zum Menschen treten und sich von daher dann die mit dem Wort Gottes verbundene Erkenntnis erschließen.

Dieser menschliche Akt der Annahme des Wortes Gottes ist der Glaube; im Glauben lässt der Mensch sich das Wort Gottes gesagt sein. Dem Wort Gottes als objektivem Prinzip theologischer Erkenntnis korrespondiert daher der Glaube als subjektives Prinzip auf Seiten des Menschen. Ohne den Glauben bzw. unter Absehung von ihm bleibt theologische Erkenntnis unmöglich. Es ist daher unerlässlich, den Stellenwert des Glaubens für diese genauer auszuloten.

2. Der Glaube als Erkenntnisakt

Der Bedeutungsgehalt des Glaubensbegriffs ist keineswegs eindeutig. Die theologische Tradition hat dem Rechnung zu tragen versucht mittels verschiedener begrifflicher Differenzierungen, die unterschiedliche Bedeutungsgehalte des Begriffs »Glaube« zu unterscheiden ermöglichen. Am elementarsten ist dabei die Unterscheidung zwischen der fides qua und der fides quae. Als *fides qua* (creditur) wird der Glaubensakt als solcher bezeichnet, »der Glaube, mit dem geglaubt wird«. Im Blick ist hier also der subjektive Glaubensvollzug des einzelnen Gläubigen. Dagegen wird der Glaubensinhalt als *fides quae* (creditur) bezeichnet, »der Glaube, der geglaubt wird«. Hiermit wird also auf die inhaltliche Prägung des Glaubens abgestellt und nicht auf den subjektiven Glaubensakt. Im Rahmen einer Theologischen Erkenntnislehre muss vor allem die fides qua bedacht werden; denn es geht ja zunächst einmal um den subjektiven Akt des Glaubens als eine spezifische Erkenntnisweise.

Wenn im Alltagssprachgebrauch von »glauben« im Sinne eines Erkenntnisaktes gesprochen wird, so wird darunter häufig ein defizitäres Wissen verstanden. Wer beispielsweise sagt: »Ich glaube, dass es am Sonntag regnen wird«, der bringt damit zum Ausdruck, dass er in einer bestimmten Hinsicht über kein sicheres Wissen verfügt. Glauben heißt hier: etwas jedenfalls nicht zuverlässig und genau wissen, möglicherweise auch es gar nicht wissen, sondern es lediglich annehmen oder vermuten. Als Erkenntnisgrundlage bleibt Glaube, in diesem Sinne verstanden, höchst unsicher und ganz subjektiv.

Auch in der Philosophie dominiert dieses Glaubensverständnis. So hat *Platon* den Glauben (πίστις) der subjektiven Meinung (δόξα) zugeordnet und ihn damit vom wahren Wissen unterschieden (Politeia 533e–534a; vgl. Timaios 29c). Der Glaube verschafft also keinen Zugang zum Wahren und Gewissen, sondern bleibt etwas bloß Subjektives und als solches unzuverlässig und vergänglich. – *Immanuel Kant* unterscheidet Glaube einerseits vom Meinen, andererseits vom Wissen und bestimmt dann das Verhältnis dieser drei Urteilsformen folgendermaßen: »Meinen ist ein mit Bewusstheit sowohl subjektiv, als auch objektiv unzureichendes Fürwahrhalten. Ist das letztere nur subjektiv zureichend und wird zugleich für objektiv unzureichend gehalten, so heißt es Glauben. Endlich heißt das sowohl subjektiv als objektiv zureichende Fürwahrhalten das Wissen. Die subjektive Zulänglichkeit heißt Überzeugung (für mich selbst), die objektive Gewißheit (für jedermann)« (Kritik der reinen Vernunft B 850). Auch für Kant ist Glaube also etwas Subjektives, ein Fürwahrhalten, das nur in subjektiver Hinsicht als zureichend gilt. Allein das Wissen ist in subjektiver wie auch in objektiver Hinsicht zureichend. Nur Wissen kann deshalb auch eine überindividuelle Gewissheit begründen.

Ein wesentlich anderes Verständnis von Glaube, als es in alltagssprachlichen Zusammenhängen geläufig ist, findet sich in der Bibel. Das zeigt sich bereits in sprachlicher Hinsicht im *Alten Testament*. Das hebräische Wort, das im Deutschen mit »Glaube« übersetzt wird, ist אֱמוּנָה (ᵆmunah). Seine Grundbedeutung lautet: Festigkeit, Sicherheit, Zuverlässigkeit. Wenn im Alten Testament das Verhältnis des Menschen zu Jahwe mit diesem Begriff bezeichnet wird, so besagt das: Der Mensch macht sich sozusagen selbst fest in Jahwe; er gewinnt Sicherheit, einen festen und zuverlässigen Stand, indem er sich an Gott hält. Wenn im Deutschen von Glaube gesprochen wird, ist also diese Haltung des Sich-in-Gott-Festmachens, des Sich-an-Gott-Haltens gemeint. Mit anderen Worten: Es geht um eine personale Beziehung des Menschen zu Gott, um ein personales Vertrauensverhältnis.

Als klassische Stelle kann Jes 7,9 gelten. Der Vers ist teil eines Wortes Jahwes, das der Prophet Jesaja dem König Ahas auszurichten hat: Der König braucht sich wegen seiner Feinde nicht zu sorgen, Juda wird nicht in ihre Hände fallen. Im V. 9 wird dann die unerlässliche Bedingung dieser Zusage Gottes formuliert. Im Hebräischen stellt dieser Vers ein Wortspiel dar, das sich im Deutschen folgendermaßen nachahmen lässt: »Wenn ihr euch nicht an mich haltet, werdet ihr keinen Halt haben.« Gewöhnlich wird der Vers so übersetzt: »Glaubt ihr nicht, so bleibt ihr nicht.« Gemeint ist aber eben: Ahas soll sich sozusagen festmachen an Jahwe, dann werden er und sein Volk »gefestigt« sein, d. h. Bestand haben auch angesichts der Feinde Judas. – Wenn in der Bibel Abraham als der Vater des Glaubens angesehen wird (vgl. Mt 3,9; Röm 4,11f, Gal 3,7), geht es ebenfalls um diese Haltung. Abraham vertraut sich ganz Gott an, er macht sich vertrauensvoll in Gott fest, auch wenn er nicht zu erkennen vermag, welche Pläne und Ziele Gott mit ihm verfolgt (vgl. Gen 12,1–4; 22,1–19).

Dieses Glaubensverständnis findet sich dann auch im *Neuen Testament*, etwa wenn es heißt: »Es ist aber Glaube das Vertrauen zu dem, was erhofft wird, das Bewegtsein von etwas, das man nicht sieht« (Hebr 11,1). Der Glaube erfasst demnach die ganze Person; sie lässt sich von Gott bewegen und vertraut sich ganz ihm und seinen Verheißungen an.

Ein Spezifikum des Glaubens im neutestamentlich-christlichen Sinn besteht dann allerdings darin, dass er verbunden ist mit dem Christusbekenntnis. Es beinhaltet, dass das Christusereignis verstanden wird als die entscheidende eschatologische Tat Gottes, als sein unüberbietbares Wort, in dem er sich allen Menschen zusagt. Infolgedessen wird der Glaube nun auch in neuer und spezifischer Weise inhaltlich bestimmt, etwa wenn Paulus schreibt: »Wenn du mit dem Mund bekennst: ›Jesus ist der Herr‹ und mit dem Herzen glaubst: ›Gott hat ihn von den Toten auferweckt‹, so wirst du gerettet werden« (Röm 10,9).

Einen solchen Glauben kann der Mensch nicht von sich aus hervorbringen. Er ist vielmehr eine Gabe Gottes, genauer gesagt ein Werk des Heiligen Geistes. Diese Erfahrung haben die Christen von allem Anfang an gemacht: »Keiner kann sagen: ›Jesus ist der Herr‹ außer im Heiligen Geist« (1 Kor 12,3). Das erschließt sich dem Verständnis, wenn man sich klar macht, dass Glauben im biblischen Sinne eine personale Beziehungswirklichkeit, ein personales Vertrauensverhältnis meint. Ein solches erfahren Menschen ja auch im zwischenmenschlichen Bereich als ein Geschenk, eine Gabe. Ebenso verhält es sich beim Glauben: Gott tritt in Beziehung zum Menschen und bietet ihm seine Gemeinschaft, sein Mitsein mit ihm an. Dafür muss der Mensch dann allerdings offen werden; er darf sich dem auf ihn zukommenden Gott gegenüber nicht verschließen, damit die von Gott gewollte Beziehung und Gemeinschaft entstehen kann. Der Mensch muss sich vielmehr Gott gegenüber vorbehaltlos öffnen, um sich ihm ganz anzuvertrauen. Wird der Glaube als geistgewirkt verstanden, so kommt darin die Erfahrung zum Ausdruck, dass dieses Sich-Öffnen des Menschen durch den Geist Gottes ermöglicht und getragen wird. Der Geist Gottes lässt dem einzelnen Menschen die Christuswirklichkeit als ein ihn ganz persönliches anredendes Wort Gottes in seinem Inneren, seinem Herzen im Sinne Pascals (siehe oben 204) vernehmbar werden und ermöglicht es ihm so, sich auf Gott hin zu öffnen und sich ihm ganz anzuvertrauen.

Der Glaube ist eine den Menschen in seinem Personkern betreffende Beziehung zu Gott. Glaube ist also nicht ein lediglich vom Intellekt vollzogener Akt, sondern ein ganzpersonales Geschehen, in das alle Dimensionen des Menschsein mit eingebunden sind und mit eingebunden sein müssen. Es geht ja um »die Übereignung der ganzen Existenz des Menschen an Gott« (Kern/Niemann: 17). Als Glaubender macht sich der Mensch in Gott fest und gewinnt so einen neuen Grund für sich selbst und sein Leben.

Dadurch entspricht der Mensch dem Wort Gottes. Wo es in einem solchen personalen Glaubensakt angenommen wird, erreicht das Wort Gottes sein Ziel; denn Gott will ja durch sein Wort beim Menschen ankommen und auf diese Weise eine neue Gemeinschaft zwischen Gott und Mensch begründen. Im Glauben lässt der Mensch sich dieses Wort Gottes gesagt sein, in dem Gott sich ihm zuspricht und ihm seinen Beistand und sein Mitsein zusagt. So wird der Mensch durch den Glauben zu einem Gott entsprechenden Menschen.

Was Glaube theologisch heißt, bemisst sich daher nicht an den Formen des Wissens, das der Mensch im Zuge seiner Welterfahrung gewinnt. Glaube im biblischen Sinne ist keine defizitäre Form des Wissens. Das darf allerdings nicht übersehen lassen, dass der als personales Geschehen zu verstehende Glaube doch auch eine spezifische Erkenntnisweise darstellt, die als solche ernst genommen werden will. Eine genauere Klärung dieser Glaubenserkenntnis gehört zu den Aufgaben der Theologischen Erkenntnislehre.

Dabei lässt sich zunächst einmal sagen: »Glaubenserkenntnis ist der Schrift zufolge ein Lichtungsgeschehen, in dem die Person unmittelbar betroffen und ihre Existenz verwandelt wird. Der

Glaubende versteht sich selbst neu« (Neuner 1: 25). Dieses neue Selbstverständnis beruht darauf, dass dem Menschen durch den Glauben der Grund und der letztgültige Sinn seines Daseins in neuer Weise transparent werden. Das impliziert nun aber einen spezifischen Erkenntnisakt; der Mensch kann sich im Glauben nur deshalb selbst neu verstehen, weil mit dem Glauben eine bestimmte Erkenntnis einhergeht.

Bei der Klärung dieser spezifischen, mit dem Glauben verbundenen Erkenntnis kann man nochmals vom Alltagssprachgebrauch ausgehen. Denn in Alltagszusammenhängen wird von »glauben« ja nicht nur im Sinne eines mangelhaften oder gänzlich fehlenden Wissens gesprochen (»Ich glaube, dass es am Sonntag regnen wird«). Im Alltag kann »glauben« vielmehr auch noch eine andere Bedeutung haben. Wenn etwa jemand zu einem anderen Menschen sagt: »Ich glaube dir, dass du mir soeben die Wahrheit gesagt hast«, so drückt er damit sein Vertrauen in diesen Anderen aus. Der Sprecher vertraut also darauf, dass der Andere ihn nicht täuschen will, und deshalb glaubt er ihm. Es handelt sich hier um ein strukturell anderes Phänomen als in dem ersten Beispiel: »Ich glaube, dass es am Sonntag regnen wird.« Denn hier ist ja nun eine andere Person mit im Spiel; Glaube ist hier also nicht ein Für-wahr-Halten von Vermutungen oder Behauptungen, er ist vielmehr auf eine andere Person gerichtet, auf ihre Zuverlässigkeit, ihre Vertrauens- und Glaubwürdigkeit. Glaube im biblischen Sinne meint ein solches personales Vertrauensverhältnis und nicht ein Für-wahr-Halten von unbewiesenen bzw. unbeweisbaren Behauptungen.

In der theologischen Tradition hat man unterschiedliche Formen des Glaubens unterschieden, um die Vollgestalt von mangelhaften Gestalten des Glaubens abzuheben (Metz 5; Klausnitzer 1: 30–33). Da ist zunächst das *Credere Deum* (esse). Hier geht es um Glaube im Sinne eines Für-wahr-Haltens von Sätzen bzw. Behauptungen. Dabei handelt es sich um eine rudimentäre Form des Glaubens, denn er beinhaltet in diesem Fall lediglich die intellektuelle Zustimmung zu Glaubenssätzen (beispielsweise: glauben, dass Gott ist). In der Tradition hat man einen solchen Glauben auch als Dämonenglaube bezeichnet, in Anlehnung an Jak 2,19: »Du glaubst, dass es den einen Gott gibt. Da tust du recht. Auch die Dämonen glauben das und zittern.« Das Defizit eines solchen Glaubens besteht darin, dass er das Leben eines Menschen nicht prägt und daher letztlich belanglos für ihn bleibt. In dieser Weise können sogar Dämonen glauben. – Von einer solchen Glaubenshaltung unterscheidet die theologische Tradition zunächst das *Credere Deo.* Hier rückt nun stärker in den Blick, was den Glauben motiviert: Der Glaube ist auf Gott gerichtet; er nimmt das an, was von Gott kommt. So hat diese Glaubensgestalt im Unterschied zur erstgenannten zweifellos eine personale Dimension. Sie bleibt jedoch insofern defizitär, als Gott hier primär als Autorität erscheint und Glaube dann als ein Akt des Gehorsams gegenüber dieser göttlichen Autorität verstanden wird. – So wird schließlich noch eine dritte Form des Glaubens unterschieden, das *Credere in Deum.* Ein solcher Glaube richtet sich auf Gott, nicht weil er als Autorität erscheint, sondern weil der Mensch sein ganzes Vertrauen auf Gott setzt. Ein Mensch glaubt *an* Gott, indem er sich ganz Gott anvertraut und infolge dessen sein gesamtes Leben auf Gott hin ausrichtet. Gott ist hier also nicht nur der Gegenstand des Glaubens wie bei der Glaubenshaltung des Credere Deum. Und Gott ist auch nicht nur das Motiv des Glaubens wie beim Credere Deo. Gott ist über all das hinaus vor allem auch das Ziel des Glaubens, eben im Sinne eines Sich-ganz-Gott-Anvertrauens. Das ist nach Auffassung der theologischen Tradition die Vollgestalt des Glaubens im biblischen Sinne. Sie schließt die beiden anderen Glaubenshaltungen nicht aus, sondern umfasst sie. Das Credere in Deum beinhaltet also durchaus die verstandesmäßige Zustimmung zu den Inhalten des Glaubens wie auch den Glaubensgehorsam gegenüber Gott. Doch beides erfolgt auf der Grundlage und bleibt umfangen von einem personalen Vertrauen zu Gott. Diese vertrauensvolle Gottesbeziehung ist sozusagen der innere Kern des Glaubens.

Auch ein solcher personaler Glaube kann eine Quelle von Erkenntnis und Wissen sein. Das gilt wiederum bereits im Alltagszusammenhang. Wenn jemand sagt: »Ich glaube dir, dass du mir soeben die Wahrheit gesagt hast«, so ist damit für ihn ja eine bestimmte Einsicht bzw. ein bestimmtes Wissen verbunden, beispielsweise dass es zwölf Uhr ist. Über dieses Wissen verfügt der Sprecher nicht, weil er dies selbst festgestellt oder überprüft hat, sondern weil er einer anderen Person vertraut und sich deshalb darauf verlässt, dass diese ihn nicht getäuscht hat.

In einem analogen Sinn impliziert auch christlicher Glaube Erkenntnis und wird so zur Grundlage neuer Erkenntnis (Beinert 1: 80f). So heißt es etwa im Johannesevangelium: »Wir sind zum Glauben gekommen und haben erkannt: Du bist der Heilige Gottes« (6,69). Mit dem Zum-Glauben-Kommen ist hier eine bestimmte Erkenntnis verbunden, so dass der Glaube zur Grundlage eines neuen Wissens wird. Dies beruht auf der Voraussetzung, dass Gott den Menschen nicht täuscht, sondern sein im Christusgeschehen gesprochenes Wort ein wahres Wort ist. Indem der Mensch sich unter dieser Voraussetzung glaubend Gott anvertraut, erschließt sich ihm eine bestimmte Wahrheit. Das glaubende Vertrauen auf Gott impliziert einen Erkenntnisakt und begründet damit Wissen.

Es handelt sich dabei jedoch um ein Wissen in einer ganz spezifischen Hinsicht. Denn selbstverständlich kann der Glaube keine Grundlage für Wissen in Bezug auf innerweltliche Gegenstände und Sachverhalte sein, etwa physikalische oder biologische Sachverhalte. Der Glaube impliziert vielmehr einen Erkenntnisakt in Bezug auf das Heil des Menschen. Die Glaubenserkenntnis begründet also ein Heilswissen, das Antwort gibt auf die Frage nach der letztgültigen Bestimmung der Welt und des Menschen. Diese Heilswahrheit ist impliziert in dem personalen Glauben, mit dem ein Mensch seine ganze Existenz Gott übereignet und sich in Gott festmacht. In diesem Glauben erkennt er, dass er sein Heil allein in der Gemeinschaft mit Gott findet, in der er sich des helfenden und rettenden Beistandes Gottes gewiss sein darf.

Stellt der Glaube selbst die Grundlage von Erkenntnis in dieser ganz spezifischen Hinsicht dar, so verbietet es sich, den Glauben als Gegensatz zum Wissen zu verstehen. So sieht denn ja auch das Neue Testament den Gegensatz zum Glauben im Unglauben oder aber in der Lüge und der Blindheit (Joh 8,44; 9,39). Denn Lüge und Blindheit verhindern, dass die im Glauben sich erschließende Wahrheit zur Geltung kommt. Sie werden damit zur Ursache des Unglaubens, der darin besteht, dass Menschen sich nicht vertrauensvoll an Gott halten und daher seine Heilswahrheit nicht erkennen.

In der Geschichte des Christentums ist das personale Glaubensverständnis der Bibel allerdings häufig sehr stark marginalisiert worden. Stattdessen wurde der Glaubensakt »einseitig als Autoritätsglaube bestimmt« (Pannenberg 11: 241). So heißt es schon bei Augustinus: »Was wir einsehen, verdanken wir der Vernunft, was wir glauben der Autorität« (De utilitate credendi 25). Als Autorität sieht Augustinus dabei die Lehre der Bibel und der Kirche an. Glaube ist dann der Akt der Zustimmung zu dieser autoritativen Lehre. Der Glaubende lässt sich durch die Autorität dazu bewegen, die Lehre als wahr anzuerkennen und stimmt ihr deshalb dann zu. Bereits bei Augustinus wird dabei deutlich, wie ein solcher Autoritätsglaube in Spannung gerät zur Vernunft. Der Glaube beruht bei einem solchen Verständnis nicht auf der Einsicht in die Wahrheit des Geglaubten; diese wird vielmehr verbürgt durch die Autorität der Bibel und der Kirche. Die Einsichtsfähigkeit des Menschen als Sache seiner Vernunft tritt damit aber in einen Gegensatz zum Glauben, der dem Autoritätsprinzip verpflichtet bleibt.

Dieses Autoritätsprinzip ist in der Neuzeit zutiefst fraglich geworden. Nach neuzeitlichem Verständnis kann nur das Geltung beanspruchen, was der Mensch mittels seiner Vernunft einzusehen vermag. Was sich dagegen lediglich auf Autorität stützt, muss kritisch hinterfragt werden, und wenn es sich dabei nicht der eigenen Einsicht erschließt, so ist es als unvernünftig zu verwerfen. Als Wissen kann nur das anerkannt werden, was durch die Vernunft legitimiert ist, was also auf dem Wege vernünftiger Einsicht angeeignet bzw. überprüft werden kann. Der Glaube erscheint dagegen als ein bloßes subjektives Fürwahrhalten, weil er lediglich auf Autorität begründet ist.

Angesichts dieser Problemgeschichte muss im Rahmen der Klärung des theologischen Glaubensverständnisses vor allem auch das Verhältnis von Glaube und Vernunft erörtert werden (siehe 131ff). Entscheidend bleibt dabei: Anders als beim Objektivitätsideal der neuzeitlichen Naturwissenschaft geht es beim Glauben um eine Erkenntnis, in die der Erkennende selbst unabdingbar involviert ist. Im Glauben als der Antwort auf das Wort Gottes ist der Mensch als Person mit seiner Existenz angefragt. Indem der Glaubende die Heilswahrheit Gottes erkennt, lernt er sich selbst neu verstehen; er vermag nun sich und sein Leben im Licht des Wortes, der Zusage Gottes zu sehen und zu begreifen. Es geht demnach beim Glauben um ein Sinnverstehen (Pesch O. H. 2: 474f; Neuner 1: 28f). Das aber ist nicht von einer Beobachterposition her möglich, aus der Haltung einer inneren Distanz. Ein solches Sinnverstehen setzt vielmehr voraus, dass der Mensch sich selbst als ein in Frage stehendes Wesen annimmt. Er muss sich selbst zur Frage werden und sich so dann als Person ganz in diesen

Prozess des Sinnverstehens einbringen. Nur so kann sich dem Menschen die Heilswahrheit Gottes erschließen.

Dazu kann jedoch niemand gezwungen werden. Glauben als ein solches Sinnverstehen kann in authentischer Form vielmehr nur auf dem Boden menschlicher Freiheit entstehen und wachsen, wenn also ein Mensch aus eigener, freier Entscheidung heraus sich für diesen Prozess öffnet und sich selbst in ihn mit einbringt.

Sinnverstehen im Licht der göttlichen Heilswahrheit stellt nicht etwas Minderwertiges oder gar Verzichtbares im Vergleich zu den Erkenntnissen der anderen Wissenschaften dar. Das wäre nur dann der Fall, wenn die existentiellen Fragen und Probleme des Menschen sich etwa auf genetische Vorgaben bzw. auf hormonelle oder hirnphysiologische Vorgänge *reduzieren* ließen. Dagegen vermag eine kritische philosophische Reflexion zu zeigen: Diese Fragen gründen in der existentiellen Grundsituation menschlichen Daseins, die durch letzte, unverfügbar bleibende Bedingungen und Grenzen bestimmt ist (vgl. oben 198f). Zu dieser Grundsituation des Menschseins muss sich jeder Mensch verhalten, sie bleibt schlechterdings unhintergehbar. Als solche bildet sie den Horizont, innerhalb dessen sich dem Menschen die Sinnhaftigkeit seines Daseins erschließt.

Ein solches Sinnverstehen steht nicht in Konkurrenz zum naturwissenschaftlichen Erkenntnisstreben, sondern umfasst es. Die Naturwissenschaften (aber auch die anderen Wissenschaften) erschließen nicht das Ganze des Lebens, sondern nur einen Ausschnitt aus ihm und müssen daher im Gesamtzusammenhang der Lebenswirklichkeit gesehen und begriffen werden; sie dürfen also nicht verabsolutiert werden, sie erhalten vielmehr ihren angemessenen Ort und ihre (wichtige wie dann doch auch begrenzte) Bedeutung in diesem Zusammenhang des Lebens mit seinen verschiedenen Dimensionen (natürlich, personal, sozial, gesellschaftlich, kulturell). Denn »auch das wissenschaftliche Arbeiten ist Teil eines ganzmenschlichen Lebensvollzuges, dem der Glaube seinen umfassenden Sinn zu erschließen beansprucht« (Pesch O. H. 2: 475).

Naturwissenschaft und Theologie sprechen ja von derselben Wirklichkeit, allerdings geschieht dies aus unterschiedlichen Perspektiven. Für einen aussichtsreichen Dialog zwischen ihnen bleibt es daher grundlegend, zu klären, wie diese beiden Perspektiven sich zueinander verhalten (vgl. Knapp 4). Während die Naturwissenschaften die natürlichen Phänomene und Zustände mit Hilfe der Naturgesetze zu *erklären* suchen, geht es in der Theologie um eine *Deutung* der Wirklichkeit im Ganzen einschließlich des Naturzusammenhangs. Wenn die Theologie etwa die gesamte Wirklichkeit als Schöpfung Gottes versteht, so wird damit nicht deren Entstehung und Entwicklung erklärt, sondern aus der Perspektive des biblisch-christlichen Glaubens die Deutung dieser Wirklichkeit als eines Sinnzusammenhanges angeboten. Diese Deutung muss sich als vereinbar mit den gesicherten naturwissenschaftlichen Einsichten erweisen lassen; sie ist jedoch nicht in diesen begründet, sondern in theologischer Erkenntnis. Eine solche bleibt jedoch prinzipiell ausgeschlossen in naturwissenschaftlichen Forschungs- und Erkenntnisprozessen. Diese vollziehen sich vielmehr strikt auf der Basis eines »methodischen Atheismus«, d. h. Gott oder ein göttliches Handeln können in naturwissenchaftlichen Erklärungszusammenhängen nicht als mögliche Erklärungshypothesen in betracht kommen. Die Naturwissenschaften sind methodisch darauf festgelegt, für alle möglichen Erscheinungen nach kausalen Erklärungen rein auf der Basis der Naturgesetze zu suchen. Dieser *methodische* Atheismus bleibt jedoch zu unterscheiden von einem *weltanschaulichen* Atheismus, d. h. einer Leugnung Gottes aus philosophisch-weltanschaulichen Gründen. Der weltanschauliche Atheismus ergibt sich keineswegs logisch aus der methodischen Festlegung, die den Naturwissenschaften zugrunde liegt; er ist selbst keine naturwissenschaftliche Erkenntnis, sondern beruht seinerseits auf einer Deutung der Wirklichkeit. In seiner streng naturalistischen Version besteht er in der Auffassung, dass der Sinn der Wirklichkeit sich in den Naturprozessen erschöpft, es also keinen darüber hinaus gehenden, sie umfassenden Sinnzusammenhang gibt. Im Unterschied zu einer solchen naturalistischen Metaphysik geht es in der Theologie um ein Sinnverstehen, das begründet ist in einem als Wort Gottes geglaubten Ereignis. Es ist dies daher ein Sinn, der nicht durch die wissenschaftliche Erforschung der Wirklichkeit erschlossen werden kann, sondern ihr zugesprochen werden muss.

Glaube als Sinnverstehen kann, wie gesehen, kein blinder Autoritätsglaube sein. Denn Sinn kann der Erfahrbarkeit nicht schlechterdings entzogen bleiben; als sinnhaft lässt sich etwas nur verstehen, wenn es als solches jedenfalls prinzipiell auch erfahrbar ist. Der Glaube muss daher einen Bezug zur Erfahrung haben, auch wenn er sicherlich nicht vollständig in Erfahrung aufgehen kann, ohne dass er den Charakter eines Vertrauensaktes verliert. Die fundamentaltheologische Rechenschaft über das Glaubensverständnis erfordert daher auch eine Reflexion dieses Verhältnisses von Glaube und Erfahrung.

3. Glaube und Erfahrung

Infolge des Säkularisierungsprozesses ist es zu einer weitreichenden Entzweiung von Glaube und Erfahrung gekommen. Die modernen Lebenszusammenhänge haben sich vom Glauben abgespalten; in den funktional ausdifferenzierten Teilbereichen der Gesellschaft (Wirtschaft, Politik, Recht, Wissenschaft usw.) spielt der Glaube keine Rolle mehr, sie entwickeln sich entsprechend ihrer jeweiligen Eigenlogik. Infolge dessen wird die Lebenserfahrung sehr vieler Menschen nicht mehr vom Glauben geprägt, im Unterschied zu früheren Epochen, in denen eine sehr enge Verbindung zwischen Glauben und Leben bestanden hat.

Diese Veränderung im Verhältnis von Glaube und Leben hängt nicht zuletzt auch mit dem Wandel des Erfahrungsverständnisses zusammen. Als normativ wird heute häufig das Erfahrungsverständnis der neuzeitlichen Wissenschaft, insbesondere der Naturwissenschaft angesehen. In ihr geht es vor allem um empirische Erfahrung, die sich jederzeit experimentell wiederholen und überprüfen lassen muss. Es ist eine Erfahrung, die auf das Gleichbleibende und Berechenbare an den beobachteten Phänomenen zielt. Diese Gestalt von Erfahrung ist dem Glauben fremd, weil sie gerade von dem absieht, was für ihn wesentlich bleibt, nämlich eine personale Erfahrung, für die ja das Unberechenbare, das Einmalige, nicht Wiederholbare charakteristisch ist. Eine solche Erfahrung kann es jedoch nur geben, wenn der subjektive Aspekt nicht ausgeblendet, sondern dem Subjekt ein unverzichtbarer Anteil an der Konstitution von Erfahrung zugestanden wird, wohingegen bei der empirischen Erfahrung der Wissenschaften der subjektive Anteil soweit als möglich eliminiert wird. Zugrunde liegt dem ein verändertes Weltverhältnis des neuzeitlichen Menschen: Die Welt wird nicht mehr als Schöpfung Gottes verstanden, die der Mensch dankbar entgegen zu nehmen hat, sondern in wachsendem Maße als ein vom Menschen zu beherrschendes Objekt.

Will man die mit dem Glauben verbundene Erfahrung genauer bestimmen, kann eine weitere Unterscheidung hilfreich sein, nämlich die zwischen einer Erfahrung und einem Erlebnis. Wenn wir von einem Erlebnis sprechen, meinen wir in der Regel ein Ereignis,

»bei dem der eigene Gefühlszustand den Vordergrund des Bewusstseins erfüllt und ein kognitiver Bezug nur untergeordnet und vage im Hintergrund mitspielt« (Haeffner: 18). Wer von einem Erlebnis spricht, hat vor allem den unmittelbaren Eindruck im Blick, den ein bestimmtes Ereignis bei ihm selbst oder anderen hervorgerufen hat und der dann auch als solcher in Erinnerung geblieben ist. Demgegenüber beinhalten Erfahrungen etwas Prozesshaftes. So heißt es bereits im Buch A der »Metaphysik« des Aristoteles: »Viele Erinnerungen an ein und denselben Sachverhalt bewirken das Vermögen einer Erfahrung« (980b 25). Erfahrung erwächst demnach aus dem wiederholten, immer wieder neuen Umgang mit den Dingen; sie baut sich auf aus den Erinnerungen, die ein Mensch dabei sammelt. Von einem erfahrenen Menschen spricht man, wenn er mit einer bestimmten Sache vertraut ist aufgrund einer lange währenden Beschäftigung mit ihr. Hans-Georg Gadamer macht darauf aufmerksam, dass eine solche Erfahrung ihre »Vollendung nicht in einem abschließenden Wissen« findet; der erfahrene Mensch hat vielmehr so viele Erfahrungen gemacht, dass er dadurch »gerade befähigt ist, aufs neue Erfahrungen zu machen und aus Erfahrungen zu lernen.« Als solcher ist er aber »der radikal Undogmatische«, insofern seine Erfahrung sich gerade vollendet »in jener Offenheit für Erfahrung, die durch die Erfahrung selbst freigespielt wird« (Gadamer: 338).

Im Unterschied zur empirischen Erfahrung geht es hier also um eine Erfahrung in anthropologischer Perspektive, d. h. eine »Erfahrung im Kontext des menschlichen Daseins und der menschlichen Lebensorientierung« (Haeffner: 15). Sie steht im Dienste menschlicher Lebensbewältigung. Als solche kann sie nicht vom erfahrenden Subjekt abgelöst werden; sie ist mit seiner Lebensgeschichte verwoben und ohne diese nicht möglich. Das besagt jedoch keineswegs, dass der Gehalt einer solchen Erfahrung nicht auch satzhaft formuliert und so dann an Andere weitergegeben werden kann. Um aber von einem anderen Menschen tatsächlich angeeignet zu werden, muss sie von diesem »eingeholt« werden, d. h. sie muss von ihm nachvollzogen und so dann in seine Lebensgeschichte integriert werden.

Auch zu einer Erfahrung in anthropologischer Perspektive gehört, ebenso wie zur empirischen Erfahrung, unabdingbar ein *interpretatives Element*. Denn jede solche Erfahrung beinhaltet auch einen Akt der Verarbeitung und Deutung; und dies erfolgt innerhalb eines bestimmten Bedeutungskontextes, d.h. eines interpretativen Rahmens, der die entsprechenden Begriffe und Kategorien bereitstellt. Wenn wir beispielsweise von einem erfahrenen Arzt sprechen, so geht es um Erfahrungen, die im Umgang mit bestimmten Erkrankungen erworben worden sind. Diesen Erfahrungen liegen Deutungen im Rahmen eines medizinischen Wissenssystems zugrunde.

Auch bei der mit dem Glauben verbundenen Erfahrung geht es um eine Erfahrung in anthropologischer Perspektive, also um eine Erfahrung im Zusammenhang menschlicher Lebensorientierung in der Welt. Als transzendente Wirklichkeit kann Gott selbst nicht unmittelbar Gegenstand innerweltlicher Erfahrung sein. Erfahrbar ist hier vielmehr zunächst einmal die *Abwesenheit Gottes*. Diese Erfahrung ist vor allem in der Neuzeit zu einer dominanten geworden. Im Zuge des fortschreitenden Säkularisierungsprozesses ist eine religiöse Sinngebung in allen Lebensbereichen zurückgedrängt worden und damit auch die Möglichkeit, innerweltliche Ereignisse in Zusammenhang mit Gott und seinem Wirken zu bringen. »Der Mensch hat gelernt, in allen wichtigen Fragen mit sich selbst fertig zu werden ohne Zuhilfenahme der ›Arbeitshypothese: Gott‹ ... es zeigt sich, daß alles auch ohne ›Gott‹ geht, und zwar ebenso gut wie vorher« (Bonhoeffer: 159 [8.6.44]). So geht die Welterfahrung des neuzeitlichen Menschen in wachsendem Maße einher mit der Erfahrung der Abwesenheit Gottes, und auch gläubige Menschen müssen mehr und mehr erkennen: »Vor und mit Gott leben wir ohne Gott« (a. a. O. 178 [16.7.44]). Der Glaube droht so aber den Kontakt zur Lebenswirklichkeit zu verlieren und schließlich zu einer Sonderwelt zu werden. Glaube und Welterfahrung fallen immer weiter auseinander, je offenkundiger wird, dass infolge einer funktionalen Differenzierung die einzelnen Bereiche der Wirklichkeit sich in jeweils eigengesetzlicher Weise entwickeln. So ist dann eine Bezugnahme auf Gott und seine Offenbarung in Ökonomie, Politik, Wissenschaft, Recht oder Kunst nicht mehr erforderlich und verliert daher zunehmend an Plausibilität. Damit schwindet aber auch die lebensorientierende Kraft des Glaubens, und die Frage nach dem Verhältnis von Glaube und Erfahrung wird in einer in früheren Epochen nicht gekannten Weise dringlich.

Nun weiß ja bereits die Bibel um die Erfahrung der Abwesenheit Gottes. Der Zusammenhang zwischen Glaube und Erfahrung erscheint auch hier keineswegs als etwas ganz und gar Selbstverständliches. So wenden sich Betende in den Psalmen und Klageliedern des Alten Testaments in ihrer Not und Verzweiflung an Gott, weil sie ihn als abwesend erfahren; sie flehen zu ihm oder klagen ihn an, damit er sich ihnen erfahrbar mache, indem er sie aus ihrem Leiden bzw. vor ihren Feinden oder Verfolgern rettet und ihnen Gerechtigkeit widerfahren lässt. Ganz in dieser alttestamentlichen Tradition steht nach der Darstellung der Evangelien auch Jesus, wenn er am Kreuz sterbend zu Gott schreit, weil er ihn als abwesend und sich von ihm verlassen erfährt (Mk 15,34). Alles das sind Zeugnisse dafür, dass Gott sich dem Menschen immer wieder auch entzieht. Diese Artikulationen der Erfahrung von Gottes Abwesenheit hängen offenbar zusammen mit dem spezifischen Weltverhältnis des biblischen Gottes.

Die biblischen Klagen über die Abwesenheit Gottes sind nur zu verstehen von der für den biblischen Gottesglauben grundlegenden Überzeugung her, dass Gott sich in der Geschichte Israels nicht nur als ein helfender und rettender Gott erwiesen hat, sondern auch seinen Beistand und seine Hilfe immer wieder zugesagt hat. Darauf verweist ja auch die alttestamentliche Erläuterung des Gottesnamens Jahwe: Ich bin der, der für euch da ist (Ex 3,14; vgl. Hos 1,9). Demnach stellt bereits der Name Gottes eine Zusage und Verheißung für den Menschen dar. Die biblischen Beter, die die Abwesenheit Gottes beklagen, nehmen diese Zusage für sich in Anspruch; sie nehmen Gott gewissermaßen beim Wort, indem sie auf die Einlösung seiner Verheißung dringen.

Aus biblischer Perspektive kann die mit dem Glauben verbundene Erfahrung demnach nur die Erfahrung der liebenden Zuwendung Gottes sein, seines Mitseins mit dem Menschen, das diesen verlässlich trägt und ihn in den Wechselfällen seines Lebens begleitet. Dieser Zusammenhang zwischen Glaube und Erfahrung gründet aber im Wort Gottes, also in einem Sprachereignis, das eine unbedingte Zusage und Verheißung Gottes für den Menschen beinhaltet. Aufgrund dieses Wortes Gottes vertraut sich der Glaubende vorbehaltlos Gott an. Und aus einem solchen personalen Vertrauen auf Gott, in dem der Glaube besteht, kann dem Menschen in den unterschiedlichen Phasen und Situationen seines Lebens immer wieder neu die Erfahrung erwachsen, unbedingt gehalten und getragen, anerkannt und bejaht zu sein. Es handelt sich um eine kommunikative Erfahrung, insofern sie eine personal-kommunikative Beziehung zwischen Gott und Mensch als Voraussetzung und Grundlage hat. Diese mit dem Glauben verbundene Erfahrung vermittelt dem Menschen einen letzten Halt seines Daseins und kann ihm so dann auch als Orientierung an den unterschiedlichen Stationen seines Lebens und angesichts immer wieder neuer Herausforderungen dienen.

Zum Glauben gehört ein *interpretatives* Element, er lässt sich jedoch nicht auf einen Akt der Interpretation *reduzieren*, so dass Glaube lediglich als interpretatives Element religiöser Erfahrung zu verstehen wäre. Seinem Wesen nach ist christlicher Glaube ein personales Vertrauensverhältnis des Menschen zu Gott. Dieses hat seinen Grund im Christusereignis, das als definitives Wort Gottes an alle Menschen verstanden, d. h. in dieser ganz bestimmten Weise interpretiert wird. Diese Interpretation ist konstitutiv für die Identität des Glaubens als eines *christlichen* Glaubens; er wird in seiner Eigenart als personale Wirklichkeit jedoch verfehlt, wenn er mit diesem interpretativen Element gleichgesetzt wird. Der Glaube setzt also diese Interpretation voraus, ist jedoch selbst ein kategorial anderes Phänomen. Die Erfahrungen, die ein Mensch dann mit seinem Leben und in seinem Leben auf dieser Grundlage glaubenden Vertrauens zu Gott macht, werden von ihm wiederum im Lichte der Christuswirklichkeit gedeutet bzw. daraufhin befragt, wie sie sich zu der in Christus erfolgten Zusage und Verheißung Gottes verhalten. Ein solcher Glaube bewährt sich, indem er einem Menschen in den Wechselfällen seines Lebens die ihn tragende Erfahrung eines letzten Gehaltenseins und einer unbedingten Anerkennung vermittelt. In diesem Sinne lässt sich daher auch sagen, dass die dem christlichen Glauben zugrundeliegende Deutung des Christusereignisses es dem Glaubenden ermöglicht, entsprechende Erfahrungen zu machen (vgl. Joas: 24).

Die mit dem Glauben einhergehende Erfahrung steht somit nicht unverbunden neben all den Erfahrungen, die ein Mensch ansonsten in seinem Leben macht. Diese Erfahrungen werden vom Glauben her vielmehr in ein neues Licht, in einen neuen Horizont gerückt und können so neu verstanden werden. Das setzt allerdings voraus, dass der Glaube sich an diesen menschlichen Lebenserfahrungen gewissermaßen abarbeitet und bewährt. Dabei geht es um die Frage, ob die mit dem Glauben verbundene Erfahrung einer letzten Geborgenheit und eines unbedingten Anerkanntseins sich angesichts dieser menschlichen Lebenserfahrungen und in ihnen bewahrheitet und bestätigt oder aber von ihnen dementiert wird. Lebenserfahrung und Glaubenserfahrung sind demnach wechselseitig aufeinander verwiesen, die eine wird durch die andere nicht verdrängt.

Theologisch bleibt dabei jedoch auf jeden Fall zu beachten: Die Verheißung Gottes für den Menschen geht nicht bruchlos in der menschlichen Erfahrung auf, sondern übersteigt diese immer auch. Die mit dem Glauben verbundene Erfahrung bleibt selber immer auch ein Stück weit Verheißung, denn sie verweist den Menschen auf die eschatologische Wirklichkeit des vollendeten Reiches Gottes. Daher kann die Glaubenserfahrung durch die Lebenserfahrung bestenfalls bruchstückhaft eingelöst werden. Eben dies wird dann aber immer wieder auch als Abwesenheit Gottes erfahren. Wenn vom Glauben als einem Sinnverstehen gesprochen wird (vgl. oben 343f), so schließt das also die Erfahrung von Sinnwidrigkeit und Sinnlosigkeit nicht aus. Die Frage, die sich einem Glaubenden immer wieder stellt, lautet vielmehr: Ist das, was der Glaube und die mit ihm verbundene Erfahrung als wahren, letztgültigen Sinn allen Daseins erschließen, tragfähig und glaubwürdig auch angesichts rein innerweltlicher Sinnentwürfe oder gar offenkundiger Sinnwidrigkeiten? Besonders bedrängend geworden ist diese Frage im neuzeitlich-modernen Kontext. Denn zum einen ist hier die Autonomie der verschiedenen Wirklichkeitsbereiche offenkundig geworden. Zum anderen sind Leid und das Böse in einem bis dahin unvorstellbaren Ausmaß zutage getreten, so dass sich die Theodizeeproblematik immer stärker in den Vordergrund gedrängt hat (siehe oben 280–284).

Theologische Erkenntnis ist wesentlich ein geschichtlicher Prozess. Sein Fundament hat er im Wort Gottes, das vom Menschen glaubend angenommen werden will. Um dies zu ermöglichen, muss das an einem bestimmten Punkt der Geschichte gesprochene Wort Gottes weitervermittelt werden, damit es Menschen in allen

Phasen der Geschichte sowie in deren unterschiedlichen Kontexten erreichen kann. Diese Weitervermittlung des Wortes Gottes ist die zentrale Aufgabe der Kirche. Daher ergibt sich die Notwendigkeit theologischer Erkenntnis auch zunächst einmal in der Kirche selbst. Vor allem angesichts auftretender Divergenzen und der daraus resultierenden Gefahren von Spaltungen erweist es sich immer wieder als notwendig, dass die Kirche ihr Glaubensverständnis klärt und sich über ihren gemeinsamen Glauben verständigt auf der Basis einer begründeten theologischen Erkenntnis.

Hinzu kommt ein weiterer Aspekt: Eine Klärung des kirchlichen Glaubensverständnisses bleibt auch unerlässlich, damit die Kirche nach außen hin Rechenschaft über ihren Glauben ablegen, sich mit Anfragen und Einwänden auseinandersetzen sowie auf neue Herausforderungen und Entwicklungen eingehen kann. Auch das muss auf der Basis authentischer theologischer Erkenntnis geschehen.

Die Theologische Erkenntnislehre bezieht sich somit auf »die *öffentlichen, ›sozialen‹ Prozesse der Erkenntnisgewinnung der Kirche als Glaubensgemeinschaft*«; der Gegenstand theologischer Erkenntnis ist daher näherhin zu bestimmen als »das Wort Gottes im Glaubensverständnis der Kirche« (Seckler 13: 42). Nachdem als ihr Fundament zunächst die glaubende Annahme des Wortes Gottes bedacht worden ist, geht es im Folgenden nun um die entscheidenden »Orte« theologischer Erkenntnis, d. h. die Bezeugungsinstanzen, die für den Prozess theologischer Erkenntnisgewinnung maßgebend sind.

4. Die Bibel – Ur-Kunde des Glaubens

Nicht selten wird die Bibel als das Wort Gottes bezeichnet. Theologisch bleibt eine solche Identifikation fragwürdig und problematisch. Denn sie legt ja zumindest nahe, dass die Bibel die Wiedergabe eines göttlichen Diktates in menschlicher Sprache sei. Diese Vorstellung stellt jedoch vor beträchtliche Schwierigkeiten; denn wenn die biblischen Texte in ihrer sprachlichen Gestalt unmittelbar identisch sind mit dem Wort Gottes, müssen sie von gläubigen

Menschen auch da als wahr und richtig angesehen werden, wo sie anderen Erkenntnissen, etwa denen der Naturwissenschaften oder der Geschichtswissenschaft, widersprechen.

Das kann ein Blick auf den Islam und sein heiliges Buch, den Koran, verdeutlichen. Nach islamischer Überzeugung ist der Koran entstanden, indem der Engel Gabriel dem Propheten Muhammad den Inhalt eines im Himmel aufbewahrten Buches wortgetreu übermittelt hat, und zwar in arabischer Sprache. Der Koran wird deshalb als Wort Gottes im buchstäblichen Sinne verstanden und verehrt. Das schließt sogar seine spezifische Sprachgestalt, das Arabische, ein. Übersetzungen in andere Sprachen sind deshalb mit dem arabischen Urtext nicht gleichwertig, sondern gelten als Kommentare zu diesem.

Hier tritt ein wesentlicher Unterschied zwischen Christentum und Islam zutage. Nach christlicher Überzeugung wird das Wort Gottes nicht Buch (Inlibration), sondern Fleisch (Inkarnation). Das Wort Gottes ist demnach kein Text, sondern eine konkrete geschichtliche Person. Das hat Folgen für das Verständnis der Bibel als der heiligen Schrift des Christentums; es nötigt zu einer Differenzierung zwischen dem Wort Gottes und der Bibel, so dass theologisch gesagt werden muss: Die biblischen Texte sind nicht selbst das Wort Gottes, sondern eine Bezeugungsgestalt des Wortes Gottes. Sie bezeugen die Artikulation dieses Wortes in der Geschichte Israels sowie in der Person Jesu Christi, die im Kontext dieser Geschichte steht. Und zugleich bezeugen sie dabei den Ursprung des Glaubens, den das Wort Gottes hervorgerufen hat. Eben darin liegt die besondere, einzigartige Bedeutung der Bibel für den christlichen Glauben, dass sie diesen Ursprung des Glaubens im Zusammenhang mit dem Ergehen des Wortes Gottes bezeugt. Denn alle anderen Bezeugungsgestalten und -instanzen des Wortes Gottes und des Glaubens bleiben unaufhebbar auf diesen Ursprung bezogen; sie müssen sich daher immer wieder an der Bibel ausrichten und auf sie hin orientieren.

Auch für die theologische Erkenntnis bleibt die Bibel der zentrale Bezugspunkt. Sie ist die entscheidende, unhintergehbare Norm für jedes theologische Erkenntnisstreben, d. h. ihr kann keine andere Bezeugungsgestalt vor- oder übergeordnet werden.

Theologische Erkenntnis muss immer biblisch begründet und legitimiert sein, damit sie als dem Glauben entsprechend und diesen erschließend anerkannt werden kann. Denn das Wort Gottes bleibt für alle späteren Generationen nur über diese ursprüngliche Bezeugungsinstanz zugänglich.

Man kann daher folgendermaßen differenzieren: »*Höchste Norm (norma suprema, norma non normata)* des Glaubens und der theologischen Erkenntnis ist das *Wort Gottes*, das in Jesus Christus Fleisch angenommen hat. Für uns zugänglich und wirksam wird Gottes Wort durch das Zeugnis der Propheten und Apostel, das in der Heiligen Schrift niedergelegt ist ... Die *Heilige Schrift* ... ist *vorrangige Norm (norma normata primaria)* für die nachfolgende kirchliche Glaubensüberlieferung und insofern ›höchste Glaubensregel‹ (DV 21: supremam suae fidei regulam) gegenüber den nachgeordneten Bezeugungsinstanzen« (Pottmeyer 4: 101).

Als die ursprüngliche Bezeugungsgestalt des Wortes Gottes und seiner glaubenden Annahme ist die Bibel zweifellos Menschenwort. Biblische Texte sind Zeugnisse von Menschen, die selber zum Glauben gekommen sind. Was sie gegenüber allen späteren Glaubenszeugen auszeichnet, ist der Tatbestand, dass ihr Zum-Glauben-Kommen in unmittelbarem Zusammenhang mit dem Vernehmbarwerden des Wortes Gottes steht. In diesem Sinne ist die Bibel die Ur-Kunde des Glaubens, in dem doppelten Sinne einer ursprünglichen Artikulation des Glaubens wie auch seiner maßgeblichen »Beurkundung«.

Im Zusammenhang der Fundamentaltheologie, die die Bibel als grundlegende Quelle theologischer Erkenntnis behandelt, geht es vor allem um drei Fragen: die Legitimation des biblischen Kanons, die Lehre von der Inspiration der Schrift, die Hermeneutik der Bibel.

(1) Nicht nur die einzelnen Schriften der Bibel sind von Menschen verfasst, auch *der biblische Kanon* ist von Menschen zusammengestellt; er hat sich in einem langen Prozess herausgebildet, und es sind menschliche Entscheidungen gewesen, durch die sein Umfang schließlich festgelegt wurde.

Bezüglich des *Alten Testamentes* (Beinert 1: 95–97; Limbeck: 53f) war zunächst der Pentateuch, also die dem Mose zugeschriebenen Bücher Genesis bis Deuteronomium, kanonisch festgelegt; er wurde nach Beendigung des babylonischen Exils als Landesgesetz der Provinz Juda verkündet (Neh 8). In der um 130 v. Chr. verfassten Vorrede zur griechischen Übersetzung des Buches Jesus Sirach ist dann von drei Gruppen von Schriften die Rede:

dem Pentateuch, den Propheten und den übrigen Schriften. Die prophetischen Schriften dürften in der zweiten Hälfte des dritten vorchristlichen Jahrhunderts angesichts des drohenden Verlustes der eigenen jüdischen Traditionen im Zuge einer fortschreitenden Hellenisierung zusammengestellt worden sein. Die Gruppe der übrigen Schriften war hingegen noch längere Zeit nicht eindeutig festgelegt; dies erfolgte erst gegen Ende des ersten Jahrhunderts n. Chr. im Zusammenhang des Bestrebens, das Judentum nach der Zerstörung des zweiten Tempels im Jahr 70 neu zu konsolidieren. In Jamnia (Jabne), einem Mittelpunkt jüdischen Geisteslebens mit einer rabbinischen Schule und einem Gerichtshof, fand man zu einer weitreichenden Übereinstimmung in der Frage, welche Bücher zur heiligen Schrift des Judentums gehören. Zu einer endgültigen Festlegung kam es jedoch erst im 3.–4. Jahrhundert n. Chr. (Schreiner: 28f). Dieser Kanon umfasst 24 Bücher, wobei die zwölf kleinen Propheten als ein einziges Buch gezählt werden. Die sog. deuterokanonischen Bücher Jdt, Weish, Tob, Sir, Bar, 1/2 Makk gehören nicht zu diesem Kanon. – Der *neutestamentliche Kanon* stand etwa um 400 weitgehend fest (Beinert 1: 97–99; Limbeck: 54–56). Lediglich die Offenbarung des Johannes blieb noch bis um 700 umstritten. Vom Lehramt der römischen Kirche wurde dieser Kanon dann allerdings erst im 15. Jahrhundert durch das Konzil von Florenz offiziell für verbindlich erklärt. Es nennt alle Bücher des Alten und des Neuen Testaments einschließlich der deuterokanonischen Bücher (DH 1335). Unter dem Einfluss des Humanismus verstärkte sich die Tendenz, die deuterokanonischen Bücher aus dem Kanon herauszunehmen und sich auf den hebräischen Kanon zu beschränken (Beinert 1: 100). Diese Tendenz wurde von den Reformatoren aufgegriffen, hatte aber auch in der römischen Kirche einflussreiche Anhänger, etwa Kardinal Cajetan. Daher griff das Konzil von Trient die Kanonfrage erneut auf und bestätigte die Lehre des Konzils von Florenz (DH 1502f). Dies erfolgte schließlich nochmals durch das 1. Vatikanische Konzil im Jahr 1870 (DH 3029).

Angesichts dieses Entwicklungsprozesses stellt sich die Frage nach der Legitimität einer solchen Kanonisierung bestimmter Schriften. Das ist das spezifisch fundamentaltheologische Problem. Denn müssten nicht eigentlich alle bekannten Zeugnisse aus der Ursprungszeit des Christentums als gleichwertig angesehen werden? Im Unterschied zur historischen Frage nach der Entstehung des Kanons geht es also darum, zu klären, ob bzw. inwiefern dessen Erstellung und die damit verbundene Proklamation seiner Verbindlichkeit sich rechtfertigen lassen. Denn bereits der Begriff Kanon bringt ja zum Ausdruck, dass es dabei um etwas Verbindliches geht.

Dieser Begriff ist abgeleitet vom hebräischen Wort קָנֶה (qanæh) mit der Grundbedeutung »Rohr« (z. B. Schilfrohr), im übertragenen Sinne dann »gerader Stab«. Als Lehnwort im Griechischen bezeichnet κανών zunächst ebenfalls die gerade Form, später aber auch im geistigen Sinne »Geradheit, Exaktheit, Genauigkeit«. Auf den Menschen bezogen kann es die Bedeutung »Richtschnur« (für Denken, Sein, Handeln) haben. Im philosophischen Kontext bei den Epikuräern dient es dann als Bezeichnung für das Kriterium der Wahrheit einer Aussage, also des Maßstabs, an dem sich die Wahrheit einer Aussage bemisst (Kern/Niemann: 55). – Im Neuen Testament kommt καννών nur bei Paulus vor, am wichtigsten ist Gal 6,16: »Und allen, die sich an diesem Kanon ausrichten werden, Friede und Erbarmen sei mit ihnen und mit dem Israel Gottes.« Kanon meint hier die Norm echter Christlichkeit, und diese bemisst sich für Paulus daran, dass die Christen durch Christus zu einer neuen Schöpfung geworden sind. Diesen Bedeutungsgehalt »Norm des Christseins« behält das Wort auch, wenn in nachneutestamentlicher Zeit vom κανών της πίστεως, lateinisch regula fidei gesprochen wird; vor allem im Zusammenhang der Taufkatechese ist damit das christliche Glaubensbekenntnis als Maßstab des Christseins gemeint. Im 4. Jahrhundert wird dann auch die Sammlung der Schriften des Alten und Neuen Testaments als Kanon bezeichnet, aufgrund der Überzeugung, dass in diesen Schriften der wahre Glaube zum Ausdruck kommt. Das wird etwa bei Augustinus deutlich, wenn er schreibt: »Wenn sich auch in Apokryphen manches Wahre findet, besitzen sie doch wegen ihrer vielen Irrtümer kein kanonisches Ansehen« (De civ. XV, 23), d. h. ihnen kann keine Normativität und Verbindlichkeit zuerkannt werden. – In diesem Sinne des Maßgeblichen und Verbindlichen wird der Begriff Kanon im kirchlichen Sprachgebrauch dann auch in anderen Bereichen verwendet: Konzilsbeschlüsse werden als Kanones bezeichnet, das kirchliche Recht als ius canonicum; Kanoniker sind Geistliche, die nach kirchlichen Regeln leben; das verbindliche eucharistische Hochgebet heißt seit Gregor dem Großen Kanon; von der Kirche anerkannte Heilige werden kanonisiert, d. h. in das offizielle, verbindliche Verzeichnis der Heiligen aufgenommen.

Von allem Anfang an hatten für die christlichen Gemeinden diejenigen, die Jesus selbst gekannt hatten und/oder denen er als Auferstandener begegnet war, eine entscheidende Bedeutung. Ihnen wurde eine besondere Autorität zuerkannt, ihr Glaubenszeugnis hatte besonderes Gewicht. Durch sie sah man die Verbindung zum Ursprung des christlichen Glaubens hergestellt. Das geschah zunächst in mündlicher Form, schon bald aber auch schriftlich. Ab der zweiten Generation, nach dem Tod der ersten Glaubenszeugen, war man dann ganz auf diese schriftlichen Zeugnisse verwiesen, seien es Briefe, sei es die erzählende Vergegenwärtigung des Lebens und des Schicksals Jesu. So kursierten schon bald eine Vielzahl von Schriften, die beanspruchten, von einem der ursprünglichen Glaubenszeugen verfasst zu sein. Damit waren die Gemeinden vor die Frage nach der Zuverlässigkeit und Glaubwürdigkeit dieser Schriften gestellt. Infolge dessen legte man nun offenbar Verzeichnisse der Schriften an, die die Gemeinden bedenkenlos verwenden konnten. So verweist wohl schon der Verfasser des 2. Petrusbriefes auf eine Sammlung von Paulusbriefen; und er setzt diese Briefe gleich mit den »übrigen Schriften«, womit wahrscheinlich die alttestamentlichen Schriften gemeint sind (2 Petr 3,15f). Hier zeigen sich bereits erste Ansätze einer Kanonbildung.

Besonders forciert wurde das dann noch einmal in der Auseinandersetzung mit der Gnosis (Schneemelcher: 35–38). Sie war bestrebt, das Christentum von seinen jüdischen Wurzeln zu trennen. So lehnte Markion, der im Jahr 144 aus der römischen Gemeinde ausgeschlossen wurde, nicht nur das gesamte Alte Testament ab, sondern tilgte auch die jüdischen Einflüsse in den christlichen Schriften; als einziges Evangelium erkannte er das des Lukas an, jedoch ohne die Kindheitsgeschichte (vgl. Sand: 57–60). Solche Entwicklungen warfen die Frage auf, ob man sich die Schriftgrundlage der Kirche und des Glaubens in dieser Weise selbst zurechtlegen kann, ob sie von bestimmten theologischen Voraussetzungen her manipuliert werden darf.

Angesichts dieser Herausforderungen erstellte man Listen mit zuverlässigen und vertrauenswürdigen Schriften. Zu erwähnen ist hier vor allem das sog. Muratorische Fragment (Canon Muratori), ein um 200 entstandenes Verzeichnis neutestamentlicher Schriften, das von L. A. Muratori im 18. Jahrhundert gefunden wurde. Hier werden Auswahlprinzipien genannt, nämlich das Alter der Schriften, ihre apostolische Herkunft sowie ihr liturgischer Gebrauch (Sand: 60–67; Beinert 1: 99). Diese Kriterien verdanken sich jedoch sicherlich erst einer nachträglichen theologischen Reflexion. »Die Entstehung des Kanons ist zunächst ein Prozeß, in dem Schriften, die in den Gemeinden gelesen und anerkannt wurden, zu einer Sammlung zusammenwuchsen, die dann ... nachträglich mit theologischen Argumenten gerechtfertigt wurde« (Schneemelcher: 41). In diesen verschafft sich jedoch die Überzeugung Ausdruck, dass es sich bei den im Kanon enthaltenen Schriften um besonders zuverlässige Glaubenszeugnisse handelt und diese sich im kirchlichen Gebrauch bewährt haben. Das besagt vor allem, dass die Gemeinden sich durch diese Schriften in ihrem Glauben bestärkt sahen.

Mit der Erstellung des biblischen Kanons identifiziert die Kirche somit den Ursprung und das Fundament ihres eigenen Glaubens; sie benennt das Glaubenszeugnis, auf das ihr eigener Glaube sich bezieht. Damit bindet die Kirche dann aber auch sich selbst bleibend an diesen Ursprung; sie legt die normative Grundlage ihres eigenen Seins fest und offen. In diesem Sinne ist die Bibel *das* Buch der Kirche, auf das sie sich selbst bleibend verpflichtet weiß.

Die Verfasser der in diesem Kanon enthaltenen Schriften sind nach Auffassung der theologisch-kirchlichen Tradition von Gott inspiriert. Diese Lehre von der *Inspiration der Heiligen Schrift* bleibt auch in der Fundamentaltheologie zu bedenken, wenn sie die Bibel als hervorgehobene Quelle theologischer Erkenntnis behandelt.

(2) Die Vorstellung, dass heilige Texte von Gott bzw. göttlichen Mächten eingegeben sind, findet sich in der Geschichte der Religionen häufig, etwa im Islam oder im Hinduismus. In Israel gab es hingegen lange kein heiliges Buch. Grundlegend war vielmehr die Überzeugung, dass Gott Israel als dem von ihm erwählten Volk in dessen Geschichte begegnet und es begleitet. Dabei wendet Gott sich immer wieder an das Volk, so dass sein Wort ein auf die konkrete Geschichte Israels bezogenes Wort ist. Als Vermittler dieses Gotteswortes treten insbesondere Propheten auf (Limbeck: 45). Deren Botschaft findet jedoch zunächst wenig Gehör, wird dann aber durch den Gang der Geschichte, insbesondere die Zerstörung des Tempels 586 v. Chr. und die Deportation ins babylonische Exil, bestätigt. So bildet sich in nachexilischer Zeit die Überzeugung aus, dass das, was Israel im Laufe seiner Geschichte mitgeteilt worden ist und was man nun in Gestalt des Pentateuch sowie der prophetischen und der übrigen Schriften zusammengetragen hat, den menschlichen Boten von Gott selbst eingegeben worden ist. Ausdrücklich zeigt sich diese Auffassung etwa bei den jüdischen Gelehrten Philo von Alexandrien und Josephus Flavius um die Zeitenwende. Sie sehen in den Verfassern dieser

Schriften Werkzeuge Gottes; Gott benutzt sie als Dolmetscher, um seine Botschaft und seinen Willen in menschliche Worte zu fassen.

Das frühe Christentum teilt diese Überzeugung, dass die Schriften Israels von Gott inspiriert sind (Limbeck 1: 45–47). Sie erhält nun allerdings eine spezifisch christliche Begründung: Die Christen lesen diese Schriften auf Jesus Christus hin, sie erkennen in ihnen eine Verheißung des Christusereignisses. Das aber setzt voraus, dass sich in der hebräischen Bibel der Wille und die Absichten Gottes Ausdruck verschaffen. Denn »nicht durch den Willen des Menschen wurde jemals eine Weissagung (προφητεία) hervorgebracht, sondern vom Heiligen Geist getrieben haben Menschen von Gott her geredet« (2 Petr 1,21). Von dieser Voraussetzung her mussten dann aber auch die neutestamentlichen Schriften schließlich als von Gott inspiriert angesehen werden; denn sie stehen ja in einem unmittelbaren sachlichen Zusammenhang mit den Schriften Israels, insofern sie die Erfüllung der in diesen enthaltenen Verheißung verkünden. So heißt es etwa bei Irenäus von Lyon: »Ein und derselbe Geist Gottes hat ... durch die Propheten die Ankunft des Herrn ... angesagt ... und er hat auch durch die Apostel verkündet, daß die Fülle der Zeiten der Annahme an Sohnes Statt gekommen (...) und das Himmelreich nahe ist« (Adv. haer. III, 21,4). Und Origenes schreibt: »Es wird ... ganz deutlich in der Kirche verkündet, daß dieser Heilige Geist einen jeden von den Heiligen, Propheten und Aposteln inspiriert hat und daß kein anderer Geist in den Alten war als in denen, die bei der Ankunft Christi inspiriert wurden« (De princ., praef. 4).

Die Überzeugung von der Inspiriertheit der biblischen Schriften gilt dann im Christentum über lange Zeit hin unbestritten. Der neuralgische Punkt bleibt dabei die Frage des Zusammenwirkens von Gottes Geist und menschlichem Verfasser.

Wie schon Philo von Alexandrien und Josephus Flavius versteht man die menschlichen Verfasser zunächst als Werkzeuge in der Hand Gottes und versucht dies mit Hilfe von Bildern zu verdeutlichen: Der Verfasser erscheint als Griffel oder als Sekretär Gottes bzw. als Musikinstrument (Leier, Flöte, Zither), mit dessen Hilfe Gott seine »Melodie« erklingen lässt (Beumer 1: 12.20). Damit soll zum Ausdruck gebracht werden, dass Gott der Urheber (auctor) der heiligen Bücher ist (Beinert 1: 103). Im Mittelalter wird dann bei Thomas von Aquin und Heinrich von Gent begrifflich zwischen Gott als dem Haupturheber (auctor principalis) der Heiligen Schrift und den menschlichen Verfassern als den instrumentellen bzw. sekundären Urhebern (auctor ministerialis bzw. secundarius) differenziert (Beumer 1: 36–40) Seit dem 16. Jahrhundert findet sich neben der Theorie von der Verbalinspiration, die den wortwörtlichen Textbestand auf Gott zurückführt, auch die erstmals von dem Jesuiten Leonardus Lessius vertretene Theorie einer Realinspiration (Beumer 1: 58; Kern/Niemann: 59f). Sie unterscheidet zwischen der sprachlichen Gestalt des Textes und dem Inhalt und sieht nur Letzteren als inspiriert an, nicht aber die einzelnen Formulierungen. Diese Differenzierungsversuche bleiben unberücksichtigt, wenn die Konzilien von Florenz und Trient sowie das 1. Vatikanum weiter einfach Gott als Urheber (auctor) der Schrift bezeichnen (DH 1334; 1501; 3006). Eine wesentliche Verschärfung der Problematik ergibt sich angesichts der neuzeitlichen Erkenntnisfortschritte im Bereich der Naturwissenschaften, aber auch durch die historisch-kritische Exegese. So erweist sich nun etwa das geozentrische Weltbild der Bibel als falsch; und es zeigt sich, dass sich einige biblische Schriften einem längeren Entstehungsprozess verdanken. Als Reaktion darauf wird seit dem 17. Jahrhundert die völlige Irrtumslosigkeit (Inerranz) der Bibel in allen religiösen und nichtreligiösen Fragen als Konsequenz der göttlichen Inspiration behauptet (Limbeck: 49f; Beinert 1: 103f; 108; Gabel 1: 56–86). Offenkundige Probleme versucht man zu beseitigen, indem man die betreffenden biblischen Aussagen als zeitbedingte Ausdruckweisen versteht, durch die sich der Geist Gottes dem damaligen Verstehenshorizont angepasst habe. Ein entscheidender Neuansatz erfolgt im katholischen Bereich dann mit dem 2. Vatikanischen Konzil (Beinert 1: 104f; 108f; Gabel 1: 89–127). Es geht von der traditionellen Auffassung aus, wonach alle Bücher des biblischen Kanons Gott zum Urheber haben, fügt dem dann aber differenzierend hinzu, dass Gott zu deren Abfassung Menschen erwählt hat, die ihm dabei »durch den Gebrauch ihrer eigenen Kräfte und Fähigkeiten« dienen sollten (DV 11/1). Die menschlichen Verfasser sind demnach keine passiven Instrumente Gottes, sondern leisten einen eigenen, menschlichen Beitrag bei der Entstehung der biblischen Bücher. Diese Differenzierung ermöglicht es, die eigentliche theologische Intention der göttlichen Inspiration präziser zu thematisieren: Sie zielt darauf, dass die biblischen Schriften »sicher, getreu und ohne Irrtum die Wahrheit lehren, die Gott um unseres Heiles willen in heiligen Schriften aufgezeichnet haben wollte« (DV 11/2). Die Bibel ist also nicht in jeder beliebigen Hinsicht irrtumsfrei, das gilt vielmehr nur in einer Hinsicht, nämlich für die in ihr enthaltene *Heils*wahrheit. Das, was für das menschliche Heil notwendig ist, findet sich in der Bibel vollständig und irrtumsfrei. – In der evangelischen Theologie kommt der Inspirationslehre insofern eine besondere Bedeutung zu, als sie dazu dient, die alles überragende Autorität der Heiligen Schrift als der einzigartigen theologischen Erkenntnisquelle zu begründen (Joest: 155–158; Pannenberg 3: 41ff). In der altprotestantischen Orthodoxie wird das konsequent im Sinne einer Verbalinspiration verstanden, wobei der Inspirationsvorgang den Schreibauftrag (mandatum scribendi), den geistigen Impuls zu schreiben (impulsus ad scribendum) sowie die Eingebung der mitzuteilenden Gehalte und der Worte, in die diese zu fassen sind (suggestio rerum et verborum), umfasst. Stilistische Unterschiede wie auch textimmanente Widersprüche und das Vorkommen zeitbedingter Vorstellungen erklärt man mit Hilfe des Akkomodationsgedankens, wonach sie sich der Anpassung des Heiligen Geistes an die individuellen Eigentümlichkeiten und den Vorstellungshorizont der einzelnen biblischen Autoren verdanken. Im Zuge des Zerfalls dieses altprotestantischen Inspirationsverständnisses in der Zeit der Aufklärung rückt dann das innere Zeugnis (testimonium internum) des Heiligen Geistes in den einzelnen Gläubigen ins Zentrum. »Die göttliche Autorität der Schrift wurde nun zur Sache der persönlichen Glaubenserfahrung des Christen an der Schrift« (Pannenberg 3: 46). Diesen neuprotestantischen Glaubenssubjektivismus, als dessen Hauptvertreter F. Schleiermacher gilt, versucht Karl Barth durch seine Lehre vom Wort Gottes zu überwinden: »Die Voraussetzung, die die Verkündigung zur Verkündigung und damit die Kirche zur Kirche macht, ist das Wort Gottes. Es bezeugt sich in der heiligen Schrift im Wort der Propheten und Apostel, denen es ursprünglich und ein für allemal durch Gottes Offenbarung gesagt wurde« (Barth K. 1: 89; i. O. kursiv). Aber auch damit ist der Glaubenssubjektivismus nicht zweifelsfrei überwunden (Pannenberg 3: 54–57). Denn auch »der Satz: ›Die Bibel ist Gottes Wort‹ ist ein Glaubensbekenntnis« (Barth K. 1: 112).

Insbesondere in der evangelischen Theologie ist der Lehre von der Schriftinspiration eine Zeitlang die Aufgabe zugeschrieben worden, den Wahrheitsanspruch der biblischen Glaubensbotschaft zu begründen. Die seit der Aufklärung zutage getretenen Schwierigkeiten des traditionellen Inspirationsverständnisses zeigen jedoch, dass sie das nicht zu leisten vermag. So kann sich die Frage stellen, ob angesichts der theologiegeschichtlichen Implikationen des Inspirationsbegriffs nicht besser ganz auf diesen verzichtet werden sollte (Joest: 169). Dass dies unsachgemäß wäre, wird deutlich, wenn man die Lehre von der Schriftinspiration in einem größeren Zusammenhang rückt.

Die biblischen Schriften sind menschliche Glaubenszeugnisse, und als solche sind sie geistgewirkt wie jeder authentische Glaubensvollzug und die Bezeugung dieses Glaubens (vgl. 1 Kor 12,3). Die Lehre von der göttlichen Inspiration der Heiligen Schrift rückt diese also zunächst einmal in die Reihe der authentischen Glaubenszeugnisse. Ihre Besonderheit besteht jedoch darin, dass sie das grundlegende, unhintergehbar-normative Zeugnis in der Geschichte des Glaubens darstellt. Von daher erhebt sich dann die Frage, inwiefern auch der Inspiration der Schrift theologisch noch einmal eine besondere Bedeutung zuzuerkennen ist.

In *jedem* christlichen Glaubenszeugnis geht es darum, Menschen auf die Wahrheit zu verweisen, durch die ihnen ihr eschatologisches Heil zuteil wird. Das Einzigartige der biblischen Schriften in der Geschichte der christlichen Glaubenszeugnisse besteht darin, dass sie nach der Überzeugung der Kirche diese Heilswahrheit »sicher, getreu und ohne Irrtum« enthält, wie es das 2. Vatikanum formuliert hat (DV 11/2). Die Lehre von der göttlichen Inspiration der Heiligen Schrift besagt daher, dass diese nicht nur (wie auch jedes andere Glaubenszeugnis) vom Geist Gottes ermöglicht wird, sondern ihr Glaubenszeugnis unverkürzt ist und daher als uneingeschränkt zuverlässig gelten darf. Aus diesem Grunde bleibt das biblische Glaubenszeugnis auch der Orientierungspunkt für jedes spätere christliche Glaubenszeugnis; hieran kann und muss sich jedes spätere christliche Glaubenszeugnis ausrichten; es ist zu prüfen, ob es in Einklang mit dieser grundlegenden Bezeugung des Glaubens steht und so dann als wahres, authentisches Glaubenszeugnis angesehen werden kann.

Diese Interpretation der Inspirationslehre ermöglicht es, das Verständnis der Irrtumslosigkeit der Schrift theologisch zu präzisieren. Denn es muss dann ja gesagt werden: Die göttliche Inspiration der Schrift garantiert »keine Irrtumslosigkeit in beliebigem Sinn« (Gabel 2: 540). Als irrtumslos ist die Schrift vielmehr in einer ganz bestimmten Hinsicht anzusehen, nämlich bezüglich der Heilswahrheit Gottes. Diese Wahrheit ist in der Schrift nicht nur vollständig enthalten, sondern auch unverfälscht von Irrtümern. Dafür sieht die Kirche den Geist Gottes als Garanten an; dies ist der spezifische Bedeutungsgehalt, wenn sie die biblischen Schriften als von ihm inspiriert versteht. Das schließt dann nicht aus, dass diese in anderer Hinsicht – etwa in naturwissenschaftlichen und historischen Fragen oder bezüglich literarischer Quellenangaben (vgl. beispielsweise Mt 27,9, wo ein Zitat aus dem Buch Sacharja dem Propheten Jeremia zugeschrieben wird) – vielerlei Irrtümer enthalten können und tatsächlich auch enthalten.

Ein solchermaßen theologisch spezifiziertes Verständnis der Irrtumslosigkeit der Schrift beinhaltet daher auch nicht, dass die menschlichen Verfasser der biblischen Schriften in ihrer Menschlichkeit von Gott quasi ausgeschaltet werden. Die göttliche Inspiration mindert »im Entstehungsprozess der Schriften nicht die Eigentätigkeit der beteiligten Menschen, sondern aktiviert sie« (Gabel 2: 540). Gott nimmt die biblischen Autoren mit all ihren menschlichen Erfahrungen und Fähigkeiten in Dienst als Glaubenszeugen. Als solche menschliche Glaubenszeugnisse haben die biblischen Schriften daher notwendigerweise teil an menschlicher Begrenztheit, Unvollkommenheit und damit auch Irrtumsfähigkeit. Das schließt ein, »daß nicht in allen bibl(ischen) Texten die gleiche Nähe zu den zentralen Erfahrungen gegeben ist u(nd) daß die Bezeugung der Heilstaten Gottes auch innerhalb der Bibel in recht unterschiedl(ichem) Maß gelungen ist« (Gabel 2: 541). Doch unbeschadet dessen gewährleistet die göttliche Inspiration des biblischen Glaubenszeugnisses, dass die Kirche hier die verlässliche Grundlage und Norm ihres Glaubens findet, weil es die Heilswahrheit Gottes vollständig und irrtumsfrei enthält. Der Geist Gottes ist der Garant dafür, dass *diese* Wahrheit durch die Begrenztheit und Irrtumsfähigkeit der menschlichen Autoren nicht beeinträchtigt wird, sondern ganz und unverfälscht zum Ausdruck kommt.

In der theologischen Tradition blieb die Inspirationsthematik in der Regel auf die Entstehung der biblischen Schriften begrenzt; im Blick waren also vor allem deren Verfasser. Als Heilige Schrift ist die Bibel jedoch auch selbst geisterfüllt, so dass sie immer wieder zum Medium der Erfahrung des Gottesgeistes werden kann (Seckler 14: 88; Limbeck: 53; Gabel 1: 332f). Weil der Geist nicht nur bei ihrer Entstehung wirkt, sondern ihr bleibend gegenwärtig ist, vermittelt sie diesen Geist auch weiter. »*In* diesem Text, nicht an ihm vorbei, und auch nicht nur *anläßlich* dieses Textes ist Gottes Geist zu finden« (Gabel 1: 332). Das setzt allerdings voraus, dass Menschen sich auf Gott hin öffnen, so dass sein Geist durch die biblischen Texte wirken kann. Wird die Schriftinspiration nicht auf den Aspekt des Ursprungs des biblischen Kanons reduziert, führt sie somit weiter zur Frage nach einer angemessenen *biblischen Hermeneutik*.

(3) Seit der Aufklärung ist die historisch-kritische Exegese immer mehr zur dominierenden Methode der Bibelauslegung geworden. Außerhalb des kirchlich-theologischen Raums entstanden,

wurde sie dann auch in Theologie und Kirche heimisch, weil sie zu einer Fülle neuer, wichtiger Einsichten und Erkenntnisse geführt hat. Mit einiger Verzögerung hat das auch das Lehramt der katholischen Kirche in der Enzyklika »Divino afflante spiritu« des Papstes Pius XII. aus dem Jahre 1943 anerkannt.

Trotz ihrer Erfolgsgeschichte sind die Vorbehalte gegen die historisch-kritische Methode der Bibelauslegung nicht verschwunden; im Gegenteil, sie haben sich in den zurückliegenden Jahrzehnten verstärkt, so dass heute konstatiert werden muss: »Die historisch-kritische Exegese … steckt in einer tiefen Krise« (Oeming: 45). Die Ursache dafür ist paradoxerweise das, was den beträchtlichen Erkenntnisfortschritt ermöglicht hat, die historisch-kritische Methode selbst:

»Ohne dogmatische Vorurteile oder Tabus will sie die Bibel mit allen Mitteln der Wissenschaft untersuchen. Mit dem Postulat, so auszulegen *etsi deus non daretur*, entspricht sie der modernen Autonomie der Vernunft. Sie führt den theologischen Diskurs mit der atheistischen Welt in den Kategorien des Historischen. Gegenüber einer pauschalen Beurteilung der Bibel als Märchen, Lüge, Täuschung oder Priesterbetrug differenziert sie zwischen historisch Sicherem oder Wahrscheinlichem, zwischen Faktum und Glaubensbekenntnis« (Oeming: 42).

Gerade darin erweist sich die historisch-kritische Bibelwissenschaft dann aber auch als einseitig. In ihrem Bestreben, den ursprünglichen »Sitz im Leben« biblischer Texte und die Aussageabsichten der biblischen Autoren zu eruieren, macht sie die Bibel zu einem rein historischen Gegenstand. Der Bezug zur gegenwärtigen Lebenswirklichkeit wird abgeblendet mit der Folge, dass der Eindruck entsteht, die Bibel habe dem Menschen heute nichts mehr zu sagen, weil sie ihn in seiner Lebenserfahrung nicht erreicht. Der Kernvorwurf gegenüber der historisch-kritischen Exegese lautet daher, »daß sie dem Bedeutungsverlust der Bibel Vorschub leistet, indem sie zu einem religiösen Erfahrungsverlust führt« (Körtner 1: 64).

So findet sich heute eine ganze Reihe anderer Auslegungsmethoden, die dieses Defizit der historisch-kritischen Bibelauslegung zu kompensieren versuchen (vgl. den Überblick bei Oeming: 89ff). Dazu zählen die tiefenpsychologische, die befreiungstheologische oder die feministische Bibelauslegung ebenso wie das Bibliodrama. Sie alle wollen einen Bezug zu gegenwärtigen Erfahrungszusammenhängen und Lebenswirklichkeiten herstellen, oder sie wollen Symbole und psychologische Tiefenschichten in biblischen Texten verstehen. Immer geht es dabei darum, die Bibel in Beziehung zu setzen zum eigenen Leben und Glauben, sie also nicht in einer historischen Distanz zu belassen, sondern ihre Relevanz für die eigene Gegenwart erkennbar zu machen.

Auch zwischen der beträchtlichen Verbreitung einer fundamentalistischen Bibellektüre und dem Vordringen einer historisch-kritischen Bibelauslegung bestehen Zusammenhänge. Wird die Bibel als fester Halt und Orientierung in den Verunsicherungen der Moderne betrachtet, so steht die historisch-kritische Methode dem entgegen. Sie verwehrt es, die biblischen Texte als Tatsachenberichte zu verstehen, indem sie deren historische Genese sowie die Intentionen und Interessen ihrer menschlichen Verfasser aufdeckt. Aus einer fundamentalistischen Perspektive wird damit der Bibel ihre Relevanz genommen, weil sie nicht mehr als Wort Gottes im Sinn einer unmittelbar von ihm kommenden wortwörtlichen Mitteilung verstehbar ist.

Die Aufgabe einer sachgemäßen biblischen Hermeneutik besteht somit darin, den biblischen Text selbst zu Wort kommen zu lassen, dies aber so, dass er in die Gegenwart des heutigen Lesers hineinspricht. Dazu bleibt einerseits die historische Analyse unverzichtbar, denn nur so lässt sich ja die ursprüngliche Aussageintention eines Textes erheben. Andererseits muss dieser Text dann aber auch in den Frage- und Verstehenshorizont heutiger Leser hineingestellt und mit ihm verbunden werden. Dabei darf letzterer jedoch das, was der Text von sich aus zu sagen hat, nicht einengen oder beschneiden. Eine theologisch sachgemäße Hermeneutik muss damit rechnen, dass der Verständnishorizont des Lesers durch den biblischen Text verändert, erweitert, korrigiert werden kann. Diese Spannung zwischen dem biblischen Text und dem heutigen Verstehensprozess stellt die zentrale Herausforderung bei der Auslegung der Heiligen Schrift dar.

Die damit gegebene Herausforderung ist nicht erst mit der historisch-kritischen Methode entstanden; sie hat sich dadurch nur in einer spezifischen Weise zugespitzt. An sich ist das Problem so alt wie das Christentum selber; es wurde über lange Zeit hin mit Hilfe der allegorischen Schriftauslegung bearbeitet, bis diese dann von der historisch-kritischen Methode abgelöst wurde.

Das Problem tritt bereits im Neuen Testament zutage anlässlich der Frage, in welchem Sinne und mit welchem Recht die christliche Gemeinde die heiligen Schriften des Judentums in Anspruch nehmen und auf sich selbst beziehen darf. So bezieht Paulus die alttestamentliche Erzählung von der Bestrafung der Israeliten bei ihrer Wüstenwanderung (Num 14) auf die Christen: »Das sind Vorbilder (τύποι) für uns geworden, damit wir nicht nach Bösem streben, so wie sie es getan haben« (1 Kor 10,6). Paulus stellt den Christen in Korinth die Israeliten als Vorbild, griech. typos, im Sinne eines warnenden Beispiels vor Augen. Auf diese Weise erfolgt ein Transfer des alttestamentlichen Textes in die Gegenwart der Gemeinde. – Diese typologische bzw. allegorische Schriftauslegung wird dann auch auf die neutestamentlichen Texte angewandt. Als Legitimation dafür dient der paulinische Satz: »Der Buchstabe tötet, der Geist aber macht lebendig« (2 Kor 3,6). Demnach kommt es bei der Schriftauslegung nicht auf den wörtlichen, buchstäblichen Sinn an, sondern auf den geistlichen Sinn. Wer beim Buchstaben, also dem wörtlichen Sinn des Textes stehen bleibt, dem erschließt sich nicht dessen lebendige Kraft. – Eingehender reflektiert wird dies im 3. Jahrhundert bei Origenes (Körtner 1: 71ff). Im Buch IV seines Werkes »De principiis« unterscheidet er einen dreifachen Schriftsinn, entsprechend seinem Menschenbild, wonach der Mensch eine Einheit aus den drei Elementen Leib, Seele und Geist bildet. So hat auch die Schrift einen leiblich-buchstäblichen, einen psychisch-moralischen sowie einen pneumatisch-allegorischen Sinn. Und auf diesen letzteren kommt es entscheidend an; zwar enthält die Schrift auch historische Informationen und moralische Unterweisungen, aber entscheidend ist doch ihr geistlicher Sinn, durch den sich dem Leser die Geheimnisse des Glaubens erschließen. Nach Origenes ist dieser geistliche Sinn von Gott selbst in die biblischen Texte hineingelegt worden; er war dessen menschlichen Verfassern verborgen und kann nur mit Hilfe des Geistes Gottes erschlossen werden. – Diese typologische oder allegorische Schriftauslegung bleibt im Mittelalter vorherrschend. Sie steht dabei jedoch nicht selten auch in der Gefahr eines willkürlichen Umgangs mit den Texten, wenn sie sich allzu weit vom Literalsinn entfernt. »Manche Spielarten geistlicher Schriftauslegung lassen sich ... den Rahmen der Interpretation nicht mehr vom Text und seiner grammatischen Struktur vorgeben, sondern entnehmen ihn der eigenen Vorstellungswelt« (Körtner 1: 84). So ist denn auch die allegorische Schriftauslegung mit dem Aufkommen der historisch-kritischen Methode weitgehend verschwunden. Denn diese will ja nun die Aussageintention der biblischen Autoren erschließen, also gerade hinter die allegorischen Auslegungen zurückgehen und den ursprünglichen »Sitz im Leben« der biblischen Texte erforschen.

Das 2. Vatikanum ist bemüht, einer Synthese zwischen der historisch-kritischen Methode und der traditionellen allegorischen Schriftauslegung den Weg zu bereiten. So betont das Konzil die Unerlässlichkeit der historisch-kritischen Exegese. Die Aussageintentionen und -formen der biblischen Autoren müssen beachtet werden, denn es ist ernst zu nehmen, dass Gott »durch Menschen nach Menschenart gesprochen hat« (DV 12/1). Die Auslegung darf aber nicht dabei und bei den einzelnen Texten stehen bleiben; es muss dann vielmehr auch der »Inhalt und die Einheit der ganzen Schrift« (DV 12/5) in den Blick kommen. Der einzelne Text muss innerhalb des vielstimmigen Zusammenhangs der gesamten Bibel gesehen und auch von daher verstanden werden.

Dieses Anliegen hat sich in der Exegese mittlerweile die sog. kanonische Schriftauslegung zu Eigen gemacht (Oeming: 75–82). Sie nimmt die Bibel als ein organisches Ganzes in den Blick und bemüht sich zu zeigen, dass der Kontext, in dem ein Text steht, wesentlich ist für die Erschließung seines Bedeutungsgehaltes. Dadurch wird die historische Analyse nicht überflüssig, sondern ergänzt. Eine sachgemäße Schriftauslegung erweist sich als ein unabdingbar mehrdimensionales Unternehmen.

Für eine *christliche* Schriftauslegung erschließt sich dabei der ganze Sinn der Schrift erst von Jesus Christus her. Das Christusereignis wird hier zum entscheidenden hermeneutischen Schlüssel. Nicht zuletzt kann auch nur von daher die Einheit der beiden Testamente begründet und verstanden werden.

»Den biblischen Texten kann also – ohne dass dies den biblischen Verfassern bewußt sein musste – ein über den Literalsinn hinausgehender *voller Sinn (sensus plenior)* innewohnen, der erst von Jesus Christus her offenbar wird (...). Aus diesem Grund kommt die Auslegung der im *christlichen* Kanon enthaltenen Texte erst dann zu ihrem Ziel, wenn sie die Bedeutung der einzelnen Texte im Licht des Christusereignisses bedenkt und zur Sprache bringt« (Limbeck: 60).

Dieser (nach christlichem Verständnis) volle Sinn der biblischen Texte kann sich letztlich nur einem Leser erschließen, der sich auf die mit dem Christusereignis verbundene Botschaft einlässt und sie als an ihn selbst gerichtetes Wort Gottes versteht. Theologisch ist ein solcher Verstehensprozess als ein vom Geist Gottes ermöglichter und getragener zu begreifen. In diesem Sinne erinnert das 2. Vatikanum wieder an die alte Einsicht, »daß die Heilige Schrift in dem Geist gelesen und ausgelegt werden muß, in dem sie geschrieben wurde« (DV 12/5). Anders formuliert: Das rechte Verständnis und die angemessene Auslegung der von Gott inspirierten Schrift erfordern auch einen inspirierten Leser (Körtner 1: 86). Es ist dies ein Leser, der sich in der Auseinandersetzung mit den biblischen Texten aus der Ichzentriertheit seiner eigenen Sinnentwürfe befreien und auf etwas hin öffnen lässt, das er sich nicht selbst verschaffen oder sagen kann. Der inspirierte Leser ist einer, der sich von dem Gott, von dem die Bibel spricht, ein neues Verständnis seiner selbst wie der Welt im Ganzen erschließen lässt. Daher »ist jeder Akt des Bibellesens« in der Tat »ein doppelter Auslegungsvorgang: In ihm wird nicht etwa nur der Text durch den Leser ausgelegt, sondern auch umgekehrt der Leser durch den Text« (Körtner 1: 84).

Wenn aber der Leser in diesem Sinne selbst mitkonstitutiv für die Auslegung der Bibel ist, so ist klar, dass dieser Auslegungsprozess prinzipiell unabschließbar bleibt. Ihr Sinn- und Bedeutungsgehalt muss sich immer wieder neu erschließen. Das gilt selbstverständlich angesichts neuer Herausforderungen und Fragen, wie sie sich in sich immer wieder verändernden Kontexten ergeben. Das gilt dann aber noch einmal in diesem grundlegenderen Sinne: Die Bibel muss sich dem einzelnen Leser mit seinen jeweils eigenen Verstehensvoraussetzungen erschließen, so dass er sich selbst in ihr entdecken und neu verstehen lernen kann. Damit ist nochmals die Grenze der historisch-kritischen Methode markiert: Ihr Rekurs auf die ursprüngliche Aussageabsicht der biblischen Autoren – so unerlässlich er bleibt – darf nicht gleichgesetzt werden mit der Erschließung des definitiven Sinn- und Bedeutungsgehalts der biblischen Texte. Ihr ursprünglicher Sinn ist gerade nicht ihr definitiver Sinn, sondern der Ausgangs- und Bezugspunkt eines unabschließbaren Auslegungsprozesses.

Diese Auslegung der Schrift vollzieht sich dabei ganz wesentlich innerhalb der Kirche. Das verweist auf einen letzten wichtigen Aspekt: Die Bibel ist in ihrer kanonischen Gestalt ein Buch der Kirche. Sie ist das ursprüngliche Zeugnis des Glaubens der Kirche und bleibt als solche dessen Grundlage. Darin ist die *Einheit der Schrift* begründet, dass sie dieses für den Glauben der Kirche grundlegende Buch ist. Und das ist dann auch der *theologische* Grund dafür, warum die einzelnen Texte vom Ganzen dieser biblischen Glaubenszeugnisse her verstanden werden müssen (analogia fidei).

Gerade als das grundlegende Buch der Kirche hat die Bibel eine immense Wirkungsgeschichte, die sich aus ihrem Gebrauch und ihrer Wertschätzung in der Kirche ergibt. So werden ständig neue Texte produziert, Predigten und Kommentare zu biblischen Texten oder auch theologische Reflexionen unter Bezugnahme auf die Bibel. Kirchliche Bräuche und Praktiken werden durch sie legitimiert, und in zahllosen Kunstwerken entfalten biblische Texte ihre Wirkung. Im Rahmen einer Theologischen Erkenntnislehre stellt sich die Frage, welche Bedeutung dieser kirchlichen Wirkungsgeschichte der Bibel zuzuerkennen ist. Kann sie als eine eigene Quelle theologischer Erkenntnis gelten? Mit dieser Frage ist der kontroverstheologische Themenkomplex der kirchlichen und theologischen Tradition sowie ihres Verhältnisses zur Heiligen Schrift im Blick.

5. Die Tradition – Glaubenszeugnis in Geschichte

In modernen Lebenszusammenhängen haben Traditionen weithin ihre Selbstverständlichkeit verloren; moderne Menschen haben zu ihnen kein ungebrochenes Verhältnis mehr, sie fühlen sich nicht mehr einfachhin geborgen und beheimatet in dem, was überliefert ist. Noch für das Mittelalter repräsentierte die Tradition das Ewige inmitten der Geschichte, die unveränderliche Wahrheit, die der Vergänglichkeit der Geschichte entzogen bleibt. Seit der Aufklärung werden Traditionen dann jedoch kritisch hinterfragt; denn sie sind ja Mächte, die das Leben von Menschen sehr stark bestimmen können, und als solche bleiben sie rechtfertigungsbedürftig. Bei aller Berechtigung und Notwendigkeit einer kritischen Auseinandersetzung mit der Tradition darf dann allerdings doch auch nicht übersehen werden, dass diese etwas für den Menschen Wesentliches bleibt. »Die Anthropologie belehrt uns darüber, dass das Menschsein des Menschen damit beginnt, dass er traditionsfähig wird« (Seckler 15: 117). Das Verhältnis zur Tradition zeigt sich somit als etwas Ambivalentes.

Von seiner Herkunft her steht jeder Mensch in Traditionszusammenhängen und wird davon entscheidend mitgeprägt. So ist er etwa Teil einer Sprachgemeinschaft und einer Kultur, wodurch sein Leben eine bestimmte Gestalt gewinnt; das reicht von der Ernährungsweise bis zu geistigen Mentalitäten. Auf diesem Wege werden ihm Erfahrungen und Erkenntnisse, Wissen und Praktiken vermittelt. Traditionen sind »nichtgenetische Kanäle« (a. a. O. 118), durch die zusätzlich zu den Genen als den biologischen Informationsträgern spezifische Informationen weitervermittelt werden. Das stellt die Grundlage des menschlichen Lebens dar, insofern durch Traditionen das gesammelt und weitergegeben wird, was die Menschheit im Laufe ihrer Geschichte an Erfahrungen und Kenntnissen erworben hat. Doch indem Traditionen einem Menschen Wissen, Orientierung und Halt vermitteln, legen sie ihn zugleich auch fest; sie binden ihn ein in ein Geflecht von Überzeugungen und Üblichkeiten, von Bräuchen und Mentalitäten. So können Traditionen dann auch abgrenzend wirken; sie markieren das Andere und Fremde als Anderes und Fremdes.

Christlicher Glaube ist wesentlich auf Tradition bezogen, insofern er unabdingbar an das biblische Glaubenszeugnis als seine normative Grundlage verwiesen bleibt. Bei der christlichen Glaubensverkündigung geht es darum, dieses ursprüngliche Glaubenszeugnis weiterzuvermitteln, also um ein Tradierungsgeschehen. Dessen Gegenstand und Inhalt ist das in Jesus Christus ergangene und durch die biblischen Schriften bezeugte Wort Gottes. Es soll so weitervermittelt werden, dass es immer wieder neu Menschen anspricht und in ihnen Glauben weckt. Sein Ziel findet dieser Tradierungsprozess also, wenn sich das Wort Gottes als ein Wort des Lebens erweist, d. h. als ein Wort, durch das Gott Menschen begegnet, sich ihnen schenkt und so ihr Leben erneuert. Die schwierige und spannungsreiche Aufgabe besteht somit darin, ein Vergangenes zu bewahren und weiterzugeben, aber nicht als eine lediglich historische Größe, sondern so, dass dieses Vergangene in der jeweiligen Gegenwart ankommen und hier seine Wirkung entfalten kann.

Man kann diese Spannung, die dem kirchlich-theologischen Tradierungsprozess inhärent ist, auch so umschreiben: Er muss *zugleich konservativ und innovativ* sein. Konservativ muss er sein, weil es darum geht, die Treue zum Ursprung zu bewahren. Das

Wort Gottes soll unverkürzt und unverfälscht weitergegeben werden. Andererseits muss dieser Tradierungsprozess jedoch auch innovativ sein; denn das Wort Gottes muss so zur Sprache gebracht werden, dass es in der jeweiligen Gegenwart verstanden und angenommen werden kann. Und das erfordert immer wieder auch eine neue Sprachgestalt.

Entscheidend für das kirchlich-theologische Tradierungsgeschehen bleibt die Treue zur Sache, d. h. zum Wort Gottes, dem Evangelium. Sachtreue ist dabei jedoch nicht einfachhin identisch mit Buchstabentreue, ohne dass deshalb die Treue zum Buchstaben gering zu schätzen wäre. Aber neue Entwicklungen oder ein veränderter Kontext können auch neue Fragen und ein anderes Problembewusstsein hervorrufen, was es dann erforderlich macht, über den Wortlaut der Bibel hinauszugehen, und zwar eben um der Treue zur Sache willen. Zu denken wäre hier etwa an die Ausführungen des Paulus zur Sklaverei oder zur Rolle der Frau in der Gemeinde (vgl. 1 Kor 7,20–24; 11,2–16); neue Einsichten haben hier zu einem neuen Problembewusstsein geführt, und in einem solchen Fall ist das bloße Festhalten am Buchstaben kontraproduktiv, denn es führt dazu, dass der Blick auf die Sache, also das Wort Gottes als personale Zusage an alle Menschen, verstellt wird. Eine solche innovative Weitergabe der biblischen Tradition erfolgt also keineswegs willkürlich, sondern ist begründet in neuen Einsichten angesichts soziokultureller Veränderungen.

Innovationen erfolgen im Zuge des kirchlich-theologischen Tradierungsprozesses in unterschiedlicher Weise. So stellt etwa das Dogma des Konzils von Nizäa im Jahr 325, wonach Jesus Christus ὁμοούσιον τῷ πατρί (DH 125), eines Wesens mit dem Vater ist, eine Innovation dar. Im Kontext der griechisch-hellenistischen Kultur formuliert es die neutestamentliche Überzeugung von der Gottessohnschaft Jesu Christi neu und versucht sie dadurch zu verdeutlichen und verständlich zu machen. Aber auch Riten oder Bräuche, etwa das seit dem 4. Jahrhundert gefeierte Weihnachtsfest, können solche Innovationen darstellen, durch die im Zuge des Tradierungsprozesses bestimmte Aspekte der biblischen Botschaft hervorgehoben oder anschaulich gemacht werden.

Auch die kirchlich-theologische Tradition stellt somit ein Glaubenszeugnis dar, allerdings ein abgeleitetes Zeugnis, das sich dem Bemühen verdankt, das ursprüngliche biblische Glaubenszeugnis in veränderten geschichtlichen Kontexten neu zugänglich und verständlich zu machen. Daher muss immer wieder geprüft werden, ob diese Glaubenszeugnisse der Tradition dem biblischen Glaubenszeugnis auch tatsächlich gerecht werden und so dem kirchlich-theologischen Überlieferungsauftrag dienlich sind. Denn das ist ja nicht automatisch der Fall; dieser Prozess kann durchaus auch misslingen, so dass dann die kirchlich-theologische Tradition das biblische Glaubenszeugnis verdeckt oder entstellt. Unbeschadet dessen bleibt eine solche innovative Tradierung des Glaubens unerlässlich, damit er auch im Fortgang der Geschichte die Menschen erreichen, von ihnen verstanden und angenommen werden kann.

»Es darf nicht im Namen des Überlieferungsauftrages dahin kommen, dass die vergangenen Gestalten der Verkündigung tabuisiert und zementiert werden, was nur eine Form menschlicher Selbstvergötzung wäre, sondern es muss das eine alte, ewig neue Wort der Gnade und des Gerichtes weitergegeben werden, in einer Treue, die erfinderisch ist hinsichtlich der Mittel, die dafür in einer Zeit vonnöten sind« (Seckler 15: 123).

Das Subjekt dieses Tradierungsprozesses ist die Kirche in ihren unterschiedlichen Gestalten; dazu gehört die Vielzahl der einzelnen Gläubigen ebenso wie die Universalkirche, die Ortskirchen, die Gemeinden, Vereinigungen usw. Es handelt sich daher um einen vielgestaltigen Prozess in ganz unterschiedlichen Zeugnisformen und -gestalten; je nach Kontext kann das Glaubenszeugnis eigene Ausprägungen erfahren. Theologisch ist dabei allerdings zu ergänzen: Die Glaubenszeugnisse in der kirchlich-theologischen Tradition bleiben in ihrer Vielgestaltigkeit dadurch miteinander verbunden, dass sie alle durch den Geist Gottes ermöglicht sind. »Nur durch den Geist wird die Kirche, über ihre empirische und religionsgesellschaftliche Subjektstellung und Verantwortung hinaus, zur authentischen Weitergabe befähigt und darin bewahrt. Denn die je neue Vergegenwärtigung in der lebendigen Überlieferung ist genauso gnadenhaft und unverfügbar wie der Ursprung selber« (Wiederkehr: 79f).

Auch die authentische Tradierung des Glaubens muss also als ein inspiriertes Geschehen verstanden werden; auch sie beruht auf einem Zusammenwirken von Menschen und dem Geist Gottes. Deshalb kann auch die kirchlich-theologische Tradition immer wieder von menschlicher Unzulänglichkeit und Fehlbarkeit beeinträchtigt sein. Das rechtfertigt es jedoch keineswegs, sie pauschal als einen Verfallsprozess anzusehen – etwa in dem Sinne, dass mit der Hellenisierung des Christentums dessen prophetisch-eschatologischer Ursprung verdrängt worden sei –, ebenso wenig wie sie uneingeschränkt als reine Fortschrittsgeschichte gedeutet werden kann unter Ausblendung ihrer problematischen und kritikbedürftigen Aspekte (Wiederkehr: 73–78). In angemessener Weise kann die christliche Traditionsgeschichte nur bewertet werden, wenn man ihre sehr unterschiedlichen Entwicklungen und Ausprägungen differenziert betrachtet und kritisch fragt, was im Fortgang der Geschichte tatsächlich und nachweislich dazu beigetragen hat, die Identität des Glaubens zu bewahren bzw. ihm einen angemessenen Ausdruck zu verleihen.

Schon sehr früh findet sich *die Unterscheidung zwischen der schriftlichen und einer mündlichen Tradition.* Sie hat sich zunächst weitgehend durchgesetzt, bevor sie dann im Zuge der Reformation problematisiert wurde.

Die Unterscheidung reicht zurück bis in die Zeit um 200 und findet sich der Sache nach bei einer Reihe wichtiger Autoren wie Irenäus von Lyon, Tertullian oder Origenes (Beumer 2: 22ff). Klemens von Alexandrien spricht wohl als erster ausdrücklich von geschriebener und ungeschriebener Überlieferung (παράδοσις ἔγγραφος bzw. ἄγραφος). Ihren Ursprung hat diese Unterscheidung wahrscheinlich in der Gnosis, deren Vertreter sich auf mündliche Überlieferungen berufen haben. Ihre Gegenspieler stellen die Existenz mündlicher Überlieferungen nicht in Frage, insistieren jedoch darauf, dass es sich bei den für die Kirche relevanten mündlichen Überlieferungen nicht um Geheimtraditionen handelt, sondern um öffentliche Traditionen. Es geht darum, zu begründen: Die kirchlich relevanten mündlichen Überlieferungen sind zuverlässig; denn es ist überprüfbar, dass sie auf die Apostel zurückgehen. Die Geheimlehren der Gnostiker dagegen sind Irrlehren, weil sie sich nicht in dieser Weise überprüfen lassen und daher nicht als zuverlässig und glaubwürdig gelten können. So schreibt etwa Irenäus: »Sollte über irgendeine geringfügige Frage eine Diskussion entstehen, ist es da nicht das einzig Richtige, auf die ältesten Kirchen zurückzugreifen, in denen die Apostel gelebt haben, und sich von ihnen für die Lösung des aktuellen Problems Sicherheit und wirkliche Klarheit geben zu lassen? Man stelle sich vor, die Apostel hätten uns nichts Schriftliches hinterlassen. Müßte man dann nicht der Ordnung der Tradition folgen, die sie denen übergeben haben, denen sie die Kirche anvertrauten?« (Adv. haer. III, 4,1). Nicht jede Überlieferung ist also glaubwürdig; es muss vielmehr eine bestimmte Ordnung beachtet werden, die von den Aposteln ausgeht. Selbst wenn diese nichts Schriftliches hinterlassen hätten, gäbe es daher eine verlässliche und überprüfbare Überlieferung, eben eine mündliche Überlieferung. Die Kirche bedarf deshalb keiner Geheimlehren, wie sie die Gnostiker zu besitzen beanspruchen, denn sie hat auch unabhängig von der schriftlichen Tradition eine zuverlässige Überlieferung. – Inhaltlich werden insbesondere Bräuche und Vorschriften aus dem Bereich des Kultes und der kirchlichen Disziplin auf mündliche Überlieferungen zurückgeführt, etwa die Praxis der Säuglingstaufe oder der Termin des Osterfestes (Beumer 2: 28f; Kern/Niemann: 110).

Nimmt man eine ungeschriebene mündliche Überlieferung neben der schriftlichen Tradition der Bibel an, stellt sich die theologische Frage, ob diese mündliche Tradition als gleichrangige theologische Erkenntnisquelle neben der Schrift anzusehen ist. Gibt es Glaubensinhalte, die sich nicht in der Schrift finden lassen, sondern mündlich überliefert sind? Hat die Schrift also inhaltlich-materiale Lücken (materiale Insuffizienz), die durch die mündliche Überlieferung gefüllt werden müssen, damit die ganze Wahrheit des Glaubens erkannt werden kann? Damit würde allerdings auch die Normativität der Schrift in Zweifel gezogen.

Zum Ausbruch kommt diese Problematik im Reformationszeitalter. *Martin Luther* hält eine Reform der Kirche für unabdingbar, bei der rein menschliche Traditionen, die in der Schrift keinen Anhalt haben, eliminiert werden, etwa das Ablasswesen. Denn solche Traditionen verstellen nach Luthers Überzeugung den Blick auf das Evangelium. Deshalb ist er bemüht, den Vorrang der Schrift wiederherzustellen und zu sichern. Das beinhaltet die Formel »sola scriptura« (Hauschild: 197–199). Damit wird die kirchlich-theologische Tradition nicht pauschal verworfen, sondern der Schrift ganz eindeutig untergeordnet. Die Frage, ob es neben der Schrift eine andere, gleichrangige Erkenntnisquelle für Kirche und Theologie gibt, ist so klar beantwortet. Alles, was dem Maßstab der Schrift nicht entspricht, muss verworfen werden, denn in der Schrift allein findet sich das Wort Gottes authentisch bezeugt. Im Unterschied zu den bloß menschlichen Traditionen sieht Luther in der Schrift »gleichsam Gottes eigene

Überlieferung, von ihm selber verursacht und damit auch autorisiert« (Hauschild: 198).

Das Fundament dieser Traditionskritik bildet die Rechtfertigungslehre, nach der das Heil des Menschen sich allein der Gnade Gottes und seinem Wirken verdankt.

»Entscheidend für das Traditionsproblem ist also nicht der Gegensatz von schriftlicher und mündlicher Form, sondern die Antithese von göttlicher und menschlicher Überlieferung, die eine solche der Sache ist und daher als Widerspruch von Gotteswerk und Menschensatzung verstanden wird. Alles, was Menschen von sich aus, d. h. in Selbstmächtigkeit gegenüber dem prophetischen und apostolischen Zeugnis, an Lehre aufstellen, ist traditio humana und litera« (ebd.).

Durch diese kritische Sicht der Tradition sieht sich das *Konzil von Trient* herausgefordert, die Bedeutung der kirchlichen Tradition zu unterstreichen und deren Autorität zu begründen. Nach der Lehre des Konzils ist die Tradition unverzichtbar, wenn die ganze Wahrheit des Glaubens erkannt werden soll. Daher genügt ein eng verstandenes »sola scriptura« nicht. Legitimiert sieht sich das Tridentinum dabei durch die alte kirchliche Überzeugung, wonach es neben der schriftlichen Tradition der Bibel eine ungeschriebene mündliche Überlieferung gibt, die ebenfalls auf die Apostel zurückgeht. So lehrt das Konzil auch ganz in diesem Sinne,

dass die Heilswahrheit »in geschriebenen Büchern und ungeschriebenen Überlieferungen erhalten« ist, »die, von den Aposteln aus dem Munde Christi selbst empfangen oder von den Aposteln selbst auf Diktat des Heiligen Geistes gleichsam von Hand zu Hand weitergegeben, bis auf uns gekommen sind«. Das Tridentinum folgt darin »dem Beispiel der rechtgläubigen Väter und nimmt an und verehrt mit dem gleichen Gefühl der Dankbarkeit und der gleichen Ehrfurcht alle Bücher sowohl des Alten als auch des Neuen Testamentes ... sowie auch die Überlieferungen ... als entweder wörtlich von Christus oder vom Heiligen Geiste diktiert und in beständiger Folge in der katholischen Kirche bewahrt« (DH 1501).

Damit erscheinen die biblische Tradition und die in mündlicher Überlieferung gründende Tradition der Kirche faktisch einander gleich gestellt. Eine Reflexion darüber, ob und in welchem Sinne theologisch zwischen beiden zu differenzieren wäre, findet nicht statt. Wichtig ist dem Konzil in diesem Zusammenhang vor allem, klar zu stellen, dass der kirchlichen Tradition eine unverzichtbare

Bedeutung zukommt. »Die prononcierte Spannung zwischen dem Ursprungsgeschehen und dessen Zeugnis in der Schrift und der nachherigen kirchlichen Tradition als Prozeß und ihren einzelnen Inhalten wird in Harmonisierung abgeschwächt, bevor sie überhaupt hervortreten kann« (Wiederkehr: 68). Auch das Problem, ob die Schrift als material insuffizient zu betrachten ist, bleibt so unerörtert, auch wenn von der Sache her die Ausführungen des Tridentinums eigentlich nur eine bejahende Antwort zulassen.

Das 2. *Vatikanische Konzil* hat die Frage nach dem Verhältnis von Schrift und Tradition wieder aufgegriffen und sich in seiner Offenbarungskonstitution »Dei Verbum« um eine differenziertere Antwort bemüht (vgl. Hoping: 759–765). Es schließt dabei an die tridentinische Lehre an, wonach Schrift und Tradition eng miteinander verbunden sind; beide gehen zurück auf die Apostel (DV 7/1) und bilden so »die eine der Kirche überlassene heilige Hinterlassenschaft des Wortes Gottes« (DV 10/1). Sie sind wechselseitig aufeinander verwiesen, denn sie »haben aneinander Anteil«, so dass sie »beide gewissermaßen in eins zusammen(fließen) und demselben Ziel zu(streben)« (DV 9). Auf der Grundlage dieser Zusammengehörigkeit und Gemeinsamkeit von Schrift und Tradition differenziert das Konzil in vorsichtiger Weise zwischen beiden sodann folgendermaßen:

»Die Heilige Schrift ist Gottes Rede, insofern sie unter dem Anhauch des göttlichen Geistes schriftlich aufgezeichnet wird; die Heilige Überlieferung aber gibt das Wort Gottes, das von Christus, dem Herrn, und vom Heiligen Geist den Aposteln anvertraut wurde, unversehrt an deren Nachfolger weiter, damit sie es unter der erleuchtenden Führung des Geistes der Wahrheit in ihrer Verkündigung treu bewahren, erklären und ausbreiten; so ergibt sich, daß die Kirche ihre Gewißheit über alles Geoffenbarte nicht aus der Heiligen Schrift allein schöpft. Daher sind beide mit dem gleichen Gefühl der Dankbarkeit und der gleichen Ehrfurcht anzunehmen und zu verehren« (ebd.).

Die Tradition dient demnach der Weitergabe des in der Schrift festgehaltenen Wortes Gottes. Damit ist »die qualitative und normative Vorordnung der Heiligen Schrift« (Pottmeyer 4: 96) herausgestellt. Zugleich wird auf der Unverzichtbarkeit der Tradition insistiert; denn die Schrift muss ja weitergegeben, ausgelegt und verständlich gemacht werden. In diesem Sinne bilden Schrift und Tradition eine Einheit und haben aneinander Anteil. Daher weist das 2. Vatikanum auch die Berufung allein auf die Schrift zurück und wiederholt nochmals die tridentinische Formel, wonach Schrift und Tradition die gleiche Dankbarkeit und Ehrfurcht entgegenzubringen sind. Zu bemängeln bleibt dabei aber auf jeden Fall, »daß die ausdrückliche Nennung der Möglichkeit entstellender Tradition und die Herausstellung der Schrift als eines *auch* traditionskritischen Elements im Inneren der Kirche praktisch fehlen und daß damit eine nach dem Ausweis der Kirchengeschichte höchst wichtige Seite des Traditionsproblems, vielleicht der eigentliche Ansatzpunkt der Frage nach der ecclesia semper reformanda, übergangen worden ist ... Daß das versäumt worden ist, wird man nur als eine bedauerliche Lücke bezeichnen können« (Ratzinger 2: 524f).

Das gilt umso mehr, wenn man sich vor Augen hält, wie vielschichtig die Weitergabe und Aneignung der Heiligen Schrift sowie ihre dabei jeweils erfolgende Auslegung tatsächlich sind. Denn »Auslegung der Heiligen Schrift vollzieht sich nicht nur in Verkündigung und Lehre und erst recht keineswegs etwa primär in Kommentaren, sondern auch im Handeln und Leiden. Auslegung der Heiligen Schrift vollzieht sich in Kultus und Gebet, in theologischer Arbeit und persönlichen Entscheidungen, in kirchlicher Organisation und Kirchenpolitik, in der Weltherrschaft der Päpste und in der Kirchenhoheit von Landesherren, in Kriegen und im Namen Gottes und in Werken barmherziger Liebe, in christlicher Kulturgestaltung und klösterlicher Weltflucht, in Martyrien und Ketzerverbrennungen.« Die Auslegung der Schrift umfasst demnach »nicht nur die ausgesprochene, sondern auch die unausgesprochene, nicht nur die bewusste, sondern auch die unbewusste, nicht nur die positive, sondern auch die negative Beziehung« zu ihr (Ebeling 8: 24). Macht man sich das bewusst, dann wird deutlich, wie wichtig es ist, dass die Schrift eine kritische Funktion gegenüber dem Prozess ihrer Tradierung und Auslegung behält, um sie vor Missbrauch und Instrumentalisierungen zu schützen.

Versucht man jenseits kontroverstheologischer Verhärtungen die Frage des Verhältnisses von Schrift und Tradition von der Sache her als Problem einer Theologischen Erkenntnislehre zu klären, so ist von der Einsicht auszugehen: Schrift und Tradition lassen sich nicht gegeneinander ausspielen, sondern gehören unabdingbar zusammen. »Die Bibel selbst ist ein Produkt der Tradition und die schriftliche Kodifizierung von Tradition« (Luz: 30). Wenn Paulus seiner Gemeinde schreibt: »Ich habe euch überliefert, was auch ich empfangen habe« (1 Kor 15,3), so wird der biblische Autor selbst als Teil eines Traditionsprozesses sichtbar. Und da die schriftliche Fixierung dieser Tradition nicht zum Zweck ihrer Archivierung erfolgt ist, sondern im Dienste ihrer Weitervermittlung steht, verweist die Bibel von sich aus auf eine Tradition jenseits ihrer selbst. Als die maßgebende Urkunde der Offenbarung des Wortes Gottes bildet die Bibel die Grundlage des Glaubens der Kirche, so dass dieser Tradierungs- und Rezeptionsprozess sich auch vorwiegend im Raum der Kirche vollzieht.

Durch die Einsicht in die Zusammengehörigkeit von Schrift und Tradition wird der normative Charakter der Schrift nicht in Frage gestellt. Die kirchliche Tradition bleibt der Schrift nachgeordnet, nicht nur in zeitlicher Hinsicht, sondern auch darin, dass sie in der Schrift ihr entscheidendes Legitimationskriterium hat. Papst Johannes Paul II. bringt in seiner Ökumene-Enzyklika »Ut unum sint« dieses Gefälle zum Ausdruck, indem er unterscheidet zwischen der Schrift als der obersten Autorität in Sachen des Glaubens und der Tradition als unerlässlicher Interpretation des Wortes Gottes (Nr. 79). Authentische Tradition setzt ihre Rückbindung an die Schrift voraus. Das schließt mit ein, dass diese ihr gegenüber eine kritische Funktion hat; die Schrift ist der Maßstab, an dem die kirchliche Tradition gemessen werden muss, und wo sie diesem Maß nicht genügt, erweist sie sich als problematisch.

Von diesem Verstehensansatz her erschließt sich auch der Sinngehalt der reformatorischen Formel »sola scriptura«. Sie wendet sich nicht nur dagegen, dass andere Überlieferungen neben die Schrift gestellt werden als materiale Ergänzung zu ihr, sondern auch dagegen, dass es irgendeiner äußeren Instanz bedarf, um die Autorität oder den Wahrheitsanspruch der Schrift zu begründen. Ein Verständnis der kirchlichen Tradition in diesem Sinne ist daher strikt zurückzuweisen. Das reformatorische Schriftprinzip besagt vielmehr,

> »dass die Schrift schlechterdings klar und ihr eigener Interpret ist. Deshalb gehen von ihr selbst Urteilskraft und Erleuchtung aus. Sie ist geistgewirkt und geisthaltig in der Weise, dass sie selbst den Geist vermittelt, dessen es zu ihrem Verständnis bedarf. Diese kühnen Aussagen Luthers über das genuine Verständnis des Schriftprinzips bestreiten nicht die Notwendigkeit biblischer Interpretation. Diese wird nicht dadurch entbehrlich, daß die

Heilige Schrift sui ipsius interpres ist. Vielmehr wird dadurch der sachgemäße Interpretationsprozeß in Gang gesetzt, der den Geist des Textes selbst zu Wort kommen lässt« (Ebeling 7: 34; vgl. dazu auch Slenczka).

Genau dies beinhaltet auch Tradition: Ein authentisches Tradierungsgeschehen beruht auf der interpretierenden Aneignung der Schrift durch die kirchliche Glaubensgemeinschaft angesichts eines gegenüber der Entstehungssituation der biblischen Texte veränderten Verstehenshorizontes. Auch die authentische kirchliche Tradition muss dann aber als geistgewirkt verstanden werden (vgl. 372).

Die Vorordnung der Schrift vor die Tradition, ihre normativkritische Funktion dieser gegenüber schließt allerdings nicht aus, dass die kirchlich-theologische Tradition auch neue Erkenntnisse enthalten kann. Neu sind sie gewiss nicht in dem Sinne, dass sie etwas Anderes beinhalten als die Schrift. Aber die Tradition kann doch neue Aspekte der in der Schrift enthaltenen Wahrheit erschließen oder ein besseres, tieferes Verständnis dieser Wahrheit vermitteln. Es geht also um die Entfaltung der in der Schrift enthaltenen Heilswahrheit. Das geschieht im Tradierungsprozess jedoch keineswegs automatisch; dieser hat vielmehr auch immer wieder zu Fehlentwicklungen geführt, die der biblischen Wahrheit entgegenstehen. Eben deshalb bleibt es theologisch unerlässlich, dass der Schrift eine kritische Funktion gegenüber der Tradition zuerkannt wird.

In einer Theologischen Erkenntnislehre kann somit auch die kirchlich-theologische Tradition als ein legitimer Ort der Erkenntnis gelten. Sie ist allerdings keine eigenständige Erkenntnisquelle *neben* der Schrift, sondern eine dieser nachgeordnete, auf sie bezogene und durch sie normierte Erkenntnisquelle. Wird diese theologisch unerlässliche Differenzierung beachtet, erscheint es unproblematisch, wenn in der Kirche auch die Tradition zusammen mit der Schrift eine hohe Wertschätzung genießt.

Diese Verhältnisbestimmung von Schrift und Tradition setzt voraus, dass die Schrift material suffizient ist; d. h. die Schrift enthält den ganzen materialen Gehalt des christlichen Glaubens, die Tradition fügt ihr keine material neuen Wahrheitsgehalte hinzu. Hinsichtlich der von ihr verkündeten Heilswahrheit gibt es in der Schrift keine inhaltlich-materialen Lücken. Die Tradition dient der

Entfaltung und dem vertieften Verständnis dieser Wahrheit. In diesem Sinne lässt sich dann von einer *modalen* Insuffizienz der Schrift sprechen (Wiederkehr: 69), d. h. die authentische Tradition kann ein neues, besseres Verständnis des in der Schrift maßgeblich bezeugten Wortes Gottes und seiner Heilswahrheit erschließen.

So kann man dann durchaus auch sagen: »›Suffizient‹ ist allein die Christus-*wirklichkeit*« (Ratzinger 6: 52). Das lenkt die Aufmerksamkeit darauf, dass es gewissermaßen einen »Mehrwert« der Christusoffenbarung gegenüber allen Bezeugungen dieses Geschehens gibt, auch gegenüber der Schrift als dem ursprünglichen Zeugnis. So richtig das ist, so lässt sich von daher doch nicht die theologische Relevanz der Frage nach der Suffizienz der Schrift marginalisieren (vgl. a. a. O. 45f.59). Denn die Christuswirklichkeit wird für uns ja überhaupt nur zugänglich durch die Schrift als ihrer ursprünglichen und deshalb bleibend maßgebenden Bezeugung (vgl. oben 353f). Daher kann sich auch der »Mehrwert« der Christusoffenbarung gegenüber der Schrift nur erschließen durch die geistgewirkte Auslegung der Schrift, insofern sie es den Glaubenden und der Kirche ermöglicht, tiefer in die Wahrheit der in der Schrift bezeugten Christuswirklichkeit einzudringen.

In der katholischen Kirche gibt es nun eine Instanz, die sowohl hinsichtlich der Auslegung der Schrift wie auch hinsichtlich der Beurteilung von Überlieferungen eine spezifische Kompetenz beansprucht: das kirchliche Lehramt in seinen unterschiedlichen Gestalten. Im Rahmen der Theologischen Erkenntnislehre ist nach der Begründbarkeit dieses Anspruchs zu fragen. Dabei ist vor allem auch auf den Zusammenhang zu achten, in dem diese Frage sich bewegt: Es geht um das theologische Problem, ob bzw. inwiefern es in der Kirche als einer Glaubensgemeinschaft eine *verbindliche* Glaubenserkenntnis geben kann bzw. eventuell sogar geben muss.

6. Kirchliche Glaubenserkenntnis

Im Raum des reformatorischen Christentums wird die Institution eines kirchlichen Lehramtes mit der Begründung zurückgewiesen, dass der Glaube dem Menschen nicht von außen auferlegt werden kann. Die Existenz eines kirchlichen Lehramtes erscheint hier also als Ausdruck dafür, dass der Glaube im Sinne eines Autoritätsverhältnisses verstanden wird. Demgegenüber insistiert die protestantische Theologie dann darauf, dass allein das Wort Gottes selbst im Menschen die dem Glauben eigene Gewissheit hervorbringt (vgl. oben 132–135).

Eine bemerkenswerte Analogie dazu stellt die traditionelle Rede vom *Glaubenssinn der Gläubigen* dar (Beinert 2). Sie wird vom 2. Vatikanischen Konzil wieder aufgegriffen und in einen ausdrücklichen Zusammenhang mit der kirchlichen Glaubenserkenntnis gebracht.

Das, was der theologische Begriff Glaubenssinn beinhaltet, klingt bereits im Neuen Testament an, wenn Paulus schreibt: »Wir haben den Sinn Christi (νοῦν χριστοῦ)« (1 Kor 2,16). Durch den Glauben ändert sich demnach die innere Ausrichtung eines Menschen, so dass er nun mit Christus innerlich übereinstimmt. Der Mensch wird sozusagen innerlich erleuchtet, die »Augen seines Herzens« (vgl. Eph 1,18) werden erneuert, so dass er wie Christus ganz auf das hin ausgerichtet ist, was Gott für ihn will.

Diese innere Neuausrichtung eines Menschen durch den Glauben ist gemeint, wenn vom Glaubenssinn gesprochen wird. Es geht um die innere Übereinstimmung eines Menschen mit dem, was er glaubt. Der Glaube bleibt dem Menschen nicht äußerlich, er durchdringt ihn vielmehr von innen heraus und gibt so dann auch seinem ganzen Leben eine neue Ausrichtung. Man kann daher den Glaubenssinn auch »näherhin beschreiben als ein Innewerden der Wahrheit des Glaubens« (Beinert 2: 114). Der Glaubenssinn lässt den Menschen dieser Wahrheit gewiss werden, so dass er aus ihr heraus leben, sein ganzes Denken und Handeln von ihr prägen lassen kann. Die Wahrheit des Glaubens wird ihm nicht von außen andemonstriert, sondern erschließt sich ihm ganz unmittelbar, indem er sein eigenes Leben aus der personalen Beziehung zu Gott und Jesus Christus heraus versteht und gestaltet.

»Da es sich bei dieser Wahrheit nicht um empirisch zu eruierende Tatsachen handelt, sondern um zwischenpersonale Erkenntnis (...), und weil sie als sinngebende Wahrheit bedroht wird von der Erfahrung des Un-Sinnes in dieser Welt, bedarf es einer Fähigkeit auch bei dem einzelnen Glaubenden, diese mit Sicherheit zu erkennen« (Beinert 1: 167).

Dieser Glaubenssinn äußert sich zunächst einmal ganz lebensnah und lebenspraktisch, im gläubigen Umgang mit der Lebenswirklichkeit in ihren alltäglichen Zusammenhängen. Es handelt sich nicht um einen intellektuellen Akt, sondern eine Einsicht im Sinne einer Lebensweisheit. Der Glaubenssinn kann sich dann aber auch äußern in bestimmten religiösen Praktiken, in Frömmigkeitsformen oder Bräuchen, die Menschen helfen, ihr Leben aus dem Glauben heraus zu bewältigen. Ebenso ist an Werke der Kunst zu denken, in denen der Glaubenssinn gewissermaßen greifbar und ansichtig werden kann.

Daran zeigt sich: Der Glaubenssinn (sensus fidei), der als solcher zunächst einmal etwas ganz Persönliches und Individuelles ist, trägt sozusagen die Tendenz in sich, über das Individuum hinauszugehen und so dann zu etwas Gemeinsamem und Verbindendem zwischen glaubenden Menschen zu werden (sensus fidelium). Theologisch begründet ist das darin, dass dieser Glaubenssinn allen Glaubenden zukommt. Er wird in ihnen allen durch die vom Geist Gottes geschaffene personale Gottesbeziehung geweckt, um sie der Wahrheit des Glaubens innewerden zu lassen.

Daraus ergibt sich eine wichtige theologische Konsequenz: Durch den allen Glaubenden gemeinsamen Glaubenssinn ist eine innere Übereinstimmung prinzipiell aller Glaubenden gegeben. Aus dem sensus fidelium erwächst der *con*sensus fidelium. Wenn alle Glaubenden die Wahrheit des Glaubens innerlich erfassen, dann ist ihnen diese Wahrheit ja gemeinsam, sie stimmen darin überein. Ekklesiologisch gewendet: Die Kirche als die Gemeinschaft der Glaubenden ist die Gemeinschaft derer, die im Glauben übereinstimmen. Der von der Kirche verkündete Glaube muss daher letztlich übereinstimmen mit dem, was der Glaubenssinn den einzelnen Glaubenden als Wahrheit des Glaubens erschließt.

Auf dieser Linie entfaltet das 2. Vatikanische Konzil in der Kirchenkonstitution »Lumen Gentium« seine Lehre vom Glaubenssinn. Ihm wird zugeschrieben, dass das Volk Gottes dem Glauben unwiderruflich anhängt, immer tiefer in ihn eindringt und ihn im Leben voller anwendet (LG 12/1). Das, was zunächst für jeden Glaubenden gilt, gilt also auch für die Kirche als Volk Gottes. Darauf liegt das besondere Augenmerk des Konzils, wenn es weiter heißt:

»Die Gesamtheit der Gläubigen, welche die Salbung von dem Heiligen haben (vgl. 1 Joh 2,20.27), kann im Glauben nicht fehlgehen, und diese ihre besondere Eigenschaft macht sie mittels des übernatürlichen Glaubenssinns des ganzen Volkes dann kund, wenn sie ›von den Bischöfen bis zu den letzten gläubigen Laien‹ (Augustinus) ihre allgemeine Übereinstimmung in Sachen des Glaubens und der Sitten äußert« (ebd.).

Dem Glaubenssinn wird hier zweierlei zugeschrieben. Zum einen ist das die auch nach außen hin sichtbar werdende allgemeine Übereinstimmung des Gottesvolkes in Bezug auf den Glauben. Diese Übereinstimmung ist der Kirche nicht von außen auferlegt; sie hat ihren Grund vielmehr in der inneren, personalen Verbundenheit der einzelnen Glaubenden mit Gott. Die Suche nach der Wahrheit des Glaubens und seinem rechten Verständnis obliegt daher auch allen Glaubenden gleichermaßen; sie lässt sich nicht an eine besondere Instanz in der Kirche oder an theologische Spezialisten delegieren. Natürlich setzt das voraus, dass der Glaube für einen Menschen tatsächlich auch von existentieller Bedeutung ist und er deshalb bestrebt ist, immer tiefer in ihn einzudringen und sein Leben von ihm prägen zu lassen.

Zum Zweiten schreibt das 2. Vatikanum dem Glaubenssinn zu, dass die Gesamtheit der Glaubenden im Glauben nicht fehlgehen kann. Die Äußerung einer allgemeinen Übereinstimmung im Glauben ist demnach per se irrtumsfrei, insofern sie im Glaubenssinn der einzelnen Gläubigen gründet. Anders gesagt: Das 2. Vatikanum spricht der Kirche als ganzer aufgrund des allen Glaubenden gemeinsamen Glaubenssinns Unfehlbarkeit zu (Dulles: 121f). Die einzelnen Glaubenden und dann auch die Kirche als ganze partizipieren dabei an der absoluten Irrtumslosigkeit und Verlässlichkeit Gottes selbst, indem sie sich sein Wort gesagt sein lassen und es im Glauben annehmen. Irrtumsfrei sind also nicht die Glaubenden und die Kirche aus sich heraus, sondern nur insofern sie sich als Glaubende auf Gott und sein Wort beziehen. Die Feststellung einer allgemeinen Übereinstimmung im Glauben stellt demnach eine Vergewisserung dessen dar, dass die Kirche ganz aus Gott und seinem Wort lebt. Und so darf sie dann auch gewiss sein, dass sie selbst an der Verlässlichkeit und Irrtumsfreiheit Gottes partizipiert und deshalb bei der Kundgabe ihrer allgemeinen Übereinstimmung im Glauben keinem Irrtum unterliegt.

Wenn vom Glaubenssinn gesprochen wird, ist selbstverständlich immer der biblisch grundgelegte Glaube gemeint. Bibel und Glaubenssinn sind wechselseitig aufeinander verwiesen. Die Wahrheit, die der Glaubenssinn erschließt, ist die biblische Heilswahrheit. Um mittels des Glaubenssinnes tiefer in den Glauben einzudringen, bleibt die Bezugnahme auf die Bibel daher unabdingbar. Umgekehrt ist aber auch die Bibel auf den Glaubenssinn angewiesen. Wenn sich einem Menschen in seinem Leben die biblische Heilswahrheit erschließen und neu gegenwärtig werden soll, dann bedarf es des Gespürs dafür, wo und wie sich diese Wahrheit jetzt und hier konkret zeigt und Gestalt annimmt. Und eben dieses In-Beziehung-Setzen von biblischer Heilswahrheit und gegenwärtiger Lebenswirklichkeit geschieht durch den Glaubenssinn.

Nach der Lehre des 2. Vatikanums hält somit der allen Gläubigen gemeinsame Glaubenssinn auch die Kirche als Gemeinschaft der Glaubenden und Volk Gottes in der Wahrheit des Glaubens. »Die Kirche könnte nicht in der Wahrheit bleiben, wenn nicht grundsätzlich alle ihre Glieder in der Wahrheit stünden. In der Glaubensübereinstimmung, dem *consensus fidelium* ist diese Wirklichkeit greifbar und eine Größe auch der institutionellen Seite der Kirche. Er ist die eigentliche Basis der ihr verliehenen Unfehlbarkeit« (Beinert 2: 115).

Nur von daher kann sich ein theologisch angemessener Zugang zu der zwischen den christlichen Konfessionen kontroversen Institution eines kirchlichen Lehramtes eröffnen. Dieser Verstehensansatz beim Glaubenssinn der einzelnen Gläubigen kommt ja mit der reformatorischen Überzeugung darin überein, dass das Wort Gottes selbst dem Menschen die gewiss machende Wahrheit des Glaubens vermittelt; er weitet diese Fokussierung auf das Individuum dann aber aus auf die Gemeinschaft der Glaubenden hin und rückt damit auch die konsensuelle Ausrichtung des Glaubens und der Glaubenswahrheit in den Blick. Von daher könnten sich bisher kaum ausgelotete ökumenische Perspektiven auftun. Jedenfalls wird ein theologisch sachgemäßes Verständnis des kirchlichen Lehramtes verfehlt, wenn es als etwas Isoliertes gesehen wird und der Glaubenssinn als Verstehenshorizont ausgeblendet bleibt.

Der allen Glaubenden gemeinsame Glaubenssinn und das *kirchliche Lehramt* stehen nicht in Gegensatz zueinander, sondern sind aufeinander hingeordnet. So heißt es in LG 12: Durch den Glaubenssinn hängt das Volk Gottes dem Glauben unwiderruflich an »unter der Leitung des heiligen Lehramtes, in dessen treuer Gefolgschaft es nicht mehr das Wort von Menschen, sondern wahrhaft das Wort Gottes empfängt«. Dieser Zusammenhang zwischen Glaubenssinn und Lehramt ist darin begründet, dass hier zwei unterschiedliche Perspektiven zusammengeführt werden: die kontextuelle Perspektive und die universale Perspektive. Der Glaubenssinn erschließt die Wahrheit des Glaubens im jeweiligen Lebenskontext; er ist also bezogen auf bestimmte Lebenssituationen und -erfahrungen. Dem Lehramt hingegen obliegt nach katholischer Auffassung die Sorge um den Glauben der Kirche als ganzer, als einer universalen Glaubensgemeinschaft. Dabei erstreckt sich diese Universalität der Kirche in zwei Richtungen: Zum einen geht es um die Kirche in ihrer ganzen geschichtlichen Erstreckung (diachron), zum anderen um die gegenwärtige Kirche in ihrer räumlichen Erstreckung über die ganze Welt (synchron). Die Aufgabe des Lehramtes ist es, darauf zu achten, was bei den unterschiedlichen Ausprägungen des Glaubens in den einzelnen Epochen der Geschichte sowie den verschiedenen Teilkirchen der für alle in der Kirche gemeinsame und verbindliche Gehalt des Glaubens ist. Anders gesagt: Es geht um die Identität der Kirche als einer universalen Glaubensgemeinschaft.

Die Spannung zwischen der kontextuellen Verortung des Glaubens und seiner universalen Ausrichtung gehört wesentlich zu der einen ekklesialen Wirklichkeit. Einerseits ist eine Vielfalt von Glaubensgestalten in unterschiedlichen geschichtlichen und soziokulturellen Kontexten nicht nur legitim, sondern notwendig, wenn der Glaube wirklich das je konkrete Leben der Menschen orientieren und prägen soll. Andererseits bleibt es nach katholischem Verständnis unverzichtbar, darzulegen, was das den verschiedenen Ausprägungen des Glaubens Gemeinsame und sie Verbindende ist.

Dabei gibt es verschiedene Formen des kirchlichen Lehramtes (Kern/Niemann: 153ff). Sie lassen sich durch zwei Unterscheidungen systematisieren. Da ist als erstes die Unterscheidung zwischen dem ordentlichen und dem außerordentlichen Lehramt. Sie bezieht sich auf die Träger des Lehramtes.

Träger des *ordentlichen Lehramtes* sind die Bischöfe, sowohl als einzelne in ihren Bistümern wie auch die Gesamtheit der Bischöfe im Bischofskollegium. Auch der Papst als Bischof von Rom hat Anteil am ordentlichen Lehramt. Dieses beinhaltet das, was im normalen Leben der Kirche geschieht, vor allem die Verkündigung des Evangeliums. Als den Nachfolgern der Apostel ist es den Bischöfen in besonderer Weise aufgetragen, das Evangelium in seinem ursprünglichen Gehalt zu bewahren und weiterzugeben. – Das *außerordentliche Lehramt* stellt eine spezifische Ausübung des ordentlichen Lehramtes dar. Zum einen ist das der Fall bei einem ökumenischen Konzil, wenn Bischöfe aus allen Teilen der Weltkirche zusammenkommen. Zum anderen geschieht es bei der Verkündigung einer definitiven Glaubenslehre durch den Papst (siehe unten).

Eine zweite Unterscheidung ist die zwischen dem authentischen und dem unfehlbaren Lehramt. Sie bezieht sich auf die Verbindlichkeit der lehramtlichen Verkündigung.

Das *authentische Lehramt* wird sowohl von den Bischöfen wie auch vom Papst ausgeübt. Das 2. Vatikanum nennt die Bischöfe »authentische, das heißt mit der Autorität Christi versehene Lehrer« (LG 25/1). Es ist also die Autorität Christi, die eine den Glauben betreffende Lehre der Bischöfe authentisch macht. Deshalb ist von den Gläubigen auch gefordert, dass sie mit einer solchen Lehre »übereinkommen und ihr mit dem religiösen Gehorsam ihres Herzens anhängen« (ebd.). In besonderer Weise ist ein solcher »Gehorsam des Willens und des Verstandes« dann auch dem authentischen Lehramt des Papstes geschuldet.

Die Schwierigkeit besteht darin, dass eine solche authentische Lehre nicht definitiv ist, d. h. sie bleibt im Prinzip revidierbar. Der Begriff eines authentischen Lehramtes beinhaltet also, dass der religiöse Gehorsam des Willens und des Verstandes von den Gläubigen auch bei nicht unfehlbaren Lehren gefordert ist. Das wirft zwangsläufig die Frage auf, ob damit das Lehramt gegenüber Einwänden und kritischen Rückfragen nicht faktisch immunisiert wird. Ein ehrlicher, offener Dialog über die Wahrheit des Glaubens und ihr angemessenes Verständnis erscheint unter diesen Bedingungen zumindest sehr erschwert, wenn nicht unmöglich. Auch wenn selbstverständlich den Äußerungen des Lehramtes von den Gläubigen nicht nur Respekt entgegenzubringen ist, sondern auch ihrem sachlichen Gehalt eine besondere, herausgehobene Bedeutsamkeit zuerkannt werden muss, so bleibt es doch theologisch problematisch, wenn das Verhältnis zwischen Lehramt und Glaubenden lediglich durch eine einseitige Gehorsamsforderung bestimmt wird. Der allen Getauften geschenkte Glaubenssinn erscheint dabei völlig ausgeblendet. Nimmt man diesen hingegen ernst und bestimmt die Relation zwischen Lehramt und Gläubigen infolge dessen dann auch nicht in einseitiger Weise als Gehorsamspflicht, so wird man in Bezug auf eine nicht unfehlbare kirchliche Lehre sagen müssen:

»Ein Glied der Kirche ist solange an diese Lehre gebunden, als es nicht positiv den Beweis der Falschheit dieser Lehre antreten kann. Aber sobald man eine Lehre als falsch nachweisen kann und dieser Nachweis nicht widerlegt ist, ist jegliche Verbindlichkeit der betreffenden Lehre beendet« (Knauer 4: 71).

Anders als beim authentischen Lehramt geht es beim *unfehlbaren Lehramt* um definitive, nicht mehr revidierbare Lehren. Auch das unfehlbare Lehramt kommt sowohl den Bischöfen als auch dem Papst zu. Zwar kann nicht der einzelne Bischof unfehlbar lehren (LG 25/2), wohl aber die Gemeinschaft der Bischöfe, und zwar in zwei Fällen. Zum einen kann das bei einem ökumenischen Konzil geschehen. Darüber hinaus hat das 2. Vatikanum auf eine zweite Möglichkeit verwiesen, wenn es in Bezug auf das gesamte Bischofskollegium in seiner normalen, ordentlichen Amtsausübung sagt: Wenn die Bischöfe, »auch über den Erdkreis verstreut, aber das Band der Gemeinschaft unter sich und mit dem Nachfolger des Petrus wahrend, authentisch in Sachen des Glaubens und der Sitte lehren und dabei in einer Aussage als definitiv verbindlich übereinkommen, so verkünden sie die Lehre Christi auf unfehlbare Weise« (ebd.). Es geht hier also nicht um eine explizite Entscheidung des Bischofskollegiums, sondern um dessen *faktische* Übereinstimmung, die als solche nicht bewusst gesucht worden ist. Papst Johannes Paul II. hat einen solchen faktischen Konsens im ordentlichen Lehramt der Bischöfe etwa in der Frage des Ausschlusses der Frauen vom Weihesakrament festgestellt und aufgrund dessen diese Lehre als unabänderlich verkündet.

Das offenkundige Problem hierbei ist die Feststellung einer solchen Übereinstimmung des Bischofskollegiums. Da sie nicht auf einer ausdrücklichen Befragung der Bischöfe beruht, kann grundsätzlich nicht ausgeschlossen werden, dass eine solche Feststellung einer Übereinstimmung auf einem Irrtum beruht.

Neben den Bischöfen hat in der katholischen Kirche der Papst ein unfehlbares Lehramt. Es ist vom 1. Vatikanischen Konzil 1870 durch die Konstitution »Pastor aeternus« dogmatisiert worden. Die entscheidende Passage lautet:

»Wenn der Römische Bischof ›ex cathedra‹ spricht, das heißt, wenn er in Ausübung seines Amtes als Hirte und Lehrer aller Christen kraft seiner höchsten Apostolischen Autorität entscheidet, daß eine Glaubens- oder Sittenlehre von der gesamten Kirche festzuhalten ist, dann besitzt er mittels des ihm im seligen Petrus verheißenen göttlichen Beistands jene Unfehlbarkeit, mit der der göttliche Erlöser seine Kirche bei der Definition der Glaubens- oder Sittenlehre ausgestattet sehen wollte; und daher sind solche Definitionen des Römischen Bischofs aus sich, nicht aber aufgrund der Zustimmung der Kirche unabänderlich (irreformabiles)« (DH 3074).

Nach dieser Definition kommt dem Papst also »keine *absolute* Unfehlbarkeit« (Pottmeyer 5: 82) zu; sein unfehlbares Lehramt wird vielmehr an zwei Bedingungen geknüpft. Die erste besteht darin, dass der Papst »ex cathedra« spricht, d. h. er muss ausdrücklich seine höchste apostolische Autorität als oberster Hirte und Lehrer der Kirche in Anspruch nehmen. Die zweite einschränkende Bedingung besagt, dass die päpstliche Unfehlbarkeit sich nur auf Fragen der Glaubens- und Sittenlehre bezieht, also nicht etwa auf naturwissenschaftliche oder historische Fragen.

Diese Unfehlbarkeit hat der Papst nicht aus sich selbst, sie ist also nicht in besonderen menschlichen Eigenschaften begründet, sondern darin, dass ihm als dem Nachfolger des Petrus nach katholischer Überzeugung ein besonderer göttlicher Beistand verheißen ist (vgl. Mt 16,18f).

Wenn der Papst eine unfehlbare Lehre verkündet, ist diese für die ganze Kirche endgültig verbindlich. Das 1. Vatikanum hat das dahingehend präzisiert, dass es sagt, diese Unabänderlichkeit komme den unfehlbaren Definitionen des päpstlichen Lehramtes »aus sich, nicht aufgrund der Zustimmung der Kirche (ex sese, non ex consensu ecclesiae)« zu. Die Unabänderlichkeit der päpstlichen Ex-Cathedra-Entscheidungen sieht das Konzil begründet in dem dem Papst als Nachfolger des Petrus verheißenen göttlichen Beistand (Pottmeyer 5: 88f). Deshalb bedarf es hier keiner Zustimmung der Kirche. Dieser besondere Beistand Gottes bewahrt in diesen spezifischen Fällen den Papst vor einem Irrtum, und zwar *um der Kirche willen*. Oder andersherum gesagt: Nach der Lehre des 1. Vatikanums bewahrt Gott die Kirche in diesen Fällen durch den Papst vor einem Irrtum.

Das 2. Vatikanische Konzil hat dieses Unfehlbarkeitsdogma ausdrücklich bestätigt und speziell zu dem zuletzt genannten Aspekt erläuternd hinzugefügt: Den unfehlbaren Definitionen des päpstlichen Lehramtes (ebenso wie denen des Bischofskollegiums) »kann die Zustimmung der Kirche niemals fehlen wegen der Wirksamkeit desselben Heiligen Geistes, durch welche die gesamte Herde Christi in der Einheit des Glaubens bewahrt wird und voranschreitet« (LG 25/3). Hier wird deutlich, wie das 2. Vatikanum das unfehlbare Lehramt eingebunden sieht in die Unfehlbarkeit, die der ganzen Kirche zuzuerkennen ist aufgrund des Wirkens des Geistes Gottes und des von ihm in allen Gläubigen erweckten Glaubenssinnes. Aus diesem Grunde kann einer durch den Beistand desselben Gottesgeistes zustande gekommenen Definition des unfehlbaren Lehramtes die Zustimmung der Kirche als ganzer nicht versagt bleiben. Das heißt dann aber: »Die zustimmende Rezeption durch die Kirche ist Zeichen und Zeugnis für das Wirken des Heiligen Geistes, nicht Geltungsgrund für die Wahrheit einer lehramtlichen Definition« (Pottmeyer 5: 114).

Angesichts nahe liegender Missverständnisse bleibt es theologisch von höchster Bedeutsamkeit, wenn mit dem 2. Vatikanum erstmals ein allgemeines Konzil der katholischen Kirche klarstellt (vgl. Hoping: 763):

> »Das Lehramt steht nicht über dem Wort Gottes, sondern dient ihm, indem es nur lehrt, was überliefert ist, da es dieses [Wort Gottes], nach göttlichem Auftrag und mit dem Beistand des Heiligen Geistes, ehrfürchtig hört, heilig bewahrt und treu auslegt und aus dieser einen Hinterlassenschaft des Glaubens alles das schöpft, was es als von Gott geoffenbart zu glauben vorlegt« (DV 10/2).

Das Lehramt bleibt also gebunden an das überlieferte Wort Gottes und damit auch der Schrift als dem ursprünglichen und bleibend maßgeblichen Zeugnis für das Wort Gottes unterstellt. So haben denn auch sowohl das 1. wie das 2. Vatikanische Konzil ausdrücklich betont, dass das kirchliche Lehramt keine neue Offenbarung empfängt und daher auch keine neue Glaubenslehre verkünden kann (DH 3070; LG 25/4). Seine Aufgabe ist es vielmehr, die in der Schrift bezeugte Offenbarung zu bewahren und auszulegen.

Das geschieht im Prinzip auch in jeder guten Predigt oder Katechese. Das Spezifikum des Lehramtes besteht jedoch darin, dass es das Wort Gottes *verbindlich* für die Kirche als ganze auslegt. So ist es zu verstehen, wenn das 2. Vatikanum lehrt, dass die Aufgabe, »das Wort Gottes authentisch auszulegen, allein dem lebendigen Lehramt der Kirche anvertraut (ist)« (DV 10/2). Das kann ja nicht bedeuten, dass es nicht auch in anderen Zusammenhängen authentische Auslegungen gibt, sondern nur, dass eine für die ganze Kirche verbindliche authentische Auslegung allein dem Lehramt zukommt. Begründet ist das darin, dass dem Lehramt die spezifische Sorge um den Glauben der Kirche als einer universalen Glaubensgemeinschaft aufgetragen ist. Eine solche Instanz bleibt nach katholischem Verständnis unerlässlich angesichts unterschiedlicher Ausprägungen des Glaubens, die als solche notwendig und daher auch legitim sind, die in manchen Fällen aber auch die Einheit des Glaubens und der Kirche verdunkeln oder in Frage stellen können. Dem Lehramt obliegt die Bewahrung dieser Einheit, und deshalb ist ihm die Sorge um die Identität des Glaubens und der Kirche aufgetragen.

Seine theologische Grundlage findet das in der Überzeugung, dass die Gesamtheit der Gläubigen im Glauben nicht fehlgehen kann, weil die Kirche als die Gemeinschaft der Glaubenden an der Wahrheit Gottes partizipiert, wenn sie sein Wort bewahrt und zur Geltung bringt. Deshalb kann es nach katholischer Auffassung dann auch eine Instanz geben, die die gemeinsame Glaubenswahrheit für alle verbindlich feststellt. Theologisch ruht sie gewissermaßen auf dem allen Gläubigen gemeinsamen Glaubenssinn auf und bringt die darin gründende Gemeinsamkeit im Glauben sichtbar und wirksam zum Ausdruck.

Damit sind allerdings auch spezifische Schwierigkeiten und Gefahren verbunden. Denn wenn das Lehramt seine Aufgabe erfüllen soll, muss ihm in der Kirche Autorität zuerkannt werden. Es stellt sich dann aber die Frage, wie diese Autorität so zur Geltung kommen kann, dass dabei die notwendige und legitime Vielfalt der unterschiedlichen Glaubensgestalten nicht zurückgedrängt oder ganz unmöglich gemacht wird. Diese Vielfalt trägt ja entscheidend dazu bei, dass der Glaube in unterschiedlichen soziokulturellen Kontexten seine lebensprägende und -gestaltende Kraft entfalten kann. Droht also eine zentrale lehramtliche Autorität nicht die Entzweiung des Glaubens und der Lebenswirklichkeit der Menschen zu befördern? Diese Gefahr ist nicht von der Hand zu weisen; ein für alle verbindliches kirchliches Lehramt kann den Glaubenssinn der Gläubigen bis zur Bedeutungslosigkeit marginalisieren. Ob das tatsächlich geschieht, hängt davon ab, wie die lehramtliche Autorität verstanden und in der Kirche zur Geltung gebracht wird.

Klar erscheint: Die lehramtliche Autorität kann in modernen Lebenszusammenhängen nicht erfolgreich in einer vormodernen Weise zur Geltung gebracht werden, d. h. ohne auf die Anliegen, Fragen und Probleme derer zu achten, die diese Autorität akzeptieren sollen. Wer in dieser Weise autoritär handelt, bleibt allein auf sich und das eigene Anliegen fixiert. Die verbreitete Ablehnung eines solchen autoritären Verhaltens besagt jedoch keineswegs, dass Autorität in der Moderne generell als etwas Negatives gesehen wird und nicht auch hier glaubwürdige Autoritäten durchaus gesucht werden. Dabei müssen aber bestimmte Voraussetzungen erfüllt sein.

Von besonderer Bedeutung erscheinen hier die Hinweise, die Hans-Georg Gadamer bei seinem Bemühen um eine philosophische Rehabilitierung des Autoritätsgedankens gibt. Danach lässt dieser sich nicht pauschal als vernunftwidrig und als Quelle bloßer Vorurteile denunzieren, sondern kann sehr wohl »auch eine Wahrheitsquelle sein«; denn Autorität hat

»ihren letzten Grund nicht in einem Akte der Unterwerfung und der Abdikation der Vernunft, sondern in einem Akt der Anerkennung und der Erkenntnis – der Erkenntnis nämlich, dass der andere einem an Urteil und Einsicht überlegen ist und dass daher sein Urteil vorgeht, d. h. vor dem eigenen Urteil den Vorrang hat ... Sie beruht auf Anerkennung und insofern auf einer Handlung der Vernunft selbst, die, ihrer Grenzen inne, anderen bessere Einsicht zutraut. Mit blindem Kommandogehorsam hat dieser richtig verstandene Sinn von Autorität nichts zu tun. Ja, unmittelbar hat Autorität überhaupt nichts mit Gehorsam, sondern mit *Erkenntnis* zu tun ... So ist die Anerkennung von Autorität immer mit dem Gedanken verbunden, dass das, was die Autorität sagt, nicht unvernünftige Willkür ist, sondern im Prinzip eingesehen werden kann« (Gadamer: 263f).

Auf das kirchliche Lehramt bezogen heißt das: Seine Autorität lässt sich nicht dadurch begründen, dass von den Gläubigen einseitig der Gehorsam des Willens und des Verstandes eingefordert wird; und sie lässt sich nicht etwa mit Hilfe von Diskussionsverboten durchsetzen. Auf diese Weise wird Autorität vielmehr systematisch untergraben und zerstört. Wahre Autorität zeichnet sich dagegen dadurch aus, dass sie Einsicht ermöglicht; sie muss sich als fähig erweisen, zu bestimmten, neuen Einsichten hinzuführen und diese nachvollziehbar werden zu lassen. Für das kirchliche Lehramt bedeutet das aufgrund seiner spezifischen Funktion: Es muss bestrebt sein, die gesamtkirchliche Perspektive einsichtig zu machen und zu verdeutlichen, warum sie für alle Glaubenden wesentlich bleibt. Erst von daher kann dann auch verständlich werden, ob bzw. inwiefern bestimmte Auffassungen dazu in Spannung oder in Widerspruch stehen. Wo das geschieht und gelingt, wird die Autorität des Lehramtes in ihrer spezifischen Aufgabe gestärkt; sie kann anerkannt werden als etwas für den Glauben und die Kirche Bedeutsames, als ein eigener Ort theologischer Erkenntnis. Möglich wird das aber nur, wenn diese lehramtliche Autorität nicht in autoritärer, sondern in einer dialogisch-kommunikativen Weise zur Geltung gebracht wird.

Die Forderung nach Gehorsam behält in diesem Zusammenhang durchaus ihren Platz, wenn sie nicht missverstanden wird im Sinne blinder Unterwerfung. Sie kann als ein wichtiger, unverzichtbarer Aspekt im Verhältnis zur lehramtlichen Autorität und im Zuge der Rezeption lehramtlicher Aussagen anerkannt werden. Denn

»wenn wir die Rezeption nicht nur in ihrem Ergebnis, sondern als Vorgang zunehmender Einsicht und Zustimmung betrachten, dann ist die Rezeption aus Gehorsam gegenüber dem Lehramt so etwas wie der Beginn eines Lernprozesses, der zur Rezeption aus Einsicht führt. Die Rezeption aus Gehorsam hat, wie ihr Motiv, der Gehorsam, eine vermittelnde, überleitende Funktion. Erst wenn die Einsicht gegeben ist, dass im Zeugnis des Lehramtes wirklich Gottes Wort begegnet, kommt die Rezeption zu ihrem Ziel, zur glaubenden Zustimmung zu Gottes Wort und Wille« (Pottmeyer 6: 78).

Das Gelingen eines solchen Prozesses setzt aber eben auch von Seiten des Lehramtes eine entsprechende dialogisch-kommunikative Einstellung voraus, die sich dann auch institutionell ausdrücken muss, etwa in der Schaffung wirkungsvoller synodaler Strukturen. Denn Einsicht wächst nicht einfach von selbst, sondern in einem dialogischen, um wechselseitiges Verstehen bemühten Miteinander. Wo hingegen keine Einsicht wachsen kann, muss immer auch mit einer Nichtrezeption lehramtlicher Aussagen gerechnet werden.

7. Theologie als wissenschaftliche Verantwortung des Glaubens

Der Fundamentaltheologie kommt die Aufgabe einer wissenschaftstheoretischen Grundlegung der Theologie zu (siehe oben 121–130). Es geht in ihr um eine Klärung der Frage, ob die Voraussetzungen und Grundlagen der Theologie sich auch vor der Vernunft und ihren kritischen Anfragen und Einwänden rechtfertigen lassen. Nur wenn das der Fall ist, vermag Theologie auch wissenschaftlichen Ansprüchen zu genügen und als Wissenschaft zu gelten.

Im Rahmen der Theologischen Erkenntnislehre, am Ende der fundamentaltheologischen Grundlagenarbeit, verändert sich nun der Blick auf die Theologie noch einmal. Es geht jetzt darum, welchen spezifischen Beitrag zur Glaubenserkenntnis sie *als Wissenschaft* zu leisten vermag. Dabei steht sie von vornherein in einem Spannungsfeld, das auf der einen Seite eben durch ihre Wissenschaftlichkeit und auf der anderen Seite durch ihre Kirchlichkeit markiert wird. Denn auch als eine wissenschaftliche Disziplin bleibt die Theologie ja in die Kirche eingebunden; sie ist Teil des Selbstvollzugs von Kirche, insofern diese den christlichen Glauben auch vor der wissenschaftlichen Vernunft zu verantworten sucht. Es gehört zu den Aufgaben einer Theologischen Erkenntnislehre, zu klären, wie sich diese Kirchlichkeit der Theologie zu ihrer Wissenschaftlichkeit verhält.

Bevor das geschehen kann, muss das dabei zu Grunde liegende Verständnis von Theologie noch etwas präzisiert werden. Der Begriff selbst ist vorchristlich, in der Bibel kommt er nicht vor. In ihm sind die beiden griechischen Wörter ϑεός (Gott) und λόγος (Wort) miteinander verbunden. Vom Wortsinn her bedeutet Theologie demnach: Sprechen von Gott, Rede von Gott. Nun kann allerdings von Gott auf recht unterschiedliche Weise gesprochen werden, und entsprechend vielfältig sind die inhaltlichen Füllungen des Begriffs Theologie.

Als »Ort« theologischer Erkenntnis ist Theologie *Glaubenswissenschaft*. Das besagt, dass sie sich den biblisch grundgelegten und von der Kirche tradierten und verkündeten Glauben vorgegeben sein lässt.

In der Antike sind »Theologen« ursprünglich Kultdiener oder Dichter (Seckler 16: 134). Sie künden in religiös-kultischen Zusammenhängen von dem Gott oder den Göttern. In der Philosophie kommt dann zu Bewusstsein, dass nicht jedes Künden von der Gottheit per se sachgemäß ist (a. a. O. 135f; Pannenberg 3: 11). So fordert *Platon* Richtlinien und Maßstäbe, damit das Künden von der Gottheit in rechter Weise erfolgt, und bei *Aristoteles* wird Theologie dann zu einem Teil der Philosophie selbst; er versteht darunter das von der Vernunft geleitete Streben nach der Erkenntnis des Göttlichen als des Prinzips, das alles Seiende umfasst und begründet. Dieses Streben nach philosophischer Gotteserkenntnis nennt Aristoteles theologisches Erkennen. Die *Stoa* unterscheidet dann schließlich einen dreifachen Bedeutungsgehalt des Begriffs Theologie: das mythische Sprechen von der Gottheit bei den Dichtern; die philosophische Theologie, die nach der Natur der Gottheit fragt; die politische Theologie als den Staat legitimierende Rede von Gott. – Angesichts dieser Vieldeutigkeit des Begriffs Theologie wird verständlich, warum er nur zögernd in den christlichen Sprachgebrauch übernommen wird. Man will Missverständnisse vermeiden, denn diejenigen, die den biblischen Gott verkünden, sind weder heidnische Kultbeamte noch Dichter mythischer Göttergeschichten. So wird der Begriff im christlichen Kontext zunächst nur gelegentlich aufgegriffen, etwa wenn biblische Autoren, z. B. die Propheten oder der vierte Evangelist, als Theologen bezeichnet werden. Sie sollen damit als Verkünder der göttlichen Wahrheit charakterisiert werden. Das ist dann auch da der Fall, wo einzelne Kirchenlehrer den Beinamen »der Theologe« erhalten, etwa Gregor von Nazianz angesichts seiner 380 Reden über die Trinität, oder Symeon, ein angesehener geistlicher Schriftsteller, der den Beinamen »der Neue Theologe« erhält. – Als Bezeichnung für die Reflexion des Glaubens hat sich der Begriff Theologie erst im Mittelalter durchgesetzt. Sie dient nun, im Zusammenhang der Aristoteles-Rezeption, der Abgrenzung gegenüber der Philosophie (siehe oben 31–35). Es gilt zu zeigen und zu begründen: Die Theologie ist etwas anderes als die Philosophie, sie ist nicht in dieser aufgehoben. Denn ihre Grundlage, so argumentiert *Thomas von Aquin*, bildet der Offenbarungsglaube. Dabei ist sie eine Wissenschaft in uneingeschränktem Sinne, da sie den Anforderungen und Regeln des Argumentationsverfahrens, so wie es bei Aristoteles konzipiert ist, vollständig genügt. Während aber die Philosophie »Weltweisheit« ist, weil sie von den Erfahrungen in der Welt ausgeht und diese reflektiert, reflektiert die Theologie die Wirklichkeit im Licht der Offenbarung Gottes. Das geschieht selbstverständlich im Medium der Vernunft, aber die Theologie lässt sich dabei die Offenbarung Gottes vorgegeben sein. Dieses Verständnis von Theologie als wissenschaftlicher Reflexion des Offenbarungsglaubens hat sich dann durchgesetzt.

Die Erkenntnisgrundlage der Theologie als Wissenschaft bildet demnach das Wort Gottes, so wie es in der Bibel bezeugt und in der Kirche geglaubt wird. Als wissenschaftliche Reflexion des Glaubens zeichnet sie sich durch ein den gängigen wissenschaftlichen Standards genügendes Argumentationsniveau aus.

»So liegt zwar das letzte und eigentliche *Wahrheitskriterium* der Glaubenswissenschaft im Wort Gottes bzw. im christlichen Glauben, ihr *Wissenschaftskriterium* aber ist das Argument. Sie soll Glaubenswissen schaffen. Nicht Glauben durch Wissen, sondern Wissen im Glauben, aus dem Glauben und über den Glauben, hier aber wirklich argumentativ ermitteltes und vermitteltes Wissen« (Seckler 16: 142).

Daher bleibt dieses Wissen auch überprüfbar, insofern seine argumentative Ermittlung nachvollzogen werden kann.

Der »Gegenstand« der Theologie ist Gott, so wie er sich selbst geoffenbart hat. Gott ist dabei jedoch nicht nur ihr spezifisches und zentrales Thema; Gott ist darüber hinaus auch der Horizont für alle anderen Themen – Mensch, Natur, Gesellschaft usw. –, die in der Theologie zu behandeln sind. Alles, so formuliert es Thomas von Aquin, wird in der Theologie »sub ratione Dei« behandelt (STh I, 1,7 resp.), d. h. so wie es sich in Ansehung des sich selbst offenbarenden Gottes zeigt. Erst in dieser formalen Perspektive erschließt sich der Gegenstandsbereich der Theologie.

Diese formale Perspektive ist nun aber die Perspektive des Glaubens. Deshalb bedarf es einer eigenen ausdrücklichen Rechtfertigung, inwiefern die Theologie auch *als Wissenschaft* diese Glaubensperspektive einnehmen kann. Das ist die spezifische Aufgabe der Fundamentaltheologie. Sie besteht ja gerade darin, zu klären, was der Theologie als Glaubenwissenschaft zugrunde liegt und was sie voraussetzt; die Fundamentaltheologie hat zu zeigen, dass diese Grundlagen und Voraussetzungen sich als mit der Vernunft vereinbar erweisen lassen und daher die formale Perspektive der Theologie auch in wissenschaftstheoretischer Hinsicht verantwortbar ist.

Diese formale Perspektive unterscheidet die Theologie auch von den *Kulturwissenschaften* und der *Religionswissenschaft*, auch wenn sie mit diesen zahlreiche Berührungspunkte hat. Denn die Theologie kann wichtige Beiträge zu einer Kulturgeschichte des Christentums und damit zur Vergewisserung der kulturellen Herkunftsgeschichte ebenso leisten wie zu einer Spurensuche des Religiösen im Säkularen oder einer vergleichenden Darstellung verschiedener Religionen. Die Theologie kann sich jedoch nicht auf eine historische Perspektive oder eine Beobachterperspektive beschränken. Für sie bleibt es vielmehr unabdingbar, auch die Teilnehmerperspektive miteinzubeziehen, also die Innenperspektive des Glaubens mit seinem spezifischen Wahrheitsanspruch. Das bringt sicherlich eine eigene Schwierigkeit der Theologie im Vergleich zu rein kultur- oder religionswissenschaftlichen Fragestellungen mit sich, aber es beinhaltet doch auch ein gewisses Plus diesen gegenüber. Denn ein wirklich angemessenes Verständnis von Religionen, ihrer Entwicklungen und Potentiale wie auch ihrer Gefährdungen und Probleme, lässt sich kaum gewinnen unter Ausblendung ihrer Innenperspektive und der dieser inhärenten Logik. Das Plus der Theologie besteht gerade darin, dass sie auch diese Innenperspektive einer wissenschaftlichen Erörterung und kritischen Auseinandersetzung unterzieht. Deshalb bleibt das zentrale Thema der Theologie die Gottesfrage als die letztgültige Sinnperspektive für Welt und Mensch. Theologie lässt sich nicht in Kulturwissenschaft auflösen. Anders als die Religionswissenschaft kann sie die Gottesthematik aber auch nicht rein deskriptiv behandeln, um so der Religions- und Offenbarungskritik zu entkommen. Zwar kann man »die Attraktivität verstehen, die diese Argumentation auf Theologen ausübt, die angesichts der Theologie- und Religionskritik der Neuzeit die Nerven velieren« (Dalferth 7: 16). Theologie ist zu solch ermäßigten Bedingungen jedoch nicht zu haben. Sie muss sich vielmehr den kritischen Anfragen und Infragestellungen aussetzen und sich argumentativ mit ihnen auseinandersetzen, und zwar (im Falle einer christlichen Theologie) aus der Perspektive des christlichen Glaubens. »Prüfstein, ob man es mit Theologie oder einer Version von Religionswissenschaft zu tun hat, ist daher nicht, ob von *Religion* oder *Glaube* oder *Gott* die Rede ist, sondern ob von Gott, Glaube oder Religion *christlich* und damit *anders* die Rede ist als in den Religionswissenschaften, nämlich so, dass normative Folgen für die Orientierung menschlichen Lebens im Licht des christlichen Glaubens zur Darstellung und zur Geltung kommen« (a. a. O. 18).

In der Konzentration aller ihrer thematischen Aspekte auf die formale Perspektive, die sich vom Glauben an die Selbstoffenbarung Gottes her eröffnet und in ihm begründet ist, findet die Theologie auch ihre Einheit in der Vielfalt der unterschiedlichen Fächer. Diese Einheit der Theologie ist allerdings im Zuge ihrer neuzeitlichen Entwicklung problematisch und brüchig geworden. Ihre einzelnen Disziplinen haben sich hier nach und nach verselbständigt, indem sie sich die Methoden anderer Wissenschaften zu Eigen gemacht haben, etwa der Literaturwissenschaften, der historisch-kritischen Wissenschaften oder der Humanwissenschaften. Das ist zunächst einmal etwas ganz und gar Positives; denn es zeigt ja, dass die Theologie sich an den normalen wissenschaftlichen Standards orientiert, also keine Wissenschaft zu ermäßigten Bedingungen ist. Zudem hat diese Spezialisierung der theologischen Disziplinen zu beträchtlichen Erkenntnisfortschritten geführt. Andererseits droht die Theologie im Zuge dieser Entwicklung jedoch zu einer bloßen Ansammlung von Einzeldisziplinen zu werden, die keine wirkliche Einheit mehr bilden. In einigen Fächern wird in Folge ihrer methodischen Orientierungen die Wirklichkeit Gottes gar nicht mehr ausdrücklich thematisiert. Und da stellt sich dann doch die Frage, ob es in diesen Fällen überhaupt noch um *theologische* Erkenntnis geht.

Dieses Brüchigwerden der Einheit der Theologie hat man seit dem 19. Jahrhundert immer wieder empfunden, und so finden sich auch verschiedene Versuche, diese Einheit neu zu begründen. Im Bereich der evangelischen Theologie hat etwa *Friedrich Schleiermacher* diese Einheit darin sehen wollen, dass jede theologische Disziplin einen Beitrag dazu leistet, Studierende für die Aufgabe der Kirchenleitung auszubilden.

»Die christliche Theologie ist sonach der Inbegriff derjenigen wissenschaftlichen Kenntnisse und Kunstregeln, ohne deren Besitz und Gebrauch eine zusammenstimmende Leitung der christlichen Kirche, d. h. ein christliches Kirchenregiment nicht möglich ist ... Dieselben Kenntnisse, wenn sie ohne Beziehung auf das Kirchenregiment erworben und besessen werden, hören auf theologisch zu sein, und fallen jede der Wissenschaft anheim, der sie ihrem Inhalte nach angehören« (Schleiermacher 2: § 5 und 6 [1830]).

Eine solche *rein* funktionale Begründung der Einheit der wissenschaftlichen Theologie bleibt jedoch in einer bestimmten Hinsicht defizitär und daher unbefriedigend. Denn die Frage lässt sich ja nicht abweisen, was eigentlich die Existenz der Kirche und eines Kirchenregiments legitimiert. Und diese Frage führt unweigerlich zurück zur Gottesthematik und zu der Aufgabe, deren Vernunfthaftigkeit und Wahrheitsfähigkeit im wissenschaftlichen Kontext zu erweisen.

In diese Richtung hat der katholische Tübinger Theologe *Johann Sebastian Drey* den Ansatz Schleiermachers weitergeführt. Auch Drey versteht die Theologie als »Berufswissenschaft« (Drey: 52 § 52); aber er verknüpft damit die Forderung, dass die Theologen »durch Anwendung ihrer Wissenschaft zur Verwirklichung der Ideen des Christentums in der Kirche beyzutragen« haben. »Und dieß allein kann als der eigentliche, durch das Object der Wissenschaft, wie durch ihr Substrat gegebene Zweck des Theologen und seiner Studien betrachtet werden« (Drey: 32 § 53). Die Theologie steht demnach gerade auch in ihrer Ausbildungsfunktion im Dienste der Ideen des Christentums. Und als deren oberste bestimmt Drey die Idee des Reiches Gottes. Sie ist »die wahre Idee aller Religion überhaupt«, so dass auf sie auch »alle theoretischen Einzellehren und alle praktischen Vorschriften des Christentums« bezogen sind (Drey: 38 § 60; vgl. 19 § 32). In dieser »Centralidee des N. T.« (ebd.) können dann nach Drey auch die verschiedenen Disziplinen der Theologie zu einer inhaltlich und nicht nur funktional begründeten Einheit finden.

Im Blick auf die derzeitige Theologie und ihre notwendige und fruchtbare methodische Vielfalt bleibt das Problem ihrer Einheit bedrängend. Es steht dabei in engem Zusammenhang mit der Klärung der Frage, welchen spezifischen Beitrag die wissenschaftliche Theologie zu einer theologischen Erkenntnis zu leisten vermag.

Denn klar ist auf jeden Fall: Konstitutiv für theologische Erkenntnis ist die Bezugnahme auf das in der Kirche geglaubte Wort Gottes und damit auf die Wirklichkeit Gottes. Wissenschaftliche Theologie hat demnach den Glauben an das Wort Gottes in seinen historischen und gegenwärtigen Dimensionen zu erforschen und zu bedenken, um auf diese Weise Erkenntnisse zu gewinnen, wie dieser Glaube in adäquater Weise verwirklicht und verantwortet werden kann. Dabei hat die Theologie die Ursprünge dessen, was in der Kirche als Wort Gottes geglaubt wird, ebenso zu behandeln wie die durchaus ambivalenten Auswirkungen der Verkündigung dieses Wortes Gottes in den verschiedenen Epochen der Geschichte oder die Konsequenzen, die sich aus dem Glauben an das Wort Gottes in sozialer und politischer Hinsicht ergeben. Erst durch diesen ihren je spezifischen Bezug zur Glaubenswirklichkeit des Wort-Gottes-Geschehens werden die einzelnen Disziplinen der Theologie zu wirklich theologischen Disziplinen.

Als Glaubenswissenschaft ist die Theologie nicht voraussetzungslos; sie setzt den Glauben vielmehr voraus und bleibt an ihn gebunden. Es kann daher auch nicht ihre Aufgabe sein, den Glauben hervorzurufen und zu verbreiten. Wenn der Glaube die Voraussetzung der Theologie ist, kann er nicht erst ihr Resultat sein. Wer der Theologie etwa mangelnde Missionserfolge vorwirft, verkennt ihr Wesen und tut ihr daher Unrecht. Der Glaube gründet im Vertrauen auf Gott, und dieses Vertrauen ist kein Produkt wissenschaftlichen Forschens, rationaler Argumentation; es resultiert aus der personalen Begegnung von Gott und Mensch, die durch das Wort Gottes ermöglicht wird.

Theologie ist dabei jedoch, auch wenn sie den Glauben voraussetzt, nicht selbst eine Form religiöser Praxis. Sie steht vielmehr in einem distanzierten Verhältnis zum gelebten Glauben, nämlich in einem Reflexionsverhältnis. Den Glauben setzt sie dabei jedoch insofern voraus, als sie ihn nicht nur »von außen« zu beschreiben und zu verstehen versucht; sie verhält sich vielmehr affirmativ zu seinem Wahrheitsanspruch, indem sie sich bemüht, ihn in einer kritischen Reflexion zu erschließen.

»Die Theologie würde ihre Identität einbüßen, wenn sie versuchte, sich vom dogmatischen Kern der Religion und damit von jener religiösen Sprache abzukoppeln, in der sich die Gebets-, Bekenntnis- und Glaubenspraxis der Gemeinde vollzieht. In dieser Praxis bezeugt sich erst der religiöse Glaube, den die Theologie nur auslegen kann ... die Theologie hat gewissermaßen einen parasitären oder abgeleiteten Status« (Habermas 4: 191).

Dem muss aber dann doch auch hinzugefügt werden: Jedenfalls nach christlichem Verständnis hat der Glaube eine sozusagen natürliche Affinität zur Wissenschaft. Denn »für den christlichen Glauben ist es kennzeichnend, dass er wahre Erkenntnis erschließen will, die als solche auch für die Vernunft unmittelbar belangvoll ist« (Ratzinger 1: 344). Deshalb bleibt es für den Glauben unabdingbar, sich auch im Medium der Vernunft zu enfalten, und eben dies ist die Aufgabe und der Sinn der wissenschaftlichen Theologie. Sie ist wissenschaftlich gerade darin, dass sie sich im Medium der Vernunft vollzieht und sich ganz auf dieses Medium der Wissenschaften einlässt. Im Unterschied zu einem meditativen Verstehen des Glaubens, bei dem ein einzelner Glaubender im Blick auf sein individuelles Leben die Wahrheit des Glaubens zu erfassen versucht, geht es in der Theologie um »prinzipiell intersubjektiv und rational nachvollziehbare Erkenntnis« (Seckler 16: 149f). Es muss klar sein, auf welchen Voraussetzungen theologische Erkenntnisse beruhen, wie sie hergeleitet sind und auf welche Argumente sie sich stützen. Nur dann können sie nachvollzogen und auf ihre Tragfähigkeit hin überprüft werden.

Als solche ist die wissenschaftliche Theologie ein prinzipiell offenes und unabschließbares Unternehmen. Denn sie muss sich immer wieder mit Fragen und Kritik oder neuen Erkenntnissen anderer Wissenschaften auseinander setzen und prüfen, welche Konsequenzen sich daraus für sie selbst ergeben. Auch der innertheologische Diskurs kann zu Erkenntnisfortschritten, zur Entwicklung neuer, besserer Argumente führen. Die Aussagen der wissenschaftlichen Theologie bleiben daher prinzipiell überholbar; sie haben den Status von Hypothesen.

Eine besondere Schwierigkeit besteht dabei allerdings darin, dass es in der Theologie um einen letztgültigen Sinn geht (vgl. oben 274–276). Ein solcher Letztgültigkeitsanspruch bleibt ein

Fremdkörper im modernen Wissenschaftsbetrieb. Dieser zielt nicht mehr auf die Erkenntnis letzter Wahrheiten, sondern auf eine unablässige Erweiterung des Wissens, wobei dieses sich vor allem an seiner Nützlichkeit und Verwertbarkeit bemisst.

»Es bleibt zwar (wenn auch keineswegs immer) ein gewisser Zusammenhang mit der Wahrheitsfrage bestehen, aber dieser Zusammenhang ist in vielfacher Weise gebrochen: Wissenschaft ist ein menschliches, voraussetzungshaftes, vorläufiges, historisch-soziales Phänomen. Ihre Aussagen haben nur konditional-hypothetische Geltung. Ein solches Wissenschaftsverständnis setzt zwar noch eine gewisse Objektivität und Ordnung voraus, versteht sich aber metaphysikfrei nicht mehr als Erkenntnis des Ansichseins der Wirklichkeit oder als notwendiges Erkenntnissystem. Wissenschaft ist vielmehr ein konditionales, hypothetisch-deduktives System von Sätzen, dessen Ordnungsstruktur dem logischen Prinzip der Ableitung genügt und dessen Basis auf intersubjektiv überprüfbare Erfahrung bezogen ist« (Wiedenhofer: 107f).

Auch theologische Aussagen haben einen hypothetischen Status, insofern es sich um hermeneutische, historische oder praktische Aussagen handelt. Wenn Theologie jedoch daran festhält, dass es dabei um einen letztgültigen Sinn geht, muss sie über den Begriff eines letztgültigen Sinnes verfügen, um diesen Anspruch als berechtigt erweisen zu können (siehe oben 206f). Ein solcher Letztgültigkeitsanspruch bleibt jedoch im Kontext moderner Wissenschaft prekär. Um ihre Stellung im modernen Wissenschaftssystem zu klären, muss die Theologie Rechenschaft darüber ablegen, welcher »Denkform« es bedarf, um diesen Letztgültigkeitsanspruch zu begründen (siehe oben 127–130 Bedarf es dazu einer metaphysischen oder erstphilosophischen Letztbegründung? Oder lässt sich der Begriff eines letztgültigen Sinnes auch auf der Grundlage einer nachmetaphysischen Denkform ohne Letztbegründungsanspruch erarbeiten und begründen? Die Bearbeitung dieser Frage ist wesentlicher Bestandteil der wissenschaftlichen Grundlegung der Theologie durch die Fundamentaltheologie.

Unbeschadet der mit dem theologischen Letztgültigkeitsanspruch verbundenen Schwierigkeit lässt sich dann aber doch auch sagen: Durch ihre Bezugnahme auf einen letztgültigen Sinn kann die Theologie für die anderen Wissenschaften zum Anstoß einer kritischen Selbstreflexion werden. Diese können dadurch aufmerksam werden auf Gefährdungen, die sich aus ihrer Instrumentalisierung und Ökonomisierung ergeben und die ja auch für sie selbst gerade in wissenschaftstheoretischer Hinsicht höchst problematisch erscheinen. Die für sie sperrige Behauptung eines letztgültigen Sinnes kann die Wissenschaften zudem sensibel machen für die Frage, wo sie selbst dazu beitragen, dass wichtige Sinnressourcen beschädigt werden. So wird die Theologie gerade dann, wenn sie für ihren Letztgültigkeitsanspruch argumentativ einsteht und ihn nicht kleinmütig versteckt oder eliminiert, zur heilsamen Unruhestifterin im universitären Wissenschaftssystem.

Natürlich ist dieser wissenschaftsinterne Zusammenhang nicht der einzig relevante Zusammenhang, in dem die Theologie sich zu bewegen hat. Sie muss vielmehr »als differenzierter Zusammenhang von individueller Theologie (Theologie der individuellen Spiritualität, Religiosität und Alltagsreligion), kirchlicher Theologie (...) und gesellschaftlicher Theologie (bzw. Ziviltheologie, öffentlicher Theologie, politischer Theologie: Theologie der gesellschaftlichen, kulturellen, politischen, öffentlichen Religiosität, der Zivilreligion) entwickelt werden« (Wiedenhofer: 96; vgl. Uhl: 62–77).

Auch im kirchlichen Kontext zeigt sich die Theologie immer wieder als ein beunruhigendes und verunsicherndes Element. Das erscheint unvermeidbar, denn es gehört zu ihren unverzichtbaren Aufgaben, traditionelle Glaubensinhalte und -formen ebenso wie das christliche Handeln und seine Grundlagen auf innere Stimmigkeit sowie ihre Begründbarkeit und Überzeugungskraft angesichts neuer Erkenntnisse und Herausforderungen zu reflektieren. Und das kann dann auch gelegentlich zur Folge haben, dass bestimmte Glaubens- und Praxisformen einer kritischen Überprüfung unterzogen oder in Frage gestellt werden. Es ist unsachgemäß, angesichts solcher Konflikte die sogenannten einfachen Gläubigen gegen die wissenschaftliche Theologie in Stellung bringen zu wollen oder zu versuchen, diese Konflikte auf autoritäre Weise abzukürzen. Es gilt vielmehr zu begreifen, dass die Theologie – wenn sie denn wissenschaftlich verantwortungsvoll betrieben wird – dadurch dem Glauben und der Kirche einen wertvollen, ja unverzichtbaren Dienst leistet. In der Bereitschaft, solche oft schmerzlichen Konflikte in redlicher und fairer Weise auszutragen, zeigt sich, ob die Auslegung des Glaubens im Medium der Vernunft auch in der Kirche selbst als etwas für den Glauben Wesentliches ernst genommen wird. Oder anders formuliert: Es geht um die Frage, ob auch Theologie als Wissenschaft mit zum Selbstvollzug von Kirche gehört, wenn denn der christliche Glaube wesentlich logoshaft ist.

Die Wissenschaftlichkeit und die Kirchlichkeit der Theologie gehören somit zusammen, beides ist konstitutiv für Theologie. Denn es ist ja der Glaube der Kirche, auf den die Theologie sich bezieht und den sie unter Anwendung wissenschaftlicher Methoden in historischer, systematischer und praktischer Hinsicht reflektiert. Daher »lebt ihre Reflexion notwendig von der Vorgegebenheit der Kirche, ihres Glaubenswissens und dessen lebensorientierenden Leitgesichtspunkten, und besitzt so in all ihren Ausprägungen das Merkmal der Kirchlichkeit« (Dalferth 8: 20). Damit ist jedoch nicht ihre Unterordnung unter die Kirche gemeint; Kirchlichkeit der Theologie heißt nicht, dass sie eine von der Kirche reglementierte Wissenschaft ist. Es ist vielmehr »in erster Linie ein *wissenschaftstheoretisches Merkmal* gemeint, das den *ekklesialen Status der Theologie* betrifft bzw. aus ihm resultiert« (Seckler 16: 162).

Damit hat die Theologie zweifellos einen Sonderstatus unter den Wissenschaften, insofern sie die einzige Wissenschaft ist, die eine derartige Bindung ausdrücklich als für sie konstitutiv benennt. Es wäre jedoch verfehlt, deshalb die Theologie allen anderen Wissenschaften als voraussetzungsfreien Wissenschaften gegenüber zu stellen. Dabei würde verkannt, »daß es eine voraussetzungsfreie Wissenschaft nicht gibt und nicht geben kann« (Seckler 16: 170). Jede Wissenschaft arbeitet auf der Grundlage bestimmter Vorentscheidungen und Axiome, die nicht selten unbewusst bleiben und daher auch nicht eigens reflektiert werden. Und jede Wissenschaft ist eingebunden in ein Netz von gesellschaftlichen Interessen und Vorgaben. So verbinden sich etwa mit den sogenannten Lebenswissenschaften heute vielfältige Erwartungen bezüglich der Heilbarkeit bestimmter Erkrankungen bzw. der Schaffung neuer Märkte und Arbeitsplätze. Auch dadurch entstehen Bindungen, gerade wenn sie häufig gar nicht durchschaut werden und daher anonym bleiben. Ein anderes Beispiel ist die Medizin, die dem Eid des Hippokrates verpflichtet und dadurch auch als Wissenschaft gebunden ist. Aber auch die Rechtswissenschaft arbeitet unter einer bestimmten Vorgabe: Sie ist gebunden an die Rechtsordnung und steht im Dienste ihrer Auslegung. Wenn die Theologie sich zu ihrer Kirchlichkeit bekennt, so unterscheidet sie sich von anderen Wissenschaften oft gerade dadurch, dass sie diese für sie konstitutive Bindung ausdrücklich benennt und thematisiert.

In diesem Zusammenhang stellt sich allerdings dann auch die Frage nach dem Verhältnis der wissenschaftlichen Theologie zur institutionellen Kirche und der Freiheit ihr gegenüber. »Theologie benötigt Freiheit auch gegenüber der kirchlichen Lehre. Denn wird diese Differenz ignoriert, verliert die Theologie ihr kritisches Potential gegenüber der Kirche« (Dalferth 8: 21). Das heißt jedoch nicht, dass die Theologie sich nicht dem Urteil der Kirche zu stellen hätte. Ob die Erkenntnisse der theologischen Wissenschaft dem Glauben der Kirche entsprechen, ist nicht von der Theologie zu entscheiden; das muss dem eigenständigen Urteil der Kirche anheim gegeben bleiben. Daraus ergibt sich jedoch nicht das Recht der Kirche, in den theologischen Forschungsprozess selbst eingreifen zu dürfen. Dieser muss vielmehr ganz den Regeln wissenschaftlichen Arbeitens folgen. Die Freiheit der Theologie als kirchlich gebundener Wissenschaft besteht darin, dass die Kirche das respektiert und zur Entfaltung kommen lässt. Ist das nicht gewährleistet, wird der Status der Theologie als Wissenschaft in Frage gestellt (vgl. Seckler 16: 172f). Das Recht der Kirche, sich ein eigenständiges Urteil bezüglich der Erkenntnisse der theologischen Wissenschaft zu bilden, gibt ihr also nicht das Recht, den Erkenntnisprozess selbst zu reglementieren.

Nachwort

Am Ende soll der Dank stehen für die vielfältige Hilfe und Unterstützung, die ich bei der Entstehung dieses Buches erfahren habe. Sie gilt in erster Linie den Mitarbeiterinnen am Lehrstuhl. Insbesondere ist hier Andrea Hartwig zu nennen, die mit viel Energie, Geduld und Sorgfalt für die Erstellung des druckfertigen Manuskriptes gesorgt hat. Astrid Jöxen habe ich zu danken für gründliches Korrekturlesen sowie verschiedene Hinweise zur Verbesserung des Textes. Bei der Literaturbeschaffung hat mich Linda Menniger immer schnell und zuverlässig untersützt, wofür ich ihr ebenfalls herzlich danke. Schließlich gilt mein Dank auch Stephan Weber im Lektorat des Herder Verlages für die problemlose und sehr angenehme Zusammenarbeit.

Bochum, im Oktober 2008 *Markus Knapp*

Literaturverzeichnis

Adorno, T. W., Vernunft und Offenbarung, in: ders., Stichworte. Kritische Modelle 2, Frankfurt/Main 1970[3], 20–28 (= Adorno 1).

Ders., Negative Dialektik, Frankfurt/Main 1970 (= Adorno 2).

Ders., Minima Moralia. Reflexionen aus dem beschädigten Leben, Frankfurt/Main 1973 (= Adorno 3).

Alston, W. P., Percieving God. The Epistemology of Religious Experience, Ithaca/London 1991.

Arens, E., Zur Struktur theologischer Wahrheit. Überlegungen aus wahrheitstheoretischer, biblischer und fundamentaltheologischer Sicht, in: ZkTh 112 (1990), 1–17 (= Arens 1).

Ders., Pluralistische oder praktische Religionstheologie?, in: R. Schwager (Hg.), Christus allein? Der Streit um die pluralistische Religionstheologie (QD 160), Freiburg/Br. 1996, 174–188 (= Arens 2).

Ders., Bezeugen und Bekennen. Elementare Handlungen des Glaubens, Düsseldorf 1989 (= Arens 3).

Ders., Christopraxis. Grundzüge theologischer Handlungstheorie (QD 139), Freiburg/Br. 1992 (= Arens 4).

Ders., Gottesverständigung. Eine kommunikative Religionstheologie, Freiburg/Br. 2007 (= Arens 5).

Ders., Im Fegefeuer der Fundamentaltheologie, in: Orientierung 61 (1997), 152–156 (= Arens 6).

Ders., Feuerprobe auf das Tun des Glaubens. Zum Ansatz einer handlungstheoretischen Fundamentaltheologie, in: Müller K. 3: 59–76 (= Arens 7).

Assmann, J., Moses der Ägypter. Entzifferung einer Gedächtnisspur, Franfurt/Main 2003[4] (= Assmann 1).

Ders., Die Mosaische Unterscheidung oder der Preis des Monotheismus, München/Wien 2003 (= Assmann 2).

Austin, J. L., Zur Theorie der Sprechakte, Stuttgart 2002 (erste engl. Ausgabe 1962).

Balthasar, H. U. von, Herrlichkeit. Eine theologische Ästhetik. Band I: Schau der Gestalt, Einsiedeln/Trier 1988[3] (= Balthasar 1).

Ders., Glaubhaft ist nur Liebe, Einsiedeln 1966[3] (= Balthasar 2).

Ders., Rechenschaft, Einsiedeln 1965 (= Balthasar 3).

Ders., Die Absolutheit des Christentums und die Katholizität der Kirche, in: W.

Kasper (Hg.), Absolutheit des Christentums (QD 79), Freiburg/Br. 1977, 131–156 (= Balthasar 4).

Barnard, L. W., Art. »Apologetik I. Alte Kirche«, in: TRE 3, 371–411.

Barth, K., Die Kirchliche Dogmatik. Band I/1, Zürich 1989[12] (= Barth K. 1).

Ders., Die Kirchliche Dogmatik. Band II/1, Zürich 1987 (= Barth K. 2).

Ders., Die Kirchliche Dogmatik Band I/2, Zürich 1990[8] (= Barth K. 3).

Barth, U., Religion in der Moderne, Tübingen 2003 (= Barth U. 1)

Ders., »Letzte Gedanken«. Ihr epistemischer Status in Religion und Philosophie, in: D. Korsch/J. Dierken (Hgg.), Subjektivität im Kontext, Tübingen 2004, 187–210 (= Barth U. 2).

Bataille, G., Theorie der Religion, München 1997.

Bayer, O., Theologie (HST 1), Gütersloh 1994.

Becker, J., Jesus von Nazareth, Berlin/New York 1996.

Beierwaltes, W., Platonismus im Christentum, Frankfurt/Main 1998.

Beinert, W., Theologische Erkenntnislehre, in: ders. (Hg.), Glaubenszugänge. Lehrbuch der katholischen Dogmatik, Band 1, Paderborn 1995, 45–197 (= Beinert 1).

Ders., Der Glaubenssinn der Gläubigen in Theologie- und Dogmengeschichte. Ein Überblick, in: D. Wiederkehr (Hg.), Der Glaubenssinn des Gottesvolkes – Konkurrent oder Partner des Lehramts (QD 151), Freiburg/Br. 1994, 66–131 (= Beinert 2).

Ders., Apostolisch. Anatomie eines Begriffs, in: D. Sattler/G. Wenz (Hgg.), Das kirchliche Amt in apostolischer Nachfolge. II. Ursprünge und Wandlungen, Freiburg/Br. 2006, 274–303 (= Beinert 3).

Ders., Kann man dem Glauben trauen? Grundlagen theologischer Erkenntnis, Regensburg 2004 (= Beinert 4).

Berger, D., Ratio fidei fundamenta demonstrat. Fundamentaltheologisches Denken zwischen 1870 und 1960, in: H. Wolf (Hg.), Die katholisch-theologischen Disziplinen in Deutschland 1870–1962. Ihre Geschichte, ihr Zeitbezug (Programm und Wirkungsgeschichte des II. Vatikanums Band 3), Paderborn u. a. 1999, 95–127.

Beumer, J., Die mündliche Überlieferung als Glaubensquelle (HDG I/4), Freiburg/Br. 1962 (= Beumer 1).

Ders., Die Inspiration der Heiligen Schrift (HDG I/3b), Freiburg/Br. 1968 (= Beumer 2).

Biser, E., Glaubensverständnis. Grundriß einer hermeneutischen Fundamentaltheologie, Freiburg/Br. 1975.

Blondel, M., Die Aktion. Versuch einer Kritik des Lebens und einer Wissenschaft der Praktik, Freiburg/München 1965.

Böttigheimer, Chr., Communio Sanctorum. Kirche im ökumenischen Dialog, in: Cath 60 (2006), 53–68 (= Böttigheimer 1).

Ders., Amtsfrage: Angelpunkt evangelisch-katholischer Ökumene, in: KuD 51 (2005), 157–171 (= Böttigheimer 2).

Ders., Apostolische Amtssukzession in ökumenischer Perspektive, in: Cath 51 (1997), 300–314 (= Böttigheimer 3).

Ders., Der Papst – Hilfe oder Stolperstein der Ökumene?, in: StdZ 131 (2006), 3–17 (= Böttigheimer 4).

Bongardt, M., Einführung in die Theologie der Offenbarung, Darmstadt 2005.

Bonhoeffer, D., Widerstand und Ergebung. Briefe und Aufzeichnungen aus der Haft, hrsg. von E. Bethge, Gütersloh 1976[9] (Taschenbuchausgabe).

Bouillard, H., Blondel und das Christentum, Mainz 1963.

Bürkle, H., Der Mensch auf der Suche nach Gott – die Frage der Religionen (Amateca Band III), Paderborn 1996.

Christe, W., Sola ratione. Zur Begründung der Methode des intellectus fidei bei Anselm von Canterbury, in: ThPh 60 (1985), 341–375.

Dabrock, P., Antwortender Glaube und Vernunft. Zum Ansatz evangelischer Fundamentaltheologie, Stuttgart 2000 (= Dabrock 1).

Ders., Evangelische Fundamentaltheologie als responsive Rationalität, in: Petzoldt 1: 121–144 (= Dabrock 2).

Dalferth, I. U., Fides quaerens intellectum. Theologie als Kunst der Argumentation in Anselms Proslogion, in: ders., Gott. Philosophisch-theologische Denkversuche, Tübingen 1992, 51–94 (= Dalferth 1).

Ders., Die Vernunft des Glaubens. Eine evangelische Position, in: M. Delgado/G. Vergauwen (Hgg.), Glaube und Vernunft – Theologie und Philosophie. Aspekte ihrer Wechselwirkung in Geschichte und Gegenwart, Fribourg 2003, 191–214 (= Dalferth 2).

Ders., Fundamentaltheologie oder Religionsphilosophie?, in: Petzoldt 1: 171–193 (= Dalferth 3).

Ders., Theologie und Philosophie. Fruchbarer Dialog oder unlöslicher Konflikt?, in: ders., Gedeutete Gegenwart. Zur Wahrnehmung Gottes in den Erfahrungen der Zeit, Tübingen 1997, 133–159 (= Dalferth 4).

Ders., Die Wirklichkeit des Möglichen. Hermeneutische Religionsphilosophie, Tübingen 2003 (= Dalferth 5).

Ders., Volles Grab, leerer Glaube? Zum Streit um die Auferweckung des Gekreuzigten, in: ZThK 95 (1998), 379–409 (= Dalferth 6).

Ders., Theologie im Kontext der Religionswissenschaft. Selbstverständnis, Methoden und Aufgaben der Theologie und ihr Verhältnis zur Religionswissenschaft, in: ThLZ 126 (2001), 3–20 (= Dalferth 7).

Ders., Kombinatorische Theologie. Probleme theologischer Rationalität (QD 130), Freiburg/Br. 1991 (= Dalferth 8).

Dantine, J., Die Kirche vor der Frage nach ihrer Wahrheit. Die reformatorische

Lehre von den »notae ecclesiae« und der Versuch ihrer Entfaltung in der kirchlichen Situation der Gegenwart, Göttingen 1980.

Danz, Chr., Einführung in die Theologie der Religionen, Wien 2005.

Danz, Chr. / Körtner, U.H.J. (Hgg.), Theologie der Religionen. Positionen und Perspektiven evangelischer Theologie, Neukirchen-Vluyn 2005.

Disse, J., Fundamentaltheologie als theologische Apologetik. Versuch einer Grundbestimmung der Disziplin, in: ZKTh 116 (1994), 143–159.

Drey, J. S. von, Kurze Einleitung in das Studium der Theologie mit Rücksicht auf den wissenschaftlichen Standpunkt und das katholische System, Tübingen 1819 (unveränderter Nachdruck, Frankfurt/Main 1966).

Durkheim, E., Die elementaren Formen des religiösen Lebens, Frankfurt/Main 1984^3.

Dulles, A., Lehramt und Unfehlbarkeit, in: HFTh 4^2, 109–130.

Ebeling, G., Erwägungen zu einer evangelischen Fundamentaltheologie, in: ZThK 67 (1970), 479–524 (= Ebeling 1).

Ders., Luther. Einführung in sein Denken, Tübingen 1981^4 (= Ebeling 2).

Ders., Studium der Theologie. Eine enzyklopädische Orientierung, Tübingen 1975 (= Ebeling 3).

Ders., Fundamentaltheologische Erwägungen zur Predigt, in: ders., Wort und Glaube. Dritter Band: Beiträge zur Fundamentaltheologie, Soteriologie und Ekklesiologie, Tübingen 1975, 554–573 (= Ebeling 4).

Ders., Dogmatik des christlichen Glaubens. Band II: Der Glaube an Gott den Versöhner der Welt, Tübingen 1979 (= Ebeling 5).

Ders., Elementare Besinnung auf verantwortliches Reden von Gott, in: ders., Wort und Glaube, Tübingen 1967^3, 349–371 (= Ebeling 6).

Ders., Dogmatik des christlichen Glaubens. Band I: Prolegomena. Der Glaube an Gott den Schöpfer der Welt, Tübingen 1979 (= Ebeling 7).

Ders., Kirchengeschichte als Geschichte der Auslegung der Heiligen Schrift, in: ders., Wort Gottes und Tradition. Studien zu einer Hermeneutik der Konfessionen, Göttingen 1964, 9–27 (= Ebeling 8).

Ebner, M., Jesus von Nazareth in seiner Zeit. Sozialgeschichtliche Zugänge (SBS 196), Stuttgart 2004^2.

Eicher, P., Offenbarung. Prinzip neuzeitlicher Theologie, München 1977.

Essen, G., Historische Vernunft und Auferweckung Jesu. Theologie und Historik im Streit um den Begriff geschichtlicher Wirklichkeit (TSTP 9), Mainz 1995.

Feil, E., Religio. Band 1: Die Geschichte eines neuzeitlichen Grundbegriffs vom Frühchristentum bis zur Reformation, Göttingen 1986.

Fichte, J.G., Versuch einer Kritik aller Offenbarung, hrsg. und eingeleitet von H. Verweyen, Hamburg 1983.

Fiedrowicz, M., Apologie im frühen Christentum. Die Kontroverse um den christlichen Wahrheitsanspruch in den ersten Jahrhunderten, Paderborn 2000.

Flury, J., Um die Redlichkeit des Glaubens. Studien zur deutschen katholischen Fundamentaltheologie (ÖB 13), Freiburg (Schweiz) 1979 (= Flury 1).

Ders., Was ist Fundamentaltheologie?, in: ThZ 31 (1975), 351–367 (= Flury 2).

Frevel, C., »Sie sind wie Vogelscheuchen im Gurkenfeld«. Kritik an den Göttern der Völker und ihren Kulturen – Religionskritik im Alten/Ersten Testament, in: H.R. Schlette (Hg.), Religionskritik in interkultureller und interreligiöser Sicht, Bonn 1998, 52–74.

Fries, H., John Henry Newman, in: ders./G. Kretschmar (Hgg.), Klassiker der Theologie. Band II: Von Richard Simon bis Dietrich Bonhoeffer, München 1983, 151–173 (= Fries 1).

Ders., Art. »Fundamentaltheologie«, in: K. Rahner (Hg.), Herders Theologisches Taschenlexikon, Band 2, Freiburg/Br. 1972, 344–351 (= Fries 2).

Ders., Die ökumenische Dimension der Fundamentaltheologie, in: ÖR 22 (1973), 219–230 (= Fries 3).

Ders., Fundamentaltheologie, Graz/Wien/Köln 1985 (= Fries 4).

Fuchs, F. J./Kreiner A., »Ich glaube, darum rede ich« (2 Kor 4,13). Eugen Bisers hermeneutische Theologie, in: H. Bürkle/G. Becker (Hgg.), Communicatio fidei (FS E. Biser), Regensburg 1983, 399–414.

Gabel, H., Inspirationsverständnis im Wandel. Theologische Neuorientierung im Umfeld des Zweiten Vatikanischen Konzils, Mainz 1991 (= Gabel 1).

Ders., Art. »Inspiration IV. Systematisch-theologisch«, in: LThK 5^3, 538–541 (= Gabel 2).

Gadamer, H.-G., Wahrheit und Methode. Grundzüge einer philosophischen Hermeneutik, Tübingen 1972^3.

Gäde, G., Christus in den Religionen. Der christliche Glaube und die Wahrheit der Religionen, Paderborn 2003.

Gawlick, G., Art. »Rationalismus«, in: HWPh 8, 44–47.

Geerlings, W., Apologetik und Fundamentaltheologie in der Väterzeit, in: HFTh 4^2, 217–230.

Geffré, C., Die neuere Geschichte der Fundamentaltheologie. Versuch einer Interpretation, in: Conc 5 (1969), 418–429.

Gethmann, C. F., Art. »Fundamentalphilosophie«, in: HWPh 2, 1134f.

Gloy, K., Wahrheitstheorien. Eine Einführung, Tübingen/Basel 2004.

Göllner, R./Görtz, H.-J./Kienzler, K., Einladung zum Glauben. Vom Verstehen des Menschen zum Verstehen des Glaubens, Freiburg/Br. 1979.

Gräb, W., Von der Religionskritik zur Religionshermeneutik, in: ders. (Hg.), Religion als Thema der Theologie. Geschichte, Standpunkte und Perspektiven theologischer Religionskritik und Religionsbegründung, Güterloh 1999, 118–143.

Greshake, G., Epiphanie in Geschichte. Zur Korrelation von Transzendenz- und Heilserfahrung im Christentum, in: ders., Gottes Heil – Glück des Menschen. Theologische Perspektiven, Freiburg/Br. 1983, 207–226.

Habermas, J., Was heißt Universalpragmatik?, in: ders., Vorstudien und Ergänzungen zur Theorie des kommunikativen Handelns, Frankfurt/Main 1984, 353–440 (= Habermas 1).

Ders., Wahrheitstheorien, in: ebd. 127–183 (= Habermas 2).

Ders., Nachmetaphysisches Denken. Philosophische Aufsätze, Frankfurt/Main 1988 (= Habermas 3).

Ders., Ein Gespräch über Gott und die Welt, in: ders., Zeit der Übergänge. Kleine Politische Schriften IX, Frankfurt/Main 2001, 173–196 (= Habermas 4).

Ders., Zwischen Naturalismus und Religion. Philosophische Aufsätze, Frankfurt Main 2005 (= Habermas 5).

Ders., Glauben und Wissen. Friedenspreisrede 2001, in: ders., Zeitdiagnosen. Zwölf Essays, Frankfurt/Main 2003, 249–262 (= Habermas 6).

Ders., Ein Bewußtsein von dem, was fehlt, in: M. Reder/J. Schmidt (Hgg.), Ein Bewußtsein von dem was fehlt. Eine Diskussion mit Jürgen Habermas, Frankfurt/Main 2008, 26–36 (= Habermas 7).

Haeffner, G., Erfahrung – Lebenserfahrung – religiöse Erfahrung. Versuch einer Begriffsklärung, in: F. Ricken (Hg.), Religiöse Erfahrung. Ein interdisziplinärer Klärungsversuch (Münchener philosophische Studien 23), Stuttgart 2004, 15–39.

Hasenfratz, H.-P., Religion – was ist das? Lebensorientierung und Andere Wirklichkeit, Freiburg/Br. 2002.

Hauschild, W.-D., Die Bewertung der Tradition in der lutherischen Reformation, in: W. Pannenberg/Th. Schneider (Hgg.), Verbindliches Zeugnis I: Kanon – Schrift – Tradition, Freiburg/Br. – Göttingen 1992, 195–231.

Heinz, G., Divinam christianae religionis originem probare. Untersuchung zur Entstehung des fundamentaltheologischen Offenbarungstraktats der katholischen Schultheologie (tts 25), Mainz 1984.

Hegel, G.W. F., Enzyklopädie der philosophischen Wissenschaften I–III (Werke 8–10), Frankfurt/Main 1986 (= Hegel 1).

Ders., Vorlesungen über die Philosophie der Religion II (Werke 17), Frankfurt/Main 1986 (= Hegel 2).

Hell, L., Entstehung und Entfaltung der Theologischen Enzyklopädie (VIEG 176), Mainz 1999.

Hengel, M., Der Finger und die Herrschaft Gottes in Lk 11,20, in: R. Kieffer/J. Bergman (Hgg.), La Main de Dieu (WUNT 94), Tübingen 1997, 87–106.

Henrich, D., Das Selbstbewusstsein und seine Selbstdeutungen. Über Wurzeln der Religionen im bewussten Leben, in: ders., Fluchtlinien. Philosophische Essays, Frankfurt/Main 1982, 99–124 (= Henrich 1).

Ders., Religion und Philosophie – letzte Gedanken – Lebenssinn. Drei Versuche, auf Rückfragen von Ulrich Barth zu antworten, in: D. Korsch/J. Dierken (Hgg.), Subjektivität im Kontext, Tübingen 2004, 211–231 (= Henrich 2).

Herms, E., Offenbarung und Glaube. Zur Bildung des christlichen Lebens, Tübingen 1992.

Hick, J., Philosophy of Religion, Englewood-Cliffs 1990^4 (= Hick 1).

Ders., Religion. Die menschlichen Antworten auf die Frage nach Leben und Tod, München 1996 (= Hick 2).

Hilberath, B. J., Karl Rahner. Gottgeheimnis Mensch, Mainz 1995.

Hock, K., Einführung in die Religionswissenschaft, Darmstadt 2002.

Hoerster, N. (Hg.), Glaube und Vernunft. Texte zur Religionsphilosophie, Stuttgart 1988.

Hoff, G.M., Religionskritik heute, Kevelaer 2004 (= Hoff 1).

Ders., Aporetische Theologie. Skizze eines Stils fundamentaler Theologie, Paderborn 1997 (= Hoff 2).

Ders., Begründungsnotstand? Zur philosophischen Leistungsfähigkeit der theologischen Vernunft, in: J. Valentin/S. Wendel (Hgg.), Unbedingtes Verstehen?! Fundamentaltheologie zwischen Erstphilosophie und Hermeneutik, Regensburg 2001, 92–102 (= Hoff 3).

Ders., Offenbarungen Gottes? Eine theologische Problemgeschichte, Regensburg 2007 (= Hoff 4).

Hödl, L., Art. »Doppelte Wahrheit«, in: HWPh 2, 285–287.

Höhn, H.-J., Postsäkular. Gesellschaft im Umbruch – Religion im Wandel, Paderborn 2007.

Hofmann, P., Glaubensbegründung. Die Transzendentalphilosophie der Kommunikationsgemeinschaft in fundamentaltheologischer Sicht (FTHST 36), Frankfurt/Main 1988 (= Hofmann 1).

Ders., Die Bibel ist die Erste Theologie. Ein fundamentaltheologischer Ansatz, Paderborn 2006 (= Hofmann 2).

Honnefelder, L., Wissenschaftliche Rationalität und Theologie, in: L. Scheffczyk (Hg.), Rationalität. Ihre Entwicklung und ihre Grenzen, Freiburg/München 1989, 289–314 (= Honnefelder 1).

Ders., Christliche Theologie als »wahre Philosophie«, in: C. Colpe/L. Honnefelder/M. Lutz-Bachmann (Hgg.), Spätantike und Christentum. Beiträge zur Religions- und Geistesgeschichte der griechisch-römischen Kultur und Zivilisation der Kaiserzeit, Berlin 1992, 55–75 (= Honnefelder 2).

Honneth, A., Kampf um Anerkennung. Zur moralischen Grammatik sozialer Konflikte, Frankfurt/Main 1992.

Hoping, H., Theologischer Kommentar zur Dogmatischen Konstitution über die göttliche Offenbarung Dei Verbum, in: P. Hünermann/B.J. Hilberath (Hgg.), Herders Theologischer Kommentar zum Zweiten Vatikanischen Konzil, Band 3, Freiburg/Br. 2005, 695–831.

Hübner, H., Art. »ἀλήθεια«, in: EWNT I², 138–145 (= Hübner 1).

Ders., Fundamentaltheologie und biblische Theologie, in: ThLZ 123 (1998), 443–458 (= Hübner 2).

Ders., Evangelische Fundamentaltheologie. Theologie der Bibel, Göttingen 2005 (= Hübner 3).

Hünermann, P., Dogmatische Prinzipienlehre. Glaube – Überlieferung – Theologie als Sprach- und Wahrheitsgeschehen, Münster 2003.

Jaeger, Chr. (Hg.), Analytische Religionsphilosophie, Paderborn 1998.

James, W., Der Wille zum Glauben, in: E. Martens (Hg.), Texte der Philosophie des Pragmatismus, Stuttgart 1976, 128–160.

Janich, P., Was ist Wahrheit? Eine philosophische Einführung, München 1996.

Jeanrond, W. G./Petzold, M., Art. »Fundamentaltheologie«, in: RGG⁴ 3, 426–436.

Joas, H., Braucht der Mensch Religion? Über Erfahrungen der Selbsttranszendenz, Freiburg/Br. 2004.

Joest, W., Fundamentaltheologie. Theologische Grundlagen- und Methodenprobleme, Stuttgart 1974.

Jüngel, E., Gott als Geheimnis der Welt. Zur Begründung der Theologie des Gekreuzigten im Streit zwischen Theismus und Atheismus, Tübingen 1978³ (= Jüngel 1).

Ders., Von der Dialektik zur Analogie. Die Schule Kierkegaards und der Einspruch Petersons, in: ders., Barth-Studien, Zürich/Köln/Gütersloh 1982, 127–179 (= Jüngel 2).

Ders., Credere in ecclesiam. Eine ökumenische Besinnung, in: ZThK 99 (2002), 177–195 (= Jüngel 3).

Ders., Das Amt in der Kirche nach evangelischem Verständnis, in: K. Raiser/D. Sattler (Hgg.), Ökumene vor neuen Zeiten (FS Th. Schneider), Freiburg/Br. 2000, 267–274 (= Jüngel 4).

Kant, I., Der Streit der Fakultäten, in: Werkausgabe Band XI: Schriften zur Anthropologie, Geschichtsphilosophie, Politik und Pädagogik 1, hrsg. von W. Weischedel, Frankfurt/Main 1977, 261–393.

Ders., Über das Misslingen aller philosophischen Versuche in der Theodizee, in: Werkausgabe Band XI, a. a. O. 105–124.

Ders. Kritik der reinen Vernunft, in: Werkausgabe Band III und IV, hrsg. von W. Weischedel, Frankfurt/Main 1980⁴.

Ders., Die Religion innerhalb der Grenzen der bloßen Vernunft, hrsg. von R. Malter, Stuttgart 1981.

Kasper, W., Das Wahrheitsverständnis der Theologie, in: E. Coreth (Hg.), Wahrheit in Einheit und Vielheit, Düsseldorf 1987, 170–193 (= Kasper 1).

Ders., Zustimmung zum Denken. Von der Unerlässlichkeit der Metaphysik für die Sache der Theologie, in: ThQ 169 (1989), 257–271 (= Kasper 2).

Ders., Die Kirche als Ort der Wahrheit, in: ders., Theologie und Kirche, Mainz 1987, 255–271 (= Kasper 3).

Ders., Kein Grund zur Resignation. Die katholische Kirche und ihre ökumenischen Beziehungen, in: HK 57 (2003), 605–610 (= Kasper 4).

Ders., Ökumene als kirchliche und theologische Aufgabe, in: R. Göllner/M. Knapp (Hgg.), Kirche der Zukunft – Zukunft der Kirche, Berlin 2006, 191–208 (= Kasper 5).

Ders., Die apostolische Sukzession als ökumenisches Problem, in: W. Pannenberg (Hg.), Lehrverurteilungen – kirchentrennend? Band 3: Materialien zur Lehre von den Sakramenten und vom kirchlichen Amt, Freiburg/Br. 1990, 329–349 (= Kasper 6).

Kehl, M., Die Kirche. Eine katholische Ekklesiologie, Würzburg 1992 (= Kehl 1).

Ders., Die eine Kirche und die vielen Kirchen, in: StdZ 126 (2001), 3–16 (= Kehl 2).

Ders., Der Disput der Kardinäle. Zum Verhältnis von Universalkirche und Ortskirchen, in: StdZ 128 (2003), 219–232 (= Kehl 3).

Ders., Die Wahrheitsfrage im Bereich des religiösen Glaubens, in: R. Berndt (Hg.), Vernünftig (Religion in der Moderne 12), Würzburg 2003, 81–86 (= Kehl 4).

Kern, W., Atheismus – Marxismus – Christentum. Beiträge zur Diskussion, Innsbruck 1979².

Kern, W./Niemann, F.-J., Theologische Erkenntnislehre, Düsseldorf 1981.

Kern, W./Pottmeyer H.J./Seckler, M. (Hgg.), Handbuch der Fundamentaltheologie, Tübingen/Basel 2000⁴: Band 1: Traktat Religion; Band 2: Traktat Offenbarung; Band 3: Traktat Kirche; Band 4: Traktat Theologische Erkenntnislehre mit Schlussteil Reflexion auf Fundamentaltheologie.

Kessler, H., Der universale Jesus Christus und die Religionen. Jenseits von »Dominus Jesus« und Pluralistischer Religionstheologie, in: ThQ 181 (2001), 212–237 (= Kessler 1).

Ders., Was macht Religionen pluralismusfähig (und authentisch)? Fragmente einer Theologie des religiösen Pluralismus – jenseits von »Dominus Jesus« und Pluralistischer Religionstheologie, in M. Witte (Hg.), Der eine Gott und die Welt der Religionen. Beiträge zu einer Theologie der Religionen und zum interreligiösen Dialog, Würzburg 2003, 277–314 (= Kessler 2).

Ders., Sucht den Lebenden nicht bei den Toten. Die Auferstehung Jesu Christi in biblischer, fundamentaltheologischer und systematischer Sicht. Neuausgabe mit einem Nachtragskapitel »Erörterung der neuesten Kontroversen und aktuellen Fragen«, Würzburg 1995 (= Kessler 3).

Ders., Wie wirkt Gott in der Welt und an der Welt? Die Auferstehung Jesu als Paradigma, in: R. Kögerler/G. Schörghofer (Hgg.), Wie wirkt Gott in der Welt? Theologische Zugänge und naturwissenschaftliche Sichtweisen, Wien 2005, 53–92 (= Kessler 4).

Ders., »Ich bin der Weg, die Wahrheit und das Leben« (Joh 14,6). Die Einzigartigkeit Jesu Christi inmitten der vielen Heilswege, in: Kirche und Schule 27 (2000), 1–11 (= Kessler 5).

Kienzler, K., Glauben und Denken bei Anselm von Canterbury, Freiburg/Basel/Wien 1981 (= Kienzler 1).

Ders., Der garstige Graben zwischen Vernunft und Offenbarung. Gotthold Ephraim Lessing, in: A. Halder/K. Kienzler/J. Möller (Hgg.), Auf der Suche nach dem verborgenen Gott. Zur theologischen Relevanz neuzeitlichen Denkens, Düsseldorf 1987, 35–54 (= Kienzler 2).

Kierkegaard, S., Abschließende unwissenschaftliche Nachschrift zu den Philosophischen Brocken. Erster Teil (Gesammelte Werke, 16. Abteilung), Düsseldorf/Köln 1957 (= Kierkegaard 1).

Ders., Abschließende unwissenschaftliche Nachschrift zu den Philosophischen Brocken. Zweiter Teil (Gesammelte Werke, 16. Abteilung), Düsseldorf/Köln 1958 (= Kierkegaard 2).

Ders., Die Krankheit zum Tode (Gesammelte Werke, 24. und 25. Abteilung), Gütersloh 1985^3 (= Kierkegaard 3).

Klausnitzer, W., Glaube und Wissen. Lehrbuch der Fundamentaltheologie für Studierende und Religionslehrer, Regensburg 1999 (= Klausnitzer 1).

Ders., Gott und Wirklichkeit. Lehrbuch der Fundamentaltheologie für Studierende und Religionslehrer, Regensburg 2000 (= Klausnitzer 2).

Klinger, E., Ekklesiologie der Neuzeit. Grundlegung bei Melchior Cano und Entwicklung bis zum 2. Vatikanischen Konzil, Freiburg/Br. 1978 (= Klinger 1).

Ders., Armut – Eine Herausforderung Gottes. Der Glaube des Konzils und die Befreiung des Menschen, Zürich 1990 (= Klinger 2).

Knapp, M., Gottes Herrschaft als Zukunft der Welt. Biblische, theologiegeschichtliche und systematische Studien zur Grundlegung einer Reich-Gottes-Theologie in Auseinandersetzung mit Jürgen Habermas' Theorie des kommunikativen Handelns (BDS 15), Würzburg 1993 (= Knapp 1).

Ders., Ostern – der Grund des christlichen Glaubens. Die Auferstehung Jesu in historischer und theologischer Perspektive, in: R. Göllner (Hg.), Auferstehung und ewiges Leben. Zwischen Projektion und Glaube, Münster o. J., 53–77 (= Knapp 2).

Ders., Verantwortetes Christsein heute. Theologie zwischen Metaphysik und Postmoderne, Freiburg/Br. 2006 (= Knapp 3).

Ders., Naturwissenschaft und Theologie. Drei Thesen zur Bestimmung ihres Verhältnisses, in: O. Meuffels/J. Bründl (Hgg.), Grenzgänge der Theologie, Münster 2004, 241–255 (= Knapp 4).

Knauer, P., Der Glaube kommt vom Hören. Ökumenische Fundamentaltheologie, Freiburg/Br. 1991[6] (= Knauer 1).

Ders., Glaubensbegründung heute. Der Umbau der Fundamentaltheologie, in: StdZ 202 (1984), 200–208 (= Knauer 2).

Ders., Christus in den Religionen: Interiorismus, in: FZPhTh 51 (2004), 237–252 (= Knauer 3).

Ders., Nicht unfehlbare Glaubenslehre, aber doch definitive kirchliche Lehre?, in: ZKTh 122 (1990), 60–74 (= Knauer 4).

Knitter, P. F., Ein Gott – viele Religionen. Gegen den Absolutheitsanspruch des Christentums, München 1988.

Knoch, W., Gott sucht den Menschen. Offenbarung, Schrift, Tradition, Paderborn 1997.

Körner, B., Fundamentaltheologie bei Hans Urs von Balthasar, in: ZKTh 109 (1987), 129–152 (= Körner 1).

Ders., Melchior Cano, De locis theologicis. Ein Beitrag zur theologischen Erkenntnislehre, Graz 1994 (= Körner 2).

Körtner, U.H.J., Der inspirierte Leser. Zentrale Aspekte biblischer Hermeneutik, Göttingen 1994 (= Körtner 1).

Ders., Einführung in die theologische Hermeneutik, Darmstadt 2006 (= Körtner 2).

Kreiner, A., Demonstratio religiosa, in: H. Döring/A. Kreiner/P. Schmidt-Leukel, Den Glauben verantworten. Neue Wege der Fundamentaltheologie (QD 147), Freiburg/Br. 1993, 9–48 (= Kreiner 1).

Ders., Philosophische Probleme der pluralistischen Religionstheologie, in: R. Schwager (Hg.), Christus allein? Der Streit um die pluralistische Religionstheologie (QD 160), Freiburg/Br. 1996, 118–131 (= Kreiner 2).

Ders., Ende der Wahrheit? Zum Wahrheitsverständnis in Philosophie und Theologie, Freiburg/Br. 1992 (= Kreiner 3).

Ders., Gott im Leid. Zur Stichhaltigkeit der Theodizee-Argumente (QD 168), Freiburg/Br. 1997 (= Kreiner 4).

Kühn, U., Kirche (HST 10), Gütersloh 1980 (= Kühn 1).

Ders., Strukturen kirchlicher Einheit. Ein Versuch aus evangelischer Sicht, in: P. Walter/K. Krämer/G. Augustin (Hgg.), Kirche in ökumenischer Perspektive (FS W. Kasper), Freiburg/Br. 2003, 247–266 (= Kühn 2).

Ders., Zum evangelisch-katholischen Dialog. Grundfragen einer ökumenischen Verständigung (ThLZ.F 15), Leipzig 2005 (= Kühn 3).

Kuld, L., Lerntheorie des Glaubens. Religiöses Lehren und Lernen nach J.H. Newmans Phänomenologie des Glaubensaktes (Internationale Cardinal-Newman-Studie XIII), Sigmaringendorf 1989.

Kunz, E., Glaube – Gnade – Geschichte. Die Glaubenstheologie des Pierre Rousselot SJ (FTS 1), Frankfurt/Main 1969 (= Kunz 1).

Ders., Glaubwürdigkeitserkenntnis und Glaube (analysis fidei), in: HFTh 4^2, 301–330 (= Kunz 2).

Kutschera, F. von, Vernunft und Glaube, Berlin 1991.

Lang, A., Fundamentaltheologie. Band I: Die Sendung Christi, München 1967^4; Band 2: Der Auftrag der Kirche, München 1968^4.

Lange, N.R.M. de, Art. »Antisemitismus IV. Alte Kirche«, in: TRE 3, 128–137.

Larcher, G., Modelle fundamentaltheologischer Problematik im Mittelalter, in: HFTh 4^2, 231–241.

Laube, M., Im Bann der Sprache – Die analytische Religionsphilosophie im 20. Jahrhundert, Berlin/New York 1999.

Latourelle, R., Das II. Vatikanum – eine Herausforderung an die Fundamentaltheologie, in: E. Klinger/K. Wittstadt (Hgg.), Glaube im Prozeß. Christsein nach dem II. Vatikanum (FS K. Rahner), Freiburg/Br. 1984, 597–614.

Latourelle, R./O'Collins, G. (Hgg.), Probleme und Aspekte der Fundamentaltheologie, Innsbruck 1985.

Leeuw, G. van der, Phänomenologie der Religion, Tübingen 1977^4.

Lehmann, K., Absolutheit des Christentums als philosophisches und theologisches Problem, in: W. Kasper (Hg.), Absolutheit des Christentums (QD 79), Freiburg/Br. 1977, 13–38 (= Lehmann 1).

Ders., Der Ursprung der Kirche und Jesus Christus, in: W. Seidel (Hg.), Kirche – Ort des Heils. Grundlagen – Fragen – Perspektiven, Würzburg 1987, 11–32 (= Lehmann 2).

Lessing, G. E., Über den Beweis des Geistes und der Kraft, in: Werke und Briefe, hg. von W. Barner. Band 8: Werke 1774–1778, hg. von A. Schilson, Frankfurt/Main 1989, 437–445 (= Lessing 1).

Ders., Die Erziehung des Menschengeschlechtes, in: Werke und Briefe, hg. von W. Barner. Band 10: Werke 1778–1781, hg. von A. Schilson und A. Schmitt, Frankfurt/Main 2001, 75–99 (= Lessing 2).

Limbeck, M., Die Heilige Schrift, in: HFTh 4^2, 37–64.

Link, Chr., In welchem Sinne sind theologische Aussagen wahr? Zur wissenschaftlichen Diskussion um den Wahrheitsanspruch der Bibel, in: ders., In welchem Sinne sind theologische Aussagen wahr? Zum Streit zwischen Glauben und Wissen. Theologische Studien II, Neukirchen-Vluyn 2003, 25–66.

Lohse, B., Martin Luther. Eine Einführung in sein Leben und sein Werk, München 1983^2.

Loichinger, A., Ist der Glaube vernünftig? Zur Frage nach der Rationalität in Philosophie und Theologie. 2 Bände, Neuried b. München 1999.

Lutz-Bachmann, M., Religion nach der Religionskritik, in: ThPh 77 (2002), 374–388.

Luz, U., Was heißt »Sola Scriptura« heute? Ein Hilferuf für das protestantische Schriftprinzip, in: EvTh 57 (1997), 28–35.

Mackie, J. L., Das Wunder des Theismus. Argumente für und gegen die Existenz Gottes, Stuttgart 1985.

Marx, K., Zur Kritik der Hegelschen Rechtsphilosophie, in: K. Marx/F. Engels, Werke. Band 1, Berlin/DDR 1976, 378–391.

Merklein, H., Jesu Botschaft von der Gottesherrschaft. Eine Skizze (SBS 111), Stuttgart 1983 (= Merklein 1).

Ders., Entstehung und Gehalt des paulinischen Leib-Christi-Gedanken, in: ders., Studien zu Jesus und Paulus, Band 1, Tübingen 1987, 319–344 (= Merklein 2).

Metz, J. B., Glaube in Geschichte und Gesellschaft. Studien zu einer praktischen Fundamentaltheologie, Mainz 1992^5 (= Metz 1).

Ders., Zur Theologie der Welt, Mainz/München 1969^2 (= Metz 2).

Ders., Zum Begriff der neuen Politischen Theologie. 1967–1997, Mainz 1997 (= Metz 3).

Ders., Plädoyer für mehr Theodizee-Empfindlichkeit in der Theologie, in: W. Oelmüller (Hg.), Worüber man nicht schweigen kann. Neue Diskussionen zur Theodizeefrage, München 1992, 125–137 (= Metz 4).

Ders., Art. »Credere Deum, Deo, in Deum«, in: LThK 3^2, 86–88 (= Metz 5).

Ders., Vernunft mit Leidensapriori. Vorschlag zu einem Rationalitätskonzept der Theologie, in: K. Appel u. a. (Hgg.), Vernunftfähiger – vernunftbedürftiger Glaube (FS J. Reikerstorfer), Frankfurt/Main u. a. 2005, 25–31 (= Metz 6).

Ders., Memoria passionis. Ein provozierendes Gedächtnis in pluralistischer Gesellschaft, Freiburg/Br. 2006 (= Metz 7).

Meyer, H., Evangelische Teilhabe am historischen Episkopat?, in: StdZ 130 (2005), 244–256.

Meyer zu Schlochtern, J., Verständigung über den Glauben. Anmerkungen zu Bisers Fundamentaltheologie, in: TThZ 85 (1976), 344–356 (= Meyer zu Schlochtern 1).

Ders., Glaube – Sprache – Erfahrung. Zur Begründungsfähigkeit der religiösen Überzeugung, Frankfurt/Main u. a. 1978 (= Meyer zu Schlochtern 2).

Müller, H.-P., Anfänge der Religionskritik bei den Vorsokratikern, in: A.Th. Khoury/G. Vanoni (Hgg.), »Geglaubt habe ich, deshalb habe ich geredet« (Religionswissenschaftliche Studien 47), Würzburg u. a. 1998, 281–295.

Müller, K., Wieviel Vernunft braucht der Glaube? Erwägungen zur Begründungsproblematik, in: Müller K. 3: 77–100 (= Müller K. 1).

Ders., Gottes Dasein denken. Eine philosophische Gotteslehre für heute, Regensburg 2001 (= Müller K. 2).

Ders. (Hg.), Fundamentaltheologie. Fluchtlinien und gegenwärtige Herausforderungen, Regensburg 1998 (= Müller K. 3).

Ders., Streit um Gott. Politik, Poetik und Philosophie im Ringen um das wahre Gottesbild, Regensburg 2006 (= Müller K. 4).

Ders., Vernunft und Glaube: Eine Zwischenbilanz zu laufenden Debatten, Münster 2005 (= Müller K. 5).

Ders., Rechenschaft über den Glauben auf dem Forum der Vernunft. Debatten in der deutschen Fundamentaltheologie der Gegenwart – nach Rahner, in: rivista teologica di Lugano 10 (2005), 183–206 (= Müller K. 6).

Müller, K./Werbick, J., Art. »Wahrheit. IV. Systemtisch-theologisch«, in: LThK 10^3, 935–938.

Müller, U. B., Vision und Botschaft. Erwägungen zur prophetischen Struktur der Verkündigung Jesu, in: ZThK 74 (1977), 416–448 (= Müller, U.B. 1).

Ders., Die Entstehung des Glaubens an die Auferstehung Jesu. Historische Aspekte und Bedingungen (SBS 172), Stuttgart 1998 (= Müller, U.B. 2).

L. *Nagl* (Hg.), Religion nach der Religionskritik, Wien 2003.

Neufeld, K.H., Fundamentaltheologie. I: Jesus – Grund des christlichen Glaubens, Stuttgart 1992.

Ders., Fundamentaltheologie. II: Der Mensch – Bewusste Nachfolge im Volk Gottes, Stuttgart 1993.

Neuhaus, G., Fundamentaltheologie zwischen Offenbarungs- und Rationalitätsanspruch. Zur Konvergenz eines scheinbaren Widerspruchs, in: ThG 44 (2001), 113–130 (= Neuhaus 1).

Ders., Frömmigkeit der Theologie. Zur Logik der offenen Theodizeefrage (QD 202), Freiburg/Br. 2003 (= Neuhaus 2).

Neuner, P., Der Glaube als subjektives Prinzip der theologischen Erkenntnis, in: HFTh 4^2, 23–36 (= Neuner 1).

Ders., Ökumenische Theologie. Die Suche nach der Einheit der christlichen Kirchen, Darmstadt 1997 (= Neuner 2).

Newman, J. H., Entwurf einer Zustimmungslehre, hrsg. von J. Artz (Ausgewählte Werke VII), Mainz 1961 (= Newman 1).

Ders., Zur Philosophie und Theologie des Glaubens. Oxforder Universitätspredigten (Ausgewählte Werke VI), Mainz 1964 (= Newman 2).

Niemann, F.-J., Zur Frühgeschichte des Begriffs »Fundamentaltheologie«, in: MThZ 46 (1995), 247–260 (= Niemann 1).

Ders., Jesus als Glaubensgrund in der Fundamentaltheologie der Neuzeit. Zur Genealogie eines Traktats (ITS 12), Innsbruck/Wien 1984 (= Niemann 2).

Nietzsche, F., Ecce homo. Wie man wird, was man ist, in: Sämtliche Werke. Kritische Studienausgabe, hgg. von G. Colli/M. Montinari, Band 6, München 1980, 255–374 (= Nietzsche 1).

Ders., Die Fröhliche Wissenschaft, in: Sämtliche Werke. Kritische Studienausgabe, hgg. von G. Colli/M. Montinari, Band 3, München 1980, 343–651 (= Nietzsche 2).

Ders., Zur Genealogie der Moral. Eine Streitschrift, in: Sämtliche Werke. Kritische Studienausgabe, hgg. von G. Colli/M. Montinari, Band 5, München 1980, 245–412 (= Nietzsche 3).

Ders., Der Antichrist. Fluch auf das Christentum, in: Sämtliche Werke. Kritische Studienausgabe, hgg. von G. Colli/M. Montinari, Band 6, München 1980, 165–254 (= Nietzsche 4).

Ders., Ueber Wahrheit und Lüge im aussermoralischen Sinne, in: Sämtliche Werke. Kritische Studienausgabe, Band 1, München 1980, 873–890 (= Nietzsche 5).

Ders., Nachgelassene Fragmente April – Juni 1885, in: Sämtliche Werke. Kritische Studienausgabe, hgg. von G. Colli/M. Montinari, Band 11, München 1980, 423–508 (= Nietzsche 6).

Ders., Also sprach Zarathrustra. Ein Buch für Alle und Keinen, in: Sämtliche Werke. Kritische Studienausgabe, hgg. von G. Colli/M. Montinari, Band 4, München 1980, 9–408 (= Nietzsche 7).

Nordhofen, E., Der Engel der Bestreitung. Über das Verhältnis von Kunst und Negativer Theologie, Würzburg 1993.

Oeming, M., Biblische Hermeneutik. Eine Einführung, Darmstadt 1998.

Ott, H., Apologetik des Glaubens. Grundprobleme einer dialogischen Fundamentaltheologie, Darmstadt 1994.

Pannenberg, W., Christliche Theologie und philosophische Kritik, in: ders., Gottesgedanke und menschliche Freiheit, Göttingen 1978^2, 48–77 (= Pannenberg 1).

Ders., Wissenschaftstheorie und Theologie, Frankfurt/Main 1973 (= Pannenberg 2).

Ders., Systematische Theologie. Band 1, Göttingen 1988 (= Pannenberg 3).

Ders., Anthropologie in theologischer Perspektive, Göttingen 1983 (= Pannenberg 4).

Ders., »Fundamentaltheologie« als anthropologische Grundlegung einer Theologie der Religion und der Religionen?, in: Petzoldt 1: 195–204 (= Pannenberg 5).

Ders., Gottesgedanke und Metaphysik, Göttingen 1988 (= Pannenberg 6).

Ders., Einführung, in: ders. (Hg.), Offenbarung als Geschichte, Göttingen 1982^5, 7–20 (= Pannenberg 7).

Ders., Offenbarung und »Offenbarungen« im Zeugnis der Geschichte, in: HFTh 2^2, 63–82 (= Pannenberg 8).

Ders., Dogmatische Thesen zur Lehre von der Offenbarung, in: ders. (Hg.), Offenbarung als Geschichte, Göttingen 1982^5, 91–114 (= Pannenberg 9).

Ders., Theologie und Philosophie. Ihr Verhältnis im Lichte ihrer gemeinsamen Geschichte, Göttingen 1996 (= Pannenberg 10).

Ders., Wahrheit, Gewißheit und Glaube, in: ders., Grundfragen systematischer Theologie. Gesammelte Aufsätze, Band 2, Göttingen 1980, 226–264 (= Pannenberg 11).

Pascal, B., Gedanken über die Religion und einige andere Themen, hrsg. von J.-R. Armogathe, Stuttgart 1997.

Pesch, O.H., Das Wort Gottes als objektives Prinzip der theologischen Erkenntnis, in: HFTh 4^2, 1–21 (= Pesch O.H. 1).

Ders., Glaube als Lebensweisheit. Zum Glaubensbegriff in der gegenwärtigen katholischen und evangelischen Theologie, in: W. Baier u. a. (Hgg.), Weisheit Gottes – Weisheit der Welt (FS J. Ratzinger), Band 1, St. Ottilien 1987, 453–492 (= Pesch O.H. 2).

Pesch, R., Der Anspruch Jesu, in: Orientierung 35 (1971), 53–56. 67–70. 77–81.

Petri, H., Glaube und Gotteserkenntnis. Von der Reformation bis zur Gegenwart (HDG I/2 c), Freiburg/Br. 1985 (= Petri 1).

Ders., Der Absolutheitsanspruch des Christentums und das Problem der Religionsfreiheit, in: MThZ 43 (1992), 315–326 (= Petri 2).

Ders., Die Entdeckung der Fundamentaltheologie in der evangelischen Theologie, in: Cath 33 (1979), 241–261 (= Petri 3).

Petzoldt, M. (Hg)., Evangelische Fundamentaltheologie in der Diskussion, Leipzig 2004 (= Petzoldt 1).

Ders., Notwendigkeit und Gefahren einer verselbständigten Fundamentaltheologie, in: Petzoldt 1: 21–40 (= Petzoldt 2).

Peukert, H., Wissenschaftstheorie – Handlungstheorie – Fundamentale Theologie. Analysen zu Ansatz und Status theologischer Theoriebildung, Frankfurt/Main 1978.

Plantinga, A., Warranted Christian Belief, New York u. a. 2000.

Pollack, D., Was ist Religion? Probleme der Definition, in: ZfR 3 (1995), 163–190.

Pottmeyer, H. J., Zeichen und Kriterien der Glaubwürdigkeit des Christentums, in: HFTh 4^2, 265–299 (= Pottmeyer 1).

Ders., Die Frage nach der wahren Kirche, in: HFTh 3^2, 159–184 (= Pottmeyer 2).

Ders., Kirche in der Spannung zwischen Ortskirchen und Gesamtkirche, in: R.

Göllner/M. Knapp (Hgg.), Kirche der Zukunft – Zukunft der Kirche, Berlin 2006, 173–190 (= Pottmeyer 3).

Ders., Normen, Kriterien und Strukturen der Überlieferung, in: HFTh 4^2, 85–108 (= Pottmeyer 4).

Ders., Die Rolle des Papsttums im Dritten Jahrtausend (QD 179), Freiburg/Br. 1999 (= Pottmeyer 5).

Ders., Rezeption und Gehorsam – Aktuelle Aspekte der wieder entdeckten Realität »Rezeption«, in: W. Beinert (Hg.), Glaube als Zustimmung. Zur Interpretation kirchlicher Rezeptionsvorgänge (QD 131), Freiburg/Br. 1991, 51–91 (= Pottmeyer 6).

Ders., Die jüngere Diskussion über die Definition des päpstlichen Primats durch das I. Vaticanum, in: Cath 61 (2007), 67–80 (= Pottmeyer 7).

Pröpper, Th., Autonomie und Solidarität. Begründungsprobleme sozialethischer Verpflichtung, in: ders., Evangelium und freie Vernunft. Konturen einer theologischen Hermeneutik, Freiburg/Br. 2001, 57–71 (= Pröpper 1).

Ders., Fragende und Gefragte zugleich. Notizen zur Theodizee, in: ders., Evangelium und freie Vernunft, a. a. O. 266–275 (= Pröpper 2).

Ders., Wegmarken zu einer Christologie nach Auschwitz, in: ders., Evangelium und freie Vernunft, a. a. O. 276–287 (= Pröpper 3).

Ders., Erlösungsglaube und Freiheitsgeschichte, München 1988^2 (= Pröpper 4).

Puntel, L.B., Wahrheitstheorien in der neueren Philosophie. Eine kritisch-systematische Darstellung, Darmstadt 1993.

Rahner, K., Grundkurs des Glaubens. Einführung in den Begriff des Christentums, Freiburg/Br. 1977^6 (= Rahner 1).

Ders., Hörer des Wortes. Zur Grundlegung einer Religionsphilosophie, in: Sämtliche Werke, Band 4, Düsseldorf/Freiburg 1997, 2–281 (= Rahner 2).

Ders., Die anonymen Christen, in: Schriften zur Theologie, Band VI, Einsiedeln 1968^2, 545–554 (= Rahner 3).

Ders., Anonymes Christentum und Missionsauftrag der Kirche, in: Schriften zur Theologie, Band 9, Einsiedeln 1972^2, 498–515 (= Rahner 4).

Ratzinger, J., Theologische Prinzipienlehre. Bausteine zur Fundamentaltheologie, München 1982 (= Ratzinger 1).

Ders., Kommentar zum Prooemium und zum I. und II. Kapitel der Dogmatischen Konstitution über die göttliche Offenbarung, in: LThK 13^2, 504–528 (= Ratzinger 2).

Ders., Zur Lage von Glaube und Theologie heute, in: ders., Glaube – Wahrheit – Toleranz. Das Christentum und die Weltreligionen, Freiburg/Br. 2005^4, 93–111 (= Ratzinger 3).

Ders., Freiheit und Wahrheit, in: ders., Glaube – Wahrheit – Toleranz, a. a. O., 187–208 (= Ratzinger 4).

Ders., Glaube und Philosophie, in: ders., Glaube und Zukunft, München 1970, 65–91 (= Ratzinger 5).

Ders., Wort Gottes. Schrift – Tradition – Amt, hg. von P. Hünermann und Th. Söding, Freiburg/Br. 2005 (= Ratzinger 6).

Reemts, C., Vernunftgemäßer Glaube. Die Begründung des Christentums in der Schrift des Origenes gegen Celsus (Hereditas 13), Bonn 1998.

Reikerstorfer, J., Fundamentaltheologische Modelle der Neuzeit, in: HFTh 4^2, 242–264.

Rentsch, Th., Religiöse Vernunft: Kritik und Rekonstruktion. Systematische Religionsphilosophie als kritische Hermeneutik, in: H.-J. Höhn (Hg.), Krise der Immanenz. Religion an den Grenzen der Moderne, Frankfurt/Main 1996, 235–262 (= Rentsch 1).

Ders., Gott, Berlin 2005 (= Rentsch 2).

Ricken, F., Religionsphilosophie, Stuttgart 2003 (= Ricken 1).

Ders., Glauben weil es vernünftig ist, Stuttgart 2007 (= Ricken 2).

Ricoeur, P., Wege der Anerkennung. Erkennen, Wiedererkennen, Anerkanntsein, Frankfurt/Main 2006.

Riesebrodt, M., Cultus und Heilsversprechen. Eine Theorie der Religionen, München 2007.

Ritt, H., Begründet 1 Petr 3,15 die Fundamentaltheologie?, in: E. Möde/Th. Schieder (Hgg.), Den Glauben verantworten. Bleibende und neue Herausforderungen für die Theologie zur Jahrtausendwende, Paderborn 2000, 21–27.

Rorty, R., Eine Kultur ohne Zentrum. Vier philosophische Essays, Stuttgart 1993.

Roth, M., Evidenz und Gewißheit. Thesen zur Bestimmung von Offenbarung und Glaube, in: ZThK 98 (2001), 209–230 (= Roth 1).

Ders., Die Bedeutung der Fundamentaltheologie für die Evangelische Theologie, in: KuD 48 (2002), 99–117 (= Roth 2).

Ders., Protestantische Apologetik als Hermeneutik der Gegenwart, in: Petzoldt 1: 145–170 (= Roth 3).

Ders., Gott im Widerspruch? Möglichkeiten und Grenzen der theologischen Apologetik (TBT 117), Berlin/New York 2002 (= Roth 4).

Ruster, Th., Der verwechselbare Gott. Theologie nach der Entflechtung von Christentum und Religion (QD 181), Freiburg/Br. 2000.

Sand, A., Kanon. Von den Anfängen bis zum Fragmentum Muratorianum (HDG I/3a), Freiburg/Br. 1974.

Sauter, G., Zugänge zur Dogmatik. Elemente theologischer Urteilsbildung, Göttingen 1998 (= Sauter 1).

Ders., Fundamentaltheologie – Grundlagenforschung oder Symptom einer Orientierungskrise?, in: VF 35 (1990), 30–40 (= Sauter 2).

Schaeffler, R., Philosophische Einübung in die Theologie. Erster Band: Zur Methode und zur theologischen Erkenntnislehre, Freiburg/München 2004 (= Schaeffler 1).

Ders., Philosophische Einübung in die Theologie. Zweiter Band: Philosophische Einübung in die Gotteslehre, Freiburg/München 2004 (= Schaeffler 2).

Ders., Auf dem Weg zu einem philosophischen Begriff der Religion, in: HFTh 1^2, 33–46 (= Schaeffler 3).

Ders., Die Kritik der Religion, in: HFTh 1^2, 85–99 (= Schaeffler 4).

Schärtl, Th., Wahrheit und Gewißheit. Zur Eigenart religiösen Glaubens, Kevelaer 2004 (= Schärtl 1).

Ders., Was sind religiöse Überzeugungen?, in: H. Joas (Hg.), Was sind religiöse Überzeugungen?, Göttingen 2003, 18–53 (= Schärtl 2).

Ders., Glaubensüberzeugung. Philosophische Bemerkungen zu einer Erkenntnistheorie des christlichen Glaubens, Münster 2007 (= Schärtl 3).

Ders., Neuer Atheismus. Zwischen Argument, Anklage und Anmaßung, in: StdZ 133 (2008), 147–161 (= Schärtl 4).

Schatz, K., Der päpstliche Primat. Seine Geschichte von den Ursprüngen bis zur Gegenwart, Würzburg 1990.

Scheffczyk, L., Universalkirche und Ortskirche, in: FKTh 21 (2005), 241–253.

Schleiermacher, F., Über die Religion. Reden an die gebildeten unter ihren Verächtern. Mit einem Nachwort von C.H. Ratschow, Stuttgart 1985 (= Schleiermacher 1).

Ders., Kurze Darstellung des theologischen Studiums zum Behuf einleitender Vorlesungen (1811/1830), hg. von D. Schmid, Berlin 2002 (= Schleiermacher 2).

Schmidinger, H. M., Zur Geschichte einer Aufklärung. Ausgangspunkte heutiger Religionskritik, in: M. Delgado/G. Vergauwen (Hgg.), Glaube und Vernunft – Theologie und Philosophie. Aspekte ihrer Wechselwirkung in Geschichte und Gegenwart, Freiburg/Schweiz 2003, 145–159 (= Schmidinger 1).

Ders., Der Mensch ist Person. Ein christliches Prinzip in theologischer und philosophischer Sicht, Innsbruck 1994 (= Schmidinger 2).

Schmidt-Leukel, P., Zur Klassifikation religionstheologischer Modelle, in: Cath 47 (1993), 163–183 (= Schmidt-Leukel 1).

Ders., Grundkurs Fundamentaltheologie. Eine Einführung in die Grundfragen des christlichen Glaubens, München 1999 (= Schmidt-Leukel 2).

Ders., Gott ohne Grenzen. Eine christliche und pluralistische Theologie der Religionen, Gütersloh 2005 (= Schmidt-Leukel 3).

Schmitz, J., Die Fundamentaltheologie im 20. Jahrhundert, in: H. Vorgrimler/R. Van der Gucht (Hgg.) Bilanz der Theologie im 20. Jahrhundert. Perspektiven, Strömungen, Motive in der christlichen und nichtchristlichen Welt, Band II, Freiburg/Br. u. a. 1969, 197–245 (= Schmitz 1).

Ders., Offenbarung, Düsseldorf 1988 (= Schmitz 2).

Schneemelcher, W., Art. »Bibel III. Die Entstehung des Kanons des Neuen Testaments und der christlichen Bibel«, in: TRE 6, 22–48.

Schreckenberg, H., Die christlichen Adversus-Judaeos-Texte und ihr literarisches und historisches Umfeld (1.–11. Jh.), Frankfurt/M. 1990^2.

Schreiner, J., Das Alte Testament verstehen (NEB Ergänzungsband AT 4), Würzburg 1999.

Schreurs, N., Johann Sebastian Drey und Friedrich Schleiermacher. Ein Forschungsbericht, in: A.P. Kustermann (Hg.), Revision der Theologie – Reform der Kirche. Die Bedeutung des Tübinger Theologen Johann Sebastian Drey in Geschichte und Gegenwart, Würzburg 1994, 140–149.

Schüssler-Fiorenza, F., Fundamentale Theologie. Zur Kritik theologischer Begründungsverfahren, Mainz 1992.

Schwerdtfeger, N., Gnade und Welt. Zum Grundgefüge von Karl Rahners Theorie der »anonymen Christen«, Freiburg/Br. 1982.

Seckler, M., Reich Gottes als Thema des Denkens. Ein philosophisches und ein theologisches Modell, in: H. Gauly (Hg.). Im Gespräch: der Mensch (FS J. Möller), Düsseldorf 1981, 53–62 (= Seckler 1).

Ders., Das Reich-Gottes-Motiv in den Anfängen der Katholischen Tübinger Schule (J.S. Drey und J.B. Hirscher). Zugleich ein Beitrag zur Theorie des Christentums, in: ThQ 168 (1988), 257–282 (= Seckler 2).

Ders., Das Reich Gottes als »höchste Idee des Christentums« in der Theologie Johann Sebastian Dreys. Ein Anstoß zur Revision in der Drey-Forschung, in: A.P. Kustermann (Hg.), Revision der Theologie – Reform der Kirche. Die Bedeutung des Tübinger Theologen Johann Sebastian Drey in Geschichte und Gegenwart, Würzburg 1994, 292–308 (= Seckler 3).

Ders., Fundamentaltheologie: Aufgaben und Aufbau, Begriff und Namen, in: HFTh 4^2, 331–402 (= Seckler 4).

Ders., Art. »Apologetik«, in: LThK 1^3, 834–842 (= Seckler 5).

Ders., Evangelische Fundamentaltheologie. Erwägungen zu einem Novum aus katholischer Sicht, in: ThQ 155 (1975), 281–297 (= Seckler 6).

Ders., Der Begriff der Offenbarung, in: HFTh 2^2, 41–61 (= Seckler 7).

Ders., Wohin driftet man in der Theologie der Religionen?, in: ThQ 172 (1992), 126–130 (= Seckler 8).

Ders., Theologie der Religionen mit Fragezeichen, in: ThQ 166 (1986), 164–184 (= Seckler 9).

Ders., Aufklärung und Offenbarung, in: F. Böckle (Hg.), Christlicher Glaube in moderner Gesellschaft. Band 21, Freiburg/Br. 1980, 5–78 (= Seckler 10).

Ders., Was heißt Offenbarungsreligion? Eine semantische Orientierung, in: J. Rohls/G. Wenz (Hgg.), Vernunft des Glaubens. Wissenschaftliche Theologie und kirchliche Lehre (FS W. Pannenberg), Göttingen 1988, 157–175 (= Seckler 11).

Ders., Die ekklesiologische Bedeutung des Systems der ›loci theologici‹. Erkenntnistheoretische Katholizität und strukturale Weisheit, in: W. Baier u. a. (Hgg.), Weisheit Gottes – Weisheit der Welt (FS J. Ratzinger), Band 1, St. Ottilien 1987, 37–65 (= Seckler 12).

Ders., Theologische Erkenntnislehre – eine Aufgabe und ihre Koordinaten, in: ThQ 163 (1983), 40–46 (= Seckler 13).

Ders., Was heißt »Wort Gottes«?, in: F. Böckle u. a. (Hgg.), Christlicher Glaube in moderner Gesellschaft. Band 2, Freiburg/Br. 1981, 75–88 (= Seckler 14).

Ders., Tradition als Überlieferung des Lebens, in: ders., Im Spannungsfeld von Wissenschaft und Kirche. Theologie als schöpferische Auslegung der Wirklichkeit, Freiburg/Br. 1980, 113–126 (= Seckler 15).

Ders., Theologie als Glaubenswissenschaft, in: HFTh 4^2, 131–184 (= Seckler 16).

Ders., Lehramt und Theologie. Unnötiger Konflikt oder heilsame Spannung, Düsseldorf 1981 (= Seckler 17).

Seckler, M./Kessler, M., Die Kritik der Offenbarung, in: HFTh 2^2, 13–39.

Seybold, K./Müller, U.B., Krankheit und Heilung, Stuttgart 1978.

Slenczka, N., Die Schrift als »einige Norm und Richtschnur«, in: O. Bayer (Hg.), Die Autorität der Heiligen Schrift für Lehre und Verkündigung der Kirche, Neuendettelsau 2000, 53–78.

Söding, Th., Jesus und die Kirche. Was sagt das Neue Testament, Freiburg/Br. 2007.

Spaemann, R., Das unsterbliche Gerücht. Die Frage nach Gott und die Täuschung der Moderne, Stuttgart 2007^5.

Sparn, W., Doppelte Wahrheit? Erinnerungen zur theologischen Struktur des Problems der Einheit des Denkens, in: F. Mildenberger/J. Track (Hgg.), Zugänge zur Theologie (FS W. Joest), Göttingen 1979, 53–78.

Stegemann, E. W., Zwischen Juden und Heiden, aber »mehr« als Juden und Heiden? Neutestamentliche Anmerkungen zur Identitätsproblematik des frühen Christentums, in: Kirche und Israel 9 (1994), 53–69.

Steinacker, P., Die Kennzeichen der Kirche. Eine Studie zu ihrer Einheit, Heiligkeit, Katholizität und Apostolizität (TBT 38), Berlin/New York 1981.

Stietencron, H. von, Der Begriff der Religion in der Religionswissenschaft, in: W. Kerber (Hg.), Der Begriff der Religion, München 1993, 111–137.

Stirnimann, H., Erwägungen zur Fundamentaltheologie. Problematik, Grundfragen, Konzept, in: FZPhTh 24 (1977), 291–365.

Striet, M., Versuch über die Auflehnung. Philosophisch-theologische Überlegungen zur Theodizeefrage, in: H. Wagner (Hg.), Mit Gott streiten. Neue Zugänge zum Theodizee-Problem (QD 169), Freiburg/Br. 1998, 48–89 (= Striet 1).

Ders., Offenbares Geheimnis. Zur Kritik der negativen Theologie (ratio fidei 14), Regensburg 2003 (= Striet 2).

Ders., Sorgen mit dem lieben Gott. Die Atheismusdebatte gewinnt wieder an Gewicht, in: ders. (Hg.), Wiederkehr des Atheismus. Fluch oder Segen für die Theologie?, Freiburg/Br. 2008, 99–118 (= Striet 3).

Swinburne, R., Die Existenz Gottes, Stuttgart 1987.

Tenbruck, F.H., Die Religion im Maelstrom der Reflexion, in: Kölner Zeitschrift für Soziologie und Sozialphilosophie. Sonderheft: Religion und Kultur 33 (1993), 31–67.

Theißen, G., Die Religion der ersten Christen. Eine Theorie des Urchristentums, Güterloh 2000.

Theißen, G./Merz, A., Der historische Jesus. Ein Lehrbuch, Göttingen 1996.

Tillich, P., Systematische Theologie. Band I, Stuttgart 1979[6].

Torrell, J.-P., Neue Strömungen der Fundamentaltheologie in der nachkonziliaren Periode, in: R. Latourelle/G. O'Collins (Hgg.), Probleme und Aspekte der Fundamentaltheologie, Innsbruck/Wien 1985, 21–37.

Türk, H.G., Positionen und Perspektiven in der Wissenschaftstheorie der Theologie, in: Müller K. 3: 45–58.

Uhl, F., Theologie – Wissenschaft wovon? Über Gegenstandsbereiche, Wissenschaftsauffassungen, Rationalitätsstandards und historische Variable, in: R. Langthaler (Hg.), Theologie als Wissenschaft. Ein Linzer Symposium, Frankfurt/Main 2000, 51–96.

Valentin, J./Wendel, S. (Hgg.), Unbedingtes Verstehen?! Fundamentaltheologie zwischen Erstphilosophie und Hermeneutik, Regensburg 2001.

Vergauwen, G., Von der Apologetik zur Fundamentaltheologie, in: U. Altermatt u. a. (Hgg.), Moderne als Problem des Katholizismus, Regensburg 1995, 103–156.

Verweyen, H., Gottes letztes Wort. Grundriß der Fundamentaltheologie, Regensburg 2000[3] (= Verweyen 1).

Ders., Die »Logik der Tat«. Ein Durchblick durch M. Blondels »L'Action« (1893), in: ZKTh 108 (1986), 311–320 (= Verweyen 2).

Ders., Wie wird ein Existential übernatürlich?, in: TThZ 95 (1986), 115–131 (= Verweyen 3).

Ders., Fundamentaltheologie: zum »status quaestionis«, in: ThPh 61 (1986), 321–335 (= Verweyen 4).

Ders., Theologie im Zeichen der schwachen Vernunft, Regensburg 2000 (= Verweyen 5).

Ders., Glaube und Vernunft. Eine katholische Position, in: M. Delgado/G. Vergauwen (Hgg.), Glaube und Vernunft – Theologie und Philosophie. Aspekte ihrer Wechselwirkung in Geschichte und Gegenwart, Fribourg 2003, 179–190 (= Verweyen 6).

Ders., Botschaft eines Toten? Den Glauben rational verantworten, Regensburg 1997 (= Verweyen 7).

Ders., Philosophie und Theologie. Vom Mythos zum Logos zum Mythos, Darmstadt 2005 (= Verweyen 8).

Ders., Die Bedeutung Hans Urs von Balthasars für die Erneuerung der Fundamentaltheologie, in: W. Kasper (Hg.), Logik der Liebe und Herrlichkeit Gottes. Hans Urs von Balthasar im Gespräch (FS K. Lehmann), Ostfildern 2006, 386–400 (= Verweyen 9).

Ders., Zum Verhältnis von Offenbarung und Philosophie bei Anselm von Canterbury, in: B. Dörflinger/G. Krieger/M. Scheuer (Hgg.), Wozu Offenbarung?, Paderborn 2006, 12–20 (= Verweyen 10).

Vollenweider, S., »Ich sah den Satan wie einen Blitz vom Himmel fallen« (Lk 10,18), in: ZNW 79 (1988), 187–203 (= Vollenweider 1).

Ders., Ostern – der denkwürdige Ausgang einer Krisenerfahrung, in: ThZ 49 (1993), 34–53 (= Vollenweider 2).

Wagner, F., Was ist Religion? Studien zu ihrem Begriff und Thema in Geschichte und Gegenwart, Gütersloh 1986 (= Wagner F. 1).

Ders., Religion der Moderne – Moderne der Religion, in: W. Gräb (Hg.), Religion als Thema der Theologie. Geschichte, Standpunkte und Perspektiven theologischer Religionskritik und Religionsbegründung, Gütersloh 1999, 12–44 (= Wagner F. 2)

Wagner, H., Art. »Fundamentaltheologie«, in: TRE 11, 738–752 (= Wagner H. 1).

Ders., Einführung in die Fundamentaltheologie, Darmstadt 1996^2 (= Wagner H. 2).

Ders., Fundamentaltheologie und Ökumene, in: Müller K. 3: 427–440 (= Wagner H. 3).

Waldenfels, H., Kontextuelle Fundamentaltheologie, Paderborn u. a. 2000^3 (= Waldenfels 1).

Ders., Die Offenbarung. Von der Reformation bis zur Gegenwart, unter Mitarbeit von Leo Scheffczyk (HDG I/1b), Freiburg/Br. 1977 (= Waldenfels 2).

Ders., Christus und die Religionen, Regensburg 2002 (= Waldenfels 3).

Watzka, H., Glaubt der, der an Gott glaubt, daß Gott existiert?, in: R. Berndt (Hg.), Verünftig (Religion in der Moderne 12), Würzburg 2003, 305–319.

Weber, M., Gesammelte Aufsätze zur Wissenschaftslehre, Tübingen 1988^7.

Weinrich, M., Kirche glauben. Evangelische Annäherungen an eine ökumenische Ekklesiologie, Wuppertal 1998 (= Weinrich 1).

Ders. (Hg.), Religionskritik in der Neuzeit, Gütersloh 1985 (= Weinrich 2).

Weischedel, W., Der Gott der Philosophen. Grundlegung einer Philosophischen

Theologie im Zeitalter des Nihilismus. Band 1: Wesen, Aufstieg und Verfall der Philosophischen Theologie, München 1979.

Wenz, G., Das kirchliche Amt in evangelischer Perspektive, in: StdZ 128 (2003), 376–385.

Werbick, J., Den Glauben verantworten. Eine Fundamentaltheologie, Freiburg/Br. 2005³ (= Werbick 1).

Ders., Wurzeln der Religions- und Christentumskritik Friedrich Nietzsches, in: K. Müller (Hg.), Natürlich: Nietzsche! Facetten einer antimetaphysischen Metaphysik, Münster 2002, 48–71 (= Werbick 2).

Ders., Fundamentaltheologie als Glaubens-Apologetik, in: ThRv 98 (2002), 399–408 (= Werbick 3).

Werner, W., Fundamentaltheologie bei Karl Rahner. Denkwege und Paradigmen (TSThPh 21), Tübingen/Basel 2003.

Wiedenhofer, S., Theologie als Wissenschaft. Eine theologische Revision, in: A. Franz (Hg.), Bindung an die Kirche oder Autonomie? Theologie im gesellschaftlichen Diskurs (QD 173), Freiburg/Br. 1999, 90–124.

Wiederkehr, D., Das Prinzip Überlieferung, in: HFTh 4², 65–83.

Wolterstorff, N., Can Belief in God Be Rational if it Has No Foundations?, in: A. Plantinga/N. Wolterstorff (ed.), Faith and Rationality: Reason and Belief in God, Notre Dame/London 1983, 135–186.

Zirker, H., Religionskritik, Düsseldorf 1995³.

Personenregister